미디어 이론 *1*

: 미디어 사상, 연구방법, 콘텍스트 이론

Reding Media Theory 1

미디어 이론 *1*:
미디어 사상, 연구방법, 콘텍스트 이론

© (주)글로벌콘텐츠출판그룹, 2016

1판 1쇄 인쇄__2016년 02월 10일
1판 1쇄 발행__2016년 02월 20일

지은이__브렛 밀스(Brett Mills)·데이비드 M. 발로우(David M. Barlow)
옮긴이__권상희
펴낸이__홍정표
펴낸곳__글로벌콘텐츠
　　　　등록__제25100-2008-24호
　　　　이메일__edit@gcbook.co.kr

공급처__(주)글로벌콘텐츠출판그룹
　　　　대표__홍정표　이사__양정섭
　　　　편집__송은주　디자인__김미미　기획·마케팅__노경민　경영지원__안선영
　　　　주소__서울특별시 강동구 천중로 196 정일빌딩 401호
　　　　전화__02) 488-3280　팩스__02) 488-3281
　　　　홈페이지__http://www.gcbook.co.kr

값 24,000원
ISBN 979-11-5852-084-7 94300
　　　　979-11-85650-68-5 94300(set)

1

미디어 사상, 연구방법, 콘텍스트 이론

미디어 이론

Reading Media Theory 1

브렛 밀스·데이비드 M. 발로우 지음 | 권상희 편역

글로벌콘텐츠

스마트와 디지털 미디어 시대를 살고 있다. 신문과 라디오를 거쳐 TV와 소셜미디어로 진화하고 있다. 미래에는 이전에 존재하지 않았던 미디어가 등장할 것이다. 새로운 미디어가 등장할 때 사회와 수용자에게 미치는 관계를 사상적으로, 이론적으로 그리고 생산, 텍스트, 수용과정에서의 이론적인 제시를 학자들은 어떻게 접근했는가에 대한 질문으로 시작하고 있다.

이 책은 미디어 진화과정에 나타난 미디어 관련 사상과 대상 미디어에 대한 접근과 연구방법, 그리고 콘텍스트에 따른 미디어 사상과 접근법, 그리고 이론으로 구성되어 있다.

이 책의 구성은 1편에서는 '이론이란 무엇인가?', '읽기(reading)란 무엇인가?'라는 소개로 시작하고 있다.

2편에서는 주로 미디어 관련 사상가 중심으로 구성되어 있다. 주요 사상가들은 다음과 같다. 자유주의 언론 이론, 시카고학파, 월터 리프만, 리비스, 마르크시즘, 프랑크푸르트학파, 해롤드 라스웰, 콜롬비아학파, 찰스 라이트 밀스, 토론토학파, 현대문화연구소 등이다.

3편에서는 미디어 이론 접근방법을 다루고 있다. 여기에는 주로 정치경제학, 공론장, 미디어효과론, 구조주의, 페미니스트 미디어 이론, 문화주의 이론, 포스트모더니즘, 정보사회론, 그리고 뉴미디어론으로 구성되어 있다.

4편에서는 콘텍스트에 따른 미디어 이론들이다. 여기에는 미디어 생산 관련 이론, 텍스트 관련 이론, 수용자 이론, 그리고 프로듀서로서 수용자 관련 이론을 다루고 있다.

미디어는 시대를 구분하는 기준이 되고 있고, 이를 기술하고 설명하는 것이 미디어 이론이다. '끊임없이 등장하고 변형되면서 진화하는 동안 미디어 학문의 사상과 이론 또한 충돌하고 출현 소멸해 오고 있다.' 인쇄사상의 구텐베르크 은하계, 라디오 이론과 사상, TV가 가져온 지구촌과 현대 문화주의 이론, 소셜미디어의 뉴미디어 사상, 그리고 창비자 이론 등 미디어의 등장과 진화는 다양한 사상과 이론, 그리고 콘텍스트 이론을 발전시켰다. 이를 이해하고, 기술하고, 설명하고 예측하는 것이 커뮤니케이션 학자와 연구자들의 역할이고 이를 바탕으로 오늘을 이해하는 것이 새로운 이론을 정립하고 발전시키는 정도로 보인다.

오늘의 시대를 커뮤니케이션시대로 규정하는 데 이의를 제기할 사람은 없다. 신문, 라디오, TV 온라인, 소셜미디어, 스마트폰으로 이어지는 다양한 커뮤니케이션 양식은 다양한 변화를 겪고 있고 커뮤니케이션 양식과 방식이 바뀌면서 사회, 경제, 문화의 변화를 만들어 내고 있다. 하버마스는 『의사소통 행위 이론』 저서에서 시대의 진화에 따라 이상적인 커뮤니케이션 시스템의 변화를 이야기하고 시대마다 다른 '의사소통'을 의미하고 이는 그 시대의 대표적인 문화양식이 된다고 한다. 이 문화양식을 기술하고 예측하는 것이 사상과 이론이 된다.

미디어 이론은 커뮤니케이션 학문의 영역을 넓히고, 새로운 지평을 여는 표지석이 될 것이다. 미디어는 21세기의 우리를 둘러싼 제2의 자연환경이 되었다. 이 책을 번역하면서 미디어 이론과 사상을 이해하는 하나의 준거 틀(framework)로서 출발점이 되었으면 한다.

이 책의 내용을 구체적으로 살펴보면 다음과 같다.

우선 서론에서 전체적인 책 소개와 구성을 소개하고 있다. 이어서 제1편에서 이론이 왜 필요하고 어떻게 접근해야 하는지를 학문적이고 실제적으로 소개하고 있다. 그리고 장 구성이 '이론이란 무엇인가?'와 '읽기(reading)란 무엇인가?'로 세부적으로 편저자가 소개하고 있다. 제2편에서는 역사적으로 미디어 발달에 따른 '미디어 주요 사상가와 학파'를 소개하고 있다. 주요 언론, 커뮤니케이션, 미디어 사상가들로는 4장에서 밀(Mill)의 자유주의 언론 사상으로 언론의 자유에 대한 철학적, 역사적으로 기초를 제공하고 있다. 5장에서는 신문 산업의 자연사에 관한 '시카고학파', 6장은 뉴스와 여론 그리고 진실에 대하여 월터 리프만의 사상을 소개하고 있다. 7장은 '대량문명과 소수문화'에 관하여 문학적인 차원에서 미디어 문화를 비평하는 리비스의 미디어 사상을 소개하고 있다. 다음으로 8장에서는 자본주의 사회의 국가 구조로서 서구의 권력관계를 분석하는 마르크시즘 사상을, 9장은 계몽의 변증법에서 문화산업기술을 통한 대중 분화를 분석한 프랑크푸르트학파, 10장은 커뮤니케이션의 구조와 기능을 사회 시스템에서 작동하는 원리를 기술한 해롤드 라스웰, 11장은 콜롬비아학파로서 매스커뮤니케이션, 대중의 기호와 조직화된 사회적 행동을 새롭게 등장하는 커뮤니케이션 개념으로 소개하고 있다. 12장 밀스의 대중사회 이론은 대중사회와 대중문화의 사회학 차원에서 정리하고 있다. 13장 토론토학파는 커뮤니케이션 편향으로 미디어와 역사, 문화의 상관관계를 사상적으로 소개하고 있다. 이어서 14장 현대문화연구소에서는 호가트, 윌리엄스, 홀과 버밍엄대학의 현대문화연구소(CCCS: Center for Contemporary Cultural Studies)의 코드화/독해(encoding/decoding) 모형으로 요약되는 이 이론은 미디어 문화주의 사상을 소개하고 있다.

책으로 제2권에 분류되는 것으로 시작은 제3편이다. 이 섹션은 넓은 의미에서 '미디어 이론과 사상에 관한 접근방법'을 소개하고 있다. 우선 15장 정치경제학에서는 미국의 미디어 작동과정을 설명한 정치경제학에서 미국 미디어를 설명하고 있다. 16장 공론장, 위르겐 하버마스(Jürgen Habermas)가 소개하는 하버마스는『공론장의 구조변동』사회 내에서 '공적 영역'과 '사적 영역'이 분리과정을 미디어 사상적으로 기술하고 있다. 17장 미디어효과론은 실증주의에서 생산하는 '미디어효과' 모델의 10가지 오류를 지적하고 있다. 18장 구조주의에서는 담화의 장르의 분석과 미디어 텍스트의 학문적 접근 방식을 소개하고 있다. 19장 페미니스트 미디어 이론은 성(性)에 대한 미디어 텍스트, 페미니즘 역사 개관, 개념과 모델의 미디어분석에 적용하는 방법을 소개하고 있다. 20장 문화주의 이론에서는 윌리엄스(Williams)의 저서『장구한 혁명』에서는 버밍엄대학 현대문화연구소의 문화형식, 실천, 제도, 사회와 사회가 갖는 관계에 방법을 소개하고 있다. 21장 포스트모더니즘에서는 보드리야르(Jean Baudrillard)의 내파의 의미를 소개를 통해 〈시뮬라크르(Simulacre)와 시뮬라시옹(simulation)〉을 기술하고 있다. 22장 정보사회론, 프랭크 웹스터의 〈정보사회 이론〉에서 정보의 기술, 경제, 직업, 공간, 문화 차원의 정의를 기술하고 있다. 23장 뉴미디어론에서는『컨버전스 컬쳐』의 저자인 헨리 젠킨스(Henry Jenkins) 교수가 소비자와 생산자의 경계가 허물어지는 모습, 그리고 컨버전스의 시대에 돌입하면서 나타나는 미디어와 문화의 다양한 현상들에 대하여 미디어와 다른 문화 생산의 장에도 영향을 미치는 사례와 제작자와 소비자의 관계를 어떻게 재정의하는 방안을 소개한다.

2권 마지막에 해당하는 제4편은 콘텍스트상의 미디어 이론으로 총 네 개의 장으로 구성되어 있다. 크게 세 가지의 콘텍스트로 제작, 텍스트(내용), 수용자 관련 미디어 이론을 맥락 차원의 이론으로 기술하고 있다. 우선 24장 미디어 생산 관련 이론은 문화산업의 작동원리를 기술하고 있다. 25장 텍스트 관련 이론은 롤랑 바르트의 「저자의 죽음」에서 텍스트의 무의미와 텍스트의 복수성과 의미현상의 열림을 기술하고 있다. 26장 수용자 이론은 이엔 앙(Ien Ang)이 구분하는 『수용자의 이해(*Desperately Seeking the Audience*)』(1991)에서 대중미디어 수용자(시청자)의 광범위한 구성을 논하면서, 기본적으로 시청자 구성을 두 가지 형태로 구분한다. 시장형 수용자(audience-as-market)와 공적 수용자(audience-as-public)로 나누는 것으로 상업서비스 형태와 공공서비스 형태의 진화를 설명하고 있다. 마지막으로 27장 프로듀서로서 수용자 관련 이론에서는 '창비자(Audience as producer)'의 개념은 클레이 서키(Clay Shirky)의 『끌리고 쏠리고 들끓다』를 통해 새로운 디지털 사회와 새로운 대중의 탄생을 수용자 콘텍스트로 정리하고 있다. 이 장은 인터넷과 스마트 모바일의 출현이 대중의 의사소통 방식, 행동, 사고의 변화가 미디어 텍스트 생산방식의 변화에 수반되는 일련의 과정을 살피고 있다.

번역은 제2의 창작이라고 한다. 그러나 언제나 완벽을 기하기는 어렵고 지난한 작업에서 역자의 능력에 한계를 발견했다. 이론과 사상을 정확하게 이해하고 전달하는 것은 저자의 시대상황과 역사적 사회적 상상력이 필요하고, 정확성이 요구된다. 그러나 쉽지 않다. 글 쓰는 방식과 구성, 그리고 시대에 따른 문장구성 독이성이 차이가 난다. 이에 대한 이해가 필요해 보인다. 가능한 선에서 개별 저자들의 의도를 전달하려고 노력했다.

이 책을 정리하면서 많은 이의 도움을 받았다. 연구실의 대학원 연구원 학생들과 출판사의 기획과 편집을 꼼꼼히 해 준 (주)글로벌콘텐츠출판그룹과 편집위원들에게 감사를 전한다.

2016년 1월
권상희

Timeline

Year/s	Event	Person born (date of death in brackets)	Publication
1600s	1662–95 Licensing of the Press Act (UK)		1644 William Walwyn, *The Compassionate Samaritane* 1644 John Milton, *Areopagitica* 1689 John Locke, Epistola de Tolerantia ad Clarissimum Virum
1700s	1775–83 American Revolutionary War/War of Independence 1785 *The Times* (then called *The daily Universal Register*) first published 1789 French Revolution)	1770 Georg Hegel(1831)	1704 Mathew Tindal, *Reasons against Restraining the Press* 1712 John Asgill, *An Essay for the Press* 1791–92 Tom Paine, *Rights of Man* 1792 Mary Wollstonecraft, *Vindication of the Rights of Woman* 1798 William Goodwin, *Enquiry Concerning Political Justice* 1798 William Wordsworth and Samuel Taylor Coleridge, *Lyrical Ballads*
1800–50		1805 Alexis de Tocqueville (1859) 1806 John Stuart Mill(1873) 1818 Karl Marx(1883) 1820 Friedrich Engels(1895) 1822 Matthew Arnold (1888)	1811 James Mill, *Liberty of the Press* 1820–21 Jeremy Bentham, *On the Liberty of the Press and Public Discussion* 1835–40 Alexis de Tocqueville, *Democracy in America* 1845 Friedrich Engels, The *Condition of the Working Class in 1844* 1848 John Stuart Mill, *The Principles of Political Economy* 1848 Karl Marx and Friedrich Engels, *The Communist Manifesto*
1850–99		1855 Ferdinand Tönnies (1936) 1856 Sigmund Freud(1939) 1857 Ferdinand de Saussure (1913) 1858 Émile Durkheim (1917)	1859 John Stuart Mill, On Liberty 1859 Karl Marx, A Contribution to *the Critique of Political Economy*
	1888 First Kodak camera goes on sale	1864 Max Weber(1920) 1864 Robert E. Park(1944) 1885 György Lukács(1971) 1887 Marcel Duchamp (1968)	1863 John Stuart Mill, Utilitarianism 1867 Karl Marx, Das Kapital 1869 Matthew Arnold, Culture and Anarchy

Year/s	Event	Person born (date of death in brackets)	Publication
		1888 John Crowe Ransom (1974)	
		1889 Walter Lippmann (1974)	
	1890 University of Chicago founded		
	1891 Edison's kinetoscope built	1891 Antonio Gramsci (1937)	
	1894 First kinetoscope screenings	1894 Harlod Innis(1952)	
	1895 Lumière brothers' first film screenings	1895 Vladimir Propp (1970) Max Horkheimer (1973) F.R. Leavis(1978)	
	1896	1896 André Breton(1966)	
	1897 Guglielmo Marconi sends first wireless communication over water		
	1898	1898 Bertolt Brecht(1956) Herbert Marcuse (1979)	
	1899		Sigmund Freud, *The Interpretation of Dreams*
1900–19	1901 Guglielmo Marconi sends first transatlantic wireless signal	1901 Pual Lazarsfeld(1976) Jacques Lacan(1981)	
		1902 Harold Lasswel (1978)	
		1903 Theodor Adorno (1969)	
		1905 Robert Penn Warren (1989)	
		1906 Cleanth Brooks(1994)	
		1908 Claude Lévi-Strauss	
		1910 Robert Merton(2003)	
		1911 Marshall McLuhan (1980)	
	1912 British Board of Film Censors founded		
	1913		Water Lippman, *A Preface to Politics*

Year/s		Event	Person born (date of death in brackets)	Publication
		1914		Walter Lippman and Herbert Croly(founders), The New Republic
			1915 Roland Barthes(1980)	
	First World War	1916	C. Wright Mills(1962)	Ferdinand de Saussure, Course in General Linguistics
		1917 Russian Revolution Marcel Duchamp's 'Fountain'		
		1918	Louis Althusser(1990) Richard Hoggart	W.I. Thomas, *The Polish Peasant in Europe and America*
			1919 Daniel Bell	
1920–45		1921	Raymind Williams(1988) Betty Friedan(2006)	Robert E. Park and E.W. Burgess, *Introduction to the Science of Sociology*
		1922 British Broadcasting Company(BBC) founded	Erving Goffman(1982)	C.S. Johnson, *The Nergo in chicago* Robert E. Park, *The Immigrant Press and its Control* Water Lippmann, *Public Opinion*
		1923 *Radio Times* launched		N. Anderson, *The Hobo*
		1924	Ralph Miliband(1994) Jean–Francois Lyotard (1998)	André Breton, *The Surrealist Manifesto*
		1925	Albert Bandura Zygmunt Bauman	Robert E. Park, E.W. Burgess and R.D. McKenzie(eds.)(1925), *The City*
		1926 John Logie Baird demonstrates first transmission of moving images	Michel Foucault(1984)	
		1927 British Broadcasting Company becomes British Broadcasting Corporation (BBC)		Harold Lasswell, *Propaganda Techniques in the World War* E.R. Mowrer, *Family Disorganization*
		1928	Noam Chomsky Edward S. Herman Alvin Toffler	Vladimir Propp, *The Morphology of the Folktale* L. Wirth, *The Ghetto*
		1929 First Oscar ceremony	Jean Baudrillard(2007) Jürgen Habermas	H.W. Zorbaugh, *The Gold Coast and the Slum*
		1930 Hays code inaugurated	Pierre Bourdieu(2002)	Sigmund Freud, *Civilization and its Discounts* Harold Lasswell, *Psychopathology and Politics* F.R. Leavis, *Mass Civilization and Minority Culture*
		1931	Rupert Murdoch	

Year/s	Event	Person born (date of death in brackets)	Publication
	1932	Umberto Eco Stuart Hall	F.R. Leavis, *New Bearings in English Poetry*
	1933 Adolf Hitler becomes Chancellor of Germany		
	1934	Fredric Jameson	
	1939 Columbia Broadcasting System(CBS) begins broadcasting television	Germaine Greer Tzvetan Todorov	
Second World War	1940 Lazarsfeld–Stanton Program Analyzer first used at CBS		
	1941	Laura Mulvey	
	1942	Manuel Castells	
	1944		Max Horkheimer and Theodor Adorno, *Dialectic of Enlightenment*
	1945	John Howkins	
1946–69	1946		Harold Lasswell, *The Structure and Function of Communication in Society*
	1947		Walter Lippmann, *The Cold War*
	1948		Lyman Bryson, *The Communication of Ideas* F.R. Leavis, *The Great Tradition*
	1949		Wilbur Schramm(eds.), *Mass Communication*
	1950 European Broadcasting Union created	Frank Webster	Harold Innis, *Empire and Communications*
	1951		C. Wright Mills, White Collar Harold Innis, *The Bias of Communication*
	1952	Doug Henwood	
	1953		Jacques Lacan, *Écrits*
	1954		Frederic Wertham, *Seduction of the Innocent*
	1955 ITV begins broadcasting		Alain Robbe–Grillet, *The Voyeurs*
	1956 First transatlantic television cable	Judith Butler	C. Wright Mills, *The Power Elite*
	1957 Sputnik 1 launched		Roland Barthes, *Mythologies*
	1958		Hannah Arendt, *The Human Condition* Richard Hoggart, *The Uses of Literacy* Claude Lévi-Strauss, *Structural Anthropology* Raymond Williams, *Culture and Society*

Year/s	Event	Person born (date of death in brackets)	Publication
	1959		Erving Goffman, *The Presentation of Self in Everyday Life* C. Wright Mills, *The Sociological Imagination*
	1960		Joseph Klapper, *The Effects of Mass Communication* Raymond Williams, *Border Country*
	1961 Albert Bandura's bobo doll experiments		Raymond Williams, *The Long Revolution*
	1962		Jürgen Habermas, *The Structural Transformation of the Public Sphere* Marshall McLuhan, *The Gutenberg Galaxy*
	1963		Betty Friedan, *The Feminine Mystique*
	1964 *The Sun* first published Centre for Contemporary Cultural Studies(CCCS) founded at Birmingham University		Claude Lévi-Straus, *The Raw and the Cooked* Marhsall McLuhan, *Understanding Media* Ralph Miliband and John Saville(founders), *Socialist Register*
	1966		Michel Foucault, *The Order of Things*
	1967 BBC2 begins broadcasting Radio Leicester is first BBC local radio station		Roland Barthes, *The Death of the Author* Marshall McLuhan, *The Medium is the Message*
	1968 Student riots and general strike in Paris		
	1969 First moon landing seen by 500 million television viewers worldwide First page three girl in The Sun The Open University is established PBS founded in America		
1970-99	1970		Germaine Greer, *The Female Eunch*
	1971 Ray Tomlinson sends first inter-computer email		Tzvetan Todorov, *The Poetics of Prose*
	1972		English translation of Max Horkheimer and Theodor Adorno's *Dialectic of Enlightenment* published
	1973 Martin Cooper makes the first non-vehicle mobile phone call Modern fibre optics invented Independent local radio launched in UK		Daniel Bell, *The Coming of the Post-Industrial Society* Umberto Eco, *Travels in Hyperreality* Ralph Miliband, *The State in Capitalist Society*
	1975		Umberto Eco, *A Theory of Semiotics*

Year/s	Event	Person born (date of death in brackets)	Publication
			Michel Foucault, *Discipline and Punish*
			F.R. Leavis, *The Living Principle*
			Laura Mulvey, *Visual Pleasure and Narrative Cinema*
1976	VHS launched		Raymond Williams, *Keywords*
1977			Roland Barthes, *Image Music Text*
			Paul Willis, *Learning to Labour*
1978			Angela McRobbie, *Jackie*
			Charlotte Brunsdon and David Morley, *Everyday Television*
			Tzvetan Todorov, *Genres of Discourse*
1979			Umberto Eco, *The Role of the Reader*
			Dick Hebdige, *Subculture*
			Jean-Francois Lyotard, *The Postmodern Condition*
1980			Stuart Hall, *Encoding/Decoding*
			Alvin Toffler, *The Third Wave*
1981	MTV begins in the United States		Jean Baudrillard, *Simulacra and Simulation*
			Edaward S. Herman, *Corporate Control, Corporate Power*
1982	Channel 4 and S4C begin broadcasting First CD released		Dorothy Hobson, *Crossroads*
1984			Pierre Bourdieu, *Distinction*
			Stuart Hall, *The Idea of the Modern State*
1985	Live Aid concert for famine relief in Ethiopia seen by 1.5 billion television viewers worldwide		len Ang, *Watching Dallas*
			Joshua Meyrowitz, *No Sense of Place*
			Neil Postman, *Amusing Ourselves to Death*
1986			David Harvey, *The Condition of Postmodernity*
1988	First digital camera goes on sale		Edward S. Herman and Noam Chomsky, *Manufacturing Consent*
1989	Sky television starts broadcasting in the UK		English translation of Jürgen Harbermas' *The Structural Transformation of the Public Sphere* published
	1990 BSB starts broadcasting Merger of BSB and Sky crates BSkyB		Judith Butler, *Gender Trouble*
			Anthony Giddens, *The Consequences of Modernity*
Gulf War	1991		len Ang, *Desperately Seeking the Audience*
			Jean Baudrillard, *The Gulf War Did Not Take Place*
			Noam Chomsky, *Deterring Democracy*

Year/s	Event	Person born (date of death in brackets)	Publication
			Fredric Jameson, *Postmodernism, or the Cultural Logic of Late Capitalism*
	1992 First commercial SMS/text message sent		
	1993 Jamie Bulger is murdered European Union established		
	1994		David Lyon, *The Electronic Eye* Liesbet van Zoonen, *Feminist Media Studies*
	1995		Edward S. Herman, *Triumph of the Market* Frank Webster, *Theories of the Information Society* (first edition)
	1996 Google launched		len Ang, *Living Room Wars* Manuel Castells, *The Rise of the Network Society*
	1997 *Titanic* becomes first film to gross $1,000,000		Stuart Hall(ed.), *Representation*
	1999 Columbia High School shootings		
2000+	2001 Wikipedia launched		David Lyon, *Surveillance Society*
	2002 Centre for Contemporary Cultural Studies(CCCS) closed		Noam Chomsky, *On Nature and Language* David Hesmondhalgh, *The Cultural Industries* (first edition)
	2003 Operation Iraqi Freedom		
	2005 YouTube launched		David Gauntlett, *Ten Things Wrong with the Effects Model*
	2007		Anthony Giddens, *Europe in the Global Age*

목차

제1편 이론의 강독

제2편 주요 사상가와 학파

제3편 이론 접근방법

1장

서론

이 책은 학생들이 미디어 연구에 관련된 분야의 수학과정을 마치는 것을 돕기 위해 만들어졌다. 책의 근본적인 목적은 학생들이 미디어 이론 글에서 비판적인 독자가 되기 위해 요구되어지는 지식과 기술을 발전시킬 수 있도록 하는 것이다. 그러한 관점에서 책은 부차적으로 요구되는 두 가지 목적을 이룰 것이다. 첫 번째는 학생들의 인식을 발전시키고 이론의 기원을 이해시키며, 미디어 연구에서 이론의 적용을 돕는 것이다. 두 번째는 학생들이 비평적인 독자로서 그들 자신의 글쓰기와 언어적 커뮤니케이션 기술을 향상시킬 수 있는 능력을 새롭게 획득하도록 단련시키는 것이다. 따라서 이 책은 미디어 이론에 관한 것이지만, 가르치고 배우는 교육학이기도 하다.

이 책은 미디어 이론을 포함하여 다년간 학부생을 가르친 우리 자신의 경험으로 쓰였다. 미디어 이론을 설명하는 엄청난 양의 교과서와 자료들이 있다. 우리가 사용해 온 그 많은 것들이 학생들에게 그리고 우리에게도 득이 될 것이라고 우리는 믿어 왔다. 만약 같은 주제가 다른 방식으로 접근되거나 구성되어 있어도 말이다. 그 산출물이 이 책이고, 그러한 종합선물세트 같은 속성 때문에 획기적이라고 우리는 믿는다. 왜냐하면 이 책은 전통적인 교과서와 읽기 교재 모음을 결합했고, 그렇기 때문에 개별적인 틀에 대한 우려의 목소리를 피할 수 있다.

미디어 이론에 관한 폭넓고 다양한 글 또는 읽기 자료를 포함함으로써 우리는 교과서가 학생들이 원문을 읽도록 동기화시키기는커녕 오히려 더 회피하도록 만든다는 불만을 극복하고자 했다. 또한, 우리는 전통적인 읽기 자료에 대해 기존과 다른 접근법을 사용하였다. 우리는 읽기를 할 학생을 두고, 교육학적인 장치를 통해 선택된 읽기 자료에 개입하여 논평하였다. 그 후, 그들이 읽고 난 후의 생각을 반영하였다. 그 결과 이 책은 학생들이 읽기 어려운 글을 소화하고 이해하도록 도울 수 있고, 학생들 스스로가 비판적인 독자가 되는 것을 돕도록 만들어졌다.

이 책은 크게 네 부분으로 구성된다. 첫 번째 부분은 두 개의 장을 포함하는데, 이 책의 근거를 제공하는 첫 번째 부분의 제목인 미디어 이론 읽기에서 그 맥락을 찾을 수 있다. 제2장 '이론이란 무엇인가'는 이론의 특성과 목적, 이론의 적용 그리고 왜 미디어 연구에 이론이 필수적인지를 설명한다. 제2장 '읽기란 무엇인가'는 대학에서 읽기의 목적, 읽기과정에서의 문제점을 극복하는 방안, 비판적 읽기로 무엇을 이해할 것인가와 이론의 읽기와 더 높은 수준의 미디어 분석에 접근하는 방법 등을 설명한다. 두 번째, 세 번째, 네 번째 부분은 책의 후반 타이틀인 사상가들, 접근법, 콘텍스트를 설명한다.

'미디어 주요 사상가와 학파(Key thinkers and schools of thought)'라는 두 번째 부분은 11개의 장으로 구성되어 있고, 각각의 장은 특정 학파별 사상과 사상가들의 생각을 담고 있다. 예를 들어, 버밍엄대학 현대문화연구소에 관한 장에는 프랑크푸르트학파와 마르크시즘에 대해 나와 있다. 이 책의 지면상의 한계로 관련 있는 모든 학파와 그들의 사상을 담을 수는 없다. 그러므로 이 책은 미디어, 커뮤니케이션과 문화 연구와 관련된 이론의 형성과 발전에 중대한 기여를 한 것으로 인정된 학자들(비록 논란이 많더라도)을 싣는 데 중점을 두었다. 더욱이 우리의 주요관심사는 문헌을 그대로 살리는 것보다 교육을 하는 데에 있기 때문이다.

세 번째 부분인 '미디어 이론 접근법(Approaches to media theory)'은 9개의 장으로 되어 있고, 각각의 장은 미디어 이론에 대한 특정한 접근방법을 다룬다. 전통과 공공경제, 페미니스트 미디어 이론, 문화 이론과 포스트모더니즘 등에 대한 사례들을 포함한다. 첫 번째 부분에서와 같이 어떤 접근방법과 어떤 글을 포함해야 할지 결정이 필요했다. 우리는 가장 널리 사용되는 접근방법을 담고, 각 장이 본래의 핵심적 의미를 담거나 내용을 정의할 수 있도록 했다. 우리가 담은 몇 개의 접근방법들은—그리고 선택된 본문의 몇몇 저자들은—계속 변화해 왔고 구식 이론이 되어 버린 것도 있다.

제4편 '콘텍스트상의 미디어 이론(Media theory in context)'은 4개의 장으로 이루어져 있고, 각각의 장은 특정한 맥락과 관련된 내용에 기반을 두었다. 제4편은 프로듀서, 제작(또는 제도), 텍스트 관련 이론(또는 내용), 그리고 수용자 이론(또는 수용자)과

생산자로서 수용자(프로듀서로서 수용자)를 포함한다. 저자는 그것들에 대한 전통적 미디어 연구인 삼위일체, 삼차원 접근방법(Devereux, 2007: 3)에 대해 설명했다. 이론적 생각의 활용방법을 설명하기 위한 목적으로 본문과 청중들을 분석하고 해석하여 묘사하였다. 이 책의 앞부분에 언급된 사상가들과 접근방법, 그 내용에 대해 연결된 다른 장들을 상호 참조하였다.

제3편과 제4편은 유사하게 장이 구성되어 있으며, 각 장은 각각 네 개의 주요 섹션으로 되어 있다. 첫 번째 섹션은 사상과 사상가들, 접근방법과 내용들을 소개한다. 두 번째 섹션은 선별된 글과 그것의 저자들을 소개한다. 세 번째 섹션은 선별된 본문과 관련 있는 내용을 학습시키기 위해 우리가 개입한 부분으로 해설이 포함되어 있다. 우리는 각각의 내용에 대해 코멘트할 수 있는 교육적인 구조를 선택하여 각 주장들을 논하고, 전문용어와 핵심 생각들을 설명하였다. 또, 다른 관련 있는 소재에 대해 언급하고 본문 외의 질문을 제기하기도 하였다. 네 번째 섹션은 현대 미디어 문화의 유산과 관점의 타당성에서 적절한 연구 방향에 대해 언급했다. 각 장의 끝에는 주요 용어, 주요 학자, 참고문헌이 포함되어 있다.

편집자가 처음 이 책을 쓰기 시작했을 때, 주된 대상은 미디어 연구나 관련된 영역의 학부 대학원 과정 중인 학생이었다. 그 이후로, 편집자인 교수는 이 책이 그런 대학원 과정을 밟고 있는 모든 학년의 학생들에게 유용한 학습 자료가 될 것이라고 조언하고 강의해 왔다.

이 책을 읽는 독자가 몇 학년이든, 이 책은 학생들의 학습과정에서 어떤 영역을 공부하든 학생들의 글읽기 실력과 분석적 기술을 발전하게 해 줄 것이다. 또한 이 책은 핵심 이론과 논쟁의 윤곽을 잡고 다른 연구사례를 비판적으로 평가하는 능력, 특정한 맥락에 접근하는 이론적인 방법을 떠올려 조직화하고 주장을 제기하는 능력을 향상시켜 줄 것이다. 하지만 이 모든 것은 독자들이 비판적인 학습자세일 때 적용되는 것이다.

제1편

이론의 강독

2장

이론이란 무엇인가?

 이론 정의

〈오늘의 경기(Match of the day)〉〈BBC2/1, 1964~)를 방영하는 주마다 게리 리네커와 앨런 핸슨 같은 축구 전문가들은 그날의 경기 영상을 분석하고, 팀의 경기 방식을 비판하고 점검한다. 그들은 특정 선수나 팀의 전술에 대해 논의하는데, 슬로모션 영상을 보고 어떻게 하면 팀이 더 나은 경기를 할 수 있었는가에 대한 의견을 제시한다. 해설자들은 자신들의 경험이나 지식을 주장의 근거로 사용하지만, 서로의 의견에 동의하는 경우는 드물다. 또, 프로그램이 매주 방영되기 때문에 이전의 논쟁들을 재검토할 수도 있고, 시청자로서 시간이 지나면서 각 전문가가 중요하게 여기는 특정한 것들에 대해 감을 잡고, 그들이 어떤 것에 대해 얘기하길 좋아하는지 알게 되었다.

이런 일들은 모든 스포츠 전문가들 사이에서 일어나는 일이며, 방송에서도 스포츠에 대한 논쟁, 분석, 가설과 예측을 주로 다룬다. 전문가들은 운동가들에게 경기력 향상을 위한 의견을 제시할 때 주로 옳거나 그름이 입증될 수 없는 방법을 제시한다. 경기는 다른 전술이 어떤 결과를 내는지 보기 위해서 똑같은 방식으로 다시 진행할 수는 없다. 실제로 우리는 살면서 확인할 수 없는 의견을 종종 제시하곤 한다. 예를 들면, 우리의 로맨틱한 관계들은 단정된 짐작을 바탕으로 시작된다. 만약 당신이 좋아하는 사람과 대화를 하게 되었다면, 당신은 친구와 상대방의 세세한 말 하나하나의 뜻에 대해 이야기할 수 있다. 당신은 친구와의 대화에 근거해 다음 행동을 준비하게 될 것이다. 〈Sex and the City〉(HBO, 1998~2004)와 같은 프로그램은 사람들의 행동의 뜻, 목적 등에 대해 얘기하는 내용이다. 그리고 어떤 한 여자의 주장이 완전히 진실이거나 옳은 경우는 거의 없다. 이러한 점을 볼 때 우리는 증거, 짐작, 경험, 조언 등을 통해 타인의 행동에 의미를 부여하고 해석하는데 많은 노력을 한다는 것을 알 수 있다.

다시 말하면, 우리는 주변의 세상을 이론화하는 데 많은 시간을 투자한다. '이론'은 우리가 의미를 이해하기 어렵게 하는 대학, 학구적, 복잡한 글쓰기와 연결되는 단어이다. 그러나 이론을 만드는 과정은 매일 일어나는 일상의 전형적인 일들이다. 이론은 그저 세상에 대해 생각하는 방법(a way of thinking about the world)이라고 여겨질 수 있다. 미디어 이론의 과정에는 특정한 목적과 일하는 법이 있다. 그러나 이는 사람들이 매일 몰두하는 이론화를 하는 것의 연장일 뿐이다. 이 책을 읽으면서 당신은 어느 주제이든, 매번 친구나 동기와 얘기하고 토론할 때의 과정에 대해 생각해봐야 할 것이다.

이론이 과정이라는 견해는 중요하다. 지금까지 당신이 받아온 교육에서 사용한 자료들은 꽤 명확하고 구체적이다. 즉, 그것들은 사실에 입각한 자료들이고, 당신이 배우길 요구된다는 것이다. 당신이 배운 내용의 정당성이나 타당성에 대해 논쟁을 하는 경우는 없었을 것이다. 그리고 주로 당신의 지식이나 어떤 것을 자각하는 능력을 평가 받아왔을 것이다. 그러나 대학수준에서는, 더 이상 사실에 근거한 자료만을 다루지 않는다. 대신에 대학은 당신에게 많은 논쟁거리가 있는 아이디어와 개념을 알려주고자 하고, 그렇게 함으로써 당신이 논쟁에 참여하기(join in that debate)를 북돋아 준다. 즉, 당신이 토론과 심의의 과정의 일부가 될 수 있고, 당신의 의견을 제시하고 상대방의 의견에 응답할 수 있다. 이론에 관여할 때 당신의 역할은 '답'을 찾기 위해 이론을 연구하는 것이 아니라, 이론의 저자가 주장한 바를 이해하고 주장에 답하는 것이다. 대학들이 강의를 세미나와 토론으로 구성하는 이유 중 하나는, 학생들이 자신의 의견을 제시하고, 책에 있는 것들이나 친구들의 주장에 대답하는 과정에 참여할 수 있기 때문이다.

이론은 과정의 일부이므로 당신이 배우면서 여러 자료들에서 다르게 쓰인다. 즉, 이론의 목적이 논쟁, 토론, 분석을 장려하는 것인 만큼, 이론을 공부하는 사람들의 대답을 의도적으로 유발한다. 이론을 만드는 많은 사람들은 다른 사람들이 세상을 현재 보이는 것과 다르게 보기를 원한다. 그러려면 어떤 것에 대해 생각하는 '전형적인' 방법에 의문을 가지고 비평해야 한다. 즉, 이론은 의도된 목적이 있는데, 독자들이 세상을 새롭게 보는 데 영향을 미치고, 앞으로 이론의 과정을 도와줄 수 있고, 정보에 입각한 대답을 요하는 것이다.

이 정의는 애매할 수 있는데, 그것은 당연하다. 실제로 만약 세상에 존재하는 모든 토론, 논쟁이나 분석이 이론이라면, 이론이 아닌 것을 찾기 어려울 것이다. 우리는 과정으로서의 이론과 그 과정의 결과를 구분할 수 있다. 백과사전이나 사전에는 보통 타당하고 진실이라고 받아들여지는 사실이 들어 있기 때문에 토론이나 논쟁으로 이어지는 경우가 거의 없다. 이러한 것들은 전문가들의 토론과 연구의 결과이다. 한편으로 이론은, 그 정보에서 결과를 도출해 내는 과정으로 볼 수 있다. 이론은 합의된 결론을 도출하기 위한 움직임을 장려하기 위해 질문하고, 의견을 제시하고, 이미 나와 있는 의견들을 반박한다. 세상에 대한 이론화는 세상을 이해하는 것의 시작점이다. 그리고 이론이 '어려운' 것으로 보이는 이유 중 하나는, 아직 결론이 나지 않아서 모든 것이 토론의 대상이 되기 때문이다.

이론이 무엇인지 이해하기 위해 윌리엄스(Williams, 2003: 16)는 이론의 세 가지 유형을 제시했다.

1. 학술적 유형
2. 전문적 유형
3. 상식적 유형

이 중에 당신이 대학에서 배우게 될 것은 첫 번째이다. 학술적인 이론은 학파 또는 더 넓은 학술적 집단에서 제시되고 토론되며, 세상을 이해하기 위한 연구와 비평이라는 목적을 가지고 있다.

윌리엄스는 두세 번이 행해지는 과정이 '학술적' 이론과 비슷함을 증거를 들어가면서 보여 줬지만, 두 번째와 세 번째 유형은 '이론'으로 분류되는 경우가 거의 없다. 그래서 전문가들은(영화감독, 홍보이사, 작가, 연기자, 음악가와 같은) 더 나은, 성공적인, 흥미로운, 혁신적인 문구를 만들기 위해 그들의 일하는 방식에 대해 많은 시간을 투자해서 토론하고 논쟁한다. 그리고 그들은 끊임없이 자신들의 과정을 돌아보고 분석하고, 다른 이들도 주시한다. 그렇게 함으로써 전문가들은 그들이 언론 전문가로 참여하는 활동들을 이론화한다. 그리고 직업을 넘어서, 어떤 개인이든 진행중인 과정을 돌아보거나 분석하는 것에 참여할 수 있다.

'상식적' 이론은 우리가 매일 마주치는 것들에 대한, 예를 들면, 친구와 지나간 대화에 대해 이야기하는 것과 같은 이론화이다. 윌리엄스는 우리가 이론화할 때 하는 비판적인 생각이나 분석들이, '학술적' 이론을 이론화할 때 요구되는 것과 똑같지만, 이런 것들은 일상적인 과정이라 우리가 이론화라고 간주하는 일이 드물다고 주장했다. 이것이 보여주는 것처럼, 미디어에 대한 연구는 사실은 굉장히 일상적이고 우리가 살면서 계속 쓰는 능력들이다. 그러므로 우리는 '미디어 이론'에 대해 일상과 떨어져 있거나, 구별되는 것이라고 생각하면 안 된다. 그저 일상적이고 꼭 필요한 특정한 과정의 응용이라고 여겨야 한다.

[요약]
• 이론은 과정(process)이다.
• 이론은 목적(purpose)이 있다.
• 당신의 역할은 그 과정에 참여(engage)하는 것이다.
• 이론에는 다양한 유형이 있다.

 ## 무엇을 위한 이론인가?

이쯤 되면 당신이 이론의 용도와 역할은 학술적인 것만이 아니라 세상의 보편적인 것들과 관련됐음을 이해했을 것이라고 생각한다. 이론은 보통 사실이거나 상식적이라고 인정된 것에 대해 의문을 갖기 때문에, 사람들의 새로운 통찰력이나 돌파구를 찾을 수 있는 능력을 이끌어내는 의견이나, 일하는 법의 발전을 야기한다. 과학자들은 주로 어떤 현상이나 과학의 측면에 대한 이론적인 모델을 세운다. 모델은 이론에 근거한 것이지만, 과학자들은 그것의 타당성이나 기존의 지식에 새로운 발견을 줄 수 있는지 확인하기 위해 실험을 한다. 보통 모델은 이러한 실험이 끝나면 수정되어야 한다. 그러나 모델이 없이는 실험이 진행될 수 없었을 것이고, 실험을 통해 발견한 새로운 지식도 그대로 모르는 것으로 남아 있었을 것이다. 미디어 연구에서도 똑같은 상황이 발생한다. 이 책에 있는 장에서는 스튜어트 홀(Stuart Hall, 1980a)이 제시한 미디어 커뮤니케이션이 일어나는 방법인 '코드화와 독해 모형(Encoding/Decoding model)'을 다룬다. 그가 주장을 뒷받침하기 위한 근거들을 제시하고 그 모델이 현재의 지식과 이론에 대해 어떻게 대응하는지 보여 주긴 하지만, 그것은 여전히 이론적인 모델이다. 그 다음, 학자들이 모델에 대해 질문하고 비판하고 실험했다. 일부는 타당성이 있다고 생각했고, 일부는 수정을 거쳐야 쓸모 있다고 주장했다. 여기서 중요한 것은 스튜어트 홀의 모델 없이는 커뮤니케이션 방법에 대한 새로운 관점을 제시해 주는 풍부한 연구들이 진행되지 않았을 것이라는 점이다. 따라서 이론의 목적 중 하나는 새로운 종류의 연구를 하도록 자극을 주는 것과, 논쟁, 연구의 범위를 넓힘으로써 발생하는 앞으로 지식수준의 향상이다.

모델을 제시하는 것의 이론적인 근거는 다양하고, 어떤 이론이 제시되는 것의 목적 또한 마찬가지이다. 상당수 이론의 목적은 세상을 설명하는 것을 돕는 것이다. 세상에 대해 생각하고 접근하는 방법을 제시하면서 사람들이 새로운 시각을 갖게 돕는다. 이런 유형의 이론은 세상을 설명하는 것을 도와주는 '서술' 이론이라 불린다. 그러나 어떤 이론들은 미디어 연구에서 흔히 일어나는 훨씬 비판적이고, 세상의 불공평함을 보여 주며 좀 더 적절한 체계를 제시한다. 이러한 접근은 세상을 설명하는 것보다, 세상의 문제를 보여 주고 해결책을 제시하는 것과 좀 더 관련되어 있다. 이러한 이론은 세상의 일들에 대해 비판적이기 때문에 '비판' 이론이라 부른다. 당신은 이 책을 통해 많은 비판 이론을 배울 것이다. 많은 미디어 연구들은 미디어가 사회적인 불균형을 지지한다고 가정하고 이런 체계를 비판하고 대안을 제시한다. 예를 들면, 프랑크푸르트학파의 학자들은 미디어가 사회의 불평등과 폭력을 조장하는 선전활동을 위해 쓰일 수 있다는 것을 확실히 느꼈을 것이다. 프랑크푸르트학파에게는 세상이 어떻게 돌아가는지가 명백했기 때문에 서술 이론에 큰 연관을 느끼지 못할 것이다. 대신 그들은 사회에서의 미디어 역할 수행을 비판하고 대응 방안을 제시하는 비판 이론을 주로 사용했다.

미디어 이론을 공부 직면하는 어려움 중 한 가지는, 많은 경우에 미디어 이론이 이처럼 비판적이라는 것이다. 다수의 미디어 이론들은 당신이 미디어와 사회의 관계에 관심을 가지고, 미디어를 정치·시민·정부에 중요한 요소로 탐구한다고 가정한다. 많은 미디어 이론들은 미디어에 대해 부정적으로 서술하기 때문에, 만약 당신이 영화, 텔레비전, 음악이나 다른 미디어를 좋아한다는 이유만으로 이 과목을 공부한다면 불쾌감을 느낄 수 있을 것이다. 또, 당신이 미디어에 대해 부정적으로 말하는 것만 허용되고, 미디어에 대한 즐거움, 기쁨 또는 순수하게 서술 이론에만 흥미를 갖는 것은 잘못된 방향이라고 느낄 수 있다. 그러나 비평 이론도 세상에 어떻게 돌아가는지 설명하는 것을 시도하기 때문에 서술 이론이다. 또 단지 비평적인 이론이 역사가 있다는 이유만으로 이런 현상이 지속 될 것이라는 예측은 옳지 않다. 최근에 데이비드 건틀릿(David Gauntlett. 이 책의

'17장 미디어효과론' 참조), 헨리 젠킨슨(Jenkins, 2007) 같은 사람들이 미디어와 관련된 즐거움과 사람들이 자신과 삶을 이해하는 수단으로서의 미디어에 대해 연구를 했다. 즉, 당신이 읽은 대부분의 자료들이 비판적이라고 느낄지라도 세상에는 많은 서술 이론도 존재한다.

앞에서 언급한 것처럼 이론의 주목적은 토론, 비평, 논쟁, 분석을 장려하는 것이다. 이는 주로 고의적으로 논쟁을 불러일으키고, 앞으로 새로운 이론의 발전을 장려한다. 이론은 현재 진행되는 아이디어와, 존재하는 주장에 대한 응답의 대화가 계속 존재하도록 하고 사회와 미디어의 변화를 추구하는 것을 시도한다. 이러한 의미에서 이론의 목적은 우리가 어떤 것도 당연하게 여기지 않고, 어떤 것도 단순하거나, 간단하거나, 쉽게 설명 가능하다고 여기지 않게 하는 것이다. 이론은 지속적으로, 열정적으로 모든 것에 질문하면서 우리가 계속해서 세상에 대해 질문하고, 미디어를 사회에서 중요한 요소로 여기도록 한다. 이러한 것들이 중요한 질문이라고 주장할 때, 미디어 이론은 우리의 스스로 사회, 세상에 대해 생각하게 하는 데에 중요한 역할을 한다.

[요약]
- 이론은 토론과 논쟁을 고취하고 새로운 연구 영감을 준다.
- 이론은 서술적이거나 비판적이다.
- 이론에 대한 논쟁은 현재 진행형이고, 더 많은 이론 탐구에 단초를 제공한다.

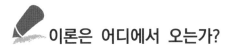# 이론은 어디에서 오는가?

이론들이 어디서 오느냐는 생각이 중요한 데에는 몇 가지 이유가 있다. 이 책에서는 우리가 중요하고 도움이 된다고 생각하는 지문을 골랐고, 이것들이 모여서 미디어 연구 계를 가능한 넓고 깊게 대표한다고 보았다. 하지만 이러한 지문들은 어디서 오는 걸까? 왜 그것들이 선택됐을까? 내용 혹은 저자 때문일까? 지문은 세계의 다양한 곳에서, 다른 시간대에서 온다. 이것이 중요할까? 몇몇 사람들이 이론을 쓰고 그것들이 출판되고 대학에서 가르쳐지는 이유는 무엇일까? 반면 왜 대다수의 사람들에게는 가르쳐지지 않을까? 만약 당신이 이론적인 기사를 쓴다면 그것은 출판될 것인가 혹은 가르쳐질 것인가? 만약 아니라면 왜 그럴 것인가? 중요한 것은 이론이 끝을 맺거나 가르쳐지거나 혹은 읽히게 되기 위해 거치는 과정이 있다는 것이다. 그리고 이것들은 '미디어 이론'을 구성하는 데에 중요한 함축적 의미가 있을지도 모른다.

먼저, 이론이 읽혀지려면 출판되어야 한다. 당연하게 들릴 수 있지만, 글이 출판되기 위해 거쳐야 하는 과정은 길고 복잡하다. 책이 출판되기 위해서는 출판사가 동의를 해야 한다. 이것 또한 당연하게 보일 수 있다. 왜 출판사가 다른 책은 출판하지 않고 이 책을 선택할까? 우선 경제적인 요인들이 있다. 이익과 적자가 학술적인 출판에서 제일 우선시되는 이유는 아니지만, 출판사가 책을 살 것 같은 구독자가 없는 책을 출판하는 데에 동의할 리가 만무하다.

두 번째로, 출판사들은 서로 다른 전문 분야를 가지고 있다. 당신이 공부하면서 봐왔던 많은 책들은 루트리지, 세이지, 아놀드, 브리티시 필름 인스티튜트 등과 같은 회사에서 출판되었을 것이다. 만약 당신이 다른 과목을 공부했다면 출판사들도 달랐을 것이다. 그리고 출판사들은 시장, 과목의 변화에 따라 그들의 주요 관심분야를 변경한다.

세 번째로, 다수의 출판사들은 책의 출판 여부에 대해 충고하는 여러 학자들에게 책 출판을 제의한다. 똑같은 일은 기사 작성에도 일어난다. 보통은 '동업자의 평가'가 행해지는데, 그 분야의 전문가 최소 2명이 평가한다. 이러한 과정에는 장점도 있지만(새로운 일들을 전문가로 인정된 이들에게 평가 받는다), 반면에 전문가들이 접근법에 의문을 가지거나 약화시켜서 창의적인 일을 제한한다는 단점도 있다. 이것은 당신의 글이 알맞게 검토 받고 인정받아야 함을 의미한다.

이 모든 것들이 의미하는 것은, 참신하거나 혁신적인 것들을 담고 있을지도 모르는,

어떠한 글이든지 출판을 하기 위해서는 다른 학자들과 많은 과정을 거쳐야 독자들에게 전달될 수 있다는 것이다. 실제로 자신의 글이 출판되기를 원하는 학자들은 많은 시간을 들여 그들의 제안이 출판사에서 통과 될 수 있도록 노력한다. 출판사에서의 통과는 글의 질에 대한 것뿐만이 아니라, 집필자가 다룰 수 없는 시장적인 요인을 얘기한다. 이것은 많은 이론들이 단지 출판되지 않아서 접근할 수 없다는 것을 말한다. 실제로 만약 당신이 고안해낸 획기적인 이론이 있다면, 이것을 어떻게 독자들에게 전할지 알 수 있을까? 인터넷이 좀 더 많은 독자들에게 닿을 수 있는 변화를 주었지만 많은 학자들은 오랜 시간 동안 출판 과정의 핵심인 '동료 연구자의 평가' 과정이 행해지지 않는 이상, 인터넷 출판에 신중함을 기한다. 이것은 출판시스템에 불공정하거나 부패가 있어서 이론의 발전에 제한을 걸고 있다고 제시하려는 것이 아니다. 이론은 읽혀졌을 때만 의미가 생기고, 출판되었을 때만 읽힐 수 있다는 것을 인정해야 한다는 것이다. 출판시스템의 자세한 사항들을 인정하고 나면 이론이 어디서 왔는지, 어떠한 과정을 거쳐서 독자에게 오는지 이해하는 것이 중요하다.

이러한 과정들의 결과는 이 책이 다루고 있는 이론의 저자들을 통해 볼 수 있다. 먼저 다수의 주요 저자들은 남자이고, 단지 2장(19장 페미니스트 미디어 이론과 26장 수용자 이론)만 여성 학자에 의해 쓰였다. 모든 저자 중 한 명만이 백인이다(스튜어트 홀). 모든 지문들은 캐나다, 미국, 영국, 프랑스와 독일 같은 북반구의 서쪽 나라에서 왔다.

이러한 불균형을 통해 일의 대표자들이 보통 그 분야의 우위를 차지함을 볼 수 있다. 언어의 차이 때문에 영국 학자들은 영어를 쓰는 나라들의 자료를 접하기가 더 수월하다. 그 외의 외국어로 적힌 지문들은 몇 년이 걸려서야 자료로 포함되고, 100년 전에는 영국에 영향을 미칠 수도 없었다. 영어로 번역하는 시스템이 제대로 갖추어지지 않았기 때문이다.

이러한 성별, 인종, 민족적인 이슈는 일반적인 미디어 이론뿐만 아니라 학술적인 조직의 비대표적인 경향을 나타낸다. 저자들 사이에서 계급적인 편견이 존재 할 가능성이 있지만, 그것을 입증하기는 어렵다. 이 모든 게 보여 주는 것은, 이론을 만들어내는 이들이 대체로 특정국가나 전 세계적으로 사회를 대표하는 무리의 사람들이 아니라는 것이다. 특히, 미디어 연구가 공평성과 대표성에 관련된 이슈에 중요성을 두는 과목인 만큼 이것에 대한 의견은 많은 학자들(Curran and Park, 2000; Stratton and Ang, 1996; Thornham, 2007)에 의해 제시되었다.

이론은 또 배경(context)에서 나오기도 한다. 즉, 이론을 만드는 사람들도 자신의 주위에서 벌어지는 일에 대해 쓰기 때문에, 그들의 생각과 관심에 영향을 준 배경을 잘 살펴보는 것도 많은 도움이 될 것이다. 예로써 영국에서는, 텔레비전은 공영방송을 해야 하는 전통(많은 유럽의 국가가 그러하듯)이 있는데 이는 텔레비전과 라디오가 주로 중요한 사회적 역할을 할 수 있는 공공재의 일부로 여겨진다는 것을 의미한다. 그러나 미국에서는 방송이 시장을 통해 분배되어야 하는 상품으로 여겨진다. 미국의 학자들은 영국의 학자들과는 다른 상황에서 일을 해서 서로 다른 우선사항과 접근법, 아이디어가 나오는 결과를 낳는다.

이러한 배경은 많은 이론가들이 비슷한 환경에서 일하고 비슷한 접근법과 의문을 가지게 한다. 이 책에서 다양한 학자로 구성된 다양한 '학파'들이 주로 같은 장소에서 같은 시기에 비슷한 프로젝트를 했던 집단으로 분류된다. 예를 들자면, 프랑크푸르트학파(테오도르 아도르노, 발터 벤야민 위르겐 하버마스, 막스 호르크하이머를, 헤르베르트 마르쿠제를 포함한), 시카고학파(조지 허버트 미드, 로버트 파크, 윌리엄 아이작 토마스, 루이스 워스를 포함한), 버밍엄대학 현대문화연구소(샬롯 브런즈던, 스튜어트 홀, 리처드 호가트, 앤젤라 맥로비, 데이비드 몰리를 포함한)가 있다. 이 학파들의 주 관심사는 특정 사회적·정치적·역사적 배경에서 명확하게 나타난다. 예를 들면 시카고학파는 두 차례의 세계전쟁 사이에 유명해졌다. 따라서 이주민들과 산업 혁명을 통해 빠르게 규모를 확장한 시카고대학이 사회 변화에 집중하는 것이 놀랄 만한 일은 아니다. 시카고학파에서 연구하는 사람들에게 시카고는 그들이 몇 년 동안 연구해 온 사회적 모델을 실험할 수 있는 완벽한 장소였다. 비슷하게, 버밍엄대학 현대문화연구소는 영국에 큰 사회적 변화가 일어나고, 계급제가 생겨나고, 교육이 증가한 1960~70년대에 유명해졌다. 따라서 연구소가 계급, 평등과 사회구조에 집중되어 있는 것이 전혀 놀랄 만한 일이 아니다.

이것이 보여 주는 바는, 세상이 변하면서 제시된 새로운 모델과 아이디어들을 통해 어떤 일이 벌어지고 있는지 이해하려는 것이 중요해졌고, 이론이 사회적 변화의 산물로서 필요하다는 것이다. 따라서 이론은 그저 학자가 자신 주변의 세상에 대해 생각해 보는 것만으로는 생겨나지 않는다. 이론은 사회의 피할 수 없는 산물이며 우리는 이론을 공부할 때 배경을 잘 고려해야 한다.

이론이 그 상황의 산물이라는 것은 우리가 특정한 방법으로 분류하는 것을 시도할 수 있다는 것을 의미한다. 시간이 지남에 따라 특정한 아이디어나 접근법이 나타나 많은 사람들에 의해 연구되었고, 새로운 방법들과 모델이 제시되면서 사라지고는 했다.

각각의 접근법을 모두 정의하기는 어렵고 또 그들을 분류하는 것 또한 마찬가지이다. 이 책에서는 구조주의와 후기 구조주의를 다룬다. 후기 구조주의가 구조주의 이후에 발생했지만 구조주의가 후기 구조주의의 시작점이 되고 후기 구조주의가 구조주의를 끝내게 했다고 말하기는 불가능하다. 비슷하게, 많은 사람들은 포스트모더니즘이 모더니즘과 연관이 있다는 것에 동의한다. 그러나 포스트모더니즘이 모더니즘에서 이어져서 발생했다거나 모더니즘이 사라져서 생겨난 것인지는 아직 논쟁 중이다. 이것은 어떻게 이론의 아이디어가 계속 생각나고 발전되고 사라지면서 과정이 되는지 보여 준다.

스토레이(Storey, 2006: xv)는 세 가지 기준을 통해서 우리가 특정 분야들을 분류할 수 있다고 주장했다.

1. 연구의 목적
2. 분석의 방법
3. 분야의 역사

즉, 미디어 이론의 한 분야를 다른 분야로부터 구분하는 방법은, 그것이 무엇에 대해 연구하는지 생각해 보는 것이다. 미디어에 대한 페미니스트적인 접근법은 다른 접근법과 다르다. 페미니스트적 접근법은 우선 성 차이나 불평등과 관련된 이슈에 대해 다루는 것이 주목적이다(이것은 다른 이론에서도 적용될 수 있지만 주목적은 아니다). 두 번째로, 사용하는 방법을 통해 구분할 수 있다. 예를 들면 구조주의자들은 내용을 우선 검토하는 반면, 후기 구조주의자들은 독자나 구매자에 관심을 가진다. 마지막으로, 특정 분야들은 중요한 연구나 논문으로('캐논'이라 불린다) 많은 사람들에 의해 참고되면서 자신만의 역사를 발전시킨다. 예를 들면, 영화 연구에서는 로라 멀비의 논문 '시각적 쾌락과 내러티브 영화'가 핵심 연구로 쓰이고, 많은 책에서 쓰였다.

결론적으로, 이론이 나오기까지 얼마나 많은 요소들이 영향을 미치는지 알 수 있다. 이러한 사실은 당신이 이론을 공부할 때 유념하고 있다면 도움이 될 것이다. 가장 중요한 것은 이론이 그저 한 사람의 혹은 주변 세상을 이해하려는 노력으로만 생겨나는 것이 아니라는 것이다. 즉, 이론을 '어려운' 것으로 보기보다는 '배워야' 할 것으로 보고, 대화의 주제로 보고, 당신과 같은 열정이 있는 사람들에 의해 쓰인 것으로 봐야 한다는 것이다.

[요약]

• 이론은 공식적으로 발표되어야 한다.

• 이론은 주변 상황에서 나온다.

• 이론은 주로 학파나 분야로 나누어진다.

 ## 왜 이론은 어려운 것처럼 보이는가?

사람들이 이론을 어렵게 여긴다는 사실에는 의심의 여지가 없다. 실제로 '이론'이라는 단어는 많은 사람들을 주로 공포나 패닉상태에 빠지게 한다. 많은 사람들이 자신의 경험과 연관성을 찾기 어려운 복잡한 글쓰기를 강요받는다고 가정하기 때문이다. 이론이 '어렵다'는 것을 부정하는 것이 아니다. 그러나 당신이 왜 이론이 어려운지 아는 것이 중요하다. 좀 더 정확하게, 당신이 어렵게 느끼는 원인은 많은 이론들이 나타내고자 하는 바에서 피할 수 없이 생겨나는 부산물이다.

먼저 이론은 보통 모든 것에 대해 의문을 갖는다. 실제로 이론의 주요 목적 중 하나는 당연하게 여겨지는 것들에 의문을 가지는 것이다. 많은 이론에서 '당연하게' 보이는 많은 것들은 사실 몇 세기를 걸쳐 일어난 사회 발전의 결과물이라고 주장한다. 예를 들어, 당신이 모국어에 대해 깊은 고민을 할 일은 별로 없을 것이다. 그것은 당신에게 쉽고 당연한 언어이기 때문이다. 그러나 영어는 몇 세대의 발전에 거쳐 탄생한 복잡하고, 배우는데 오랜 시간이 걸리는 언어이다. (영국에 있는 사람들 중 모국어가 영어가 아닌 사람들은 일반적인 사람으로 볼 수 없다.) 미디어 이론은 미디어의 '언어'에 대해서도 똑같이 간주하고 언어가 텔레비전, 영화, 광고, 음악 신문과 인터넷 커뮤니케이션의 복잡한 시스템이라고 주장한다. 모든 것에 의문을 가질 때, 미디어 이론은 당신이 '일상적인' 삶을 살기 위해 필요로 한다고 생각하는 것을 제외하기 때문에 어렵게 느껴진다. 따라서 미디어 이론이 가지고 있는 어려움 중 하나는 당신이 고민할 가치가 없다고 생각하는 것들에 대해 생각해 보도록 강요한다는 것이다. 그리고 당신을 편안한 상태에 두거나, 결론을 도출하기 위한 '당연한' 답들을 거부하게 한다. 이것은 해괴하게 보일 수 있고, 학자들이 너무 세세한 것까지 이해하려 한다는 불만으로 이어진다. 만약 당신이 정해진 대답이 있다는 것에 익숙하다면 앞으로의 연구에서 이러한 불안정화는 무서울 수 있다. 이 어려움을 해결하려면 미디어 이론이 모든 것에 의문을 가지라고 주장하는 것을 받아들여야 한다. 그리고 자신과 세상에 대한 분석과 비판에 참여하는 것을 준비해야 한다.

둘째로, 이론은 보통 다른 이론을 참조하거나, 다른 이론에 대한 대답이기 때문에 어려울 수 있다. 이론이 발전의 과정이므로 다른 학자와 같은 배경에서 '그들의' 연구가 다뤄지길 원하고, 다른 학자들이 자신들의 연구에 응답하라고 장려한다. 하지만 당신이 처음이라면 정보 속에서 서로 연결하는 방법을 찾기가 어려울 것이다. 연구자들은 보통 자신의 연구가 어떤 것과 연관되어 있는지 보여 주기 위해 각주를 쓴다. 그리고 학자들은 자신의 주요 의견을 요약하지만 다른 학자들이 자신의 연구를 연구하기를 원하기 때문에 항상 일어나진 않는다. 이론을 만드는 사람들은 독자들의 특정한 정도의 지식과 이해 능력을 기대하는데, 이것은 학생들의 수준에서는 해당되지 않는다. 이 책과 같은 교재들이나 당신이 대학에서 듣는 강의들은 당신이 이 자료 속에서 방법 찾기를 도와주려고 한다. 그러나 당신이 특정한 연구에 주석을 단 의견과 주장을 읽게 될 것에는 의심의 여지가 없다. 그러나 좀 더 많은 정보가 제공된다면 당신은 주장을 이해할 수 있을 것이다. 제일 중요한 것은 그저 받아들인다고 주장이 없어지지 않는다는 것을 유념해야 한다는 것이다. 당신의 교수들이 모든 책과 의견들을 알고 있을 수는 없다. 실제로 당신은 교재에 나와 있는 내용들을 참고해서 개념을 이해할 수 있다. 그리고 만약 그러지 못했지만 지문은 이해가 간다면, 그것은 전체적인 것을 해석하는 데에는 별로 중요하지 않을 것이다. 왜냐하면 이러한 어려움들은 당신을 지문을 반복해서 읽게 하고, 당신의 지식과 이해력이 커가면서 조금밖에 이해되지 않던 것들이 더 많이 이해될 가능성이 커지기 때문이다.

앞에서 말했듯이, 이론은 실험되고, 분석되고 발전될 수 있는 모델을 제시하는 것에 흥미를 지닌다. 모델이 초기에는 제대로 실험되지 않는 그저 제안일 뿐이기 때문에 종종 제대로 '기능'하지 못했다. 즉, 모델은 무엇에 대한 것인지 완벽하게 설명될 수 없다. 이러한 의미에서, 이론이 제대로 '기능'하지 못한다면, 어렵게 느껴질 수 있다. 그러나 이론이 기능할 때만 유용하다는 주장은 문제가 있다. 이론의 기능 여부를 증명하는 것은 어렵기 때문이다. 예를 들어서, 진화가 실제로 일어났는지 증명하기는 어렵지만 진화론에 대해 설명하는 충분한 근거가 있고, 많은 학자들이 진화론을 받아들이고 있다. 실제로 이러한 증명의 문제는 다른 지역에서 인류가 어떻게 성장했는지 설명하는 다른 이론들이 제기되는 이유 중 하나이다. 어떤 것을 한 치의 의문점 없이 증명한다는 것은 굉장히 어려운 일이다. 그러나 이것은 당신이 이론 제시에 참여할 때 가장 걱정해야 할 부분은 아니다. 이론의 목적이 논쟁, 고민, 분석인 만큼 이론을 다루는 사람들은 그것의 진실 여부에는 크게 관심이 없다. 대신 이론은 창의적인 토론, 논쟁이나 새로운 시각을 만들어 낼 수 있느냐로 평가되어야 한다. 당신은 이 책을 통해 읽은 여러 이론들을 통해 당신이 세상에 느낀 바를 설명할 수 없다고 볼 수 있다. 그러나 그 이론들이 쓸모없다고 주장하는 동안 당신은 여전히 그것이 제시하는 아이디어나 주장을 연구하면서 그 이론에 관여하는 것이다. 따라서 이론은 그것이 '진실'을 얘기하지 않는 경우 가치 있다고 여기기 어렵고, 이것이 이론을 어렵게 느끼게 만든다. 그러나 당신은 그것이 이론의 목적이 아니라는 것을 기억해 이러한 문제를 극복할 수 있다. 이론의 가치를 평가하는 기준은 주변 세상에 대해 생각하고 조사하게 만드냐의 여부이다.

당신이 자신의 경험과 이론을 연관시키는 것에 어려움을 겪는 이유 중 하나는 위에서 언급했듯이 이론이 특정한 배경에서 만들어졌기 때문이다. 이론에 쓰인 많은 예시들은 대부분 당신이 경험하지 못한 것들 일 것이다. 특히 이론이 오래 전이나 다른 나라에서 쓰인 경우라면 더 그렇다. 또 이론의 사회나 정치적인 배경에서 제시된 접근법을 연관시켜 이론이 주장하는 바를 알려주기 때문에 당신은 어려움을 느낄 것이다. 예를 들면, 비판 이론은 두 차례의 세계전쟁 사이에서 폭동적인 때, 독일의 프랑크푸르트 학자들에 의해 제시된 이론인데, 현재의 영국 독자에게는 지나치다고 느껴질 수 있다. 현대 사회에서 미디어의 영향이 완전 다르기 때문이다. 그러나 배경에서의 차이는 이론을 종결시키는 이유가 될 수 없다. 즉, 프랑크푸르트학파의 생각이 이상해 보일지라도 그것이 현대 사회에서 미디어와 사회의 관계에 대해 말해 주는 것이 있을 것이다. 특정한 배경과 관련 있는 이러한 이론을 자료로 보면서 이해하려는 것이 어떤 특정한 시대나 장소일지 정확히 알아 낼 수 있다. 이것은 익숙하지 않은 이론들이 어렵고 멀리 떨어진 것이라고 느껴질 때 어떻게 유용할 수 있는지를 보여 준다.

이것은 이론이 가설에 근거해서 생각하기를 요구하고, 당신이 세상이 어떤지 이해하려면 나머지의 세상이 어떤지 상상할 수 있어야 한다는 것을 보여 준다. 만약 미국이 아니라 영국이 세계적인 주요 영화를 제작하는 나라였다면? 만약 BBC가 존재하지 않고 영국에 있는 모든 방송들이 상업방송이라면? 만약 신문이 공공재이고 방송처럼 돈을 지불하는 시스템이라면? 당신이 세상이 어떻게 달랐을지에 대해 상상할 수 없다면 현재를 자세히 보기 어려울 것이다. 많은 이론들은 당연하게 여겨지는 것들이 사실은 사회적으로 구성되어 있는 특정 요소들이라는 것을 인지하는 능력이 요구된다. 당신은 세상이 어떤지(are)에 대해 생각하는 것이 익숙할지도 모른다. 그러나 당신이 한 번도 해 보지 않은 이런 행동의 요지를 이해하는 것에 특히 어려움을 겪고 있다면 세상이 어떨지 (might)에 대해 생각하는 것은 어려울지도 모른다. 이러한 과정의 의도는 그저 세상을 이해하려는 것 이기도 하고, 당연하게 받아들여지는 것들의 타당성이나 의문을 가지고 대응책을 제시하려는 특정요소가 있을 수도 있다. 이것이 보여 주는 바는, 미디어 이론을 편하게 받아들이기 위해서는 당신은 그것의 목적을 이해하고, 당신에게 주어진 독자로 서 행해야 하는 역할을 이해해야 한다.

계속해서 '당연한' 것들에 의문을 가지면서, 미디어 이론은 그것이 단지 미디어에만 관심 있는 것이 아님을 나타낸다. 즉, 미디어 연구는 그저 텔레비전 프로그램, 영화, 광고나 신문을 조사하는 것이 아니다. 반면 미디어 연구는 이러한 현상들을 사회적·역사 적·정치적 배경에 놓고 그것을 지지하는 대표자로 본다. 그것의 임무는 넓고 많은 학자 들도 미디어가 현재의 사회에 중요하고 영향력 있는 역할을 한다고 생각하기 때문에 미디어에 관심이 있다. 미디어 이론은 어려울 수 있다. 이것은 큰 질문을 던지고, 당신에 게 작고 당연한 일상적인 것들과 미디어의 힘, 공평성, 역사 사회와 관련된 큰 논쟁들 사이의 연결고리를 찾기를 요구한다. 이전에 공부했던 것에 따르면 당신이 공부해 오지 않았고 미디어 연구의 일부분이라 여겨보지 않는 주제들과 접근법들 다루고 있다고 느낄 수 있다. 미디어 연구에서 의미 있는 것은 전체적인 배경이다. 많은 학자들에게 큰 과정 없이 미디어를 분석하는 것은 쓸모없는 일이다. 이러한 점이 사람들에게 미디어 이론이 너무 깊이 파고든다고 생각하게 할 수 있지만 많은 학자들은 충분히 연구하고 있지 않고 그것이 항상 문제라고 반박할 것이다. 그렇다면 미디어 연구와 미디어 이론의 크기는 진실로 방대하고, 그것이 하는 질문의 완전한 크기는 위압적일 것이다. 당신이 그 크기를 받아들이면, 미디어 이론은 여러 면에서 좀 더 가치 있고 흥미로워지면서, 좀 더 다루기 쉬운 것으로 변할 것이다.

이러한 질문의 크기는 미디어 이론에서 순환되는 몇 가지 핵심 아이디어들을 통해 나타난다. 그중 하나는 '힘'이다. 당신도 반복적으로 들어 봤겠지만, 쉽게 개념을 이해하 지 못할 수도 있다. 이것은 다른 단어들처럼, 많은 사람들이 다양한 의미로 사용하기 때문에, 당신이 단어가 어떤 맥락으로 쓰였는지 잘 파악해야 하기 때문이다. 깁슨 (Gibson)은 'history of concepts of power'에서 학자들이 어떤 뜻으로 어떤 때에 단어를 사용했는지 보여 주면서 약술했다. 권력에 대한 논쟁을 하는 사람들은 공통적으로 사회적 관계에 대한 이슈에 관심이 있다. 관계는 사회를 같이 묶어주고, 사회의 구성원들에게 특정한 방식으로 행동하기를 요구하는, 사회가 기능하기 위해 만들어진 구조와 체계이다. 이러한 사회적 관계의 사례로는 법, 교육, 정부, 민주주의 등이 있다. 만약 우리가 사회가 법적으로 요구하는 대로 행동하지 않으면 우리는 감옥으로 보내져 처벌받게 된다. 우리가 교육을 제대로 받지 않으면 취직의 기회가 제한될 것이다. 이것은 개인이 자신이 속한 사회에서 기능하려면, 비록 자신이 만든 것이 아닐지라도, 사회 구조의 범주 내에 있어야 한다는 것을 의미한다. 이러한 방법으로 사회 구조들은 우리에게 영향을 미친다. 반대로 민주주의는 우리가 투표를 통해 구조에 영향을 미칠 수 있는 방법이라 할 수 있다.

미디어 연구의 힘에 대한 관심은 힘의 관계가 불평등할 것이라는 가정으로부터 온다. 즉, 대다수의 사람들에게 행해지는 힘은 그들이 되돌려 줄 수 있는 것보다 월등히 크다는 것이다(Braham and Janes, 2002; Westwood, 2002). 따라서 페미니스트들은, 문화적 이론이 주장하는 엘리트들이 가장 '일반적인' 사람들에게 영향을 미치는 힘에 대한 것처럼, 사회적 구조가 여자들보다 남자들에게 더 많은 힘을 주었다고 주장할 수 있다. 그리고 미디어는 힘을 분배하거나 지니는 방법일 수 있기 때문에, 미디어 연구는 핵심 개념으로 미디어에 관심이 있다. 힘이 복잡한 단어이기 때문에 존재여부를 확실하게 증명하기는 어렵지만, 미디어 연구는 힘을 탐구하고, 드러내고, 측정하는 최선의 방법에 대한 논쟁한다. 이 책에서 다루는 많은 이론들과 접근법들은 이 질문에 답을 시도한다. 따라서 당신은 모든 지문이 힘을 명백하게 명시하고 있지 않더라도 그것이 당신이 공부하면서 마주할 주요 개념이라는 것을 알게 될 것이다.

미디어 이론의 마지막 문제는, 그것이 주로 길고 복잡한 단어들을 포함해, 헷갈리거나 복잡한 말로 설명된다는 것이다. 이러한 이유로 이 책의 '읽기(reading)란 무엇인가?' 장에서는 당신이 어떻게 어려움을 헤쳐 나가야 하는지 대한 해결책이 제시되어 있다.

요약하자면, 당신이 미디어 이론을 어렵게 생각하는 데는 많은 이유가 있다. 이 책에 어려움이 나타나는 이유와 당신이 어떻게 해결하면 좋을지에 대한 대응 방안을 써 놓았다. 과정으로서의 읽기를 다루는 다음 장에서는 더 많은 조언들이 주어질 것이다. 마지막 논점은 당신이 이러한 어려움을 배움의 과정으로 여기길 바란다는 것이다. 만약 이 모든 것들이 쉬웠다면, 당신이 아무 것도 배우지 않았을 수도 있다. 이 말은 당신이 배워야 할 것은 어려운 것에 대처하는 방법이고, 어려움을 배움의 장벽이 아니라 원동력으로 느끼는 것이라는 뜻이다.

왜 이론을 가르치는가?

미디어 연구가 강조되면서, 대학생들의 공부에 중심적인 주제로 자리 잡고 있는 경우가 많다. 이것은 대학들이 미디어 연구를 당신의 배움에서 얼마나 중요한 부분으로 인식하고 있는지 보여 주고, 또 당신이 학위를 마치기 위해 꼭 배워야 하는 것으로 보는지 알려준다. 그러나 당신이 왜 어렵고 일상과 동떨어져 보이는 것들에 관여해야 하는지는 알기 어렵다.

당신이 미디어 이론을 배우는 주요 이유 중 하나는, 그것이 미디어 연구의 핵심 주제이고, 그것을 무시하는 것은 이 분야를 냉대하는 것과 다름없기 때문이다. 미디어 연구의 역사는 어떤 주제에 대한 다른 이론적 접근법들을 통해, 보통 다른 분야의 이론을 가져와서 미디어 분석의 필요에 맞도록 적용시키면서 발전해 왔다. 중요한 점은, 당신이 관념적인 생각과 아무 연관성이 없는 주제나 접근법이라고 생각할지라도 이론은 과목에 대한 모든 것에 대해 알려준다는 점이다.

예를 들면, 많은 연구에서 대학생 수준과 그보다 낮은 수준의 경우를 모두 포함해서, 텔레비전 프로그램, 영화, 광고를 보고 어떻게 기능하는지, 그것이 만들어졌을 때 시간과 장소에 대해 무엇을 말하고자 하는지에 대해 자세히 조사하는 것을 통해 원문의 분석에 참여할 가능성이 높다. 이러한 접근법은 당신이 특정 시나 책을 자세하게 연구하는 문학 연구에서도 쓰인다. 그리고 역사와 같은 다른 인문학 과목들에서 역사적인 유물이 특정 시대에 대해 무엇을 말하고 있는지 밝혀내기 위해 연구할 때에도 쓰인다. 원문대로의 분석이 흔한 접근법이기 때문에, 당신은 학교를 다니면서 매번 사용하라고 요구될 것이고, 그것은 무언가를 할 때 '당연한' 것으로 여겨져서 어떤 이론도 그것의 토대를 바꿀 수 없을 것이다. 그러나 원문적인 분석은 이론적인 기초가 있고, 그것을 최선으로 실행하기 위한 방법, 범위, 그것이 '맞거나' 적절한 문맥의 이해를 도출해낼 수 있는 최선의 방법에 대한 논쟁이 진행되고 있다. 실제로 구조주의에서—주로 원문대로의 분석을 할 때 쓰는 방법—후기 구조주의까지는 특정한 행동에 관심을 가지는 개인 독자들이 원문적인 분석의 가치에 대한 이론적인 주장에서 동기를 부여 받았다. 그 말은, 당신이 하는 이론에 관한 공부들은, 이러한 경우가 아니라면 비표준적으로 보일지도 모른다. 당신이 그 자체를 '이론'이라고 명백하게 말하는 모듈을 배운다는 사실은 그저 이 모듈이 의도적으로 그러한 논쟁에 참가했다는 것을 보여 주는 것이다. 당신이 이론을 공부하는 이유 중 하나는 그것이 당신의 모든 공부에 대한 지식을 주고, 당신이 하는 공부와 방법에 대해 좀 더 비판적이고 깊은 사고력을 지닌 사람이 되기 위해서이다.

이론을 배우는 또 다른 이유 중 하나는, 그것이 당신에게 제공하는 여러 능력들이다. 어떤 것에 대한 비판적이고, 논리적인 사고를 장려하면서 대학 수준에서 중요하게 여겨지는 토론과 논쟁을 하는 능력이 향상될 것이다. 그리고 배우는 내용이 논쟁으로 열려 있기 때문에, 당신의 소통 능력과, 다른 사람과 토론, 논쟁을 하는 것을 장려하기 위해 교수와 다른 학생들과 논쟁할 것이 요구된다. 다양한 대다수의 직업을 생각해 볼 때, 창의적인 산업 분야에 있는 것들은 다른 사람들과 함께 일하기 위해 정확하고 효율적으로 소통하는 것이 중요한데, 미디어 이론은 그런 능력들을 연습하도록 도와준다. 또 창의적인 분야에서 일하는 고용주들은 창의력을 보여 주고 새로운 아이디어를 만들고 전개하는 능력을 잘 보여 주는 비판적인 사고능력과 참여 정신을 가진 사람을 찾는다. 미디어 이론에 대한 논쟁은 어떤 것에 대해 새로운 방법으로 생각하게 하고, 동기들과 새로운 아이디어를 만들어 내게 하기 때문에 '일반'적이고 '당연'한 것들을 넘어서는 창의적인 사고능력을 키우는 데 많은 도움이 된다. 따라서 미디어 이론에 관여하면서 발전되는 지적 과정은 영화, 텔레비전, 언론, 음악 같은 창의적인 분야나 사려 깊은 소통 능력이 필요한 분야에서 일하고자 하는 사람들에게 중요하다.

게다가 미디어 이론에서 다뤄지는 많은 핵심 개념들은 창의적인 산업분야에서 굉장히 가치가 있다. 예를 들면, 구조주의 학자들은 서술 이론이 스토리텔링에 관심 있는 사람들에게 가치 있다고 주장하고, 작가들은 글을 쓸 때 이러한 접근법을 사용한다. 유사하게 미디어의 공공권이나 사회적 역할에 대한 논쟁은 텔레비전, 라디오를 통해 진행되고 있는데, 특히 〈BBC〉나 〈채널 4〉와 같은 공영방송 내에서 자주 일어난다. 이러한 기관의 간부들은 어떻게 하면 가장 효과적으로 자신들에게 주어진 사회적 역할을 해낼 수 있을지, 또 생각하고 토론할 때 어떤 주제가 그들의 일에 대한 지식을 보여주는 데 효과적인지에 대해 오랜 시간 동안 고민한다. 많은 이론이 다양한 배경에 의해 쓰인 점이 언급되었지만, 창의적인 산업분야에서 일하는 사람들은 자신들의 창의적인 과정과, 문화의 사회에서의 역할을 미디어 이론의 핵심 의문점이라고 여기고, 그것에 대해 토론하고 논쟁하는 데 많은 시간을 투자하는 매우 비판적이고, 생각이 깊고, 산만한 사람들이다. 미디어 이론을 배우면서 당신이 배우고 연습하는 것들은 여러 분야에서 쓰일 수 있는 유용한 능력이 되는 것은 확실하다.

마지막으로, 미디어 이론을 가르치는 이유는 당신에게 의문을 가지고, 토론하고 논쟁하는 방법을 알려주면서 당신이 세상과 스스로의 상태, 입장에 대해 좀 더 깊은 사고를 하기를 바라기 때문이다. 수준을 막론하고, 교육의 주 목적 중 하나는 당신을 세상과의 소통에 적극적이고, 세상에 대해 좀 더 알고 싶어 하는 생각이 깊은 시민이 되기를 장려하는 것이다. 미디어 이론은 모든 것에 의문을 가지기 때문에, 당신에게 세상의 일들이 어떻게 다르고 어떤 것에 대해 생각하는 새로운 사고 방법이 항상 존재한다는 것을 보여 준다. 국가에 거주하는 사회의 구성원으로서, 세상과 깊고, 비판적이고, 적극적으로 소통하는 것만이 좋은 사람이 되는 길이다.

[요약]
- 이론은 미디어 연구의 핵심이다.
- 이론은 다른 분야에도 쓰일 수 있는 능력들을 제공한다.
- 이론은 미디어 분야의 핵심 논쟁을 연구한다.
- 이론은 당신을 좋은 시민과 개인으로 성장할 수 있도록 돕는다.

 이론을 위해 무엇을 해야 하나?

다음 장에서는 우리는 구체적인 미디어 이론 지문을 세밀히 다룰 것이다. 당연히 어떤 글을 읽는다는 것은 이론이 갖는 주요한 소통이다. 그리고 당신에게 가장 좋은 전략을 짜는 것은 값을 매길 수 없을 만큼 중요하다. 하지만 당신은 이론을 단지 읽을 것이라고 생각해서는 안 되고, 특히 수동적인 느낌을 주는 읽기로 생각하면 안 된다. 당신이 할 수 있는 하나의 중요한 일은 당신이 미디어 이론에 대해 능동적인 접근법을 가지도록 확신하는 것이고, 이것은 책의 지문과 연결되어 있다. 또한 이것은 당신으로 하여금 그것으로부터 좀 더 얻을 수 있게 도와줄 뿐만 아니라 당신의 일상생활 경험에 적용되는 도움을 줄 것이다.

능동적인 접근이 과연 무슨 뜻일까? 첫 번째로 그것은 당신이 이론을 단지 배워야 하는 요구로 보면 안 된다는 뜻이고, 이것이 바로 당신이 능동적인 접근을 취해야 하는 유일한 이유이다. 어떤 지문이 무엇을 말하고자 하는지 이해하는 것도 중요하지만, 그것을 배우라는 것과는 같지 않다. 배우는 것은 필요할 때 꺼내서 쓸 수 있는 지식을 획득하는 것이다. 이해하는 것은 지식과 쌍방향의 관계를 가지는 것, 토론, 논쟁, 분석을 장려하는 것이다. 이론이 다양하고 폭 넓은 현상들을 이해하는 데 도움이 되기 때문에 당신이 이론을 접했고, 그렇기 때문에 당신은 항상 왜 어떤 지문이 선택되었고 당신이 그걸로 무엇을 할 수 있는지 생각해야 한다. 수업의 세미나나 회의 때, 당신은 생각하게 될 것이고 다른 이들과 토론을 하고 특정한 이론의 부분의 유용함과 타당성에 대해 토론해야 하기 때문에 그것을 이해해야 할 것이다. 하지만 그것은 당신이 그 이론을 필요적으로 받아들이라는 말은 아니다. 당신이 과제에서 비판적인 이론 식견을 취하는 것을 촉진시킬 수 있다. 그리고 전체의 접근 방식의 장·단점을 보여 주는 균형 있는 주장을 제공할 것이다. 다음 장에서 나와 있듯이 이론에 대한 능동적인 태도는 질문하는 것뿐만 아니라 그것을 적용하는 것이다. 어떻게 그것이 현대의 예와 연관 되는지, 또는 세계의 미디어 경험과 어떻게 연관이 있는지 말이다. 이런 적용이 이론을 발전시키거나 바꾸게 요구할 수도 있지만, 이것은 문제가 되지 않는다. 왜냐하면 이것은 생각하는 사람들이 수천 년 동안 해 온 과정이기 때문이다. 당신은 이론에 대해 능동적인 관계를 적용하도록 장려하는 것, 사람들이 수천 년 동안 해 왔던 것들을 하도록 요구받을 것이다. 그리고 그것은 미래에도 계속 될 것이다.

 **권장도서**

Barry, P.(2002), *Beginning Theory: An introduction to literary and cultural theory*, 2nd edition, Manchester: Manchester University Press

이론의 문헌고찰을 하면서, 이 책은 초기의 미디어 이론을 보여 주려고 노력하고 있다. 따라서 '멈추고 사고하기'라는 지점을 두어 개별 이론에 대하여 논의하는 도움을 주고 있다.

Boyd-Barrett, O. and Newbold, C.(eds.)(1995), *Approaches to Media: A reader*, London: Arnold

다양한 분야의 주요 저널을 모아, 저자들로부터 도움이 되는 부가 설명을 제공하고 있다.

Williams, K.(2003), *Understanding Media Theory*, London: Arnold

이론에 관한 미래와 역사를 개별 장으로 나누어 주요 사상가들과 주요 이론을 매우 유용하게 정리하고 있다.

3장

읽기란 무엇인가?

대학에 와서 처음으로 발견하는 것들 중에 하나는 사람들이 책, 저널, 참고자료와 도서관에 대해 얘기하기 시작한다는 것이다. 도서관 건물은 대학교 중앙에 배치되어 있을 확률이 높으며, 아마 사용하던 지역 도서관보다 더 클(그리고 더 혼란스러울) 것이다. 학업유도 과정의 일부로 도서관 투어를 해 봤을 것이며, 제공된 많은 종류의 자료들을 보았을 것이다. 교사들이 수업에서 반복적으로 책과 저자를 참조했을 것이며, 아마 학업의 일환으로 많은 책들 또는 독서 팩들을 구입할 필요가 있었을 것이다. 학교에서 학점, 또는 어느 다른 대학준비 자격을 위한 공부 경험과는 아마도 매우 다를 것이다. 이 모든 것은 대학에서 보내는 시간의 핵심이 많은 양의 독서를 하는 데에 보내질 것을 가정한다. 대학에서 일하는 사람들은 이것이, 사용 가능한 모든 자원에 압도되었을지도 모를 많은 학생들에게 큰 변화가 될 수 있다는 것을 종종 잊는다. 그리고 학생들은 독서에 대해 얘기할 때 사용되는 많은 단어들에 혼란스러워할 수도 있다.

독서의 중요성은—그리고 그 독서와 자신과의 관계는—아마 본인의 시간표에 나타날 것이다. 학교에 있었을 때보다는 강의실에서 소요되는 시간은 많이 줄어들 것이다. 실제로, 학부생들은 본인에게 남겨진 시간의 양에 충격을 받고 격분한다. 이 자유는 본인이 직접 자신의 시간을 구성하도록 장려하며, 학업의 주요 구성 요소는 스스로 하는 독서와 사고에 있다는 것을 입증하려는 고의적인 의도로 주어진다. 즉, 이제 더 이상 교사들의 아이디어만을 그저 들어야 할 필요가 없다. 대신에 교사들은 주요 요점과 아이디어들의 방향을 알려주고, 학생 본인이 자신의 아이디어, 자신의 반응, 그리고 자신만의 사고

방법을 개발해야 한다. 독서는 이것의 핵심 구성 요소이며, 학업에 관련된 자료와 최대한 밀접하고 사려 깊게 접근할 수 있도록 대학에서 많은 시간과 자원을 제공하는 이유다.

이것은 여러분이 독서에 대해 신중하게 생각해야 된다는 것을 의미한다. 이미 오래전에 터득하고, 현재에는 당연해 보이는 기술에 대해 생각할 시간을 보낸다는 게 어리석어 보일 수도 있다. 그러나 다양한 방법들로 독서할 수 있으며, 독서를 다양하게 활용할 수 있다. 따라서 대학에서 하는 독서로부터 최대한 얻기 위해서, 본인이 왜 그것을 읽는지, 무엇을 얻고자 하는지를 알고 있는 것이 중요하다.

예를 들어, 본인이 매일 독서하는 다양한 방법들에 대해 생각해 보자. 우리 일상의 독서는 대부분 사실을 규명하기 위해 쓰인다. 대학교로 가는 다음 버스가 언제 도착하는지 보러 버스 시간표를 보거나, 학교에 있는 표지판들을 읽으며 강의실이 어딘지 확인하는 것, 또는 목록 가이드를 보고 그날 밤 텔레비전에서 뭘 하는지 아는 것, 이 모두가 예이다. 또한 누군가와 의사소통하기 위해서 읽는다. 문자를 읽거나 읽은 후 답장하는 것, 또는 페이스북과 같은 소셜 네트워킹 사이트에서 친구와 교류하는 것이 예들이다. 본질적으로 이 두 종류의 읽기에는 동일한 기본 기술을 필요로 한다. 단어들을 보고 뜻을 파악하는 것이다. 그러나 경우에 따라 읽는 목적이 다르다는 점을 유의해야 한다. 전자의 경우에는 정보를 수집하는 데에 주력하고, 후자의 의도는 응답할 수 있도록, 보다 적극적으로 자료에 관여하는 것이다. 또한 버스 시간표와 표지판들은 일반 독자를 대상으로 작성된다는 것을 염두에 두자. 한편 문자와 이메일은 보통 특정한 대상에게, 때로는 단 한 사람에게 향한다. 다른 대상들을 염두에 두고 써진다는 이 개념은 중요하다. 그리고 학업의 일환으로 자료를 읽을 때 기억할 만한 것이다.

많은 사람들은 정보 수집을 위해 독서시간의 대부분을 쓴다. 사회적 중요성이 부착된 신문과, 위키피디아(Wikipedia)와 같은 웹사이트들의 거대한 성장에서 나타난다. 그러므로 독서는 우리 주변의 세계에 대해서 알아보는 주요한 방법들 중 하나이며, 무슨 일이 일어나는지 이해할 수 있는 능력을 제공하는 독서의 중요성 때문에 학교에서 처음 배우는 일들 중 하나이다. 대학에서 하는 독서는 마찬가지로 특정한 주제 영역에 대한 정보를 수집하도록 하는 과정이다. 그러나 다른 역할과 목적도 있다. 읽기 기능을 확장하려면 새로운 기술을 개발해야 함을 의미한다.

[요약]

- 독서는 일상에서 하는 일이기 때문에 신중하게 해야 되는 일은 아니다.
- 독서는 대학 공부의 중심이 된다.
- 전에 하던 공부보다 대학에서 더 많은 독서를 필요로 할 것이다.
- 독서는 다양한 목적을 위해 수행할 수 있다.
- 대학은 다른 종류의 독서를 필요로 한다. 요구되는 것을 실행하는 것과 이것을 어떻게 최고로 달성하느냐가 중요하다.

 ## 대학에서 읽기의 목적은 무엇인가?

물론 대학이 있는 주요 이유는 배우기 위해서이다. 독서는 배움을 얻는 가장 좋은 방법들 중 하나이다. 그래서 대학들이 활동의 중심에 독서를 놓는 것이 명백하다. 실제로 위에서 얘기했듯이, 대학 와서 강의실에서 보내는 시간의 양은 감소한다. 동시에 독서에 사용할 수 있는 시간의 양은 증가된다. 이는 대학들이 가르치는 강의가 학습에 있어 가장 좋은 방법은 아니라고 믿는 것, 대신 본인에게 자신의 연구, 독서와 사고를 통해 배울 수 있는 공간을 가능한 많이 제공해야 한다는 것을 보여 준다.

이는 대학에서 많은 과목들이―특히 미디어 연구와 같은 예술학 및 인문학 과목들― 주요 초점이 사실과 답들로부터 멀리, 아이디어와 논쟁을 향한다.

학교에서는 특정 사실들을 배우길 바라며, 지식은 아마 인식하는 능력을 통해 평가되었을 것이다. 대학에서는 그보다는 오히려 본인의 논의, 사고, 참여와 토론 능력이 평가될 것이다. 논의의 여지가 없는 특정 종류의 정보들이 있을 것이고 수업에서 다루어질 것이다. 대신에 정답이 없는 토론과 논쟁에 더 많은 시간을 보낼 것이지만 자신의 이해도와 참여할 수 있는 능력은 보여줘야 할 것이다. 여기서 독서는 나중에 필요에 따라 되뇌일 수 있는 일련의 정보 수집에 비중을 덜 둔다. 그보다는 본인이 많은 아이디어들에 관련된 복잡한 모순과 논쟁을 처리할 수 있는 능력에 대학들은 관심이 있으며, 따라서 독서는 접하게 될 아이디어들을 탐구, 토론, 비판, 칭찬하도록 적극적으로 격려는 과정이다. 독서는 과정의 끝이 아니다. 오히려 시작이다. 그리고 본인이 읽은 자료로 무엇을 할 수 있느냐가 중요하다.

이를 보통 비판적으로 읽는다고 한다. 자주 접할 가능성이 높으므로 중요한 단어이다. 그래서 이것이 의미하는 바를 이해하는 게 중요하다. 뭔가를 비판적으로 읽는다고 그것을 '비판'하는 것과 동일하지는 않다. 비판적 읽기는 최종적인 확답들을 기대하고 읽는 것이 아니라 자신의 생각을 발달시키는 도구이다. 글의 내용, 방식, 가정과 결론에 대한 의문 제기가 필요하다. 하지만 뭔가에 의문을 품는 것은 뭔가를 완전히 거부하는 것과는 다르다. 비판적 독서는 저자가 선택한 예들에 문제가 있을 수 있지만, 그 예들로 설명하고자 하는 주장은 여전히 타당하다고 볼 수 있다. 비판적 접근은 저자가 다른 나라 사람이기에, 또는 수년 전에 작성되었기 때문에, 어떠한 주장들은 진부할 수도 있음을 인정한다. 하지만 동시에 비판적 읽기는 여전히 적용할 수 있는 측면들을 찾아내거나 그러한 차이에서 무엇을 배울 수 있는지를 생각해낼 것이다. 교사들은 주어진 글이 옳은지 그른지에 대해 관심이 없을 것이다(실제로 소용없는 일이라고 말할 가능성이 크다). 대신에 텍스트를 토론, 논의나 아이디어에 정보를 제공해 주는 소재로 쓰고자 할 것이다. 비판적 접근을 채택하는 것은 가치 있는 소재를 주로 의견이 아주 다른 글들에서 찾을 수 있다는 것이다. 동기 부여를 유지하는 관점에서, 이는 매우 유용하게 쓰일 수 있다.

이를 공부하는 동안에 빨리 깨닫길 바란다. 가능한 한 많이 읽을 것을 권유 받을 것이며, 수업에 대한 준비로 독서가 주어질 것이다. 수업 안내서에는 긴 도서 목록에 추천서적과 필독서들, 게다가 보충자료까지 있을지도 모른다. 대부분의 대학들은 과제 ―특히 에세이―를 기준의 범위를 통해 판단한다. 그 중 하나는 일반적으로 자신의 학업이 본인이 했던 연구와 독서를 입증하도록 요구한다. 실제로 배워온, 그리고 앞으로 이 책에서 접하게 될, 중요한 이름들은 자기들이 작성한 글을 통해 자신의 아이디어를 전파시켰다. 누가 무엇을 썼으며, 그 글이 무엇에 대한 것인지를 아는 지식이 필요할 것이다.

최근의 학생들은 요구되는 독서량을 매우 버거워한다. 보통, 학교에서 또는 다른 자격들을 위해 읽어야 할 양보다 훨씬 많은 양이 요구되며, 그룹으로 함께하기보다는 대개 수업 밖에서 완료할 것을 기대한다. 다른 요소들은 이러한 문제들을 합쳐준다. 첫째, 주어진 읽을거리에는 처음 접하는 아이디어와 논쟁들이 있을 수 있으며, 이해하기 어려울 수도 있다. 게다가 새롭고 어려운 단어들, 본인에게 거의 의미 없을 수 있는 추상적인 개념과 예들로 자주 쓰여 있어서 도움이 안 된다.

이러한 문제들을 극복하기 위해서 전략들을 개발해야 한다. 독서의 의미를 파악하고, 왜 읽어야 하는지 이해하는 일이 가장 유용한 방법이다. 주제에 대한 관심과 읽어야 할 글에 대한 관심 사이에 연결고리를 만드는 것을 도와준다. 왜 이 글을 읽는지 모르면, 읽기 과정을 완료하는 데에 필요한 에너지와 관심을 모으기 매우 어려울 수 있다. 따라서 글을 읽기 전에 왜 읽는지 생각해봐야 한다. 대개 이 질문에 대한 답이 '읽으라고 했기 때문에'이면, 별로 도움이 되지 않는다. 그런데 왜 선생님이 이 자료를 읽으라고 했을까? 수업 시간에 어떤 토론과 아이디어를 다루었고, 읽어야 할 텍스트와 무슨 연관이 있을까? 듣는 강좌의 목표가 무엇인가, 주어진 글과 어떻게 맞을까? 독서와 관련해서 질문 또는 생각해 볼 사항들이 있을 수 있다. 선생님이 생각하는 중요한 아이디어들에 대해 무엇을 얘기해 주는가? 왜 그리고 어떻게 독서가 유용하고 중요한지 알아내는 능력은 그것을 수행해나가는 데에 동기부여가 될 뿐만 아니라 도서관에서 연구를 할 때, 어떠한 도서와 저널이 자신의 작업에 적합한지 결정하는 데에 유용한 기술로 쓰인다. 독서는 그저 앉아서 읽을거리를 읽는 것이 아니다. 읽은 후에 생각을 심화하는 활동들이 있듯이 읽기 전에 해야 할 유용한 과정들이 있다. 따라서 독서는 계속되는 과정이다. 읽는 모든 것이 학습의 일부이며, 그리고 매번 읽을 때마다 어떤 것이 잘 되었고 어떠한 것에 덜 성공했는지 되돌아본다. 그래서 학업과정을 점차 진행하면서 더욱 더 성공적인 독서를 거두길 바란다.

[요약]
・독서는 학습을 위한 것이다.
・대학에서는 오히려 정보 수집을 위한 독서보다는 정보가 있는 상태에서 참여하고 논의하고 토론하고, 생각하기 위한 독서를 한다.
・비판적 읽기는 매우 중요하다.
・독서의 목적에 대해 생각하는 것은 목표와 우선순위를 세우는 유용한 방법이다.

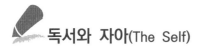 **독서와 자아(The Self)**

우리가 파악해야 할 가장 중요한 사항 중 하나는 모든 사람에게 맞는 딱 하나의 옳은 독서 방법은 없다는 것이다. 만약 있다면 의심할 여지없이 그와 관련된 모든 문제와 어려움이 없어진다. 하지만 독서는 개인적인 활동이다. 자기 자신을 위해 본인에게 가장 적합한 방식을 찾아야 한다.

여기서 많은 질문들에 대해 생각해 보게 된다. 첫째, 강좌에 대한 동기부여와 관심사항이 무엇인가? 자신의 관심사에 대해 잘 알아야 자신에게 중요한 특징을 지닌 독서를 선택하게 도와주며, 그래야 독서에 전체적으로 빠져들 수 있다. 이 책은 미디어 이론에 대해 얘기한다. 아마 이전에 많이 접해 보지 않은 주제일 것이다. 미디어에 대한 관심은 아마 즐기던 특정 종류의 미디어에, 또는 감탄하던 특정 장르, 작가나 감독에 있었을 것이다. 이것은 대개 미디어 가공물에 대한 사람들의 동기부여이다. 반면에, 미디어 이론은 이보다 더 큰 문제들을 다루며, 미디어의 사회적 역할, 또는 주로 구체적인 문안이나 실무자를 경시하는 정치적이고 역사적인 영향을 들여다본다. 이런 경우 자신의 관심사를 미디어 이론을 저술한 사람들의 관심사와 동일시하는 게 어려울 수도 있다. 그러나 이는 읽는 자료의 응용을 통해 극복할 수 있다.

다음으로 독서가 왜 어렵게 느껴지는지에 대해 생각해봐야 한다. 일부 사람들은(생각보다 복잡할 수도 있는) 어디서부터 시작해야 할지 찾는 데에 어려움을 느낀다. 어떤 사람들은 주요 아이디어를 선택하고, 글이 무엇에 대한 것인지 요약하는 것을 힘들어한다. 어떤 사람들은 메모를 할지, 독서 자체에 대해서만 쓸지를 고민한다. 본질적으로 이는 실제로 독서를 하는 도중에 무엇을 할지에 대한 걱정이다. 그리고 몇몇 사람들은 읽은 후에 무엇을 할지 걱정한다. 특히 텍스트가 뭐에 대한 건지 기억하는 걸 어려워하면 더더욱 그렇다. 모든 사람들은 독서에 자기만의 방식으로 반응하기 때문에 본인이 우려하는 문제들은 이와 많이 다를 수 있다. 그러면 자신에게 문제가 무엇인지 뭔지 이해하는 일이 중요하다. 그래야 비로소 문제들을 극복할 수 있다. 그리고 그러한 문제들을 친구들 또는 수업 동료들과 상의하는 것이 유익하지만, 본인이 어려워하는 문제가 다른 사람들과 같지 않다고 해서 걱정할 건 없다. 실제로 다른 학생들이 힘들어하는 사항들이 자신에게는 없을 수 있다. 그러면 자신이 지닌 기술이 뭔지 보이게 된다.

사실, 이것은 아주 중요하다. 독서할 때 자신의 기술이 뭔지 또는 독서에 대해 즐기는 것이 뭔지 알게 되면, 읽는 과정이 힘들 때 도움이 될 수 있다. 어떠한 글이 어려울 경우, 본인이 그 책을 읽는 데에 '충분치' 않다고 스스로를 너무나도 쉽게 설득할 수 있으며, 그러면 그 글을 절대로 이해하지 못할 것이다. 그러므로 자신의 역량을 아는 것이 이러한 문제에 대한 해결책을 찾도록 할 뿐만 아니라, 본인이 충분히 모든 것을 이해할 수 있다는 것을 상기시켜 준다. 이는 학생들이 자신들의 기술을 활용하는 데에 실패할 뿐만 아니라, 자신들이 시간을 낭비하고 있다고 느껴져 사기가 크게 꺾일 수도 있다는 것이다.

세 번째로, 언제 어디서 읽는 게 가장 좋은지에 대해 생각해봐야 한다. 어떤 사람들은 집에서, 어떤 사람들은 도서관에서, 어떤 사람들은 다른 곳에서 잘 읽는다. 이 책의 저자들은 서로 다른 독서 전략들을 채택했다. 데이비드(David)는 집에서 또는 이동 중일 때 주로 읽는 반면에 브레트(Brett)는 도서관의 조용한 구석에서 읽는 것을 좋아한다. 하루 중 다른 시간대에 읽는 것이, 특히 그날에 따라 무엇을 했느냐에 따라, 독서를 이해하는 데에 영향을 미칠 수 있다. 데이비드와 브레트 둘 다 아침에 읽는 것을 선호한다. 주의가 산만해지기 전에 집중하기 위해서, 하지만 다른 노력들이 따라야 하기 때문에 늘 가능한 것은 아니다. 예를 들어, 많은 사람들에게 완전한 침묵이 필수라고 한다. 그러나 이것저것 시도해서 자신에게 제일 맞는 것을 찾아야 한다. 학업의 일부로 주기적으로 독서를 해야 할 것이므로, 마치 수업 시간표처럼 주중에 특정한 시간대에 독서를 하는 시간표를 갖는 것도 시도해 볼 만하다.

그런 작업을 하려면, 어떠한 글을 읽는데 시간이 얼마나 걸리는지 알아야 한다. 이것은 연습을 통해서만 알아볼 수 있다. 매주 학업을 위해 읽어야 할 독서량이 비슷할 것이다. 그렇기 때문에 시간도 비슷하게 걸릴 것이다. 그러나 항상 그런 것이 아니다. 어떤 글은 상당히 어렵게 다가올 수도 있기 때문에 평소보다 시간이 많이 소요될 수도 있다. 이러한 경우에는 걱정하기보다는 왜 남들보다 특정한 도서들을 읽는 때 시간이 많이 소비되는지에 대해 생각해봐야 한다. 이는 일반적으로 그 도서에 대해 유익하게 생각할 수 있도록 할 뿐만 아니라 앞으로 비슷한 글을 접할 경우에 대비하는 데에 도움 될 것이다.

마지막으로 강독을 할 때 무엇이 가장 도움이 되는지 파악하여야 한다.

예를 들면 어떤 사람들은 첫 강독에서 책에 기록을 하고 밑줄을 그으며 정리노트를 만든다. 반면 다른 독자들은 먼저 전체 책의 흐름을 파악하고, 이후에 노트를 추가하고 중요 부분에 밑줄을 그으며, 주석을 추가한다. 이는 전적으로 어떤 저자의 책을 읽는가에 따라 다르다. 데이비드는 다시 리뷰하기 전에 종종 전체를 한꺼번에 읽는다. 반면 브레트 독서 중간에 기록을 하고 가장자리에 중요한 개념을 정리하고, 이해하기 어려운 부분에는 질문사항을 추가하고, 주제어나 이후 참고할 문장에 색인을 해둔다. 명심해야 할 사항은 자신의 입장에서 이해하고 유용할 수 있도록 형식과 언어를 선택하는 것이 중요하다. 너무 많은 설명과 알아보기 어려운 주석으로 오히려 독서를 마친 이후 무슨 내용인지 알 수 없는 주요어와 밑줄, 그리고 색인은 혼란만 가중할 수 있다. 이러한 설명과 기록은 독서 중에 이해나 정보 여과를 통하여 정리하여야 하며, 동시에 중요한 부분을 파악해 내는 것이 필요해 보인다.

이는 독서할 때 해야 할 게 많은 것처럼 들릴 것이다. 하지만 사실이다. 그러나 중요한 것은 위에 서술된 질문들에 대한 답은 오직 독서를 한 후에 자신이 어떻게 읽었는지 생각을 해야 할 수 있다. 즉, 독서는 항상 반추하는 과정이다. 독서를 끝낸 후에는 다른 일을 하고 싶겠지만, 다 읽은 후에 돌아가서 독서하는 동안에 무엇을 했는지 그리고 앞으로 더욱 성공적인 프로세스를 위해 어떻게 그러한 기법들을 향상시킬 수 있는지 생각해 볼 만하다. 예를 들어 브레트가 대학에서 처음 독서했을 때, 그는 페이지에 아무 것도 안 썼었다. 아마 책에 대한 어떠한 '존중'이었을 것이다. 그러다 그는 주어진 어떤 글에 매우 화나서 페이지 전체에 메모와 논평을 기록했다. 그 후, 그는 이러한 행동이 독서의 내용에 대해 더 뚜렷한 이해와 견해를 가지게 한다는 것을 깨달았다. 그 이후로 브레트는 모든 읽을거리에 자신의 반응을 기록한다. 이것은 독해를 도울 뿐만 아니라, 더 나아가 시간이 지나서 그 독서에 돌아가도 그는 자기가 어느 부분에 관심을 가졌는지, 흥미로웠는지, 짜증났는지, 또는 혼란스러웠는지 바로 알아낼 수 있다. 독서할 때 새로운 기법들을 시도하는 것은 유익하다. 그러므로 겪고 있는 과정을 최대한 이해하도록 노력해야 한다. 그리고 자신과 뭐가 맞는지 안 맞는지에 반응하여 적응해야 한다.

독서의 과정에 대해 정리한 많은 책들은 독서를 진행하는 방법들을 소개한다. 예를 들어, 마커와 레니어(Marker and Lenier, 1996: 2~3)는 독서할 때 완수되어야 여섯 단계의 〈Active Critical Thinking(ACT)〉 과정이 있다고 보았다.

1. 미리 읽기(preread)
2. 읽기(read)
3. 자신이 읽은 내용을 분석하기(analyse what you read)

4. 무엇이 중요한지 기억하기(remember what's important)
5. 읽은 내용을 이용하기(make use of what you read)
6. 자신의 비판적 사고력을 평가하기(evaluate your critical thinking skills).

미리 읽기는 독서에 대한 대략적인 개요를 파악하는 데에, 읽기 전에 있을 수 있는 문제와 독서의 성공과 관련이 있다. 그에 따라 자신의 독서 방식을 준비할 수 있다. 독서의 제목, 색인이 있는지, 부 단원들의 제목들, 참고문헌에 아는 이름이 있는지, 자신의 학문과 어떻게 들어맞는지, 그리고 왜 교사가 읽게 했는지, 이와 같은 방법들이 모두 미리 읽기다. 사람들은 자주 전체를 살펴보지 않고 독서를 시작한다. 그들은 어떠한 방법으로도 준비가 되어 있지 않다는 것이다. 책 같은 경우에는 몇 분을 투자해서 목차 페이지, 책 뒤에 있는 광고, 색인, 안에 사진이나 도형이 있는지 훑어봐서 책 전체의 의미를 파악하는 것이 좋다. 이는 기사와 짧은 작품들에도 적용될 수 있다. 미리 읽기는 제대로 읽기 전에 토픽과 연관되는 자신이 이미 알고 있는 정보를 상기시켜 줄 수 있는 방법이다. 그러므로 매우 유용한 단계이다.

이 시스템에서 읽기는 읽을거리를 메모하거나 모르는 단어나 구절에 신경 쓰지 않고 글 자체를 읽는 것이다. 그리고 마커와 레니어는 세 번째 단계, 자신이 읽은 내용을 분석하기로 나아가라고 한다. 이번에는 메모, 주요 요점 확인, 증거 검토, 질문 등을 하면서 읽는 것이다. 만약 이 과정을 철저히 했으면, 다음 단계인 무엇이 중요한지 기억하기로 수월하게 이동할 수 있다. 왜냐하면 본인의 메모와 견해들은 핵심 아이디어와 쟁점들을 나타낼 것이며, 이는 글에 대한 본인의 반응이 주요 요점들에 집중하도록 한다.

다음은 글의 아이디어에 대해 자신이 논해 보고, 토론하며, 적용시키는 읽은 내용을 이용할 차례이다. 이는 수업시간에 교사가 그룹으로 독서의 자료에 대해 생각해 보라 할 때 행해질 수 있다. 이 단계는 강의실 밖에서도 활용하는 게 좋다. 글의 논점들을 뒷받침하거나 의문을 제기하는 예시들을 스스로 생각하는 것이 독서와 자신의 지식을 연결시키는 하나의 방법이다. 그럼으로써 읽은 자료를 자신이 쉽게 이해할 수 있는 구조에 놓는 것이다. 자신의 학업에 의한 독서이면 주위의 다른 학생들에게도 주어졌을 것이다. 그래서 그 자료에 대해 같이 논의하고 토론하는 것도 좋다. 만약 자기가 글에 대해 잘못 이해했거나 교사에게 어려워하고 있다는 것을 보이는 것을 걱정한다면, 교실 밖에서 하는 것이 더 편할 수도 있다. 강의실 밖에서도 독서는 행해져야 한다는 관념은 매우 중요하다. 그렇기에 읽는 자료와 관련된 대화나 경험의 기회가 주어질 때마다 잡아야 한다.

마지막 단계는 자신의 비판적 사고력을 평가하는 일이다. 이는 다양한 형태로 이루어질 수 있다. 이는 읽으면서 부딪힌 어려움들을 떠올리면서, 어떻게 대처하면 도움이 됐을지 생각 할 수 있다. 강의실 안팎에서의 토론은 자료에 대한 자신의 독해력을 되짚어 볼 수 있다. (자기가 남들보다 덜 이해했다고 가정할 때는 조심스러워야 한다. 이는 다 이해했다고 주장하는 사람들의 허세가 초래하는 결과이다.) 과제의 피드백을 통해서 좀 더 형식적으로 자신의 사고력을 평가할 수 있다. 피드백에서 자신의 능력을 독서할 때 어떻게 활용하고 어떻게 도울 수 있는 제시될 것이다. 과제의 피드백은 그저 비판으로 보기보다는 어떻게 더 좋은 성과를 거둘 수 있는지를 알려줌으로써 실제로 행해지기를 의도한다. 만약 피드백에서 어떤 부분에 문제가 있다고 지적되면, 교사와 얘기해서 현재 능력에서 어떻게 개선시킬지 제시해 줄 것이다. 어떻게 읽을지 그리고 어떻게 이러한 활동을 향상시킬지에 대한 관념을 반복적으로 생각하는 것은 지속적인 과정이어야 한다. 확실히 이러한 과정은 교사들이 이미 수년 동안 해 왔다.

마커와 레니어의 ACT 구조가 유용한 것은 맞지만, 고정불변인 것은 없으므로 자신에게 맞는 프로세스를 찾아 써야 한다. 예를 들어, 흔히 처음으로 읽을 때 메모하면서 읽으면 두 번째와 세 번째 포인트를 합치는 것이다. 또한 읽다가 글의 앞부분에 대한 지각이 달라지면 그 부분으로 바로 돌아갈 수 있다. 하지만 이러한 수법에 유의해야 할 것은 논점은 진행이 중요하므로, 순서 없이 읽다가 다르게 이해할 수도 있다. 동료나 학생들과 독서에 대해 논의하고 토론하는 것은 프로세스의 중요한 부분이다. 이는 독서를 이해하는 데에 다양한 방향들을 발견할 수 있게 해 준다. 그러한 의미에서 독서의 시작을 마커와 레니어의 계획으로 직접 해 보는 것 좋을 것이다. 자신의 독서에 위의 단계들을 합치거나 바꾼다고 해도 문제될 것은 없다. 계속 언급했듯이, 자신에게 맞는 독서방식이 뭔지 확인해야 한다.

[요약]

· 읽기에는 한 가지의 방법만 있지 않으므로 자신과 맞는 독서 전략을 찾아야 한다.

· 이를 위해 독서할 때 자신이 무엇을 어려워하고 잘하는지를 파악하는 것이 좋다.

· 자신의 독서 시간을 알고 있으면 주어진 자료마다 미리 준비하고 계획할 수 있다.

· 독서하기 전과 후 그리고 동안에 무엇을 할지 생각하는 것을 추천한다.

· 독서는 항상 반추하는(reflective) 과정이어야 한다.

 읽을 때의 문제점

당신이 당신에게 가장 적합한 글 읽기 패턴을 고안하더라도 당신은 여전히 글읽기 과정에서 많은 어려움과 문제들에 봉착할 것이다. 당신이 파악하기 어렵다고 느끼는 개념들이 있을 수 있다. 당신에게 아무런 의미가 없는 예제들, 여러 번 읽어봐도 이해할 수 없는 문장들, 전에 한 번도 보지 못한 단어들 등이다. 이러한 문제들을 다루기 위한 전략을 짜는 것은 당신이 읽는 내용을 포기하지 않게 하거나 그것을 이해할 능력이 전혀 없다고 느끼지 않도록 해 주는 데 중요하다.

글읽기를 위한 모든 접근법을 고려할 경우, 이러한 문제점 해결에 관한 조언을 얻을 수 있다. 당신의 학습방법에서 당신에게 가장 적합한 특정한 접근방법은 당신에게 가장 효과적인 글읽기 방법을 알기까지 다양한 접근법을 시도한 끝에 얻어진 것이다. 그 조언 중 포기하지 않는 것이 아마도 가장 중요한 요소일 것이다. 많은 글들이 읽기 어려울 것이고, 그것은 당신이 전에 맞닥뜨리지 않은 것이므로 처음 읽을 때는 완벽하게 이해하기 어려울 것이다. 그 대신 글읽기의 목적을 고려한다면 당신은 무언가 새로운 것을 배울 것이고, 문제점과 혼란을 없애는 것에 실패한 글읽기는 당신이 읽는 것을 포기하게 할 것이다. 읽기는 당신을 다르게 생각하게 하고, 깊이 생각해 보지 못한 것을 심사숙고하게 만들기 때문에 어려운 과정일 수 있다. 어쩌면 그러한 어려움은 당신이 뭔가 새로운 것을 접하고 있다는 하나의 징후일 수도 있다. 생각해 보자. 당신이 무엇이든 새로운 것을 배우려고 할 때—악기연주, 스포츠규칙, 기계작동법 등—관련용어와 개념들이 새롭기 때문에 파악하기 어렵다고 느꼈을 것이다. 새로운 것을 받아들이는 과정에서 우리는 보통 어려움을 느끼며 해나간다. 한 번 배워서 쉽게 느껴져야 할 것인데도 읽기가 어려울 때면 우리는 좌절감을 느낄 것이고, 누군가가 쓴 것을 파악할 수 없다는 것이 난처하고 이상하게 느껴질 것이다. 그러나 읽기의 기술과 의미파악의 인식과정에는 차이가 있고, 기존에 학과공부에 많은 시간을 소비한 반면 대학에서는 더 어려운 공부에 시간을 투자해야 할 것이다.

(여기서의 고백) 이 책의 저자는 읽기가 어렵다고 느낀다. 사실 당신이 수강하는 모든 강의들과 선생님들은 읽기가 어려운 과정임에도 그것을 인정하지 않는다. 위에 언급한 바와 같이 글 읽기가 어렵다면 그것은 익숙하지 않은 참신함과 독창성의 결과이다. 문제는 이 어려움을 해결하기 위해 당신이 무엇을 하는가이다. 어려움을 즐기기 위한 첫 번째가 바로 글읽기가 당신을 새로운 것에 접하도록 하기 때문에 확실히 대학에 와서 겪어야 될 일 중의 하나라는 것을 아는 것이다. 쉬운 글 읽기는 그것이 새로운 것을 말해 주지 않고 당신의 생각에 도전하지 않기 때문에 지루하다. 복잡한 글을 파악하여 습득하는 과정은 학술적 사고의 즐거움이다. 학문이란 것이 좀 더 확실한 의미를 찾기 위한 논의에 기인한다는 것, 그것들을 파악하기 위한 시도로 글을 쓰는 것, 당신에게 그들에 대해 설명하고자 강의하는 것 등은 사실상 이 복잡한 해석상의 과정에 종속된다는 것을 보여 준다. 이것은 또한 당신이 역시 시도해야 하는 과정이다.

그렇다면 읽기를 강요당할 때 해야 하는 일은 무엇인가? 예를 들어, 당신이 이해하기 어려운 단어나 조건 등에 맞닥뜨렸다면 어떻게 해야 될까? 많은 글 읽기에서 반복적으로 발생하는 조건은 '공공권'이다. 그것은 당신이 전에 접해 본 적이 없다면, 무엇을 의미하는지 추측하기 어려운 단어이다. 당신이 정말 글 읽기를 계속하길 원한다면 무엇보다도 그 조건이 무엇을 의미하는지 알아야 할 필요가 있다. 그 조건은 그것을 짐작하기 위한 핵심적인 것이고, 그렇지 않으면 무의미한 것을 계속하는 것에 지나지 않는다. 그러나 꽤 자주, 개인적인 단어들은 전체를 이해하는 데 필수적이지 않다. 오히려 그것을 무시하는 것이 최선일 수 있다는 말이다. 그것은 당신이 영원히 개인적인 단어를 잊어야 한다는 뜻이 아니라 당신이 읽는 과정에서 이해하기 어려운 단어에서 잠깐 잊는 것을 말하고, 그러한 읽기의 과정은 채 몇 주도 안 걸릴 것이다. 아마도 문단의 끝과 다음 문단의 시작까지 몇 문장을 읽는 동안 나오는 당혹스런 단어들에 대해 정확한 의미를 알지 않고는, 그 글이 무엇을 말하고 있는지 파악하기 어렵다. 사실 읽기 과정에서 단어들의 무엇을 의미하는지 파악하는 것은 그 읽기 과정을 어느 정도 거친 이후에야 가능할 때도 있다. 주요 주장의 일반적인 요지는 글읽기를 이해하는 핵심이고, 이것은 모든 개별단어의 이해 없이도 가능하다. 그러므로 특정한 단어를 알지 않고도 그 글의 내용을 파악할 수 있다면, 그것을 무시하고 계속 읽어나가면 된다. 즉, 당신이 글읽기 과정을 계속해 나가는 것이, 당신이 한 단어에 걸려 멈추는 것보다 유용하다는 것이다. 이것은 매우 긍정적인 경험이 되기도 한다.

당신이 몰랐던 단어들을 이해하는 것이 글 읽기에 필수적이라고 한다면 어떠한가? 당신이 문맥으로 몰랐던 단어들을 파악하지 못한다면, 당신은 다른 어떤 것으로부터 의미를 알아내야 할 것이다. 그러나 옥스포드사나 콜린사에서 출간된 사전으로 일반적인 그 단어의 사용법을 알아내는 것을 주의해야 한다. 이러한 사전들은 일반적인 대중을 타깃으로 만들어졌기 때문에, 종종 특정 주제 영역을 포함하고 있지 않다. 게다가 그 사전이 그러한 영역을 포함했다 하더라도 글의 저자가 의도한 특정한 의미와는 꽤 차이가 나는 일반적인 정의를 담고 있을 뿐이다. 예를 들어 'myth(신화)'라는 단어를 롤랑 바르트가 사용한 의도는 그 단어의 일반적인 의미와 다른데, 저자를 이해하기 위해서는 그것이 어떻게 사용되었는지 파악하는 것이 중요하다. 왓슨과 힐(Watson and Hill, 2000) 같은 좀 더 상세한 주제를 포함하고 있는 사전도 있지만, 그것의 내용은 그것을 구술하거나 참조한 저자들, 그들이 경험한 것을 바탕으로 한 논의들로 아웃라인되어진다.

동일한 과정이 당신이 어렵다고 느낀 문장이나 문단에 적용될 수 있다. 첫째로 단순히 계속 읽어나가다가 그 글을 다 읽은 다음 다시 어려운 부분을 본다면, 어려웠던 그 의미가 좀 더 명확하게 다가올 것이다. 이처럼 당신이 어려움을 느낀 글의 분량이 더 클수록 위의 방법은 더 유용할 수 있다. 당신이 모르는 특정한 단어가 있는가? 그것은 당신이 익숙하지 않은 사례와 관련되어 있는가? 당신이 그 사례를 알지만 그것이 주장의 내용을 파악하는 것과 어떠한 관계가 있는지 파악하지 못하고 있는가? 당신은 주장을 이해하지 못하는가? 전체 글이 복잡한 스타일로 쓰여져 그 글이 무엇을 말하는지 따라가기 어려운가? 그 문제가 정확하게 무엇을 의미하는지 핵심을 짚을 수는 있지만, 당신이 파악 가능한 것을 깨닫도록 도움이 필요한가? 당신이 이해하고 있다는 것을 인식하는 것은 이 정보가 당신이 문제를 인식하기 위해 노력하는 과정에 있다는 근거를 뒷받침해 주기도 한다. 또한 당신은 그 문제가 처음 생각보다 작다는 것을 느낄 것이고, 아마도 그것은 전체보다는 문장이나 문단의 작은 부분일 것이다.

만약 이 모든 것 외에 당신이 느끼고 있는 어려움이 있다 해도 걱정할 것 없다. 만약 글이 단순하고 쉽게 느껴진다면, 그 글은 당신이 읽기에 적합하지 않은 수준일 수도 있다. 다음 단계는 말하고 상의하는 일이다. 당신의 튜터에게, 같은 글을 읽고 있는 사람에게, 같은 문제를 느끼고 있는 사람에게 그리고 당신의 어려움을 설명해 줄 수 있는 사람에게 말이다. 가장 중요한 점은 당신이 포기하지 않는 일이다. 이것은 당신이 사용하지 않았던 사고의 틀을 소개하는 것이 어렵다는 것을 의미한다. 그리고 이것은 수업에서 다루어졌던 재료와도 유사하다—그것을 논의하기 위해 주어진 시간과 공간 속에서 어디에 이르고 있는가?—. 그래서 당신은 이 시간을 그것에 대해 논의하고 토론하는 기회로 활용해야 할 것이다.

[요약]

- 당신은 글 읽기 과정에서 어려움에 봉착할 것이지만, 이것은 글 읽기가 당신에게 익숙하지 않은 생각과 주장을 소개하기 위해 의도한 과정 중의 하나이다.
- 당신은 그러한 문제를 해결하기 위해 전략을 고안할 필요가 있다. 문제를 정확하게 인식하는 것이 유용하다.
- 도움을 요청하는 것도 유용하다. 다른 학생들과 그것에 대해 의논하거나 반전체적인 토론, 튜터에게 알리는 것 등.

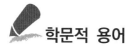 학문적 용어

읽기 이론에서 반복적으로 제기되는 불만은 긴 단어의 잦은 사용, 복잡한 문장들, 잘 사용되지 않는 의미의 예제들 등 전체적으로 복잡하다는 것이다. 또한 매우 많은 저자들이 각자 다른 방식으로 글을 쓴다. 당신이 경험했듯이, 많은 글을 읽고 있는 동안 갑자기 당신을 당황시키는 글을 만나게 된다. 더군다나 많은 글들이 꽤 오래 전에 쓰여졌거나, 각기 다른 국가에서 쓰여져서 그들의 방식을 당신의 공부나 관심사에 바로 적용시키기 어렵다. 많은 학생들에게 미디어 이론은 전에 그들이 접했던 이론들과 달리 생소하게 느껴져서, 당신이 학위를 따기 위해 그 이론의 학습이 요구된다는 것이 놀랍게 느껴지기도 할 것이다. 또한 당신이 왜 무언가를 읽어야 하는지 알 수 없다면, 그것은 당신이 어려움을 느꼈을 때 에너지를 불러일으키거나 글 읽기를 지속하기 어렵게 만들 것이다.

이러한 문제들은 몇 가지 이유들로 인해 생겨난다. 첫째로, 대학 간 그리고 대학을 넘어서 세계 간 '미디어 연구'를 보는 관점의 차이로 인해 발생한다. 미디어 이론은 하루 종일 TV를 시청하는 것과 같은 쉬운 주제에서 비판을 받기도 한다. 그러나 미디어 이론 분야는 미디어가 공중과 국가 간의 관계 속에서 중요한 역할을 한다고 가정하고 사회적으로 오랜 전통을 지니고 공익을 위해 시작된 학문적 주제이다. 이것은 미디어 이론은 권력과 사회와 정책과 그리고 개인들의 이슈와 관련되어 광범위한 생각과 토픽을 어우르기 때문이다. 또한 미디어 연구는 계속해서 접근법이나 방법론에 대해 고민해 왔다. 이것은 미디어 연구 분야가 복잡하다는 것을 말해 주는데 미디어 이론이 끊임없이 변해 오면서 난해한 역사를 거쳐 왔기 때문이다. 미디어 연구로 수행된 범위는 매우 넓어 이 분야의 포함영역에 대해 특정한 예상을 하고 있는 누군가에게는 깜짝 놀랄 만한 일일 것이다.

이는 주제영역이 실체가 있는 전체 부분과 완전히 하나가 되지 않아 그것의 조건과 접근법들을 깔끔하게 요약하기 어렵다는 사실을 의미한다. 당신이 접하게 될 조건이나 개념, 생각의 순수한 범위는 아마도 당신을 당혹스럽게 만들 수 있다. 미디어의 경우 좀 단순해 보이는 것을 조사하기 위해서 사용될 때도 있다는 사실은 사람들로 하여금 해당 연구가 과도한 복잡성을 추구하지 않나 의심하게 만들고, 저자들이 '그것에 너무 많은 의미를 둔다'는 공통적인 불만을 만들어 낸다. 그러나 저자들에 의해 지적된 부분은 단순해 보이지만 사실 극도로 복잡한 상태로 단지 그들이 탐험해 보고 싶도록 간단한 것처럼 보일 뿐이라는 것이다. 그러므로 해당 주제는 대부분의 경우 복잡성을 만드는 것에 관한 것이다. 또는, 좀 더 정확하게 표현하자면 그것은 계속적으로 인정되지 않는 그들만의 복잡성을 투명하게 만드는 과정에 관한 것이다.

좀 더 이론적인 글은 전에 당신이 접해 보지 못한 복잡한 단어와 용어들을 사용한다. 그것들이 낯설게 느껴질 때, 대학에서 연구되든 아니든 상관없이 모든 주제는 그들 자신만의 용어를 갖고 있다는 것을 명심해야 할 것이다. 예를 들어, 당신이 약에 대해 공부한다면 우리 신체의 여러 부분에 대한 용어를 다 알아야 한다. 컴퓨팅에 대해 공부한다면 컴퓨터 기술과 관련된 수많은 용어들과 계속 만나게 될 것이다. 특정 영역의 모든 스포츠도 각각의 용어가 아주 많다. 예를 들어 아이스 스케이팅이나 서핑에서의 동작들은 전에 접해 보지 않았으면 이해할 수 없는 주어진 명칭들을 다 갖고 있다. 보다 전문적으로 상세히 표현하기 위해 대부분의 주제영역들이 일상생활에서 잘 사용되지 않는 단어들의 사용이 필수적이 된다. 미디어 연구가 많은 복잡하고 구체적인 용어들을 사용하고 있는 것은 단지 이와 같은 맥락일 뿐이다. 당신은 '새로운' 단어를 보게 될 것이다.

이것은 고의적으로 어렵거나 잘 알려지지 않은 단어를 사용하려는 의도의 결과가 아니다. 오히려 그 반대로, 그 단어들은 저자들이 전달하고 싶은 생각을 압축하기 위해 고안된 용어이다.

　미디어 연구 영역에서의 용어가 왜 복잡한지에는 또 하나의 이유가 있다. 주제가 커뮤니케이션에 관한 것이기 때문에 자연스레 시스템 안에서 커뮤니케이션의 작용방식에 주목하게 된다. 예를 들어, 구조주의 비평가(이 책의 '구조주의'장 참조 바람)들은 미디어에도 해당 주제를 파악하기 위해 반드시 파악해야 하는 근본적인 '구조들'이 있다고 주장한다. 언어가 '자연발생적'으로 '실재'하는 듯이 보이지만, 사실 언어는 사회에 엄청난 파급효과를 준 강력한 시스템이다. 그러므로 이러한 방식으로 언어를 바라보는 사람들은 모든 커뮤니케이션에 있어서 언어의 작용과 그것이 발생하는 문제들을 어떻게 설명하는지 단지 보여 줄 목적으로 언어에 집착하기도 한다. 많은 페미니스트들에게 언어는 여자에 대한 남자들의 지배를 옹호해 주는 존재이다. 이것은 단순하게는 '체어맨' 또는 '맨카인드'라는 단어들을 '체어펄슨' 또는 '휴먼카인드'로 바꿔야 하는가에 대한 토론으로 이어진다. 이 모든 것 들이 보여 주는 것은 많은 미디어 연구들에서 언어는 논란의 대상이며 단순히 말을 잘하는 힘 같은 도구로서의 문제가 아니다. 그러므로 복잡한 글은 때때로 고의적인 목적으로 작성되기도 한다. 그것은 우리가 깊이 생각하게 하고, 낯선 것을 받아들이며, 현재 당면한 모든 것에 대해 질문을 하게 하고, 우리 문화 속에서 언어가 어떻게 강력한 작용을 하는지 보여 주기 위해서이다. 당연히 이것은 읽기라는 과정을 어렵게 만든다. 그러나 이런 경우 어려움은 저자가 언어나 미디어가 복잡하지 않고 단순하다는 생각에 대해 질문을 던지고 싶어서 의도된 것일 수도 있다.

　전반적으로 당신이 읽기를 계속해 가는 과정 속에서, 단어나 용어들로 인한 혼란에 빠지지 않을 수도 있을 것이다. 그러나 모든 글 읽기에서 당신은 이러한 문제들을 다루기 위한 전략을 지속적으로 발전시켜 나가야 될 것이다. 이러한 접근방법의 핵심은 왜 무엇인가가 어렵게 느껴지는지 생각하고, 그러한 어려움은 당신을 생각하게 하려고 의도된 것임을 받아들이는 것이다. 그러므로 어려움은 장애물이 아니라 당신의 생각을 발전시킬 새로운 사고의 틀을 제공하는 기회이다.

[요약]

- 미디어 이론은 아마도 당신이 전에 읽어 본 것과는 매우 다를 것이고, 때로는 당신의 관심사와 연관 짓기 어려울 것이다.
- 우리는 모든 특정 주제에서 복잡한 단어와 용어들을 만나게 되고, 미디어 연구 분야 역시 예외는 아니다.
- 많은 미디어 이론들이 관련된 용어들을 이해하고 있는 독자들을 대상으로 쓰여졌다. 종종 독자가 학생이라는 것을 염두해 두지 않고 쓰여진 부분이 있다.
- 몇몇의 저자들은 커뮤니케이션의 복잡성을 입증하기 위한 목적으로 언어를 다룬다.

 읽기 이후 정리

위에 언급한 대로 글 읽기는 단지 글을 읽고 있을 때만 작용하는 과정이 아니다. 그것은 전반적인 당신의 연구와 연구를 벗어난 다른 경험에까지 영향을 미친다. 당신이 수업에서 다룬 것들은 때로 당신의 일상생활과 동떨어져 보일 것이다. 그러나 당신이 그것을 교실 밖의 세상과 연결시킬 수 있다면, 읽은 것을 기억하고 유용하다고 느껴 더 쉽다고 느낄 수 있다. 우리가 TV를 보거나 영화를 보러 가거나 다른 종류의 미디어에 접하는 모든 시간에 우리가 상기할 수 있도록 미디어 이론에서의 글읽기는 더 수월해야 한다. 당신의 경험이 당신이 읽어 온 모든 글의 '정확성'을 증명한다는 말은 아니다. 오히려 반대로 당신의 경험들은 당신이 글의 소재에 심도 있는 접근을 하도록 도울 수 있다. 가장 중요한 것은 당신을 둘러싼 세계를 파악하기 위해 이론을 사용하고 그 세계를 또한 이론에 대해 생각하기 위해 활용하는 등 지속적으로 당신이 읽은 것을 마음속에 담아야 한다는 것이다. 이런 활동은 당신이 많은 대답과 생각, 사례들을 정립시키고 있고 그것은 당신이 에세이를 써야만 하거나 다른 평가를 해야 할 때 도움이 될 수 있다.

당신 자신의 저서와 당신이 읽은 내용과의 관계는 중요한 것이다. 당신은 다른 사람에 의해 쓰여진 것을 단순히 보거나 그것에 응답하여 무엇인가를 쓰는 것에 그치기 쉽다. 그러나 당신은 자신의 작품을 읽어야 한다. 심도 있게 글 읽기 기술을 발전시키는 것은 자신의 작품에서도 이러한 기술을 적용시켜 교재에서 분석한 방식대로 비평할 수 있으므로 매우 유용하다. 당신이 에세이를 제출하기 전에 읽어 보고, 다시 되돌려 받았을 때 보고 피드백된 내용을 재검토해 보는 것은 당신의 작품을 갈고 닦기 위한 필수적인 방법이다.

따라서 글 읽기를 튜터로부터 읽으라고 주어진 내용만 단순히 읽는 일이라고 생각하면 안 된다. 글 읽기 기술을 그러한 종류의 일에 당면했을 때만 가치 있는 것으로 치부해도 안 된다. 대신에 글 읽기 기술은 전반적인 당신의 연구에서 당신이 글의 내용을 잘 다루도록 돕고, 자신의 작품을 검증하도록 하는 필수적인 도구로서 주어진 중요한 구성 요소이다. 이러한 글 읽기 기술은 다양한 방면에 활용될 수 있다. 비판하고 분석하는 기술을 향상시킬 수 있고, 당신의 공부에서뿐만 아니라, 당신이 교육을 마치고 나서도 접하는 모든 길에서 유용하기 때문에 이 책은 전체적으로 글 읽기에 중점을 두었다.

 ## 권장도서

Fairbairn, Gavin J., and Susan A. Fairbairn(2001), *Reading at University: A guide for students*, Buckingham and Philadelphia: Open University Press.

읽기나 강독과정에서 자신만의 숙련 방법을 개발하는 유용한 팁을과 더불어 모든 독서 과정에 관한 과정을 정리한 책이다.

Maker, Janet, and Minnete Lenier(1996), *Academic Reading with Active critical Thinking*, Belmont CA: Wadsworth.

읽기 과정에서 채택하기 매우 유용한 모델인 능동적이며 비판적인 사고(ACT: activie critical thinking) 과정 전반을 기술하고 있다.

제2편

주요 사상가와 학파

4장

자유주의 언론 이론

Mill, J. S.(1997/1859), "Of the liberty of thought and discussion(사상과 언론의 자유)", in Bromley, M. and O'Malley, T.(eds.), *A Journalism Reader*(저널리즘 리더), London: Routldege, pp. 22~26.

 자유주의 언론 이론 입문

민주주의 사회에서 '언론자유'라는 개념은 "문제 삼을 수 없는 신조(unchallengeable dogma)"로 받아 들여져 왔다(Lichtenberg, 2002: 173). 이에 불구하고, 여전히 미디어 구성원들과 다른 사회 평론가들은 대중이 '언론의 자유'와 '출판의 자유'를 보호할 필요성을 느끼도록 해야 한다고 생각했다. 일반적으로 미디어를 전체로서 포함하기 위해 쓰이는 개념이다. 이들 자유 언론의 중요성을 일깨우는 사람들은, 기자들이나 그들의 고용주가 세간의 주목을 받는 사람들의 사생활을 침해해 고소를 당하거나 미디어 조직들이 정부나 공공기관, 대기업의 결함을 드러내는 데 공을 차지하려 들 때 나타나는 경향이 있다.

2007년, 영국의 노던 록 은행의 예금인출사태는 언론과 매스미디어가 그들의 감시인 역할을 잘 수행한 사례이다. 그럼으로써 그들은 보다 많은 대중들에게 '자유로운' 매체가 '공익'의 잣대가 되어야 하는 문제들에 대해 보도하는 데 필수적이라는 사실을 일깨워주었다. 그러나 2008년 초 대다수의 영국 매체들이 그들의 감시인 역할을 미뤄두고 정부의 요청에 따라 해리 왕자(Prince Harry)의 아프가니스탄(Afghanistan) 파병 기간을 보도하지 않은 사건은 위의 경우와는 대조적이다.

그 외에도 부적절한 언론 침해의 사례들은 많았다. 웨일즈(Wales)의 다이애나 비(Lady Diana Spencer)의 경우는 그 중 가장 확실한 예이다. 최근의 사례로는 브리트니스피어스(Britney Spears)와 에이미 와인하우스(Amy Winehouse)와 같은 유명 인사들에 대한 보도가 있다. 이러한 상황들에서의 매체의 소유주나 편집자들 그리고 기자들의 행동이 합리적인지, 불합리적인지와 관계없이 '공익', '언론의 자유', '출판의 자유'를 통해 무엇을 알게 되는지 신중히 생각해 볼 필요가 있음을 강조한다.

자유 언론이라는 개념이 우리 의식 속에 깊이 자리 잡고 있다는 것을 고려하면, 그 개념이 비판적 평가의 대상이 되지 않는다는 것은 놀랄 일이 아니다. 그 결과, 자유 언론이라는 개념의 역사는 밝혀지지 않은 상태이고, 그 개념이 탄생하게 된 배경 이론과 개념을 뒷받침하는 근거는 주류 매체나 대중의 토론장에서 토론의 주제가 되는 경우가 거의 없다.

존 킨(John Keane, 1991: 7~8)은 '출판, 보도의 자유'가 영국에서 시작되어 미국과 다른 유럽국가에 퍼져나가 현대의 북미와 유럽사회에서 '확실히 체계화된 원리'라고 설명했다. 여기엔 두 대륙의 공통점이 있다. 바로 출판·보도의 자유에 대한 필요성이 정치적으로 혼란한 상황에 제기되었다는 사실이다(Briggs and Burke, 2002: 96~102). 영국의 경우엔 명예혁명이고―일반적으로 영국 대내란으로 알려져 있다―미국의 경우엔 미국 독립혁명이 그 예이고 프랑스의 경우 프랑스혁명이 그 예이다.

구두에 의한 정보뿐 아니라 연설의 형식이나 설교, 연극, 인쇄 매체도 위의 혁명에서 소책자나 신문, 책들을 발행하며 중요한 역할을 하였다. 영국에선 국가의 검열에 대해 비판하며 출판·보도의 자유를 지키려는 다양한 출판물들이 소규모 인쇄기를 통해 생산됐다. 이러한 방식에서 생겨난 출판물이 윌리엄 월윈(William Walwyn)의 『자비의 사마리아인(*The Compassionate Samaritane*)』(1644)과 존 밀턴(John Milton)의 『아레오파지티카(*Areopagitica*)』(1644)이다(Briggs and Burke, 2002: 89; Keane, 1991: 8~9).

프랑스에선 프랑스혁명 전과 그 기간 동안 출판·보도의 자유를 지지하는 출판물들이 발행됐다. 그 중엔 1788년에 프랑스에서 발행된 존 밀턴의 『아레오파지티카』의 각색본도 포함되어 있다. 또한 다른 출판물들의 예를 들면, 마리-조셉 셰니에(Marie-Joseph Chénier)의 『사상에 의한 종교 재판의 폐기(*Denunciation of the Inquisitors of Thought*)』(1789), 자크 피에르 브리소(Jacques-Pierre Brissot)의 『언론 자유를 위해 필요한 회고록(*Memoir of the Need to Free the Press*)』(1789)는 그들이 전하고자 하는 바를 제목에서 잘 전달했다. 미국에서는 1766년에 이르러서야 대중들의 격렬한 반대로 소책자·신문·광고 등에 인세를 부과하는 것이 폐지되었다.

미국 독립혁명이 끝나고, 출판·보도의 자유의 개념은 1791년 미의회를 통과한 미

권리장전의 수정 제1조로 자리 잡았다. "의회는 종교의 설립에 대한 법률을 제정하지 않을 것이며, 신앙의 자유를 막지 않을 것이고, 언론의 자유와 출판의 자유를 약화시키지 않을 것이다."(Briggs and Burke, 2002: 193에 인용되어 있다) 그러나 이 조항의 뜻이 구체적이지 않고 불명확해서 이에 대해 수많은 대중들의 논의가 있었다. 결국 이 논의는 표현의 자유의 문제에 대한 조정을 요청받은 법원의 중재로 이어졌다.

몇몇 사람들은 수정 제1조가 더 나은 미디어시스템을 제공하지 못했다고 주장한다. 더 나아가 이미 특권을 가진 개인들과 상업회사들이 '일반적인' 노동자 계층의 사람들보다 더 이득을 보게 되었다. 예를 들어 큐란(Curran, 1997a: 367)은 수정 제1조가 "반론권에 대응하는 언론의 희생자들을 만들어내며 출판사가 법에 저항할 수 있게 하고 현장의 다른 의무적인 공공서비스와는 달리 TV 방송사의 언론의 자유 권리는 침해할 수 있는 근거가 되었다"고 주장했다.

영국에서는 일반적으로 언론이 19세기 중반에 그들의 자유를 성취해냈다고 알려져 있다. 그 당시 가장 핵심 사건은 1855년, 지식 세금이라 알려져 있는 인세 부과를 해제하는 1695년에 제정된 라이센싱법(Licensing Act)의 효력 상실일 것이다. 그리고 1861년에는 종이세도 폐지했다(Briggs and Burke, 2002: 51; Curran, 1997b: 7). 그렇지만 출판·보도의 자유에 대한 이 특별한 해석에 대해 반대되는 관점도 있었다. 그러나 큐란(Curran, 1997b: 7~9)은 광고의 도입과 전성기를 맞은 자유시장주의가 국가에 의해 도입된 법률 존중주의적 수단보다는 검열에 더 효율적인 수단이라고 주장하며 그 관점을 문제 삼았다. 그 주장의 영향으로 이전의 활동적이고 널리 읽히던 급진적인 언론들은 사라지게 되었다.

19세기 중반의 소위 언론의 자유는 성직자, 법관, 평민의 세 계급에 더해 '제 4계급'이라는 개념을 만들어 냈다(Allan, 1999: 195). 제4부의 개념을 뒷받침하는 건 독립에 대한 인정과 언론의 정치적 영향, 언론인들이 대중들의 목소리를 대변하고 대중들에게 책임을 갖는다는 믿음이었다. 20세기의 방송의 도입과 함께, 이 새로운 미디어 분야를 '제5계급'으로 표현하려는 간단하지만 성공적이지 않은 시도도 있었다(Briggs and Burke, 2002: 192).

출판의 자유, 언론의 자유, 그리고 제4계급이라는 개념은 언론의 자유주의 이론, 언론 자유주의 이론으로 다양하게 불리면서 알려지고 또 계속 뒷받침되어 왔다. 이 이론은 언론의 자유는 자유시장에서 출판을 할 자유에 뿌리를 두고 있다고 여긴다(Curran, 1997c: 287). 자유주의 이론은 언론이 혹은 매스미디어가 세 가지 방식으로 민주주의를 실현한다고 주장한다(Curran, 1997c: 287). 언론은 유권자들에게 통지하는 데 있어 중요한 역할을 한다. 그들은 대중들에게 감시의 수단이 되고, 정부를 견제하는 감시인 역할을 한다. 그들이 여론을 분명히 표현한다.

위에 말했듯이 언론의 자유주의 이론이 여전히 대중들 사이에서 상당한 지배력을 갖지만, 기를 죽이는 비판의 대상이 되기도 하였다(예를 들자면, Curran and Seaton, 1997; Curran, 2005 참조). 그러한 비판들은 칼 마르크스(Karl Marx)에 연구에 의해 알려진('8장 마르크시즘' 참조) 정치경제학의 관점에 의해 뒷받침되는 경향이 있었다('15장 정치경제학' 참조). 본질적으로 마르크스주의자들의 관점은 매스미디어 조직이 법이나 엘리트 집단에 의해 소유되고 운영될 경우 사회를 구성하는 개인들은 이들 조직들이 상식적이라 생각되는 방식으로 사회의 지배적인 이념을 강화하는 것을 보장하게 될 것이라는 생각이다. 그리고 이는 사회 계층 간 불평등을 유지하게 해 준다(Allan, 1999: 51).

그렇다면 어떤 논쟁이 언론의 자유와 출판의 자유의 개념을 강화하고 부채질한 것일까? 그리고 아직도 전 세계 민주주의 사회에서 미디어 체계를 보호하기 위해 쓰이는 언론의 자유주의 이론이라는 표현은 어떻게 쓰이게 된 걸까? 킨(Keane, 1991: 10~20)은 구분 가능한 그러나 서로 중복되는 네 가지 논쟁을 조사했다. 각각의 논쟁은 언론의 자유주의를 변호하는 근거로 볼 수 있다. 첫 번째는 신학적 옹호론이라고 할 수 있다. 이 논법은 여러 출판된 자료들에서 찾아볼 수 있다. 특히 밀턴(John Milton)이 신의 사랑과 자유와 앎의 정신을 번영케 하기 위해 출판의 자유를 주장한 밀턴의 『아레오파지티카』에서 찾아볼 수 있다(Keane, 1991: 11).

근본적으로 밀턴은 언론에 포괄적인 제약을 도입하는 것은 실행이 불가능하고 비효율적일 뿐만 아니라, 생각하고 재량권을 발휘하고 기독교인의 삶을 선택할 개인의 자유를 억압하는 것은 불쾌한 일이라고 생각했다(Keane, 1991: 12). 그러나 밀턴은 완전한 출판의 자유에는 반대하여 가톨릭교의 서적은 금지되어야 한다고 생각했다. 그리고 법이 욕설과 음란에 관한 문제들을 처리해야 한다고 생각했다.

출판·보도의 자유에 대한 두 번째 논쟁은 종교적인 믿음의 영향이 아닌 개인들의 권리라는 개념의 영향을 받았다. 이것의 철학적 기반은 존 로크(John Locke, *Epistola de tolerantia ad clarissimum virum*, 1689), 매튜(Mathew Tindal, *Reasons Against Restraining the Press*, 1704), 그리고 존(John Asgill, *An Essay for the Press*, 1712)의 출판물에서 찾아볼 수 있다. 이런 형식의 논쟁은 미국과 프랑스의 혁명이 끝나고 톰 패인(Tom Paine, *Rights of Man*, 1791~92), 메리 울스톤크래프트(Mary Wollstonecraft,

Vindication of the Rights of Woman, 1792) 논란이 많은 출판물의 이용이 쉬워지면서 더욱 대중적이 되었다. 그 결과 이 논쟁은 개인들은 정치나 종교에 관한 문제에 대해 자신들이 결정을 할 권리를 가지고 있을 뿐 아니라 그들의 정부의 입장과 맞지 않더라도 그들의 견해를 자유롭게 표현할 권리도 가지고 있음을 드러냈다(Keane, 1991: 13).

세 번째 논쟁은 공리주의의 이론에 입각해 있다(Keane, 1991: 15). 이 철학적 관점의 기본은 윌리엄 굿윈(William Goodwin, *Enquiry Concerning Political Justice*, 1798), 제임스 밀(James Mill, *Liberty of the Press*, 1811), 그리고 가장 자세하게 제레미 벤담(Jeremy Bentham, *On the Liberty of the Press and Public Discussion*, 1820~21)의 출판물에 나타나 있다. 벤담(Bentham)은 '최대 다수의 최대 행복을 위하여'라는 공리주의를 전형적으로 보여 주는 구호를 만들어 낸 사람으로 유명하다(Marshall, 1998: 685).

언론의 자유주의를 옹호할 때, 공리주의의 관점은 국가의 검열을 정당하지 않은 것으로 여긴다. 그것이 독재 정부의 힘을 유지하게 해 주고, 여론을 무시 다시 말해 대중의 행복을 줄이기 때문이다. 자유 언론은 법안이 다수에게 이득이 된다고 여겨질 때에만 제출될 것이라 확신할 수 있도록 해 주고 관료 체계가 무너지는 것을 방지해 주는, 정부에 대한 대항세력의 역할을 하기 때문에 행복의 동맹으로 여겨진다(Keane, 1991: 16).

킨은 출판·보도의 자유의 네 번째 옹호론을 사실의 성과에서 찾는다. 이 논쟁은 진실은 언제나 제약이 없는 시민들의 토론에 의해 나타난다는 것을 가정한다. 일찍이 이 출판·보도의 자유의 옹호론에 대해 힌트를 준 레오나드 부셔(Leonard Busher, *Religion's Peace: Or, a Plea for Liberty of Conscience*, 1614), 조셉 프리스틀리(Joseph Priestly, *An Essay on the First Principles of Government: and on the Nature of Political, Civil and Religious Liberty*, 1768), 그리고 가장 중요하고 영향력 있는 출판물인 『자유론(*On Liberty*)』을 쓴 존 스튜어트 밀(John Stuart Mill)과 같은 저자들이 있다. 『자유론』은 이번 장의 강독 자료로 일부 쓰였다.

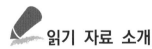 읽기 자료 소개

읽기 자료로 채택된 「사상과 언론의 자유(Of the liberty of thought and discussion)」는 밀(J. S. Mill)의 『자유론(*On Liberty*)』의 두 번째 장을 요약한 판이다. 1859년에 출간된

『자유론』은 다섯 개의 장으로 구성되어 있고 현재 인터넷에서 전부 찾아 볼 수 있다. 이 읽기 자료에 쓰인 요약된 판은 미카엘 브롬리(Michael Bromley)와 톰 오멜리(Tom O'Malley)가 편집한 『저널리즘 리더(*A Journalism Reader*)』에서 처음 등장했다. 밀(J. S. Mill)의 글은 그의 아버지 제임스 밀(James Mill)의 저서 『언론의 자유(*Liberty of the Press*)』의 바로 다음으로 자리 잡게 된다. 브롬리와 오멜리는 저널리즘의 역사적 발전에 대한 이해와 저널리즘의 실천을 알리고 뒷받침하는 견해를 알리기 위해 이 두 글을 함께 제공했다.

브롬리와 오멜리는 두 저자의 글을 함께 실은 이유를 정리했다. 그들은 밀(Mill) 부자가 "언론, 정부, 자유와 진실 간의 관계에 대해 철학적인 이야기를 하던 19세기를 보여주는" "고상하고 고귀한 자유주의 이론"을 대변한다고 생각했다(Bromley and O'Malley, 1997: 2). 아이러니하게도 밀(J. S. Mill)이 언론에 많은 글들을 냈지만, 그는 저널리즘의 실천에 대해 꽤 무시했다. 그 점은 다음 인용문에 잘 나타나 있다.

프랑스의 가장 뛰어난 사상가들과 저술가들이 신문에 글을 쓰고 직접적인 여론을 지휘한다. 그러나 우리의 일간지, 주간지 저술가들은 문헌에 있어서 저질이다, 그리고 또 그 문헌을 거래에 비하자면 꾸밈과 위선 그리고 다른 이들의 사창가의 집의 포주와 같이 그 거래를 계속 진행하려는 비열함에 대한 복종으로 인해 가장 불쾌하고 모멸적인 거래이다.

(Elliott, cited in Allan, 1999: 21; Briggs and Burke, 2002: 303 인용)

1806년 런던에서 태어난 존 스튜어트 밀은 1873년 프랑스에서 사망했다. 그는 존경받는 철학자이자 역사가인 그의 아버지 제임스 밀(James Mill)과 그의 조수 제레미 벤담(Jeremy Bentham)에게 집에서 가르침 받으며 자랐다. 존은 현역으로 활동하는 기자였지만, 그는 가장 유명한 철학자이자 정치경제학자이기도 했다. 그리고 19세기의 사상 형성과 정치적 담론에서 중요한 역할을 하였다고 평가받는다(Ryan, 1969: 43). 또한 1856년부터 1868년까지 자유당 소속 웨스트민스터(Westminster) 선거구 연방하원의원이기도 했다(Ryan, 1969: 43).

그의 많은 저서들 중에 존의 저서로 유명한 것은 다음이 있다.

The Principles of Political Economy: With some of their applications to social philosophy(1848)

On Liberty(1859)

Utilitarianism(1863)

The Subjection of Women(1869)

Three Essays on Religion(1874)

오늘날의 유명인사들과는 달리 그의 『존 스튜어트 밀의 자서전(*Autobiography of John Stuart Mill*)』(1873)은 그가 죽기 전까지 출간되지 않았다.

「사상과 집회의 자유(Of the Liberty of Thought and Discussion)」에서 요약된 이 판은 면밀하고 반복적인 이해를 필요로 한다. 그리고 가능하다면 언젠가 한 번 쯤 전체 텍스트를 읽어보기를 바란다. 브롬리와 오멜리가 지적하길(Bromley & O'Malley, 1997: 2), 밀(J. S. Mill)이 『자유론(*On Liberty*)』을 출간했을 때 그는 '논리가 탄탄히 정리된, 암시적인 논의'를 다루는 데 익숙했던 중산층과 상류 계층의 독자들을 대상으로 하였다. 논의의 깊이와 진함 외에도 이 책이 쓰인 기간이 보여 주듯, 그의 문체는 독자들에게 또 다른 장애물이다. 그럼에도 불구하고 이 책은 19세기의 언론의 자유주의를 '가장 영향력 있고 세속적으로' 옹호한 책으로 여겨진다(Keane, 1991: 17).

존 스튜어트 밀(J. S. Mill)

사상과 언론의 자유

바라건대 부패하거나 포악한 전제적인 정부에 반대하는 보장책의 하나로서 '언론의 자유'에 대한 어떤 옹호가 필요한 시대는 이미 지나갔다고 생각하고 싶다.1) 일반 민중과 이해를 같이하지 않는 입법부나 행정부가 대중에게 어떤 의견을 강요하거나, 학설이나 의견에 대해 대중들이 들어도 무방하다고 그 범위를 정하여 결정을 내리는 것 따위에 대해서 오늘날에는 이미 그 반대론이 필요하지 않다. 민중의 소리라고 생각하는 것과 일치하지 않는 한 어떤 강제력도 행사하려 하지 않는다는 경우를 상상해 보기로 하자. 그러나 나는, 민중은—그들 자신의 힘이든 정부에 의하든—의견의 발표를 통제하기 위한 그와 같은 강제력을 행사할 권리가 없다고 생각한다. 그와 같은 권력은 그 자체가 불법적인 것이다. 최선의 정부라 할지라도 최악의 정부와 마찬가지로 그것을 행사할 자격은 없다. 그리고 그와 같은 권력이 여론과 일치해서 행사될 때도 여론에 거슬려서 행사될 때와 마찬가지로, 혹은 그보다 더 심하게 유해하다. 가령 한 사람만을 제외한 모든 인류가 같은 의견이고, 단 한 사람이 반대 의견을 가지고 있더라도 인류가 그 한 사람을 침묵케 하는 것은 한 사람이 힘을 가지고 있어서 인류를 침묵케 하는 것과 마찬가지로 부당한 것이다. 만일 의견이 그 의견의 소유자 이외에는 아무런 가치도 없는 개인적 소유물이라면, 또한 그 의견에 방해당하는 것이 단 한 사람의 손해일 뿐이라고 해도, 그 손해가 소수에게 영향을 미치는 것이냐 다수에게 미치는 것이냐에 따라서 다소의 차이가 생길 것이다. 그러나 의견의 발표를 억압함으로써 생기는 특유한 해악은 그것이 전 인류에게서 '행복'을 빼앗는다는 점에 있다. 그것은 현대의 세대뿐만 아니라 후세대도, 또 그 의견을 지지하는 사람들뿐만 아니라 그것에 반대하는 사람들도 더 많이 손해를 보게 된다는 것이다. 만일 그 의견이 옳은 것이라면, 사람들은 잘못을 버리고 진리로 바꿀 기회를 빼앗기게 된다. 또한 그 의견이 틀린 것이라면, 그들은

---

1) 이 발췌문은 1859년에 출간된 『*Essay On Liberty*』에서 따온 것이다. 이후에 『*Essay On Liberty*』는 개인의 자유권, 특히 언론의 자유를 중시하는 언론자유주의 정신의 기초가 되는 서술로 평가받는다. 밀은 수백 개의 신문 기사를 썼지만 저널리즘에 대해서는 조금 무시하는 경향이 있었다.

앞의 경우와 거의 마찬가지로 큰 이익—즉, 진리와 오류의 충돌에서 태어나는 진리의 더 한층 명확한 인식이나 생생한 인상—을 잃어버리게 된다.

Note

[문맥]

시작하는 문장에서 밀이 '언론의 자유'를 언급했지만, 그에 따르는 토의는 언론의 산업적 측면에 관한 것은 전혀 다루지 않았다. 정확히 말하면, 진리를 이끌어 내기 위해 상황을 만들어 의견의 표현을 중요하게 하는 데 힘쓰고 있다.

『자유론(*On Liberty*)』의 첫 번째 장에서, 밀은 그가 말하는 사상의 자유란 말하고 쓸 자유라고 설명한다. 또한 그는 이러한 자유들이 많은 나라에 존재하지만 많은 대중들과 여론 주도자들이 이끌어가는 철학적 혹은 정치적인 분야에서는 꼭 그렇지 않다는 것을 인정한다.

[내용]

시작하는 문장에서 언론 자유주의 이론의 주요 요소들 중 하나를 설명한다. 그것은 바로 언론과 미디어의 국가를 감시하는 감시인 역할이다. 그러나 밀의 요점은 한 사람의 의견을 막는 것은 두 가지 조건에서 그것이 개인과 개인을 넘어 사회의 권리를 빼는 것이기 때문에 받아들여질 수 없고 해로운 것이라는 관점이다. 첫 번째 조건은 그 한 사람의 의견이 사실인 경우이다. 두 번째는 만약 그 의견이 틀릴지라도 그가 설명한 '오류와의 충돌'로 인해 더 강력한 진실이 나타나게 될 수 있다.

[구조]

아마 당신은 밀의 작문법이 이 책의 다른 읽기 자료와는 다르다는 것을 느꼈을 것이다. 특히 문장을 구성하는 구와 절의 수에서 알 수 있을 것이다. 이것이 저자가 끊임없이 그의 논의를 수정하고 옹호하는 데 도움을 주는 반면 독자들에겐 지장을 줄 수 있다.

[문체]

밀이 처음 시작 부분에 일인칭 시점에서 쓴 것을 주목하라. 이는 그가 강한 생각을 갖고 있는 문제에 대한 토의에 영향을 미치려는 의도를 반영하고 있다.

우리가 억압하려고 노력하고 있는 의견이 잘못된 것이라고 확신할 수 없으며, 설사 확신하더라도 그 의견을 억압하는 것은 여전히 해악인 것이다.

첫째로, 권위가 억압하려고 하는 의견은 때에 따라 옳은 것일지도 모른다. 그 의견을 억압하려는 사람들은 그 의견의 진실을 부정한다. 그러나 그들이라고 해서 아무런 잘못이 없을 수는 없다. 그들에게는 전 인류를 대신해서 문제를 결정하고, 다른 모든 사람들한테서, 판단의 수단을 빼앗을 그런 권위는 없다. 그들이 어떤 의견이 잘못된 것이라고 확신한다고 해서 그 의견에 귀 기울이기를 거부한다면, 이것은 자신들의 확신을 '절대적' 확실성과 동일시하는 것이다. 모든 토론을 침묵시키는 것은 어떤 경우이든 절대 무오류성을 가정하는 것이다. 토론을 침묵시키는 것이 옳지 않다는 이유를 이와 같은 평범한 이론에 기초를 두어도 좋을 것이다. 평범한 논의라고 해서 그 이론이 나쁘다고는 할 수 없다.

인류의 양식은 스스로 과오를 벗어나지 못한다는 사실을 이론상으로는 항상 중시하고 있음에도 불구하고, 불행하게도 실제 판단에 임할 때는 거의 문제 삼지 않고 있다. 왜냐하면 자기가 잘못을 저지를 수 있다는 것은 누구나 다 잘 알고 있지만, 자기 자신이 과오를 범할 수 있는 가능성에 대해서 어떤 예방책을 필요로 하고 있다고 생각하거나, 또는 지극히 확신하는 의견이 자기 자신도 범할 수 있는 과오의 한 예일지도 모른다는 가정을 스스로 받아들이는 사람은 거의 없기 때문이다. 이 집단적 권위에 대한 그의 신뢰는 다른 시대·국가·종파·교회·계급·당파가 자기들과 정반대의 것을 생각해 왔으며, 또 지금도 생각하고 있다는 것을 알게 된다고 해도 조금도 흔들리지 않는다. 그는 의견을 달리하는 다른 사람들의 '세상'에 대항해서 자신이 정당하다고 생각하는데, 그는 그렇게 생각하는 책임을 자기가 속해 있는 '세상'에 전가한다. 그리고 이와 같이 다양한 '세상' 가운데서 어떤 것이 자기가 신뢰하는 대상이 될 것인가는 아주 우연히 결정된다. 런던에서 사람들을 영국 국교도로 만든 것과 똑같은 이유가, 베이징에서는 그를 불교도나 유교도로 만들지도 모른다는 사실이 결코 그를 괴롭히지는 않는다. 그러나 시대라는 것도 역시 개인과 마찬가지로 잘못을 저지르기 쉽다는 것은 길게 증명할 필요 없이 명백하다. 어떤 시대라도 그 후의 시대에서 보면 오류이거나 불합리한 요소를 많이 지니고 있었다. 그리고 과거에 일반적이었던 많은 의견이 현대에서는 거부되고 있음이 명백한 것과 같이, 현재의 많은 일반적인 의견도 후대에는 거부되리라는 것도 명백하다.

뉴턴의 철학도, 그것에 대한 의심이 허용되지 않았더라면 인류는 그의 진실성에 대해서 오늘날처럼 완전한 확신을 가질 수는 없었을 것이다. 우리가 가장 확실한 근거를 가지고 있다는 신념까지도, 전 세계를 향하여 '그 근거가 없는 것을 한 번 증명해 보라.'고 끊임없이 요구하는 것을 제외한다면, 아무런 의지할 근거도 갖고 있지 못한 것이다. 만일 그 도전이 받아들여지지 않거나 혹은 받아들여졌다가 그 시도가 실패로 돌아간다 해도, 우리는 여전히 확실성에서 아주 멀리 떨어져 있다. 그러나 우리는 인간 이성이 허용하는 데까지는 최선을 다한 것이며, 또한 진리가 우리에게 도달할 기회는 한 번도 무시하지 않았다.

사람들이 자유 토론을 주장하는 이론의 정당성을 인정하면서도 그 토론이 '극단적으로 흐르는' 것에는 반대한다는 것은 기묘한 일이다. 그 제시한 이유가 극단적인 경우에도 합당한 이유가 아니면, 어떤 경우에도 합당한 것이 아니라는 것을 그들은 이해하지 못하기 때문이다. 그들은 '혹시 의심스런 여지가 있을지'도 모르는 모든 문제에 대해서는 자유로운 토론을 해야 한다고 인정하면서도, 어떤 특정한 원리 내지 학설은 그것이 매우 '확실하다'는 이유로, 즉 그것이 확실하다고 '자신이 확신하고 있다'는 이유로 의문을 품을 수 없다고 생각하고 있다. 그런데도 자기들은 절대 무오류성을 가정하고 있지 않다고 상정하고 있는데, 이것은 매우 이상한 일이다. 어떤 명제의 확실성을, 만일 허용만 된다면 그 확실성을 부정하고 싶지만, 실제로 허용 받지 못하고 있기 때문에 부정하지 못하고 있는 사람들이 있는데도 그 명제를 확실하다고 부르는 것은, 우리 자신과 우리들의 동의자가 확실성의 판정자이며, 더구나 다른 측의 이유(반대론)는 듣지 않고 판정할 수 있는 자라고 가정하는 일이다.

[내용]

Note

밀(J. S. Mill)은 이 부분을 시작하면서 하나의 의견이 거짓인지 알아내는 것은 어렵지만 그렇다 하더라도, 그 의견이 억압되지 않아야 하는 타당한 이유들이 있다고 주장했다. 그러면서 그는 그 주장을 뒷받침할 세 가지 이유를 제시했다. 첫째는, 의견이 옳음을 부인하는 사람들은 함축적으로 그들 자신의 절대 무오류성을 주장하지만 그들 자신의 확실성은 절대 확실성과는 같지 않다고 주장한다. 또한 의견의 타당성을 부인하는 사람들은 무엇이든 확실하게, 분명하게 말할 수 없다. 따라서 그 의견은 억압되지 말아야 한다. 그가 두 번째 문단 마지막 문장에 토론을 침묵시키는 것과 관련해 의미한 바는 무엇이었을까?

의견을 억압하지 말아야 할 두 번째 이유를 뒷받침하기 위해 그는 이론과 실제의 구분을 했다. 사람들은 그들이 오류를 저지를 수 있다는 걸 알지만 그들은 여전히 그들 중 한 명이 잘못된 의견을 강경하게 관철할 수 있음을 받아들이기 어려워한다. 그가 지적한대로 사람들은 시간과 장소 상관없이, 진실로 알려져 있지만 나중에야 잘못 알려졌다고 밝혀지는 의견들이 충분히 있다는 것을 깨달을 때가 있다.

밀이 옳지 않아도 된다는 믿음에 직면할 때를 대비해야 한다고 주장하는 세 번째 근거는 우리의 관점이 철저한 검토와 비판 대상이 되었을 때에만 강해지기 때문이다. 그렇더라도, 우리는 그 의견이 옳다고 확신할 수 없다. 그러나 우리는 가능한 모든 의견들이 그 타당성을 시험받아야 한다고 주장할 수는 있다.

밀은 그의 주장을 마무리 지으며 자유토의에 있어서 인간의 불완전성에 대한 의식 부족에 대해 다시 언급한다. 바꿔 말해, 밀은 전제조건이 충족된 상황에서의 자유토의는 받아들일 수 있다고 주장했다. 즉, 사안이 가졌던 확실성에 대조되는 의견이 나타난다면 자유토의는 성립될 수 없다. 본질적으로 밀은 주제가 확실하고, 우리가 반대의 관점에 대해 듣거나 이해한 상황에서 어떻게 논의할 수 있을지를 묻고 있다.

[문체]

밀이 남자만을 언급한 것에 주목하라. 읽기 자료에 들어가기 전부터 명백히 거의 모든 언론의 자유에 대한 선두적인 평론가들은 메리 울스턴크래프트(Mary Wollstonecraft)를 제외하고는 전부 남자였다. 그러나 이 사례에서 남자는 인구 전체를 뜻하는 것으로 이해할 수 있다.

[문맥]

성에 대한 이슈를 불러 모았지만, 밀이 여성의 역할과 가족에 대해 쓴 것으로 인정받았다는 사실을 알아야 할 필요가 있다. 이에 대한 그의 주요 저서는 『여성의 복종(*The Subjection of Women*)』(1869)로 남녀평등주의의 역사에 대한 중요한 연구로 평가되고 있다. 또한 그의 의원직 임기 동안 밀은 여성 투표권의 보장을 위해 힘썼지만 1918년에 이르러서야 이뤄졌다.

그러면 여기서 우리는 논의의 둘째 부분으로 옮겨 가기로 하자. 그리고 일반적으로 아무 의심 없이 받아들여지고 있는 의견 중 어떤 것이 잘못되어 있을지도 모른다는 가정을 버리고 그것들이 진실이라고 가정하자. 그리고 그러한 의견들의 진실성이 자유롭고도 공공연하게 논의되지 않을 경우에, 그러한 의견을 신봉하는 사람들에게서 흔히 나타나는 양식의 가치를 음미해 보도록 하자. 완고한 의견을 가지고 있는 사람들은 좀처럼 자기의 의견이 잘못되어 있을지도 모른다는 가능성을 전혀 인정하려 들지 않는 법이지만, 다음과 같은 것을 생각해 보면 마음이 움직일 것이다. 자신의 의견이 아무리 진실될지라도, 만일 그것이 충분히, 빈번하게, 두려움 없이 토론된 것이 아니라면 그것은 살아 있는 진리로서가 아니라 죽은 독단으로서 신봉될 뿐이다.

(다행스럽게도 이전처럼 많지는 않지만) 다음과 같은 사람들도 존재한다. 그들은 자기네가 옳다고 생각하는 의견에 대해 만일 단 한 사람이라도 의심치 않고 동의해 준다면, 비록 그 단 한 사람이 그 의견의 근거에 대해서는 아무 것도 모르고, 가장 피상적인 반론조차도 조리에 맞게 변호할 수 없다고 하더라도 그것으로 충분하다고 생각한다. 이것은 진리를 알고 있는 것이 아니다. 이와 같은 형태로 신봉된 진리는 그만큼 미신을 하나 더 늘리는 것이 된다. 다시 말하면 우연히 어떤 진리를 표명하는 말에 관련되어 있는 미신을 또 하나 늘리는 것에 지나지 않는다.

사람들은 무엇을 믿든지, 올바르게 믿는 것이 무엇보다 가장 중요시된다면, 적어도 평범한 반대 의견에 대해서는 자신을 옹호할 수 있어야만 한다. 그러나 의견의 차이가 생길 가능성이 있는 모든 문제에 있어서는, 서로 옳다고 싸우는 두 의견의 논거를 비교 대조해 보는 데서 진리가 결정된다. 특히 물리학과 같은 이론적 자연과학에서도 동일한 사실에 대해서 서로가 다른 설명이 항상 가능하다. 태양 중심설과 지구 중심설, 산소설과 연소설 하는 식으로. 따라서 그 반대쪽의 이론이 왜 틀린 이론인지 밝혀지지 않으면 안 된다. 이것이 밝혀질 때까지는, 그리고 어떻게 그것이 밝혀지는지 알려질 때까지 우리는 의견의 근거를 이해하고 있는 것이 아니다. 그러나 좀 더 복잡한 문제, 다시 말해서 도덕·종교·정치·사회관계 및 일상생활상의 문제에 있어서는, 문제가 되고 있는 의견에 관한 논의의 4분의 3까지는 그것과 전혀 다른 어떤 의견에 유리하게 보이는 상황을 배제하는 것으로 이루어져 있다. 자기의 단편적인 문제만 아는 사람은 그 문제

전체에 대해서는 거의 아무 것도 모르고 있는 것이다. 하기는 그의 논거가 정당할지도 모르며, 또한 아무도 그것을 논박할 수 없을지도 모른다. 그러나 만일 그가 반대쪽의 이유를 똑같이 논박할 수가 없다면, 그리고 반대쪽의 이유가 무엇인지조차 알지 못한다면, 그는 어느 한쪽의 의견을 선택할 수 있는 근거를 갖지 못한다. 또한 논적의 의견을 스승을 통해서 스승이 진술하는 대로 듣고, 그것에 대한 반론도 스승이 진술하는 것만을 듣는 것으로는 충분하지 않다. 그것은 반대론을 공평하게 취급하는 방법이 아니고, 그것을 자신의 마음에 전달시키는 방법도 아니다. 그 논의를 실제로 믿고, 그것을 진심을 변호하고, 그것을 위해 최선을 다하는 사람들한테서 그것을 직접 듣지 않으면 안 된다. 그는 그러한 반대론을 가장 그럴듯하고, 또한 설득력 있는 논리에 입각해서 파악하지 않으면 안 된다. 그는 그 문제에 대한 진실한 의견이 직면하고, 그리고 처리하지 않으면 안 되는 곤란한 온갖 힘을 감지해야만 한다. 그렇지 않으면 그는 진리 가운데서 이러한 반론에 대처해서 그것을 제거할 수 있는 부분을 결코 자기 것으로 소유하지 못할 것이다. 소위 교육을 받은 백 명 가운데서 99명까지는 지금 말한 것과 같은 상태에 있다. 자기 생각을 유창하게 변호할 줄 아는 사람들의 경우조차도 그러하다. 그들의 결론이 진리인지도 모르지만, 어쩌면 잘못되어 있을지도 모른다. 그들은 자기와 다른 사고방식을 가진 사람들의 입장에서 그들이 주장하는 것이 대체 무엇인지 곰곰이 생각해 본 적이 없다. 그렇다면 그들은 자신들이 공언하는 학설을 진정으로 알고 있지 못한 것이다. 그들은 자기 학설 중에서 그 이외의 나머지 부분을 설명하고 정당화시키는 부분을 알고 있지 못한 것이다. 그러므로 모든 중요한 진리에 대해 반대자가 없다면, 일부러 반대자를 상정하여 그 반대자가 가장 교묘한 악마의 대변자가 생각할 수 있는 가장 강력한 논증을 그들의 입을 통해서 나오게 하는 것이 필수 불가결한 것이다. 만일 인류를 교도해 가야 할 교도자들이 당연히 알고 있어야 할 모든 사항을 알아야만 한다면, 모든 것은 제한 없이 자유롭게 쓰이고 출판되지 않으면 안 된다.

[내용]

Note

잘못된 의견을 포함한 모든 의견들이 발표되어야 한다고 주장하며 밀(J. S. Mill)은 상대의 의견을 듣고 이해하는 것에 그들의 의견이 완전무결하다고 믿고 있는 사람들이 관심을 가져야 하는지 서술했다. 그는 이것을 "사람들이 그들 스스로 이러한 과정을 겪지 않으면 그들의 관점은 '살아 있는 진실'보다는 잘 쳐줘봐야 '죽은 독단밖에 될 수밖에 없다'"는 표현으로 깔끔하게 정리했다. 그는 우리가 왜 무엇을 옳다 생각하는지 알고 상대 의견에 대해 변론을 꿰고 있어야 한다고 말했다. 이는 앞에 내세워질 '일반적인 반론'에 대해 알고 이해하는 것이 필요하다. 밀의 관점에서 "진실은 두 개 조로 묶여진 상반되는 근거들이 맞부딪힘으로 발생하는 균형에 달려 있다". 그리고 그는 진실을 알아내기 위한 방법이 인문학과 과학에서 서로 다름을 인식했다.

예를 들어, 정치학과 사회적 관계의 분야에서는 자연 철학과는 반대로 진실을 알아내는 것이 상대의 관점을 해체하고 다시 모아서 자기 자신의 주장으로 표현할 수 있어야 한다고 말했다. 그의 결정타는 만약 상대의 관점이 알려져 있지 않다면 다른 사실이 아닌 하나의 사실을 선호할 수 있는 근거는 어디 있는가이다. 그는 계속해서 교도자를 통해서 걸러진 상대방의 관점을 듣기만 하는 것으로 충분하지 않다고 주장하며 어느 다른 의견의 강도를 느끼고 완전히 이해하기 위해서는 실제의 지지자나 옹호자들에게서 직접 들어봐야 한다고 주장했다. 밀은 가짜로 잘 교육받은 사람은 이러한 경험이 없고 맞닥뜨릴 수 있는 상황에서 오는 '부분적인 진실'도 가지고 있지 않다고 말한다. 이로 인해 밀은 그들 교육받은 사람들은 그들이 공언한 신조에 대해서도 잘 알지 못한다고 결론을 내리게 됐다.

여기서 나오는 밀의 주장에는 적어도 네 가지 질문이 들어 있다. 첫째는, 그는 누구를 교육받은 사람이라고 지칭하는 것인가? 두 번째로, 밀이 그의 주장에 필수적인 핵심 단어들 중 몇몇을 정의하지 않기로 했다. 당신은 어떻게 밀이 진실에 대한 생각을 이해했다고 생각할 수 있는가? 세 번째, 당신은 진실에 최대한 가까워지기 위해 반대 관점을 갖고 있는 사람들을 통해 모든 반론을 들어봐야 한다는 주장에 대해 어떻게 생각하는가? 마지막으로 동시대의 매스미디어 조직과 저널리스트와 뉴스기자들의 실천에 관해서 생각해 보았을 때 나중의 논의는 어떤 통용되는 부분이 있는가?

[구조]

밀이 논의를 시작하며 어떻게 초기의 제안을 했는지 혹은 주장을 했는지, 그 후로는 어떻게 분석하고 설명하며 종종 예시를 쓰면서 보여 주며 진행했는지 주목하라. 당신은 밀이 어떻게 그의 주장을 단단하게 구성했는지 또한 알 수 있을 것이다. 더 나아가, 밀이 드물게도 그의 주장을 뒷받침하기 위해 부가적인 자료들을 사용했다는 것 또한 주목하라. 이를 통해 명백히 밀은 그들의 생각을 출판물로 전파하고 이러한 문제들에 대해 비판적으로 생각하기 시작한 몇 안 되는 저자들 중 하나라는 점을 알 수 있다.

[문체]

우리는 이 책이 1859년에 출간되었다는 사실을 기억할 필요가 있다. 따라서 밀은 오늘날이었다면 빠르게 변했을 진실, 확실성, 오류의 가능성에 대한 하나하나의 개념들을 망설임 없이 논의할 수 있었다.

Reading 4

그러나 만약 통설이 진실일 때, 자유논의가 부재함으로써 생기는 유해한 작용은, 사람들을 그러한 의견의 무지한 상태로 머무르게 하고, 그것은 이렇게 생각될 수도 있다, 만약 한 지성인이 도덕적으로 악하지 않고 의견의 가치에 영향을 미치지도 않는다면 성격에 영향이 있다고 여겨질 것이다. 하지만 사실은, 의견의 논거가 논의의 부재로 잊히는 것이 아니라 오히려 너무나 자주 의견 그 자체로 잊힌다는 것이다. 의견을 전하는 단어들은 아이디어를 제안하는 것을 중단하거나 또는 그들이 본래 의사소통하도록 사용된 그것들의 작은 부분만을 제시한다. 선명한 개념과 살아 있는 믿음 대신에 오직 기계적으로 보유된 몇 개의 구문만이 남아 있게 된다. 또는 만약 어떤 부분이라도 껍데기 같은 의미만을 보유하고 있다면 질 좋은 부재는 잃게 된다.

[내용]

여기에서 밀(J. S. Mill)은 '인류의 교사'라는 지식이, 자유 표현에 대한 규제에 달려 있는 것이 아니라고 주장하고 있다. 그리고 나서 그는 '죽은 신조' 혹은 '살아 있는 진실'과 같은 의견의 초기 개념을 기억해 내고 있다. 다른 견해와 맞물려 포함되는 논의 없이, 밀은 의견을 형성하는 데 도움을 준 근거와 그것의 의미 둘 다 아마 잃어버릴 것이라고 생각한다. 밀이 여기에서 말하는 '자유 논의 부재시 작용'이 의미하는 바는 무엇일까?

[문체]

이러한 종류의 철학적인 쓰기는 지속적인 자격을 필요로 한다, 만약 작가가 장황하고 복잡한 문장을 피한다면 그것은 도움이 된다. 그래서 당신은 여기 이렇게 시작하는 이와 같은 문장을 만드는 것을 피할 것을 충고한다. '만약, 그러나…'

그러나 밀은 그의 통찰력 있는 분석의 사용과 설득력 있는 표현은 박수를 받아 마땅하다. 예를 들어, 남아 있는 나머지라는 의미를 'shell and husk'로 묘사한 부분, 그리고 더 일찍이 일어난 과정을 전달한다는 의미를 '진실을 위한 오류의 교환'이라고 나타낸 구절의 사용이다.

의견의 다양성을 만드는 데 이로운 주요 원인 중 하나에 대해 여전히 논의를 계속해야 한다. 그리고 인류는 현재로서 헤아릴 수 없을 만큼 먼 일처럼 느껴지는 지적 진보의 단계에 들어갈 때까지 그렇게 계속할 것이다. 우리는 지금까지 두 가지의 가능성만 고려해 왔다. 일반 통념이 틀릴 수 있다는 것, 그리고 몇몇 다른 의견은 결과적으로 진실이라는 것, 또는 통설이 진실이라면, 반대의 오류를 가진 갈등은 우려를 분명히 해 보고 그리고 그것의 진실에 대해 깊게 통찰해 보는 것이 필요하다. 그러나 이들보다 더 일반적인 경우가 있다. 상충되는 정책들이, 하나가 진실되고 다른 하나가 거짓인 것 대신에 그것들 사이의 진실을 공유할 때, 그리고 관행을 따르지 않는 의견이, 수용된 정책이 오직 한 부분만 구체화하는 진실의 나머지를 공급할 것을 필요로 할 때이다. 주제에 대해 뚜렷하게 느낄 수 없는 인기 있는 의견들은 진실인 경우가 자주 있다. 하지만 거의 혹은 절대 온전한 진실은 아니다. 그것들은 진실의 일부이고, 가끔씩은 더 위대하고, 가끔씩은 더 적은 부분이기도 하지만 과장되고 왜곡되기도 하고 그리고 그것들이 억압되고 제한당하는 진실로부터 연결이 안 되기도 한다. 반면에, 이단의 의견 들은 유대를 파열시켜 그들을 무너뜨리고 또한 통념을 포함한 진실과 화해를 추구하거 나 또는 그것을 적으로 마주하기도 하고, 온전한 진실같이 비슷한 유일성을 가지고 그들을 세워놓기도 하는 일반적으로 몇몇의 이러한 억압당하고 도외시되는 진실들이다. 심지어 더 나아가서, 덧붙여야 할 것은, 대부분의 부분이 오직 하나의 부분적이고, 다른 불완전한 진실로 대체되고, 주로 새로운 진실의 파편을 포함하는 향상이 원해지고, 그것 이 대신하는 것보다 시간의 필요에 더 적응한다는 것이다. 지배적인 의견의 그러한 부분적인 성격은, 심지어 진실된 기초에서 존재할 때에도, 통설이 빠뜨린 진실의 일부를 어느 정도 구체화한 모든 의견은 진실이 섞여 있을 수도 있는 어떠한 오류나 혼란이 있더라도 귀중하게 고려되어야 한다.

Note

[내용]

여기에서 말하고자 하는 주요 포인트는 부분적인 진실들의 현실에 대한 것이다. 밀은 완전히 진실이거나 완전히 거짓인 의견이 존재하는 것보다 둘 다 부분적으로 진실인 경우가 자주 있다고 주장한다. 밀(J. S. Mill)에게 의견의 다양성은 현재 '통설'로 여겨지는 것이 아닌 모든 '진실의 부분'으로 노출되는 것으로부터 기인된다.

여기에서 묘사된 '일반적인 의견'은 공공의 의견이라는 개념과 어느 정도의 크기가 비슷하게 또는 다르게 묘사될까?

[문맥]

여기에서, 밀은 현대의 억압과 더 광범위한 대중매체에 대한 논의에서 여전히 사용되고 있는 주요 요인들을 소개하고 있다. 그가 '의견의 다양성'이 그의 사후에도 중요한 이슈로 계속될 것이라고 생각한 것은 확실히 옳았다.

[쓰기 방식]

이 부분에서 밀은 모든 독자와 작가들에게 유용한 전략적인 계책의 예시를 제공하고 있다. 즉, 이전의 생각이나 이슈에 대한 빠른 리허설, 또는 상기시키게 하는 방법이 논쟁은 다음 단계로 옮길 수 있는 방법으로 사용될 수 있다는 것이다. 그는 이것을 이 문장의 시작에서 했다. "우리는 지금까지 고려해 왔다…" 이것은 당신이 사용하는, 혹은 사용할 수도 있는 전략인가?

의견이 민주주의와 귀족정치, 재산과 평등, 협업과 경쟁, 사치와 금욕, 사회성과 개성, 자유와 규율, 그리고 다른 모든 실생활에서의 고정적인 대립에 호의적이지 않는 한, 동등한 자유로 표현되고 동등한 재능과 힘으로 강요되고 방어된다, 두 요소들이 그들의 기한을 얻을 기회는 없다. 하나의 계층이 상승하는 게 확실하면 다른 하나는 하락한다. 커다란 인생의 속사[俗事]에서, 진실은, 정확함에 접근하기 위한 수정을 만드는 데 충분히 넓고 공정한 마음을 가진 몇몇 소수의 반대들을 조화시키고 연결시키는 데에 대한 수많은 질문이다, 그리고 그것은 적대적인 배너 하에 싸우는 전투원들 사이에 투쟁의 거친 과정에 의해 만들어진다. 인간 지식의 힘이 존재하는 상태에서, 오직 의견의 다양성이 있다는 것을 통해서만, 모든 면의 진실에 대한 페어플레이의 기회가 있을 수 있다. 세상이 옳음에도 불구하고, 어떠한 주제에 대해 세상의 명백한 만장일치에 대해 예외를 형성하는 사람이 발견되었을 때, 다수의 의견에 반대하는 사람들은 스스로에게 말하는 들을 만한 가치 있는 것이 있을 가능성은 언제나 존재한다. 그리고 그 진실은 그들의 침묵에 의해 잃게 될 것이다.

전체가 된 진실의 일부분에 의해 만들어진 독점적인 주장은 항의를 받아야만 한다. 그리고 만약 반동분자들의 자극이 항의자들을 그들의 차례에서 불공평하게 만들지라도, 이 편파성은 다른 것과 마찬가지로 애석하지만 용인되어야 한다.

나는 모든 가능한 의견들을 분명히 밝히는 것에 대한 자유의 제한된 사용이 종교적인 또는 철학적인 파벌주의의 악으로 끝나는 것을 주장하지 않는다. 나는 모든 의견들이 종파가 되는 경향이, 가장 자유로운 논의에 의해 치료되지는 않지만, 그렇게 함으로써 종종 고조되고 악화된다는 것을 인정한다. 그러나 존재해야 하는 진실은, 존재하지 않고 격렬하게 거절당함으로써 보이게 된다. 왜냐하면 개인에 의해 선언되어 적으로 간주되기 때문이다. 그러나 그것은 열정적인 지지자에 대한 것이 아니라, 더 차분하고 객관적인 방관자에 대한 것이고, 이러한 의견들의 충돌은 그것의 유익한 효과로 작용한다. 진실의 부분들 사이에서 엄청난 악은 폭력적인 갈등이 아니라, 그것의 절반에 대한 조용한 억제이다. 사람들이 양쪽을 다 듣도록 강요받을 때 항상 희망이 있다. 사람들은 오류가 편견으로 굳어지고, 진실 그 자체가 거짓말로 과장되어 진실의 효과가 중지되는 오직 그때에만 참여한다.

[내용]

밀(J. S. Mill)은 여기에서 '인생의 가장 커다란 현실적인 근심'으로 보는 것을 논쟁의 모든 면을 밝혀야 할 필요가 있는 그러한 문제들에 대한 토의를 주장하면서 반드시 그렇게 해야 한다고 언급하고 있다. 그는 전투적인 논쟁의 결과로 인해 진실이 드러난다고 주장한다. 그러한 논쟁의 과정에서, 그리고 그의 중심논제를 계속해 가면서, 밀은 소수가 생각하는 그러한 관점들에 항상 주의를 기울여야 한다고 강조한다. 이것은 왜냐하면 밀이 말한 것처럼 다수가 반대하는 것 또한 제의된 진실의 특정 부분에 기여할 수도 있기 때문이다.

후반의 핵심은 오늘날 통용을 유지하는 데 중요한 통찰을 제공한다. 이것은 자원 또는 다양한 민족 집단의 사람들을 포함하는 정책에 대한 논쟁이 자주 열띠게 되고 대중매체에서 크게 보도되기 때문이다. 밀은 자유표현이 분쟁당사자들의 위치를 바꾸는 것과 개연성이 낮고 심지어는 대립하는 당파에 의해 만들어진 주장들을 더 악화시키므로, 그러한 '의견 붕괴'의 즉각적인 수혜자는 '객관적인 방관자'라고 본다. 밀은 '엄청난 악'이 두 개의 부분적인 진실인 것에 대한 토론이 아니라 각각의 의견들이 억압받을 수 있는 가능성이라고 주장한다.

먼저, 진실이 적대적인 배너 하에서 싸우는 전투원들 사이의 투쟁의 거친 과정에 의해 생기는 것이라는 밀의 관점에 대한 당신의 반응은 무엇인가? 둘째로, 그리고 특히 출판·보도의 자유에 대해 생각해 보고 이 논쟁이 현대 사회에 관련이 있는 것인지 없는지에 대해 설명해 보라.

[문맥]

19세기, 밀은 자유 표현을 선호했다. 그리고 그렇게 함으로써 그것이 종교적인 그리고 다른 종파 그룹들의 목소리를 증폭시킬 가능성을 인식했다. 반면(위에서 보다시피) 존 밀턴(John Milton)은 절대적인 표현의 자유에 대항하고 특정한 경우에서의 규제의 필요성을 인식하면서 이전의 세기에 다른 입장을 취했다.

우리는 이제 의견의 자유에 대한 인류(모든 그들의 다른 행복이 의존하는)의 정신적 행복의 필요성을 인지하게 되었다. 그리고 의견 표현의 자유는, 4개의 구별되는 논거로, 이제부터 간단히 개요를 살펴볼 것이다.

먼저 만약 어떤 의견이 침묵하도록 강요당한다면 그 의견은 아마 우리가 할 수 있는 한 확실히 아는 것일 것이고, 진실일 것이다. 이것을 부정하기 위해서는 우리 자신의 절대 확실성을 가정해야 한다.

둘째, 침묵된 의견이 오류일지라도 그리고 매우 흔히 그럴지라도 진실의 부분을 포함하고 있다. 그리고 어떠한 주제에 대해서든 일반적이거나 우세한 의견은 거의 또는 절대 전체적인 진실이 아니기 때문에, 오직 진실의 나머지가 제공될 기회가 있을 때에만 반대 의견의 붕괴가 있을 수 있다.

셋째, 비록 통설이 유일한 진실이 아님에도 불구하고 전체적인 진실은, 그것이 맹렬하고 진지하게 경쟁적으로 고통 받지 않는 한, 실은, 그것의 합리적인 이유에 대한 이해와 감정이 거의 없이 그것을 받아들이는 사람들의 대부분에 의해, 편견의 방식으로 열리게 된다. 뿐만 아니라 네 번째로, 정책 그 자체의 의미는 잃거나 약화되고 그리고 그것의 성격과 행동에 대한 필수적인 효과가 궁핍하게 될 위험에 처할 것이다. 신조는 단순한 공식적인 공언이 될 뿐, 영원한 효력은 없다. 그러나 이성 또는 개인적인 경험으로부터 나온 진실하고 진심어린 신념의 성장을 막고, 주장을 방해한다.

Note

[내용]

보다시피, 밀(J. S. Mill)은 그가 의견의 자유와 의견 표현의 자유의 주장을 지지하는 데 제공한 네 가지의 논거에 대해 개요를 말하면서 끝을 맺고 있다.

 읽기 자료 살펴보기

읽기 자료에 비추어 보면, 세 가지의 이슈에 주목할 만하다. 첫 번째는 밀(J. S. Mill)이 '진실'의 개념을 어떻게 이해했는지에 대한 고려를 요구한다. 두 번째는 제한 또는 언론 자유주의 이론의 '맹점'에 대한 검토를 필요로 한다. 세 번째는 18기에 발전된 이론과 관련된 언어가 왜 최근에 미디어 정책에 대한 공공 논쟁에서 다시 논의되는가에 대한 고려를 요구한다.

밀이 '연설의 자유(Freedom of Speech)'와 '언론의 자유(Freedom of Press)'에 대한 글을 쓰고 있었을 때 그는 진실의 발견은 말하여지든 쓰이든 개인적인 표현의 마음에서 나오는 것이 아니라는 가능성을 고려하지 않는 것처럼 보였다. 예를 들면, 킨(Keane, 1991: 19)은 어떻게 '예술의, 윤리적인 그리고 정치적 표현의 사례'가 진실을 찾아내거나 알아내려는 데 사용되는 것보다 '즐겁게 하고, 충격을 주고, 칭찬하고, 비난하고 또는 고무하는' 데 의도가 있을 수 있는지에 주목한다.

우리는 특히 미디어가 진실 추구를 돕는 또는 진실 추구에 기여를 하는 '오락' 장르인지 아닌지에 관한 요구와 반대 주장에 관해서 여전히 그러한 문제들을 다루는 논쟁을 경험한다. 제임스 큐란(James Curran)의 관찰은 유사한 주제를 다룬다. 그러나 특정한 장르보다는 미디어시스템에 초점을 맞추고 있다. 큐란(Curran, 2005: 136)은 '상당수 시민들의 정치적 무지'는 '시장 주도, 오락 중심'의 미국의 미디어시스템에 책임이 있다고 주장한다(Wayne, 2003: 94).

공공서비스나 상업적인 미디어 제공자들에 의한 진실의 추구에 관한 문제는 '진지한' 혹은 '장난스러운' 내용의 방식이든, 밀에 대항하여 비슷한 또 다른 비평으로의 주목을 이끈다. 즉, 오늘날에는 '엄청난 수의 진실들의 존재'를 주장하는 두드러진 관점이 있는 반면 그는 하나의 진실만이 존재한다고 믿는다(Keane, 1991: 20~21).

진실 혹은 진실들에 대한 생각은 스티븐슨(Stevenson, 2002)에 의해 계속되었다. 그는 존 피스크(John Fiske, 1989a, 189b)의 작품을 끌어들여, 뉴스 단신이 '더 정확하고 객관적일' 필요가 있다는 요구를 한 사람들에 대항하여 주장한다, 왜냐하면 이러한 종류의 요청들은 단순히 직권에 있는 사람들의 관점을 강화하는 작용을 하기 때문이다. 대신에, 그는 "더 민주적인 형태의 저널리즘은 그들이 사회적으로 그리고 역사적으로 만들어낸 방식으로 드러내는 것을 추구함으로써 진실 요구를 비꼬듯이 말하려 할 것이다"(Stevenson, 2002: 93)라고 제안한다.

현대 사회에서 우리는 거대한 홍보 전문가 집단과 '언론담당자'의 개입에 의해 '진실'이 다양한 형태로 존재하는 것에 주목할 필요가 있다. 그들의 역할은 확인된 정치 및 혹은 경제적인 목표를 설득하는 과정에서 특정한 '진실'의 진실성에 대해 다른 사람들을 설득하는 것이다(예를 들면, Bakir & Barlow, 2007; Franklin, 2004를 보아라).

언론 자유주의 이론에 대한 제한에 대해서 킨(Keane, 1991: 35)은 19세기의 유토피아적 이상과 '제한된 발행부수, 잔뜩 시달리고 매우 퇴폐한 언론'이라는 현실 사이의 차이에 대해 언급한다. 그것의 옹호자가 간과하거나 또는 인식하는데 실패한 이론의 다섯 가지 '내부 맹점'의 이론이 밝혀질 것이다. 먼저, 국가에 의한 외부 검열의 가능성에 대한 집착이 있었지만 산업의 구조와 본성은 조직과 개인 둘 다에 의한 자기검열을 야기할 수도 있다는 것을 거의 인지하지 못했다(Keane, 1991: 35). 둘째로, 미디어가 그리스의 폴리스(Keane, 1991: 38) 시대에나 가능할 법한 면대면 상호작용의 친밀함과 단순명쾌함을 복제할 수 있다는 순진한 관점이다. 셋째로, 큰 규모의 사회에서 때때로 사람들은 다른 사람에 대한 지지를 말할 것이고 모든 의견은 대중의 영역에서 완전히 나타내질 수 없다는 것은 불가피하다는 점에서 묘사의 문제가 충분히 고려되지 않았다.

네 번째 맹점은 커뮤니케이션 수단의 사적인 소유가 의사소통의 자유를 위해 필수적이고, 대중의 의견이 자유롭게 순환하는 편견 없는 무대가 예상되는 시장의 관점과 연결되어 있다(Keane, 1991: 45). 현실에서, 언론의 자유는 시장 경쟁의 결과로 축소되었고 20세기 전반에 소수의 '신문왕'의 출현과 21세기 초기에 국제적인 영향력을 얻게 된 소수의 초국가적인 미디어 기업의 뒤늦은 창조를 야기했다(예를 들어, Curran & Seaton, 1997; Thussu, 2006을 보아라). 다섯 번째 '맹점'은 이러한 열렬한 '자유 언론의 옹호자'가 간단하게 '모든 것을 알고, 그들의 적수에게 논박하고, 명확하게 모든 차이점들을 해결하는 그들의 능력'을 가정하면서 모든 다른 관점들을 지배하게 둘 권리와 비평적인 정밀 조사를 할 그들의 권리를 선언했기 때문에 제안된다.

마지막으로, 밀(J. S. Mill)의 작품과 초기 현대 언론 자유주의 이론은 21세기의 첫 10년 동안의 타당성을 갖게 될 것인가? 큐란(Curran, 2005: 122)은 우리의 계속되는 언론에 대한 이해와 현대 사회의 더 넓어진 대중매체에 대한 고전적인 자유 이론에 대한 의지를 개탄하고 후회한다. 그러나 그의 분석은 3세기 전에 언론 자유주의 이론의 개발과 연관된 언어의 대부분의 재출현을 확인해 준다. 오늘날, 시장 자유는 이것이 음식과 옷, 여가 활동 또는 미디어 제품과 연결되어 있든 아니든 '자유'와 '선택'의 자유를 말하고 있다.

게다가, 우리는 '결핍'과 '규제'의 시대가 끝났음을 그리고 이것이 디지털화에 의해 가능해진 의사소통 기술과 새로운 정보의 도입이 원인이 되었음을 끊임없이 생각하게 된다. 이러한 새로운 기술들은 이제 '밀기'뿐만 아니라 '당기기', 시청각 옵션 그리고 교육, 정보 그리고 오락 요소들의 무수함으로의 접근을 가능하게 해 준다. 그러나 이것은 사람들이 유지해야 할 필요가 있는 이용가능한 수입이 있고 관련된 하드웨어와 소프트웨어를 대체하고 이러한 새로운 기술들을 가능하게 해 주는 기회들을 최대화시키는 문화적 요소들을 가져야 한다는 것을 요구한다(예를 들어, Murdock & Golding, 2005를 보아라).

'언론의 자유'와 '출판의 자유'라는 언어는 이제 정권을 잡은 사람들로부터 우리가 모두 출판업자와 방송인이 된 것처럼 행사하면서 인터넷상의 문맥에서 발생한다, 권력과 초국가적인 미디어 대기업을 두려워할 필요가 없다. 그러나 채널의 수는 동등한 수많은 관점과 동일시하면서 잘못 상상된다. 그리고 소유의 다양성은 국가 내에서가 아니라 점점 전 세계적으로 발생하는 합병과 기업인수의 결과로 감소하게 된다.

이러한 분위기에서, 국가가 지원하는 또는 국가가 보호하는 공공서비스 방송인들은 시장 자유에 의해 넓은 범위의 공격의 대상이다. 왜냐하면 다양한 방식으로 이러한 미디어 협회들은 개인의 선택을 억누르고 상업적으로 자금화된 미디어의 확장을 제한한다고 생각되기 때문이다. 이와 비슷한 비평가는 시장 경쟁이 국가 방해를 없앨 수 있고 언론과 방송자유를 확실히 하는 유일한 방법이라고 주장한다. 이런 의미에서 유사점은 밀의 시대와 오늘날 사이를 좁힐 수 있다.

이전의 시대에는 언론에 대한 국가 규제와 검열이—그리고 자유 연설도—'지식의 세금'이 제거되었을 때 해방된 것으로 보였다. 현재는 언론 자유주의 이론의 옹호자들은 우리가 완전한 '언론의 자유'의 시대로 들어가는 것은 오직 국가가 지원하는 공공서비스 미디어 독점이 폐지될 때만이 가능하다고 주장한다.

주요 용어

언론의 자유(Liberty of the press); 폭정(tyrannical government); 의견의 다양성(diversity of opinion); 수신 교리(received doctrine); 이단 의견(heretical opinion); 종파(sectarian); 널찍한, 광범위한(capacious); 신조(dogma)

주요 학자

Isaac Newton

 권장도서

Curran, J. and Seaton, J.(1997), *Power Without Responsibility: The press and broadcasting in Britain*, 5th edition. London: Routledge.

첫 번째 부분은 언론 자유, 산업화, 신문왕, 규제 그리고 소유의 통합에 대한 논의를 포함한 영국에서의 언론 역사에 관한 자세한 설명을 제공한다.

Curran, J.(2005), "Mediations of democracy", in Curran, J. and Gurevitch, M.(eds.), *Mass Media and Society*, 4th edition. London: Arnold.

이 글은 자유민주적인 출판 이론을 신랄하게 비평한 것이다. 대중매체의 세 가지 주요 민주적인 기능을 설명하고 있으며 밀접하고 비판적인 분석을 제공한다.

Keanen, J.(1991), *The Media and Democracy*, Cambridge: Polity Press.

매체와 민주주의 사이의 관계에 대한 예시와 기자, 정책입안자와 교수들의 평범한 가설들에 이의를 제기한다.

5장

시카고학파

Park, R. E.(1967), "The Natural History of the Newpaper(신문 산업의 자연사)", in Park, R. E., Burgess, E. W. and McKenzie, R. D.(eds.), *The City*(도시), Chicago and London: The University of Chicago Press.

 시카고학파에 대한 소개

왜 이 장에서 1920년대에 황금기를 보냈던 학파의 이론을 넣었을까? 이 질문에 대한 다섯 가지의 답변이 있다. 응답 모두 시카고학파를 핵심적이고 영향력이 강한 단체로 본다. 미디어, 문화, 그리고 커뮤니케이션 연구를 형성해 온 이론적인 개념과 접근에 핵심 공헌을 했기 때문이다.

그 첫 번째 원인은 시카고대학 연구원들이 주로 커뮤니케이션과 사회의 관계에 관심을 가졌기 때문이다. 두 번째는 그들이 사회조사의 질적 연구방법론의 선구자들이기 때문이다(Scannell, 2007: 10). 세 번째는 미디어와 커뮤니케이션 연구에 대한 그들의 접근이 오늘날 문화 연구처럼 여겨지는 경향이 있기 때문이다. 네 번째는 시카고대학의 창립 멤버, 로버트 에즈라 파크(Robert Ezra Park)가 몇 가지 저널리즘 고전 텍스트들을 생산한 것으로 유명하기 때문이다(Briggs and Burke, 2002: 2004).

다섯 번째이자 마지막 이유는 파크가 굉장히 혁신적인 책 『도시(*The City*)』를 썼기 때문이다. 이 책은 1925년에 처음 출판되었다. 이 책에서 선별된 내용을 이 장에 수록했다. 파크가 이 책을 출판한 지 80년 혹은 더 오래된 오늘날, 도시 연구가 다시 굉장한 인기를 얻고 있다. 이것은 특히 창의, 문화산업에서 전 세계적으로 행해지는 연구와 정책 업무에서 분명하게 나타난다(Florida, 2005; Hartley, 2005).

19세기 후반과 20세기 초반 대중사회론은 이민의 증가('12장 밀스의 대중사회 이론' 참조)와 사회의 익명성이 두드러진 문제점으로 등장했다. 이 점에서 급성장했으며 다양성을 지닌 시카고 도시는 '사회변화, 사회계획과 관련된 연구자들, (그리고) 개선을 목표로 하는 피상적인 단계들에 대해 비평하는' 연구자 집단을 위해 이상적인 '사회 실험실'을 제공했다.

19세기 초반 시카고는 하나의 작은 도시였다. 이 대학이 설립된 1890년 시카고의 인구는 백만 명 정도에 가까웠다. 그리고 1930년까지 인구는 3,375,000명으로 증가했다. 이러한 성장은 주로 독일인, 스칸디나비아인, 아일랜드인, 폴란드인, 유대인, 체코인, 리투아니아인 그리고 크로아티아인에 의한 이민에 크게 의존했다. 1900년까지 이 도시 인원의 절반이 넘는 미국 외부 출생 인구 역시 이 성장에 기여했다(Bulmer, 1984: 13).

시카고는 산업 투쟁과 범죄가 증명하듯 명백한 착취와 수모로 인해 역설적인 도시로 여겨진다. 그러나 이는 도시의 심포니 오케스트라, 미술관 그리고 나중에 시카고대학이 설립된 결과로 미루어 볼 때, 교육과 문화의 중심으로도 동등하게 여겨진다(Bulmer, 1984: 14). 급성장한 산업화, 도시화와 시카고 이민자들은 1920년대에 이 도시를 사회과학 연구의 중심으로 만들었다.

시카고 사회학자 윌리엄 토마스(W. I. Thomas)는 이 도시의 대표작, 『유럽과 미국의 폴란드 소작농(*The Polish Peasant in Europe and America*)』을 저술했다. 그리고 시카고 대학 출판사가 1918년과 1820년 사이에 책을 출판했다(Bulmer, 1984: 3). 이 명서는 시카고인이 수행한 많은 연구 프로젝트 중에 최초의 결과물이었다. 그리고 이 책은 그들의 전형적인 작업방식, 즉 이론적으로 실증조사라고 알려진 방법을 대표하고 있다.

예를 들어, 조사 문제에 대한 그들의 접근은 일반적으로 많은 방법에 의존하고 있다. 가령 개인면접과 관찰, 생활사, 개인적 기록, 이러한 주관적 자료 외에도 어느 정도의 통계자료를 사용한 것은 이런 조사에 있어서 이 문제의 '다변적인 모습'을 그리기 위해서이다. 이러한 접근은 초기 연구방법의 중요한 변화를 암시했다. 이러한 변화가 일어나기 전 시기는 도서관의 자료를 기반으로 하거나 추상적인 이론화에 의존했다.

반면에 이 도시는 다양한 주제 혹은 문제를 다루는 연구의 중심점이었다. 예를 들어, 『시카고의 흑인(*The Negro in Chicago*)』(Johnson, 1922), 『부랑자(*The Hobo*)』(Anderson, 1923), 『가족해체(*Family Disorganization*)』(Mowrer, 1927), 『범죄집단(*The Gang*)』(Thrasher, 1927), 『자살(*Suicide*)』(Cavan, 1928), 『빈민가(*The Ghetto*)』(Wirth, 1928), 『골드 코스트와 슬럼(*The Gold Coast and the Slum*)』(Zorbaugh, 1929), 『시카고

흑인가족(*The Negro Family in Chicago*)』(Frazier, 1931), 『택시 댄스홀(*The Taxi-Dance Hall*)』(Cressy, 1932), 『시카고의 범죄(*Vice in Chicago*)』(Reckless, 1933), 『호텔 생활(*Hotel Life*)』(Hayner, 1936)을 포함한 1920년대와 1930년대에 출판된 연구자료들이 있다.

인구가 어떻게 연구되더라도, 커뮤니케이션은 언제나 기본적인 중심이었다. 그리고 이를 저널리즘 혹은 미국과 고국 사이의 대응과 같이 경험에 의거한 실증적인 활동으로 나타낼 수 있듯이 시카고 사람들에게 커뮤니케이션이란 '생산적으로 모호한 개념'이었다. 그러나 이는 집단을 판단하는 규범적인 기준으로서도 작용했다.

이 장 글의 주제가 신문이지만, 시카고 사회학자들의 매스컴 활동은 말년에 발생하는 경향을 보였다(Horton and Wohl, 1956; Lang and Lang, 1953; Wirth, 1948 등을 참고하여라). 시카고 사람들은 '커뮤니케이션 과정, 기술과 언론제도'를 '현대 사회의 근본'이라고 생각한다(Rothenbuhler, 2003: 108).

1940년대에 미디어와 커뮤니케이션 연구가 미국 대학의 학과에서 나왔을 때 비록 그들의 '커뮤니케이션에 대한 문화적·역사적 해석'이 곧 '사회-과학 설명'에 의해 대체되더라도 '학문적 토대를 만드는 것'은 시카고 사람들이 해야 마땅한 일이었다. 이후의 접근은 설문조사나 내용분석과 같은 양적 조사에 의지했다(Hardt, 1992; Boyd-Barrett and Newbold, 1995: 10에서 인용. '11장 콜롬비아학파' 참조).

시카고인이 남긴 것은 다른 분야에서도 두드러진다. 가령 그들이 다양한 개인과 부랑자, 범죄 조직 혹은 이주민과 비슷한 집단에서 일상생활을 발견하고, 이에 대해 기록하는 의도와 이에 대한 의미는 새롭고 활기찬 시카고와 같은 도시에서 유망한 문화 연구로서 서술되어 왔다. 더군다나 동시대 문화 연구 학자들이 시카고학파 구성원들의 영향을 받아서 비슷한 세계관을 가진다고 여겨진다. 이러한 세계관은 문화와 커뮤니케이션이 '선천적으로 뒤얽힌' 것으로 보여진다는 점에서 그러하다(Rothenbuhler, 2003: 110).

비록 사회학이 시카고대학에서 중요한 교육과정으로 남아 있더라도, 소위 '황금시대'로 불리는 시기는 1930년대 중반에 끝났다(Harvey, 1987: 176~177). 이러한 하락에 다양한 원인이 제시되고 있는데, 이 중 한 가지가 바로 다음 본문에 등장하는 파크의 은퇴 때문이다. 왜냐하면 그가 활발한 리더십을 발휘했기 때문이다.

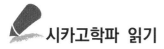 시카고학파 읽기

1914년 로버트 파크는 50살 때 시카고대학의 사회학, 인류학과에 들어가 1933년에 퇴직했다. 많은 사람들이 그를 1920년대 시카고대학의 실증 연구 분야에 원동력이 된 핵심 인물로서 평가해 왔다(Harvey, 1987: 15). 파크는 직접적인 자료 수집을 신뢰했다. 그리고 이는 졸업생들에게 자주 인용되는 연설에서도 나타난다.

여러분은 오래전부터 도서관에서 발견하라고 들었을 것입니다. 오랜 손때가 묻은 책에 담긴 대량의 기록을 모으기 위해서 말이죠. 여러분은 따분한 정부 관료들, 그리고 도움이 필요한 지원자들이 마지못해 쓴 것, 혹은 깐깐한 공산적 박애주의자들, 무관심한 사무원들이 채워 넣은 것을 기본으로 하는 일상 기록이 퀴퀴하게 쌓인 무더미가 있는 곳에서 여러분의 문제를 선택하라고 들었습니다. 이것은 '실제 연구에서 당신의 손을 더럽히는 짓'이라고 불립니다. 당신을 돕는 사람들은 현명하고 훌륭합니다. 그들이 알려주는 근거들은 굉장한 가치가 있습니다. 그러나 여기에 또 한 가지가 요구된다. 바로 직접 부딪혀야 하는 관찰입니다. 화려한 호텔의 라운지, 값싼 여관의 문간에 가서 앉으세요. 고급 주택가의 안락한 소파에 앉고 빈민가의 강탈 아래 서보세요. 오케스트라 홀에도 참가하고 거리의 익살스러운 연극도 보세요. 말하자면, 실제 연구에서 여러분의 바지를 더럽게 할 곳에 가세요. (Bulmer, 1984: 97 인용)

철학 학위 수여를 받고 졸업한 후, 파크는 뉴욕, 덴버, 디트로이트 그리고 시카고에서 신문기자로 일했다. 이때는 그가 여론과 뉴스에 대한 관심으로 인해 심리학과 철학을 이수하려고 하버드에 입학하기 전이다(Bulmer, 1984: 90; Hughes, 1969: 162~163). 그는 학업을 위해 독일에 간 후 하이델베르크에서 「군중과 대중, 방법론적 사회조사(The Crowd and the Pulic, a methodological and sociological investigation)」로 박사학위를 취득했다.

미국으로 다시 돌아간 후 파크는 침례교도 조직인 콩고개혁협회(Congo Reform Association)에 취업하기 전 잠시 하버드에서 일했다. 그리고 '그 시대의 미국 흑인을 이끄는' 부커 T. 워싱턴(Booker T. Washington)의 '홍보(선전)원'이 되었다. 이것은 언론 홍보 담당자, 대필 활동, 홍보(선전)활동을 포함하여 통합된 역할을 수반하는 일이었다.

파크의 사회학 저술의 대부분은 시카고에서 그의 재임 기간 동안 발생한 것이었다.

그가 비록 대작을 출판한 적은 없지만, 파크는 밀러(H. A. Miller)와 공동으로 저작한 『이민 언론과 통제(*The Immigrant Press and Its Control*)』(1922), 『옮겨온 고국의 특징들(*Old World Traits Transplanted*)』(1921), 대학 동료인 버지스(Burgess)와 함께 지은 『사회학개론(*Introduction to the Science of Sociology*)』(1921) 등을 지었다(Bulmer, 1984: 93; Hughes, 1969: 167).

파크는 수많은 기사를 작성하고 시카고학파에 관한 논문의 서론을 쓰는 바쁜 와중에도 많은 시간을 쏟아 대학원생들에게 도움을 주는 것으로 유명했다. 이는 아마 그의 저술에 방해가 되었을 수도 있다. 휴즈(Hughes, 1969: 169)에 따르면, 파크는 '크고 작은 인간 사회 탐구에 관한 위대한 사회 변동의 일부분'이나 마찬가지였다.

파크가 쓴 『신문의 자연사(*The Natural History of the Newspaper*)』는, 1925년에 처음 출간되고 1967년에 다시 나왔으며 파크, 버지스, 그리고 맥켄지(park, Burgess & McKenzie, 1967/1925)가 편집한 『도시(*The City*)』에서 일부 단원을 발췌한 것이다. 그 책의 각 단원에서 '이론 설명과 도시 생활의 문화적 패턴에 대해 해석한 수필 모음'이 서술된 것을 볼 수 있다. 이는 파크가 시카고대학에서 일하는 동안 지식층의 관심에 대한 단면도를 나타내는 것이나.

『도시』는 몇 년간 도시에서 실시된 사회조사에 대한 기본적인 설명서로 볼 수 있을 정도로 영향력이 있다고 입증되었다(Hyghes, 1969: 168). 파크가 쓴 도입 단원, 「도시: 도시 환경 내 인간 행동의 조사에 대한 제안(The city: suggestions for the investigation of human behaviour in the urban environment)」은 1915년에 처음 발간된 것이지만, 1967년에도 이 글은 여전히 '여전히 조사해야 할 사건의 충격적인 그 시대의 진술'이라고 믿어진다(Janowitz, 1967: ix). 이 도입부에서 파크의 목표는 「도시 생활을 위한 연구: 그것의 물리적 조직, 사용자, 그리고 문화(for the study of urban life: its physical organization, its occupations, and its culture)」 연구의 계획을 설정하는 것이었다.

각 단원은 네 가지의 주요 단원으로 나뉜다. 이 중 세 번째 단원 '부차적인 관계들과 사회통제(Secondary relations and social control)'가 특히 흥미를 끈다. 나중에 세분화된 이 단원은 '광고와 사회통제'라는 부제를 포함시키고 언론을 명확하게 다루고 있다. 여기서, 여전히 시카고인의 관심을 끌고 있는 사회통제와 여론 간의 흥미로운 관계는 파크로 하여금 보다시피, 아래에 나오는 조사 문항들을 만들게 했다.

신문과 매스컴의 본성과 기능에 관하여 나오는 몇몇의 질문은 다음과 같다.

- 무엇이 뉴스인가?
- 신문기자의 뉴스 제작법과 이에 대한 동기는 무엇인가? 그들은 예술가인가 역사가인가, 아니면 그저 상인에 불과한가?
- 뉴스가 조절할 수 있는 범위는 어디까지인가 그리고 대중의 감성을 얼마나 통제하는가?
- 무엇이 '거짓'이며 그 이유는 무엇인가?
- 무엇이 황색신문이고 왜 그것이 황색신문인가?
- 지방자치단체의 독점에 의한 신문제작이 불러일으키는 결과는 무엇인가?
- 광고와 뉴스의 차이점은 무엇인가?

(Park, 1967: 39)

미국 신문의 역사에 대해 초점을 맞춰 읽어보면, 파크가 유럽에서 공부하고 여행하며 얻은 세상에 대한 넓은 통찰력 또한 볼 수 있다(가령, Robinson, 1996: 164~165 부분을 본다면 알 수 있다). 아마 기자였던 그의 배경을 고려해 본다면, 본문이 이해하기 쉽고 상대적으로 단어의 제한을 받지 않았으며 시간 순서대로 구성된 다섯 가지 영역으로 명확히 나뉘어진다. 다섯 가지 영역의 본문은 이해하기 쉽고 상대적으로 단어의 제한을 받지 않았으며 시간 순으로 서술되었다. 아마 기자생활을 한 저자로부터 이러한 특징이 비롯되었을 것이다.

이 글을 읽을 때, 이것이 라디오, 영화와 영화관이 등장하기 시작할 때, 그리고 텔레비전이 출현하기도 한참전인 1925년도에 처음 출간되었다는 사실을 기억할 필요가 있다. 그 당시 신문들은 매스컴의 매체를 지배하고 있었다.

Reading 1

로버트 파크(Robert E. Park)
신문의 자연사

1. 생존을 위한 투쟁(the Struggle for Existence)

자연의 역사가 있듯이 신문의 역사 또한 있다. 신문 그 자체는 윤리학자들이 때때로 말하듯이, 사람들에 의해 고의적으로 만들어진 상품이 아니다. 이와 반대로, 신문은 수많은 개인들이 그들의 노동이 궁극적으로 어떤 생산물이 될지 예측하지 못하고 참여하는 역사과정의 산물이다.

현대 도시와 마찬가지로 신문은 전적으로 합리적인 상품이 아니다. 아무도 신문을 단순한 사실 그 자체의 내용으로 제작하지 않는다. 개인과 동시대인들이 신문을 통제하고 그들의 감정을 배제한 채 이를 제작하기 위해 기울인 모든 노력에도 불구하고, 신문은 신문만의 무궁무진한 방식으로 성장하고 변화해나가고 있다.

현존하는 신문의 유형은 현대 생활의 환경 아래 살아남은 유형이다. 현대 신문을 만들었다고 말할 수 있는 제임스 고든 베넷(James Gordon Bennett), 찰스 A. 다나(Charles A. Dana), 조셉 퓰리처(Joseph Pulitzer), 그리고 윌리엄 랜돌프 허스트(William Randolph Hearst) 등의 사람들은 남녀가 읽을 만한 신문의 종류를 발견하고 이것을 발행할 용기가 있었던 사람들이다.

이렇듯 신문의 자연사는 생존한 종들의 역사이다. 그 이유는 현존하는 신문이 성장하고 모습을 형성해 온 환경 때문이다.

Note

[구조]

본문에 관한 두 가지 특징이 즉시 눈에 들어올 것이다. 첫 번째 특징은 단락의 규모인데, 이 책에 적힌 다른 본문들과 다르게 일반적으로 상당히 간단하다. 두 번째는 본문의 구조가 부제로 이뤄졌다는 것이다. 각 부제는 해당 이슈, 테마 혹은 주제를 명확히 표현한다. 이 두 가지 특징들이 어떤 방식으로 여러분이 본 자료를 독해하는 데 도움을 주거나 혹 방해를 하게 될까?

[내용]

파크는 신문의 역사를 만드는 방법이 하나 이상이라고 했다. 그리고 그는 이러한 역사가 경제·정치·사회·문화적 요소들을 고려한다는 점을 우선시했다. 누가 그가 언급한 '도덕주의자'가 될 것이며 그리고 왜 그는 신문 역사에 대한 그들의 형태를 거절했을까?

콘텐츠에 대한 두 번째 요점은 남성과 여성에 대한 언급이다. 이는 본 교재가 출판된 시대에 관해 상기시켜 준다. 즉, 신문과 도시를 '만든 사람'은 여성이 아니라 남성이다.

[문맥]

두 번째 요점은 여기서 만들어졌다. 우선 우리는 저자가 신문과 도시의 발전에 관한 비교를 도출했을 때, 본문이 시카고에 관한 책을 참고했음을 기억해야 한다. 두 번째로, 독자 여러분들은 '현대 신문'의 발전과 관련된 사람들이 모두 미국인이라는 사실을 인지해야 한다. 1920년대와 1930년대에 과연 어느 누가 양성평등을 주장했겠는가?

신문은 단순한 인쇄물이 아니라 유통(반복)되고 읽히는 것이다. 그렇지 않다면 그것은 신문이 아니다. 신문의 경우, 생존을 위한 투쟁은 곧 판매부수(유통, 순환, 반복)를 위한 투쟁을 의미해 왔다. 읽히지 않는 신문은 사회에서 영향력을 잃었다. 신문의 영향력은 대략 그것을 읽는 사람들의 숫자로 결정되었다.

거대 도시의 성장은 독자층을 크게 증가시켰다. 과거 일부 상류층의 전유물이었던 독서는 이제 도시에서 필수 활동이 되었다. 도시환경에서 읽고 쓰는 능력은 스스로 말할 수 있는 능력만큼 필수적인 것이 되었다. 수많은 외국어의 신문이 있다는 것이 하나의 원인이다.

뉴욕에서 출간되는 잡지 『러시아의 말(*Russkoye Slove*)』 편집자 마크 빌처(Mark Villchur)는 그의 독자들에게 얼마나 많은 사람들이 고국에서 신문을 읽는지 물었다. 이를 통해 그는 312명의 응답자 중 오직 16명만이 정기적으로 러시아에서 신문을 읽고 있다는 사실을 알 수 있었다. 10명의 사람들은 마을관리사무소 볼라스트(Volast)에서 가끔 신문을 읽었다. 그리고 12명은 주간잡지의 구독자였다. 미국에서 그들 모두는 러시아 신문을 구독하거나 읽고 있었다.

본토 신문의 특징에 이민자들이 하나부터 열까지 완전히 심오한 영향력을 끼친다는 것은 흥미로운 사실이다. 이민자나 그들의 후손을 신문독자층으로 유입시키는 방법은 현대 저널리즘의 고민사항 중 하나로 자리매김해 왔다.

Note

[내용]

여기서, 파크(Park)는 세 가지 요점을 제시했다. 첫 번째로, 그는 우선 무엇이 그가 생각하는 신문의 특징인지에 대해 서술했다. 그렇게 하면서 판매 부수, 영향 그리고 권력에 중점이 놓여졌다. 당신은 독자 수가 곧 힘이라는 점에 대해 어떻게 반응할 것인가?

두 번째로, 그는 우리로 하여금 신문에게 글을 읽을 수 있는 독자층이 필요하다는 점을 상기시켰다. 이 독자층을 제공하는 데에는 도시가 기여했다. 그리고 이것은 도시 생활을 살아가는 것에 있어 글을 읽고 쓸 줄 아는 능력이 꼭 필요하다는 것 때문에 지지받아 왔다.

세 번째로, 위에서 언급한 이주민들이 미국 언론의 특징에 지대한 영향을 끼쳤다는 것이다. 판매 부수와 이익의 성장과는 별개로, 어째서 신문사 사장들은 이러한 이민자들과 그 후손들을 신문 독자층으로 포섭하려고 노력했을까?

[구조]

두 개의 주안점이 여기에 있다. 첫 번째는 작가들이 러시아 신문 구독자에 대한 조사자료를 이용했던 것처럼 외국 신문의 자료를 통해 그들의 글을 입증한다는 것이다. 그리고 두 번째 주안점은 바로 작가가 그러한 자료의 출처에 대해 언급하지 않았다는 것이다. 이는 독자들로 하여금 그들이 원하는 자료로의 접근을 불가능하게 만든다. 혹자는 이 일례로 인해 작가들이 독자 친화적이지 않다고 판단한다.

[문맥]

여기서 우리는 세 가지의 포인트를 짚을 수 있다. 첫 번째는 파크가 신문의 역할과 기사화되지 않은 삶 자체를 도시와 시골로 비교하였다는 점이다.

두 번째는 이민의 파급효과가 미국과 영국으로 하여금 이주민의 문화와 현지인들의 문화 차이를 생각하게 했다는 것이다. 그리고 신문이 발달하려면 이점을 받아들여야 한다는 것 또한 상기시켰다.

세 번째 포인트는 이러한 문제들이 1920년대 신문 기자들의 성공을 위해 꼭 고려되어야 할 사항이라는 것이다. 우리는 도시를 중심으로 한 그의 연구가 그가 임용되어 이주에 대해 연구하고 기술했던 시카고라는 도시에 집중되어 있다는 것을 인지하여야 한다.

Reading 3

해외신문을 계기로 신문 읽는 습관을 가진 이민자는 결과적으로 미국 현지 신문에 관심을 갖게 된다. 이민자에게 현지 신문이란 강제로 살게 된 이민사회의 좁은 밖의 큰 세상을 보는 창문이었다. 신문사는 일간지에서 아마 헤드라인만 보는 사람들도 보도사진을 보기 위해 일요일자 신문을 산다는 점을 발견했다.

윌리엄 랜돌프 허스트(William Randolph Hearst)의 출간물 중 가장 성공적인 『뉴욕 이브닝 저널(*New York Evening Journal*)』은 6년마다 새로운 구독자 집단을 확보했다. 이들이 끌어온 독자층이 주로 이민자들이었다는 점은 명백했다. 그들이 읽는 신문은 모국어의 신문에서 허스트 회사의 신문으로 변했다. 그리고 이러한 신문의 센세이셔널리즘(본능과 호기심을 자극하여 대중의 인기를 끌어 이득을 얻으려는 보도 경향) 기사에 대한 관심이 시들해지면, 그들은 냉철하고 진지한 저널을 습득한다. 어쨌든 허스트는 미국화에 큰 기여를 했다.

최소한의 교육을 받은 독자들이 신문을 읽을 수 있도록 하고, 가장 자극적이고 저급한 정보를 담은 기사를 찾으려고 노력하는 중에 출판인들은 중요한 한 가지를 발견했다. 한때 굉장히 크다고 생각했던 교양 있는 식자층과 저속한 사람들 간 차이가 사실은 용어상에서의 차이라는 것이 그것이었다. 즉, 일반인들이 이해할 수 있는 신문이라면, 지식계급층까지 이해할 수 있는 신문이라는 것이다. 이러한 사실은 오늘날의 일간지 신문 특징에 큰 영향을 끼쳤다.

Note

[내용]

여기에서 저자는 이민자들이 신문을 읽으면서 발생하는 네 가지 상황을 기술하고 있다. 첫 번째는 이민자들이 미국인처럼 변하면서 결국 그들이 평범한 미국인 구독자가 된다는 것이다. 두 번째는 이러한 신문들로 인해 이민자들이 그동안 순응해 왔던 세계관보다 더 넓은 세계관을 갖게 되었다는 것이다. 세 번째는 영어 독해 능력이 부족했던 이민자들이 일간지 대신에 점점 사진이 많은 주간지를 구입했다는 것이다. 마지막으로 네 번째는 몇몇의 이주민들이 저급 잡지를 보는 수준에서 결과적으로 수준 높은 기사 거리를 읽는 수준에까지 진보하였다는 것이다.

우리는 저자의 이해력이 그가 이러한 문제들에 초점을 맞춰 연구를 한 데서 비롯된 것임을 알 수 있다. 그는 이러한 증거를 인용하지는 않았지만, 초기 작가의 글에서 적절한 증거들이 포함돼 있다는 것을 알 수 있다(Park, 1922). 그러나 파크는 그 당시 신문들이 대도시에 끼어 들어가 있는 이주민 사회에 대해 긍정적으로 서술했는지에 대해서는 아무런 언급을 하지 않았다.

[문맥]

세 가지 요점이 여기에 있다. 첫 번째로 이러한 결정을 이끌었던 것은 바로 목표 대상이라는 점이다. 만약에 이 글이 학회 혹은 정책수립자들을 위해 쓰였다면, 아마 작가는 어느 정도의 학술적인 논문을 쓰기 위해 학계의 전통에 대해 확인해 보려 했을 것이다. 그럼에도 불구하고 작가의 의도가 보통 독자들에게 힘을 주기 위함이었다면, 적절한 자료의 인용은 그와는 다르게 고려되었을 것이다.

이 단락의 두 번째 포인트는 지리에 있다. 그리고 주석 사용 가능성의 증가이다. 예를 들어 미국 밖의 독자들은 허스트신문에 대하여 자세히 모르지만 무슨 내용인지 알고 싶어 한다. 그리고 그들은 아마도 수준 높은 저널의 이름을 알고 싶어 할 것이다. 이 문맥에 관계되는 세 번째 문제가 마지막 세 문장을 이루고 있다. 마지막 문장의 주장이 영국에서는 어느 정도까지 적용될까?

[문체]

글쓰기 스타일이 굉장히 쉽고 편안하지만 작가가 글에서 'It is said that'을 사용하는 것에 대하여 당신은 어떻게 반응할 것인가. 당신이 만약에 수필이나 논문에 그러한 구절을 쓴다면 아마도 분명 '누가 말한 것인데? 다시 한 번 참고바람!'과 같은 치명적인 지적을 받을 것이다.

2. 최초의 신문(the First Newspapers)

신문이란 무엇인가? 이 질문에 대중들의 지도자가 신문이다, 제4권력이다, 우리의 시민 자유의 수호신이다 등등의 많은 대답들이 존재한다.

다른 한편으로 이러한 신문은 위대한 궤변가로 여겨지기도 했다. 소크라테스와 플라톤 시절 대중에게 알려진 교사들이 아테네인에게 했던 것이 오늘날 언론이 평범한 사람들을 위해 하는 것이다.

오늘날 신문은 기업화되었다고 비난받는다. 신문 기자들은 "그렇다", "그리고 신문이 파는 것이 뉴스다"라고 말한다. 이것은 진실을 판매하는 상점이다. (편집자는 상인으로 변모한 철학자다.) 우리 일상생활에 대한 정보의 접근성이 높아지면서, 그레이엄 월러스(Graham Wallas)가 "위대한 도시"라고 부른 복잡한 삶에서조차 어느 정도 자본주의가 작용하게 된다고 볼 수 있다.

광고 매니저의 의견은 이와 조금 다르다. 그에게 신문은 광고 가치를 창출하는 매체이다. 신문 편집자의 일은 빈 공간을 가진 편지를 보내 광고주들이 거기에 팔려고 하는 것을 적어내게 하는 것이다. 결국 그들은 신문을 철도나 우체국처럼 무엇인가를 전달하기 위한 수단이라고 생각한다.

신문은 ≪더 브라스 체크(*The Brass Check*)≫의 필자에 따르면 죄악이다. ≪더 브라스 체크≫는 매춘의 상징이다. "신문과 잡지를 쓰고 출력하고 배포하는 당신은 당신의 봉급봉투 안에서 매주 '더 브라스 체크'를 발견할 수 있다." ≪더 브라스 체크≫는 혐오스러운 사업을 통해 인간의 순수함을 배신한 너의 양심에 대한 가격이다.

업튼 싱클레어(Upton Sinclair)에 따르면, 이것이 윤리학자와 사회학자들의 기본개념이다.

분명히 신문은 아직 완벽하게 이해되지 않은 기관이다. 언제든 관계없이, 그것이 우리에게 무엇인지 혹은 어떻게 보일지 결정하는 것은 우리의 서로 다른 관점에 달려 있다. 사실 우리는 신문에 대해 많이 알지 못한다. 그것은 연구된 적이 없다.

우리가 신문에 대하여 많이 알지 못하는 이유 중 하나는 그것이 매우 최근에 생겨난 것이기 때문이다. 게다가 상대적으로 짧은 역사 동안 신문은 눈에 띄게 연속적인 변모를 겪어 왔다. 최근의 언론은 더하면 더했지 덜 하지 않다. 신문을 이해하기 위해서 우리는 신문을 역사적인 관점으로 봐야 한다.

최초의 신문은 편지의 형태로 쓰여졌다. 그것들은 대체로 소식지라고 불렸다. 17세기 영국 시골 사람들은 특파원을 고용해 그들로 하여금 1주일에 한 번씩 런던의 소식을 쓰게 하였다.

Note

[구조]

우리는 두 번째 세부 항목의 제목을 통해 이 글이 시간 순으로 구성되었다는 것을 알 수 있다. 또한 작가가 어떻게 이 부분을 만들었는지에 대해 하나의 의문이 생길 것이다. 이 질문은 작가가 첫 번째 토의를 마친 후, 그리고 역사적인 관점의 필요성을 주장하기 바로 전 다섯 단락에서 탐구된다.

[내용]

작가가 '무엇이 신문인가?'라고 물을 때 그는 그것의 특징이 아닌 역할과 목적에 대하여 물었다. 그 당시 다양한 관점에서 그 질문에 대한 수많은 '답'이 즉각적으로 나왔다. 여러분은 오늘날에도 비슷하게 제기되는 질문이 비슷한 답을 낳는다는 것에 대해 동의하는가? 더 나아가기 전에 여러분은 '호민관', '제4의 정부', '시민권의 수호자', '위대한 철학자'의 의미에 대해 확실히 알고 있는가?

도입부의 주제는 작가의 세 가지 결론으로 마무리된다. 그 첫 번째는 신문의 역할과 목적에 대한 우리의 이해가 다양한 요소로 결정된다는 것이다. 두 번째는, 현대의 언론이 매우 최신 현상인데다가 아직 연구되지 않았다는 점이다. 세 번째는 언론이 연구되려면 역사적인 관점이 필요하다는 점이다.

이 두 저자의 글이 지지되고 조명을 받고 논쟁거리가 되었지만, 세부적인 인용 사항들은 제시되지 않았다는 점에 대해 다시 한 번 주목하라.

[문맥]

이 문맥에서 세 가지에 주목할 수 있다. 각각의 출판물들은 출판됐던 그 시대와 연관이 있다. 첫 번째로는 21세기 독자들이 다소 깜짝 놀랄 만한 작가의 관찰력이다. 더욱이 그 당시에는 언론에 대한 어떠한 잠재적인 연구조차도 수행되지 않고 있었다.

두 번째는 신문의 가격이 전화 한 통 가격의 반도 안 되었다는 점이다. 전화 한 통 가격이 신문의 값보다 저렴해지는 동안, 작가는 오늘날 정보 전달이 쉬워지고 그에 필요한 하드웨어 소프트웨어의 가격이 낮아진다는 점을 주시하였다.

세 번째는 이 본문을 읽을수록 명백해지지만, 미국 언론의 역사는 영국의 발전과는 떼려야 뗄 수 없는 관계를 이룬다는 점이다.

미국의 첫 번째 신문은 창간호 후에도 계속된 ≪보스턴 뉴스레터≫였다. 그것은 우체국장에 의해 발행되었다. 그 마을의 우체국은 항상 공청회를 가져왔고, 거기에서는 나라와 지역사회의 모든 일들이 논의되었다. 그곳이 어느 곳이든, 지성의 원천과 가까운 곳에서는 신문이 생겨날 것이라고 기대되었다. 오랜 시간 동안 우체국장의 자리와 편집자의 소명 의식은 불가분한 것으로 간주되었다.

첫 번째 신문은 그저 잘 짜여진 소문을 위한 도구였고, 그것은 더 큰 규모 혹은 더 작은 규모로 남아 있다. 호레이스 그레이리(Horace Greeley)가 지역 신문을 막 시작하려고 했던 친구에게 한 충고는 과거에 그랬던 것처럼 오늘 날에도 좋은 충고이다.

평균적인 인간에게 가장 깊은 흥미의 대상은 바로 자기 자신이라는 명백한 신념으로 시작하라. 그 다음 그는 그의 이웃에 대해 가장 큰 관심을 보였다. 그의 생각에 의하면 아시아와 Tongo섬은 멀리 놓여져 있다. 대부분의 지역 신문이 필수적 사실에 대해 의식하지 못하는 것처럼 느껴졌다. 만약 당신이 그의 인근에서 일어나는 모든 순간들을 너에게 즉시 보내줄, 각 마을과 당신 지역의 흑인 거주 구에서 완전히 깨어 있고 신중한 기자, 몇몇 젊은 변호사, 의사, 가게 점원, 또는 우체국의 보조원을 확보할 것이라면, 이렇게 수집된 지역 문제가 적어도 당신의 신문의 반을 구성해 줄 것이다. 그 지역의 누구도 이것 없이는 오래 할 수 없다. 당신의 신문에 적절하지만 간단히 연대기 순으로 기록된 사실 없이는 새 교회가 생기게 하지 말고 또는 이미 존재하는 곳에 새로운 멤버를 추가하지 말고, 농장을 팔지 말고, 새로운 집을 짓게 하지 말고, 공장을 가동시키지 말고, 가게의 문을 열게 하지 말라. 만약 한 농부가 큰 나무를 베거나, 거대한 사탕무를 키우거나, 풍부한 양의 밀과 옥수수를 경작한다면, 가능한 한 간결하고 예외 없이 사실의 요지를 설명해라.

그레이리가 친구 플레쳐(Fletcher)에게 모든 신문의 도시 편집자와 그의 지역 신문을 함께 하라고 충고한 것은 인간적인 능력 내에서 가능한 데까지 여전히 시도되고 있다. 3백 개 이상의 도시에서 모든 사람의 이름을 언급하는 것은 실행 불가능하다. 이러한 이유로 관심은 몇몇 저명한 인물에게 초점이 맞춰졌다. 매일 모든 일이 일어나는 도시에서 모든 사소한 사고, 도시 생활의 일상적인 일의 모든 변화가 기록되는 것은 불가능하다. 하지만 개인적 의미보다는 그들의 인간적 흥미를 위해서, 특별히 생생하거나 로맨틱한 사건을 선택하고 그것을 상징적으로 다루는 것은 가능하다. 이런 식으로 뉴스는 완전히 개인적으로 되는 것을 중단하고, 예술의 형태로 상정되었다. 그것은 개인적인 사람들의 일을 기록하는 것을 중단하고 풍속과 삶의 비인격적인 해석이 되었다.

의식적이거나 무의식적이거나, 작가와 언론의 동기는 마을에서의 삶의 상황을 가능한 데까지 재생산하는 것이다. 마을에서 모든 사람들은 모든 다른 사람들을 알았다. 모든 이들은 모든 사람들을 그의 첫 번째 이름으로 불렀다. 그 마을은 민주적이었다. 우리는 마을 사람들의 국가였다. 우리 기관은 근본적으로 마을 기관이었다. 마을에서 소문과 여론은 사회 통제의 주요 원천이었다.

[내용]

Note

여기 허락된 공간에 첫 번째 신문의 모든 설명을 제공하는 것은 명백히 불가능하다. 그래서 우리가 다룰 것은 극도로 간략한 '짤막한 정보'이다. 본질적으로 저자는 여섯 가지 주요 포인트를 만들었는데, 이 순서에서는 필요로 하지 않는다.

먼저 소식지는 신문보다 앞섰다. 두 번째로 소문은 과거에도 신문의 핵심 부분이었고 지금도 그렇다. 세 번째로 도시 신문의 작가와 편집자들은 그들의 발행물에서 지역 또는 마을, 삶을 복제하는 것을 목표로 했다. 왜냐하면 '우리는 마을 사람들의 국가'이고 우리 기관은 '본질적으로 마을 기관'이기 때문이다. 네 번째로—그리고 논리상 마지막 포인트로 주어진—지역 또는 마을 신문은 도시 신문을 위한 모델을 제공한다. 다섯 번째로 도시 편집자들은 지역 신문을 복제하는 것이 불가능하기 때문에 도시 신문들은 저명한 인물들과 '생생하거나 로맨틱한 사건들'의 선정에 대한 스토리에 의지하게 되었다. 그렇게 함으로써 뉴스는 '예술의 형태'로 탈바꿈하게 되었다. 여섯 번째로 마을 또는 지역에서 소문과 여론에 의해 사회 통제가 성취되었다.

이 마지막 문장에서 우리는 저자가 시카고학파의 작업에서 가장 중요한 두 가지, 여론과 사회 통제의 문제를 제기한다는 것을 알 수 있다. 비록 저자가 그렇게 하지 않더라도, 당신이 소문과 여론 사이의 차이를 구별해 보는 것은 어떨까? ('16장 공론장' 참조.)

[문맥]

세 가지 포인트는 여기에 포함될 수 있다. 첫 번째와 두 번째는 시간 또는 시대와 관련이 있고, 세 번째는 지리적이고 문화적인 맥락에 대한 질문을 제기한다. 첫 번째로 미국에서 첫 번째 신문이 발행됐을 때에 대한 날짜는 제공되지 않는다. 물론 저자는 우리 파트에 대해 어느 정도의 지식을 가지고 있다고 생각할지도 모른다.

두 번째로 여기에 포함되는 많은 양의 인용에 대해 저자는 호레이스 그레이리가 누군지, 충고가 언제 제공되었는지, 어떤 문맥에서 어떤 발행 형식으로 나타났는지 아닌지에 대한 세부 사항을 말해 주지 않는다. 이러한 정보는 독자로서 우리에게 그것의 가치에 대한 의견을 형성하는 데 도움을 주거나 혹은 그렇지 않을 수도 있다.

문맥에서 세 번째 포인트는 저자의 '마을'의 사용과 관련이 있다. 그리고 독자들은 저자가 의도한 방식대로 개념을 이해하기 쉽다. 예를 들어 영국에서의 '마을'과 '마을 생활'에 대한 말, 특히 사회 계층 문제와 관련해서, 이것은 특히 1920년대에 미국에서는 다르게 이해되곤 했다. 또는 아마도 이러한 예에서 마을 생활의 개념은 너무 광범위하게 이해돼서 그것의 의미가 구체적인 문화적 지식에 의존하지 않는다. 만약 이것이 사실이라면 당신은 우리 기관이 모두 '본질적으로 마을 기관'이라는 주장에 의해 어떻게 이해했는가?

[문제]

이 부분에서 파크가 일반화를 어떻게 사용하는 경향이 있는지 보라. 예를 들어 인용, 구체적인 예시, 또는 추가적인 참고의 형태로 어떤 '증거'의 제공 없이 파크는 같은 야망을 가지고 '모든 신문의 도시 편집자'를 언급한다. 그리고 언론과 신문 그 자체를 위해 글을 쓰는 모든 사람들의 '의식적인 또는 무의식적인' 동기를 비슷하게 특징짓는다.

일반화가 가령 읽기 자료와 저자의 입장에 대한 너의 해석에 영향을 미치는가? 이 문제는 또한 우리 자신이 글을 쓸 때 일반화의 사용이 어떤 상황에서 받아들여지는지에 대한 문제를 촉발시킨다.

Reading 6

토마스 제퍼슨(Thomas Jefferson)은 "나는 신문 없는 정부보다 정부 없는 신문을 택하겠다"고 했다.

　만약 여론이 과거에 그랬던 것처럼 미래에도 지배하는 것이 계속되는 것이라면, 만약 우리가 제퍼슨이 생각한 것처럼 민주주의를 유지하는 것을 제안한다면, 그 신문은 우리에게 우리자신에 대해 말하는 것을 계속해야만 한다. 우리는 어떻게든 우리의 지역사회와 그곳의 일을, 우리가 지역 마을에서의 일을 알았던 친밀한 방식으로 아는 것을 배워야만 한다. 그 신문은 가족 공동체의 인쇄된 일기가 되는 것을 계속해야만 한다. 결혼과 이혼, 범죄와 정치는 우리 뉴스의 본문을 구성하는 것을 계속해야만 한다. 지역 뉴스는 민주주의를 형성되게 한 가장 중요한 요소이다.

　그러나 월터 리프만(Walter Lippmann)에 따르면, 그것은 단지 곤경이다. "오늘날 사회적 사실이 형성됐기 때문에, 언론은 한 호에서 다음 호로 여론의 민주적 이론이 요구하는 일정한 지식을 제공하기 위해 구성된 것이 아니다. (…중략…) 우리가 이러한 사실의 몸체를 공급하는 것을 기대할 때, 우리는 오해의 소지가 있는 판단의 기준을 사용한다. 우리는 뉴스의 제한된 본성과 사회의 무한한 복잡성을 잘못 이해하고 있다. 우리는 우리 자신의 인내성, 공공성과 숙련도를 과대평가하고 있다. 우리는 우리 자신의 기호에 대한 솔직한 분석에 의해 발견되지 않은 흥미 없는 사실에 대한 욕구를 추측한다. (…중략…) 무의식적으로 그 이론은 하나의 독자를 이론적으로 무능하다고 생각한다. 그리고 대표 정부, 산업 조직, 외교에서 성취하는 데 실패한 모든 것을 성취시키기 위해 언론을 이용한다. 모든 사람들에게 24시간 중에서 30분을 할애하게 하면서 언론은 여론이라고 불리는 신비로운 힘을 창조하게끔 요구되어졌다. 그리고 여론은 공공 기관에서 채우지 못하는 느슨한 부분을 채워줄 것이다."[1]

　마을이 자발적으로 소문과 개인적 접촉이라는 수단을 통해서 마을의 백만 명의 거주자 공동체를 위해서 해 왔던 것을 신문이 할 수 없다는 것은 명백하다. 그럼에도 불구하고 이 불가능한 결과를 성취하기 위해서 신문이 했던 노력들은 언론뿐만 아니라 정치학의 역사에 있어서도 흥미로운 부분이다.

---

1) Walter Lippmann, *Public Opinion*, New York: Macmillan, 1992, pp. 361~362.

[내용]

이 부분의 후반부에서 저자가 '설립하다'를 사용한 기법을 다시 봐라. 이러한 경우에 이것은 언론과 여론의 역할과 좀 더 근접하게 할 수단을 제공하는 데에 익숙한 매우 짧은 인용이다. 인용 그 자체는 손쉽게 토론에 쓰기는 적합하지만, 그것의 간결성은 그러한 말을 하는 사람이 대단한 지위를 가지고 있을 것이라고 암시한다. 저자는 우리가 아는 것을 추측한다. 당신은 그러한가? 만약 아니라면 Google에 가봐라.

파크는 여론과 언론의 역할을 계속해서 연결시킨다. 그렇게 하면 '이상적인' 신문의 주제가 나타난다. 그런 행동을 하고 나서 저자는 왜 신문이 그가 이전에 설명했던 '이상'을 성취할 수 없는지 증명하기 위해서 월터 리프만에 의한 인용에 의존한다. 비록 그가 그렇게 한 그들의 시도를 칭찬했을지라도 말이다('6장 월터 리프만' 참조).

리프만에 의해 정립된 생각, 쟁점, 그리고 개념을 활용하거나 더 상세히 하기 위한 시도가 없었다는 것에 주목하라. 저자가 호레이스 그레이리(Horace Greeley)의 말을 인용했을 때 그랬던 것처럼 말이다.

[문맥]

두 가지의 포인트가 여기서 만들어진다. 첫 번째는 앞서서 언급한 두 가지의 인용들의 원래 문맥과 연관이 있다. 확장된 인용들이 어떻게 본래의 언어적 맥락과 연관되어 있는지, 그리고 언급된 자료들의 당신의 해석이 저자가 언급하고 있는 그것과 비슷한지 아닌지를 이해하기 위해서 몇몇 상황에서는 인용된 자료에 접근하는 것은 도움이 될 것이다.

자료가 언급되지 않았을 때, 제퍼슨의 경우에는 이것이 가능하지 않다. 그리고 비록 리프만이 제공된 정보의 기본 안에서 발견될 수는 있지만, 이 정보는 토론의 목적을 위해 출판의 년도를 목록화하는 것이 유용할 것이다.

[구조]

문장 구조의 문제보다 오타 문제로 인용구의 첫 번째 문장을 읽은 후에 당신은 사라진 아포스트로피를 알아차릴지도 모른다. 이것이 나타내는 것처럼 그 문장은 불분명하고 독자의 '흐름'을 방해한다.

Reading 7

3. 정당지(The Partypapers)

초기 신문, 뉴스레터(Newsletter)는 정당지가 아니었다. 정당지는 18세기 초반에 뉴스레터를 대신하기 시작했다. 그 당시에 글을 읽는 사람들이 가장 관심이 있었던 뉴스는 의회에서의 토론을 보고하는 것이었다.

정당지가 출현하기 이전부터, 어떤 엿보기 좋아하고 호기심 많은 개인들은 하원의 기간 동안 기억 또는 몰래 적은 노트로부터 완전히 기록하기 위해서 낯선 이의 갤러리를 방문하는 사업을 했었다.

중요한 토론이 진행되는 동안 연설과 토론 때문에, 이때에 의회의 모든 숙의는 비밀이었고, 하원 의사당 기간에 참여할 기자의 권리는 100년 후에도 없을 것이다. 그리고 이것의 과정을 기록하는 것은 공식적으로 인정됐었다. 그 동안에 기자들은 정보를 얻기 위해 할 수 없이 온갖 속임수와 간접적인 방법에 의지했다. 오늘날 영국 정치의 역사 대부분은 이런 식으로 모아진 정보를 기초로 한다.

가장 유명한 의회의 기자 중 한 명은 샤뮤엘 존슨(Samuel Johnson)이다. 1770년의 어느 날 밤, 존슨이 런던에서 많은 유명인사들과 저녁을 먹고 있다는 것이 보도됐다. 대화는 의회의 연설에 맞섰다. 어떤 사람은 1741년 나이 많은 피트에 의해 하원에 전달된 유명한 연설을 말했다. 다른 누군가는 동료들의 박수갈채에 둘러싸여 고대 연설가의 훌륭한 노력으로 언어의 느낌과 아름다움을 능가한 연설가의 예증으로 이 연설의 한 대목을 인용했다. 그러고 나서 존슨은 토론에서 아무 부분도 차지하지 않는 시점까지 말했다. 그는 "나는 저 연설을 엑스터(Exeter)가의 다락방에서 썼다."라고 말했다.

내빈들은 감탄했다. 그는 "어떻게 당신이 그것을 썼죠?"라고 질문 받았다.

"손님, 저는 그것을 엑스터가에서 썼습니다. 저는 한 번도 하원 의사당의 갤러리에서 있었던 적이 없습니다. 케이브(Cave)는 문지기에게 영향력이 있었습니다. 그와 그에게 고용된 사람은 입장할 수가 있었습니다. 그들은 토론의 주제, 연설가의 이름, 그들이 차지한 쪽, 그들이 오른 순서를 토론의 과정에서 제시된 다양한 논의 메모와 함께 가지고 왔습니다. 그 후에 모든 것은 나에게 전달되었고 나는 케이브의 잡지로부터 인쇄된 그 시기의 연설을 위해 그들이 현재 '의회의 토론'에서 가지고 있는 형태로 구성했다."[2]

어떤 사람은 그의 보도에서 그는 공평하게 양쪽 정당에게 이유와 웅변을 분배해 준 것 같다고 말하면서, 존슨의 중립성을 칭찬하는 것을 이해했다. "그것은 전혀 진실하지 않다"고 존슨은 응답했다. "나는 어지간히 체면을 차렸다. 그러나 나는 휘그의 개(Whig dog)들이 가장 좋은 것을 가져서는 안 된다는 것에 마음을 썼다."

엑스터가에서 존슨에 의해 써진 윌리엄 피트(William Pitt)의 이 연설은 교과서와 연설가 무리에서 오랫동안 자리를 차지해 왔다. 이것은 피트가 "젊은 남자의 끔찍한 범죄"의 혐의에 응답한 것에서 유명한 연설이다.

아마도 피트는 그가 연설을 전달했다고 생각했을 것이다. 어쨌든 그가 그것을 거절했다는 증거는 없다. 나는 만약 피트가 처음이었다면, 그는 연설가로서 그의 평판을 위해 기자에게 감사하는 마지막 정치인이 아니었을 것이라고 덧붙일지도 모른다.

이 사건에 대해 중요한 것은 의회 기자의 영향력하에 합헌적 변화와 같은 어떤 것이 의회 정부의 성격에 영향을 준 방식이 입증됐다는 것이다. 의회의 연설가들이 그들의 동료들뿐만 아니라 간접적으로 언론 매체를 통해 영국 사람들에게도 연설한 것을 발견하자마자 의회의 행위의 모든 성격이 바뀌었다. 신문을 통해 모든 나라는 쟁점이 짜여지고 입법이 규정되는 토론에 참여할 수 있었다.

[내용]

Note

17세기에 뉴스레터의 도입과 신문의 초판이 논의되면서, 읽기 자료의 세 번째 절에서 저자는 18세기 초반에 나타난 '정당지' 또는 정치적 신문의 역사를 서술하는 과정을 시작한다. 그렇게 하기 위해서 저자는 영국의 성장기와 이 기회에 의회에서의 논쟁으로 되돌아간다. 의회에 대한 정보가 많은 사람들이 찾는 첫 번째 뉴스가 아닐 때 현 시대에서는 놀라운 일이며, 그 시대에 이것은 정확히 '글을 읽는 대중'에 의해 요구된 것이었다. 적어도 부분적으로 이것은 더 넓은 대중의 흥미 문제에 대한 토론이—입법을 포함하여—거의 사적으로 이루어졌기 때문이다.

하원의 사건에 대한 이전의 보도는 훨씬 뒤늦게까지 제약이 있었고 관대하지 않았다. 결과적으로 의회 토론의 본질과 내용, 그리고 관련된 사람들의 이름을 아는 것은 오로지 '속임수'의 사용을 통해서 그리고 다른 '간접적인 방법'을 통해서였다.

어떻게 이 문제가 발행되기에 이르렀는지는 저자가 또 다른 발행된 원본—각주로 표시되어 있으나 발행 연도는 없다—으로부터 뽑아낸 재미있는 일화의 방식으로 분명하게 밝혀졌다. 이러한 보도와 발행의 과정에서 중요한 점은 그들이 하원의 방에 앉아 있는 사람들보다

---

2) Michael MacDonagh, *The Reporter's Gallery*, pp. 139~140.

더 많은 청중에게 연설한 것이 의회가 생겼을 때 의회의 행위에 영향을 미쳤다는 것이다. 이 개요는 적어도 하나의 질문을 촉발한다. '글을 읽는 사람들'에 대한 저자의 참조는 무엇을 암시하는가?

[문맥]

두 가지 문맥상의 문제는 주목할 만한 가치가 있다. 첫 번째 미국에서의 주요한 신문의 역사는 무엇인가와 관련하여 저자는 영국의 맥락의 세부 사항을 제공해야 한다고 판단한 것에 주목해라. 이것으로부터 우리가 얻은 메시지는 독자가 토론의 주제 또는 화제에 대해 분명하게 이해하기 위해서 적절한 역사적 문맥을 이루는 것에 대해 작가로서 분명히 할 필요가 있다는 것이다.

두 번째 문맥상의 문제는 역사적인 기록과 관련이 있다. 이러한 경우에 고대의 설명으로, 초기 의회의 기록은 많은 사람들과 의도적으로 불완전할지도 모르는 마지막으로 발행된 해석의 관여에 기인한다.

[구조]

이것은 어떻게 저자가 이 읽기 자료 부분의 초반부를 구성했는지에 반영할 가치가 있다. 먼저 그는 처음 부분에서 다뤄질 주제를 분명히 한다. 그리고 나서 그는 정당지의 적절한 역사적 설명을 제공하기 위해 필요하다고 생각되는 몇 가지 배경 지식을 제공한다. 이것은 작문에서 속임수의 사용과 의회의 토론을 보도하는 것에 대해 만들어진 요점을 설명하기 위해 고대의 포함에 따른다. 마지막으로 토론을 위해 다음 주제로 넘어가기 전에, 저자는 간략하게 앞선 토론의 중요성, 의회 행위의 불변 그리고 신문에 의해 행해지는 역할에 대해 윤곽을 잡아준다.

[문체]

세 가지 간략 요점은 여기에 있다. 첫 번째 저자가 '보도되었다'라는 문구를 사용할 때, 기자의 세부 사항 또한 제공된다. 우리는 기자가 마이클 맥도나(Michael MacDonagh)이고 만약 그렇다면 주석은 이 부분에서 삽입될 수 있다고 추측하도록 남겨진다.

두 번째로 저자는 기자의 유창한 말로부터 이익을 얻기 위해 마지막 연설가가 되지 않은 피트(Pitt)에 대해 토론할 때 첫 번째 사람으로 되돌아간다. Reading의 저자로서 그는 정말 첫 번째 사람으로 옮겨갈 필요가 있을까? 세 번째로 만약 저자가 처음 케이브를 언급했을 때 그에 대해 몇 가지 정보를 제공했다면 도움이 됐을 것이다.

그동안에, 신문은 그들 스스로 실시한 토론의 영향 하에 정당의 기관지가 되어 갔다. 그 결과 독립 신문(Independence Press)은 작은 소문의 단순한 기록으로의 역할이 중단되었고 우리가 아는 '의견의 신문(Journal of opinion)'이 되는 것에 이르렀다. 그 사이, 편집자는 더 이상 단순히 소문을 퍼뜨리는 사람과 초라한 사건의 기록자가 아니라 정치에서 역할을 수행하는 정당의 대변인으로서의 자신을 발견했다.

17세기에 생각과 말의 자유를 위해 오랫동안 투쟁하는 동안, 가장 대중적인 불만은 소논문과 소설에서의 문학적인 표현이었다. 가장 눈에 띄는 소논문의 집필자는 존 밀턴(John Milton)이었고, 그 중 가장 유명한 소논문은 『아레오파지티카(*Areopagitica*)』였다. 「1645년에 출판된 무허가 인쇄된 자유의 방어」(영국 산문의 가장 숭고한 작품), 이것은 헨리 몰리(Henry Morley)에 의해 이름지어졌다.

18세기 초기에 신문이 의견의 신문이 됐을 때, 이것은 정치적 소논문의 기능을 넘겨받았다. 이전에 소설에서 발견했던 의견은 지금 편집과 관련된 사설의 형태로 표현됐다. 소논문 집필자의 역할을 물려받은 편집 직가는 지금 사람들의 호민관 역할로 추정된다. 대중적인 원인의 주인공으로서 신문은 우리의 지식 계급의 상상을 포획하는 역할을 한다. 우리가 한 세대 이전의 정치적 문헌에서 '신문의 힘'에 대한 글을 읽었을 때, 그것은 기자와 뉴스보다는 편집자와 사설이라고 작가들은 생각한다. 지금도 우리는 언론의 자유를 말할 때, 그것은 사실을 게재하고 조사하는 자유보다는 의견을 표현하는 자유를 의미한다. 존재하는 상태와 관련 있는 어떤 의견이든지 기초하기 쉬운 기자의 활동들은 우리의 정치적 자유 행사보다 더 자주 우리 개인의 권리 침해로 간주된다.

『아레오파지티카』를 쓴 밀턴의 언론의 자유는 의견을 표현하는 자유이다. "나에게 모든 자유보다 위에 양심에 따라 자유롭게 알고, 말하고 논쟁할 자유를 달라."고 그는 말했다.

칼리레(Carlyle)는 글을 쓸 때 기자가 아니라 편집 작가들에 대해 생각했다. "대단한 것은 저널리즘이다! 모든 재능 있는 편집자들은 세상의 지배자, 그것의 설득가가 되는 것 아닌가?"

[구조]

첫 번째 단락이 이번 부분의 주제이자 다음 주제인 '도입하다'를 어떻게 사용했는지 다시 주목하라. 그것들에 관심을 두고, 각각의 것은 검토되고 더 자세히 토론된다.

[내용]

본질적으로 파크는 의회 문제에 대한 그들의 보도의 결과로, 신문과 그들의 편집자들은 변화의 과정을 겪었다고 주장한다. 세 가지 변화는 밝혀진다. 첫 번째 신문은 그들이 정치적 본질의 문제를 다루기 위해 소문의 단순한 기록으로부터 벗어났을 때 '의견의 신문' 또는 '정당 기관지'가 된 것으로 보여진다.

두 번째로 모든 것을 아우르는 정치적 문제에서 앞선 소논문 집필자들의 단 하나의 영역으로 간주되던 때에 신문은 '공공화된 불만', '통속소설'을 전달하는 공급업자가 되었다. 이러한 생각에서, 저자는 영국에서 저명한 소논문 집필자였던 존 밀턴의 예시를 제공한다. 그리고 그는 또한 미국의 톰 패인(Tom Paine)을 포함한다(Dowing, 1995. '4장 자유주의 언론 이론' 참조).

변화의 세 번째 예시는 신문이 '의견의 신문'이 됐을 때 편집자의 역할과 관련이 있다. 이전에 '사건의 초라한 기록자'였던 편집자는 지금 소논문 집필자의 역할을 하는 것으로 추정되고 편집 사설은 한 때 책자의 통속 소설을 구성했던 의견의 유형을 포함한다. 이로써 변화는 현재 '사람들의 호민관'—읽기 자료의 첫 번째 단락에서 저자에 의해 사용된 표현—, '대중적인 원인의 주인공'의 역할을 하는 신문과 편집자들과 함께 완벽하다.

파크는 우리에게 두 가지 주요 개념의 의미를 상기시킴으로써 변화에 대한 이러한 설명을 따른다. '언론의 힘'과 '언론의 자유'. 그는 먼저 인용된 밀턴과 더 이상 설명하지 않을 칼리레, 이렇게 두 명의 훌륭한 인물의 말을 인용함으로써 그의 해석을 입증했다.

언론의 자유 또는 힘을 편집자의 역할로 돌리는 것에서 파크는 기자의 역할을 상당히 경멸한다. '기자의 역할은…'으로 시작하는 문장에서 저자가 얻은 것은 무엇인가?

[문맥]

우리가 이전에 주목한 것처럼, 저자가 18세기에 발전을 독자가 이해하게 하기 위해서 필요하다고 생각한 역사적 맥락을 제공하기 위해 어떻게 이전 시대—17세기의 소논문 집필자에 집중한 이러한 경우에—에 대해 캐냈는지 주목하라.

[문제]

두 가지 요점이 여기에 있다. 첫 번째는 생각이나 증거를 가늠하지 않고, 논쟁을 입증하는 데 사용되는 부수적인 자료가 너무 적다는 느낌과 저자의 매우 직접적인 스타일과 관련이 있다. 왜 더 많은 참고 자료의 포함이 유용할까?

두 번째로, 이 예시에서 그런 것처럼 17, 18, 19세기 사이에 논의가 꽤 자주 이동했을 때 다른 시대를 다루는 가장 최고의 방법에 대한 쟁점이 있다. 예를 들어 저자는 '100년 후나 되어서야…', '한 세대 이전의 정치적 문헌에서', '지금도 우리가 말할 때…', 그리고 '거의 한 세기 후에…'를 다른 포인트에서 쓴다.

각각의 예시에서 독자는 그들의 마음속에서 Reading이 1925년에 처음 발행되었다는 것을 분명히 해야 한다. 잠재적 혼동을 피하기 위해서 이 기간을 어떻게 더 나은 방식으로 표현할 수 있을까?

미국은 의회 정부, 정당 체계, 그리고 영국으로부터 신문의 형태를 물려받았다. 영국 정치에서 정치적 신문이 가졌던 역할은 미국에서도 재현되었다. 미국 신문은 영국 정부가 독립을 위해 식민지의 투쟁에서 생각해야 했던 힘이었다. 영국인들이 뉴욕시티를 소유한 후에, 침략국의 흥미로 『뉴욕가제트』의 출판을 맡았던 엠브로세 설레(Ambrose Serle)는 애국자 정당지에 대해 로드 다트마우스(Lord Dartmouth)를 따라서 썼다.

현재의 소동을 일으킨 다른 원동력 중에, 전도사의 외설적인 장광설 다음으로 각각의 식민지의 신문보다 더 대규모로 혹은 더 강력한 영향력을 가지는 것은 없다. 어떤 사람은 그들이 후에 추구하는 욕망이 무엇인지, 그리고 어떻게 그들이 암암리에 엄청나게 많은 사람들에 의해 믿어졌는지를 알고 놀랐다.[3]

노예제도 반대투쟁 동안 ≪뉴욕 호민관≫의 편집자인 호레이스 그레이리(Horace Greeley)의 사람 중에서, 미국에서 최고의 표현에 도달한 의견의 신문은 거의 한 세기 후였다. 미국은 호레이스 그레이리보다 더 나은 신문기자를 가졌다. 비록 어떤 것도 그의 의견보다 더 넓은 영향력을 발휘할 수 없지만 말이다. "≪뉴욕 호민관≫은 그 해 동안 경제적으로나 도덕적으로나 가장 훌륭한 교육적 요소였다"고 찰스 프랑시스 아담스(Charles Francis Adams)가 말했다.

[내용]

Note

이 읽기 자료의 마지막 부분에서 파크는 의회정부, 정당정치 그리고 영국에서 신문의 영향력에 대해 상기시키면서 미국의 맥락으로 돌아간다.

그가 언론의 힘과 자유에 대해 의미하는 것, 즉 편집적 의견을 더 강조하기 위해서 파크는 미국의 맥락으로부터 두 가지 예시를 사용한다. 각각의 것은 다른 세기에 존재하는 것이다. 영국으로부터의 해방을 위한 투쟁을 중심으로 진행된 것과 얼마나 많은 인구와 믿음이 있는지 상기하고, 미국의 '애국자-정당 신문'—교회를 비롯하여—은 영국의 침략자들이 몇몇 어려움을 겪도록 야기했다.

다른 것은 읽기 자료에서 먼저 언급된, ≪뉴욕 호민관≫의 편집자라고 배운 호레이스 그레이리의 노예제도 반대운동과 관련이 있다.

---

3) George Henry Payne, *History of Journalism in the United States*, p. 120.

그가 신문보다는 '의견의 신문'이라고 이 발행물을 언급한 것처럼 어떻게 저자가 그의 좀 더 앞선 분석에 대해 한결같은지 주목해라.

[문맥]

파크는 독자들이 ≪뉴욕 호민관≫의 엄청난 공헌을 파악하는 것을 약간 어렵게 만들었다. 왜냐하면 찰스 아담스(Charles Francis Adams)에 의한 인용은 날짜가 적혀 있지 않기 때문이다. 아담스가 누구인지, 왜 그의 말이 그렇게 저명한지에 대해 분명히 해 주지 않는다. 이러한 정보 없이 독자는 그러한 말의 가치와 뉴욕 호민관의 편집자인 호레이스 그레이리에게 향한 아낌없는 칭찬의 타당성에 대해 그들 스스로의 판단에 도달할 수 없다.

[문체]

위의 맥락 부분에 포함된 두 번째 요점과 관련된 가벼운 요점이 여기에 있다. 호기심 많은 독자를 위해서 저자는 왜 미국이 호레이스 그레이리보다 '더 나은 기자들'을 가졌는지에 대해 더 포괄이었는지도 모른다. 그것이 암시되는 동안, 이 예시에서 아마도 저자는 '더 나은' 것으로 여겨지는 것에 대해 더 구체적일 수 있었을 것이다.

4. 독립 신문(Independent Press)

신문의 오래된 유형에서 나타나듯이, 언론의 힘은 정당을 창조하고 그것을 이끄는 편집자의 능력에 있다는 마지막 분석에 원인이 있다. 의견의 신문은 본질적으로 정당의 기관지 또는 적어도 학교의 대변인이 될 숙명이다.

정치적 활동들이 마을의 삶을 기반으로 하여 조직되는 동안은, 정당 체계가 작동된다. 과거에도 그랬고 지금도 여전히 삶이 비교적 고정되어 있고 정착된 마을 공동체에서는, 일상에서 일어나는 대부분의 긴급 상황을 위해 관습과 전통이 제공된다. 평범한 일상으로부터의 모든 일탈이 관찰과 비판 그리고 모든 알려진 사실의 문제인 공동체에서는, 정치적인 과정이 적어도 비교적 간단한 문제이다. 이러한 환경하에 뉴스의 수집가와 통역가로서 뉴스의 역할은, 그렇지 않았다면 개인적 접촉과 소식을 통해서 공동체에 의해 자발적으로 수행됐을 그러한 기능의 확장이다.

하지만 확장된 우리의 도시와 삶이 더 복잡하게 자람에 따라, 정치적 정당은 살아남기 위해 영구적인 조직을 가져야만 하도록 밝혀졌다. 결국 정당의 사기는 정당이 존재해야만 하는 투지를 위한 쟁점보다 더 큰 가치가 되었다. 정당 신문에 대한 영향은 일종의 정당 조직의 사보로서의 위치를 줄어들게 하는 것이다. 하루하루 그것의 의견이 무엇인지 더 이상 알지 못한다. 편집자는 더 이상 자유로운 대리인이 아니었다. 월트 휘트맨(Walt Whitman)은 그가 구절을 만들었을 때 생각한 것은 예속된 호민관, 즉, "사로잡힌 편집자"이다.

마지막으로 정당 정치의 긴급사태가 대도시 삶의 상태 하에 정치적 기계를 성장시킬 때, 몇몇의 더 독립적인 신문들은 반란을 일으켰다. 이것이 독립적 신문의 기원이다. 독립적 신문 중의 하나인 그 당시의 뉴욕 타임즈는 『트위드 링(*Tweed Ring*)』이라는 만화를 그린 토마스 내스트(Thomas Nast)라는 만화가의 도움으로 그 나라의 정당 정치가 여태껏 생산해 왔던 정치적 기구 중에 가장 충격적인 것을 공격했고 마침내 전복시켰다. 특히 대도시에 의해서 국가와 신문으로부터 구별되고 정당의 지배로부터 벗어난 일반적인 탈피가 있었다. 정당 충성심은 미덕이 되는 것으로 그쳤다.

[내용]

읽는 것의 네 번째 그리고 두 번째 어미 부분은 파크가 '정당지'로부터 '독립지'로의 변화를 정의하고 있는 것을 보았다. 그가 읽는 것을 통해서 그랬었던 것처럼 파크가이 변화의 과정에서 '자란 사람들'의 역할에 대해 언급할 때 그는 이러한 변화들이 특별한 개인들의 행동뿐만 아니라 경제·정치·사회·문화적인 요소로부터의 결과로 보인다는 관점에서 그의 초기의 주장과 일치한다.

정당지의 '언론적 의견'의 죽음을 설명하기 위해서 파크는 시골과 도시에서의 정치적 삶과 정당 정치 사이의 대조를 자세히 다룬다. 전자에서는(아래에 있는 문맥을 보아라) 후자보다 신문의 역할이 좀 더 쉽고 좀 더 직선적이라고 제시된다. 후자에서 정당지는 살아남기 위해 좀 더 조직화되고 전략적인 과정을 요구한다. 당연하게도 저자에 따르면 정당의 도덕성의 중요성이 쟁점에 대한 토론보다 우선권을 가지는 것처럼 보일 때, 정당지는 정당의 주요 기관이 된다.

여기에서 우리는 진행 과정에서 굉장히 조심스럽게 밝혀진 의견의 사설적 힘이 '정당 라인'의 힘으로 대체되는 것을 본다. 그것의 결과는 강력하게 한 문단으로 여기에 전달된다. '유지되는 편집장'의 그것으로, 특별히 도시에서는 이것은 독립언론의 시작을 알렸다. 그리고 저자는 처음 독립언론이라고 불렸던 것들 중에 하나의 예를 제공함으로써 이러한 서문을 닫는다.

저자에 의해 사용된 단어들과 문맥들의 일부를 밝혀내는 관점에서 두 가지 의문점이 생겨난다. 왜 '기관지'가 이 맥락에서 사용되는 것인지, 그리고 우리가 정말로 편집자가 '자유 대리인'이 되었다고 이야기할 수 있는가? ('8장 마르크시즘', '15장 정치경제학', '16장 공론장' 참조.)

[문맥]

시골마을과 도시에서의 삶에 대한 저자의 상반된 묘사는 **퇴니스**(Tonnies), **게마인샤프트** (Gemein schaft)와 **게젤샤프트**(Gesellschaft)로 각각 특징지어지는 전통적 공동체와 산업 공동체의 삶의 환경 사이의 차이와 유사성을 가진다.

이러한 구분은 저자의 분석이 적어도 어느 정도는 대중사회 이론('12장 밀스의 대중사회 이론' 참조)에 의해 형성된다는 것을 나타낸다. 두 번째 포인트는 문맥에 대해서 만들어질 수 있다. 문맥은 저자에 의해 언급된 사건들의 일부를 날짜매기는 것이다. 예를 들어 어떠한 날짜도 월트 휘트맨에 의한 언급을 위해 제공되지 않았고 독립언론의 기원에 대해서도 이는 마찬가지였다. 이러한 혁신적인 발견이 ≪뉴욕타임즈≫의 어떤 카툰에 의해 지적되었음에도 불구하고, 더 나아가서 독자로 하여금 이러한 두 가지 사건을 따라갈 수 있는 기회를 허락하는 어떠한 언급도 제공되지 않았다.

[구조]

지금까지 당신은 작가가 짧은 문맥을 사용하는 것을 선호한다는 것과 그가 여기에서 하는 것처럼 각각의 부분에서 논의되어져야만 하는 중요한 부분을 표시한다는 것을 알아챌 수 있었을 것이다.

그동안 언론에서 새로운 정치적 힘이 나타났고 새로운 표현을 찾게 되었다. 이러한 힘은 사설이나 사설 작가로부터 형상화된 것이 아니라 뉴스 그리고 기자로 형상화되었다. 지금까지, 언론의 특권이 대중적인 사건들을 대변하는 역할에 있었다는 사실에도 불구하고 신문은 대중들에 의해서 읽혀지지 않았다.

평범함 사람은 정치적 정책이나 추상적인 생각보다는 뉴스에 더 관심이 있다. 맨켄 (H. L. Mencken)은 평범한 사람이 일반 정치적 연설가와 성직자들로부터 나온 말들의 3분의 2 이상을 이해하지 못한다는 사실에 주목해야 한다고 했다.

〈토요일 밤의 우편〉이 밝혀낸 것과 같이 평범한 사람은 굳어진 이미지, 일화, 그림들, 우화들 안에서 생각을 한다. 그는 긴 기사가 극적으로 편집되거나 신문이 '이야기'라고 부르는 그 형태를 취하지 않는 이상 그 기사를 읽는 것은 어렵고 피곤한 일이라고 생각한다. '뉴스 이야기'와 '허구 이야기'는 현대 문학의 두 가지 형태들이고 그 둘은 각자 서로와 아주 비슷하기 때문에 그 둘을 구분하는 것은 때대로 어렵다.

예를 들어, 〈토요일 밤의 우편〉은 허구의 형태로 뉴스를 쓴다. 반면에 일간지는 주로 뉴스의 형태로 허구를 쓴다. 구체적이고 극적인 형태의 이야기로 생각을 나타내는 것이 불가능할 때 일반적인 독자들은 짧은 문단으로 작성된 기사들을 좋아한다.

중소 도시에서의 석간지를 전문적으로 발행하는 〈디트로이트 뉴스〉의 설립자인 제임스 스크립스(James E. Scripps)는 그의 신문의 전체적인 구성을 아주 단순한 심리학적인 원리로 구성했다. 그 원리는 평범한 사람은 기사의 길이에 반비례해서 기사를 읽는다는 것이다. 그러므로 그가 신문들의 효율성을 측정하는 방식은 신문이 포함하고 있는 기사들의 수를 세는 것이었다. 가장 많은 수의 기사들을 포함하는 신문이 가장 좋은 신문이었다. 이것은 허스트(Hearst)의 방식들과는 정반대였다. 그의 신문들은 다른 신문들보다 가사수가 적다.

예전의 기자들은 뉴스를 경멸하는 경향이 있었다. 그에게 뉴스는 단순히 사설에 기초하는 글이었다. 만약에 신이 그의 개념에 맞지 않는 일들이 발생하는 것을 허락한다면, 그는 단순히 그러한 일들을 억압했을 것이다. 그는 독자들이 발생해서는 안 되는 일들에 대해서 알게 되는 것에 대한 책임을 지는 것을 거절했다.

조셉 퓰리처(Joseph Pulitzer)가 이것을 인수하고 옐로우 저널리즘으로 만들기 전에

≪뉴욕 월드(*New York World*)≫의 편집자였던 만톤 마블(Manton Marble)은 뉴욕에서
는 관리가 잘된 신문을 볼 수 있는 사람이 18,000명을 넘지 못한다고 말하곤 했었다.
만약에 신문의 발행부수가 그 숫자를 넘어선다면 그는 신문에 분명히 잘못된 점이 있다
고 생각했다. 퓰리처가 신문사를 인수하기 전에, 발행부수는 실제로 10,000매까지 떨어
졌다. 구식의 ≪뉴욕 월드≫는 1980년대까지 낡고 보수적이고 교양 있는 신문의 유형을
유지했다. 그때까지 대도시에서는 정치적으로 독립적인 신문들이 언론에서 인정해 주는
유형이 되어 있었다.

[내용]

초기의 정당언론과 새롭게 생겨난 독립언론을 구분하는 방법으로 글쓴이는 몇 가지 구별법을
제시했다. 첫째, 그는 정치권력의 변화를 제시했다. 그는 여기서 기존 사설과 비교해 뉴스가
훨씬 중요해졌고 그 결과로 뉴스 리포터의 대우가 에디터에 비교해 더 높다는 것을 말했다.
두 번째는 독립언론의 목표는 발행부수를 높이는 것이고, 이것이 어떻게 발생할 것인가에
대해 글쓴이는 설명하기 시작했다. 그러므로 이러한 차이는 '일반적'이며 '평범한' 독자와
지성인—이 시점에선 두 집단 모두 남자로 가정한다—과의 구분을 가능케 했다. 전자는 능숙
하지 못한 읽기 방법과 제한된 관심 범위를 갖고 있다. 그리고 '정형화된 이미지', '일화',
'그림과 우화'에 좀 더 흥미를 나타낸다. 반면에 후자는 '정치적인 정책 그리고 추상적인
사고'에 큰 관심을 보인다.
세 번째는 독립언론들이 관심을 끌고자 했던 것이 일반적인 독자였던 것처럼 글쓴이는 초기
신문의 형태가 어떻게 뉴스와 픽션의 선을 흐리게 만드는지, 그리고 어떤 경우엔 글이 짧아지
기도 했는지 말하고 있다. 최고의 간행물은 많은 이야기를 담아야 한다는 편집자의 믿음의
디트로이트 뉴스가 후자의 경우로 인용되었다. 이것은 '오래된 보수적인 식자층의 신문'인
뉴욕 월드와 대비되는데, 이 신문은 제한된 발행부수를 채우는 것을 성공한 것으로 인정받았
다. 여기엔 발행부수가 늘어가는 것은 내용물이 덜 정교화된 것이라는 암시가 담겨 있다.

[문체]

글쓴이는 본인이 언급한 남자들을 어떻게 구분하는지를 서술했다. 예를 들자면 보통은 제임스
E. 스크리퍼, H. L. 멩켄, 그리고 맨튼 마블 이런 식으로 사람을 언급했다. 그런데 Mr. 허스트,
Mr. 퓰리처처럼 몇 명의 사람만 차별을 두었다. 왜 그렇다고 생각하는가? 또한 글쓴이가
특정 신문에 있어 '황색'을 언급하는 것을 당신은 인지했을 텐데 이 이유에 대해선 설명하지
않았다. 당신은 이것이 갖는 의미가 무엇이라고 생각하는가?

여기선 세 부분이 중요하다고 보여진다. 첫째, 글쓴이는 그가 언급한 것들에 대해 정확한 년도 또한 멕켄, 스크립스 혹은 마블 같은 사람에 대한 관찰 기록에 대해 설명이 없었다. 반면에 그는 정치적으로 독립된 언론이 최소한 도시들 사이에선 우세한 형태가 된 게 1880년 대라고 말하고 있다.

두 번째는 '독립'이란 용어는 여기서 정치적인 독립으로 사용된다. 그런데 여기서 그 독립성이 경제적인 요인들 때문에 약화되었다는 직접적인 언급이 나와 있지 않다.

세 번째, 작가의 뉴스와 픽션 그리고 삽화와 짧아진 이야기를 발생시키며 대중 독자층을 찾았던 1920년대 신문에 대한 묘사가 몇몇 시사해설가가 묘사하는 동시대 언론의 요소가 들어간 방법과 전적으로 다르지는 않았다.

Reading 12

독립지(independent press)가 생겨나기 훨씬 이전에 뉴욕에서 오늘 날 신문의 전신으로 여겨지는 두 가지 저널이 생겼다. 1883년 벤자민 데이는 소수 동반자와 함께 '일반적인 대중을 위한 방법'으로 신문을 시작했다. 이 신문의 가격은 고작 1센트였다. 이 낮은 가격으로 인한 손실을 발행인들은 많은 부수를 유통함으로써 그리고 광고비를 통해서 만회하고자 했다. 당시 뉴욕에서 판매되는 대부분의 신문은 6센트 정도였다.

사실 ≪뉴욕 헤럴드(*New York Herald*)≫ 설립자인 제임스 고든 베넷(James Gordon Bennet)이 새로운 형태의 저널리즘에선 선두자였다.

윌 어윈(Will Irwin)이 말하길 "제임스 고든 베넷이 우리가 아는 형태의 뉴스를 발명했어" 현대 언론에 많은 기여를 했던 다른 언론인들과 마찬가지로 베넷은 기존 언론에 대해 환멸감을 느꼈다. 그러한 이유로 아마도 무자비하고 냉소적인 사람이었는지도 모르겠다. 그가 그의 새로운 언론사에 대한 연설 시에 "나는 원칙이라고 불리는 것들을 모두 버렸다". 그가 말한 원칙은 아마도 기존 편집 방식이었을 것이다. 그의 인사말은 동시에 고별의 말이기도 했다. 그의 발언 목적은 새로운 인론이 과거 인론의 목적과 열망에 작별인사를 고하는 것이었다. 이후로 편집자들은 뉴스 수집가가 되었고 신문은 뉴스거리를 찾고 인쇄하고 발행하는 것에 미래를 집중하게 되었다.

무엇이 뉴스인가? 거기엔 많은 대답들이 있었다. 내 생각은 찰스 다나(Charls A. Dna)가 말한 "뉴스는 사람들로 하여금 말할 수 있게 만드는 그 어떠한 것들이다."란 정의가 맞다고 본다. 이 정의는 새로운 저널리즘의 목적을 잘 표현하고 있다. 새로운 저널리즘의 목적은 사람들을 말하고 생각하게 만드는 것이라면 어떤 것이든 발행하는 것이다. 대부분의 사람은 대화가 시작하고 나서야 생각을 하게 된다. 생각은 결국 내면의 대화인 셈이다.

같은 정의의 다음 버전은 다음과 같다. "뉴스는 독자들로 하여금 '어머나 놀랐어'를 말하게끔 만드는 그 어떤 것." 이 정의는 허스트(Hearst-윌리엄 랜돌프: 미국 신문경영자) 신문 창간을 도왔던 아서 맥 이웬(Arthur McEwen)의 것이다.

이것은 동시에 가장 최신이며 가장 성공적이었던 언론의 형태인 황색언론의 정의와 같다. 모든 성공적인 언론들이 황색언론은 아니었지만 황색언론은 확실히 성공적이었다. 황색언론이 아니었던 좋은 예는 ≪뉴욕 타임즈(*New York Times*)≫가 있는데 사실 당시엔 발행조차 되지 않았다. 결국 황색언론이 곧 성공한 언론이었다는 말이다.

[내용]

저자는 이 섹션 4의 마지막 4번째 문단의 처음을 유용한 기념비적인 용어들을 우리들에게 상기시켜 주며 시작했다. 이를 테면 '정당언론', '독립언론', 그리고 '황색언론'과 같이 사회적인 시대상이 반영된 단어들과 같은 것들이다. 그리고 보통 이러한 것들은 용어가 생겨나고 잠시 동안만 쓰여진다.

독립언론의 발생을 설명하기 위해 또 다른 용어를 소개했다. '새로운 언론'(Bromley and O'Malley, 1997: 2 참조)의 용어들이 그것이다.

1920년대 중반 발행된 두 개의 언론을 '새로운 언론'의 선구자로서 소개했다. 작가가 그 둘을 '오늘날 형태의 신문'의 선구자 격으로 언급했다.

선구자 격인 두 가지 언론 중에 하나가 ≪뉴욕 헤럴드(*New York Herald*)≫로 이름은 있으나 날짜가 기록되지 않았다. 반면에 다른 한 언론은 날짜는 1883년으로 기록되어 있으나 이름이 기록되지 않았다. 두 언론 모두 대중의 지지를 얻기 위한 목표를 갖고 생산되었다는 공통점이 있지만, 그 둘은 각각의 다른 이유로 중요한 이유를 갖는다.

첫 번째는 구매가격을 경쟁사에 비해 확 낮춤으로써 기존의 기준을 깨버렸다. 발행부수의 증가와 광고수입의 증가가 낮은 가격으로 인한 손실을 충당한다는 가정을 갖고 가격을 낮춘 것이다.

두 번째는 기존 편집정책을 거부하고 뉴스를 모으고 출력하고 인쇄하고 발행하는 것을 선호하였기 때문이다.

작가는 두 문단에서 '뉴스'에 대한 정의를 내리려고 시도함으로써 이번 섹션을 끝마쳤다. 독자들로부터 '어머나'라는 반응을 일으키는 뉴스의 특별한 무언가에 대한 언급은 미국 상황에 대한 많은 고려를 보여 주었다. 그리고 정의에 대한 본질 또한 미국 독자들이 원하는 게 무엇이었는가에 대한 힌트를 주었다.

[구조]

뉴스에 대한 정의 시도가 다소 뒤 늦은 것처럼 보인다.

이것이 좀 더 빨리 나왔어야 했나 아니면 세부항목 마다 간단히 언급시켜 주어야 했나?

[문제]

세 가지 포인트가 연관되어 있다.

첫째는 글쓴이가 확실성에 대해 실수를 범한 곳이 글 곳곳에서 보인다. 예를 들면 '아마도'가 몇 번이나 쓰였고, 그는 또한 뉴스에 관한 토론을 소개하는 과정에서 '내 생각에는 찰스 A. 다나가 말했던 것 같은데…'를 사용하기도 했다. 이게 글에서 허용된다고 생각하는가?

두 번째는 작가가 윌 어윈의 출간물을 참조로 설명하는 데 있어 실패했다. 아무리 '단 하나의 적절한 설명'이라고 여겨질지라도 말이다. 이건 독자를 위한 설명은 아니다.

세 번째는 베넷(Bennet)의 신문 소유권에 관한 접근의 작가 요약—그의 인사말은 곧 고별의 말이었다—은 거의 시적이며 확실히 적절했다. 그런데 이걸로 당신은 무엇을 이해하였는가?

5. 황색 저널리즘(The Yellow Press)

월터 리프만(Walter Lippmann)이 발견했던 것처럼 두 가지 종류의 신문독자가 있다. "스스로 삶의 재미를 찾아가는 사람들"과 "삶이 지루하다고 느끼며 좀 더 스릴 있는 삶을 살고자 하는 사람들"이다. 그에 상응하는 두 가지 종류의 신문이 있다. 먼저, 자신이 살아가는 현실 이야기를 읽는 것에 흥미를 느끼는 독자에게 맞춰 편집된 신문, 그리고 자신의 지루한 일상에서 벗어나고자 하는 독자—그들은 정신분석학자들이 말하는 '현실과 동떨어진(a flight from reality)' 이야깃거리에 큰 흥미를 느낀다—에게 맞춰진 신문이다.

지방 신문들, 이를테면 결혼식, 장례식, 지방 소규모 모임들, 굴로 된 저녁만찬, 그리고 기타 모든 작은 마을의 짜잘한 소식들을 보도하는 뉴스는 첫 번째 타입에 해당된다.

대도시 언론들, 예를 들자면 단조로운 도시 속의 이야기에서 낭만적이고 그림 같은 이야기, 부도덕함과 범죄에 관한 극적인 설명, 그리고 거의 신화와 가까운 상류사회 유명인의 행동에 지속적인 흥미 등을 찾아 보도하는 뉴스는 후자에 해당된다.

19세기 마지막 25년 정도 이전까지, 즉 대략 1880년대까지는 대도시 신문 등을 비롯한 대부분의 신문들은 죽음의 관한 공지나 결혼에 대한 알림 등을 가장 좋은 뉴스로 여기고 그 기준에 맞춰 기사를 작성했었다.

그때까진 신문이 개인 가정 안으로까지 침투하지 못했다. 당시 신문을 지지하고 구독했던 사람들은 대부분 아파트 대신 개인 주택에 살았다. 전화기는 아직 대중적으로 상용화되지 않고, 자동차 역시 대중화되지 않았으며, 도시는 여전히 마치 현재의 외국인 사회와도 같은 작은 이웃들 모음의 한 조각정도에 불과했다. 당시 도시 거주 인들은 여전히 작은 도시의 지방 특색 같은 무언가를 유지하고 있었다.

하지만 거대한 변화가 임박했었다. 독립적인 언론은 이미 기존의 언론들을 궁지로 몰아놓았다. 거기엔 공중과 광고주가 지지하던 것 이상의 신문이 있었다. 그 당시 그러한 상황에서 신문사의 한 남자가 뉴스 속에 문학적인 요소를 가미해 발행부수를 크게 늘릴 수 있다는 것을 알게 되었다. 찰스 다나(Charles A. Dana)는 이미 이 방법을 『Sun』 발행 당시 사용했고 여전히 다나의 어린 부하의 기발한 글을 캐비어처럼 귀하고 즐겨하는 사람들은 많이 있었다.

[구조]

앞선 섹션들과 다르게 파크(Park)는 마지막 섹션을 인용과 함께 시작하였고, 그가 전달하고자
하는 키 아이디어나 이슈들에 대한 어떤 참조문도 넣지 않았다. 글의 마지막 부분에선 우리가
예상했던 결말이나 요약을 찾을 수 없었다. 오히려 마지막 부분은 설교나 훈계 같았다.

[내용]

또 다시 우리는 작가가 1920년대 중반 미국신문사에 관한 역사 해석에 관한 글을 쓰고
있다는 것을 우리 스스로 상기해야만 했다. 우리는 다른 관점에 대해 생각해 볼 기회가 없었고
글쓴이 역시 다른 사람들이 어떻게 다르게 생각할지에 관한 문제를 보여 주지 않았다. 그런
다른 생각을 보길 기대했던 독자들의 기대를 저버렸다.

우리는 또한 글쓴이가 제시한 언론의 변화가 깔끔하게 경계지어지지 않았다는 것을 인지해야
한다. 예를 들자면 이 전 섹션에서 제시되었고 이곳에 분류되었던 '황색언론'이란 개념은
이미 독립언론 시절 때부터 생겨났던 개념이다.

황색언론을 집중적으로 조명하기 전에 작가는 그의 글 쓴 목적에 부합하기 위해 두 종류의
신문과 두 종류의 독자가 있다고 말하였다. 어떻게 후자가 마을이 아닌 신문으로 묘사되었는
지 또한 전자가 대도시(도시가 아닌) 신문으로 묘사되었는지를 보여 준다.

두 종류의 신문에 대한 설명이 끝난 후에—앞선 글에서 정확히 구분한 우리에겐 그다지
놀랄 만한 일은 아니었다—작가는 19세기 후반 수십 년간의 포괄적인 사회적 경제적 상황같
이 유용한 것을 상기시켜 준다.

이 글은 특별히 유용한 부분이 있다. 전화가 보편적으로 사용되지 않았고, 20세기 초반에
알려진 라디오가 알려지기 전 시대에 신문이 소통매체로서 중요한 역할을 했다는 점을 강조하
였기 때문이다.

신문 독자 유치경쟁이 만연하였던 당시 방법은 더 큰 시장을 찾아 발행부수를 늘리는 것이었
다. 파크가 찾은 좀 더 발전적인 방법은 찰스 다나를 따르는 것이었다. 그의 방법은 뉴스
속에 문학적 요소를 넣어 발행부수를 높이는 것이었다.

[문체]

말할 가치가 있는 부분이 둘 있다. 첫째는 그가 소개하고 다루고자 했던 내용들을 정반대의
대상을 이용해 제시했단 점이다. 이 전 섹션에서는 식자층과 교양 없는 층, 평범한 사람과
지식인, 그리고 뉴스와 꾸며낸 이야기 등으로 나타냈듯이 말이다. 이 예시처럼 글쓴이는
두 가지 종류의 독자와 신문을 이야기했다.

글쓰기 시에 이런 방법을 사용한다면 장·단점이 무엇이 있을까?

우리가 다시 한 번 느끼다시피 파크는 리프만(Lippmann)의 인용구와 다나에 대해 인용된
세부적인 정보들을 완전히 제시하지 못했다.

Reading 14

황색언론은 향유하는 문학이라곤 고작 가족 스토리가 담긴 이야기나 값싼 소설쯤 되는 공중들을 사로잡기 위해 성장해 왔다. 문제는 뉴스 작성 시에 근본적인 열정을 자극하도록 작성되었다. 공식은 이러하다. 여자를 위한 사랑과 로맨스, 남자를 위한 스포츠와 정치.

이러한 공식 적용의 효과는 신문의 발행부수를 늘리는 데 상당한 효과를 가져왔다. 단순히 큰 도시뿐만이 아니라 나라 전체에까지 해당되는 수준으로 말이다. 퓰리처(Joseph Pulitzer)와 허스트(William Randolph Hearst) 이 두 사람의 리더십으로부터 이러한 변화들이 일어났다.

퓰리처가 St. Louis Post Dispatch에서 기자로 있던 당시, 대중적인 조직들을 싸우게 하는 방법을 알아냈다. 단순히 그들을 사설란에 지지하는 기사를 써서 이루어지는 것이 아니고, 그들을 칼럼에 홍보함으로써 일어난다는 것을 알게 되었다. 이런 점을 이용 퓰리처는 ≪머크래킹(*Muckraking*)≫(센세이셔널한 폭로기사, 폭로 저널리즘의 별칭)이란 새로운 저널리즘을 발명했다. 퓰리처에 의해 생겨난 이 형태의 저널리즘은 그가 들어갔을 당시 무기력하게 죽어가던 낡은 ≪뉴욕 월드(*New York World*)≫를 6년 만에 뉴욕에서 가장 많이 언급되는 언론으로 만들었다(판매부수가 가장 높지는 않을지라도).

한편, 샌프란시스코에선 허스트가 죽어가는 낡은 언론사 이그제미너(Examiner)에게 새 생명을 불어넣어 태평양 연안에서 가장 널리 읽히는 신문으로 만들었다. '감성적인 기사만 쓰는 여기자'가 유행하던 것도 허스트 지휘하던 때였다.

아래는 어윈(William Irwin)이 1911년 2월 18일 콜리어(Collier's)에서 말했던 한 여자의 이야기다.

챔벌레인(Chamberlin, Examiner의 편집장)은 도시 병원이 안 좋게 운영된다고 마음속으로 생각하고 있었다. 그는 신참 기자 중에 가냘픈 여자 한 명을 뽑아 조사하도록 지시했다. 뽑힌 그녀는 자신의 방법으로 일을 시도했다. 그녀는 거리에서 '거짓으로 아픈 척'을 해서 치료받기 위해 병원으로 실려 갔다. 그리고 그녀는 "매 줄마다 불행하며 눈물을 일으켜내는" 이야기를 적어서 발행했다. 이것은 〈Annie Lauri〉(스코틀랜드의 민요로 티 없이 아름답고 고왔던 소녀를 그리워하며 부른 노래)나 Winifred Black 그리고 기존 신문 기사 작성을 벗어나고자 하는 전문적이고 발전된 형태의 시작이었다.

그 후 그녀를 모방한 많은 사람이 나타났지만 그녀만큼 연민의 본능적인 감정과 동정을 잘 조화시키지는 못했다. 그녀는 혼자서 '눈물을 만들어내는 단체(sob- sister)' 역할을 했다. 진정으로 동정을 일으키는 '여성의 글'의 발견이었다. 허스트는 어려움을 이겨내고 그가 바라던 것을 얻을 수 있었다.

샌프란시스코 이그제미너(San Francisco Examiner)사에서 그가 얻은 경험과 그의 아버지로부터 상속받은 거대한 부로 허스트는 1896년 뉴욕으로 진출한다. 그가 뉴욕에 도착해서 당시 미국에서 가장 널리 읽히던 《뉴욕 저널(*New York Journal*)》을 창간했다. 그때는 황색언론이 한계에 다다른 시점이었다.

퓰리처의 황색언론에 대한 주된 기여는 머크래킹이었고 허스트는 기본적으로 "Jazz (활기)"였다.

당시 창간하는 신문사는 퓰리처의 이론에 따라 움직이고 있었다. 하지만 허스트는 이런 개념을 거부했다. 솔직히 말하자면 그의 자극은 지성이 아닌 감성으로 통하는 것이었다. 그 신문은 그에게 처음이자 마지막격인 엔터테인먼트 형식이었다.

[내용]

Note

황색언론의 목표는 많은 독자층을 유치하는 것이다. 그리고 주요 타깃 층은 앞선 섹션에서 제시되었다. 신문의 '개인 주택으로 침투'가 아직은 잘 이루어지지 않던 것을 글쓴이가 관찰하였을 때.

가장 큰 문제는 독자로 하여금 어떻게 처음 주의를 끌고 유지하느냐 하는 것이었다. 글쓴이가 제시하고 미국 신문산업의 발생에 큰 영향을 끼친 퓰리처와 허스트에 의해 효과적으로 시행되었던 공식은 놀랄 만한 게 없었다.

글쓴이가 지금 섹션 후반부에 이야기를 발전시켜 나갈 때 신문사 운영자 혹은 편집장이 아닌 글쓴이로서의 역할을 여자가 하기 시작했다는 것이 중요한 포인트였다. 여성 작가들이 신문의 구매층으로 그 전에 신문을 읽지 않았던 여자들을 끌어오는 데 큰 역할을 했고 광고주에겐 이른바 '미끼' 역할을 함으로써 많은 일을 했다는 것을 글쓴이가 잘 보여 주었다.

그 다음으로 글쓴이는 세 가지 핵심 전략에 대해 설명했다. 그 전략은 퓰리처와 허스트가 각각 서부와 동부의 도시에서 그들 신문의 발행부수를 높이기 위해 사용했던 것이다. 위의 제시된 공식들로는 세 가지 핵심 전략이 오늘날 독자들에겐 생소할 수 있다. 또한 그 전략들은 어떤 측면에선 새로운 기술의 발전에 도움 받고 있다고 볼 수도 있다.

저자가 말한 세 가지 전략은 우선 '머크래킹'—저널리스트(Hughes, 1969: 164 참고)로 저자가 당시 사용했던 용어—'sob-sister(감성적인 기사만 쓰는 여기자)'—다양한 목적으로 사용되었던 방법으로 한 가지 예시는 조사 저널리즘이 있다—그리고 세 번째 전략은 'jazz up'인데

이는 '엔터테인먼트 형태'를 띤 신문을 지칭한다.

[문맥]

어윈(Irwin)에 의해 1911년 쓰여지고 이 글에 인용된 '뉴스 작성의 시작'이란 저널리스트의 단어가 특히나 인상적이었다.

영국에서 1920년대 그랬던 것처럼(예를 들면 Clark, 1997 참조) 미국에서 허스트가 기여한 여성 기자 채용 생각이 대단한 돌파구로 보였다.

[문체]

어윈의 인용구에서 보여지듯, 왜 이런 문구들에 왜 따옴표가 붙었을까. '거짓으로 아픈 척', 앤 로레이(Annie Laurie), '여성적 글' 글쓴이가 대화체를 쓸 때도 현재 글의 중간에 있는 것—"매 줄마다 불행하며 눈물을 일으켜내는"—처럼 따옴표를 쓴다면 이것들이 헷갈리지 않을까?

만일 헷갈린다면 이러한 혼동을 피하는 다른 방법으로는 무엇이 있을까?

바야흐로 때는 황색언론이 백화점에서 대중들의 주의를 끌며, 신문읽기가 그들에게 습관화되도록 영역을 넓혀가느라 바쁜 시기였다. 그 대중들 속에는 여성과 이민자들도 포함되어 있었다—그 전까지 그들은 신문을 읽지 않았다—.

어떤 의미에서는 그 백화점들이 일요일 신문을 만들었다고 볼 수 있다.

일요신문에 백화점 광고가 없었더라면 일정부분 아마 오늘날처럼 백화점이 유행하지 못했을 것이다. 여기서 중요한 것은 여성이 일요신문을 읽었다는 것이고 여기서 중요한 연관성은 여상이 일요신문을 읽기 시작하였고 그 후 여성들의 일상이 되었다는 것이다. 여성들은 백화점의 주 고객층이었기 때문이다.

일요신문은 최초로 완벽히 성공한 옐로우 저널리즘의 형태였다. 모릴 고다드(Morrill Goddard)와 아서 브리스베인(Arthur Brisbane)은 이 성공의 주인공이었다. 고다드의 야망은 신문을 읽지 않는 사람들에게도 신문을 파는 것이었다. 그는 신문에 삽화를 넣는 것에 관심이 있었다. 처음에는 흑백 그리고 나중에는 컬러로. ≪선데이 월드(*Sunday World*)≫는 최초로 세로로 된 일곱 칸짜리 칼럼을 넣었다. 그리고 코믹섹션 뒷부분의 신문내용을 지루하게 생각하며 읽기를 꺼려하는 사람들의 흥미를 끄는 다른 모든 장치들이 있었다.

일요신문의 성공 이후 이 방식은 매일 신문에도 적용되었다. 브리스베인의 'Heart-to-Heart Editorials'—절반 페이지 도표와 글의 이해를 돕기 위한 삽화를 첨부해 작성된 명망 있는 진부한 이야기들과 도덕적인 이야기 칼럼—은 황색 저널리즘의 최종 형태였다.

허버트 스펜서(Herbert Spencer)의 핵심인 글쓰기의 예술은 바로 주목의 경제성만큼 완벽히 현실적인 격언은 없는 듯하다.

Note

[내용]

여자와 이민자들이 황색언론에서 목표로 삼았던 대중들의 중요한 부분이란 것이 선명하게 그려진다. 파크(Park)에 의해 확실해졌는데 그는 여러 종류의 연결 관계—편하게 일상적으로 제시된—를 보여 줬다. 백화점 산업의 상승, 구매자로서 여성의 중요한 역할 그리고 황색언론의 시험대격인 일요 신문의 미세조정과의 상관관계들을 통해서였다.

늘 그러하듯 파크는 신문산업 관행에서의 예시를 들어가며 그의 일련의 생각들을 제시했다. 이번 경우에는 황색언론의 선구자와 혁신가로 여겨지는 두 사람 모릴 고다드와 아서 브리스베인을 사용했다. 그들의 역할은 신문을 지루하게 생각하며 읽기를 꺼리는 독자들의 마음을 되돌려 놓는 것이었다.

위에서 언급한 잠재적 독자에 관한 특징 묘사의 사용은 그들이 어떤 콘텐츠를 사용해야 그들의 관심을 끌 수 있는지를 알려준다.

모릴 고다드는 사진을 통한 컬러의 도입, 새로운 칼럼 포맷, 그리고 코믹 섹션 등으로 공로로 인정받았다. 반면에 아서 브리스베인은 'Heart to Heart Editorials'의 개발과 소개로 기여를 인정받았다.

이것은 작가로 하여금 허버트 스펜서의 '글쓰기의 예술은 바로 주목의 경제성'이란 격언 사용을 가능케 했다. 이러한 일요 신문과 언론의 새로운 접근의 함유와 정제에 뒤이어 그들은 매일 언론의 기준으로 작용했다.

[문맥]

작가로 인해 우리에게 좀 더 익숙해진 황색언론, 하나의 형태로 혹은 또 동시대 언론에서 다른 형태로 여전히 나오는, 하지만 여전히 우리들에게 한 세기 전 최초의 독자층을 상상하는 것은 참 어렵다.

또한 작가가 직접 겪지 않은 상황이나 문제들을 이 섹션에선 너무 성급하게 그리고 영향력 있는 형태를 갖고 신문산업으로 옮긴 것이 아닌가 싶다. 특히 이런 것들엔 여성들이 독자와 구매자로서 갖는 중요성이 있다.

광고와 발행부수를 늘려 수입을 얻는 능력은 여전히 건강한 수익 창출과 특정 집단의 고객이나 광고업자나 광고가 신문의 형태와 콘텐츠에 영향을 미치는 잠재성을 타깃으로 특정미디어의 이용—당시엔 신문이었겠지만—하는 건 당시의 일만은 아니다.

[문체]

우리는 다시 한 번 글쓴이가 독자에 대한 배려가 없다는 것을 느낄 수 있었다. 우리가 모릴 고다드, 아서 브리스베인 혹은 허버트 스펜서의 세부 정보를 이 글 어디서 얻을 수 있겠는가?

월터 리프만(Walter Lippman)은 공중 의견에 관한 그 당시 논문에서 어떤 사회학자도 그동안 뉴스 수집에 관한 책을 쓴 적이 없다는 것에 주목했다. 이것은 그에게 꽤나 생소했다. 그의 생각은 우리가 많은 것을 기대하지만 얻는 것은 기대에 훨씬 못 미치는 언론과 같은 기관이 연구 대상으로 흥미가 없을 리가 없다는 점이 없다는 것이었다.

생물학자가 감자 벌레를 연구했던 것처럼, 우리가 신문을 연구한 적이 없는 것은 사실이다. 그것은 모든 다른 정치기관에도 해당된다. 그리고 태미 홀(Tammy Hall: 19세기부터 20세기 초반까지 뉴욕에서 강력한 권력을 행사했던 정치조직)이나 시의원회가 정치기관인 것과 마찬가지로 신문 역시 정치기관이다. 우리는 우리들의 정치적 기관들에 대해 넋두리를 늘어놓아 왔다. 때때로는 우리는 확실한 마법 같이 실행 가능한 입법 장치를 찾아왔다. 그리고 그들이 갖고 있는 악마 같은 정신을 쫓아내길 바라왔다. 전반적으로 우리는 그들을 신성시하게 근본적인 비판을 신성모독인 것처럼 다뤄왔다. 만약 무엇인가 일이 잘못되었다면 그건 기관의 문제가 아닌 우리가 뽑은 잘못된 일을 한 사람의 인간성에 관한 문제로 봤다.

그렇다면 현재 신문에 존재하는 상황에 대한 해결 방안이 있을까? 해결 방법은 없다. 인간적인 입장에서 말하자면, 현재의 신문사들은 그들이 할 수 있는 한 최대로 잘 해내고 있다. 만일 신문이 향상되어야만 한다면 정치적인 정보와 지성을 대중과 기관에 교육함으로써 이루어질 것이다. 리프만이 말했다시피 "현재 기록되는 사회적 현상들은 그 수가 너무 적고, 기록 장치는 너무 투박하다. 그리고 개념이 종종 모호하고 비판적이지 않다". 우리는 반드시 우리들의 기록 방법을 향상시켜야 하고 그 것은 매우 심각한 문제다. 하지만 무엇보다도 우리는 정치적이고 사회적인 삶을 객관적으로 바라보는 법을 배워야 하고 전체를 도덕적인 것으로 간주하는 생각도 그만 두어야 한다. 그런 상황에선 우리는 적은 뉴스를 갖고도 더 좋은 신문을 갖을 수 있을 것이다.

평범한 신문에서 일상적인 삶의 사건이 센세이션을 일으키는 원인은 우리가 인간의 삶에 대해 거의 아는 것이 없고 그러한 것을 읽었을 때 해석할 능력이 부족하기 때문이다. 확실하게 말하자면 우리가 사건을 보고 놀라지 않는다면 그건 이해하지 못한 것이다.

[문맥]

이 글 마지막 네 문단에선 황색언론에 관한 더 이상의 심화 내용은 없었다. 또한 위의 글에서 중요 이슈나 포인트에 관한 요약도 없었다. 대신에 저자는 생각해 볼 문제 두 가지를 주었는데 첫째는 언론에 관해 좀 더 심층적인 공부를 할 필요성과 두 번째는 어떻게 언론의 결점이 경감되었는가이다.

첫 번째 글쓴이는 다시 한 번 월터 리프만의 연구를 빌려 말했다. '흥미롭지 않은 연구'가 아닌 언론에 대한 연구가 이루어지지 않은 점을 놀람과 실망 이 두 가지 감정을 동시에 표현하면서 말이다.

그러나 그것을 통해 작가는 언론을 정치적인 **기관**으로 발전시키길 기대한다. 어떤 기관의 연구라도 단순히 개인적인 것에 초점을 맞추는 것이 아니라 그것이 형성되고 작용하는 더 넓은 사회·경제·정치적 맥락을 고려해야 한다는 것을 암시하면서 말이다.

두 번째 문제는 언론의 감지할 수 있는 한계를 개선하기 위한 방법을 사용하지 말자고 작가가 제시했다. 반면에 사회의 다른 분야들에서 변화가 온다면 신문이 개선될 것이라고 보았다.

필수적인 요소 세 가지가 제시 되었는데 첫째가 대중에 대한 교육, 두 번째가 정보의 수집·분석·저장, 그리고 대중들에게 정보를 퍼트리는 방법을 좀 더 형식화하는 방법에 대한 소개, 마지막 세 번째로 정치적 사회적인 삶에서 좀 더 상황을 객관적으로—도덕적인 것보다—보는 방향으로 옮겨가는 것이다.

파크(Park)가 제시하고자 했던 것은 바꿀 수만 있다면 사람들이 '실제 세상'에 대한 더 나은 이해를 하며 자극적인 신문에 현혹이 덜 되도록 하는 것이다. 작가가 '흥미롭지 않은 연구'를 말할 때, 첫로 어떤 의미였겠는가? 또한 황색언론을 통해 당신은 무엇을 이해하였으며, 왜 특별한 색(황색)이 용어에 들어가 있는가?

[구조]

위에 제시된 대로, 우린 아마 이 글 말미에 결론이나 요약이 제시되길 바랐다. 독자로서 이 글이 도움이 되었나?

[문체]

두 가지 포인트가 있다. 첫 째로 왜 **기관이** 이탤릭체로 표기되었는가? 두 번째로 월터 리프만에 관해 제시되지 않은 세부사항에 대해 적어 보아라.

읽기 자료 살펴보기

이동 가능하고 다기능의 커뮤니케이션 기계들을 사용하는 21세기 도시인들에게 20세기 극 초반에 쓰여지고 발행된 신문을 접할 때 통찰력과 영향을 갖기는 힘들 것이다. 또한 우리는 『도시(*The City*)』, 이 내용이 쓰여진 책은 '그 당시 사회학에서 가장 유명한 교과서'로 여겨졌다는 점을 주목할 필요가 있다(Schramm, 1996: 125). 이것이 예상된 독자에 관해 우리에게 무엇인가를 알려줄 수도 있겠지만, 해가 거듭할수록 실제 독자층은 사회학적인 규칙을 넘어서는 많은 것들을 지니고 있다.

우리가 찾은 대로, '신문의 자연사'는 상대적으로 전문용어가 적고, 깔끔히 정리되었고, 뉴스 산업의 일화나 예시 등을 아울러 설명했다. 그리고 신문의 역사를 넓은 경제적, 사회적, 정치적 그리고 문화적 맥락을 갖고 분명하게 서술했다.

이 글에서 파크(Park)가 이야기하는 신문의 역사는 뉴스의 변형된 여러 가지 형태로 구성되었다. 이러한 변화 중에 하나가 '황색언론'의 출현인데 그 것은 파크의 혁신적인 기여였다. 영국에서 황색언론에 딱 맞는 정확한 시기는 없었지만, 우리는 파크의 언어를 통해 우리가 갖고 있었던 비슷한 형태의 저널리즘을 생각해 볼 수 있다. 우리는 동시대에 타블로이드 언론을 생각해 볼 수 있다.

우리의 대부분 다른 서적과 달리, 파크는 월터 리프만이란 한 명의 다른 글쓴이에 대해 저술했다. 이는 '흥미 없는' 1920년대 뉴스산업에서의 글의 결핍을 보여 준다. 그러나 항상 인용구에 대한 자세한 설명은 없었지만, 파크는 다양한 산업 자료와 시사 해설가등이 사용했던 단어들과 생각들에 의지했다. 아마 글을 읽으면서 당신은 파크가 쓰는 정보들이 독자들의 지식보다 훨씬 뛰어나다고 느꼈을 것이다.

허스트나 퓰리처 같은 신문사 소유자들도 1920년대 미국 밖에서는 알려져 있었지만, 글쓴이가 언급한 대부분의 편집자나 신문들은 미국 신문 산업에서 그리 친숙하지는 않다.

그러나 저널리스트로서 글쓴이의 이러한 지식 배경이었고, 신문 산업을 보는 '귀중한 장치와 도구들'을 학문으로 가져오는 그의 능력이었다. 이런 것들은 그가 선생님, 연구원 그리고 집필가로의 성공을 가져오는 핵심 이유이기도 했다(Schramm, 1996: 124~125).

파크는 저널리즘 연구 분야의 '아버지격'으로 몇몇 정보의 원천이 되는 사람 중에 하나로 여겨진다. 1916년에는 뉴스를 '커뮤니케이션의 위대한 매개체'로 또한 '대중의 의견을 떠받치는 정보제공 역할'에 근거하여 정의하였다(Briggs and Burke, 2002: 205 인용). 그는 또한 '매스커뮤니케이션 학문의 첫 학생'으로 묘사(Dennis and Wartella, 1996: 189)되기도 했으며, 그의 연구는 커뮤니케이션 역할을 하는 미디어를 '경쟁과 충돌'의 '활동적인 공간'으로 제시하였는데 그것 때문에 '커뮤니케이션 효과'보다 '문화적 갈등'으로 관심이 옮겨지게 되었다(Carey, 1996: 37).

이와 비슷하게 윌리엄스(Williams, 2003: 35)은 파크와 그의 시카고학파 동료들은 커뮤니케이션 연구의 패러다임을 바꿨다고 했다. 기존의 만연한 개인이 만들어낸 문화적 맥락 이해를 목표로 한 자극-반응 모델을 미디어에 응용하여 사용하였다.

또한 20세기 초반 시카고학파에서 제시된 질문과 동시대에 제기된 물음들 사이에 갖는 유사점이 있다고 알려져 있다. 시카고학파의 연구자들은 시카고에서 빠르게 성장하는 도시 내 광범위한 집단들에 적용되는 커뮤니케이션 이슈들의 영향에 대해 집중하였다. 반면에 케리(Carey, 1996: 35)는 '국제적인 정치, 상업 그리고 문화구조'같이 우리가 공통의 질문을 할 수 있는 것에 대해 집중했다. 오늘날 사회 붕괴와 2차 세계대전 이후 발생한 새로운 커뮤니케이션 형태와는 무슨 관계가 있을까?

사회학에서의 시카고학파는 '미디어와 그들의 사회적, 문화적, 정치적 의미에 관심 있는' 사람들에겐 일종의 성지로 여겨져 왔다(Katz et al., 2003: 105). 그래서인지 시카고학파 사람들과 훗날 콜롬비아, 프랑크프루트 그리고 토론토학파의 연구자들이 실시했던 미디어와 커뮤니케이션에 관한 자료들 사이에 연관성이 있는 건 그리 놀랍지 않다(Robinson, 1996: 160. 다른 장들을 통해 각각 사상의 학파를 보라.)

주요 용어

제4부 신문계(fourth estate); 언론의 자유(liberty of the press);
폭로, 머크래킹(muckraking); 언론의 권력(power of the press); 여론(public opinion);
신문 구독층(reading public); 사회적 진실(social truth); 핵심 편집자(the kept editor)

주요 학자

John Milton; Walter Lippmann

 권장도서

Dennis, E. E. and Wartella, E.(eds.)(1996), *American Communication Research: The remembered history*, NJ: Lawrence Erlbaum.

제임스 커리의 시카고학파를 포함한 미디어와 커뮤니케이션 연구의 비평가, 역사학자, 그리고 연구자들에 의해 구성된 장들은 사상가들의 학파를 총 정리하고 있다.

Harvey, L.(1987), *Myths of the chicago school of sociology*, Aldershot: Avebury.

시카고학파의 다른 차원의 구성을 검증하는 것으로, 시대연대 표기와 시카고학파의 업적과 그 연구자들은 내용들을 세밀하게 기술하고 있다.

Katz, E., Peter, J. D., Liebes, T. and Orloff, A.(eds.)(2003), *Canonic Text in Media Research*, Cambridge: Polity.

로텐블러, 카츠, 다이엔, 그리고 헨델맨(Rothenbuhler, Katz, Dayan and Handelman)의 시카고학파에 대한 비평적 반영과 주요 다섯 명의 시카고학파 사상가들을 정리하고 있다.

6장

월터 리프만

Lippmann, W.(1965), "News, truth and a conclusion(뉴스, 진실과 결론)", in *Public Opinion*(여론),

　　New York: Free Press.

 월터 리프만에 대한 소개

월터 리프만(Walter Lippmann, 1889~1974)은 높이 평가 받는 저널리스트이자 존경 받는 사상가이기도 했다. 또한, 1922년 처음 출시 당시에는 논란이 되었지만, 나중엔 대중들의 요구로 다시 출판되기도 했던 가장 유명한 그의 저서 『여론(*Public Opinion*)』으로 널리 알려진 저자이다. 그 책은 논란의 한 가운데 있었던 이유는 그것이 '일반적인 개개인들이 사실들을 판단함에 있어서 합리적인 결정을 할 수 있다고 주장하는 정치 이론'에서 벗어나 있기 때문이었다(Wartella 1996: 174). 리프만은 일반적인 개개인들이 전지전능하다고 가정되는 것에 대해 매우 회의적이었다. 그리고 여론에 대해서 일반적으로 받아들여지는 언론의 역할 또한 무시했다('4장 자유주의 언론 이론' 참조).

　개인들의 실패에 대해 리프만은 다음과 같이 주장했다. "대부분 우리는 처음에 보고나서 정의를 내리는 것이 아니라, 먼저 정의를 내린 후에 본다."(Lippmann, 1965: 55) 언론의 한계에 있어서 리프만은 "만약 여론이 옳은 것이라면, 여론은 언론에 의해서가 아니라 언론을 위해 반드시 조직되어야 한다"고 믿었다(Lippmann, 1965: 19). 리프만이 어떻게 그리고 왜 이러한 생각들을 발전 시켰는지, 왜 그것들이 출판되었는지, 그리고 왜 그의 작품들이 여전히 자주 인용되는지를 이해하기 위해서는, 그의 배경과 직업, 너무 간단한 것 같지만, 그가 그의 저작활동의 대부분을 보낸 곳과 글을 썼던 시대를 반드시 고려할 필요가 있다.

뉴욕에서 태어나고, 하버드에서 철학과 언어학을 공부하며 ≪하버드 먼스리(*Harvard Monthly*)≫를 편집했던 리프만은 1914년에 ≪뉴 리퍼블릭(*The New Republic*)≫의 창립에디터 중 한 명이 되었다. 또한 나중에 1차 세계대전 동안(1914~18) 미대통령 우드로우 윌슨(Woodrow Wilson)의 직원으로 일하게 된다. 그는 기자로서의 기술들과 경험, 그리고 그의 초기 출판물인 『정치학 서설(*A Preface to Politics*)』(1913)와 『표류와 극복(*Drift and Mastery*)』(1914)의 도움으로 이러한 관직을 얻게 된다. 그의 저서 중 후자의 책 제목은 1차 세계대전이 막 시작되려고 했을 당시에 널리 팽배해 있던 분위기를 반영한 것이다(Carey, 1996: 28).

1917년, 대통령 우드로우 윌슨(Woodrow Wilson)의 고문으로서 리프만은 '14개조평화원칙(Fourteen Points)'의 평화협정문을 작성하는 데에 중요한 역할을 하게 된다. 또한 파리 근처에서 개최되어, 마침내 베르사유 강화조약이 체결되었던 평화회의에도 참석했다. 리프만의 평화협상에서의 직접적인 경험과 협상 과정 및 성과들에 대한 보도 기준 평가를 통해, 무엇이 여론을 형성하고 어떻게 그것이 그러한 것으로 인지되는지에 대해 우려를 갖게 되었다. 리프만의 고민은 베르사유에서의 회담에 대한 그 자신만의 성찰에서 분명히 드러난다.

형편없이 제한된 교육은 회담에 참여한 공직자들에게 공직자들로 하여금 패기 없고 즐겁기만 한 생활 방식을 훈련받도록 하고, 그들 앞에 놓여진 낯선 세계를 보거나 혹은 이해하는 것을 못하게 했다. 그들 모두는 파멸로 사라져버릴 것처럼 보이는 모든 삶이 그들에게 의미하는 것을 알았고 이를 보살폈다. 공황상태에 빠진 그들은 기자가 되는 것을 그만두었고, 집에서 가십과 광기에 찬 말들로 장관들을 공격하기 시작했다. 그와 같은 요구는 파리로 몰려들었고 모든 정책의 바람이 혼란에 빠져들었다. 모든 저녁식사 회의, 로비활동, 특별한 인터뷰, 부하 대표들, 전문 고문관들이 관심과 흥밋거리로 만들어진 루머의 초점대상이었다. 호텔들은 세상 모든 사람들의 그룹을 대표하는, 혹은 대표하는 척 가장하거나 대표하길 바라는 대표단들로 질식했다. 허황되고 널리 만연해 있는 대혼란에 고군분투하던 신문사 기자들은 그들의 독자들의 뉴스에 대한 욕구와 협상이 왜곡의 사이클론으로 빠지지 않도록 결정하는 사람들의 열망 사이에서 압박을 받았다(Steel, 1980; Carey 1996: 28~29에서 재인용).

파리에서의 리프만의 경험은 세상에 '제공된 여론(informed public opinion)'과 같은 것은 없다는 것과 표류를 저지하고 지배를 얻는 것—1914년 그의 초기 저서의 핵심—이 공중 또는 언론에 의지함으로써 성취될 수 없는 것임을 확인시켜 주었다(Carey, 1966:

29). 이러한 폭로는 그런 문제들에 대해 그가 느낀 강한 감정들과 더불어 리프만의 저서 『여론(*Public Opinion*)』을 가장 유명하게 만드는 촉매제로서 작용했다.

여론은 "아마도 여론이라는 주제에 대해서 가장 유명한 책"이라고 묘사되어 왔다 (Briggs and Burke, 2002: 205). 더욱이 피터슨(Peterson, 1996: 90)은 그 책은 "여전히 새로운 통찰력을 가지고 있다"고 말하며, "커뮤니케이션을 공부하는 누구든 반드시 읽어야 하는 책"이라고 주장한다. 이처럼 카터(Carter, 1996: 148) 또한 그 책은 "출판되었을 때와 마찬가지로, 오늘날도 의식을 고양시킬 수 있는 고전"이라고 생각한다.

『여론』이라고 제목이 붙여졌지만, 캐리(Carey, 1989: 75)는 그것은 본질적으로 매스미디어와 특별히 그 당시에는 언론이었던, 뉴스 미디어에 관한 책이라고 주장한다. 그러므로 캐리는 리프만의 여론을 '미국 미디어 학문의 창시'로 보는데, 이는 주로 매스미디어 학문에 대한 철학적·분석적 접근의 첫 시도였기 때문으로 여겨진다.

항상 그렇듯, 아이디어의 연속성과 혈통을 기록하고 시도하는 것은 유용하다. 리프만에게 영향을 준 중요한 한 책은 그레이엄 월러스(Graham Wallas, 1921)의 초기 저서였다. 그 책은 프로파간다와 퍼블리시티가 사람들을 조종하는 데 사용되는 정도에 집중했다(Carey 1996: 8; Williams 2003: 30). 월러스와 리프만(Wallas & Lippmann, 1965: 260)은 새로운 의문들에 영감을 주었다. 그것은 '우리의 의견에 영향을 미치는 보이지 않는 환경에 대해 조사할' 필요성을 포함했다. 그래서 정부와 다른 이들에 의해 점점 더 사용되는 선전을 인식한 리프만(Lippmann, 1965: 158)은 두 가지 강력한 발상을 만들어낸다. 즉, '동의의 창조(creation of consent)'와 오늘날까지도 효능을 발휘하며 통용되어 더 많이 알려진 '동의조작, 여론조작(manufacture of consent)'이다.

적어도 이 부분에서는 허만과 촘스키의 업적 덕분이다. 그들은 1988년에 처음 출판한 논쟁적인 텍스트 『여론조작-매스미디어의 정치경제학(*Manufacturing Consent: The political economy of the mass media*)』('15장 정치경제학' 참조)에서 리프만의 아이디어를 '빌렸다'. 그들의 재출판본 서문에서, 허먼과 촘스키(Herman & Chomsky, 1994: xi)는 리프만의 저서를 인용하였다. 반면 그들은 리프만의 분석과 결론을 심각한 결점이 있음을 분명히 해둔다. 우리는 이 장의 마지막 부분에서 바로 이 점을 다룬다.

학계 영역에서 널리 알려지고 존경 받는 리프만은 마찬가지로 저널리스트로서도 잘 알려져 있다. 심지어 그는 미국의 신전(pantheon)의 위대한 저널리스트로 여겨진다 (Briggs and Burke, 2002: 205). 그는 1921년에 ≪뉴욕 월드(*New York World*)≫의 직원으로 일하고, 1931년에는 ≪뉴욕 헤럴드 트리뷴(*New York Herald-Tribune*)≫에서 일을 시작한다. 그곳에서 그는 장기간 팔린 칼럼인 「오늘과 내일(Today and tomorrow)」을 집필했고, 이는 결국 1962년 ≪워싱턴 포스트(*Washington Post*)≫로 넘어간다. 이 칼럼은 250개의 신문사에서 팔렸고, 미국 밖의 일들에 관해서도 다루었다. 이 칼럼들은 결국 리프만이 매우 존경 받고 중요한 정치 칼럼니스트로 인정받게 하고 그가 두 개의 퓰리처상을 타는 데 기여한다(Briggs and Burke, 2003: 205; Dennis and Wartella, 1996: 187).

리프만은 또한 다음과 같은 많은 저서들을 출판했다. 『공중의 유령(*The Phantom Public*)』(1925), 『도덕에 대한 서문(*A Preface to Morals*)』(1929), 『좋은 사회(*The Good Society*)』(1937), 『미국 외교 정책: 공화국의 방패(*U.S. Foreign Policy: Shield of the Republic*)』(1943), 『냉전(*The Cold War*)』(1947), 『대중 철학 에세이(*Essays in the Public Philosophy*)』(1955).

비록 그가 '냉전'이라는 용어를 만든 것은 아니지만, 그 용어가 누구에게나 통용되도록 기여한 것으로 알려져 있다. 이 맥락에서, 냉전은 무력 전쟁과 구별되는데, 전자는 경제적·정치적·체제 전복적인 활동들에 의지하는 반면, 후자는 무력의 능동적인 사용을 포함하기 때문이다(Bullock and Stallybrass, 1977: 110). 이 장에서 선택된 참고 자료들은 리프만이 1965년에 재출판한 『여론(*Public Opinion*)』에서 나온 것이다.

 ## 읽기 자료 소개

리프만의 『여론(*Public Opinion*)』은 총 28장 8개의 부분으로 구성되어 있다. 이 책이 본질적으로 매스미디어에 관한 책이라면, 오직 한 부분만이 명백하게 뉴스미디어에 집중되어 있다. 이 책이 써지고 출판된 무렵에 라디오가 아직 발달 초창기에 있었던 것을 고려하면, 리프만이 이 특별한 장에 대한 관심은 오직 언론에만 집중되어 있다고 볼 수 있다. 이 장에서 사용된 Reading은 이 책의 '신문(Newspapers)'이라는 제목이 붙여진 부분에서 가져온 것이다.

여론이라는 주제에 관한 리프만의 선택의 근거와 그가 내용을 정리한 방식은 제1장에서 설명된다. 이는 이 책의 1부를 구성한다. 놀라움을 연상시키는 제목, '외부 세계와 우리들 머릿속의 상'이 리프만의 기본 전제를 암시했다.

책 여론은 세계 제1차 대전이 발생하기 바로 전인 1914년에, 영국인, 독일인, 프랑스인들이 거주했던 어느 외딴 섬 공동체를 언급함으로써 시작한다. 그들은 오로지 가끔씩 방문하는 우편선이 가져온 소식만 의지하며 살았다. 1914년 9월 우편선이 도착했을 때, 그 섬의 거주자들은 그들이 함께 일하며 친구와 이웃으로서 지냈던 동안에, 사실은 전쟁이 일어난 지 이미 6개월의 시간이 지났다는 것을 알게 된다. 이때 리프만은 그들이 전쟁 중이라는 사실을 알기 전 그 시간은 주 단위의 문제가 아니라 일 혹은 시간단위의 문제라는 것을 인식하면서 유럽본토로 관심을 돌린다. 이것이 다음과 같은 관찰의 결과를 가져왔다.

유럽 사람들이 평소대로 일하며 지내고 있던 모습이 그들의 삶이 갑자기 혼란스러워지고 있었던 유럽의 실제 모습과 어떤 면에서도 일치하지 않는 순간이 있었다. 각 사람들이 더 이상 존재하지 않은 환경에 여전히 적응하고 있던 시간이 있었다. 전 세계적으로 1914년 7월 25일에 사람들은 그들이 운반할 물건들을 만들고 있었고, 그들이 수입할 수 없는 상품들을 구입하고 있었으며, 직업 계획이 진행 중이었고, 기업들은 심사숙고 하고, 희망과 기대들 이 즐거움을 주고 있었다. 알려진 세상이… 사람들은 그 세상을 묘사해 주는 책들을 쓰고 있었다. 그들은 그들의 머릿속에 있는 그림을 믿었다. 그러고 4년이 지난 후에, 어느 목요일 아침에 휴전 소식이 들려왔다. 사람들은 대학살의 전쟁이 끝났다고 했다. 말로는 표현할 수 없는 안도감을 터뜨렸다. 그러나 진짜 휴전이 오기 5일 전에, 전쟁의 끝에 기뻐하며 축제를 벌였음에도 불구하고, 몇 천 명의 젊은이들이 싸움터에서 죽었다(Lippmann, 1965: 3~4).

리프만은 세 가지 핵심을 짚어내기 위해 예시를 사용했다. 첫째, 우리가 과거의 어떤 사건들을 되돌아보면, '어떻게 우리가 사는 곳임에도 불구하고 간접적으로 그 환경에 대해 알고 있다는 것이' 곧 명백해진다. 둘째, '우리가 진짜 모습이 무엇일 거라고 믿는 간에, 우리는 그것을 그저 환경 그 자체인 것처럼 여긴다.' 셋째, 우리의 '뒤늦은 깨달음'이 오늘날 우리로 하여금 옛날에는 다른 사람들이 '세상의 터무니없는 모습에 어떻게 진지했는지' 되돌아보게 하는 동안, 우리는 아마도 우리의 현재 믿음과 행동들이 비슷한 오해에 기반하고 있는지 없는지에 대해 별로 생각해 보지 않을 것이다. 즉, 우리는 세계가 실제로 어떠한지 보다 우리가 상상하는 세계에 따라서 살고 있는 것인가?

그러고 나서 리프만은 사람들과 사건, 이슈들이 세상에 표현되는 방식의 다른 예들을 생각하며 강조한다. 이는 그로 하여금 그의 여론에 대한 연구가 다음과 같은 가정에 기반 하는 것을 인정하게 한다. 즉, "각 사람이 행하는 것은 직접적이고 분명한 지식에 토대한 것이 아니라, 그 자신이 만들어 내거나 그에게 주어진 모습들에 기반한 것이다."(Lippmann, 1965: 16) 그리고 리프만은 공공문제와 공중여론을 구별한다.

공공문제는 '바깥세상에서의 다른 인간들의 행동과 관련이 있는 특징들'로 여겨진다. '그런 행동들이 우리를 거스르거나, 우리에게 의존하거나, 우리에게 흥미로운 한' 공중여론이란 '이런 사람들의 머릿속에 있는 그림들, 그들 자신에 대한 그림들, 다른 이들에 대한 그림들, 그들의 욕구, 목적, 관계에 대한 그림들'을 뜻한다. 여론은 조직에 의해, 혹은 조직이라는 이름하에 행동하는 개개인들에 따라 작용하는 그림들이다.

글의 도입부를 따라가 보면, 그 책이 상기시키는 것은 '사람들의 머릿속에 있는 그림들이 왜 그토록 자주, 그들이 바깥 세계를 잘못 이해하도록 이끄는지'를 강조하고 탐구하는 데 집중하고 있다(Lippmann, 1965: 18). 리프만은 이 첫 장의 다섯 부분을 책 여론의 '기술적인 영역'으로 묘사하고 있다(Lippmann, 1965: 19). 반면, 나머지 세 부분 '민주주의 이미지', '신문', 그리고 '조직된 지능'은 리프만이 '여론의 전통적인 민주주의적 이론'을 분석하려는 의도로 쓰고 있다. 이에 대한 강독, '뉴스, 진실과 결과'는 신문에 대한 연구 부분을 결론짓는다.

본질적으로 강독에서 리프만이 의도한 것은 그의 시대에 지배적이던 이론적 사상에 대해 의문을 제기한 것뿐만 아니라, 주요 사회변화에 대한 욕구를 권고하고 언론의 역할에 대한 대안적 관점을 제시한 것이다.

월터 리프만(Walter Lippmann)

뉴스, 진실과 결론

우리가 언론에 대해 정확한 연구를 하면 할수록, 많은 것들이 우리가 주장하는 전제에 의존한다. 만약 우리가 업튼 싱클레어(Upton Sinclair)와 그의 반대자들과 더불어 뉴스와 진실은 동어반복이라고 가정한다면, 우리는, 나는 어디에도 도달할 수 없을 것이다. 우리는 이 시점에서 신문이 거짓말을 했다는 사실을 증명할 것이다. 우리는 이 부분에서 싱클레어의 말이 거짓말이었다고 증명할 것이다. 우리는 싱클레어가 누군가 거짓말을 했다고 말할 때 그 역시 거짓말했다는 것과 싱클레어가 거짓말을 했다고 말하는 사람도 거짓말했다는 것을 입증할 것이다. 우리는 화를 내는 대신, 우리의 검정을 표현할 것이다.

Note

[문맥]

여기서 다음과 같은 두 가지 사항이 강조된다. 첫째, 월터 리프만(Walter Lippmann)이 우리에게 상기시켰듯이 1921년 이 장이 처음으로 써졌을 당시엔 언론에 대한 연구들이 매우 적다. 따라서 리프만에게 가능했던 자료들의 숫자와 범위는 현재 존재하는 풍부한 자료들에 비하면 최소한의 수준이었을 것이다. 또한 그는 오늘날 사용 가능한 정교한 기술적 수단 없이도 자료들에 접근하고 찾아내야만 했다. 둘째, 리프만은 이 책이 출판되기 전후로 저널리스트로서 일했다. 이러한 그의 직업 배경에 대한 지식이 과연 당신이 이 독해자료에 접근하는 방식과 그의 주장을 평가하고 판단하는 방식에 영향을 미칠까?

[문체]

글의 도입부에서 리프만이 규칙적으로 '우리'라는 단어를 사용하는 것과 그의 매우 단도직입적인 접근에 주목하라. 저자는 명백히 주제에 대해 어떤 관점을 갖고 이를 공유하려는 것이다. 당신은 마지막 문장에서 리프만의 저널리스트로서의 배경뿐 아니라 아마도 당시 시대상도 보여 주는 단어와 어구들이 어느 정도 성서적 느낌을 자아낸다고 느낄지도 모른다. 그가 왜 제3자의 입장에서 글을 쓰기보다는 '우리'라는 단어를 사용했다고 보는가? 이것이 독자인 당신에게 어떤 영향이라도 미치는가? 당신은 글을 쓸 때 왜, 또는 언제 '우리'라는 말을 사용하는가? 이런 후자의 질문을 고려해 보면서 당신이 글을 쓸 때의 다른 상황과 당신이 글을 쓰고자 하는 다른 독자들에 대해 생각할 필요가 있다.

[내용]

이 독해에서의 제목과 첫 단락의 내용에서 분명하게 드러나듯, 리프만의 관심은 뉴스와 진실의 관계에 있다. 그가 전제와 증거를 참고한 것은 의문점과 문제해결에 대해 과학적으로 접근한 것을 암시한다. 그가 왜 싱클레어를 인용하는지에 대한 부가적 설명과 확인 없이 그를 언급할 때, 독자에겐 싱클레어가 이 읽기 자료에서 나온 책의 초기 단계를 특징지었다는 것을 분명히 느낄 것이다. 실제, 싱클레어는 미국의 저널리즘에 대해 글을 썼고, '더 브라스 체크(The Brass Check)'라는 용어를 만들어냈다. 다음의 인용구에서 싱클레어는 저널리스트들과 신문 산업을 겨냥하여 그의 관심의 핵심을 강조한다.

> ≪더 브라스 체크(*The Brass Check*)≫는 당신의 매 주의 봉급봉투에서 발견된다—우리의 신문과 잡지를 배포하고 쓰고 인쇄하는 당신. ≪더 브라스 체크≫는 당신의 수치심의 가격이다—. 진실의 공정한 부분을 갖고 이를 시장에 팔며, 순수한 인류의 바람들을 대기업의 혐오스런 사창가에 팔아넘기는 당신.
>
> (Sinclair, 1920: 436)

이전의 주석에서 리프만은—아마도 그 자신의 정치적 설득을 암시하는—업톤·싱클레어가 '사회주의자들의 신문'에 대해 정직한 평가를 내리지 않는 경향이 있다고 말한다. 그것은 그에 의해 인용되었던 어떤 신문이 진보주의자들에겐 불공평했던 것처럼, 고용주들에게도 악의적으로 불공정한 것이었다.

나에게 가장 생산적인 것으로 보이는 가설은, 뉴스와 진실은 같은 것이 아니며 반드시 분명하게 구별되어져야 한다는 것이다. 뉴스의 기능은 사건을 두드러지게 하는 것이고, 진실의 역할은 숨겨진 사실에 빛을 비추어 그것들이 각각 다른 것들과 관계를 맺어 사람들이 행할 수 있는 현실의 그림을 그려내는 것이다. 오직 사회적 상황들이 인지될 수 있고 측정 가능한 형태로 구체화될 때만, 진실의 전모와 뉴스의 전모가 일치한다. 이는 인간의 관심사 전 영역 중 비교적 작은 부분에 해당한다. 이 영역에서, 오직 여기서만, 뉴스의 시험대는 편파적인 판단 이상으로 왜곡 또는 억압을 밝히기 충분할 만큼 정확하다. 신문에서 갖고 있는 유일한 정보가 믿을 만해 보이지 않는 출처로부터 레닌(Lenin)이 죽었다는 보도일 때, 레닌이 죽었다고 여섯 번이나 주장하는 것에는 어떠한 변호도, 정상참작도, 변명도 있을 수 없다. 이런 예시에서, 뉴스는 '죽은 레닌'이 아니고 "헬싱포스(Helsingfors)가 레닌은 죽었다고 말한다"이다. 그러면 신문은 뉴스의 출처가 믿을 만하다는 것보다도 레닌을 죽게 만들지 못한 것에 대해 책임을 지라는 요구를 받을 수 있다. 즉, 신문의 편집자가 가장 책임져야 할 부분이 있다면, 그것은 출처의 신뢰성에 대한 판단이다. 그러나 예를 들면, 러시아 사람들이 원하는 것에 대한 이야기를 다루는 것에 있어서, 그런 시험은 존재하지도 않는다.

[구조][1]

Note

여기서 다음과 같은 두 가지 사항이 핵심이다. 첫째, 독해자료를 설정하는 것은 두 번째 단락의 첫 문장과 첫 번째 시작 단락이다. 이 시점에서 리프만은 그의 분석의 목적과 영역을 나타내면서 당신의 주목을 잡고 싶어 한다. 둘째, 이 단락에서 어떻게 그가 그의 주장을 강조하고 만들어가는지에 주목하라. 첫 번째로 그가 선호하는 가설이 나타난다. 이는 뉴스와 진실이라는 두 개념의 역할에 대한 간략한 설명 다음에 이어진다. 그 다음 단계는 어떤 특정한 조건들이 '진실과 뉴스의 전모가 일치하도록' 관련 있을 필요가 있다고 제시한다.

리프만은 뉴스와 진실에 대해 자신이 주장하는 핵심을 설명하고 입증하기 위해 러시아와 관련된 예시를 들며 단락을 마무리한다. 비록 그가 이 주제에 관련해 자신이 이전에 활동한

---

1) 저자가 자유와 뉴스에 대하여 저술하였을 때, 이를 정확히 구분하여 기술하기에 충분한 이해가 없었다(When I wrote Liberty and the News, I did not understand this distinction clearly enough to state it). p. 89ff 참조.

것들을 참고하진 않지만, 그는 공동 저자와 함께(Lippmann & Merz, 1920) ≪뉴욕 타임즈 (*New York Times*)≫에서 러시아 혁명에 관한 보도를 분석한 내용의 결과에 대해 출판한 적이 있다(Williams, 2003: 30~31 참조). 이 분석은 3년 동안 1,000개 이상의 기사들을 조사한 것을 포함하는데, 보도는 기껏해야 '오도'였다고 결론지었다(Williams, 2003: 31에서 인용됨).

[문맥]

여기서 두 가지 핵심은 이 읽기 자료가 쓰이고 출판된 시대에 있다. 첫째, 리프만의 러시아와 관련한 뉴스의 사용은 글을 쓸 당시엔 관련 있었겠지만, 오늘날의 많은 독자들에게는 거의 중요하지 않을 수 있다. 여기서 핵심은 바로 예시들과 사례 연구들을 포함하는 것이 굉장히 이로울 수 있지만, 이런 자료들을 선택하는 것이 시대에 뒤떨어져서, 그 결과 독자들에게 전혀 도움이 되지 않거나 심지어 오도의 문제를 낳는 것은 아닌지 고려해 볼 가치가 있다. 둘째, 이 책의 출판 이전이나 이후 신문 언론에 대한 개괄을 보려면, 스튜어트와 앨런(Stuart & Allen, 1999)이 쓴 『뉴스보도에서 객관성의 등장(*The Rise of "Objective" Newspaper Reporting*)』 을 보아라. 뉴스와 어론과 관련된 핵심 이슈들에 대한 현대적 개요를 살피기 위해선, 자문관 맥퀘일(McQuail, 2005)의 'News, Public opinion and political communication'장을 보아라.

[내용]

리프만이 이전에 『자유와 뉴스(*Liberty and the News*)』에서 작업했던 것의 한계를 어떻게 반영했는지를 주목하라. 이는 그가 지금은 뉴스와 진실을 다르게 이해한다는 것을 뜻한다. 우리는 하나의 '진실'의 존재 여부에 대해 의문을 가질지 모르지만, 리프만의 요점은 두 개념이 다른 기능을 한다는 것이다. 당신은 이런 차이를 얼마나 유용한 것으로 여기는가? 리프만은 무엇이 뉴스를 구성하고 그렇지 못한지를 결정하는 'tests'가 있을 수 있지만, 무엇이 **진실**을 구성하는가에 관해 같은 정도의 정확성은 있을 수 없다고 주장한다. 본질적으로 바로 이 시점에서 리프만은 저널리즘과 저널리스트들에게서 결점으로 여겨지는 것을 보여 주기 시작한다. 그리고 이때 다음에 오는 단락에서 그의 분석은 더 치밀하다. 결국 아직 구체적으로 언급되진 않았지만, 지금까지의 논의에서 '여론'에 대해 어떤 통찰들이 제시되었 는가?

Reading 3

내 견해로는, 이러한 정확한 검증의 부재는 다른 설명이 그러하지 못하듯 직업의 특성을 설명하지 못한다. 뛰어난 능력 또는 훈련을 요구하지 않는 정확한 지식은 매우 적다. 나머지는 저널리스트들의 분별력에 달려 있다. 일단 존 스미스(John Smith)가 카운티 클러크의 사무실(County Clerk's Office)에서 파산했다고 기록된 곳에서 시작하면 모든 고정된 기준들은 사라진다. 그가 왜 실패했는지, 그의 인간적 약점, 그가 실패하게 된 경제적 상태 등은 수백여 가지의 다른 방법으로 이야기 될 수 있다. 약학, 공학 그리고 법학에도 있는 규율이 심리학에는 적용되는 게 없다. 이런 규율은 저널리스트가 뉴스에서 진실의 모호한 영역에 닿을 때 저널리스트의 정신을 지시할 수 있는 권위를 갖는다. 저널리스트의 정신을 감독할 수 있는 규범은 없다. 또한 독자들 또는 출판하는 사람의 판단을 강제할 수 있는 규범도 없다. 어떤 진실에 대한 저널리스트의 이야기는 오직 그 사람만의 것이다. 어떻게 그는 자신이 보는 대로 진실을 입증할 수 있는가? 그는 증명할 수 없다. 싱클레어 루이스(Sinclair Lewis)가 Main Street에 관한 모든 진실을 자신이 말했다는 것을 증명하지 못한 것처럼. 저널리스트는 자신의 약점을 더 이해할수록, 객관적인 검증이 없는 곳에서는 자신의 의견이 자기의 부호와 관심에 따라 고정관념으로 만들어진다는 것을 인정하게 된다. 그는 자신이 주관적인 렌즈를 통해 세상을 바라보고 있음을 안다. 쉘리(Shelley)가 말했듯이, 저널리스트는 자신이 영구적인 하얀 빛을 더럽히는 많은 색채의 유리로 된 돔이란 것을 부정하지 않을 수 없다.

[문맥]

Note

여기서는 세 가지 핵심 사항이 강조된다. 첫째, 당신은 이미 위의 내용의 성별적 특징에 주목했을 것이다. 이것이 1920년대에 써진 것을 감안하면 이는 그리 놀랄 일이 아니다. 결과적으로 모든 저널리스트들과 다른 직업군의 일원들은 남성이라고 가정된다.

둘째, 이 독해의 많은 경우에서 리프만은 '기관' 또는 '기관들'을 참고한다. 시간을 갖고 그것이 나타난 각각의 경우에 그가 의미한 바를 생각해 보아라. 예를 들면 블록과 스탈리-브라스(Bullock & Stally-brass, 1977: 313)는 사회학적인 글들을 활용하여 '기관들의 네 가지 주요 복합체'들을 제안한다. 이는 정치·경제·문화적, 그리고 친족연대이다.

셋째, 싱클레어 루이스는 바로 여기서 Main Street와 관련해 언급된다. 즉, 그가 Main Street에서 커뮤니케이션의 상징과 고정관념의 사용을 고려했다는 것이다(Lippmann, 1965: 108).

리프만은 고정관념화의 현대적 개념을 발전시킨 것으로 상당히 인정받고 있다(Williams, 2003: 129).

[내용]

여기서 저자는 저널리즘과 관련해 객관성과 주관성을 생각해 본다. 그는 저널리즘을 하나의 직업으로서 인정하지만, 그것의 분명한 실패를 지적하면서 의학·법·기계공학과 같은 다른 직업보다 더 낮은 지위를 부여하는 것으로 보인다. 그 이유는 후자의 직업들은 어떤 의문에 대해 규율이 있고, 또는 과학적인 접근이 가능한 지식 체계를 갖고 있기 때문으로 보인다. 반면 저자에 따르면, 저널리스트는 자기 마음대로 이용할 수 있는 제한된 정보만을 갖고 있으며, 이는 최소한의 훈련과 숙달이 필요한 정도이다.

따라서 저널리스트가 뉴스에서부터 모호한 진실의 영역으로 통과할 때, '저널리스트들의 정신을 지휘할 수 있는 권위'가 부족하다. 일단 저널리스트가 어떤 이야기의 '사실들'을 갖게 되면—여기서 예로 든 존 스미스(John Smith)의 파산—, 그들은 백 가지 다른 방식으로 그것을 해석할 수 있다. 왜냐하면 어떻게 이것이 끝날 수 있고 끝나야 하는지에 관해서 어디에도 '고정된 기준'이 없기 때문이다. 따라서 저널리스트에 의해 전개된 이야기는 어떤 사건에 대한 그의 견해 또는 진실이 될 것이고, 이는 '그만의 부호에 따른 고정관념과 관심'의 영향을 받을 것이다. 결과적으로 저자는 이처럼 주관성에 과도하게 의존하는 것이 저널리스트의 약점이라고 기술한다.

당신은 이러한 생각과 주장에 어떻게 반응하는가? 우리가 반드시 기억해야 할 점은, 오늘날 우리는 이런 생각들이 다소 구시대적이고 이런 주장들이 매우 잘 준비된 것이라고 알지 모르지만, 1920년대에는 중요성을 띠고 있었다는 것이다. 그러나 당신은 오늘날 저널리즘과 저널리스트들의 직업적 지위를 어떻게 평가할 것인가? 왜 이런 지위가 높고 혹은 낮은가? 오늘날은 저널리스트를 위해 더 높은 수준의 교육과정이 존재하는데, 그들은 그 훈련 과정에서 어떤 지식체계를 습득하는가? 당신은 '객관성'과 '주관성' 같은 용어들이 저널리즘과 관련해 사용될 때 무엇을 이해하는가?

[문체]

저자는 이 단락에서 최소 두 번 '규범(canons)'을 언급한다. 이 단어는 이와 같은 맥락에서 어떤 의미를 갖는가? 마지막 문장에서 저자는 쉘리의 말을 거론한다. 비록 세세한 모든 부분들을 인용하진 않지만. 왜 그는 쉘리를 인용하며, 이는 어느 정도 유용한가.

Reading 4

그리고 이 지식에 의해서 그의 확신은 누그러진다. 그는 모든 종류의 도덕적 용기(정도를 지키려는 정신적 용기)를 가지고 있을 것이고 때때로 가졌었지만, 그는 결정적으로 자연 과학을 신학적 통제로부터 자유롭게 했던 기술에 대한 확신이 부족하다. 반박할 수 없는 확실한 방법의 점진적인 발전이 물리학자들에게 세상의 모든 권력에 대항하는 그의 연구의 자유를 주었다. 그의 증거들은 매우 명확했으며, 그의 증거는 전통보다 훨씬 우수해서 그는 마침내 모든 통제로부터 벗어났다. 그러나 저널리스트는 그의 양심이나 사실에 그것을 유지하기가 힘들다. 그가 고용주와 독자들의 의견에 의해 영향을 받은 통제는 고정관념에 의한 진실의 통제가 아니라, 명백히 진실한 또 다른 의견에 의한 의견의 통제이다. 조합이 미국의 기관들을 해칠 것이라는 게리 판사(Judge Gary)의 주장과 조합이 인권의 매체라는 고메퍼(Mr. Gomepers')의 주장 사이에, 대체로 선택은 믿으려는 의지에 의해 좌우된다.

Note

[내용]

저널리즘과 과학의 비교는 계속된다. 여기서 저자는 자연과학에 의해 발달되고 반박할 수 없는 경험적인 방법을 강조한다. 이것은 물리학자가 독립적인 지식 기반을 계발하는 것을 가능하게 해 주고 그들만의 전문적 자율성을 만들어가는 것을 가능하게 해 준다. 그리고 그렇게 할 때 이전의 지배적인 교회로부터 독립적으로 될 수 있었다. 저자는 물리학자들이 이용할 수 있는 겉으로는 논쟁의 여지가 없는 증거와 방법의 특성을 저널리스트들의 특성과 대조시킨다. 저널리스트들은 풍부한 '도덕적 용기(정도를 지키려는 정신적 용기)'를 갖추었지만, 그들의 연구와 조사는 과학적으로 보았을 때 '진실'이라기보다는 '의견'으로 간주된다. '진실'에 대한 선택이 있는 이 단락의 끝에서 저자가 사례를 통해 분명히 하듯이, 무엇을 믿을지에 대한 결정은 독자에게 놓여 있다.

이와 같은 주장이 오늘날에는 어떻게 보이는가? 반박될 수 있는가? 그럴 수 있다면, 어떻게 반박될 수 있는가?

이러한 논쟁들을 극복하고, 그것들이 뉴스로서 보도될 수 있는 하나의 요점으로 줄이는 작업은 기자가 할 수 있는 작업이 아니다. 저널리스트들이 사람들에게 그들의 의견이 근거를 두는 진실의 불확실한 특성을 자각시키는 것은 가능하고 필수적이며, 비판과 선동으로 사회과학이 사회적 사실에 대한 더 사용 가능한 형식을 만들도록 촉구하고, 정치인이 더 뚜렷한 기관들을 설립하기를 촉구한다. 다시 말해서, 언론은 보도할 만한 진실을 확대시키기 위해 싸울 수 있다. 그러나 사회적 진실이 순서대로 조직되듯이, 언론은 어떤 판을 여론에 대한 민주 이론이 요구하는 그 다음 지식의 판으로 제공하기 위해 순서대로 조직되지 않는다. 급진적 신문에서 보여 주는 뉴스의 자질로서, 이것은 ≪더 브라스 체크(*The Brass Check*)≫ 때문이 아니고, 언론은 지배세력이 매우 불충분하게 기록되는 사회를 다룬다는 사실 때문이다. 언론 스스로 그런 세력들을 기록할 수 있다는 이론은 틀렸다. 언론은 오직 기관들이 기록한 것만을 기록할 수 있다. 다른 모든 것들은 주장과 의견이며, 변화, 자의식, 그리고 인간의 용기에 따라 변한다.

[내용]

Note

저널리스트의 한계라고 생각하는 것을 입증하면서 리프만은 저널리즘에 대한 현실적이고 비현실적인 기대를 풀어내기 시작한다. 이것은 진실의 세 가지 '형태'를 언급하고 구별하는 것이고, 그리고 그는 특정 이론적 관점의 한계에 대한 관심을 이끌어낸다. 리프만에 따르면 저널리스트들이 할 수 있고 해야만 하는 것은 독자들이 '그들의 의견들이 근거를 두는 진실의 불확실한 특성'에 대해서 알게 하는 것이다. 이것은 '사회과학'과 '정치인'을 행동하도록 촉구하는 것을 요구한다. 그러나 '사회적 사실의 사용가능한 형식(usable formulations of social facts)'과 '더 명백한 기구(more visible institutions)'를 통해 그가 의미하는 것은 무엇인가?

리프만에 따르면 저널리스트와 저널리즘이 할 수 없는 것은 '여론의 민주 이론이 요구하는 많은 양의 지식'을 제공하는 것이다. 그가 이것으로 의미하는 것은 무엇인가? (이 책의 '16장 공론장' 참조.) 저자가 제시한 이론과 실행 사이의 명백한 차이의 이유는 언론이 자본주의자라서가 아니라, 단지 언론과 다른 사람들이 이용할 수 있는 사회의 '지배 세력'에 대한 공적인 영역에 있어서 이용할 수 있는 정보가 충분하지 않아서이다. 이러한 정보가 '보도할 만한 진실'이라는 타이틀을 받게 되고, 저자의 관점에서는, 그것의 건너편에는 오직 '주장과 의견'이 있을 뿐이다.

당신은 '보도할 만한 진실'의 생각에 대해 어떻게 반응하는가? 그리고 '사회적 진실'의 의미에 대해 무엇을 이해하는가? 이 두 가지 형태의 진실은 리프만이 그의 주장을 설명하기 위해서 만들어낸다. 이러한 개념화가 얼마나 유용한가? 리프만에 의해 강조된 이론과 실행의 차이를 고려해 보면, 이와 같은 사례 속에서 이론은 무슨 쓸모가 있는가? 공중에게 필요한 정보를 제공하기 위해 리프만이 언론 실패의 이유로 ≪더 브라스 체크(*The Brass Check*)≫를 어떻게 기각하는지 주목하라. 이에 대한 반대주장이 있는가?

Reading 6

만약 언론이 일반적으로 악하지도 않고 교묘히 속이지도 않으면, 싱클레어(Sinclair)가 우리가 믿게끔 만들었듯이, 그것은 민주 이론이 이제까지 인정한 것보다 훨씬 더 빈약한 것이다. 그것은 너무 빈약해서 국민 주권설의 전체적인 부담을 짊어질 수 없고, 민주주의자들이 바라는 천부적인 진실을 즉각적으로 제공할 수도 없다. 그리고 우리가 그것이 그러한 진실을 제공할 것이라고 기대할 때, 우리는 현혹되는 기준으로 판단한다. 우리는 뉴스의 제한된 본질인 사회의 무한한 복잡성을 잘못 생각한다. 우리는 우리자신의 인내력, 공공심, 그리고 전반적인 능력을 과대평가한다. 우리는 우리 자신만의 거짓 없는 분석으로 깨닫지 않은 흥미가 없는 진실에 대한 욕구를 추정한다.

Note

[구조]

당신이 알아차렸듯이 이 단락은 리프만이 글에서 지금까지 했던 주장을 요약한 것이다. 또한 그가 주장하는 '증거'에 근거하여 형성적인 결론을 담고 있다. 그렇게 함으로써 그것은 여론에 대한 다음단계로의 다리를 놓아줄 뿐만 아니라 독자에게도 휴식을 제공한다.

다섯 개의 문장들이 각각 어떻게 연결되어 있는지, 그리고 그것들이 단락의 전개에 있어서 어떻게 '확립되고' 있는지 주목하라. 첫 번째 문장 속에 있는 '빈약하다'이란 단어는 '진실'을 도입하기 위해서 두 번째 문장에서 설명되고 발전된다. 세 번째 문장은 '진실'이라는 이슈로 구성되고 '현혹'이라는 개념을 도입하는데, 이것은 차례차례 네다섯 번째 문장의 화제를 제공한다.

[문체]

두 가지 요점이 여기에 있다. 첫 번째는 리프만의 언어이다. '악한', '속이는', 그리고 '빈약한'과 같은 강하고 감정적인 단어들은 저자의 의미를 전달하고 그의 주장을 강화할 뿐만 아니라, 또한 그 문제들에 대한 그만의 몰두를 보여 준다. 두 번째 요점은 '우리'라는 단어의 반복적인 사용으로 두드러지는데, 이것은 독자의 마음을 다시 끌고, 우리 역시 그러한 논쟁에서에 있어서 역할과 이해관계를 가지고 있다는 것을 상기시켜 주기 위한 수단이다.

만약 신문이 전체 인류의 삶을 해석해야 할 책임을 지고 있고, 그래서 모든 성인들이 모든 논의할 여지가 있는 주제에 대해서 하나의 의견을 모을 수 있다면, 신문은 실패한 것이고, 실패하게 되어 있고, 우리가 상상하는 미래에서도 신문은 계속해서 실패할 것이다. 노동의 분화와 권력의 분배로 유지되는 세상이 전 국민의 하나같은 의견에 의해 지배될 수 있다고 생각하는 것은 불가능하다. 무의식적으로 이론은 이론상으로 완벽한 하나의 독자를 놓고, 언론에 대의정체, 산업조직론, 외교술이 달성하지 못한 것을 성취해야 하는 부담을 부과한다. 24시간 중 30분 동안 모든 사람들의 행동에 따르면서(Acting upon everybody for thirty minutes in twenty-four hours), 언론은 공공기관에서 늘려진 부분을 줄여 줄, 여론이라 불리는 신비한 힘을 만들기를 요구받는다. 언론은 종종 실수로 그것을 할 수 있는 체한다. 도덕적으로 큰 희생을 치르고, 여전히 본래의 전제에 묶인 채, 그 것은 민주주의가 신문이 보통은 그들 자신에게 제공하지 않는 정보의 기구(the machinery of information)를 정부의 모든 기관에, 모든 사회적 문제에 즉각적으로 공급할 수 있기를 기대하도록 장려했다. 그들 스스로에게 지식의 도구를 제공하지 못한 기구들은 하나의 '문제'가 되었는데, 이것은 언론을 읽는 전 인구가 해결할 것으로 여겨진다.

Note

[내용]

민주 이론의 한계에 대해 미리 말했듯이 리프만은 이번 단락에서 그의 걱정을 더욱 상세하게 구체화시킨다. 먼저 그는 그 이론에 대해 이해한 것을 요약하고, 왜 그것이 현실적이지도 않으며 성취할 수도 없는지 증명해나간다. 그는 세 가지 이유에 있어서 이론이 본질적으로 결함이 있다고 주장한다.

첫 번째, 세계는 '획일화된 의견에 의한 지배'를 받을 수 없기 때문이다.

두 번째, 언론은 '여론이라 불리는 신비한 힘'을 만들어냄으로써 '대의정치, 산업조직론, 외교술'의 실패를 보상할 지위가 아니다. 리프만이 주장하기를, 이것은 언론이 그들 스스로에게 부과한 부담이다. 이러한 문맥에서, '실패'는 기구가 이용 가능한 정보를 만들어 내지 못한 실패를 의미한다—저자가 '보도할 만한 진실'이라고 이전에 정의한다.

세 번째, 이론은 독자를 모든 것을 아는 전지전능한 존재로 만들어 버리는데, 리프만은 이미 이전 단락에서 이것이 왜 불가능하고 그럴 듯하지도 않은지 많은 이유를 밝혔었다. 당신이 민주 이론과 그것의 여론과의 관계에 대해서 이해한 것들과 비슷하기도 하고 다르기도 한 이런 주장들은 무엇들인가? 그리고 무엇이 실제로 여론을 구성하는가?

[문체]

리프만이 '만약에'라는 단어를 사용하면서 이번 단락과 이전 단락의 첫 문장을 어떻게 시작하는지 주목하라. 당신은 왜 그가 이렇게 했다고 생각하는가? 이러한 접근을 사용하는 것에 대해 찬성하는 이유와 반대하는 이유는 무엇인가?

저자에 의해 사용된 또 다른 기법 또한 이번 단락에서 뚜렷하게 드러난다. 즉, 주장을 강화하기 위한 핵심어의 반복이다—오히려 어떤 토론에 참여한 참가자처럼—. 이번 경우에는, '실패'라는 단어가 두 번째 문장에서 세 번이나 등장한다.

[문맥]

저자가 민주 이론을 논의할 때, 여론에 대한 그의 논의가 단지 어떤 특정한 국가나 지역이 아닌 세계라는 환경 속에서 어떻게 간주되는지 주목하라. 하버마스(Habermas, '16장 공론장' 참조)는 공론의 장은 한 국가정도의 범위와 비슷하다고 생각했는데, 나중에 그 생각을 전 세계적인 환경 속에서 고려하지 않았다고 비판받았다.

다시 말해서, 언론은 매일 매일 발의, 투표, 회수의 기능을 가진 더 넓은 범위를 책임지는 직접 민주주의 기관으로 여겨지기 시작한다는 것이다. 낮과 밤에 열리는 여론의 법정 (The Court of Public Opinion)은 항상 모든 것을 위한 법을 규정한다. 그것은 실행가능하지 않다. 그리고 당신이 뉴스의 특성을 고려해 보면, 그것은 심지어 생각할 가치도 없다. 우리가 봐왔듯이 뉴스는 사건이 기록되는 정확성에 틀림없이 균형을 이룬다. 사건이 지정되지 않고, 정확히 측정되지 않고, 형성되지 않고, 구체적이지 않다면, 그것은 뉴스의 특성을 가지지 못한 것이거나 사고와 관찰의 편견의 영향을 받은 것이다.

그러므로 현대 사회에 대한 뉴스의 특성은 그것의 사회조직을 표시하는 것이다. 기관이 좋으면 좋을수록, 관계된 모든 이해관계가 더 공식적으로 드러날 것이고, 이슈가 더 많이 나타나게 될 것이고, 객관적인 기준이 더 많이 도입될 것이고, 사건들이 더욱 완벽하게 뉴스로 제시될 것이다. 언론은 기관의 하인과 후견인으로 행동할 때가 가장 좋고, 소수가 그들의 목적을 위해 사회해체를 이용하는 수단일 때가 최악이다. 기구가 기능을 하지 못하는 경우에, 부도덕한 저널리스트는 혼란을 틈타 사리를 채우고 양심적인 저널리스는 불확실성에 모험을 해야만 한다.

[내용]

Note

여기서 리프만은 언론이 우리의 24시간을 좌우하고 결과적으로 '직접민주주의'가 가능한 여론의 법정으로 여겨지는 단계에 도달했다고 말한다. 그러나 이것은 언론의 주된 산물인 뉴스의 한계 때문에 실현될 수도 없고 있을 법하지도 않다. 여기서 우리는 초기의 리프만이 뉴스와 진실을 구별지었던 것을 기억할 필요가 있다. 주로 그는 "현대 사회에 대한 뉴스의 특성은 그것의 사회조직을 표시하는 것이다"라고 주장했다. 논리는 이렇다. 더 좋은 기관이 뉴스의 질을 향상시킨다는 것이다. 이 글의 여러 부분에서 리프만이 'p'와 'o'의 대문자와 소문자로 여론(public opinion)을 어떻게 표현했는지 주목하라. 왜 그가 이렇게 했는가? 어떤 방식으로 당신은 "기관이 좋으면 좋을수록, 관계된 모든 이해관계가 더 공식적으로 드러날 것이고, 이슈가 더 많이 나타나게 될 것이고, 객관적인 기준이 더 많이 도입될 것이고, 사건들이 더욱 완벽하게 뉴스로서 될 것이다"라는 다음 문장에 이의를 제기할 것인가. 여기서 '더 좋은'이란 말로 리프만은 무엇을 의미하는가? 리프만이 저널리즘은 '기관의 하인과 후견인'으로 행동할 때가 가장 좋다고 말했을 때, 이것의 의미는 무엇인가, 그리고 그가 여기서 언급하고 싶어 하는 기관은 어떤 기관인가?

[문제]

두 가지 요점이 여기에 있다. 첫 번째, 유추를 사용하는 것은 유용한 전략인데, 그렇다면 여기서 '여론의 법정'으로 언론에 대한 생각을 표현한 것은 얼마나 유익한가? 두 번째, 리프만이 두 번째 단락 끝에서 논쟁을 어떻게 대립시켰는지 주목하라. 그는 언론의 '최고'와 '최악'을 언급하고, '양심적'이고 '부도덕한' 저널리스트들을 언급한다. 오늘날에도 우리는 언론을 묘사하는 데 있어서 사용되는 이런 비슷한 언어를 볼 수 있을 텐데, 하나의 주장을 확립하고 분석의 과정에 있어서 이런 기술을 사용하는 것의 이익과 손해는 무엇인가?

언론은 정부기구의 대용품이 아니다. 그것은 어둠속에서 에피소드를 가지고와서 눈에 보이게 하는 쉼 없이 돌아다니는 탐조등의 빛줄기와 같다. 사람은 이 불빛만 가지고서는 세상의 모든 일을 할 수 없다. 그들은 에피소드, 사건, 돌발 사건으로 사회를 다스릴 수 없다. 그들이 그들만의 꾸준한 불빛으로 일을 할 때만이, 언론은 널리 인정받는 결정을 이끌어내는 명료한 환경을 드러낸다. 문제는 언론보다 더 깊이 놓여 있고, 해결책 또한 마찬가지이다. 그것은 분석과 기록 시스템에 근거한 사회조직에 있고, 그 원칙의 모든 결과 속에 있고, 전지전능한 시민의 이론을 버리는 데 있고, 결정의 분산에 있고, 비교할 만한 기록과 분석에 의해 동등해진 결정에 있다. 만약 경영의 중심에 일을 하는 사람과 감독하는 사람에게 업무를 명료하게 만드는 상시감사가 있으면, 문제가 발생했을 때, 문제는 단순히 장님들의 충돌이 아니다. 마찬가지로, 뉴스는 언론을 점검하는 지능시스템에 의해 언론에 드러난다.

Note

[내용]

다시 한 번 리프만은 정부기구들의 중요성을 상기시킨다. 그가 여기서 '기구'를 언급할 때, 무엇을 의미하는 것인가? 그 다음에 리프만은 주제에 관하여 문제점과 해결책이라고 생각하는 것을 구체화하기 시작한다. 그렇게 하기 위해 그는 여론의 이론으로 되돌아온다. "사람은 에피소드, 사건, 돌발 사건으로 세계 속의 모든 일을 할 수 없다"라고 주장하면서, 리프만은 우리에게 여론의 역할은 권력을 책임 있게 만드는 것이라고 상기시키는데, 이것이 가능하기 위해서는, 그는 상당한 변화가 일어나야 한다고 주장한다. 이러한 변화들은—글 속에 힌트가 있는—언론 자체를 넘어 더 넓은 사회로 향하게 된다.

저자에 의해서 제시된 해결책들이 정확히 무엇인지 알아보고 확실히 하라. 그리고 비록 매우 다양한 상황 속에 있지만, 오늘날 우리가 정치인이나 정책입안자들로부터 반드시 언론과는 관계가 없다하더라도, 비슷한 발언을 듣고 있는지 생각해 보라. 또한 제안된 해결책들을 실행하는 것은 마지막 문장에 제시된 '언론에 대한 점검'을 어떻게 가능하게 해 주는가?

[문맥]

언론과 여론 그리고 확인된 문제점들을 제거하기 위한 필수적인 해결책들을 분석하는 리프만의 접근법을 볼 때, 그것을 하버마스와 허만, 그리고 촘스키의 접근법과 대조해 보는 것이 도움이 될 것이다.

[문제]

이 단락의 첫 파트를 특징짓기 위해 저자가 사용한 뚜렷한 유추를 다시 한 번 주목하라. 그가 하고 있는 주장을 명확하게 하는 데 있어서 이것이 어느 정도 도움을 주는가? 마찬가지로 원활하지 못한 커뮤니케이션의 영향을 강조하기 위해 '장님들의 충돌'이라는 은유가 사용되었다. 유추와 은유를 사용하는 것은 집필의 목적과 예정된 독자에 항상 맞추어질 필요가 있지만, 우리가 여기서 보듯이 둘 다 강력한 효과를 얻기 위해 사용될 수 있다.

그것은 급진적인 방법이다. 언론의 문제들에 있어서, 대의정치의 문제처럼 세력을 주장하고 기능적으로 하고, 산업의 문제처럼 자본주의자, 조합원, 혹은 공산주의자가 되고, 지식의 기구를 고안하고, 만들고, 조직하면서 그들의 일시적인 경험과 편견을 뛰어넘으려는 자치적인 사람들의 실패라는 일반적인 원리로 돌아가라. 그들은 세상에 대한 신뢰할 만한 그림 없이 행동하기를 강요받기 때문에 정부, 학교, 신문, 그리고 교회는 민주주의의 더 명백한 실패, 극단적인 편견, 무관심, 지루하지만 중요한 것처럼 호기심을 끌지만 사소한 것들에 대한 선호, 지엽적인 문제와 다리가 세 개인 송아지와 같은 것에 대한 열망에 대항해서 그렇게 하찮은 진보를 한 것이다. 이것은 민주정치의 주요한 결점이고, 그것의 전통에 내재된 결점이며, 그리고 나는 그것의 모든 다른 결점들도 이것으로 거슬러올라갈 수 있다고 생각한다.

Note

[내용]

이 글의 서문에 나와 있듯이 이 글이 처음 출판되었을 때의 첫 장은 「외부세계와 우리들 머릿속의 상」이라는 제목을 가지고 있었다. 이 글에 대한 간략한 결론으로 리프만은 민주주의의 실패는 만약 제 역할을 했더라면 '세상에 대해 신뢰할 수 있는 그림'과 더 좋은 기능적 사회를 가능하게 했을 것이다. '지식의 기구'의 부족 때문이라고 주장하면서 주제로 되돌아온다. 리프만의 논리에 따르면, 이것은 또한 '진실과 뉴스의 일치'를 가능하게 했었을 것이다. 당신은 리프만이 글의 전면에 주장한 이 일에 있어서 어느 정도 성공했다고 생각하는가? 본질적으로 그의 목적은 뉴스와 진실이 왜 그리고 어떻게 다른지를 설명하는 것이었다.

[문체]

리프만은 그의 해결책들이 '급진적'이라고 말하면서 이 단락을 시작한다. '급진적'이라는 것이 다양한 의미를 가지고 있는 걸 고려할 때, 리프만이 여기서 의미하는 것은 무엇일까? 또한 당신은 일상어로 어떻게 '지식의 기구'가 의미하는 것을 설명할 것이고, 왜 리프만은 여기서 **정보**보다 **지식**을 사용하는 것을 선호했는가?

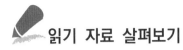 **읽기 자료 살펴보기**

서두에서부터 이 장까지 작업을 한 후, 선택된 글들이 주제와 격렬하게 엮이고 있다는 것을 발견할 수 있다. 판단을 하기 전에 반대 관점을 가늠하기보다는 리프만(Lippmann)은 그의 주장을 입증하기 위해 중립성을 피하고 면밀하게 주장을 담은 단락들을 사용하는 것을 선호한다. 리프만은 오직 다른 참조들을 최소한으로 이용했는데, 그 중 하나가 약간의 결함이 있다고 인정되는 그의 이전 출판물이었다.

리프만이 사용한 언어와 문체는 책이 출판된 시대에는 어울리지 않았지만, 그럼에도 그것은 간결하고, 분명하고, 정교하게 잘 만들어진 글이다. 그러나 그것은 가까이에서 자주 반복된 글이라는 점에서 더욱 이익을 얻는다. 놀랍지 않게, 저자가 미국에서 태어나고, 자라고, 교육받은 것을 고려해 보면, 이 글의 지리학적 초점은 미국이고 산업에 대한 모든 사례들도 미국에서 도출 된 것이다. 그러나 시간이 흘러서도, 여론과 언론의 역할에 대한 리프만의 주장이 미국을 넘어서도 많이 퍼지고 미디어와 민주주의에 대한 더 넓은 논쟁을 불러오는 데 기여했다는 것은 그의 작품을 많이 인용하는 것을 통해 분명히 확인할 수 있다.

우리가 리프만이 이 작품을 출판한 20세기 초의 세상을 이해하는 것은 어려울지 모르지만, 그가 몰두한 언론에 대한 실질적인 출판물은 거의 없었다. 따라서 왜 여론이 획기적인 것으로 여겨지는지 보여 준다. 집필을 할 때 리프만은 "미국의 어떤 정부 연구가도, 미국의 어떤 사회학자도 뉴스 취재에 대한 책을 쓰지 않았다는 것은 설명될 수 없다"라고 말했고, 이것 때문에 그는 (전문)직업과 정치학자로서 중요하다(Lippmann, 1965: 203). 공공영역에서 리프만이 발견한 많지 않은 자료는 "[언론]은 '자유롭지도' 않고 '진실하지도' 않는데, 달리 말하면 '자유로워지고' '진실해져야' 한다"는 주장으로 요약된다.

비록 리프만은 그가 생각하기에 의심스러운 가정을 만드는 자료를 발견했지만, 그가 인정하듯이, 언론은 사람들이 그들의 환경을 알게 되는 주된 수단이다. 그리고 사실상 어디에서나 언론은 초기 민주주의가 생각한 우리들 각각이 우리에게 즉각적으로 할 수 있는 것을 즉각적으로 우리에게 해야만 한다고 가정되고, 매일 그리고 하루에 두 번씩 언론은 우리에게 우리가 관심 있는 외부 세상에 대한 진정한 그림을 제공할 것이라고 가정된다(Lippmann, 1965: 203).

바로 이 문제들이 이 글의 본질이지만 리프만의 관점은 몇몇 사람들에게 매우 단순하고 틀림없이 논쟁의 여지가 있다고 여겨진다. 예를 들어, 캐리(Carey, 1989: 77)는 이전 캠프에서, '뉴스는 현실이 통계표로 축소될 때만이 진실과 가까워질 수 있고', 이것은 '공식적이고, 준정부적인 정보국'의 설립을 요구한다는 리프만의 믿음에 대한 명백한 오류를 지적했다. 비슷하게 허먼과 촘스키(Chomsky, 1994: 332)는 리프만이 '개인적이고 계급적 이익'이 '사회에 대해 진실을 알리는 기능을 하는 조직화된 정보의 중심'을 이루는 '전공자'와 '전문가'에게 영향을 미칠 수 있다는 가능성을 완전히 간과한다고 주장한다.

선전에 대한 리프만의 흥미—동의의 창조 또는 제조—와 그가 언론은 '자의식이 강한 예술이고 민주 정치의 정규 기관이다'라고 인정한 것이 '그[리프만, Walter Lippmann]가 자유민주주의 조건하에서 검열과 선전의 권위자'라는 의견을 유발시켰다(McGuigan, 1996: 160). 그런 문제들을 강조하는 것은 리프만의 작품과 현시대에 매우 적합한 이슈들 사이에 명확한 다리를 제공해 준다. 예를 들어 리프만의 작품은 새로운 종류의 정보 전문가들의 출현을 예언했다고 여겨지는데(McGuigan, 1996: 160), 그들은 오늘날 광고자, 홍보 직원, 커뮤니케이션 매니저 그리고 특별고문들이고, 그들 중 몇몇은 우리가 오늘날 '언론 담당자'라고 말하는 사람들이다(예를 들어, Bakir and Barlow, 2007; Redley, 2007; Franklin, 2004를 보아라). 그러나 매스미디어에 대한 연구의 가장 중심이 되는 지속적인 논쟁에 대한 리프만의 공헌 역시 상당하다. 리프만은 위의 글에 명백히 나와 있는 언론의 자유에 대한 일반적인 영국계 미국 사람의 전통에 대해서 다른 관점을 받아들였다.

캐리(Carey, 1989: 75~76)의 판단은 리프만이 '자유의 적은 더 이상 국가와 시장의 결함이 아니라 바로 뉴스와 뉴스 취재의 특징, 독자의 심리, 그리고 현대 생활의 범위'라고 주장했기 때문에 그가 공론의 장의 정치성을 배제했다는 것이다.

그렇게 하면서 리프만은 논쟁을 '공공의 장, 그리고 자유에 대한 질문'에서 '지식, 진실, 그리고 고정관념에 대한 질문'으로 바꿨다. 또는 바꾸려고 시도했다(Carey, 1989: 78).

주요 용어

가설(hupothesis); 사회적 조건(social conditions);

(학술적 의미에서의 학문) 분야(discipline); 기구(institutions);

가시적인 기구들(visible institutions);

여론에 대한 민주 이론(democratic theory of public opinion);

국민 주권설(popular sovereignty); 전지전능한 개인(omnicompetent individuals);

기계적 지식(또는 정보)(machinery of knowledge (or information))

주요 학자

Sinclair Lewis; Percy Shelley; Upton Sinclair

 **권장도서**

Bakir, V. and Barlow, D. M.(eds.)(2007), *Communication in the Age of Suspicion: Trust and the media*, Basingstoke: Palgrave Macmillan.

다양한 장르와 미디어 형태에 초점을 맞춘 14편의 국제 논문을 통해 미디어와 신뢰 사이의 관계를 탐구한다.

Entman, R. E. and Herbst, S.(2001), "Reframing public opinion as we have known it", in Bennett, W. L. and Entman, R. M.(eds.), *Mediated Politics: Communication in the future of democracy*, Cambridge: Cambridge University Press.

공중들이 미디어 프레이밍 과정에 의해 만들어지고 특정한 정보를 제공받는 과정을 설명한다.

Splichal, S.(1999), *Public Opinion: Developments and controversies in the twentieth century*, Oxford: Rowman and Littlefield.

여론에 대한 20세기의 이론들의 개관을 제공해 주고, 여론의 형성과 표현에 있어서 매스미디어의 역할을 조사한다.

7장

리비스

Leavis, F. R.(1930), *Mass Civilisation and Minority Culture*(대중문명과 소수문화), Cambridge: Minority Press.

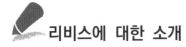 **리비스에 대한 소개**

F. R. 리비스라고 더 널리 알려진 프랭크 레이몬드 리비스(Frank Raymond Leavis, 1895~1978)는 1930년대의 대중문화와 오락의 형태에 대한 솔직한 관점으로 유명하며, 우리가 현재 알고 있는 문화적 연구로 서서히 편입된 문예 비평을 정의했다(Scannell, 2007: 99; Turner, 1996: 12).

이 새로운 영역의 연구는 2차 세계대전(1939~1945) 직후에 집필된 레이몬드 윌리엄스(Raymond Williams)의 『문화와 사회(*Culture and Society 1780~1950*)』(1958)와 『장기간 혁명(*The Long Revolution*)』(1961), 그리고 리처드 호가트(Richard Hoggart)의 『지식의 이용(*The Uses of Literacy*)』(1958)의 집필을 통해 시작되었다. 그리고 그것은 1964년, 리처드 호가트가 감독을 맡은 동시대 문화연구센터가 버밍햄대학에 설립되면서 꽃을 피우게 되었다(동시대 문화 연구의 핵심 장을 참조하라). 호가트와 윌리엄스가 리비스의 후배였음에도 불구하고, 그들의 배경, 흥미분야와 문화 연구에 대한 분석적 접근방식은 그들의 선배의 그것과는 꽤 달랐다(Scannell, 2007: 103).

리비스의 주요한 관심사는 문학적 텍스트와 현대 문학이었다. 원래 그의 목표는 '특권대상'(Turner, 1996: 22)에게 돌아갈 수 있는 '값지고 읽을 가치가 있는 텍스트들의 정예부대'를 발견하는 것이었다. 이러한 관점에서, 호가트와 윌리엄스는 그 접근방식을 매우 다른 방향으로 수용했다. 그들은 리비스의 문학 분석을 대중문학이나 대중음악 따위의 문화적 텍스트를 읽을 때 이용할 수 있는 원문분석의 형태로 수용했다(Turner, 1996: 12).

문학적 연구에서 도출된 '원문'—이전에는 작성된 미디어로만 제한되었던—이라는 개념은 이제 영화, 텔레비전 프로그램 또는 사진 등 '누군가의 분석의 대상 또는 장소'를 묘사하는데 이용되기 시작했다(Turner, 1996: 22). '원문'이라는 의미가 바뀜으로써, 이에 대한 분석의 의도 또한 변화하게 되었다. '정석적인 내부의 형태 분석과 의미나 이해를 알아내기 위한 원문의 맥락적 위치'를 수반한, 새롭게 변경된 원문분석의 형태는 거기서부터 시작되었다(Hartley, 2002b: 227).

리비스의 문화에 대한 관점은 매튜 아놀드(Matthew Arnold)의 연구에서 기원한다. 그의 주요한 저서인 『문화와 무정부주의(*Culture and Anarchy*)』(1869)는 전통적 사회를 약화시키고 사회적 불안의 가능성이자 '사회적 무정부주의가 뒤따르는' '문화의 미학적 불모'를 초래한 18세기 후기와 19세기에 일어난 급격한 산업화 과정을 비판한다 (Scannell, 2007: 97; Turner, 1996: 39).

리비스는 교육받은 소수가 "위대한" 문학, "순수한" 예술 그리고 "진지한" 음악이 무엇인지 골라내야 해야 하고, 그들이 그것들을 '대중'들을 위해 보존해야 한다는 견해를 가지고 있었다(Hartley, 2002b: 52). 근본적으로, 리비스는 이 인텔리 집단이 '새로운 대중문화의 힘'에 대해 저항하는 주도적인 역할을 맡아야 한다고 주장했다(Higgins, 2001: 90).

리비스의 분노의 주요 대상은 상대적으로 새롭게 형성된 유명한 언론, 광고, 영화, 방송에 관한 협회들과 대중 문학의 출현이었다. 리비스에게 있어서 이러한 발전들은 저속함, 단순함 그리고 전통적 또는 '유기적'인 전 시대의 문화와는 대조되는 상업주의의 표본격인 지배적 문화적 유행을 대표했다(Critcher, 1979: 38; Turner, 1996: 40; Williams, 1958: 256~257). 사회의 이러한 변화는 리비스와 그의 아내인 퀴니 그리고 소주의 지식인을 소중히 여기는 사람들로 구성된 다른 비슷한 생각을 가진 동료들의 삶의 방식과 가치에 대한 도전이었다(Williams, 1961: 250).

대중문화의 발현에 맞서서 이러한 가치를 지키는 과정에서, 리비스는 매튜 아놀드가 표현했던 예전의 정서를 언급했다. 다시 말하자면, 리비스는 "'문화'를 통한 '무정부주의'에 대한 저항"을 말한 것이다(Hebdige, 1982: 198). 리비스의 확장된 영향은 곧 담론으로 발전된 '리비주의(Leavism)'와 '리비스학파(Leavisite)'라는 용어로 입증된다.

영국 문학 비평과 1930년대 이후 영문학 연구에 아마 가장 강력한 영향력을 남긴 것으로 알려진(Bullock and Stallybrass, 1977: 342) 리비스는 영국 캠브리지에서 태어났고, 그의 연구 인생 대부분을 보낸 캠브리지대학에서 영문학부 대학원 과정을 수료했다.

그의 많은 저서들의 제목들은 그의 연구 초점과 범위를 암시한다. 『대중 문명과 소수 문화(*Mass Civilisation and Minority Culture*)』(1930, 이 장에서 다루어지고 있는 저서), 『영시문학에 대한 새로운 태도: 동시대 상황에 대한 연구(*New Bearings in English Poetry: A study of the contemporary situation*)』(1932b), 『어떻게 읽기를 가르칠 것인가: 에즈라 파운드 입문서(*How to Teach Reading: A primer for Ezra Pound*)』(1932a), 『문화와 환경: 비판적 의식 훈련(*Culture and Environment: The training of critical awareness*)』(Denys Thompson과 함께 집필함,1933), 『위대한 전통: 조지(*The Great Tradition: George Eliot, Henry James, Joseph Conrad*)』(1948), 『살아 있는 원칙: 사고의 훈련으로써의 '영문학'(*The Living Principle: 'English' as a Discipline of Thought*)』(1975) 등이 여기에 포함된다.

리비스는 자신의 저작권을 가진 출판 작가인 그의 아내인 퀴니(1900~1982)와 함께 책을 집필하기도 했다. F. R. 리비스와 퀴니 리비스는 둘 다 박사 연구 과정에서 '대중문화'의 양상에 대해 연구했다. 리비스의 박사논문은 「저널리즘과 문학: 잉글랜드에서의 두 가지의 관계에 대한 역사적 연구」라고 이름 붙여졌고, 반면 퀴니의 논문은 「소설과 독서하는 대중들」로, 그녀의 대중소설에 대한 관점을 담고 있었다(Scannell, 2007: 200).

퀴니와 다른 동료들과 함께, 리비스는 1932년부터 매년 4분기 단위로 영문학 비평 잡지인 《스크루티니(*Scrutiny*)》 정밀조사의 출판을 통해 '대중문화'에 대한 그의 분노를 계속 주장했다. 잡지의 목표는 문학 비평을 넘어 '현대 문명의 움직임'과 결부된 '동시대 세계에 대한 조사의 책임'을 맡는 것이었다. 그리고 F. R. 리비스는 20년 간 발간된 이 잡지의 대부분의 기간 동안 편집장을 맡았다.

《스크루티니》에 대해 상당한 역사적, 비평적 분석을 한 멀런에 의하면, 1차 세계대전(1914~1918) 이후 10여 년간 이어진 영국의 어려운 경제적, 정치적 상황은 이러한 잡지에 정당성을 제공했다(1981: 7, 47). 게다가, 《스크루티니》에 의해 열린 문화적 기관과 업무 등에 대한 비판적 분석의 공간은 동시대 문화연구센터에 의한 거대한 효과로 채워졌다(Mulhern, 1981: 329).

리비스가 그의 영국 사회에 대한 비평을 진술했던 1930년대 동안, 사회의 발전에 대한 비슷한 우려가 독일과 미국에서 움트기 시작했다. 그러나 스카넬(Scannell, 2007: 100)이 지적했듯이, 위의 두 후기 비평 사례들은 사회학의 시작으로 인해 나타났지만, 아직 사회학이 시작되지 않았던 영국의 비평은 새롭게 나타난 영문학 연구로부터 시작되었다.

리비스에게 '문학은 삶의 긍정'인 반면 '대중문화는 삶의 부정'이었다. 그는 영문학적 텍스트들이 '사회적 현대화와 연관된 진지하고, 비판적이자 동시에 그것에 대한 구원자'임이 분명하다고 주장했다(Scannell, 2007: 100). 리비스의 문화에 대한 엘리트주의적인 주장들은 오늘날은 인기가 없지만, 여전히 영향력이 잔재하고 있다.

 ## 읽기 자료 소개

이 지문은 1930년에 처음 출판되었던 소논문인 「집단 문명과 소수 민족 문화(Mass Civilisation and Minority Culture)」(『대중문명(*Mass Civilisation*)』에 대한 결과)의 축약본이다. 보다 발전되고 개선된 같은 소논문은 리비스의 열렬한 지원자이자 그의 제자들 중 하나였던 데니스 톰슨이 공동 저자로 참여했던 『문화와 환경: 비판적 의식 훈련(*Culture and Environment: The Training of Critical Awareness*)』(1933)의 토대가 되었다. 재미있는 점은, 리비스의 전기 작가인 맥킬롭(1995)은 퀴니 리비스 역시 이 출판물에 기여했으나, 저자들 중 하나로 기록되지 않았다고 주장한다는 것이다(Scannell, 2007: 101). 게다가 같은 출판물은 분명히 마셜 맥루한(McLuhan, 1951b)의 『기계적 신부: 산업적 인간의 민속에 분명한 영감을 제공했다(*The Mechanical Bride: Folklore of Industrial Man*)』(Stamps, 1995: 110).

사실상 『대중문명』은, 잡지 ≪스크루티니≫의 청사진이자 그것의 근거와 편집 방향을 제공했다(Mulhern, 1981: 34). 스카넬은 『대중문명』이 '성급하게 짜깁기되었다'고 말하면서 비판한 반면(2007: 100), 레이먼드 윌리엄스(Williams, 1958: 246)는 그것이 '상세한 판단의 중심'과 '역사의 개요'를 포함하고 있다는 사실을 간파했다. 『대중문명』의 목적은 '문명'(사회적 관계의 총체)과 '문화'('순수한 삶'이 요구하는 가치) 사이의 전통적인 관계가 '기계'의 발전에 의해 파괴의 관점에서 혹사당했다는 점에 대한 비판이었다(Mulhern, 1981: 35). 지문에서 알 수 있듯, '기계'—기술적 진화에 대한 완곡적 표현—는 리비스의 우려의 핵심이다.

이 장에서 소개에서 강조했듯이, 리비스는 매튜 아놀드의 초기 저작들에서 영감을 받았다. 이것은 아놀드의『문화와 무정부주의(*Culture and Anarchy*)』(1869)의 인용으로 글을 시작한다는 점에서 분명히 드러난다. 또한 리비스가『미들타운(*Middletown*)』(Lynd and Lynd, 1929)에 대해 짧게 언급하고 있고, 그의 주요한 논지의 근거로 이에 기대고 있다는 부분에서 알 수 있다.『미들타운』은 미국 일리노이 주에 있는 중서부 도시인 먼시의 필명이다.

『미들타운』은 미국의 작은 마을에서 일어나는 삶의 모든 부분에 대한 산업주의의 영향에 대해 묘사하고 있다. '사회적, 문화적 변화 연구에 대한 고전'(Scannell, 2007: 101)으로 일컬어지는『미들타운』은, 미디어—특히 광고들과 신문들—를 '싸구려이며 형편없다'고 말하기 때문에 '무섭다'고 묘사되기도 한다. 시턴(Seaton)은『미들타운』이 '늘어나는 개인들의 소외, 사회적 분열 그리고 일반적인 미국 마을에서 일어나는 만연한 이윤 추구'를 포착했다고 말한다(Seaton, 1997: 265).

매튜 아놀드의 문화에 대한 걱정이 19세기 중반의 산업주의의 영향에 대한 인지에서 결과된 것이라면, 리비스의 걱정은 매스미디어의 다양한 형태의 발현과, 20세기의 초기 절반 기간에서 이 강력한 제도들이 사회에 대한 위협을 가하는 방법에 집중되어 있다. 아놀드와 리비스의 공포는, 새로운 정보와 소통 기술의 도입이 고려될 때 변화와 지속성 두 가지 모두가 인지되어야 한다는 점을 상기시켜 준다.

물론 오늘날, 인터넷은 예언자들을 현혹시키고 현재의 만트라는 '단순화'라는 용어로, 전면적 형태로 문화에 일반적으로 적용되거나 특정한 문화적 원문과 관행을 경멸적으로 묘사하기 위해 대표된다. 또한, '상류 문화'와 '하급—또는 대중—문화'라는 개념은 여전히 풍부하며, 리비스의『대중문명』에 대한 기본적인 전제는 선견지명으로 인정된다.

"그리고 모든 현명하고 경험 많은 사람들이 알고 있듯, 모든 저급한 글들은, 질 좋은 고급한 글을 읽는 독자들의 수를 10배로 증가시킬 것이다. 유명한 작가들은 이것을 듣거나 허락할 수 없다. 그러나 어찌 그렇지 않을 수 있겠는가? 미개한 사상이 교양 있는 사상을 기쁘게 하는 것에 대해 칭찬할 것인가? 무례함과 음탕함이 개선된 것을 즐길 것인가? 낮은 것들이 예속을 정당화하는 논리를 견디는가? 유행의 나비들이 차이가 아닌, 그들의 화사한 색깔을 추구할 것인가?"

(자서전, 타임즈, Egerton Brydges 경의 견해와 동시대)

"현자 헤라클레이토스는 말하네,
만물은 유전한다.
하나 번지르한 비속한 것이
우리 시대를 살아남으리.

그리스도의 미까지도
사모트라키를 본받아 변절하네.
우리는 시장바닥에서
미가 결정되는 것을 보네.

* * * * * * * * * * * *

오, 빛나는 아폴로여,
틴 앤드라, 틴 헤로아, 틴나 테온
어떤 사람, 어떤 영웅, 어떤 신에게
내 주석 화한을 얹을 것인가!"

(Hugh Selwyn Mauberley, 에즈라 파운드)

F. R. 리비스(F. R. Leavis)
대중문명과 소수문화

> "그리고 이 기능은 그리스와 로마의 문명보다도 대단하고, 기계적이고 외형적이며, 계속 더욱 그렇게 되려고 하는 우리의 현대 세계에서 특히 중요하다."
>
> (*Culture and Anarchy*, 1869)

매튜 아놀드에게 있어서 이것은 어떠한 의미에서는 덜 어려운 일이었다. 나는 오늘날의 절망적인 문화의 곤란[1]에 대해 많이 생각하고 있지 않지만(실제로 이것은 연관되지 않은 고려사항이다), 그가 사용하는 "신의 뜻"과 "진정한 우리 자신" 같은 인용구들을 사용할 자유는 있다. 오늘날 누군가는, 아놀드는 간단히 통과할 수 있었던 정의와 공식에서 어려움을 겪는다. 예를 들어, 문화가 언제나 소수가 지켜온 것이라고 말하기 시작할 때, 나는 '문화'의 의미에 대해 질문 받는다. 나는 아마도(그리고 그렇게 할 것이다) 『문화와 무정부주의(*Culture and Anarchy*)』를 독자들에게 참조하라고 할 것이다. 그러나 나는 무엇인가가 더 필요하다는 것을 알고 있다.

Note

[내용]

글 앞에 등장하는 두 인용—특히 첫 번째 것—들은 리비스(F. R. Leavis)의 문화와 교양에 대한 시각을 보여 준다. 비슷하게, **'문화는 항상 소수가 지켜왔다'**는 주장에서, 리비스는 이러한 것들에 대한 그의 의견에 대한 단서들을 제공하고 있다.

[문맥]

만약 우리가 아놀드의 이름을 리비스로 바꾼다면, 세 번째 문장의 의미는 오늘 날까지 유효한가? 또, 리비스가 ≪데일리 텔레그라프(*Daily Telegraph*)≫와 ≪뉴스 오브 더 월드(*News of the World*)≫를 각주에 병치시켰을 때 그가 제안한 것은 무엇인가?

---

1) "다시 말하지만, 이 단어, 우리의 집단적인 생각에 가장 많은 영향을 끼치는 아이들의 신이 말하는 목소리, 잉글랜드에서 가장 큰 점유율을 차지하는 신문이자 세계에서 또한 가장 큰 점유율을 차지하는 신문은 바로 ≪데일리 텔레그라프(*Daily Telegraph*)≫다!"(*Culture and Anarchy*) 오늘날의 가장 큰 점유율을 차지하는 신문은 ≪뉴스 오브 더 월드(*News of the World*)≫다.

[문체]

책의 소개에서 보여지듯이, 리비스는 매튜 아놀드의 『문화와 무정부주의』(1869)의 인용으로 시작한다. 글의 시작을 이런 방식으로 하는 것은 흔하지 않다. 이러한 접근에서의 장점과 단점은 어떤 것들이 있는가?

모든 시대에서 예술과 문학에 대한 안목 있는 평가는 아주 적은 소수에게 달려 있었다. (간단한 것과 친숙한 것과 먼 경우들에서) 남이 시키지 않은, 직접적인 판단이 가능한 사람들은 많지 않았다. 그러한 사람들의 수가 많아진다 해도, 진정한 개인적인 반응으로 이러한 직접적인 판단을 확신할 수 있는 사람들은 여전히 소수에 불과하다. 수용된 가치들은 아주 적은 금의 비율에 의거하는 지폐 따위라고 할 수 있다. 이러한 돈의 상태에서 언제 어느 때나 좋은 삶을 살 수 있는 가능성은 근접한 관계성을 가지고 있다. 은유는 정교해질 필요가 없다. 관계성의 본능은 이젠 표준구라 불려야 할 리처드의 이 구절에서 잘 제시되고 있다.

"그러나 비평은 사치스러운 일이 아니다. 사회의 후방 부대는 선봉 부대가 더 앞으로 나아가기 전까진 해방될 수 없다. 호의와 지능은 거의 불가능하다. 우리가 말해 왔듯이, 비평가는 의사가 몸의 건강을 걱정하듯이 정신적인 건강에 대해 걱정해야 한다. 비평가를 만드는 것은 가치에 대한 판단을 만드는 것이다. ……예술들은 필연적으로 먹히게 되고, 예술가의 존재적 평가에 대한 의도와는 꽤나 멀어지게 된다. 매튜 아놀드가 시는 비평의 삶이라고 말했을 때, 그는 너무나 명백해서 간과될 수 있는 것에 대해 말하고 있었다. 예술가는 그가 가질 수 있는 가장 가치 있는 것인 경험의 영속성과 기록에 대해 걱정한다. 우리가 이를 고려해야 할 이유는 …… 그 역시 기록할 만한 가치가 있는 경험을 가지고 싶어 하는 사람이기 때문이다. 그는 정신의 성장이 그것 자신을 보여 주는 지점에 있다."[2]

Note

[내용]

문화가 소수로 인해 유지된다는 그의 기본 전제를 성립하고 난 뒤, 리비스(F. R. Leavis)는 그가 '소수'로 의미하는 것이 무엇인지 암시하기 시작했다. 이 소수에 누가 포함된다고 생각하는가? 이 예외적인 그룹에 포함되기 위한 조건 또는 특징은 어떤 것들이 있는가?

[문맥]

그의 주장을 뒷받침하기 위해 리비스는 리처드의 저작을 '표준구'라고 일컬으면서 그에 의지하

---

2) *The Principles of Literary Criticism*, p. 61.

고 있다. 이것이 의미하는 바는 무엇이며, 왜 이는 이탤릭체로 표기되었는가?

리처드는 '문명에게 있어서 중요한 예술의 정의를 근본적으로 새롭게 한' 문화의 감각을 야기한 『문학적 비평의 원칙들(*The Principles of Literary Criticism*)』(1924)과 『과학과 시 (*Science and Poetry*)』(1926)를 출판한 문학비평에서 중요한 인물이다(Williams, 1958: 239). 이는 리비스가 여기에 포함시킨 일정한 규모의 리처드로부터의 인용에서 전달된다. 문학비평가인 리처드는 캠브리지대학의 영문학부를 이끄는 교수였고, 리비스에게 큰 영향을 끼쳤다. 한때 리비스는 리처드를 위한 프리랜서로 일했는데, 이는 즉 리비스가 리처드를 위해 학생들을 가르쳤다는 뜻이다. '프리랜서'는 수업을 듣는 학생들이 지불하는 수업료로 수입을 얻는, 낮은 단계의 교수를 뜻한다(Mulhern, 1981: 22).

위의 인용은 리처드의 『문학적 비평의 원칙들』(1924)에서 발췌되었고, 그가 리비스에게 끼친 상당한 영향력을 확인시켜 준다.

> 증가하는 인구에 따라 나타나는 생활 습관의 차이로 인해 벌어지는 문제에선 어떠한 것이 다수에 의해 선호되고 어떤 것이 다수로부터 뛰어나다고 인정받는 것인지가 섬섬 너 매우 중요해지고 가까운 미래를 위협할 것으로 보인다. 여러 가지 이유로 기준들이 방어를 위해 그들이 필요로 했던 것보다 더욱 필요하게 되었다.
>
> (리처드, 1924: 36; Williams, 1961: 240에서 재인용)

[문제]

성별을 반영한, 초기 영역의 특징이 드러나고 20세기의 경향을 가진 텍스트에 주목하라. 이 부분에 관해서, 우리는 이미 이 장의 도입 부분에서 F. R. 리비스의 아내인 퀴니 리비스가 출판물에 대한 정식적인 기여자이지만 작가들 중의 하나로는 인식되지 않았음을 알 수 있다.

이 마지막 문장은 다른 은유에 대한 힌트를 준다.

소수는 단테, 셰익스피어, 던, 보들레르, 하디 등을 (주요한 위치에 서기 위해) 알아볼 뿐만 아니라 유예의 시간에 비슷한 종류(또는 그것의 분야)의 생각을 발전시키고 있는 최근의 계승자들도 알아본다. 이러한 능력은 한낱 고립된 심미적 영역에 속한 것이 아니다. 이것은 인간의 상황에 대한 감각과 삶의 본능에 영향을 끼칠 수 있는 예술, 과학, 그리고 철학의 이론에 대한 민감성을 암시한다. 소수만이 과거에 있었던 최선의 인간경험을 이용할 수 있는 능력을 갖고 있으며, 바로 그들이 전통의 가장 미약하고 여린 부분을 살려서 유지한다.

그들에게 한 시대를 사는 참된 삶의 질서를 세우는 무언의 기준에 의존한다. 즉, 이것이 저것보다 가치 있다 혹은 이쪽보다는 저쪽으로 가야 한다, 혹은 저기보다는 여기에 중심3)을 두어야 한다는 감각에 달려 있는 것이다.4)

그들의 보존에서, 은유의 사용은 환유이자 많은 생각을 하는 것이며 언어이고, 변화하는 숙어로 좋은 삶이 그에 기대며 그 차이의 영혼을 좌절시키며 비논리적으로 만든다. '문화'의 사용에서 내가 뜻하는 것은 이러한 언어이다.

나는 나 자신이 엄격한 정의를 만들지 않길 바라나, 내 생각에 이 설명은 이 소논문을 읽고 싶어 하는 그 누구도 충분히 이해할 수 있을 것 같다.

Note

[내용]

여기에서 리비스(F. R. Leavis)는 그가 보는 것이 소수들의 특별한 속성과 능력이라고 정리한다. 그는 지식이 있고 기준을 정하는 것이 바로 소수들이라고 주장한다. 가치를 아는 것도 그들이고, 사회가 가야 할 방향에 대해서도 알고 있는 것도 그들이다. 다시, 매튜 아놀드의 다수 대중에 대한 제한이 리비스의 생각에 영향을 미친 것이 여기에서 드러난다.

리비스가 '문화'를 언어의 사용과 동일시했을 때, 그는 리처드의 저작을 다시 한 번 끌어들이고 있었다. 그렇게 함으로써, 리비스는 가족과 지역사회와 같은 문화의 다른 매개체가 사라지고 있고, 문화가 보호되고 유지될 수 있는 방법은 언어뿐임을 암시한다(Mulhern, 1981: 36).

---

3) "대중들은 이러한 기관들의 가치가 그들의 존재보다 상대적으로 수정된 정보, 맛과 정보의 이상적인 특정한 중심과 더 가깝거나 멀다는 것에 대한 아무런 의심을 가지고 있지 않다."(*Culture and Anarchy*)

4) John Storey, *Cultural Theory and Popular Culture: A reader*, 3rd edition, Harlow: Pearson, 2006.

[문제]

이 지문에서 리비스가 다수의 이유나 은유에 대해 어떻게 언급했는지를 주목하라. 이러한 기술이 그의 주요한 생각을 전달하는 데 유용한 역할을 했다고 생각하는가?

Reading 4

오늘날 문화가 혼란에 빠져 있다는 것은 아주 흔한 일이다. 또한 이것이 이해되어 있는 것보다 더 널리 수용되고 있다는 것도 아주 흔한 일이다. 어쨌든, 혼란의 전조와의 관계는 일반적으로 보이지는 않는다. 예를 들어, 나는 때때로 이것이 알렉산더 왕 시대나 로마제국 시대에 이미 일어났던 일이라고 답한다. 이것이 사실이었다고 해도 안심하기는 어렵다. 나는 주로, 물론 거만한 철학적인 무관심한 태도로부터 권위를 드러내는 슈펭글러(Spengler)에 대한 나의 의심의 기록에서 보여지는 주장에 주목한다. 슈펭글러5)에게, 이 멈추지 않는 순환은 피할 수 없는 마지막을 향해 움직인다. 그러나 어떤 일이 일어나는지에 대한 일반적인 걱정의 결여는 심오한 학식이나 철학으로 설명될 수 없다. 그것은 그 자체로 현상이고, H. G. 월스(H. G. Wells)의 새 책인 『파함의 전체주의(*The Autocracy of Mr. Parham*)』에서 적절히 등장하는 문장이다. "원래부터 그것은 거대하고 증가하는 부주의였다."

그렇다면, 분명한 것을 다시 서술하는 것은 불필요하지 않아 보인다. 인간 역사의 현재 상태가 전례 없다는 믿음을 바탕으로 할 때, 기계를 지적하는 것은 적당하다. 기계는 최초로 습관과 삶의 환경에 대한 변화와, 유사점을 찾을 수 없었던 삶의 상황을 일정한 비율로 바꾸어 왔다. 이러한 변화의 효과는 중서부의 평범한 지역사회를 배경으로 한(나는 이것이 불필요하다고 말해도 될지 모르겠다) 주목할 만한 인류학 저서인 『미들타운(*Middletown*)』에서 연구되었다. 거기에서 우리는 (예를 들어서) 어떻게 자동차가 단 몇 년 사이에 믿음에 강력한 영향을 주고,6) 가족을 깨트리고, 사회적 관습에 커다란 변혁을 가지고 왔는지 자세히 알 수 있다. 변화는 너무나 비극적이어서 세대들은 서로에게 적응하는 것을 어려워하며, 부모들은 아이들을 다루는 데에 아무런 도움이 되지 않는다(경제학자들의 말을 비꼬아 본다면). 이러한 방식으로의 삶의 변화는 삶의 기준에 대한 피해 없이는 일어나지 않을 것이라고 보여진다. 즉각적인 변화는 성숙되어

---

5) 현대의 구에서 고려될 만한 좋은 측면들은 『서양의 종말(*The Deadline of the West*)』 2권, 4장에서 찾아볼 수 있다.

6) "One gains a distinct impression that the religious basis of all education was more taken for granted if less talked about thirty-five years ago, when high school 'chapel' was a rellgio-inspirational service with a 'choir' instead of the 'pep session' which it tends to become to-day."(R. S. & H. M. Lynd, *Middletown*, p. 204) 이러한 종류의 변화는 물론, 자동차 하나만이 이유가 아니었다.

있고 습관적인 평가의 세습되는 부호들을 상실하고서야 섬세한 전통적인 적응을 대체할
수 있고, 현재보다 더 많은 것을 잃을 것이다. 이는 지속성을 위협하는 단절이다. 무심코
떨어뜨려서 회복이 불가능하거나 잊힐 수 있다.

[내용]

리비스(F. R. Leavis)가 첫 번째 문단에서 말하고자 하는 주요한 내용은 무엇인가? 우리의
현재 상황과 아주 유사한 것들은 없는가?

『미들타운』이 여기에서 처음으로 언급되었다고 해도, 리비스는 이것이 미국 일리노이 주에
있는 작은 마을의 필명임을 명쾌하게 설명하는 것에서 실패하고 있다. 이른바 미국의 일반적
인 마을 중 하나에 대한 경험을 더욱 광범위하게 일반화할 수 있는―심지어 다른 대륙까지도
―옹호할 수 있는 규모의 것은 무엇인가? 이 접근 방식을 옹호하기 위해서는 어떠한 이유들이
필요한가?

리비스가 '**지속성**의 단절'을 두 번째 문단의 마지막 문장에서 언급했을 때, 그는 무엇을
의미했는가?

[문체]

서로 연결되지 않은 세 가지 주요 쟁점들이 여기에서 나타나고 있다. 첫 번째, 리비스는
오스왈드 슈펭글러(Oswald Spengler)를 언급했지만 전체 인용구를 상세히 언급하는 것만으
로는 독자들에게 자율권을 주는 데에는 실패했다. 두 번째, 당신이라면 두 번째 문단을 좀
더 투명하게 만들기 위해 시작 문장을 어떻게 다시 쓸 것인가? 세 번째, 리비스의 서술
방식이 여담이나 단서를 위해 괄호를 어떤 방식으로 정기적으로 쓰고 있는지 주목하라. 당신
은 이 접근 방식을 비슷한 목적을 위해 괄호 대신 콤마(,)들을 사용했던 밀(J. S. Mill)과
비교하고 싶을 것이다('4장 자유주의 언론 이론' 참조).

누군가는 『미들타운(*Middletown*)』이 미국에 불과하며 잉글랜드가 아니라고 대답할 것이다. 미국이 훨씬 빠르게 변하고 있고, 사람들의 융합으로 인해 그 영향들이 강화되고 있는 것은 사실이다. 그러나 같은 과정이 잉글랜드와 서부 세계에 서서히, 그리고 가속적으로 일어나고 있다. 우리가 미국화된 것은 자명한 사실이지만, 대체로 이것이 어느 정도는 이해되고 있다는 것 역시 사실이다. 미국화는 미국이 유죄인 일들이 발생할 때 종종 언급되곤 한다. 그러나 "영국식 영어 말하기"[7]의 옹호자인 멜체트(Melchett) 경이 만약 우리를, 그가 두려워하는 "미래의 앵글로색슨 종이 유지되기 위해 아주 중요하며 현대 문명의 발전에서 가장 중요한 역할을 한 자치 행정 조직의 훌륭한 구조를 상실하게 하는 원인"[8]인 미국적 기업과의 조우로부터 우리를 회복한다고 해도, 그는 우리를 구할 수 없다. 미국에 대해 가장 반항적인 사람들은 기계의 결과로 일어나는 과정을 되돌리는 것에 대해 제안하지 않는다. 우리는 더 나은 효율성, 판매기술, 그리고 더 많은 대량 생산과 규격화를 가지고 있다. 이제, 만약 대량 생산과 규격화의 가장 나쁜 영향이 울워스(Woolworths)사에 의해 일어났다면, 좌절할 필요는 없다. 그러나 그 영향들이 지역사회의 삶에 영향을 끼쳤다면 이는 심각한 일이다. 예를 들어, 대량 생산과 규격화의 과정을 언론에 발표한 상태라고 고려한다면, 이는 분명히 하향평준화의 과정에 수반된 사악한 의미를 가지고 있을 것이다.

Note

[내용]

여기서 리비스(F. R. Leavis)는 미국에서 영국까지의 사회적 변화에 대한 그의 이전 일반화를 항변한다. 이 두 사회를 비교할 때, 당신은 그가 언급한 미국에서의 '사람들의 융합'이라는 말에서 무엇을 알 수 있는가? 아니면 우리가 대영제국(United Kingdom)을 포함하는 다른 국가들을 포함하는 개념이라고 생각할 수 있는 영국에 대해 추론할 수 있는 것은 무엇인가?

비록 울워스사는 1930년대 이후로 약간의 변화를 겪었지만, 시내 중심가에 위치한 다른 소매점들에 비해 이 회사의 지위는 상대적으로 비슷하게 유지되고 있다. 이러한 점에서, 여기서 울워스에 대해 언급하는 핵심은 무엇인가?

---

7) "그것은 영어를 말하는 사람들에게 있어서 가장 거대한 재앙 중 하나이고, 또한 문명에게도 거대한 재앙 중 하나라고 할 수 있다."(Lord Melchett, *Industry and Politics*, p. 278)

8) *Ibid*, p. 281.

리비스는 예전에 많은 경우에 '기계'에 대해 언급하였는데, 지금은 그 기계가 먼저 인쇄와 관련하여 어떤 영향을 미쳤으며 나중에는 영화, 방송, 유명 소설, 그리고 광고에 이르기까지 어떤 영향을 미쳤는지를 고려하는 쪽으로 선회했다.

[문맥]

여기 지속성에 대해 생각하면서 한편으로는 변화의 특성과 영향을 고려하는 것의 중요성을 강조할 수 있는 또 다른 기회가 있다. 예를 들어 리비스는 '미국화'되는 것에 대한 두려움을 언급한다.

이는 20세기 동안 지속적인 주제가 되었는데, 'Cocacolaisation' 및 'Mcdonaldisation'이라는 용어에서 이를 엿볼 수 있다. 게다가 현 세기 초반에도 여전히 미국과 영국의 관계 및 미국이 영국에 미치는 영향은 실망스러운 점으로 남아 있다. 왜 이제 영국 혹은 대영제국이 '앵글로색슨 족'이라고 불리는 경우가 줄어들었는가?

Reading 6

노스클리프 경의 감탄스러운 전기 작가인 해밀턴 파이페는 다음과 같이 말한다.

"그는 많은 신문 독자들이 원하는 것을 알고 있었으며, 그것을 독자들에게 주었다. 그는 신문 경영자들이 지성을 갖춘 소수의 독자들에게 어필해야 한다는 격조 있는 생각을 깨뜨렸다. 그는 지성을 갖추지 못한 많은 사람들에게 솔직하게 어필했다. 냉소적인 마음도 아니었으며, 그들의 취향을 경멸한다는 느낌도 주지 않았다. 그는 전체적으로 다른 사람들보다 지성을 갖추지 못한 사람들에게 더 공감하였고, 그들의 수는 바다의 모래처럼 많았다. 그는 덜 안정적인 의견과 감정을 표면에 드러내는 것을 목표로 하지 않았다. 이것이 판매 부수를 상승시켰기 때문에, 그는 그가 그러한 일을 하는지도 모르고 그것을 했다."

(Northcliffe: An intimate biography, p. 270)

두 페이지 뒤에서 우리는 다음과 같은 말을 접한다.

"최고의 인재들은 ≪데일리 메일(*Daily Mail*)≫을 읽었다. 이 신문은 이제 열차의 3등 객실에서 볼 수 있는 만큼 1등 객실에서도 볼 수 있다. 이 신문은 부엌과 큰 시골집의 식료품 저장고에서부터 홀의 테이블에 이르기까지 개척해나갔다."

"대중에게 그들이 원하는 것을 주어라"는 명확하게도 가장 온당한 방법이다. 노스클리프(Northcliff)는 사람들에게 그들이 원하는 것을 보여 주었으며, 최고의 인재들에게 그들 스스로가 나머지의 다른 사람들과 같은 것을 원한다는 점을 보여 주었다. 지난 반세기 동안 뉴스의 역사는 다음과 같은 간결한 말로 충분히 정리될 수 있다. ≪데일리 해럴드≫가 "심리학적인 그래셤의 법칙(Psychological Gresham Law)"에 굴복했던 놀라운 사건의 역사에 대해 노먼 에인절(Mr. Norman Angell)은 다음과 같이 강조한다.

"심리적 그래샴의 법칙의 영향: 악화가 많다면, 그것은 양화를 구축할 것이다. 따라서 동기의 충돌이라는 측면에서, 합리화된 이차적 생각보다 더욱 원시적인 느낌들과 자극들에 상응하는 행위들이 현대의 신문에 의해 더 쉽게 촉진될 것이다."9)

"진실에 직면해 보자"라고 에인절은 덧붙인다. "현대 신문의 상황들은 보텀리(Bottomleys)로 하여금 점점 더 많은 국민성을 구축하게 만들고, 러셀과 디킨슨으로 하여금 점점 더 적은 국민성을 구축하게 만든다. 논평의 초점은 단지 생각의 기계적 통제에만 맞추어지는 것이 아니다. 그것들은 국민성을 변화시킨다."10)

[내용]

Note

리비스(F. R. Leavis)는 언론의 영향을 설명하기 위해 '하향평준화'라는 말을 사용했지만, 오늘날 우리는 '지나친 단순화'라는 말을 더 많이 보고 듣는데, 이는 근본적으로 같은 의미를 가진 말들이다. 다시 말하면, 리비스의 '증거'는 거의 단일의 사례인 노스클리프(Northcliff) 경의 언론 왕국의 사례에 근거를 둔다(아래 배경 참조). 리비스가 노스클리프의 '감탄스러운 전기 작가'를 언급하는 것이 갖는 의미는 무엇이며, 그가 조심스럽게 선택한 설명을 지지하기 위해 언급한 증거는 무엇인가?

노먼 에인절에 대한 인용의 마지막 문장에서, 언론이 '국민성을 변화시키기' 위해 하는 일은 무엇인가? 당신은 그러한 주장을 어떻게 반박할 수 있는가?

[문맥]

리비스가 이 페이지의 두 번째 각주에서 언급한 핵심은 그 후에 20세기의 수십 년간 머독과 골딩(Murdock and Golding, 2005) 같은 정치경제학자들에 의해 기꺼이 받아들여졌다. 즉, 일단 언론이 산업화되면, 일반적인 사람들이 신문업을 시작할 수 있는 가능성은 높은 설립비용에 의한 제약을 받게 되고, 이는 대중의 의견이 순환할 수 있는 다수성에 해로운 영향을 미친다('4장 자유주의 언론 이론', '15장 정치경제학' 참조).

리비스의 노스클리프에 대한 언급은 대서양의 양쪽에서 20세기의 초반 수십 년간 발생했던 소위 '신문왕(press baron)'들의 인지된 권력을 발동시켰다. 영국에서 자주 언급되는 사례들로는 노스클리프(Northcliff), 로더미어(Rothermere), 비버 브룩(Beverbrook)이 있는데, 이들은 모두 귀족(Lord)이 되었으며, 미국에서는 허스트와 퓰리처(Allan, 1999: 2)의 사례가 있다. ≪데일리 메일≫의 설립자인 노스클리프는 "하루에 하나씩의 살인 소식을 얻자"라는

---

9) *The Press and the Organisation of Society*, p. 33.

10) *Ibid*., p. 43. "그가 작은 논평을 썼을 때, 그는 이전에 받아들여졌던 것과는 다른 관점을 제시했으며, 이는 그의 나라의 의견과 정책에 큰 영향을 미쳤다. 그럼에도 그는 기껏해야 수천 부를 발행시켰다. 가장 중요한 것 중의 하나는 그의 자비로 인쇄되었다. 뒷골목의 모든 복사기들은 모든 독자들에게 충분히 전달될 수 있을 만큼의 자본을 구축하고 있었어야 했다. 오늘날, 받아들여진 의견에 대항하고자 하는 익숙하지 않은 의견에 대해서는, 오직 기계적인 선전(propaganda) 장치만이 모든 보통 사람들의 자원을 뛰어넘을 것이다."(p. 35)

모토로 유명했다(Williams, 1998).

노먼 에인젤로부터의 인용은 그래셤의 법칙을 참조하는데, 이는 리비스가 다른 유명한 미디어들과 오락 프로그램들을 평가하는 수단으로 사용하였다. 그래셤의 법칙은 문화에 적용될 때 "단지 나쁜 돈이 좋은 돈을 사라지게 만드는 것처럼, 나쁜 문화는 좋은 문화를 사라지게 만들 것"임을 시사한다(Williams, 2001: 20).

만일 우리가 이러한 견해에서 출발된 주장을 따른다면, 리비스는 이러한 법칙에 명확하게 신빙성을 부여한다. 그러나 레이몬드 윌리엄스는 『문화는 일상적인 것(*Culture is Ordinary*)』에서 그래셤의 법칙(Gresham's Law)에 담겨 있는 유추는 불완전하며, 우리가 탐구하는 문학, 음악 혹은 신문과 같은 모든 영역에서 "우리가 모두 좋다고 동의하는 것들의 소비 감소"는 없었다고 주장한다(Williams, 2001: 20).

다시 말해 이 모든 것들은 흔해빠진 것이고, 주장할 가치가 있는 것으로 보이는 진부한 것들이다. 같은 이유로 '심리적 그래섬의 법칙'은 신문 언론보다 훨씬 더 광범위하게 적용된다. 이는 영화필름에 훨씬 더 처참하게 적용된다. 즉, '더 처참하다(disastrously)' 라는 말을 쓴 이유는 영화가 훨씬 더 강력한 영향력을 가질 수 있기 때문이다.11) 이제 영화는 문명화된 세계에서 주류 형태의 오락을 제공한다. 그리고 영화는 최면술적 수용 (hypnotic receptivity)의 상태하에서 가장 값싼 감정적 호소에 빠지게 한다. 이러한 감정적 호소는 무서울 정도로 실제 삶과 가까운 사실적인 환상으로 호소한다는 점에서 더욱 교활한 성격을 띤다. 그 결과가 '삶의 기준(standard of living)'에 심각한 손상을 입힐 것이라는 점은 부정하기 어려울 것이다. 그럼에도 불구하고 사람들은 영화필름을 예술의 중요한 매개물로 사용하고자 했던 노력들에 응답할 것이다. 마찬가지로, 방송이 문제가 될 때, 사람들은 그들이 좋은 음악 방송을 들었고 좋은 강의를 들었음을 강조할 것이다. 방송의 표준화된 영향은 거의 의심의 여지가 없지만, 여기에는 할리우드와 같은 완전한 상업적 이용이 없기 때문에 하향평준화는 그다지 명백하지 않다. 그러나 아마도 영화와 마찬가지로 방송이 실제로는 수동적 기분 전환의 주요 수단이며 이것이 능동적 오락을 만드는 것을 더 어렵게 만든다는 점은 부정하기 어려울 것이다.12) 그리고 이러한

---

11) "영화는 내재적 특성으로 인해 즐겁고 정보를 주는 일종의 에스페란토(Esperanto)이며, 잠재적으로 최소한 모든 예술들의 미적 에스페란토이다. 만일 영화가 한 부류로 분류될 수 있다면, 그것은 아마도 다른 무엇보다 보편성의 원천으로 분류될 것이다. (…중략…) 영화는 직접적으로, 빠르게, 그리고 간단하게, 그리고 단어가 아닌 그림을 이용한 판토마임으로 우리에게 이야기를 들려준다. 보는 것은 믿는 것만이 아니다. 이것은 또한 어느 정도 이해하는 것이기도 하다. 연극 드라마에서, 보는 것은 듣는 것과 밀접한 관련을 가지며, 듣는 것은 정신적 노력과 밀접한 관련을 갖는다. 영화에서는, 보는 것이 모든 것, 혹은 10분의 9를 차지한다."("Motion Pictures: A Universal Language", *Encyclopaedia Britannica*, 14th Ed.)
편집자들이 나타내는 것처럼 Encyclopaedia Britannica, fourteenth edition은 그 자체로 일어나고 있는 일의 증거가 된다. "인간화(humanised), 현대화(modernised), 그림화(pictorialised)"

12) 〈타잔〉의 창작가인 에드거 라이스 버로우스는 내가 볼 수 있는 특권을 누렸던 그의 한 편지에서 다음과 같이 쓴다. "반복적 실험을 통해 응용을 위한 사고를 요구하는 영화들은 예외 없이 박스오피스 진입에 실패했다. 일반적인 대중들은 생각하고 싶어 하지 않는다. 이러한 사실은 아마도 다른 어떤 것 보다 나의 이야기들의 성공을 설명해 준다. 나의 이야기들은 특정한 아이디어를 가지고 있지 않지만, 나는 나의 모든 이야기들을 각 상황에 매우 명료하게 적용되도록 만들어 독자들이 쉽게 시각화할 수 있도록 했다. 내가 이렇게 한 이유는 일반 대중들의 지적 수준이 낮다는 점에 근거를 둔 것이 아니라, 나의 얘기 속에 많이 등장하는 사실 같지 않은(희한한) 상황들을 실제로 가능한 것처럼 보이도록 만들기 위해서는 대중들이 아주 큰 고통을 감수해야 했기 때문이다. 따라서 나는 최소한의 정신적 노력으로 읽을 수 있는 형태의 소설을 탄생시켰다." 이 말이 나의 주장에서 갖는 중요성은 말할 필요가 없다. 버로우스는 그의 책들이 일 년에 백만 권 이상 판매되었다고 덧붙인다. 여기서는 『제임스 레킹톤의 삶(*Life of James Lackington*)』(1791)과 같은 문서에 의해 제안된 비교들을

작용은 단지 시작일 뿐이다. 가까운 미래는 상점에서의 빠른 발달을 지속할 것이다.

[내용]

Note

언론을 다루었던 리비스(F. R. Leavis)는 이제 그의 관심을 영화로 돌리는데, 그는 영화가 신문보다 '더 강력한 영향력'을 가지기 때문에 사회에 더 큰 위협을 가한다고 주장한다. 영화는 사실상 '심각한 예술적 매개물'로 분류되었으며, 방송과 마찬가지로 능동적 자극보다는 단지 '수동적 기분전환'을 제공하는 것으로 간주되었다. 비록 리비스가 독자들, 청취자들. 혹은 시청자들에 대한 특별한 언급을 하지는 않았지만, 그가 청중들의 역할과 작용에 대해 언급한 것은 무엇인가?

이전과 마찬가지로, 리비스는 단지 제한된 '증거'를 이용해 그의 주장들을 지지한다. 이 경우에, **브리태니커 백과사전**은 매개체로서 영화의 특수한 힘을 설명하는 방법으로 사용되었다. 그러나 이는 리비스의 입장에서 또 다른 하향평준화의 예로 여겨졌다. 또한 그는 타잔의 창시자로부터의 인용을 포함시킴으로써 영화가 수동적 기분전환을 위한 매개물이라는 그의 주장을 지지했다. 어느 범위까지 그리고 어떤 방법으로 이러한 특정한 '증거'가 설득력을 얻을 수 있는가?

해 볼 여지가 없다.

우리의 사회화를 특징짓는 값싼 반응에 대한 의도적 이용을 고려해 보면 우리는 역사에서 새로운 요소들이 응용 심리학의 유례없는 이용이라고 말할 것이다. 이는 할리우드에 아첨하는 것이라 생각될 수 있지만, 그렇다 해도, 우리가 광고를 생각해 볼 때는 의심의 여지가 없다. 『광고 글쓰기(*Advertising Writing*)』에서 길버트 러셀은 "성공적인 광고문안 작성은 사람들의 마음에 대한 통찰에 따라 달라진다. 개인들의 마음이 아니라 평균적인 사람들의 마음과 행동, 그리고 그들이 다양한 제안에 반응하는 방법, 그리고 다시 광고는 매일 점점 더 정확해지고 있다. 본능이 충분히 이용되는 곳에서, 광고는 질문에 의해 대체된다. 오늘날 광고주는 '대중은 이것으로부터 혹은 이 영화로부터 이 품목을 구입하지 않을 것'이라고 말하지 않는다. 그들은 구매동기를 밝혀내기 위해 시장조사라고 불리우는 것을 고용한다.

따라서 다른 권위자들과 마찬가지로 리젠트연구소(Regent Institute)의 회장인 해럴드 허드는 다음과 같이 말한다(광고에 의한 더 큰 결과로부터). "이제 광고는 점점 더 고급 두뇌들을 고용하여 우리는 점점 더 과학적인 방향을 기대할 수 있다."

"카피라이터의 책꽂이(A Copy Writer's Bookshelf)"의 책 목록에 성경, 『포스티 사가: 영어 구문의 옥스포드 도서, 인화하기 쉬운 입자(*The Forsyte Saga: The Oxford Book of English Verse, Fiery Particles*)』(by C. E. Montague)와 퀼러-쿠치 선생의 『글쓰기 방법(*The Art of Writing*)』을 포함시킨 길버트 러셀은 우리에게 다음과 같이 말한다.

"애정을 가지고 읽는 사람, 단어와 그림 그리고 극적인 문장에 대한 로맨스를 가진 사람 없이 합법적 복제는 이루어질 수 없다. 합법적 복제는 꾸밈없이 쓰는 법을 알 만큼 충분한 판단력을 가진 사람에 의해 쓰여진다. 간단히 말해서, 합법적 복제는 문학적 기술의 문제일 뿐 아니라, 특정한 종류의 기술의 문제이기도 하다."

Note

[내용]

리비스(F. R. Leavis)는 문화에 대한 전망은 더 나빠질 것이라고 경고하며 이제 광고의 부정적 영향에 그의 관심을 집중한다. 그는 새롭게 등장하는 실무와 시장조사를 강조하는데, 이는 오늘날 우리는 당연히 주어진 것으로 여기는 것이지만 리비스가 글을 쓴 1930년대 이후로 더 복잡해지고 널리 퍼졌다.

또한 리비스는 또 다른 트렌드의 시작을 관찰한다. 이는 상업적 이익 혹은 프로파간다 캠페인을 위한 목적으로 학문적 연구(이 경우에는 응용심리학)를 이용하는 것이다. 리비스는 광고가 사회 및 문화에 미치는 영향에 대해 설득력 있는 사례를 얼마나 제시하는가? 만일 당신이 리비스의 의견을 반박하고자 한다면, 어떤 주장을 할 수 있는가?

이러한 경우에, 리비스는 세 가지 출처로부터의 인용이나 참조를 통해 그의 주장을 지지한다. 첫 번째는 『광고 글쓰기(*Advertising Writing*)』, 두 번째는 『광고로부터 더 큰 결과(*Bigger Results from Advertising*)』, 그리고 세 번째 출처는 『글쓰기의 예술(*The Art of Writing*)』인데, 좋은 광고 카피를 만들기 위해 필요한 이는 생각들, 그림들, 그리고 단어들은 광고문안 작성자가 이전에 '고전' 문헌들을 읽었느냐의 여부에 따라 달라진다. 이러한 고전 문헌에는 셰익스피어와 성경도 포함될 것이다.

[구조]

당신은 이미 리비스가 그의 글을 구성하는 패턴을 인지했을 것이다. 그는 몇몇 상당히 긴 인용에 크게 의존하며 많은 각주들을 사용하여 인용 세부사항들을 단순하게 제시한다. 이러한 인용과 각주의 조합은 그의 주장을 전달하는 것을 도와주는가? 아니면 그 주장에 동의하는 것을 더 어렵게 만드는가?

이러한 기술의 영향은 동시대의 소설에서도 엿볼 수 있다. 만일 토마스 러셀(『*What did you do in the Great War, daddy?*』의 저자)이 우리에게 "영어는 세계에서 광고를 하기 위한 최상의 언어이다"라고 말한다면, 광고는 영어를 위한 훌륭한 일을 하고 있는 것이다. 현재 일어나고 있는 일은 문화 환경에만 영향을 미치고 있는 것이 아니다. 이는 분명하지만, 내가 위에서 진부한 문제로 제시한 설명을 인지하고 있는 많은 사람들에게는 그렇게 보이지 않을 것이다. 기준이 무너졌으며, 권위가 사라졌으며, 그리고 현재성이 저하되었다는 의견에 동의하는 사람들조차도 종종 그 재앙이 경고하는 바를 인지하지 못하는 듯하다.

Note

[내용]

리비스(F. R. Leavis)는 광고카피를 개발하기 위해 사용되는 지식과 기술들은 이제 동시대의 소설을 만들기 위해 사용되고 있다고 주장하는데, 이는 그가 명확히 안타깝게 여긴 경향이다. 왜 그는 이러한 경향을 재앙의 지름길로 보았는가? 어떤 일이 일어나고 있는가? 무엇을 잃고 있는가? 이이을 본 사람이 있는가?

[문맥]

다시, 리비스가 주장한 미디어 형태, 장르, 원문으로부터의 차용은 그가 크게 우려하고 있는 것이며 이제 우리 동시대 사회의 특징이 되었다. 게다가, 이러한 경향들을 연구하기 위해 학술 저널들이 설립되었다. 이러한 저널들 중 두 가지인 'Adaptation'(옥스포드저널)과 'the Journal of Adaptation in Film and Performance'(Intellect)는 특히 창작산업 부문에 지속적으로 이익을 가져다주는 각색 붐을 설명하기 위해 만들어졌다.

현대 소설에 대한 리비스의 통찰은 퀴니의 이전 PhD에 의해 조력을 받아왔다.

그렇다면 문화의 전망은 매우 어둡다. 표준화된 문화가 전 세계를 빠르게 뒤덮고 있다는 점에서 희망의 여지는 더 작다. 러시아 쪽으로 눈을 돌리는 것은 편안함을 제공해 주지 못한다. 아인슈타인의 영화 〈The General Line〉을 본 모든 사람들은 뉴 리퍼블릭(June 4, 1930)에서 한 작가가 이 영화를 미국 영화와 비교하여 쓴 다음과 같은 비평에 감사해 할 것이다.

"이러한 점들을 생각해 볼 때 미국은 러시아에게 '그 조용한 적(The Silent Enemy)'을 보내고 다음과 같이 말한다. '이것은 너무 많은 기계들과 함께 너무 오래 살아오고 있는 것이다. 당신이 같은 방향으로 가고자 할 때는 두 번 생각하라.'"

그러나 그 기계에 저항하는 것은 무의미한 일이다. 완전하게 새로운 '대중문화'의 약속을 이용해 우리를 위로하는 것 또한 무의미한 일이다. 의심할 여지없이, 이러한 '대중문화'는 우리가 잃고 있는 것 보다 더 나을 것이지만, 무익할 것이다. 그 '완전히 새로운' 문화는 우리의 흥미를 끌던 모든 것들을 포기한다.[13]

그렇다면 어떤 희망이 남아 있는가? 이 모든 것들에도 불구하고 반드시 회복이 이루어질 것이라는 막연한 희망이 있는가? 리처드는 다음과 같은 희망을 인정한다. 그는 "이 세기가 문화적 벼슬에 있기보단 바닥에 있다고 생각하는 이유들"이라고 말하고 또한 "상황은 좋아지기 전에 더 나빠질 수 있다."[14]라고 말한다. 이 세기는 문화적 정상이라기보다는 진행 단계에 있으며 합리적으로 즐거움을 제공할 것"이라고 말한다.[15] "기본 수준에 도달하면 느리게 오르내릴 수 있다. 이것은 적어도 합리적으로 즐길 수 있는 희망이다." 그러나 이는 위에 설명된 하락세에 직면하여 매우 무모해 보이는 희망이며, 그 과정을 뒤집을 만할 어떠한 요인들도 보여 주지 않을 것으로 보인다.

피할 수 없는 미래에 대한 걱정을 줄이기 위해 슈펭글러,[16] 그리고 헨리 포드[17]의

---

13) "…사실, 이 신사는 우리가 미래를 위해 산업화된 문화를 받아들일 것을 제안했으며, 그렇다면 더 이상 진짜 특성에 대한 어떠한 오해도 있을 수 없다. 그리고 부유해지고 편안하는 것의 즐거움 외에도, 그들은 달콤함과 밝음을 진정으로 인식하게 될 것이다."(*Culture and Anarchy*)

14) *Practical Criticism*, p. 320.

15) *Ibid.*, p. 249.

충고를 들어야 하는가? 그것은 불가능하다. 만일 우리가 도울 수 없는 미래의 문제들에 대해 염려한다면, 우리는 책임을 갖게 된다. 우리는 리처드가 제시한 것과 같은 희망에 매달리는 것을 도울 수 없다. 그리고 그럼에도 기계는 도구를 만들 것이다.

우리는 일어나고 있는 일을 가능한 만큼 인지하고 있으며, 만일 우리가 할 수 있다면 우리의 미래와의 소통을 계속 열어두어야 한다.

[내용]

이 마지막 장에서 리비스(F. R. Leavis)는 문화에 대한 그의 걱정들을 요약하고 있다. 그럼에도 그는 매튜 아놀드, 리처드, 오즈왈드 슈펭글러 등 세 가지 주요 출처들에 의존한다. 리비스의 전체적인 분위기는 비관적이다. 그러나 그는 '기계가 도구를 만들 것이다'라는 가능성에 대해 언급했을 때 낙관주의에 대한 힌트를 제공한다. 당신은 그가 무엇을 의미한다고 생각하는가?

[문맥]

"표준화된 문명…전 세계를 뒤덮고 있는"이라는 관점에 대한 리비스의 제안은 계속 공명하고 있다. 그러나 오늘날 표준화에 대한 우려들은 동종성에 대한 논쟁으로 재구성되었으며, 이는 세계화에 의해 비롯된 것으로 볼 수 있다. 반대 관점들 또한 등장했는데, 이는 세계적-지역적(global-local) 논리에 의문을 제기하며 'glocal' 및 'lobal'과 같은 개념을 만들어낸다.

다소 놀라운 것은 리비스가 미국 포드 자동차의 설립자인 헨리 포드를 언급했다는 점이다. 오늘날, 포드의 미래에 대한 시각은 아마도 소위 산업의 '감독들(captains)'에 의한 미래 계획수립의 부재로 요약될 수 있다. 이러한 계획수립은 현재의 온난화에 대한 우려를 만들어냈다.

---

16) "현재까지 모든 사람들은 그가 미래에 대해 기쁘게 생각했던 것에 대한 희망을 가질 자유를 가졌다. 진실이 없는 곳에는, 감상이 지배한다. 그러나 스스로에게 무슨 일이 일어날 수 있는지를 알려주는 것은 모든 사람들의 일이 될 것이며, 바꿀 수 없는 숙명이 될 것이며 관계없는 개인적 이상, 희망, 혹은 욕구들이 일어날 것이다."(*The Decline of the West*, Vol. 1, p. 39)

17) "그러나 미래에 대해서는 어떠한가? 우리는 과잉생산을 하지 않아야 하는가? 우리는 언젠가 기계가 우세를 차지하고 사람이 영향력을 발휘하지 못하는 날에 도달하지 않을 것인가? 누구도 미래에 대해 어떤 것도 말할 수 없다. 우리는 그것에 대해 걱정할 필요가 없다. 미래는 언제나 우리의 방어 노력에도 불구하고 스스로를 돌보았다. 만일 오늘날 우리가 가장 잘 할 수 있는 일을 한다면, 우리는 우리가 할 수 있는 모든 것을 하고 있는 것이다. 아마도 우리는 과잉생산을 할 것이지만, 그것은 전 세계가 그것을 원하기 전까지는 불가능하다. 그리고 만일 그러한 일이 일어난다면 당연히 우리는 그것을 감수해야 한다."(Henry Ford, *To-day and To-morrow*, pp. 272~273)

읽기 자료 살펴보기

요약된 버전에서 왜 『집단 문명과 소수 민족 문화(*Mass Civilisation and Minority Culture*)』이 '군대 동원(call to arms)'으로 해석될 수 있는지를 알 수 있다. 이것은 리비스에서부터 동료들에게로 요청을 재편성하는 본질을 가지고 있다. 이는 문화의 타락에 대항하는 것을 돕는 목표를 가지고 있다.

『대중문명(*Mass Civilisation*)』에 담긴 메시지는 강력할 수 있지만, 그 메시지의 질에 대해서는 의문점들이 존재했다. 예를 들어, 스카넬(Scannell)은 그 메시지를 '잘 쓰여진 것도 아니며 잘 계획된 것도 아닌' 것으로 묘사했으며 '다양한 출처로부터 인용문을 짜깁기한 것'이라는 인상을 주었다(Scannell, 2007: 101). 그러나 『대중문명』은 후에 리비스와 그의 동료들에 의한 후속 출판에 의해 더 발전했고, 원본은 『연속성(*For Continuity*)』(Leavis, 1933)에서 다른 에세이 묶음들과 함께 1933년에 재발행되었다(Mulhern, 1981: 63 참조). 『대중문명』은 리비스의 '대중문화' 논의 출발 지점이었으며, 1차 세계대전(1914~18)과 2차 세계대전(1939~45) 사이에 가장 영향력 있는 영국 대중문화 비평가로서 그의 명성을 높여 주었다.

팸플릿은 오늘날까지 지속되는 전통을 반영하고 유지한다(Williams, 1998: 1). 이러한 전통은 두 개의 요소들을 갖는다. 첫 번째 요소는 다양한 순간에 뮤직 홀, 영화, 라디오, 만화, 텔레비전, 그리고 더 최근에는 컴퓨터 게임에 초점을 맞추는 대중매체와 오락에 대한 비판을 수반한다. 두 번째 요소는 미국의 문화적 재화와 서비스들에 대한 비평과 심지어는 '미국 문화에 대한 혐오감'을 수반한다(Seaton, 1997: 265). 미국 문화가 영국 문화에 영향을 미치는 것에 대한 리비스의 경고와 관련해 그는 단지 한 가지 출처에서 그의 대부분의 '증거'를 끌어냈다는 점에 주목할 가치가 있다. 그 출처인 『미들타운(*Middletown*)』은 일리노이 주의 작은 마을에 대한 사례 연구였다.

『대중문명』에서 리비스의 분석은 대중사회 논지를 반영하지만, 그의 접근과 유사한 이론적 관점을 채택한 다른 사람들과 유사하기도 하고 다르기도 하다(Bennett, 1995: 348; Garnham, 1990: 60; Seaton, 1997: 265; Williams, 2003: 27). C. 라이트 밀스(C. Wright Mills)는 주로 대중사회 맥락에서 정치적 문제들을 우려했으며 좌파 이념 성향이었지만('12장 밀스의 대중사회 이론' 참조), 리비스의 주요 관심사는 문화에 있었으며, 그는 정치적 우파였다.

마찬가지로 아도르노(Adorno)와 호르크하이머(Max Horkheimer)는 '높은' 혹은 '소수의' 문화를 지지할 필요성에 대해서, 그리고 미국의 부정적 영향에 대해 리비스와 다른 관점을 가지고 있지 않았고, 또한 문화산업에 의해 대량생산된 문화적 상품들에 대해 비평적이었지만, 이 두 저자들은 정치적으로 좌파였다(Bennett, 1995: 348).

근본적으로 리비스가 옹호했던 '소수'는 문학적 소수였으며, 이러한 문학적 소수의 역할은 계속 '문학적 전통과 언어의 가장 깨끗한 능력들을 살려두는 것'이었다(Williams, 1958: 248). 리비스가 '대중'에 대해 말했을 때, 이에 대한 합리적인 추론은 그가 실제로 '속기 쉬움, 변덕, 편견, 취향의 미약함, 그리고 습관'을 가진 그룹의 특징인 '군중'을 의미했다고 볼 수 있다(Williams, 1958: 288). 물론 윌리엄스는 '대중은 없다'라는 관점으로 유명해졌다. 단지 사람들을 대중으로 보는 방법만이 존재할 뿐이다(Williams, 1961: 289).

레이몬드 윌리엄스는 리비스가 자신의 생각과 연구에 중요한 영향을 미쳤다는 점을 인지하고 받아들이면서도, 나중의 관점들에 대해 (적어도) 두 부분에서 동의하지 않았다.

'제거된' 대중이라는 개념에 대한 반대 개념으로 설정된 만들어진 소수의 개념은 오만함과 회의주의에 손상을 입히는 경향이 있다. 통합되지 않고 불만족스러운 현재라는 개념에 대한 반대 개념으로 설정된 완전히 조직적과 만족스러운 과거라는 개념은 실제 사회 경험을 부인하는 경향이 있다.

(Williams, 1958: 255)

비록 윌리엄스는 문화에 대한 리비스의 관점이 점점 더 '광범위한 영향'을 발휘하고 있음을 인정했지만(Williams, 1961: 246), 몇 년 후에 그는 '고급 문화'에 대한 리비스의 옹호가 논리를 잃었으며 이제 '명백한 찌꺼기'가 되었다고 주장했다(Williams, 1976: 183). 그러나 '고급'과 '저급' 문화의 개념, 그리고 '만들어진'과 '만들어지지 않은'의 개념은 여전히 풍부하다. 마찬가지로 더 만족스러운 전통, 혹은 조직, 이전 시대의 문화의 재수집도 여전히 풍부하게 이루어진다.

게다가 『대중문명』에서 설정된 문화에 대한 리비스의 관점의 옹호자들은 심지어 현재에도 영향력을 발휘하고 있다. 예를 들어 하틀리(Hartley)는 특정 그룹들과 조직들은 그들의 부문적 관심사…일반적 관심사처럼'을 제시하기 위해 '정부 고위 엘리트, 행정 공무원, 그리고 심지어 방송 계통에도' 다양한 버전의 이데올로기들을 제시했다(Hartley, 2002b: 52).

주요 용어

소수 사회화(minority civilisation); 대중문화(mass culture); 기계(the machine); 지속성의 파괴(breach in continuity); 미국화(Americanisation); 표준화(standardisation); 그래셤의 법칙(Gresham's Law); 하향평준화(levelling-down); 수동적 기분전환(passive diversion); 표준화된 사회화(standardised civilisation)

주요 학자

Mathew Arnold; I. A. Richards; Oswald Spengler; H. G. Wells; Rudyard Kipling

 권장도서

Mulhern, F.(1981), *The Moment of 'Scrutiny'*, London: Verso.

감시의 역사와 함의는 영국의 문학저널로 1932년에서 1950년대 초기 편집딘 리비스에 영감으로 제시된 자료들이다.

Scannell, P.(2007), *Media and Communication*, London: Sage.

이 장에서는 리비스, 호가트, 그리고 레이몬드 윌리엄스의 삶, 작품 그리고 영향 전반에 대하여 제시해 주고 있다.

Wyatt, J.(1990), *Commitment to Higher Education*, Buckingham: Society for Research into Higher Education & Open University Press.

리비스와 막스 호르크하이머에 대한 기본적인 텍스트이며, 칠인의 사상가의 교육철학에 대하여 점검이라고 있다.

8장

마르크시즘

Miliband, R.(1973), *The State in Capitalist Society: The analysis of the western system of power*(자본주의사회의 국가: 서구시스템의 권력분석), London: Quatet Books Limited.

 마르크시즘 입문

마르크스주의가 매체, 문화, 커뮤니케이션을 이론화하는 다양한 방법의 기초를 마련하고 제공했지만, 매체에 대한 특정한 마르크스주의적 이론은 없었다(Enzensberger, 1972: 100). 오히려 마르크스주의는 '정치적, 사회적, 경제적, 철학적인 자본주의에 대한 비평'으로 묘사되었다(Wayne, 2003: 4). 이는 대중매체에 대한 연구가 커뮤니케이션, 문화와 경제 사이의 관계에 대한 인식을 확고히 하는 자본주의적인 맥락에서 이루어져 오기만 했다는 것을 시사한다.

소위 '덥수룩한 턱수염을 가진 독일인'이라 불리는 마르크스가 19세기 프랑스 급진적 정치, 독일 이상주의 철학 그리고 영국의 경제 분석을 종합하고 발달시킨 이래로 마르크스주의는 수많은 논쟁과 토론의 주제가 되어 왔다(Wayne, 2003: 4). 칼 마르크스(1818~83)가 바로 덥수룩한 턱수염을 가진 그 사람이다.

마르크스는 19세기의 걸출한 인물들 중의 한 사람으로 찬미되어졌다(Briggs and Burke, 2002: 112; MacRae, 1969: 59; Scannell, 2007: 37). 마르크스는 본 대학에서 법을 연구했고 그 후 베를린대학에서 철학을 연구했으며 1843에 파리로 이동했고 1848에는 런던으로 옮겨갔다. 마르크스는 독일의 사회 이론가, 혁명주의자, 사회학자, 역사유물론자 그리고 경제학자로 다양하게 칭해졌다.

마르크스는 아주 중요한 책들을 많이 썼다. 그 중에는 『독일 이데올로기(*The German*

Ideology)』(1846), 『공산당 선언(*The Communist Manifesto*)』(1848), 『요강(*The Grandrisse*)』(1856), 『정치경제학 비판(*A Contribution to the Critique of Political Economy*)』(1859)이 있다. 그리고 그의 가장 유명한 책인 『자본론(*Capital/Das Kapital*)』(1867)은 정치경제 서적의 고전으로 일컬어진다(Briggs and Burke, 2002: 112). 다양한 이유들로 인해 마르크스의 일부 서적은 그의 죽음이후까지 출판되지 못했다. 그 일부 서적이 결과적으로 공공의 영역으로의 출현할 수 있었던 것은 마르크스의 가까운 친구이자 공저자 그리고 후원자였던 프레드리히 엥겔스(1820~95)의 노력 덕택이었다.

독일인 제조업자의 아들인 엥겔스는 마르크스와 공동으로 저술한 책을 발간했을 뿐만 아니라 맨체스터에 있는 그의 아버지의 면직공장을 운영했다. 엥겔스가 쓴 『노동계급의 실태, 1844(*The Condition of the Working Class in 1844*)』(1845)는 맨체스터에서 살면서 그가 관찰한 것을 바탕으로 하고 있다. 따라서 엥겔스를 언급하는 마르크스주의의 정의를 발견할 수 있다는 사실은 놀랍지 않다. 예를 들어, 마셸은 마르크스주의를 칼 마르크스와 엥겔스의 책과 관련된(책을 참조함에 의해 정당화되어지는) 다양한 정치적 관례와 정책들과 이론의 실체라고 정의했다.

마르크스는 또한 그의 삶 내내 저널리스트로 활동했다. 독일에서 20대 중반의 마르크스는 벌써 신문을 편집하였고 런던으로 이동한 후 그는 뉴욕해럴드트리뷴의 유럽특파원으로 일했다. 또한 영국과 유럽 본토의 급진적인 신문사에서 수많은 기사를 작성하였다(Briggs and Burke, 2002: 111; Murdock and Golding, 1977: 15). 이러한 기사들 중에 일부는 엥겔스에 의해 쓰여졌고 또한 엥겔스는 그 기사들에 대한 마르크스의 공(수입료)을 인정했다.

마르크스는 신문에 대해 적극적인 관심을 가지고 다루고자 했으나 자본주의 사회에서 언론의 역할에 대한 포괄적인 분석을 해내지는 못했다(Murdock and Golding, 1977: 15). 하지만 마르크스와 엥겔스는 어디서 그러한 분석이 시작될지에 관한 일부 단서를 제공했다. 원래 『독일 이데올로기』(1846)에서 나타나 있던 다음의 인용문은 자본주의 사회의 경제기구와 신문 그리고 다른 형태의 대중매체의 역할 사이의 관계를 가장 적절하게 묘사했다고 일컬어진다.

모든 시대에서 지배계급의 생각이 곧 지배적인 생각이다. 즉, 사회에서 우세한 물질적인 힘을 가진 계층이 동시에 우세한 지력을 가진다는 것을 말한다. 마음대로 이용할 수 있는 물질 생산의 수단을 가진 계층이 동시에 정신 생산의 수단을 통제한다. 그들이 하나의 계급으로 군림하고 한 시대의 정도와 범위를 결정하는 한 지배계급은 전범위에 걸쳐 같은 행위를 하게 된다. 이러한 이유로 다른 것들 사이에서 지배계층은 그들의 시대적 사상의 생산과 분배를 조절한다. 그러므로 그들의 사상은 그 시대의 지배적 사상이 된다(Marx & Engels, 1974; Williams, 2003: 37).

위의 발췌문에는 명백한 세 가지 키포인트가 있다. 첫째, 자본가계급(부르주아)은 정신적 생산의 수단을 통제하기 때문에 그들은 또한 사상의 생산과 분배를 통제한다. 둘째, 그들이 행하는 통제를 통해서 자본가계급이 다른 종속적인 계급의 사상을 지배할 것이라는 그들의 세상에 대한 관점과 해석을 보장할 수 있다. 셋째, 자본가계급에 의해 부과된 지배적인 이데올로기의 결과로 사회계층들 사이의 불평등이 지속되어진다(Murdock and Golding, 1977: 15).

종속계층이 지배적 이데올로기를 간파하는데 실패한 것은 마르크스의 '허위의식'이라는 개념에 의해 설명되어진다. 이 개념은 지배적인 사상의 형태가 어떻게 노동자를 해방시키거나 권한을 부여하는 것이 아닌 사회의 노동자들이 그들의 위치에 대한 이해를 확증하기 위한 방법으로 작동할 수 있을까에 대한 설명이다.

즉, 자본가계급의 지배적인 이데올로기에 의해 야기되어진 '허위의식'이 자본주의 체제의 실제적 불평등을 불분명하게 하고 산란시키며 의도적으로 왜곡하게 한다.

이 문맥에서 이데올로기는 사회적 진실이 더욱 복잡해지거나 상호 관계적으로 되어갈수록 a) 개인들이 어떤 부분의 합을 이해하거나 분석하는 것을 더 어렵게 만든 것, 그리고 b) 그들은 그 합에 대한 이해를 위해 직접적인 경험에 의존하지 않고 상징적인 형태로 조정되어진 경험에 더욱 더 의존하게 된다는 것을 의미한다. 이 두 가지 관련된 요소들 때문에 지적 오류의 가능성이 더 높아지고 (상징적 형태의 본질이라는 것이 그것들이 거짓될 수 있음을 나타내기 때문에) 조작의 가능성 또한 높아진다(Garnham, 1990: 62).

매체와 매스커뮤니케이션에 대한 마르크스주의적 분석이 무엇을 제공하는지에 대해 숙고했던 스티븐슨(Stevenson, 2002: 9)은 세 가지의 명백한 힘을 강조했다. 첫째로 마르크스주의는 '현상의 사회적 복제'에 있어 매체의 역할을 강조했다는 것이고 둘째로 는 마르크스주의가 어떻게 불공평한 사회적 관계가 이데올로기적 이미지와 사회의 대표성을 형성하는 데 도움을 주는지를 설명해 주는 것이다. 셋째로는 마르크스주의는 소유권의 문제와 매체가 생산하는 문화적인 내용 사이의 연결을 형성해 준다는 것이다.

그러므로 마르크스주의는 사회의 경제 '기반'이 문화와 사상의 '상부구조'를 결정한다는 관점을 제안한다. 이것은 다양하게 해석되어지고 쟁점이 되는 개념으로 왕성하게 토론의 주제가 되어 왔다(Garnham, 1990: 23~27; Murdock and Golding, 1977: 16~17; Stevenson, 2002: 20~26; Williams, 2003: 37~38; Worsley, 1982: 48).

맥퀘일(McQuail, 2002)은 매체, 문화, 커뮤니케이션의 연구에 적용할 수 있는 마르크스주의는 두 가지 방식으로 특징지어진다고 주장한다. 1960, 1970, 1980년대에 나타난 접근방식이 막연한 신마르크스주의라고 묘사되고 '후기 비판 이론'이라고 칭해진 반면에 맥퀘일은 '초기 비판 이론'이라는 꼬리표가 달린 전통적이고 고전적인 마르크스주의는 포함시켰다.

고전적인 마르크스주의는 '20세기의 신민주주의'에 초점을 맞춘 일들과 연관되어 있다. 이러한 종류의 분석은 대중매체를 '지배(자본가)계급의 손에든 무기'로 묘사되었다. 이는 선전에 의한 대중의 통제와 지도 그리고 현실 도피적 환상과 소비 주의적 열망에 의해 실질적인 반대 측으로부터 대중을 마비시키는 것 이 두 가지 표현으로부터 차용되었다(McQuail, 2002: 8). 분석의 첫 번째 종류의 예로써 그는 라이크 밀스의 논문을 인용했다. 그리고 후자의 경우에는 프랑크푸르트 학교와 특히 '문화산업'에 대한 아도르노와 호르크하이머의 연구를 포함시켰다.

위에 묘사되어진 것처럼 마르크스주의로 알려진 연구는 대중매체의 연구에 대한 기능주의적 접근과는 직접적으로 반한다. 기능주의적 접근은 대부분 양적인 연구방법에 의존하고 또한 1940~50년대에 정점을 이룬 방법이다. 이런 종류의 접근방식은 매체는 제한적인 영향을 가지고 있고 매체가 사람을 조종하는 것이 아닌 사람이 매체를 조종한다는 '새로운 학술적인 통설'을 만들었다. 매체에 관해 고려하고 이론화한 마르크스주의는 20세기 후반에 변화의 시기를 겪었다. 이러한 변화의 주요한 원인들에는 소련의 '사회주의'의 붕괴와 마가렛 대처 수상과 로날드 레이건 대통령에 의해 각각 이루어진 영국과 미국의 신자유주의 정부의 출현 그리고 사회계급에 대한 마르크스의 초점이 성별, 성적 취향, 인종, 민족, 국적, 연령과 같은 사회의 다른 분류들을 설명하는 데 도움을 주지 못한다는 견해가 있다. 사회주의 혁명이 더 이상 사회의 불평등에 대한 해결책이라고 보이지 않았음에도 자본주의는 여전히 비판의 대상으로 남아 있었다.

새로운 운동과 새로운 조직을 시작하고 지지하는 것에 대한 초점은 매체에 의해 자금이 조달되는 상업적 공적 서비스에 있다. 특히 매체가 전반적으로 중앙집권화되어 있고 통제되어지거나 통제를 한다는 믿음은 사익의 추구로부터 생겨났다. 그리고 그렇게 함으로써 사회변화를 촉진시키는 것이 아니라 현 상태를 그대로 유지하게 만든다(McQuail, 2002: 9).

특히 정치적 좌익에 있는 사람들에게는 새로운 기술의 도래가 대중을 동원하는 데 도움을 줄 수 있다는 희망을 가지고 있다. 이것은 엔첸스베르거의 매체의 묘사에서 '의식을 형성하는 산업'으로 요약된다. 그리고 맥퀘일은 매체의 '해방적인' 사용 가능성을 상상했지만 매체의 시스템과 관행을 '억압적'이라고 개념화했다(Enzensberger, 1972: 115).

맥퀘일(McQuail, 2002)은 후기 2차 세계대전 시기의 많은 신마르크스주의적 연구들은 두 가지 분야에 집중하는 경향이 있다고 말했다. 한 분야는 방법들을 '노출'하는 시도와 연관되어 있다. 그 방법이란 매체 조직이 명백한 이데올로기적 원인들 때문이 아닌 조직적이고 경제적인 이익을 취하기 위해 사회의 진실의 제한적인 견해만은 보여 준다는 것이다. 다른 분야는 매체의 의미에 초점을 두는 연구자 그리고 해석이란 독자의 특성과 특정한 상황에 의존하기 때문에 모든 '텍스트'는 다양한 '독해'가 가능하다고 제안하는 연구자와 관련이 있다(McQuail, 2002: 9).

고전 마르크스주의에서 신마르크스주의로의 이동이 의미하는 것은 두 가지가 있다. 첫째로, 사회의 경제적인 기반과 연관된 이데올로기와 문화를 예상한다기보다 오히려 개정된 입장은 '이데올로기적인 관습의 자율성'을 강조한다(Williams, 2003: 52). 이것이 대중매체가 이해되는 방식을 변화시켰다. 그러므로 자본가계급이 다른 사회계층에 대해 그들의 지배적 이데올로기를 강화시키는 수단으로서 대중매체를 여기는 대신에 매체를 '경쟁의 장소'로 개념화했다. 그 경쟁의 장소에서 사회의 모든 그룹은 그들의 특정한 견해와 이익을 촉진시키기 위해 경쟁할 수 있다고 여긴다(Williams, 2003: 52).

영국에서 매체, 문화 그리고 커뮤니케이션을 이해하기 위한 새로운 접근들의 이론적인 발전은—일반적으로 문화주의 그리고 구조주의로 언급되는—현재의 문화 연구를 위한 브리밍함 센터와 뗄 수 없을 정도로 연관되어 있다.

아마도 고전 마르크스주의로부터의 이동이 어떤 격렬한 비판을 이끌었다는 것은 놀랍지 않다. 한 가지 예는 간햄(Garnham, 1990)에 의해 제공되었는데 그는 그 텍스트에 특혜를 부여한다는 것과 어떤 묘사와 이데올로기에 분석의 문제를 집중하는 우세한 경향이 있다는 것에 동의하지 않았다. 비평이 시들어간다는 맥락에서 간햄은 이러한 접근이 단순히 지식인과 문화노동자에게 '요구된 유일한 증거는 개인분석가의 근거 없는 견해이기 때문에 하찮은 연구 기회'를 제공한다고 말했다(Garnham, 1990: 2).

간햄이 발견한 두 번째 경향은 그에게는 더 불편한 것이었는데, 이는 "미디어와 문화기관들이 사회의 여러 이익집단들의 권력경쟁 속에서 주어지거나 기술적으로 결정된다는 것이다"(Garnham, 1990: 2). 그는 "이러한 경향이 사회 권력의 구조적이고 차등적인 본질 혹은 권력의 원천에 대한 어떠한 개념도 없다고 주장했다"(Garnham, 1990: 2).

이 장에서 선택되어진 강독은 고전 마르크스주의의 분석에 대한 예를 제공한다. 이것은 저자 랄프 밀리반드가 어떻게 그리고 왜 매체, 커뮤니케이션 산업이 자본주의 사회의 정당화에 있어 중요한 요소가 되었는지를 설명해 준다(Miliband, 1973: 197).

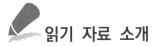 **읽기 자료 소개**

이 읽기는 랄프 밀리반드의 자본주의 사회의 국가에서부터 비롯되었다(『서구체제가 가진 권력의 분석』, 1973). 1969에 처음 출판된 이 책은 그 수요 때문에 1980년대 후기까지 2년마다 재출판되었다. 이 책이 라이트 밀의 기억에 대한 헌납이라는 사실은 흥미롭다. 라이트 밀스의 작품인 『파워 엘리트(*The Power Elite*)』(1956)는 밀리반드에게 자본주의 사회의 국가에 대한 비판적인 연구를 착수하는 데 영감을 주었다.

사회주의의 학문적이고 활동적인 운동가였던 랄프 밀리반드는 런던 경제학교에서 연구하였고 그 이후에 정치학과의 교수로 고용되었다. 그는 1972년에 정치학 교수로서 Leeds대학으로 옮겨 갔고 1977년부터 계속해서 미국과 캐나다의 많은 대학에서 강의를 했었다. 밀리반드의 다른 주요한 연구들에는 『의회의 사회주의: 노동 정치학의 연구(*Parliamentary Socialism: A study of the politics of labour*)』(1961), 『마르크스주의와 정치학』(1977), 『영국의 자본주의적 민주주의』(1982), 『회의적인 시대에 사회주의』(1994)를 포함한다. 그리고 밀리반드는 1964년에 간행물인 저널 ≪소셜리스트 레지스터(*Socialist Register*)≫를 마련하는 데 도움을 주었다. 그의 두 아들인 데이비드와 에드 밀리반드는 둘 다 의회의 구성원이었고 2007년에는 고든 브라운의 노동부에서 장관으로서 역할을 수행했다.

밀리반드의 자본주의 사회의 국가는 '진보한 자본주의 사회'에서 국가의 역할에 관한 내용이었다. 그와 같은 사회는 그들의 역사, 전통, 문화, 언어, 제도에서 서로 다를지 모르지만 밀리반드는 국가를 유효한 '분석의 단위'로 만들면 충분한 유사성을 가지고 있다고 주장했다. 이들 특정한 종류의 사회들이 공통점을 가지고 있다는 것은 그 사회들이 매우 산업화되었다는 것이고 또한 그들 경제의 대부분이 개인 소유화되고 개인의 통제아래 있다는 것을 뜻한다(Miliband, 1973: 8).

이 책이 쓰였을 때, 영국과 미국은 그와 같은 사회의 주요한 예로 인용되었다. 이 주제에 대한 밀리반드의 흥미를 자극시킨 것은 많은 부분들이 정부, 공공 관리자, 엘리트, 관료주의, 정치적 안정성, 정치 문화에 관한 것인 반면에—이들 모두는 국가의 임무에 관해 다룬 것이다—어떠한 하나의 연구에서도 오직 진보한 자본주의 사회에서 국가의 역할에만 초점을 두지 않았다는 것이다.

이 책을 쓰는 데 있어 밀리반드의 흥미의 더 큰 이유는 이 주제에 관한 이전의 연구들은 국가에 대한 저자의 이론적인 이해를 명백히 하지 못했다는 것이다. 밀리반드의 설명에 따르면 이것은 국가에 대한 저자의 이론적인 이해가 없어서 그런 것이 아니라 오히려 그들의 저술이 권력에 관한 질문들을 문제화하는데 실패한 국가에 대한 '다원적인 민주주의의' 관점에서 설명했다는 것 때문이었다. 밀리반드에게 "국가에 대한 이론은 사회의 이론이었고 그 사회에서 권력의 분배에 관한 이론이었다"(Miliband, 1973: 4).

밀리반드는 서구사회에서 권력은 우세한 지위를 즐기는 개인, 그룹, 계급 없이 공평하게 분배되어진다는 가정이 있다고 주장했다. 밀리반드는 이 책의 주요한 목적이 아래와 같다고 가리키면서 이 견해에 반대했다.

이 책의 목적은 진보한 자본주의를 가진 나라들에 대한 국가의 모든 것, 또한 정치적이고 사회적인 다원적 민주주의의 견해는 본질적인 부분에서 잘못되었다는 것을 자세히 보여 주는 것이다. 진실에 대한 가이드를 전혀 제공하지 못한 이 견해는 진실을 더욱 불명확 하게 한다(Miliband, 1973: 6).

가디언 신문에 처음으로 게재되었던 이 책의 리뷰는 책의 표지에 재인쇄되었다. 여기에서 밀리반드의 저술은 '[a] 자세히 설명된 일관적인 에세이, 정직하고 글이 깔끔하면 잘 통제되었다고 묘사된다. 이 책은 최근까지 부족했던 영어로 된 마르크스주의에 관한 가공할 만하고 정교한 수정본으로 효과적인 기여를 했다' 그러므로 밀리반드가 권력에 대한 다원적 민주주의의 견해를 대체할 만한 가장 훌륭한 대안으로 마르크스주의를 꼽는 것은 놀라운 일이 아니다.

밀리반드는 사람들이 '국가'에 대해 잘못 이해한 것을 올바르게 하기 위한 내용으로 장을 시작한다. 이를 통해 그는 정부가 때때로 국가를 구성하는 데 책임이 있다는 것은 사실이 아니라고 지적한다. 그는 국가는 다른 사람들과 지속적으로 상호작용하는 많은 조직들로서 이해하는 것이 가장 적절하다고 주장한다. 그 결과 그는 다섯 개의 요소로 구성된 '국가시스템'이라고 칭하는 것이 더욱 정확할 것이라고 제안한다(Miliband,

1973: 46~51).

정부는 다섯 개의 요소 중에서 첫 번째에 해당한다. 두 번째는 국가의 관료, 공기업, 규제기관을 포함하는 관리시스템이다. 세 번째 요소는 군대, 준군사부대 그리고 보안기관, 경찰을 포함한다. 네 번째 요소는 사법부이다. 다섯 번째 요소는 지방정부당국과 같은 부도심 정부기관 단위와 국회, 의회를 포함한 또 다른 단체들이다. 밀리반드는 이 단체들은 권력을 가지고 있고 행사할 수 있다고 주장한다.

이 책은 아홉 개의 장으로 구성되어 있다('도입', '경제 엘리트와 지배계급', '국가시스템과 국가 엘리트', '정부의 역할과 목적', '국가의 종', '불완전한 경쟁', '정당성의 과정-1', '정당성의 과정-2', '개혁과 억압'). 이 중에서 선택된 강독은 8장 '정당성의 과정-2'의 요약본이다. 이 장은 진보된 자본주의 사회에서 국가시스템을 정당화함에 있어 매체에 의해 수행되어지는 역할을 이해하는 것으로 구성되어 있다. 또한 여기서는 교육시스템과 대학이 수행하는 정당한 역할을 다루고 있다. 그러나 우리는 요약본에서 이 부분을 제외한다.

밀리반드는 배타적으로 그의 분석을 영국과 미국의 대중매체에 제한한다. 그러나 이전에는 주로 소유권, 생산, 영향 그리고 조직 안에서의 고용자의 독립과 자율권에 관련된 문제는 다루었다. 이 강독의 신뢰성은 다음의 발췌문에서 분명해진다.

대중매체의 기능을 경제적, 정치적 맥락에서 고려해 볼 때 대중매체는 권력과 특권에 대한 도전이 아닌 이를 더 확고히 하는 사상과 가치를 보급하는 단체로서 실패할 수 없다. 그래서 대중매체는 계급 우위의 무기고에 무기들과 같다(Miliband, 1973: 211).

이 책이 쓰인 시대를 고려해 볼 때, 대중매체는 오직 신문, 라디오, 텔레비전만을 포함하고 있다. 밀리반드는 디지털 기술에 의해 가능하게 된 최근의 기술 발전을 상상할 수 없었지만 대중매체와 자본주의 사회의 역할에 대한 그의 분석의 대부분은 여전히 통찰력이 있다고 인식되어진다. 마르크스주의의 관전이 사용되어지는 방법, 방식들을 찾아보자 그리고 밀리반드가 인용했던 그의 주장을 지지할 수 있는 예와 증거들을 비판적으로 평가해 보자.

이 책에서 포함하고 있는 대부분의 강독들처럼 이 것 또한 집중을 요구하고 밀리반드의 분석과 결과의 합리적인 이해를 확증하기 위해서는 한 가지 이상의 강독을 더 요구할 가능성도 있다.

Miliband, R., "The State in Capitalist Society"

입법 과정(The process of legitimation)-Ⅱ

1.

진보적 자본주의라는 속성을 가진 '열린사회'를 대변해 만들어진 자유로운 정치 경쟁과 민주적 다양성을 요구하는 커뮤니케이션 영역에서—언론보도, 라디오, 텔레비전, 극장과 등—입법 과정은 보다 확고해진다는 것을 볼 수 있다. 왜냐하면 공산주의자나 다른 '획일적' 정권과는 대조적으로 자본주의 국가에서 표현의 수단은 지배 정치 세력이 독점하거나 이에 종속될 수 없기 때문이다. 라디오나 텔레비전과 같은 곳에서조차 커뮤니케이션 기관들은 공적인 기관, 혹은 공사기관이고, 이런 매체들은 당일 정부를 대변하는 전달 기관이나 단지 정책이나 의견을 보여 주는 기능만 한다고는 볼 수는 없다. 사람들은 반대 견해를 보고 듣는다.

또한, 국가가 커뮤니케이션을 독점하지 않는 많은 정권에서 볼 수 있듯이 커뮤니케이션 기관에서 일하는 사람들은 그들이 전달하는 것이나 전달될 수 있게 허가된 내용은 정부나 공인 혹은 공공기관을 위협할 수도 있기 때문에 지나친 보복을 두려워해야 한다. 물론 다양한 법률이나 규제 그리고 압력을 이기지 못하기도 하지만 가끔은 정말로 심각한 일이 발생하기도 한다. 그러나 이제 곧 다룰 이 규제들은 정부의 규제나 제한을 전달하는 커뮤니케이션 매개가 독립된 것이라는 개념을 확인해 줄 뿐이다. 즉, 이런 규제들은 독립을 제한하지는 못한다.

사실, 다양한 '기존체제'에 상당히 공격적인 다양한 의견들이 정치학이나 문화, 종교, 도덕성에 관련된 것일지라도 무의미하고 소수가 후원하는 표현의 전위적 수단에 국한된다고 말할 수 없다.

이런 '쟁점이 되는' 의견들은 모든 언론의 자유가 있는 나라에서라면 대중 신문이나 잡지를 통해 표현된다. 대형 출판사에서 책이라는 형태로 출간되기도 하는데 종종 다량으로 책으로 발간된다.[1] 이렇게 표현된 견해는 라디오에서 얘기하고 텔레비전으로 소개되기도 한다. 또한 대형 영화사에서 상영하는 영화로 제작되고, '상업'영화관에서 연극으로 공연된다. 그리고 아무도 (거의 어느 누구도) 감옥에 가지 않는다.

[내용]

랄프 밀리반드(Ralph Miliband)는 그의 '분석의 단위'로 선진 자본주의사회와 공산주의 정권에서의 커뮤니케이션 영역의 특징들을 대조하면서 이 단원을 시작한다. 이 단계에서는 어떤 실질적 국가가 거론되거나 특정한 관례들을 보여 주지 않는다. 본래 밀리반드는 이 두 종류 사회 사이에는 수많은 차이가 있다고 제시한다.

먼저 지원 받는 자급이 공개적이든 아니든 간에 자본주의사회에서 커뮤니케이션을 담당하는 기관들은 '정부의 대변자'로서 그리고 공적인 정책이나 의견의 기관으로 활동하지 않고 반대 견해를 보도하고, 피고용자들이 방송 제약에 따르기 쉬운 의견을 표현하는 것을 용납한다. 더군다나 그가 주장하는 바로는, 설령 반대 견해가 자본주의 국가에서 표현될 때에도 그런 의견들은 전위적 출구나 소수의 표현 방법에 국한되어서는 안 된다고 말한다. 또한 그런 의견을 방송에서 말하는 사람들을 고용자가 박해하거나 기소하고 무시하는 일은 아주 예외적인 경우라고 말한다.

'입법과정'에 대해 충분한 윤곽을 그리기 전에 이것이 무슨 의미인지 생각해 보는 것이 좋을 듯하다. 또한 왜 밀리반드가 왜 '열린사회', '획일적인', '논쟁이 되는', 그리고 '상업적인'이라는 단어를 쓸 때 생략 부호를 썼을까?

둘째 문단의 마지막 문장에서 밀리반드가 말한 이런 '정부의 규제나 제한을 전달하는 커뮤니케이션 매개가 독립된 것이라는 개념을 확인해 줄 뿐이다. 즉, 이런 규제들은 독립을 제한하지는 못한다.'는 무슨 의미일까?

[문맥]

밀리반드가 '커뮤니케이션의 영역'이라고 기술한 데서 언론·문어·라디오·텔레비전·영화관·극장을 포함하긴 했지만, 이런 커뮤니케이션 형식은 규제·범위·문맥을 고려할 때 상당히 다르다. 예를 들어 방송에 대해 규제하는 정부는 언론을 규제하는 정부와는 다르고, 그리고 둘 다 영화관과 극장에 적용되는 규정과는 완전히 다르다. 여기서 밀리반드는 그의 분석을 기본적으로 언론·라디오·텔레비전에 제한하고 있으며 통용적인 의미로만 극장과 영화관을 언급했다.

하나 더 짚고 넘어가야 할 점은 밀리반드가 글을 쓴 시대에 관한 맥락이다. 그의 자본주의 사회와 공산주의 정권의 대비는 구소련 연합에 맞서 미국과 서구 연맹이 싸웠던 냉전 시대에 대한 반응이었다. 이 시대에는 양측이 선전용 목적으로 대중매체를 이용했다(예를 들면,

---

1) 1890년대 러시아에서 '합법적 마르크스주의'의 개화에 대해 쓴 글은 B. Wolfe가 "마르크스주의는 상업성이 있고 특별한 상품이라는 걸 발견하고 출판업자들은 이 고전과 현재 독일과 프랑스 마르크스주의 영향에 대한 번역을 하기로 계약했다"고 기록했다(*Three Who Made a Revolution*, 1966, p. 140). 상업적 마르크스주의라고 표현되는 이와 같은 현상이 1960년대 선진 자본주의 국가에서 크게 나타났다.

Thussu, 2006).

[문제]

어떻게 밀리반드가 짧은 해설, 설명과 참고자료의 도서목록을 제공하기 위해 각주를 이용했는지 주목하자.

이 표현의 기회와 자유의 가치와 중요성은 과소평가 되어서는 안 된다. 그러나 여기서 다원적 다양상과 경쟁적인 평형상태의 개념은 다른 분야에서처럼 다소 피상적이고 오해의 소지가 있다. 커뮤니케이션 기관과 저명한 대중매체는 실제로 기성집단과 반대되는 의견을 표출하더라도 정당한 자본주의 사회에 있어서 필수적인 요소이다. 그러므로 표현의 자유는 무의미하지 않다. 하지만 그 자유는 사회의 실제 정치, 경제적인 맥락에서 결정되어야 한다. 그리고 그런 맥락 속에서 생각과 의사 표현을 자유롭게 한다는 것은 주로 이런 자유가 권력과 특권을 지키는 일반적인 체제에 도움이 된다는 것을 의미한다. 실제로 폴 라자스펠드(Paul Lazarsfeld)와 로버트 머턴(Robert Merton) 교수는 이렇게 시사한 바가 있다.

점점 더 주요 권력층, 이 중에는 조직체계를 갖춘 비즈니스가 가장 우월한 위치를 차지하고 있는데, 직접적인 통제 수단을 대신해서 선전을 통해 대중을 다루는 수단으로 여러 기술들을 적용해 오고 있다. 경제적 권력은 직접적인 착취를 줄이고 커뮤니케이션 대중매체를 통해서 선전을 함으로써 교묘하게 심리적인 착취를 해 온 것으로 보인다. 이런 매체는 대중을 사회와 경제의 현상 유지에 알맞게 만들어 주는 역할을 해 왔다.2)

매체의 이데올로기적 기능은 이런 시스템 속에서 문화적 삶의 여러 측면들로 모호해졌다. 예를 들면 국가 독재의 부재, 토론과 논쟁의 실재, 보수주의가 사상의 단단한 조직체가 아니고 느슨하다는 사실이 그밖에도 많이 이 구조 속에서 변화와 다양한 의견을 가능하게 했다. 그러나 모호하더라도 선진 자본주의 사회에서 대중매체가 주로 수행한 매우 '기능적'인 역할은 의도되었다는 사실은 여전하다. 즉, 대중매체라는 것은 지배라는 시스템의 표현이고 이것을 강화하는 수단이다.

[내용]

랄프 밀리반드는 첫 번째 단락에서 '표현의 자유'의 중요성에 대해 강조하였고, 이것에 대한 의미를 완벽하게 이해하고 사용하기 위해서는 사회 전반에서 그것이 어떻게 사용되고 있는지 고려해봐야 할 필요가 있다고 주장한다. 그런 다음에야 우리는 그의 주장에 따르면, '표현의

---

2) P. F. Lazarsfeld and R. K. Merton, "Mass Communication, Popular Taste and Organized Social Action", in B. Rosenberg and D. M. White(eds.), *Mass Culture. The Popular Arts on America*, 1957, p. 457.

자유'가 가진 힘을 어떤 관점과 어떤 의견에서 말하고 있는지 완벽하게 알아 볼 수 있다. 컬럼비아 스쿨의 읽기교재로 사용된 폴 라자스펠드와 로버트 머튼의 인용을 따르자면 밀리반드는 대중매체를 교묘하고 불투명하게 운영하는 방법의 '이데올로기적 기능'의 결과로 보고 있다.

당신은 첫 번째 단락에서 밀리반드의 '다원론의 다양성과 경쟁력 평행'에 대한 참고에 대해 어떻게 이해하고 있는가? 이번 장과 읽기 자료에서 우리가 소개하는 것을 반영하여 당신은 밀리반드가 분석하는 마르크스주의를 어떻게 생각하는가? 특히 이 분석에서 어떤 부분이 오늘날 허위의식의 개념을 보충한다고 볼 수 있는가?

[구조]

밀리반드가 처음 몇 단락을 어떻게 사용하고, 라자스펠드와 머턴의 인용을(아래 문체 참조) 참고 자료로 '배열'했는지 주목해라. 그리고 마지막 문장에서는 그는 대중매체에 대한 역할에 대한 그의 이론을 반복하고 다음페이지에서 그것을 '증명'한다.

[문체]

밀리반드가 대중매체의 역할에 대하여 이데올로기적이고 기능적인 그의 분석에 대해 비록 여기서 라자스팰드와 머턴이 언급했을지라도 어떻게 인용하여 사용하는지에 대해 주목해라. 이것은 단지 한 가지를 끼워 넣거나 아무 것도 언급하지 않는 것보다 당신이 인용을 사용하는 일에 있어서 좋은 보기가 될 것이다.

당신은 중간쯤에서 두 개의 대괄호가 물음표를 감싸고 있는 것을 보았을 것이다. [?] 이것이 당신에게 무엇을 전달하는가?

언론은 이 역할에 대해서 첫 번째의 또한 가장 명백한 예가 될 수 있다. 우리 주변 어디에나 있는 신문의 질과 내용 그리고 경향들은 매우 다양하다. 어떤 신문들은 진지하고 지루하며, 또 다른 신문들은 선정적이며 신랄하고, 지성적이거나 어리석고, 양심적이거나 그렇지 않고, 반동적, 보수적, 자유주의적 또는 급진주의적이고, 외부의 충성에 대해 자유롭고, 또는 당파나 이익집단의 수단이 되기도 하며, 권위에 비판적이거나 차분하게 사과하기도 한다.

　모든 종류에서 다양한 차이가 있지만 대부분의 신문들은 자본주의 세계에서 한 가지 매우 중요한 특성을 가지는데, 즉, 그들의 힘은, 종종 그들의 적의를 사회적 민주주의의 온화한 형태가 아닌 좌파를 향한 아무거나에 열정적이며 꽤 일반적으로 온화한 형태에도 그러하다는 점이다. 이런 참여는 선거 기간에 가장 분명하게 표현된다. 더 자주적이거나, 덜 보수적인 집단 또는 특별히 그들에게 전념하는 편이 아니면, 대부분의 신문들은 보수주의적인 측을 지원하는데 의존하거나 최소한 반보수주의에 대해 강한 비판을 할 것이고, 종종 시끄럽고 비양심적일 수 있다. 이런 보수주의의 우세함은 당연히 압도적이다. 이러한 참여의 핵심은 경제적이나 사회적인 질서에 대한 우세한 방식의 일반적인 동의에 기대는 것과 때때로 정상적인 것 그리고 바람직한 것으로 여겨지는 자본주의 시스템에서의 특정한 동의에 기대는 것에 있다. 대부분의 신문은 경제적, 사회적 생활에서 불가피한 것과 심지어 칭찬받을 만한 것들에 대한 국가의 간섭을 받아들인다. 그리고 몇 신문들은 국유화에 무해한 기사이던 아니던 간에 대단히 대담하게 지원하기도 한다. 그럼에도 불구하고, 언론 조직 대부분은 항상 '공공 부문'에 대한 확대는 '국가의 이익'에 반하는 것이라고 제안하는 것에 전념하고 있고, 개인기업의 강화가 경제적 번영, 사회복지, 자유, 민주주의의 조건이라고 말한다.

Note

[내용]

여기서 랄프 밀리반드는 언론으로 시작하여 언론이 어떻게 양쪽 시스템을 지배하고 그것을 강화시키는지에 대한 자신의 의견을 나타낸다. 첫 번째 단락을 마치면서 말하는 것은 그가 확연하게 신문들이 각자 질과 내용 그리고 경향들이 다르다는 것을 인정하고, 밀리반드는 다음 두 번째 단락에서 신문들의 정치적 충성과 지지에 대한 유사성을 보여 주며 왜 이것이 이러한 케이스들의 이유인지 보여 준다.

첫 번째 단락에서 그는 언론의 한 번 공유된 특성은 그들의 그릇된 좌익을 향한 정치적 관점의 혐오라고 주장한다. 그는 선거 기간이 정치적으로 매우 좋아할 만한 것이 될 것이라고 주장하는데, 왜냐하면 언론이 명백하게 보수적인 집단이나 후보를 지원하지 않더라도 그들은 항상 반보수적인 관점을 대표하는 집단을 비판하는 모습을 보여 줄 것이다.

두 번째 단락에서 밀리반드는 언론의 정치적 지지는 그들이 자연스럽고 바람직한 것이라고 보도하는 자본주의시스템의 지원 때문이라고 주장한다. 게다가 그들은 자본주의를 국가의 간섭이나 '국가의 이익'을 최상으로 제공하는 것보다는 개인소유의 기업과 자유 시장의 관점으로 보고 있어서 공공부문에 대한 지원을 마지못해서 확대하고 있는 모습을 보여 준다. (아래 콘텍스트 참고.)

당신은 언론사의 사장이나 기자들이 사회에서 보수적인 성향을 보이고 있는 것에 대한 다른 이유가 있다고 생각하는가? 언론에 대한 이러한 분석이 오늘날 어느 정도 통용되고 있다고 보는가?

[문맥]

언론사 사장과 기자들이 일반적으로 보수정책을 지지하고 작은 정부의 이념을 지지하는 것에 대한 것에 대한 밀리반드의 관점은 거의 40년 전부터 발전되어 오고 기록되었기 때문에 통찰력 있게 생각해야 한다. 1979년 마가렛 대처(Margeret Thatcher)의 아래 보수적인 정부의 당선은 가스·수도·전기·교도소·철도와 같은 공익사업의 부족을 가져오는 소동을 일으키는 결과를 가져왔다.

이 기간 동안 대중매체와 다른 영역에 관련된 규제를 완화시켰다. 이러한 경향은 토니 블레어(Tony Blair)와 고든 브라운(Gordon Brown)의 신노동당 정부까지 계속 되었고 이와 함께 교육과 건강 분야의 요소들이 지금은 사적인 소유 요소가 되었다.

마찬가지로 언론은 지속적으로 반노동조합세력과 깊은 관여를 유지해 왔다. 신문들이 일반적으로 노동조합을 반대하는 것을 지적하는 것은 절대 아니다. 그들은 탐욕스럽고 무책임하게 단기간의 이득을 달성하기 위해 맹목적인 문제를 키우는 국가의 복지와 사회 구성원 개인의 이익은 무시하고 친근한 전문 용어로 노동조합을 반대한다.

정부와 고용주처럼 신문은 파업에 대해 크게 개탄하고 노동조합을 격려하는 리더에 대한 문제나 명백하게 비사회적이고, 무책임하고 구식의 행위를 막지 못해 파업이 커질수록 적대감도 증가한다. 분쟁에 대한 옳고 그름의 사소한 결과에서 중요한 것은 지역사회, 소비자, 대중에 들이 맹목적으로 잘못 되어 있을 가능성이 있는 악의적인 의도의 지도자에 의한 소환장에 복종하는 행동을 어떠한 비용을 들여서라도 반드시 보호하는 것이다.

같은 맥락으로, 자본주의 세계 속에서 대부분의 신문들은 항상 '급진적' 좌파성향을 가지고 있고, 특히 공산주의자들은 마음속에 정치적 스펙트럼 부분에 대해 표현하는 악의와 적개심에 대하여 다양한 태도를 가지고 있다. 그것은 또한 미국의 주도하에 소비에트나 중국처럼 공격적인 공산주의로 대표되는 악의 세력에 대해 1945년 이후 선한 세력을 이용하여 마니도교들과 투쟁했던 역사의 이러한 신문들이 좋은 예시가 될 수 있다. 혁명적인 움직임은 거의 항상 '공산주의 영향'을 받고, 폐해로 정의 된다. 그러나 끔찍한 상황이 그들에게 주어졌다. 그리고 탈 식민지화 투쟁은 독립을 바라는 운동이나 리더들(또는 테러리스트들)을 향한 많은 주요 신문들의 태도들이 강한 반감과 열정적으로 적대감을 표현하게 했다.

Note

[내용]

랄프 밀리반드는 위 두 개의 단락에서 그들의 언론이 이데올로기적인 역할을 표현하고 강화하기 위한 수단과 자본주의 체제를 반대하는 사람들에 대하여 어떻게 표현하는지 개요를 서술하고 있다. 첫 번째 그룹은 노동조합이다. 밀리반드에 따르면 언론이 노동 분쟁에 대해서 옳고 그름에 대한 기사를 정확하고 공평하게 보도하지 않고 있는 것뿐만 아니라, 노조 관계자와 파업 노동자들의 위치를 약화시키기 위해 한결같이 파업을 비난하고 무책임, 탐욕스럽고 잘못된 고정관념을 대량 생산하고 있다.

같은 맥락으로 밀리반드는 1945년 이후 언론은 '급진적' 좌파를 옹호하는 관점을 가진 그룹이나 정권에 대해서 사실상 악마 같은 사람들로 여기고 있다고 본다. 냉전주의 시절과 그 이후 언론은 자본주의를 서구의 '좋은'것으로 공산주의는 동부의 '나쁜' 것으로 여기면서 공산주의자들은 이런 방식으로 특징지어졌다. 또한 자본주의 질서에 도전하는 어떠한 개인이나 움직임이 있다면 유사하게 꼬리표가 붙었다.

밀리반드는 언론이 고급 자본주의 사회의 지역 그리고 국가 신문들이 명백하게 지배적인 이데올로기를 지지하고 강화한다고 주장했다. 그가 이 관점을 납득시키기 위해 충분한 '증거'를 제공하는가?

[문맥]

밀리반드가 냉전시대 당시의 경험을 통해 썼지만, 자본주의의 질서를 반대하는 부정적인 언론의 서술에 대한 그의 언급은 계속 반향을 일으키고 있다. 예를 들어 남아프리카의 넬슨 만델라(Nelson Mandela)와 아일랜드의 게리 아담스(Gerry Adams)와 같은 사람들은 후에 많은 사람들에게 '자유의 전사'로 알려지기 전까지는 원래 언론에게 게릴라, 또는 테러리스트로 묘사되었었다.

마찬가지로 북한, 이란과 같은 나라들 오늘날 서양 대중매체에 의해 서양 지도자들이 만들어내고 사용하는 문구인 '악의 축'으로 묘사되고 있다. 허만(Herman)과 촘스키(Chomsky)는 논문에서 대중매체가 '동의를 제조하기'('15장 정치경제학' 참조)에서 어떤 역할을 하는지 관심을 가지고 있다. 이 두 저자는 반공산주의 정서가 '프레임' 뉴스와 시사에 사용되는 방법을 보여 준다.

이 전의 장에서 강조 되어 왔듯이 순응주의자들의 관점은 많은 변화와 편차를 인정한다. 그것은 확실히 이것에 대한 중요한 관점과 기존에 존재하던 사물에 대한 측면을 배제하지 않는다. 그리고 사회 민주주의 정부는 보수적인 집단보다 언론의 손에 적절한 처리를 기대해야 하지만 보수적인 집단은 언론의 비판과 공격으로부터 전혀 영향을 받지 않는다. 이런 점에서 언론은 독립적으로 주장할 수 있고 중요한 감시자 기능을 성취 할 수 있다. 그러나 좌파의 감시자들이 무엇보다도 현재의 상황을 보호하기 위해 사납게 짖고 있다는 주장을 간과하는 것이 매우 중요한 사실이다. 대량 부수 발행을 하는 많은 '유명한' 신문들은 다른 쪽의 감정을 전달하는 것과 고위층과 변화, 개혁, 진보에 대한 충고에 가만있지 못하는 모든 종류의 '지배층'의 근본적인 조바심을 제안하는 것에 대하여 극도로 걱정한다. 사실 대부분의 급진주의는 허식의 방식을 조금 덜 표현한다. 인습타파주의적인 불손한 언행과 선동적인 포퓰리즘 뒤에는 진단과 처방이 모두 하잘것 없다. 소음은 상당하지만 어쨌든 전쟁은 허구다.

Note

[내용]

이 단락은 이데올로기 과정의 미묘한 부분을 강조하였다. 근본적으로 언론은 감시자로서의 신뢰성을 유지하려고 하는데 왜냐하면 그들은 현 자본주의시스템에 대한 부정적인 비판을 하는 것을 목적으로 하고 있기 때문이다. 또한 언론은 보수주의 정부의 사업과 정책에 대하여 약간의 비판적인 방송을 할 것이지만 사회 민주주의 정부가 훨씬 더 많은 비판적 보도를 받게 할 것이다.

언론이 현 상황에 대해 좌파에 대해 가장 날카로운 감시자의 역할을 한다는 그의 마지막 주장 부분에서 랄프 밀리반드는 자유 언론의 기본적인 전제를 거부한다('4장 자유주의 언론 이론' 참조).

이데올로기 과정의 미묘한 두 번째 부분을 보여 주기 위해서 밀리반드는 '유명한' 언론의 헤드라인과 캠페인들로 주목을 끈다. 사실상 그것은 멍청한 것들이지만 그의 이번 사례에 대한 표현은 꽤 생생하다. 당신은 끝에서 두 번째 문장의 '인습타파주의의 불손한 언행'과 '선동적인 포퓰리즘에 대하여 어떻게 이해하고 있는가?

라디오와 텔레비전은 유사하게 독점적으로 순응주의자들의 목적을 주로 제공하지 않는다. 여기도 외관은 관점과 의견의 풍부한 다양성과 열렬한 논란과 열정적인 토론이다. 게다가 이런 매체는 상업적이거나 공공적이든 모두 만족하든 높은 수준의 정치적 공정성과 객관성을 제안하고자 한다. 신문은 뉴스의 발표나 관점을 그들이 선택함으로써 정치적으로 관련되고 편파적일 수 있다. 하지만 라디오와 텔레비전은 그래선 안 된다.

그러나 대부분의 방법에서 이것은 공정성과 객관성이 상당히 인위적인 것으로 추정되고 있다. 그것은 주로 많은 문제들이 기본적이고 근본적인 합의로 나눔에도 불구하고 정치적인 형태로 운영되고 있다. 이와 같이, 영국과 미국과 같은 나라의 라디오와 텔레비전은 보수주의와 자유주의 그리고 노동조합, 공화주의자와 민주주의자 그룹 각자의 공정성의 공평함을 지킬 것이다. 하지만 이것은 기본적인 합의에 대한 모든 관점에 반대하여 선전의 꾸준한 흐름을 배제하지 않는다. 이런 의미에서 공정성과 객관성은 정치에 대한 합의 자체가 종료되는 시점에서 멈추고 급진적인 반대가 있을수록 매체의 공정성과 객관성은 줄어든다. 이런 관점에서 모든 자본주의 국가의 라디오와 텔레비전이 끊임없이 대부분의 보수적인 기관들을 세뇌시키고 반체제인사들로부터 그들의 청취자나 시청자를 예방시키기 위해 하는 제안은 사치스러운 것으로 보이지 않는다. 이것은 방송을 통해 얻어지는 걸 금지하는 것을 요구하지 않는다. 그것은 단지 매체가 다른 시각을 가진 집단에 대한 편견을 극복하는 것을 요구한다. 그 것이 그 요구를 충족시킬 수 있을 것이다.

Note

[내용]

랄프 밀리반드는 이제 이데올로기의 과정에서 라디오와 텔레비전의 모습을 말하면서 둘 다 순응주의자들의 목적을 보여 주고 있지만 언론과 마찬가지로 정확하지 않다고 주장한다. 밀리반드는 라디오와 텔레비전이 공개적이나 비공개적으로 자금화되는지 언론이 그런 요구 사항에 적용되지 않는 반면 그들 스스로가 독립적이고 공정함에 스며들어 있는 각기 다른 규제적인 프레임작업에 따라 어떻게 결과가 만들어지는지에 주목한다.

그러나 밀리반드는 라디오와 텔레비전에서 만들어지는 어떠한 공정성과 객관성에 대한 주장도 회의적으로 다뤄야 한다고 생각한다. 그의 이유는 세 가지이다. 첫 번째로, 공정성과 객관성은 제한적인 것으로 여겨지기 때문이다. 두 번째로, 이러한 제한은 밀리반드가 설명하는 주류 정치 정당의 범위에서 공정성의 합리적인 정도를 허용하는 기본적인 정치적인 합의로 만들어진다. 세 번째로, 앞서 언급한 정치적인 합의에 반대되는 관점이나 의견은 공정성이나 객관성으로 다루어질 것이다.

라디오와 텔레비전 그리고 항상 소수로 있는 반대하는 집단들까지 그의 이전의 언론에 대한 관점을 참고해야 한다. 그리고 방송을 할 때 그들 스스로 '보수적 세뇌 집단'이라고 응용하기 때문에 그것은 약간 영향을 줄 수 있다.

'공정성'과 '객관성'이 어느 정도라면 이 분석에서 유용한가? 밀리반드가 이런 단어에 대해 의미하는 것을 당신은 어떻게 생각하는가? 당신은 밀리반드가 라디오와 텔레비전이 자본주의 사회에서 '보수적 세뇌 집단'의 역할을 하고 있다는 주장에 대해 지지하거나 반대할 때 어떤 '증거'를 인용하겠는가?

Reading 7

지금까지 대중미디어는 마치 그들의 유일한 관심사가 정치나 이데올로기에 연관되어 있다고 논의되었다. 그러나 절대 그렇지 않다. 대게 정치 매거진이나 책에서 아주 작은 부분만을 차지하고 있으며, 모든 신문들은 많은 분량을 정치와 관련이 없거나 아주 적은 사건들에 대해 할애하고 있다. 많은 신문들은 사실 정치적 이슈보다 다른 사건들에 대해 더 분량을 할애한다. 유사하게 라디오·텔레비전·영화·연극들은 정치적 커뮤니케이션과 세뇌장치로의 역할을 하지 않는다. 그것들은 또한 대부분 '엔터테인먼트' 요소로 고려된다. 사실, 개인적으로 운영이 되는 대중매체인 경우, 그 대중매체의 주 관심사는 이익창출이다. 이는 신문에서도 마찬가지이다. 톰슨 경이 '자신이 신문사에서 원하는 것은 이익창출'이라고 밝힌 것은 특별히 이상한 일이 아니다.

반면, 이익창출과 정치 세뇌와 관련된 일반적인 관념을 만들어내는 것이 서로 전혀 무관하지는 않다. 따라서 '엔터테인먼트'산업의 목적은, 다양한 측면에서, 이익추구일수도 있지만, 그것의 내용은 다소 특정한 종류의 정치적 혹은 이데올로기적 함축 또는 암시로부터 자유로울 수 없다.

대중매체는 그들의 문화적 빈곤, 천한 상업주의, 시스템적 사소한 문제, 잔인성과 폭력성에 대한 집착 및 중독, 섹스와 새디즘의 의도적 남용 등과 같은 문제들로 인해 자주 비판을 받는다. 이러한 폐단은 익숙해져 있으며 정당화된다.

그러나 이러한 폐단 또한 대중매체로부터 나온 특정 이데올로기적 내용과 특정 관점을 퍼뜨리는 정치적 선전물로 사용되는 대중매체의 강도를 자주 과소평가 하거나 무시하는 경향이 있다. 뢰벤탈 교수는 "서구문명에서 엔터테인먼트 및 출판 분야의 산물들에 내포된 콘텐츠와 동기들에 대한 피상적인 목록은 국가, 가족, 종교, 자유사업, 개인적 행동과 같은 테마를 담고 있다"[3]고 관찰해 왔다.

앞에서 언급한 목록은 단순히 '제대로 된' 테마를 포함하고 있지 않다. 이 목록은 '제대로 되지 않은'종류에 해당하는 변두리에 대해서도 인식을 해야 한다. 메이너드 교수는 세계의 잡지에 대해 "대중매체의 주제의 구조는 현대 자본주의가 가장 큰 특징적

---

3) L. Lowenthal, "Historical Perspective of Perspective of Popular Culture", in Rosenberg and White(eds.), *Mass Culture. The Popular Arts in America*, p. 50.

요인 중 하나다. 중립적인 입장에서 자사의 기사를 주제에 적합하도록 분위기를 맞추고 기사가 중립처럼 위장한다. 그러나 자본은 중립적이고 세상의 현상을 왜곡 없이 보는 기본 장치이다. 따라서 현대 여성지의 주제와 시각은 자본이 결정한다"[4]고 했다. 위 발언의 요점은 보다 더 일반적으로 적용될 수 있으며, 그래서 이 요점은 레이먼드 윌리엄 스가 "우리 특정 사회들의 잘못된 인식을 뜻하는 다수 TV"라고 부른 것에 대해 언급한 것과 일맥상통한다.[5]

[내용]

Note

여기서 랄프 밀리반드는 토론이 대게 정치나 이데올로기에 대한 매체의 역할에 초점이 맞춰져 있지만, 사실 대중매체가 다루고 있는 대부분의 내용들은 엔터테인먼트나 그들만의 의도에 부합하는 어떠한 사건들을 다루고 있었다는 것을 재인식하였다. 레퍼런스 또한 매체 유력인사 에게 만들어지는데 독자로 하여금 상업적으로 운영되는 매체의 주된 목적은 이익창출에 있다 는 것을 상기시키기 위함이다.

그러나 엔터테인먼트나 이익창출을 위해 만드는 상품생산이 정치적·이데올로기적 역할을 하지 않는다고는 말할 수 없다. 게다가 몇몇 매체 단체와 그들이 만든 부산물에 쏟아지는 불만들은 두 가지 방법으로 대중매체의 이데올로기적 역할을 제공한다. 첫째로, 그들은 콘텐 츠의 이데올로기적 본성을 정확히 집어내지 못하거나 간과한다. 두 번째로, 그들은 군중들의 특정 관심사에 대한 집중을 분산시킨다.

밀리반드는 국가·가족·자유사업, 개인적 행동과 같은 매체 부산물에 관한 특정 규칙적 테마 들을 찾기 위해 공개 연구를 한다. 게다가 이러한 테마들은 '제대로 된' 그리고 '제대로 되지 않은' 것으로 고려된다. 후자에 대해 좀 더 넓게 생각하면서 밀리반드는 '다수 TV'가 '잘못된 인식'을 조장하는 키 역할을 한다는 레이먼드 윌리엄의 주장을 인용한다.

밀리반드가 매체의 문화적 빈곤에 대해 언급한 것은 무엇을 의미하는가? 너는 이 지문에서 '제대로 된'것과 '제대로 되지 않은 것'에 대한 개념을 어떻게 해석하는가? 당신이 밀리반드의 분석에 동의를 한다면 군중의 역할과 힘의 측면에서 그가 군중의 편에 있다는 것에 어떻게 생각하는가?

---

4) Meynaud, *Rapport sur la Classe Dirigeante Italienne*, p. 192.

5) R. Williams, "Television in Britain", *The Journal of Social Issues*, vol. 18, no. 2, 1962, p. 11. 초기에 영국에서 남성 잡지들의 가치들의 반응에 대한 전통적인 분석을 위해 G. Orwell, "Boys' Weeklies", in *Collected Essays*, 1962를 참고할 것.

몇몇 매체 조직과 그들이 만든 콘텐츠의 특성의 행동들과 태도에 대한 넓은 범위의 불만 리스트 안에서, 밀리반드의 언급은 현대 사회에 맞지 않는다. 우리는 현재의 걱정에 대해 요행을 바라며 단순히 전자매체에 대해 새로운 편애를 하고 있는지도 모른다.

또한 연속극·게임쇼·코미디와 같이 만연해 있는 엔터테인먼트 프로그램에 대한 담화—테마라기보다는—로 현재 언급되는 것들의 측면에서 다음과 같은 것들 또한 현존한다. 약물 오남용, 성, 이민 그리고 테러. 밀리반드의 주장을 따라서 이러한 것들에 대한 주요 담화는 의문을 제기하는 형식이라기보다는 지지를 해 주는 측면이 강하다. 그러나 아직 또 다른 의견이 나올 여지는 남아 있다.

[문체]

밀리반드가 그의 논쟁을 지지하고 조명시키기 위해 어떻게 학문적 리서치를 발간했는지 적어라. 추정하건대 영어로 번역되어 있지도 않은 그의 인용문을 봤을 때, 그는 독자들이 어느 정도의 교육수준을 갖추었을 것이라 생각했을 것이다.

게다가, 대중미디어의 '메시지'의 많은 부분이 분산되지 않고 꽤 구체적이라는 것은 주목할 만한 일이다. 물론 (책 매출이 천문학적인 작가들을 예로 들자면) 미키 스필레인 (Mickey Spillane)과 이안 플레밍(Ian Fleming)과 같은 소설가들을 어떠한 면에서든 정치적인 작가들로 생각하는 것은 말도 안 될 것이다. 하지만 그들 소설 속의 영웅들이 반공산주의 덕목들의 전형들이고, 그들의 성적 모험들을 포함한 그들의 모험들이 외지인이든 자국 내의 사람들이든 체제 전복적인 세력들에 대한 필사적인 투쟁의 상황 속에 자주 위치해 있었다는 사실을 간과하는 것 또한 어리석은 일이다. 스필레인 소설의 반사회주의에 관해 말했듯이, "소설의 가상 상황에 맞게 짜여진 것이다. 누구든 다르게 생각하면 반역이나 절망적인 순진함에 빠지게 된다".6) 이러한 종류의 막된 '대중들을 위한 이데올로기'는 '대중문화'의 전 분야에 침투하지 않는다. 하지만 대부분의 매체에서 대중문화의 상당한 부분에 침투한다. 그렇다고 '대중문화'의 나머지 부분이 반이데올로기적 소재에 침투당하는 것은 아니다. 전체적으로 봤을 때, 제임스 본드 영화에는 많은 좌익이나 개혁적 존재들이 등장하지는 않는다. 그것은 아마 장르 자체가 반이데올로기적 부분에 신경 쓰지 않는 것도 있고, 선진화된 자본주의 사회들은 분명 그렇지 않기 때문이다.

[내용]

Note

랄프 밀리반드는 매체가 우세한 이데올로기를 표현하고 강조하기 위해 어떻게 업무를 생산하는지에 대한 다른 간접적인 방법을 집어내면서 이 장의 읽기를 마친다. 여기에서 그는 미키 스필레인과 이안 플레밍 같은 소설가들이 정치적 작가로 보이지 않을지 몰라도 그들의 책들과 이후 나오는 영화적 각색들은 이데올로기적으로 보일 수 있음을 논하면서, 유명한 다작의 작가들을 예로 들었다. 그 이유는 그들이 반공산주의 관점을 강화시키고 없어져야 할 체제전복적인 세력들의 가능성에 대해 독자들을 경고하기 때문이다.

그는 이러한 내용들이 전체 대중문화에 침투하지 않음을 인정하지만, 그는 대중매체를 통해 생산되고 전파되는 내용 중 어느 정도가 반이데올로기적이라 생각될 수 있는지에 대한 물음을 제기한다. 어느 정도까지, 그리고 어느 상황에서, 오늘날 우리는 '대중문화'의 개념에 대해 보고 듣는가?

---

6) S. Hall and P. Whannel, *The Popular Arts*, 1964, p. 148.

[문맥]

두 가지 논점들이 여기에서 제시될 수 있다. 첫째로, 이안 플레밍에 관한 밀리반드의 언급은 대중매체의 역할과 특성을 논할 때 변화의 측면과 지속성의 측면을 고려해야 할 필요성을 상기시켜 준다. 둘째로, 제임스 본드 영화가 우세한 이데올로기를 강화시키는 수단으로 작용한다는 생각을 해 본적이 있는가? 또한 이러한 마르크스주의적 체계 안에서, 어떤 매체 생산물들이 오늘날 반이데올로기적이라 지각될 수 있고 왜 그렇게 해석되는 것인가?

Reading 9

2.

대중매체가 정치적인 분위기에 기여하는 갓의 본질은 어떤 외압이 그들에게 가장 큰지에 의해 결정된다. 그런 외압들은 매우 많은데, 그것들은 전부 보수적이고 순응적인 방향으로 작용한다.

우선, 가장 명백한 영향은 소유와 '정신적 생산의 수단'의 통제에서 얻어진다. 라디오나 텔레비전 방송국과 같은 국유화된 통신수단을 제외하면, 대중매체는 압도적으로 사적 영역에 속한다. (미국 내 대부분의 라디오와 텔레비전 방송국은 개인 소유다.) 게다가, 이런 사적 영역에 속한 기관들은 거대한 자본 사업이 지배하고 있다. 특히 대중매체는 단순한 사업이 아닌 거대한 사업이다. 다른 자본 기업과 마찬가지로, 집중의 형태 역시 명확하다. 언론, 잡지 및 도서 출판, 영화, 공연, 라디오와 텔레비전 등은 민간 소유 사업들은, 다른 형태의 매체나 다른 영역의 자본 사업에 관심이 있던 소수의 거대 기업의 소유가 되었다. '허스트 제국'은 신문사 12개, 잡지사 14개, TV방송국 3개, 라디오 방송국 6개, 뉴스, 사진, 피처신디케이트, 에이본 페이퍼백을 포함한다고 알려졌다. 그리고 유사하게, 타임사는 잡지 이외에도 라디오와 텔레비전 방송국, 북 클럽, 제지 공장, 삼림지, 유전, 부동산을 소유한다.[7] 같은 형태의 집중이 다른 자본주의 국가에서 발견된다. 예를 들면 악셀 슈르링거 제국은 단독으로 독일 신문과 잡지의 40%를 쥐고 있고, 베를린 신문의 80%를 소유한다. 영화 산업에 대해 말해 보면, 영국의 영화 배급 시장은 사실상 회로 시네마를 운영하는 두 독립된 회사에 의존하고 있고, 영화가 일반적으로 배급 보증을 받아야 자금을 조달할 수 있기 때문에 그 두 회사가 거의 완벽한 지배권을 갖고 어떤 영화를 만들지, 어떤 주제를 허용할지 결정한다.[8] 주목할 만한 것은 대중매체 시장의 새로운 벤처기업들은 그 분야나 다른 분야에 현존하는 이익에 쉽게 사로잡힌다. 그러므로 할 씨와 화낼 씨가 영국의 상업 텔레비전 시장에 관하여 "새로운 주체에게 힘을 분산시키는 것보다 기존에 갖고 있던 자들의 힘을 증가시켰다.

---

7) G. W. Domhoff, *Who Rules America?*, 1967, p. 81.

8) A. Hunt, "The Film", in D. Thompson(ed.), *Discrimination and Popular Culture*, 1964, p. 101.

상업 텔레비전의 반 이상의 자원을 신문, 영화사, 연극의 관심들이 소유한다"라고 언급했다.[9]

Note

[내용]

랄프 밀리반드는 그가 대중매체의 주요한 영향들로 제안한 것들에 관심을 두었다. 그는 이러한 영향들이 각각 따로, 또 조합으로서, 보수성과 체제 순응을 독려한다고 주장하였다. '정신적 생산의 수단'에 대한 통제와 소유는 첫 번째 영향으로 실려 있다. 밀리반드는 우리가 오늘날 당연하다고 여기는 것들에 대해 많은 생각을 밝힌다.

우선 대부분의 대중매체는 민간 소유이다. 둘째로, 소유의 집중은 명백하다. 세 번째로, 소수의 '거대기업들'이 다른 종류의 매체를 소유하는 일이 발생했다. 넷째로, 거대기업의 소유로 인해 대중매체들이 생산하는 것에 영향을 주었다. 이를 영국의 영화 배급의 권력구조를 예로 들어 설명하였다. 다섯째로, 언론과 같은 '오래된' 매체의 소유자들은 '새로운' 매체에 재빠르게 투자했다. 이를 영국의 상업 텔레비전의 성장을 예로 들었다.

[문맥]

밀리반드는 이 책이 처음 출판되었을 때부터 계속된 몇 개의 트렌드를 확인하였다. 오늘날 소유의 집중은 더욱 확연해졌다. 예전의 '거대기업'들이 초국가적 언론 재벌로 묘사되었고, 그 이전 시대와의 확연한 차이점은 소유권이 한 국가의 경계를 넘어섰다는 것이다. '오래된' 매체는 계속해서 '새로운' 매체를 산다. 가장 명백한 최근의 예는 루퍼트 머독(Rupert Murdoch)이 소유한 뉴스 코퍼레이션(News Corporation)의 마이스페이스(MySpace) 합병이다.

---

9) Hall and Whannel, *The Popular Arts*, p. 343. 영국의 상업 텔레비전의 메인 제작자 중 하나인 노먼 콜린스는 이 과정을 다음과 같이 묘사하였다. "…시청자는 그 스스로 여러 해 동안 국가의 극장, 영화관, 콘서트장과 신문사에서 일 한 사람들의 통합된 경험의 표현의 서비스를 제공받도록 찾는다. 이것은 건강하고 민주주의적인데, 독립 텔레비전들에 대한 재정적 관심들이 넓게 퍼져야만 한다. 이것은 독립 텔레비전에서 수많은 산업의 가지들과 언론과 오락이 참여할 수 있는 흐뭇한 일이다."(*ibid.*, p. 344) 모험의 흐뭇함은 의심할 여지없이 참여자를 위한 것이다. 이것은 덜 명백한 것보다는 보다 더 '민주적이다'.

Reading 10

명백하게도, 자본가 대중매체를 소유하고 통제하는 사람들은 대부분 사상적 기질이 매우 보수적에서 완전히 보수적 사이에 있다. 그리고 많은 경우들, 특히 신문의 경우 그들의 시각과 편견의 영향력은 즉각적이고 직접적이다. 간단히 말해서, 신문 소유주들은 종종 그들의 신문들을 소유해 왔을 뿐 아니라, 그들의 사설과 정치면 또한 통제해 왔고, 이러한 면들에 지속적이거나 매일 개입하여 그들의 개인적인 시각들의 수단으로 만들었다.10) 악셀 슈르링거 신문 제국의 경우, "그는 군주처럼 신문사를 운영하였다. 그는 어떠한 종류의 중앙집권적 사상 통제 부정했고 또, 이러한 통제가 어떠한 방식으로도 형성될 수 없다고 했다. 하지만 할 슈르링거는 가장 강한 정치적 시각의 사람이다. 매우 종교적이고, 전투적인 반공주의자인 그는 또한 임무에 대한 지각이 있다. 그는 그의 신문사를 드러내놓고 감독하지 않았지만, 그의 생각들은 아래쪽으로 스며들었다" 라고 발언해 왔다.11) 모든 진보된 자본주의 국가들의 많은 신문사 소유주들이 언급되었을 것이다. 소유의 권리는 선전 제작의 권리를 제공하고, 그 권리가 있을 때, 매우 보수적인 편견들의 체제에서 긍정적인 주장이나 소유주들이 게재하고 싶지 않은 것들을 제외함으로써 실행할 가능성이 높다. 자유 기업 체제에서 검열은 순수하게 국가적 특권이다. 의심할 여지없이, 국가 검열과 다른 사적 검열은 절대적이지 않다. 하지만 신문의 정보나 시각들을 대체할 수 있는 원천은 미국의12) 다른 지역들의—다른 많은 도시들도13)—대부분의 일들이기 때문에 즉각적으로 이용할 수 없다. 이러한 검열은 항상 꽤 효과적인데, 특히 라디오와 텔레비전과 같은 미국에서 대부분 사용되는 매체들은 또한 같은 소유권과 통제 하에 있다.14)

---

10) 비버 브룩이 왕립 위원회 언론에서 말했듯이 "나는 다른 의도 없이 프로파간다를 만드는 순수한 목적으로만 신문을 운영했다". Quoted in R. M. Hutchins, *Freedom, Education and the Fund*, 1956, p. 62.

11) *The Times*. 15 April, 1968.

12) "오직 이 나라의 모든 일간지의 6%만이 현재 경쟁을 하고 있다."(W. Schramm, "Its Development", in C. S. Steinberg(ed.), *Mass Media and Communication*, 1966, p. 51. 여기에 대해서는 1953~54도 참조)

13) 프랑스에서는 다음과 같이 기록되어지고 있다. "en province, les habitants d'une trentaine de departements n'ont a leur disposition qu'un seul journal."(F. Goguel and A. Grosser, *La Politique en France*, 1964, p. 157)

14) 반공주의자를 위한 것과 미국에서 부자들과 관련된 목적과 관련된 텔레비전과 라디오의 사용, F. Cook, "The Ultras", in *The Nation*, 30 June 1962를 보라.

[내용]

보수주의와 순응주의의 강화를 가능케 하는 소유권과 통제의 두 번째 측면은 대부분 큰 매체기업들을 소유하고 경영하는 사람들의 바로 그 본성이다. 명백하게 랄프 밀리반드는 공적인 소유의 매체보다는 개인 소유를 주로 제시하고 있고, 그의 주된 사례는 언론으로부터 그려졌으며, 그의 초점은 독일의 스프링거 매체 제국에 있다. 그가 반박하고 있는 소유자의 '사상적 기질'은 일반적으로 보수적이다 못해 반동적이고, 이는 그들의 매스컴에 의해 제작된 사설과 정치면에 명백히 제시되어 있다.

밀리반드가 제시하는 개인소유는 '선전을 만들 수 있는' 권리와 선전할 수 있는 기회를 제공한다. 이는 검열이 오로지 국가에 의해 고용된 관례가 아니고, 개인 소유를 바탕으로 세워진 자유기업체제에서 발생할 수 있고 또 발생하고 있다는 인식을 자극한다. 밀리반드는 검열은 절대적이지 않다는 것을 잘 알고 있다. 하지만 그는 의도치 않은 순간에 소유권이 집중되고 대부분의 매체들이 개인적으로 소유되고 운영될 때 검열이 발생할 가능성이 더 많다고도 지적한다. 이 예시의 그의 언급의 요점은 미국이다.

[문맥]

매체 소유자들의 힘과 영향력이 공적인 논쟁거리로 지속되고 있을 무렵, 의도적 또는 다른 방식의 개인소유 매체에서 검열 실행에 대한 잠재성은 신경 쓰지 않게 되었다. 이는 더 넓은 공적인 시각에서 봤을 때, 이 국가에 있는 매체가 무료이고 자유로운 담화가 아직 가능하기 때문일 것이다. 물론 이는 자유 민주 언론 이론의 기초적인 전제이다.

Reading 11

하지만 대중매체를 소유하거나 궁극적으로 지배하고 있는 모든 기업들이 그들 매체에 직접적이고 즉각적인 영향을 행사할 방법을 모색하는 것은 아니다. 꽤 흔히, 편집자들, 기자들, 프로듀서, 매니저 등은 상당한 정도의 독립권을 부여 받고 심지어 재량권이 주어지기도 한다. 하지만 그렇다 하더라도, 사상들은 '아래로 스미려는' 경향을 갖고 있고, 방대할 수 있지만 상업적 매체에 종사하는 사람들에게 무시될 수 없는 이데올로기적이고 정치적인 체계를 생산하려는 성향을 갖고 있다. 그들은 보수적인 상황에서 발견될 수 있는 신성시되는 제도들을 지극 정성으로 살피라고 요구 받지 않을 수 있다. 이것은 적어도 그들이 직원인 사람들의 보수주의적인 민감함의 여분을 남길 것이라 예상되고, 그들은 자유 기업 체제에 맞는 자세를 취하고 자본과 노동, 노동조합, 좌파 정당과 행동, 냉전, 혁명적인 움직임, 세계에서의 미국의 역할, 그 외의 것들의 사이에서 투쟁할 것이다. 이 체계의 존재는 완전한 순응주의를 요구하지는 않지만, 일반적인 순응주의는 요구한다. 반대자를 위한 공간이 어느 정도를, 때로는 후하게 보장된다는 것이다.

Note

[내용]

랄프 밀리반드의 마지막 관점은 소유와 제어가 보수주의와 체제순응주의를 부추기고 직원에 대한 고려를 포함한다는 것이다. 사실상 소유주의 힘에 대한 질문들이 증가하는 것이 편집자, 저널리스트와 같은 직원들에게 영향을 줄 수 있는데, 밀리반드는 '편집권 독립'과 같은 사려 깊은 생각들을 가져왔다. 소유주의 잠재적 힘에 대한 그의 대답은 소유자들과 경영자들의 정치적·이데올로기적 관심들을 제시해 직원들에게 '퍼뜨리는' 것이다.

결과적으로 조직을 위한 일들은 다양한 문제들을 보도할 자유가 있으며 소유주들에게 불리한 영향을 줄 수 있는 비판적 이슈들이나 사건들도 그러하다. 하지만 밀리반드는 같은 직원들 또한 노동과 자본의 세계에서의 역할에 대한 미국의 분쟁과 같이 어떠한 문제들에 대한 보도를 전적으로 믿을 수 있고 궁극적으로 현상 유지를 원할 수 있는 것에 대해 논쟁한다.

밀리반드는 '대중매체가 정치적 분위기를 만드는데 그들에게 가장 무거운 무게로 영향을 미치는 것으로 결정되는 것에 하는 기여'에 대한 논쟁을 해 왔다. 첫 번째로 조사된 영향은 소유와 규제이고 세 가지 영향의 양상이 고려되었다. 소유의 집중, 소유자나 관리자의 이데올로기적 성향, 직원들에게 행사하는 영향력.

당신은 어느 정도로 밀리반드의 영향에 대한 세 가지 양상에 설득되었는가? 또한 밀리반드가 옹호한 입장에 반대해 어떻게 논쟁할 것인가?

신문과 다른 매체에 대한 순응주의와 보수주의 압력의 두 번째 근원은 직접적이거나 간접적이거나 소유자들이 아닌 광고주들의 자본주의 이해관계에 의해 발생된다는 것이다. 상업적 매체에 대한 대형 광고주들의 직접적인 정치적 영향은 강조될 필요가 없다. 광고주들이 그들이 고객인 매체의 내용과 정책을 좌우할 수 있거나 좌우하려고 시도하는 것은 아주 흔치 않은 경우이다. 하지만 그들의 서비스 이용은 매체의 재정적 생존 능력에 있어 중대한 영향을 갖고 있고 그 영향은 모든 경우는 아니지만 신문, 잡지, 상업적 라디오와 텔레비전 등 몇몇 경우에 존재한다는 것을 의미한다. 그러한 사실은 단지 이러한 매체들이 강력하고 가치 있는 이해관계를 다루는 데 이례적인 대우를 보여주기를 기대하는 일반적인 성향을 강화시키는 데 지나지 않을 수 있다. 하지만 이것은 유용하기도 한데, 전반적인 사업 관계자들에게 그들이 호의적인 이해관계로 대우될 것이고, '재계'는 최소한, 노동자 측과 노조 연합에 그들의 불만은 전혀 중요하지 않다는 태도를 드러내 보여도, 많지는 않지만 어느 정도의 면죄부를 부여 받을 것이라는 더한 보증을 제공해 주기 때문이다.

Note

[내용]

대중매체에 영향을 주는 두 번째 주요 원인은 광고산업이다. 광고주의 영향은 직·간접적으로 발휘된다. 전자의 경우 개인적으로 소유한 매체가 수입과 생존을 위해 스폰서와 광고에 의존하기 때문이다. 이것은 간접적인 영향이 나타나게 되는 재정적 의존의 결과이다. 예를 들어 광고주들은 충분한 보상을 매체회사들에게 후반의 정책들과 내용들을 보장하기 위해 일반적으로 기업환경과 자본주의에 더 일반적으로 호의적으로 보이기 위해 지불한다. 그러므로 광고주들이나 스폰서들이 직접적으로 매체회사들의 관계자와 그 일에 개입할 필요가 오직 가끔 생긴다. 최근의 사례 중 하나는 연예인 빅브라더(채널 4, 2007)의 스폰서로서의 핸드폰 전문 쇼핑몰의 철수인데 왜냐하면 빅브라더하우스에서 인종적 언급이 있었기 때문이다.

광고주들과 스폰서들에 대한 직간접적 영향의 결과로 랄프 밀리반드는 대중매체의 구성이 기업과 자본주의의 세계를 보다 일반적으로 '동정적인' 위치를 차지하는 데 의지한다고 논쟁하고, 또한 아마 보다 중요할 것은, 불만스러워하는 직원들의 항의와 직원들과 함께하는 노동쟁의들의 연합 리더들에게 회의적이라는 것이다.

광고주들과 스폰서들의 힘에 대한 밀리반드의 논쟁들이 현 시대의 상황에 어떤 크기를 차지하는가? 그렇다면 왜 그것이 문제인가?

Reading 13

억압의 세 번째 요소는 정부와 국가 시스템의 다양한 분야에서 비롯되는 대중매체에 있다. 앞에서 언급했듯이 그 억압은 대게 명령구조의 방향이 아니다. 그럼에도 불구하고 그것은 수많은 방법으로 실재한다. 첫째로, 정부, 정부부서, 그의 공공기관은 그 어느 때보다 정고하고 체계적으로 변명적이고 목적이 확실한 그들의 정책을 신문, 라디오, TV에 제공하고 있다. 다시 말해, 정부는 점점 더 뉴스를 관지하고, 이는 스트레스와 위기의 시기에 더욱 심화된다. 대부분의 선진 자본국가들은 거의 영구적으로 이 시기에 있다고 볼 수 있다. 또한, 이러한 위기가 심화될수록 관지의 목적이 확실해지고, 회피와 거짓 또한 심화된다. 더욱이 정부들은 이제 그 어느 때보다 더 광범위하게 특히 외국과의 문화 경영과 관계를 맺고 있고, 교육과 문화를 외국 정책의 도구로 이용한다. 제3세계에서 시도하고 뚜렷하게 미국이 일으킨 전쟁 이후 이 분야에서의 엄청나고 가장 위대한 노력은 '문화 제국주의'[15]의 개념을 완전히 새로운 관점으로 만든 것이다. 아니, 이것은 이렇게 이야기 되어야 하는데, 이런 노력들, 문화 분야에서 알아낸 것으로 보이는 CIA활동들이 미국을 포함한 고도의 자본주의 세상에서 등한시되어 왔다.

신문들이 걱정했던 대로 정부들과 다른 국가 시스템의 에이전시들은 아마 뉴스를 경영하고픈 그들의 바람으로 다양한 억압들과 수단들을[16]—위협조차도[17]—보다 혹은 덜 효과적으로 야기할 것이다. 하지만 대부분의 분야에서 출판사들, 편집자들, 그리고 저널리스트들과의 호의적인 관계에 아주 크게 의지하도록 강요된다. 많은 경우에 그런 협력과 호의는 다수의 신문들의 경향에 따라 이미 마련되는데, 대략적으로 말하자면 대부분이 보수적인 설득의 정부들에 의한 국가적 관심의 관점을 공유하는 것이다. 하지만 신문들이 저항적이라면, 종종 한 가지 혹은 다른 경우인데, 그것에 대해 정부들이 할 수 있는 것은 거의 없다. 이런 맥락에서 또한 신문들은 독자적인 기관이다. 그리고

---

15) 예를 들면, "The Non-Western World in Higher Education", in *The Annals of the American Academy of Political and Social Science*, Vol. 356, 1964를 보라.

16) 때때로 독일 연방에서처럼 보다 직접적인 종류로 "장관의 예산에서 더 많은 의원 목적의 비밀 자금이 있다"(V. Dueber and G. Braunthal, "West germany", in "Comparative Studies in Political Finance", *Journal of Poilitics*, p. 774).

17) As, for instance, in the case of the German government's attempt to crush the awkwardly critical *Der Spiegel*. O. Kirchheimer and C.Menges, "A Free Press in a Democratic State? The *Spigel Case*", in G. M. Carter and A. F. Westin, *Politics in Europe*, 1965를 보라.

그들의 모든 결점은 이런 나라들의 삶에 중요한 사실로 기억된다.

[내용]

여기 랄프 밀리반드가 보여 주는 억압의 세 번째 형태는 보수성과 복종을 위해 대중매체에 실제로 적용된 것이다. 이것은 정부와 국가의 다른 공식 에이전시들의 노력에 의한 영향이다. 그의 첫 번째 예시는 언론이다. 하지만 어떻게 정부와 다른 국가의 에이전시들이 언론의 보도에 영향을 미치는지 고려하기 전에, 밀리반드는 다양한 읽기 자료가 출판되면서 빠르게 지속된 세 가지 경향을 꼬집는다.

첫째로 국가적 경계 이내에, 그리고 그 넘어 이루어지는 국가 간 커뮤니케이션의 증가이다. 두 번째는 더 많은 투자가 '보도 경영'의 목적을 위해 자원들을 가진 정부들에 의해 만들어진다는 것이다. 세 번째로 정부들에 의해 '해외 정책의 도구'로 문화와 교육의 이용이 보다 커진다.

밀리반드는 정부들과 국가의 다른 에이전시들이 언론이 참아야 할 위협들도 포함하고 광고를 중단하는 것을 포함할 수도 있는 억압들을 가져올 수 있다고 제시한다. 하지만 대부분의 정부들이 대게 보수적인 설득을 하기 때문에 그들은 언론으로부터 얼마만큼의 호의를 기대할 수 있다. 더 나아가 언론에게도 정부와 다른 에이전시들이 공급하는 보도 자료들과 다른 정보들을 '무료' 내용물로 제공하는 것에서 경제적 관심이 있다. 하지만 만약에 언론이 정부 정책의 보도에 호의적인 접근을 하지 않기로 하면 마지막에 할 수 있는 것은 작다. 비록 그런 상황이 발생하더라도 신문들과 '말할 자유'와 '언론의 자유'를 예고할 수 있는 기회를 가진 편집자들을 제공한다.

[문맥]

가정과 해외에서의 커뮤니케이션과 정부의 관계에 대한 밀리반드의 관찰은 최근 몇 년 동안 많은 논쟁의 주제가 되어 왔다. 예를 들어 실러(Schiller)는 미국의 대중문화산업과 미국 국가의 외국 정책(예를 들어 Schiller, 1998을 보라)의 상관관계에 대해 썼다. 영국에서는 프랭클린(Franklin, 2004)이 정부에게 이용된 전문가들의 커뮤니케이션의 엄청난 증가와 정책이 드라마 같은 엔터테인먼트 장르의 스토리 라인에 내장되어 온 방법에 대해 문서화했다.

마지막 포인트는 아마도 밀리반드의 언급을 '문화적 제국주의'로 만들었을 것이다. 이 용어는 오늘날에는 잘 사용되지 않는다. 대신에 오늘날 사회의 국제적 커뮤니케이션에 있어 지배적인 담론은 세계화에 관한 것이다. 놀랍지 않게도 비판적 학자들은 세계화가 제시하는 아이디어가 무엇인지, 게다가 무엇이 모호한 것인지 물을 것이다.

밀리반드는 문화적 제국주의의 세세한 예시들을 제시하지는 않지만 그의 분석의 핵심이 비추는 것을 너는 할 수 있는가? 문화적 제국주의의 개념이 마르크스주의자에 의해 어떻게 설명될 것인가? 몇몇이 오늘날 제시하는 것처럼 우리는 문화적 제국주의자들을 민족국가라기보다 다국적 매체의 집합체로 생각해야 하는가? 세계화의 어떤 아이디어가 모호한가?

반면, 공식적인 기관인 공영 라디오와 TV는 다양한 외압에 뉴스보다 훨씬 더 취약하다. 영국의 정부와 같이 이들도 정부로부터 독립적일 수 있지만, 공적인 분위기에 스며들기 마련이고 비판적인 역할보다는 순응주의자의 태도를 취하며 이를 유지하다. 이것은 정부와 공식 정책들을 비판하거나 공격하게 막지 않는다. 하지만 비판과 공격은 안전의 범위 내에 있는 경향이 있고, 상당해 좁은 스펙트럼이다. 벨푸어 경의 영국의 상원에 대한 발언을 빌어 말하자면 보수당이든 노동당이든 사무실에서 일반적으로 만연한 것들에 대한 시선은 순응주의자이다. 총파업의 시대 때 존리스는 BBC에서 총파업에 대한 그의 역할로 수상에게 썼을 때 "BBC가 사람들을 위하고 정부가 사람들을 위한다고 가정하면 BBC 또한 정부를 위해 이 위기를 따라야 한다".[18] 그 이후로 어느 정도는 바뀌었지만 종종 주장되거나 독립과 자치의 개념으로 제시되어야 하는 만큼 극적이지는 않았다. BBC 텔레비전에서 최근 몇 년 동안 쓰면서 스튜어트 후드는 생산되어야 하는 것은 '프로그램 정신들—법적이든 아니든 프로그램 만드는 일에 관련된 사람들에게 점차적으로 흡수되는 잘 들어맞는 적절한 일반적인 시각—로서 묘사될 수 있는 것에 기반을 두는' 것이라는 판단들은 써왔다.[19] 이 '프로그램 정신들'은 겉면보다 일치하는 범위 내에 논쟁을 만드는 것에 가깝다. 그리고 프로그램들이 끊임없이 혹은 반체제주의자들이 끊임없이 나타나는 곳에 공식적인 억압들은 정부 스스로 중요하지 않더라도 BBC(와 독립 텔레비전 공사)의 통치자의 이사회의 단체로부터 효과적인 작업으로 작용된다. 마지막은 보수당, 자유당, 노동당 혹은 '정치적이지 않은'[20] 어떤 것이건 간에 완벽하게 기관 형태들이다. 그리하여 그것은 BBC 국장이 그것은 그 주일이었다와 같은 날카롭게 풍자한 프로그램이 방송을 중단한 '그의 개인적 책임'이었다. 하지만 후드씨가

---

18) J. W. C. Reith, *Into the Wind*, 1949, p. 108.

19) S. Hood, *A Survey of Television*, 1967, p. 50.

20) 'BBC 계층 구조의 상단인 위원회는 정부로부터 약속받았고, 재능, 위치와 차이를 가진 아홉의 남성과 여성으로 구성된다. 일반적으로 그들은 영국 사회의 상위 계급을 대변하는데, "공고히 하는"이라고 말해지고, 영국 버전의 미국의 "파워 엘리트"와 같다. 노동조합 또는 노동자 배경으로 지구 총재를 임명하는 특별한 시도가 없으며, 매우 거의 회원은 방송, 언론 또는 관련 분야에서 경험을 필요가 없다(B. Paulu, British Broadcasting in Transition, 1961, p. 17). BBC 운영위원의 계층구조와 1950년대 문화적 방향의 일반성(For the class composition of BBC Governors and of the 'Cultural directorate generally' in the 1950s)에 대해서는 Guttsman, *The British Political Elite*, pp. 342ff를 보라.

또한 적었듯이 '만약 국장이 그의 직책을 지속하고 싶으면 실질적인 대안이 없을 때 이사들에게 의심을 받을 수 있는 부분을 느끼는 힘에 대해 지식이 없는 자는 없다.'[21] 또한 불경하고 악영향을 미치더라도 TW3는 어떠한 정치적 책무도 피했던 만큼 가치 있는 것도 없다. 정말로 그것은 아무런 책무 없이 터무니없게 시대에 뒤떨어진 개념들 주변에서 넓게 설계되었다. 그랬던 반면에 아마도 그것은 그랬던 것만큼 오래 지속하지 못할 것이라 추측될 수 있다.

정부나 공식적인 외압에 대한 논의에서 중요한 점은 이것이 단순이 일어나느냐, 또는 얼마나 강력한가에 관한 것보다 주어진 정부와 국가 엘리트 계층의 이념적 태도 속에서 이런 외압은 이미 독립적으로 존재하는 보수주의와 복종의 경향을 강화한다는 데 있다.

Note

[내용]

마지막으로 랄프 밀리반드는 공적으로 세워진 라디오나 텔레비전 서비스들에 정부와 다른 공식 에이전시들로부터 나오는 억압들에 대해 고려한다. 물론 영국에서의 초점은 BBC이다. 그의 목적은 BBC가 정부로부터의 독립과 자주적인 것이라 종종 주장되는 것을 측정하는 것이다. 본질적으로 밀리반드는 BBC가 억압에 민감한 이유에 아마도 명백한 이유가 있다고 제시한다. 이것은 정부가 BBC에 라이선스 비용을 통해 투자를 하는 사실을 포함하고 이 세금부담금을 올리거나 할 때 얼마나 할지 결정한다. 또한 BBC의 해외진출 할 멤버들을 임명하는 것이 정부, 이사회이다(아래의 문맥 참조).

밀리반드는 또한 어떻게 정부의 억압들이 (Franklin, 2004에서도 발견할 수 있는) BBC의 정책과 프로그램에 영향을 끼쳐왔는지에 관한 구체적인 예시들을 제시한다. 하지만 그는 그 억압이 보다 미묘한 방법이라고 논쟁한다. 예를 들어 BBC 범주 내의 문화의 결과로, 그것은 정부에 비판적인 것을 허용하지만 '안전한 범위 내에서, 상당히 좁은 스펙트럼'이다. 같은 문화에서 제시되기를 반드시 그 프로그램을 논란이 많게 하지만 오직 같은 의견 일치 이내의 범주에 남는다. 이것은 이런 억압들의 결과로서 BBC와 같이 공적으로 설립된 방송사는 보수주의와 체제 순응주의 쪽으로 향하는 실수를 하는 경향이 있고 그렇다면 존재하는 사회질서를 강화한다.

[문맥]

밀리반드에 의해 제기된 이슈들은 오늘날에도 논쟁되는 주제이다. 과거의 이사회가 BBC 트러스트로 대체되었음에도 불구하고 이 임명들은 아직도 정부에 의해 만들어진다. 더 나아가 회원제는 아직도 '힘 있는 엘리트'의 일부라고 여겨지는 사람들을 포함한다(밀리반드가 라이트

---

21) S. Hood, *A Survey of Television*, p. 49.

밀스(C. Wright Mills)로부터 빌려온 개념). 또한 다매체 시대에서 BBC는 상업 방송과 정부의 독립이라는 것은 없고 사람들은 라이선스 비용을 지불하는 선택을 해야 하고 BBC가 제공하는 서비스들의 넓은 범주가 상업적으로 투자되는 매체서비스들의 이익만큼 줄어들어야 한다고 논쟁하는 루퍼트 머독(Rupert Murdoch)과 같은 매체 거물들을 공격하기를 계속한다.

밀리반드는 BBC가 이제는 오프컴(Ofcom, 커뮤니케이션 규제기관)을 포함하고 상업 방송조 직으로부터 비판적인 주제를 포함하는 정부와 공식 에이전시들로부터의 영향에 민감하다고 제시한다. 어느 정도까지 보수와 순응을 향한 BBC의 경향에 이런 억압들이 힘을 가지거나 약해질 것인가?

억압이나, 사적과 공적인 면에서 대중매체의 성격이나 의도된 역할에 대한 설명은 지금까지 아직 불충분하게 고려되어 왔다. 대중매체의 내용물에 대해 실질적으로 책임이 있는 사람들은—프로듀서, 편집자, 저널리스트, 작가, 해설자, 디렉터, 극작가 등—보수나 상업적인 힘의 싫어하는 도구들인데 반역을 숨기고 주눅이 든 근본주의자이고 좌익이며 주저하는 프로듀서들과 그들이 싫어하는 자본주의에서의 사슬의 중압을 싫어하는 아이디어와 의견을 살포하는 자들이다.

이것은 현실적인 모습이 아니다. 물론 대중매체를 위해 혹은 그 안에서 일하는 다양한 정도의 정치적 중압감에 고통 받으며 대부분은 아니지만 통설의 경계를 깨고자 찾는 것에 가끔은 성공하는 많은 좋은 사람들이 있다. 하지만 그들이 대중매체에 고용된 '문화적 노동자'의 소수보다 더 구성되었다고 제안하기엔 조금밖에 없다. 지배 계급의 문화적 그리고 정치적 헤게모니는 그것이 그 경우가 아니라면 단호할 수 없다.

대중매체를 위해 일하는 자들의 이데올로기적 경향들의 실제적인 모습은 세 가지 카테고리로 나눌 수 있다. 바로 언급한 좌파의 다양한 그늘에 속한 사람들, 더 혹은 덜 강하게 보수적으로 전념하는 사람들, 그리고 아마 가장 그 수가 많은 세 번째 그룹은 정치적 신념이 상당히 흐릿한, '문제'들을 피하길 원하는 사람들이다. 사실 하나의 파트 혹은 다른 순응의 스펙트럼을 차지한 사람들은 그 스스로 그들의 고용주의 요구에 쉽게 순응할 수 있다. 그들의 열성적인 보수적 동료들과 같이 그들은 대개 '그들이 좋아하는 것을 말한다'. 하지만 이것은 대부분 그들의 고용주가 그들이 말한 것처럼 혹은 적어도 그들이 불쾌하게 말한 것을 조금은 찾는다. 이런 '문화적 노동자'들은 경제적 그리고 정치적 시스템에 만연한 대중매체로부터 도입된 제한들과 긴축들에 크게 문제되기를 원하지 않는데, 왜냐하면 그들의 이데올로기적 그리고 정치적 구성은 일반적으로 그들을 이 제약에 반하는 지점에 가져오지 않기 때문이다. 그들이 입고 있는 정치적인 사슬은 그들이 원하는 움직임의 범주를 포함하고 있어 그에 대한 억압을 느끼지 않는다. 또는 살아가는 데 지장이 없는 정도인 것이다.

[내용]

랄프 밀리반드는 공적으로, 상업적으로 자금을 받은 매체 조직의 직원들에 대한 초점으로 되돌아온다. 이런 노동자들—콘텐츠를 생산하는—에 대한 아이디어를 측정하는 것이 그의 목적인데 이전의 분석들이 함축하고 있는 '마지 못한 보수와 상업의 억압의 도구'이다. 그는 이것이 그 경우라고 인정하지만 대중매체 조직에 고용된 '문화적' 노동자는 세 가지 카테고리로 나눠질 수 있다고 제시한다.

하나의 카테고리는 좌파의 정치적 신념의 관점을 가진 개인들을 포함한다. 이 항목은 밀리반드에 따르면, 문화적 노동자들의 모임 중 가장 작게 구성될 것이다. 두 번째 그룹은 일반적으로 보수적인 시각을 가진 사람들을 포함한다. 마지막 그룹은 '상당히 모호한' 정치적 시각을 가지고 '문제' 일으키고 싶지 않은 사람들로 구성되어 있다.

밀리반드는 그가 본 적을 이런 노동자들의 자연적으로 '맞는', 그리고 그들의 고용주의 기대들을 받는 보수적인 동료들을 확실하게 한다. 이것은 이런 노동자들이 '그들이 좋아하는 것을 말'할 수 있는데, 왜냐하면 그들의 고용주들이 '그들이 말하는 것을 좋아'하거나 그것을 너무 불쾌하게 여기지 않기 때문이다. 다른 말로 하자면 이런 노동자들은 사회 현상에 있어 이데올로기적 그리고 정치적 입장에 꽤 자유롭고, 보수와 순응을 강화하는 매체 조직들에서 일하는 데 어려움이 없다.

[문맥]

비록 밀리반드가 그의 분석에서 묘사하거나 지지하기 위해 읽기 자료의 초기 부분에서 다양한 자료들을 예로 들었지만, 문화적 노동자에 대한 이 세 가지 카테고리를 지지할 만한 '증거'는 제공되지 않는다. 하지만 모든 직원들에 대한 실제 억압들은—비즈니스의 환경이 무엇이든 간에—조직적인 기대에 따르기 위해 명백히 존재한다. 또한 노동자들이 News Corporation, Channel 4, BBC 혹은 ITV에서 직업을 얻고자 할 때 그들은 그런 조직들과 자유의 가치들과 사명에 대해 잘 알아야 하고, 아니면 그런 환경에서 창조적인 전문가가 되기를 기대할 수 있다.

주어진 정치·경제적 맥락에서 그들은 권력층과 특권층에 도전하는 가치나 의견보다 그들을 긍정하는 가치와 의견을 보급해야 하고 이는 그들이 지배계급의 무기로 사용되도록 한다. 그들이 이것 외에 무엇을 할 수 있다는 생각은 속임수이거나 착각에 지나지 않는다. 사실 그들은 가끔 역으로 기능하기도 하고 그렇게 하도록 허락되었다는 사실이 쉽게 잊혀지지 않는다. 하지만, 이는 주어진 맥락에서 글들의 주요한 역할이 될 수 없다. 그들은 보수적인 역할을 이행하게 의도되어 있고, 그렇게 한다.

대중매체는 보수적인 조율을 완성하는 걸 보장하지 못한다. 할 수 있는 것은 아무 것도 없다. 하지만 그들은 순응의 분위기의 발전에 기여할 수 있고 그렇게 하는데, 전체적인 반대에 대한 진압이 아니라, 외부의 호기심 많은 이단으로서의 합의가 실패하는 관점의 재현을 통해, 아니면 더 효과적으로 그들을 심각하고 합리적인 사람들이 아무런 결과가 없다고 묵살할 만한 무관한 별종으로 취급한다. 이것은 매우 '기능적이다'.

Note

[내용]

그의 분석에 기반을 두면 랄프 밀리반드는 대중매체는 '존재하는 힘과 특권의 패턴들에 대한 도전보다 이를 긍정하는 아이디어와 가치들의 보급을 위한 에이전시들'이라고 결론 내고 결과적으로 '계급 형성의 무기의 제조'라고 생각될 수 있다.

밀리반드는 여기서 '역기능'으로 표현된 '반대 견해의 보급'을 위한 여지는 늘 존재하지만, 대중매체의 우세한 역할은 '보수적인 기능을 이행'하는 것이라고 믿는다. 더불어 그는 대중매체가 반대하는 의견을 보여 줄 때 어떻게 하면 사람들이 여기에 관심을 갖지 않을지 정확히 알고 있다.

이 읽기를 마치면서 당신은 밀리반드의 자본주의 사회에서 대중매체가 일반적으로 보수적이고 순응주의자라 보장하고 그들의 현재 상태를 유지하고자 하는 정치적 그리고 경제적 맥락 논쟁의 중심 요지에 어떻게 반응할 것인가? 당신은 대중매체에 대한 밀리반드의 묘사에 어떻게 반박할 것인가?

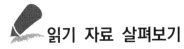

읽기 자료 살펴보기

이것은 랄프 밀리반드(Ralph Miliband)와 비슷하게 논쟁된 읽기 자료로, 매 단계마다 대답할 기회가 있고, 정반대나 약화시키려는 질문도 가능하고 의문을 가진 독자들의 마음을 발전시킬 수도 있다. 수많은 참고문헌들이 작가에 의해 논쟁들을 지지하고 묘사하기 위해 쓰이고 발달되었고, 그 중 대부분은 학문적 자료에서 얻어졌다. 레이먼드 윌리엄스나 스튜어트 홀 같은 몇 작가들은 알아둘 만하다.

하지만 대부분의 읽기 자료가 밀리반드 고유의 분석과 예시에 기대고 있는데, 몇몇의 사례들은 그의 결론에 그가 어떻게 도달하게 되었는지에 대한 질문들을 가지게 한다. 예시들의 포인트는 각 카테고리마다 정치적 소속에 따른 판단으로 한 그의 문화적 노동자의 세 가지 다른 그룹을 분류하는 것이다. 하지만 종합적으로 밀리반드에 의해 발달되고 조심스럽게 세워진 논리적이고 상세한 논쟁들은 힘이 있다.

또한 밀리반드의 분석은 통찰력이 있는데 말하자면 그의 해설의 하이라이트는 점차적으로 매체 조합들의 접근과 크기가 증가한다는 것이다. 오늘날 우리가 초국가적인 매체 집합체들이라 표현하는, 영향력이 큰 PR과 커뮤니케이션 전문가들의 수가 늘어나고 확장되어 왔고 급등하는 분야, 본질적인 딜레마들이 공적으로 자금을 받은 매체 집합체들이 마주한 '공적 서비스'라 불리는 것에 대한 현재의 논쟁이 명백한, 왜 우리는 자격증 수수료가 필요한지에 대한 것과 BBC의 미래의 모양과 사이즈, 그리고 그의 대중매체의 거대한 수가 개인적으로 소유된 것이라는 그의 관찰, 즉 정부의 약한 규제가 더 가능해지고 멀티매체와 다매체 매체 환경의 발달하기 위한 새로운 정보와 커뮤니케이션에 긴밀히 협조하고 매우 돕는다. 더욱이 대중매체는 이제 '창조적인 분야'로 생각되어지고 모든 발달된 자본주의 사회에서 핵심적인 경제적 분야이다(Hartley, 2005 참조).

국가와 대중매체에 대한 밀리반드의 작업이 거의 40년 걸려 완성되었음에도 불구하고 아직도 종종 인용되고, 높은 수준에서 지속되고 있다. 그의 분석은 '전통적인 마르크스주의'의 예로 묘사되었는데 왜냐하면 그가 대중매체가 (교육과 대학들에 따라) 발달한 자본주의 사회들에서 보수주의자, 순응주의자로 행동하고 강요한다고 주장하고, 그리고 그들은 현재의 상황을 타당하게 하는 과정과 관계가 있다(Williams, 2003: 38).

하지만 매체의 이데올로기적 기능은 아마도 모호할 수 있다—영국과 다른 자본주의 국가들에서 매체를 '무료'라고 보는 시각이 어느 정도 퍼져 있기 때문에—. 밀리반드는

"그들(대중매체)은 지배의 시스템의 표현인 동시에 그것을 강화하는 것을 의미한다"(Miliband, 1973: 198)라고 주장한다. 이 관점에서 밀리반드의 대중매체에 대한 시각은 시카고학파(편집 '5장 시카고학파'에서 볼 수 있다)에서의 로버트 파크(Park)와는 첨예하게 다르다. 그런데 그는 언론을 통합, 창조, 그리고 자립 사회로 상상했다(Williams, 2003: 38).

밀리반드가 이 읽기 자료를 만든 시기의 결과로 그는 그가 시네마와 극장에 한, 두 가지 참고자료를 만들었음에도 불구하고 그의 분석을 언론이나 개인적, 공적으로 자금을 받은 라디오와 텔레비전에 제한한다. 그는 대중매체의 기부가 정치적 분위기를 '가장 무거운 영향으로 결정된다'라고 주장한다. 본질적으로 이 영향들은 세 배이다.

첫째로 대중매체의 소유와 컨트롤의 결과를 일으키는 영향들이다. 두 번째로 몇몇의 영향들은 대중매체가 광고와 스폰서에 대한 의존의 결과를 견디게 한다. 세 번째로 사적, 공적으로 자금을 받은 매체 조직들에 정부와 다른 에이전시들로부터의 국가시스템 안에서 억압, 규제 혹은 다른 것, 통치자를 포함한 결과로 나타나는 영향들이 있다.

하지만 반대의 목소리를 내거나 체제 전복적인 내용을 위한 기회는 있다—'고장 난' 역할을 보여 주는—. 이런 영향들의 대부분은 보수주의와 순응주의를 보장하고 그것 때문에 대개 '기능적인' 역할은 대중매체에 의해 이뤄진다(Curran, 2005; Garnham, 1990; Murdock and Golding, 2005 참조).

밀리반드가 매체 조직체의 직원들에 대해, 생산된 내용과 독자, 청취자, 그리고 시청자에 대해 말하거나 내비친 것은 무엇인가? 직원들 혹은 문화적 노동자들은 밀리반드가 묘사한대로 생산된 내용에 관련해 자유의 도를 가지고 있고 종합적으로, 고용된 조직체의 오너와 오퍼레이터의 경제적, 정치적 관심들과 환경에 강요되는 것으로 보이며 이런 조직체들이 작동하는 자본주의 사회는 넓어진다.

밀리반드가 흥미 장르를 포함한 내용 면에서—이안 플레밍(Ian Fleming)의 제임스 본드를 예시로 사용한—뉴스와 시사에 더해, 이것은 다시 경제적 그리고 정치적 요소들에 의해 결정된다. 결과적으로 대부분의 내용들이 일반적으로 보수적으로 향하는 실수를 범하지만 언제나 가끔 반항적이거나 체제 전복적이거나 냉소적인 내용들이 일어날 잠재력이 있다. 하지만 체제 전복의 표준의 예들을 찾아보면 헤스몬드할지(Hesmondhalgh, 2005: 163)은 오직 심슨(Simpson)을 체제전복적인 텔레비전 프로그램의 예로 제시하고 대중음악의 영역에서는 정치적으로 좌파인 더클래쉬 밴드를 예로 든다.

청중에 대해 밀리반드는 몇 가지 직접적인 언급을 했다. 이것은 그의 분석이 청중들의 부분에서는 적은 힘을 추정했기 때문에 놀랍지 않다. 노골적으로 말하면 대중매체의 아웃풋은 듣는 자, 읽는 자, 보는 자들을 조종한다고 여겨지는데, 그들은 '허위의식'의 상태에 놓이게 된다.

문화는—종교처럼—마르크스의 말로 종종 인용되듯이 '사람들의 마약'이다. 그것은 약이고, 매체나 교육과 같은 사회적 에이전시들에 의해 주입되며, 그들이 어떻게 이용되는지 보는데 실패한 사람들의 영향 아래에 있다(Williams, 2009: 38).

명백히, 밀리반드의 마르크스 분석은 진보적인 다원론의 입장에서 뚜렷하게 다르다. 후반에, 매체는 '자유 발언'의 가치를 지키기 위해 싸우는 독립적인 기관으로 보인다. 그들은 사회의 모든 계층들에 관심을 가지고 일을 하며 지배 엘리트 그룹의 단순한 대변자가 아니고, 더욱이 오너나 오퍼레이터의 정치적 그리고 경제적 관심들이 아니라 내용을 좌우하는 것은 소비자의 선택이다.

전통적인 마르크스주의자들의 이론은 젠더, 인종, 그리고 섹슈얼리티와 같은 사회적 계급을 넘은 통치의 다른 모드를 조명하는데 실패한 것으로 비판 받아 왔고 그것의 분석적인 힘은 물질적인 관심들에 대한 집중에 초점을 맞추는 능력에 기초한다(Worsley, 1982: 67). 다른 말로 말하자면 그것은 경제적인 관심을 그리고, 사회를 통제하는 사람들이 즐기는 힘과 신분을 보상한다. 그것은 자본주의 사회의 착취하는 구조와 그것의 불공평함을 강조하고, 이것은 "이런 기본적인 불공평함을 정당화하는 메커니즘과 그들에게 저항하는 것으로 대응하는 메커니즘"(Worsley, 1982: 67)에 대해 우리가 응시하는 것에 집중한다. 밀리반드는 대중매체를 이런 메커니즘들 중 하나로 본다.

주요 용어

다원주의자의 다양성과 경쟁의 균형(pluralist diversity and competitive equilibrium);

반체제주의의 시선(dissident views); 정당화(legitimation);

매체의 이데올로기적 기능(ideological function of the media);

공정성과 객관성(impartiality and objectivity);

보수적인 세뇌의 에이전시(agencies of conservative indoctrination);

허위의식(false consciousness); 반응(reactionary); 자기 검열(self-censorship);

미디어의 순기능과 역기능('functional' and 'dysfunctional' roles of the media)

주요 학자

Paul Lazarsfeld; Robert Merton; Raymond Williams

 권장도서

Enzensberger, H. M.(1972), "Constituents of a theory of the media", in McQuail, D.(ed.), *Sociology of Mass Communications*, Harmondsworth: Penguin Books.

이 책에서는 미디어에 관한 마르크스 이론의 부재를 논하고, 사회주의 전략이 어떻게 새로운 정보와 커뮤니케이션 테크놀로지의 유용성이 도움이 될 수 있는가이다.

Stevenson, N.(2002), *Understanding Media Cultures*, 2nd edition, London: Sage.

이 책에서는 레이몬드 윌리암의 논리를 검증하고, 글라스고대학의 미디어그룹과, 스튜어트 홀에 대한 작업을 검증하고 있다. 이는 영국 마르크시즘의 매스커뮤니케이션에 대하여 어떻게 논쟁을 하고 있는지에 대하여 기술하고 있다.

Wayne, M.(2003), *Marxism and Media Studies: Key concepts and contemporary trends*, London: Pluto Press.

마르크스주의 개념을 이용하여 최신자본주의 사회에서 창조와 문화산을 이해하고, 다양한 미디어를 사례로 들고 있다.

9장

프랑크푸르트학파

Horkheimer, M. & Adorno, T. W.(2002), *Dialectic of Enlightenment: Philosophical fragments*(계몽의
변증법: 철학적 단상), Stanford, California: Stanford University Press. Excerpt from Chapter
4, "The culture industry: enlightenment as mass deception(문화산업: 대중기만으로 계몽)", pp.
94~98.

 프랑크푸르트학파에 대한 소개

이 책에 등장하는 모든 '사상가'들과 '학파'들 중 프랑크푸르트학파(Frankfurt school)는
단연코 유일무이하다. 이것은 단순히 그 학파 멤버들이 만들어낸 이론에 대한 기여,
특히 대중 사회에서의 문화의 상업화에 대한 연구 때문이 아니라, 1920년대 초반의
프랑크푸르트학파의 출연과 그들의 관심이 유럽의 문제투성이 시대와 밀접하게 연관되
어 있기 때문이다.

　이 장에서는 관련된 역사를 되풀이하고 있지는 않지만, 헬드(Held, 1980)와 비거스하
우스(Wiggershaus, 1994)와 같은 학자들은 제1차 세계대전(1914~18)의 영향력을 언급
하면서 자세한 설명을 제공하고 있다. 러시아 혁명, 러시아의 '스탈린화(Stalinisation)',
공산당 모스크바의 유럽 지역 정복, 1920년대와 1930년대의 나치즘과 파시즘의 출현,
즉 독일의 히틀러(Hitler), 이탈리아의 무솔리니(Mussolini) 스페인의 프랑코(Franco)로
상징되는, 독일의 공산당의 약화와 국가에 대해 적대적인 다른 정치적 조직에 대한
탄압 등이다.

　프랑크푸르트학파의 주요 업적은 제2차 세계대전(1939~45)의 전후 기간으로 국한되
지만, 그 영향은 아직까지 큰 반향을 불러일으키고 있다. 이것은 미디어와 문화, 커뮤니케
이션에 대한 이론을 다루는 대부분의 교과서에서 막스 호르크하이머(Marx Horkheimer:

철학자, 사회학자, 그리고 사회 심리학자)과 테오도어 아도르노(Theodor Adorno: 철학자, 사회학자, 음악학 연구가)라는 프랑크푸르트학파의 두 핵심 멤버들이 주로 등장하곤 한다는 점에서 알 수 있다. 게다가 정부가 '창의적 산업들'을 새로운 산업 분야로 취급하고 있으며, 대학들은 같은 이름의 시설들을 설립 중에 있고, '창의적 전문가'를 위한 일자리가 증가하고 있는 최근 발전의 흐름을 완전히 이해하기 위해서는, 프랑크푸르트학파의 '문화산업' 이론에 대한 지식이 도움이 될 것이다.

'프랑크푸르트학파'는 '비판 이론의 프랑크푸르트학파(Frankfurt School of Critical Theory)'(Hesmondhalgh, 2002: 15)—소문자 's'에 주목하라(Katz er al., 2003: 56)—, 그리고 '사회과학 연구의 프랑크푸르트학파(Frankfurt School of Social Research)' (Marshall, 1998: 130), 공식적 이름은 사회과학연구소(The Institute), 등이라 다양하게 불리었다. 스탬스(Stamps)에 따르면, 그들의 탄생을 유도한 것은 '독일 사회주의의 실패와 분열, 바이말 공화국의 개혁주의에 대한 노동자들의 침묵의 반응, 그리고 반유대주의의 성장'등의 결과를 초래한 제1차 세계대전 이후 좌파 정치의 위기였다. 사회과학연구소가 '프랑크푸르트학파'라는 이름표를 달게 된 것은 가장 생산적이었던 기간 이후인 1960년대에서였다(Hartley, 2002b: 90). 단순히 이것의 본래 이름을 노출함으로써, 우리는 최소한 사회과학연구소의 역할에 대해 적어도 몇몇 인상을 얻을 수 있다.

하지만 사회과학연구소와 프랑크푸르트학파가 같거나 하나라고 생각해서는 안 되고, 둘 다 비슷한 학문적 배경과 관심으로 연관되어 있다고 가정해서도 안 된다. 예를 들어, 비록 사회과학연구소의 멤버이기도 한 막스 호르크하이머, 테오도어 아도르노, 헤르베르트 마르쿠제(Herbert Marcuse: 철학자), 레오 뢰벤탈(Leo Lowenthal: 대중문화와 문학 전공 학생) 그리고 프레드릭 폴록(Friedrich Pollock: 경제학자 이자 국가계획 관련 문제 전문가)는 프랑크푸르트학파 또한 구성한다(Held, 1980: 15). 하지만, 에릭 프롬(Eric Fromm: 심리학자, 사회 심리학자), 프란츠 노이만(Franz Neumann: 법 전공의 정치학자), 오토 키르크하이머(Otto Kirchheimer: 법 전공의 정치학자), 헨릭 그로스만(Henryk Grossman: 정치·경제학자), 아르카디즈 걸랜드(Arkadij Gurland: 경제·사회학자), 그리고 발터 벤야민(Walter Benjamin: 수필가이자 문학비평가)과 같은 그 외의 학자들은 오직 사회과학연구소만의 멤버였다(Held, 1980: 14).

프랑크푸르트학파의 제1, 제2세대와 관련된 참고 문헌을 찾는 것은 어려운 일이 아니다. 이런 이유로, 위르겐 하버마스(우리 책의 공공 영역 장을 보아라)는 프랑크푸르트학파의 '제2의 세대' 멤버로 가장 잘 알려진 학자들 중에 한 명이다(Lechte, 1994: 186).

헬드(Held, 1980: 38)에 따르면, 비록 그 기관은 계속 존재했지만, 아도르노(Adorno, 1969), 폴록(Pollock, 1970) 그리고 호르크하이머(Horkheimer, 1973)의 은퇴와, 이후의 그들의 죽음이 프랑크푸르트학파의 종말을 가져왔다.

이 문맥에서 무엇이 '학파'를 구성하는가에 대한 대답은 자주 논쟁을 초래한다. 그래서 '아포스트로피(apostrophes)'를 사용한다. 비거스하우스(Wiggershaus, 1994)는 프랑크푸르트학파는 '학파'를 구성한 것은 틀림없지만, 보다 일정기간에 한정되었다고 주장하였다. 이것은 다음의 특징들은 가졌기 때문이다.

1) 기관적 체계(사회과학연구소, The Institute of Social Research), 2) 카리스마가 있는 지적인 성격(Mac Horkheimer), 3) 1931년 호르크하이머의 사회과학연구소를 위한 취임 강연의 형태로서의 선언문, '비판 이론'이라—일관되지는 않지만—묘사되는 새로운 패러다임, 그리고 4) 학구적 업적을 발행하기 위한 학술지이기 때문이다(Wiggershaus, 1994: 2).

프랑크푸르트학파가 그의 생애를 통틀어 '학파'를 구성하지 못한 이유는 그 시대의 특수한 상황들 때문으로 해석된다. 예를 들면, 1933년 1월 히틀러가 총리로 임명된 바로 직후, 사회과학연구소는 경찰에 의해 급습당하고 폐쇄되었다. 그 기관은 게슈타포(Gestapo: 옛 나치스 독일의 비밀 국가 경찰)로부터 다음의 메시지를 받았다.

> 1933년 5월 26일, 공산 당원 재산 몰수에 관한 법률 1과 3조항(RCGI I, p. 293)에 따라, 프로이센 자유국의 이익을 위하여 프랑크푸르트 암마인(Frankfurt am Main)에 있는 사회과학연구소의 이로써 점령당하고 몰수당하였다. 이는 앞서 언급하였듯 이 연구소는 국가에 적대적인 행동을 야기시키기 때문이다. 서명: pp Dr Richter Brohm [1933년 6월].
>
> (Wiggershaus, 1994: 128)

사회과학연구소의 프로그램은 마르크스주의 생각에 영향을 받았지만, 공산당에 연결되어 있지 않았고, 다른 정치적 신념을 가진 학자들을 환영하였다(Held, 1980: 29). 그럼에도 불구하고, 위에 언급된 그 사건으로 인해 사회과학연구소는 1933년 프랑크푸르트에서 제네바로, 1935년에는 뉴욕으로, 1941년에는 로스앤젤레스로 옮기도록 강요당했지만, 1934년과 1946년 사이에 콜롬비아대학교의 '보호'하에 존속되었다(Wiggershaus, 1994: 144~145, 402).

1950년대 초반에 독일의 프랑크푸르트로 사회과학연구소가 돌아왔다. 명백히 이러한 이동들은 멤버들의 삶을 방해했고, 연구 의제를 바꾸어 놓았다. 헬드(Held, 1980)와 비거스하우스(Wiggershaus, 1994) 둘 다 개인적 혼란과 외래문화의 낯섦, 친지와 가족을 잃는 것에 대한 걱정 때문에 상황의 악화뿐만 아니라 금융적 어려움에 적응할 때, 독일 학자들이 느꼈던 방향 상실에 대해 언급하였다. 게다가 미국에서 다른 지적 전통을 지닌 새로운 커뮤니티의 학자들이 참여를 시도하였지만 독일 독자를 위해 독일어로 집필하는 것은 문제가 많았다.

미국에서 수행된 연구와 출판 활동들이 원래 지향하는바, 보다 훨씬 덜 과격하다는 주장이 있다. 이것에 대한 두 가지 이유가 제기된다. 첫 번째 이유로는, 이들의 고국인 독일과 미국이 교전 중이었기 때문에, 불필요한 정치적 주목을 불러일으키는 것에 대해 걱정에 대한 것이었다. 이것과 관련하여, 1939년에서 1945년에 걸쳐 이어진 제2차 세계대전의 경우와 같이 국외 추방의 가능성 또한 있었다(Wiggershaus, 1994: 255~256 참조). 두 번째 이유로는, 학자들은 잠재적 스폰서의 요구가 있거나 그 스폰서들이 지지할 준비가 된 종류의 프로젝트들에만 의존하였다(Jay, 1973; Held, 1980: 35 재인용). 결과적으로, '새로운 시대(New World)' 시기는 '생산적 쇠퇴' 중 하나로 묘사된다(Wiggershaus, 1994: 261).

백만장자의 아들인 펠릭스 바일(Felix Weil)은 기관에 초기 자본을 제공했다. 그의 소망들을 유지하면서, 마르크시즘은 첫 번째 소장 칼 그룬버그(Carl Grunberg)의 주도 하에 다양한 학문적 배경을 가진 학자들을 고용하여, 연구소 프로그램의 '영감과 이론적 근거'를 제공하였다(Held, 1980: 31). 이런 이유로, 사회과학연구소가 '사회주의 연구의 중심'이라 설명되는 것도 놀라운 일이 아니다(Marshall, 1998: 131). 비슷한 예로, 스탬스(Stamps, 1995: 23)는 그들의 출발이 마르크스주의식 생각의 기초로부터 시작됐기 때문에, 그 조직을 독일의 네오 막시스트(neo-Marxists)의 첫 학파—심지어 '변절된 막시스트(renegade Marxists)'—라 언급했다. 1929년 그룬버그의 은퇴 이후, 1930년 막스 호르크하이머가 소장으로 임명되었고, 1931년 1월 취임 연설로 사회과학연구소에 대한 그의 견해를 밝혔다(Wiggershaus, 1994: 39).

어떤 사회 현상도 경제와 연관되지 않고 연구될 수 없는 것이 분명하기 때문에, 호르크하이머는 학제 간 연관된 연구 프로그램을 주장하였다. 그는 양적, 질적인 면을 모두 갖춘 제도의 가치를 강조하였지만, 실증적인 연구는 이론적인 분석의 대체품으로 보여져서는 안 된다고 주장하였다. 왜냐하면 "사회와 문화, 계급 같은 모든 조사에 필수적인 개념들이 단순히 실증적인 용어로 변환될 수 없기 때문이다"(Held, 1980: 33~42).

호르크하이머에 의하면, 연구소의 멤버들에 대한 핵심 질문은 '사회의 경제적 삶과, 개인의 심리적 발전, 그리고 이 문화 영역의 변화 사이의 상호연관'에 관련된 것이었다 (Held, 1980: 33; Wiggershaus, 1994: 33 참고). 호르크하이머의 사회과학연구소에 대한 견해는 초기 연구와 직접적으로 연관되는 연구 질문들을 구체화시켰다. 그 중 일부가 다음에 나열되었다. 당신이 이미 아시다시피, 그 질문들 중 마지막 질문은 이 장에서 선택된 읽기 자료와 직접 연관이 있다.

나치즘과 파시즘이 중앙 유럽과 남부 유럽에서 지배적으로 떠올랐다. 어떻게 이것이 가능할 수 있었는가? 어떻게 이런 움직임들이 큰 지지를 얻을 수 있었는가?

러시아와 서부 유럽에서 마르크시즘의 운명을 기정사실로 할 때, 마르크시즘 그 자체 로는 진부한 통설 그 이상도 이하도 아니지 않는가? 급진적인 변화를 가능하게 하는 사회 적 동인 가능성이 있는가? 효과적인 사회주의의 실천을 위한 가능성이 무엇이 있는가?

사회적 관계, 예를 들어 가족에 의해 형성된 관계는 조작 가능성이 열려 있는 것으로 나타난다. 새로운 형태의 이데올로기가 형성되고 있는가? 만약 그렇다면, 이것이 어떻게 일상에 영향을 미치고 있는가?

문화 영역은 직접 조작할 수 있도록 열려 있다. 새로운 형태의 이데올로기가 형성되고 있는가? 만약 그렇다면, 이것이 어떻게 일상에 영향을 미치고 있는가?

(Held 1980: 35)

비판 이론은 프랑크푸르트학파와 유명하게 연관되어 있으며, 특히 아도르노와 호르크하 이머, 마르쿠제, 하버마스가 '네 명의 중심인물'이라 보여진다. 하지만, 비판 이론을 정의 하는 일은 간단하지 않다. 사실, 무엇이 아닌지를 이야기하는 것이 무엇인지를 이야기하는 것보다 쉬울 것이라 생각된다(Held, 1980: 24).

루카스(Lukacs)와 헤겔(Hegel)의 초기 글에 영향을 받아서, 다른 것들 중에서도 프랑 크푸르트학파의 비판 이론가들은 '소비에트 마르크시즘의 경제적 결정론과 매스커뮤니 케이션 연구의 미국 전통 모두' 거부하였다(Curran et al., 1977: 312). 그들의 '마르크시 즘으로부터의 출발'은 자본주의가 그의 모순을 극복할 방법을 찾았고, 노동자 계급을

'시스템의 일부로 포함'하는 것을 가능하게 하는 전략들을 개발했다는 믿음 때문이었다(Hartle, 2002b: 90; Marshall, 1998: 131). 브릭스와 버크(Briggs and Burke, 2002: 248~249)는 프랑크푸르트학파 멤버들이 제2차 세계대전 이후 독일로 돌아오면서 비판 이론을 '버렸다'고 주장한 것은 중요하다.

비판 이론이라는 용어(descriptor)가 사회과학연구소의 광범위한 원리와 그 직원들을 대표하지 못한다는 것을 인정하고 있고, 실제로 그것이 호르크하이머, 아도르노, 마르쿠제와 아도르노, 벤야민 사이의 주요한 차이점을 모호화한다는 인식이 있다(Held, 1980: 34; Stevenson, 2002: 54~55 재인용). 유사하게, 비판 이론의 정의와 적용은 더욱 복잡한데, 이는 흔히 말하는 프랑크푸르트학파의 제1, 제2 세대가 이것을 다르게 해석하기 때문이다.

예를 들어, 프랑크푸르트학파의 후반기는 하버마스—그의 업적은 이전 시대가 비관주의었다는 것에 비하면 다소 낙관적으로 판단된다—와 연관된다. 카츠 등(Katz et al., 2003: 57)은 하버마스를 '공공의 영역'의 대리인으로서 역기능보다는 미디어의 기능적 잠재성을 파악 한 사람으로 묘사하면서 대비되는 입장 차이를 훌륭하게 포착하고 있다.

하지만 프랑크푸르트학파 비판 이론가들의 공통점은 "현대의 사회와 정치적 현상을 검토함으로써 이데올로기의 평론과 반권위주의적, 반관료주의적 정치의 발전에 기여할 수 있다"는 믿음을 가지고 있었다는 것이다(Held, 1980: 16). 게다가 그들은 특정 정치적 해결책을 삼가며, '자아해방과 자아 창조'가 연관된 '자유화의 과정'을 강조하였다(Held, 1980: 25~26).

프랑크푸르트학파—특히 호르크하이머와 아도르노—가 사회 운동가들과 학계, 정책 입안자들에게 유명해지게 된 것은 그들의 연구가 가족과 사회화 과정에 대한 강조에서 대중문화에 대한 집중된 비평으로 점차 이동하게 된 결과이다(Current et al., 1977: 312).

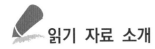

읽기 자료 소개

이 읽기 자료는 미디어와 문화 그리고 커뮤니케이션 연구 분야에서는 거의 전설적인 장으로부터 요약 발췌한 것이다. 이 장과 이것이 도출된 책은 다음의 찬사를 유발하였다.

'순수한 지성, 매혹, 대범함 그리고 자극적'이라는 점에서, 미디어 이론에서 「문화산업(The Culture Industry)」과 『계몽의 변증법(*Dialectic of Enlightenment*)』을 매치시킬 수 있는 문헌이 없다는 것을 알고 있다(Peters, 2003: 71).

독일에서 처음 출간된 그 책은 1944년 사회과학연구소로부터 젤라틴판 복사법의 타자한 원고 형태로 한정판으로 발행되었다. 작가의 목적은 그들의 가까운 친구이자 동료인 프레드릭 폴록의 50번째 생일에 맞추어 발행하는 것이었다(Noerr, 2002: 217). 1947년 『계몽의 변증법(*Dialektik der Aufklarung*)』이 암스테르담에서 발간되었고, 다수의 불법 복제판의 유통 이후에, 1969년 독일에서 재발행되었다(Peters, 2003: 60). 1972년에 이르러서야 그 책은 영어로 번역되었고, 이것은 1960년대 프랑크푸르트학파 멤버들의 다른 연구들의 번역으로 이어졌다(Newbold, 1995a: 328).

대부분의 프랑크푸르트학파의 멤버들처럼, 호르크하이머와 아도르노는 독일의 유대인 지식층이었다(Stamps, 1995: 23). 비록 세례명은 테오도어 비젠그룬트 아도르노(Theodor Wiesengrund Adorno)이지만, 그의 미들 네임은 누락되었다. 왜냐하면 그가 1938년 위치를 옮긴 사회과학연구소에 다시 참여하기 위해 뉴욕으로 갔을 때, 그 이름이 유대인 같았기 때문이다(Lechte, 1994: 177). 아도르노는 1903년 9월에 프랑크푸르트인 어머니에게서 태어났다. 그의 아버지는 와인 도매 사업을 하였고, 그의 어머니는 결혼 전 성공한 가수였다. 철학, 사회학, 심리학 그리고 음악을 공부한 아도르노는 음악에 가장 관심이 많아서, 음악에 관한 기사들을 발행하고, 한때는 베를린 신문(Berliner Zeitung)에 음악 비평가로서 일자리를 찾기도 하였다(Lechte, 1994: 177; Wiggershaus, 1994: 82). 아도르노는 호르크하이머가 소장으로 임명된 직후인 1931년에 처음으로 사회과학연구소에 합류하였다(Wiggershaus, 1994: 93~94).

아도르노와 같이 막스 호르크하이머 역시 비교적 부유한 집안에서 태어났다. 1895년 2월 스투가트에서 태어났고, 그의 아버지는 몇 몇의 직물 공장을 소유한 성공한 사업가였다. 호르크하이머는 그의 아버지를 따라 가족 사업의 뒤를 이을 것으로 기대되었으나, 군대에 징집되고 약한 건강 상태 때문에 풀려난 고통의 기간 이후, 프랑크푸르트로 옮기기 전까지 뮌헨 대학에서 심리학, 철학 그리고 경제학을 공부하였다(Wiggershaus, 1994: 42~45).

「문화산업」과 『계몽의 변증법』의 저자에 관한 몇몇 추측이 있다. 다른 작가들에 의해 언급되어 오는 그 책, 혹은 챕터(Chapter)가 있는 곳에(예를 들면 Curran et al., 1977을 참고), 아도르노는 때때로 첫 번째 작가로 열거된다. 하지만 피터스의 노트에 따르면 그 작가들의 선택은 호르크하이머와 아도르노(Horkheimer & Adorno, 2002: 63~64)이다. 편집자 노이어(Noerr, 2002: 219~220) 또한 두 작가 모두 '반복적으로 전체의 연구에 공동의 책임을 강조했다'고 적시하면서 그러한 문제들에 대해 언급하였다.

「문화산업」은 1977년 영국의 미디어 연구 원고의 '문화적 의미의 중재(The mediation of culture meanings)'라는 제목을 가진 섹션 속에서 처음 (요약된 형태로) 그 모습을 드러냈다(Curran et al., 1977: 349~383). 이 섹션에 대한 그들의 소개에서 쿠란 등은 호르크하이머와 아도르노의 문화적 비관주의(Curran et al., 1977: 313)와, 이 특정한 챕터(Chapter)가 그 책의 주요 요지를 전체로서 전형적으로 보여 주고 있다고 언급하였다. 즉, 이것은 대중문화가 어떻게 '부드러운 지배의 도구 또는 기관이 되느냐'를 설명하고 있다. 그 책의 목표는 '계몽의 꿈이 어떻게 역효과를 내는가에 대해 설명할 것인가'이다(Peters, 2003: 63).

그렇다 해도, 우리는 호르크하이머와 아도르노 둘 다 무엇이 '문화'를 구성하는가와 더 큰 사회에서 그것이 어떤 역할과 목적을 하는지에 대해 특정한 견해를 가지고 있었다는 것을 기억해야만 한다. 특히 두 작가 모두 '문화'와 예술, 그리고 이것은 반드시―이상적으로―"나머지 삶의 비평의 형태로 행동해야 하고, 어떻게 더 나은 삶이 가능한가에 대한 유토피아적인 비전을 제시할 수 있어야 한다"는 믿음은 동일하였다(Hesmondhalgh, 2002: 15. 이 책의 '7장 리비스' 참조).

이 책이 씌여진 시대는 문화산업에 대한 비관주의와 불신을 설명하는 데 도움이 된다. 이것은 두 작가들이 독일 나치로부터 망명하여 미국에 있을 동안, 제2차 세계대전 중에 생산되었다. 이 시대의 특성과 두 작가의 개인적, 전문적 상황을 고려했을 때, 호르크하이머와 아도르노가 "암흑시대의 사람들(men in dark times)"이라 묘사되는 것이 아주 적절하다(Arendt, 1968; Peters, 2003: 65에서 인용). 또한 문화적 생산의 한 부분이 특별히 심하게 집중화되던 시대였다. 피터스(Peters, 2003: 66)는 1940년대에 할리우드가 미국의 일반적 전시회에서 모든 영화의 95퍼센트를 제작하였다는 것에 주목하였다.

비록 미국의 자본주의적 민주주의에서의 삶은 독일 나치로부터의 상당한 차이가 있었지만, 그럼에도 불구하고 호르크하이머와 아도르노는 두 환경의 유사점들을 찾아냈다. 미국 시네마와 상업 라디오를 체험한 경험은 '문화산업'의 교묘한 책략에 의해 '계몽'이 '대중 기만'으로 변한다는 그들의 관점을 확인시켜 준다(McGuigan, 1996: 76).

우리는 Reading에서 '문화산업'의 개념으로 돌아갈 것이지만, 이 시점에서 왜 그리고 어떻게 호르크하이머와 아도르노가 이 개념을 채택하였는지 이해하는 것이 도움이 될 것이다. 애초에 두 작가는 그들이 관찰하고 있는 것을 포착하기 위해 '대중문화'의 디스크립터(descriptor)로부터 시작한다. 하지만, 그들은 '대중문화'의 사용이 사람들로부터 문화가 나온 것—과정 중에서 활발한 역할을 암시하는—이라고 해석될 수 있다는 것에 대해 걱정하였다. 반면에 그들이 독자들에게 전달하고 싶었던 것은 문화가 실제로 상품화되어 간다는 것이다. 즉, 문화란 사고 팔리는 것이라는 사실이다(Hesmondhalgh, 2002: 15; McGuigan, 1996: 76). 결과적으로, 그들은 '대중문화'의 자리에 '문화산업'을 끼워 넣음으로써 그것을 버렸다. '문화'와 '산업'을 연결시키는 근거는 '좀 더 애매한 나쁜 것'이 될 것이라는 것이었다(McGuigan, 1996: 76). 헤스몬드할지는 호르크하이머와 아도르노의 분석과 결론에 거의 시간을 들이지 않았다. 비록 그가 두 작가들이 '문화의 산업화에 관한 가장 극단적인 비판주의적 관점의 가장 지능적이고 완벽한 버전을 제공했다는 것'을 알고 있었음에도 불구하고 그러지 않았다(Hesmondhalgh, 2002: 16~17).

선별된 Reading이 「문화산업」의 짧고 축약된 발췌인 반면에, 그것이 읽기 쉽지 않은 몇 가지 이유가 있다. 규율에서 벗어나, 두 작가의 전문적이고 문화적 배경, 그것이 씌어지고, 독일어에서 영어로 번역된 시대는, 다른 고난들이 독자를 기다리고 있다. 몇몇은 다섯 개의 장이 '매우 어울리지 않고' 그래서 하나의 통일 된 글로 고려하기엔 어려운 책이라는 걸 알고 있는(Noerr, 2002: 217) 그 책의 편집자에 의해 몇몇의 이유가 표시 되었다. 덧붙여서, 읽기 어려운 이유로 '그 글의 아주 이상하게 빽빽하고, 암시적이고, 부담이 큰 특성'이 고려되기도 한다(Noerr, 2002: 218~219).

그런 걱정들은 피터스에 의해 반복되었다. 그는 두 가지 '이해를 방해 하는 장벽'을 제시하였다: 첫 번째는 글의 구조와 구성이고, 다른 것은 교차 문화적 배경, 즉 작가들이 유럽 역사와 사상이란 것에 대한 철저한 지식—독자의 파트에서—을 가정하고 있다는 점이다(Peters, 2003: 61).

피터스는 다음의 조언을 제공하였다. 그 장(Chapter, 그리고 책)을 '세상의 마지막 사상이 아니라, 무언가에 대해 함께 혹은 반대하여 생각할 것으로 여겨라', '비판 이론의 첫 번째 원칙은 생각은 항상 역사적이고 그러므로 일시적이라는 것이다'라는 근거를 바탕으로 하라(Peters, 2003: 61).

호르크하이머(M. Horkheimer)와 아도르노(T. W. Adorno)
문화산업: 대중 기만으로서의 계몽

기성종교의 객관적인 권위가 상실되고, 자본주의 이전 시대의 마지막 잔재마저 해체되며, 기술과 사회의 분화와 전문화가 심화됨으로써 문화적 혼란이 초래되었다는 사회학적 견해는 매일 매일 거짓임이 드러나고 있다. 왜냐하면 오늘날 문화는 모든 것을 동질화시키기 때문이다. 영화와 라디오와 잡지는 획일화된 체계를 만들어내고 있다. 문화의 각 분야는 스스로 내부적 만장일치가 되고, 모두 함께 뜻을 같이한다. 대립된 정치적 견해들은 그럴듯한 미사여구에도 불구하고 사실은 모두 비슷하게 강철의 리듬을 찬양하고 있다. 기업의 장식적인 본사건물이나, 전시장은 권위주의 국가에서나 그렇지 않은 국가에서나 별 차이가 없다. 온 사방에 솟아 있는 으리으리한 기념탑 같은 고층건물들은 다국적기업의 치밀한 계획성을 과시하며, 이 다국적기업이 보인 모범을 향해 모든 기업은 맹렬한 기세로 달려간다. 황량한 노시 주변부에 널려 있는 삭막한 주거 십난과 사무실들은 이러한 기업들이 만들어낸 기념물이다. 콘크리트로 이루어진 도시중심가 주변에 남아 있는 옛 가옥들은 슬럼가처럼 보이며, 국제 무역 박람회장에 세워진 임시 구조물들처럼 도시 변두리의 새로 지어진 간이 주택들은 기술 진보를 찬양하지만 잠시 사용된 후에는 통조림 캔처럼 버려지기를 기다리고 있다. 도시의 주택사업은 위생적인 소 주택을 보급하여 개인들을 자율적인 주체로 보이게 하지만, 사실은 그들의 반대편에 있는 절대적인 자본의 힘에 개인들을 좀 더 철저히 종속시키고 있다. 중심가가 생산자인 동시에 소비자인 주민들을 일과 유흥을 위해 끌어들인다면, 닭장 같은 집들은 빈틈없이 잘 조직된 주거단지를 이룬다. 대우주와 소우주의 가시적인 통일성은 개개의 인간들이 그들 문화의 독점에 의해 만들어지는 대중문화의 골격과 윤곽이 서서히 드러나기 시작한다. 대중문화의 조종자들은 독점을 숨기려 하지도 않는다. 독점의 힘이 강화될수록 그 힘의 행사도 점점 노골화된다. 영화나 라디오는 더 이상 예술인 척 할 필요가 없다. 대중매체가 단순히 장사 이외에는 아무 것도 아니라는 사실은 아예 한 술 더 떠 그들이 고의로 만들어낸 허접쓰레기들을 정당화하는 이데올로기로 사용된다. 그들 스스로 자신을 기업이라 부르며, 사장의 수입이 공개되면 그들의 생산물이 사회적으로 유용한가 아닌가에 대한 의심은 충분히 제거된 것으로 간주된다.

[문제]

도입부는 글 쓰는 스타일의 측면에서 전체 문장을 읽어내는 데 있어 약간의 비판주의적인 자세와 독자가 보통 사용하는 언어로 해석하게 한다. 이것은 호르크하이머와 아도르노가 주요한 대중들로부터 관찰해낸 결과와 그들의 학문적 배경, 업적을 보여 준다. 이러한 경우에 있는 사람들은 대학과 대학 외부의 지적 집단의 구성원일 가능성이 높다.

그들이 사용하는 단어와 묘사하는 데 있어 주요한 '영향을 미치는' 특정한 단어들은 전혀 중요하지 않다. 예를 들어, 그들의 문화에 대한 설명인 '동일한 것으로 모든 것을 감염시키는' 강력하고 도발적인 성격을 모두 가지고 있다.

[내용]

당신이 비관주의에 대해 관심을 가지게 된다면 프랑크푸르트학파의 글들이 비관주의와 밀접한 연관을 가지고 있으며 그들의 글들이 몇 가지 종류로 이름붙일 수 있다는 것에 흥미를 가지게 될 것이다.

또한 당신이 명심해야 할 점은 호르크하이머와 아도르노가 그들의 주장을 보조하고 상술하기 위해 일반적인 예제들을 사용할 동안 그들은 '다른 저자들의 논문을 인용하지 않았다. 그로 인해서 우리에겐 이와 같은 의문이 남는다. 그들의 주장에 대한 근거가 있거나 그들이 그 주장에 대한 근거를 뒷받침할 수 있는가?'

초점을 맞추어야 할 것은 거시적인 맥락보다 미시적인 맥락이다. 이것은 수많은 산업이나 비즈니스 그리고 대중문화에서 명백하게 설명되는 것들이다.

오늘날에는 영화, 라디오와 잡지들이 각각의 산업 분야이고 산업을 분류하는 기준으로서 취급하지만, 왜 호르크하이머와 아도르노는 이들을 같은 분류로 취급했을까?

우리는 이 단락의 마지막 몇 문장을 통해 얼마나 제대로 작가가 주장하고자 하는 바를 이해할 수 있을까?

이 단락에는 '힘'에 대한 여러 언급이 들어 있다. 호르크하이머와 아도르노는 어떤 방식으로 이 콘셉트들을 사용했고 어디에 또는 누구에게 힘을 실어주는 암시를 했는가?

[문맥]

우리는 언제나 글을 읽을 때 그 글이 만들어진 당시의 시대적 배경과 그 장소를 고려해야 한다. 앞에서 살펴본 것과 같이 호르크하이머와 아도르노는 1930년대에 독일에서 미국으로 거처를 옮겼고 이 읽기 자료는 제2차 세계전쟁이 진행 중일 때 LA에서 가끔 시간을 보내고 있을 시기에 쓰여지기 시작했다.

따라서 이 단락에서 저자가 독재국가와 다른 국가의 산업 건설 방법 사이의 유사성을 다루는 데 참조한 것을 볼 때, 우리는 그들이 독일과 다른 경험했던 국가들, 자유시장경제를 채택하고 있는 미국을 참조하여 작성하였을 것이라는 초기 가설을 세워볼 수 있다. 결과적으로, 우리는 아마도 그들의 이론화가 이러한 맥락을 넘어서 확장된 것인가에 대한 의문이 남는다. 당신은 어떻게 생각하는가?

문맥에 대한 마지막 요점과 관련된 다른 연구는 이 연구의 중심에 위치한 미디어 형식의 범위에 대하 우려한다. TV가 대중매체로서 발돋움하기 이전에, 호르크하이머와 아도르노는 라디오, 영화, 그리고 잡지들에 집중했다. 그러나 할리우드가 영화산업의 중심지로서 자리 잡을 동안 미국의 라디오를 지배한 모델은 영국의 공공서비스를 지향한 BBC의 모델이 아닌 상업적 모델이 되었다. 소개된 글 이후에 저자들은 독일의 나치가 라디오에 사용한 리더십 모델에 대한 글을 썼다.

당신은 호르크하이머와 아도르노가 BBC를 기관으로 전망한 것에 대해서, 그리고 그들이 라디오와 TV에서 나온 산출물들에 대해서 어떻게 생각했을 것으로 보는가?

[구조]

이 장(Chapter)의 요지가 어떻게 첫 문장에서 극명하게 드러나고, 그 다음에 이를 뒷받침하게 될까? 이는 거의 첫 두 문장에 가설, 대조 그리고 논제가 함축되는 방식으로 이루어진다. 호르크하이머와 아도르노가 문화의 '동일성'을 이야기한 문장 뒤에, 어떻게 동일성에 대한 개념을 지지하고 뒷받침하기 위해 극명한 대조를 담고 있는 다음의 몇 문장들이 사용되었을까?

대중문화의 관계자들은 문화산업을 기술적인 용어로 설명한다. 그들은 문화산업에 수백만 명이 참여하기 때문에 수많은 장소에서 동일한 상품에 대한 동일한 욕구를 충족시키기 위해서는 불가피하게도 어떤 방식이든 재생산 과정이 필요하다고 주장한다. 생산의 중심지는 몇 안 되지만 수요는 여기저기 흩어져 있다는 기술적인 한계가 경영에 의한 조직과 계획을 필요하게 만든다고 얘기한다. 규격품이란 본래 소비의 욕구에서 나왔다는 것이며 그 때문에 규격품은 별 저항 없이 받아들여진다는 것이다. 이러한 주장 속에 가려져 있는 것은 문화산업의 조종과 이러한 조종의 부메랑 효과인 수요가 만드는 순환고리로서 이러한 순환 고리 속에서 체계의 통일성은 사실 점점 촘촘해지고 있다.

이러한 기술적인 설명 뒤에 은폐되어 있는 것은 기술이 사회에 대한 통제력을 획득할 수 있는 기반은 사회에 대한 경제적 강자의 지배력이라는 사실이다. 오늘날 기술적인 합리성이란 지배의 합리성 자체이다. 이러한 합리성은 스스로부터 소외된 사회가 갖게 된 강압적인 성격이다. 자동차나, 폭탄이나 영화는 전체가 해체되지 않도록 근근이 유지시켜 주고 있지만 그러한 유지의 한계는 그것들이 벌이는 끝없는 평준화작업이 결국에는 빚어낼 수밖에 없는 불의 속에서 자신의 힘을 확인할 때까지다. 문화산업의 기술은 규격화나 대량생산을 가능하게 하며 그 대신 일의 논리와 사회체계의 논리를 구별시켜 줄 수 있는 무엇을 희생시켰다. 그러나 이것은 기술의 운동법칙에서 빚어진 결과라기보다는 현대 경제에서 기술이 행하는 기능에서 비롯된 것이다. 중앙통제로부터 벗어나려는 욕구는 개인들의 의식 내부에서 이루어지는 통제에 의해 사전에 봉쇄된다. 전화로부터 라디오로 나아가는 발걸음은 역할의 문제에서 분명한 분기점을 이룬다. 전화의 참여자는 주체로서 역할을 하는 것이 가능하다는 점에서 앞의 단계가 자유주의적인 단계라면, 청취자들을 서로 엇비슷한 방송 프로그램들에 권위적으로 복종시키는 라디오는 그들의 수동적인 객체로 만든다는 점에서 후자의 단계는 민주주의적인 단계다. 수신자가 자신의 의사를 말할 수 있는 어떤 응답 장치도 아직은 개발되지 않았으며 사적인 통화에는 자유가 허용되지 않는다. 사적인 전차는 아마추어라는 출처 미상의 영역에만 국한되며 그나마도 위로부터 통제를 받아야만 한다. 공적인 방송의 틀 안에서는 자방적인 청중의 작은 흔적이라도 전문가집단에 의해 선별된 온갖 종류의 배우 스카우터, 방송국 간의 경쟁, 그리고 공적인 프로그램에 흡수당하고 조종당한다. 배우들의 연기는 기업이 연기의 지침을 내리기도 전에 이미 기업의 생리에 종속된다. 그렇지 않으면 배우들은 그토록 열렬히 자신을 순응시키려 들지 않을 것이다. 실제든 가식이든 청중이 문화산업의 체계를 선호하고 있다는 것은 그 자체가 체계의 일부이지 체계를 변명하기 위한 구실은 아니다. 어떤 예술 분야가 소재나 전달수단에 있어 전혀 다른 분야들과 똑같은 처리방식을 따르면서, 청중의 자발적인 소망에 호응하기 위한 것이라고 말하는 것은 억지 변명에 지나지 않는다. 예를 들어 라디오 멜로물에서 극의 매끄러운 흐름을 방해하는 매듭들이 재즈음악의 클라이맥스에서 겪는 난관과 같은 기술적으로 극복되어야 할 어려움의 적절한 예로서 제시되거나, 영화대본을 위해 톨스토이 소설의 부분들을 제멋대로 각색하는 것과 비슷한 방식으로 베토벤 교향곡의 한 악장을 영화의 사운드트랙을 위해 슬그머니 따오는 경우가 그러하다. 이러한 현상은 경제적인 선별 메커니즘을 구성하고 있는 기술적, 인적 장치가 자신의 고유한 무게 때문에 어쩔 수 없이 저지를 수밖에 없는 과오라고 설명하는 것이 차라리 나을 것이다. 또 하나 덧붙일 수 있는 것은 그들이 가지고 있는 규칙이나 소비의 개념에 어긋나는 것, 무엇보다도 그들 자신과 같지 않은 것은 무엇이든 생산하거나 허가하지 않는다는 방침은 최고경영진에 있는 모든 사람들의 합의사항이거나 갖자가 암묵적으로 갖고 있는 최소한의 결의다.

Note

[내용]

이 단락이 기술과 문화산업 간의 관계에 집중하고 있다는 것은 시작 문장을 통해서 극명히 드러난다. 산업에 대한 논의에 집중함과 동시에 소비자와 청중 그리고 미디어 텍스트와 같은 잘 정의되지 않은 것들에 대해서 언급하고 있다.

이 논의의 핵심과 관련되어 있는 기술은 다시 한 번 '힘'을 필요로 한다. 호르크하이머와 아도르노는 누가 그 '힘'을 가지고 있다고 보았으며, 왜 그들은 그 힘을 가지고 있는지, 그리고 어떻게 사용한다고 보았을까? 그리고 누구에게 그 '힘'이 없는가?

호르크하이머와 아도르노는 이 단락을 문화산업이 기술의 사용에 대한 토론을 왜, 그리고 어떻게 프레임하는지에 대해서 시작하여 개요를 그들이 더 정직하게 서술할 수 있는 것으로 여기는 것으로 끝냈다. 이 단락에서 저자가 말하고 싶었던 핵심은 무엇일까?

[문맥]

세 가지 관측은 아마도 다음과 같을 것이다. 첫째로, 오늘날 여러 상품들이 국제적이며 세계 시장에서 유통되고 있지만, 문화산업의 재창출 수용량과 공급망은 국내외를 아우르는 감각을 필요로 한다. 1940년과는 다르게 기술의 발전 덕분에 수많은 문화 콘텐츠들이 디지털 방식을 통해 생산되고 분배되고 있다.

둘째로, 기술의 사용과 역할에 대한 논의 그리고 공공연하게 여겨지는 모든 관련된 관점들은 계속해서 다루어질 것이다. 우리는 산업에 있어서 어떻게 기술 개발이 소비자의 선택권을 확대하고 더 나은 질의 제품들을 제공할 수 있을 것인지에 대해 여전히 논쟁하고 있다. 그와 함께, 더 넓은 대중들이 종종, 때로는 의도에 의해서, 새 기술을 접하는 것에 있어서 소외되고 있다는 반론도 다루고 있다.

최근 벌어진 영국의 디지털 TV로의 전환에 대한 논란은 이에 대한 좋은 예가 된다. 두 개의 서로 다른 관점, 기술적 결정론과 문화적 결정론이라는 두 개의 서로 다른 관점은 기술 개발의 영향을 이해하고 의미를 개념화하는 데 도움을 준다(Winston, 1995의 예를 보라).

세 번째로, 이 단락에서 다루어진 다른 하나의 문제 또한 오늘날 라디오에서의 능동적과 수동적 청자에 대한 개념적 관계에 대한 논의가 부상하면서 다루어지고 있다. 기술의 발전을 통해 오늘날 이루어진 쌍방향 대화는 '응답을 위한 메커니즘'을 보여 주며 합법과 불법적 라디오 방송 사이의 수적 우세는 상업적 방송과 공공서비스를 위한 방송 사이의 수적 우세로서 나타나게 되었다.

[문체]

저자들은 단락을 이해 당사자들의 주장을 언급함으로써 시작했으나, 그들이 누군지에 대해서는 밝히지 않았다. 우리는 당기가 무엇을 의미하는지에 대해 맞게 추측했거나 그들이 예를 들어주었어야 하는 것이 아닐까? 이 단락에서의 이해당사자는 누구일까? 그들의 이득은 무엇일까?

글에 따르면, '그들이 주장'하거나 '비판되었다'는 구절들을 찾아볼 수 있다. 이들의 비판을 뒷받침하기 위한 '증거'들이 보충되어야 하는가? 만약 그렇다면, 그 '증거'들은 무엇을 포함해야 하는가?

[구조]

호르크하이머와 아도르노가 이 단락의 첫 몇 문장에서 어떻게 산업의 위치를 설정했는지 살펴보아야 한다. 이 과정이 끝나고 그들은 다음 문장을 통해 비판을 시작했다. "현실에서, 조작과 소급적 필요의 순환은 시스템을 더욱 강하게 만들기 위해 통합된다." 단락의 나머지는 그들의 생각을 '풀어내기' 위해 사용되었다. 그들의 의도가 성공적이었다면 당신은 그들이 무엇을 말하고자 했는지 알 수 있을 것이다. 정확하게, 저자들이 이 글에서 전달하고자 했던 핵심 의미는 무엇인가?

우리 시대에서 사회의 객관적인 경향은 최고경영자의 은밀한 주관적 의도 속에 새겨져 있다고 할 수 있는데, 그러한 의도란 사실은 철강, 석유, 전기, 화학과 같은 가장 강력한 산업부문들이 지니고 있는 의도이다. 그들과 비교할 때 문화부문의 독점이란 연약하고 종속적인 것이다. 그래도 아직은 감미로운 자유주의나 유대인적인 지성에 의해 장사를 하고 있는 문화부문은 대중사회에서 정화 대상이 되지 않기 위해서는 실질적인 권력소유자들의 비위를 맞추지 않으면 안 된다. 개개의 계열들은 경제적으로 서로 얽혀 있는데 그 비근한 예로는 방송 산업들이 전기산업에 종속되어 있다든지 영화산업이 은행업에 매여 있다는 사실을 들 수 있을 것이다. 모두가 서로 간에 너무나 긴밀히 뒤엉켜 있기 때문에 그들의 공통된 정신은 전혀 다른 업종이나 기술이 만들어내는 경계선 정도는 거리낌없이 넘나든다. 문화산업의 물샐틈없는 통일성은 정치의 영역에서 무슨 일이 일어날 수 있는지를 짐작하게 한다. A이라는 영화와 B이라는 영화 사이에, 또는 상이한 가격 층의 잡지내용들 사이에 차이가 없는 것은 물론 아니지만 그 차이란 사실 자체로부터 나오는 본질적인 차이라기보다는 소비자들을 분류하고 조직히고 장악히기 위한 치이에 불과하다. 어느 누구를 위해서도 무엇인가가 마련되어 있지만 그것은 누구도 그것으로부터 빠져나가지 못하게 하기 위해서다. 이를 위해 차이는 오히려 강조되고 선전된다. 대중에게는 각계각층을 위해 다양한 대량생산물이 제공되지만 그것은 수량화의 법칙을 더욱 완벽하게 실현시키기 위한 것이다. 모든 사람은 미리 자신에게 주어진 수준에 걸맞게 자발적으로 행동하며 자기와 같은 유형을 겨냥해 제조된 대향생산물을 고른다. 소비자들은 정치선동을 위한 조사단체와 구별되지 않는 조사단체의 통계표위에서 소득수준에 따라 빨강, 초록, 파란 부분으로 분류된다.

Note

[내용]

호르크하이머와 아도르노는 문화산업에 대한 철저한 탐구에 가까이 도달했던 사람들이다. 이러한 필요는 문화산업과 다른 산업 분야 사이의 관계에 대한 고민과 광범위한 자본경제시스템에 대한 고려 없이는 이러한 형식의 연구가 불가능하다는 것에서 출발한 것이다.

문화산업이 선택받은 몇 가지 다른 산업에 비해 약한 힘을 가진 것으로 여겨지는 동안 다른 산업 분야에 대한 전자공학과 자본의 의존성은 명백해졌다. 이는 문화산업이 제한된 힘을 가지고 있으며 '진정한 힘을 행사하는 자'로 남아 있어야 한다는 것을 나타낸다. 이러한 주장과 관련해서 그들이 문화산업의 상품에 대하여 "아직 안이한 자유주의와 유대인의 주지주의가 넘쳐난다"라고 언급한 것의 의미는 무엇이라고 생각하는가? 또한, 그들이 말한 제거 대상 리스트가 무엇이며 누가 그들을 선정하는 것이라고 생각하는가?

1940년대 문화산업에 대한 우려와 여러 이슈들이 발생한 것은 지금과 유사하며, 특정한 부분은 지금의 논쟁과도 연계되어 있다. 이 글에서의 '대중 사회'에 대한 정의는 이론적 관점에서 저자의 선호를 받는 더 진전된 진술과 그들의 연구에 분명한 영향을 받는다('7장 리비스', '12장 밀스의 대중사회 이론' 참조).

힘과 문화산업을 포함한 산업 분야의 상호의존성이 성립하면서 저자는 두 번째 단락의 절반에서 그들의 화제를 소비와 소비자들로 전환했다. 그들이 규정하는 산업의 목표 또는 논리는 확인이 필요한 주장인 소비자의 소비를 극대화하는 것 외에 소비자를 분류화하고 조직화하는 데 있어 효과적으로 소비자를 타깃팅하는 것이다. 다시 말해서, 우리는 저자가 약하고 영향을 잘 받지만 아직 확실히 결정하지 못한 소비자를 조작하는 힘 있는 산업을 암시하고 있음을 알 수 있다. 이것은 프랑크푸르트학파와 일반적으로 연결된 염세주의와 어떻게 다른가?

[문맥]

비록 이 문화산업에 관한 글이 60년 전에 출판되었지만, 과도기에 주로 더 많이 언급되는 트렌드를 확인하고 특정 분야에서 이슈를 강조하기 위해서 계속해서 활용되었다.

첫째로, 소비자들에 대한 연구와 그들의 요구가 점점 더 세련되어졌고 기술의 발전이 광고주가 핸드폰과 '좁은 틈새'인 디지털라디오 서비스를 통해 소비자를 더 쉽고 정확하게 특정할 수 있게 되었다. 둘째로, 문화산업 또는 산업군이 어떤 정부에서는 '창작 산업'으로 다시 정의되고 현대 경제의 핵심 분야가 되어 가고 있다. 셋째로, 제거해야 할 대상으로서의 경제에서 문화산업의 분야의 잠재력은 중요한 관심사로 남아 있다. 최근의 예시와 그들이 어떻게 출현하게 되었는가에 대해 생각해 볼 수 있다. 넷째로, 커다란 금전·비금전적 힘을 가진 각 산업 분야의 대표와 대표 기관은 이제 국가에 한정된 이익 추구와 매스컴 보도를 확산시키는 것보다는 국제적으로 하기를 원한다. 다섯째로, 정치인과 정치적 메시지는 문화산업이 잘 다듬은 문화 상품을 통해 '판매'된다는 것이 일반적인 견해로 받아들여진다(Franklin, 2004의 예를 보라). 여섯째로, 저자에 의해 강조된 때로는 수직, 수평적 통합으로 이해되는 산업 분야 간의 상호연관성과 가까운 관계는 오늘날에 앞서 국제적인 현상이 되었다.

Reading 4

일련의 과정들이 얼마나 도식화되어 있는가 하는 것은, 생산물들의 기계적인 차이란 궁극적으로는 똑같은 것이라는 사실에서 잘 드러난다. 크라이슬러(Chrysler)의 모델과 제너럴 모터스(General motors)의 모델들의 차이란 근본적으로는 환상에 불과하다는 것은 바로 그 차이에 열광하는 어린아이조차 알고 있다. 전문가들이 무엇이 장점이고 무엇이 단점이라고 떠들어대는 것은 경쟁과 선택 가능성이라는 가상을 영구화하는 데 기여할 뿐이다. 어떤 영화가 워너브러더즈(Warner Brothers)에 의해 공급되었는가, 메트로 골드윈 메이어(Metro Goldwyn Mayer)에 의해 공급되었는가의 문제에서도 사정은 똑같다. 동일한 회사가 만들어내는 값싼 모델과 비싼 모델 사이의 차이조차 점점 축소되고 있다. 그 예로서 자동차의 경우 기통수, 배기량, 부품 수에 따른 차이가 점점 줄어들며, 영화의 경우 스타를 얼마나 동원했는가, 기술이나 인력이나 장비, 또는 최신의 심리학적 기법들을 얼마나 풍성하게 사용했는가의 차이가 점점 대수롭지 않은 것이 된다. 가치의 유일한 척도는 얼마나 이목을 끄는가 또는 얼마나 포장을 잘하는가에 달려 있다. 문화산업의 상이한 예산배분에 의해 만들어진 가치의 편차는 생산물의 실제적인 가치나 의미와는 아무런 관계가 없다. 기술 매체 또한 서로간의 차이가 희석되어 끊임없는 획일화가 강요된다. 텔레비전은 영화와 라디오의 종합을 꾀하고 있는데 그러한 종합은 이해당사자 간의 의견 통일이 아직 이루어지지 않아 저지되고 있지만 그 무한한 가능성은 심미적 소재의 빈곤화를 엄청나게 가속화시킬 것이 분명하며 그에 따라 아직은 가려져 있는 모든 문화산업의 획일성이 미래에는 확연히 백일하에 모습을 드러낼 것이다. 이것은 한 작품 속에 모든 예술을 융합한다는 바그너의 '총체적 예술 작품'이라는 꿈이 우스꽝스러운 형태로 실현되는 것이다. 말과 형상과 음악을 일치시키는 것은 〈트리스탄(Tristan)〉에서보다 훨씬 완벽하게 성공하고 있다. 왜냐하면 겉으로 드러난 사회현실을 비판 없이 반영하는 감각적 요소들은 원칙적으로 동일한 기술적 작업과정 속에서 생산되며 이러한 작업과정의 통일성은 곧 사회현실의 본질을 표현할 것이기 때문이다. 이러한 작업과정은 소설을 어줍지 않게 각색한 영화로부터 최근 음향효과에 이르기까지 생산의 모든 요소들을 통합한다. 이러한 작업과정은 투자된 자본의 승리는 의미한다. 전능한 자본은 꼭두각시가 되어 버린 생산라인의 종사자들의 마음 깊이 새겨지게 되며, 이것은 작업팀이 그때그때 어떤 플롯을 선택하든 상관없이 모든 영화의 본질적인 의미가 된다.

[내용]

이 글에서의 초점은 문화산업에서 생산된 상품과 호르크하이머와 아도르노가 '기술적 미디어'로 칭한 라디오나, 영화, TV와 같은 것들에서 찾아낸 트렌드에 있다. 이 글을 지배하는 주제는 환상과 통일성 그리고 천진난만하고 힘없기 그지없는 소비자들을 암시한다.

문화산업과 다른 산업 간의 유사성이 점점 강화되는 상황에서 호르크하이머와 아도르노는 리뷰어(reviewers)와 해설자, 그리고 분석가들이 근본적으로 같은 한 상품과 또 다른 상품에 대해 장점과 단점을 어떻게 '말하는지' 알아보기 위해 자동차 산업을 이용했다. 산업이 지켜야 할 것은 경쟁과 선택으로부터 오는 소비자의 이익이라는 것을 강조하기 위함이다.

이 부분과 맞닿아, 저자들은 미국의 두 대형 영화 제작사인 워너브라더스와 메트로 골드윈 메이어를 통해 같은 착시현상이 일어날 것이라고 암시한 것으로 보인다. 그러나 저자들은 가장 비싼 영화 또는 차와 가장 싼 것들 사이의 격차는 줄어들고 있으며 투자의 정도나 '눈에 잘 띄는 상품'이 지금은 더 '가치의 표준'이라고 논한다. 이 서술에서 그들은 어떤 말을 하고자 했는가?

'기술적 미디어'로 돌아와서, 저자들은 고전적 예술가와 그의 일에 대해 예상하기를 옛날에는 이미지와 단어 그리고 음악을 종합하는 것이었지만 앞으로는 텔레비전이 다양한 재료들의 생산과 범위를 줄이는데 기폭제로서 그 역할을 할 것으로 보았다. 그들이 주장하고자 하는 것은 산업 프로세스의 불가피함과 투자 자본의 승리라고 볼 수 있다('7장 리비스' 참조). 호르크하이머와 아도르노가 이 글 마지막 문장에서 의미하고자 하는 바가 무엇인지 생각해 보자. "전능한 자본은 꼭두각시가 되어 버린 생산라인의 종사자들의 마음 깊이 새겨지게 되며, 이것은 작업팀이 그때그때 어떤 플롯을 선택하든 상관없이 모든 영화의 본질적인 의미가 된다."

[문맥]

'이 장의 자료 읽기 3의 노트'에서의 경우와 같이, 두 저자가 기술한 시대와 오늘날의 시대 사이에는 평행선이 존재한다. 예를 들어, '선택'과 '경쟁'은 공공서비스보다 '시장'을 만능으로 여기는 산업 전문가와 정치인 그리고 정책 결정자들에게서 나오는 진리와 같은 것이다. 이것이 강화되거나 줄어드는 것, 다양성과 양의 문제는 여전히 주요하게 다루어지고 있는 문제이다.

유사하게, 이 감정적이고 정책적인 이동은 오스트레일리아의 ABC나 영국의 BBC와 같은 국영방송 종사자들에게 부정적인 영향을 줌과 동시에 텔레비전이 대중화되도록 만들었다. 아이러니하게도, 음악산업의 많은 상품들 또한 그들의 문화 상품에서 중간에 위치한 것들이 선택의 경쟁으로 몰렸다. 퀸의 '라디오 가가'와 부르스 스프링스틴의 '57 Channels(And Nothin' On)'이 좋은 두 예가 된다.

호르크하이머와 아도르노의 환영과 제일성에 정의에 대해 동의한다면 산업 논리가 이전의 문화 상품의 끊임없는 재생산이나 적응을 이끈다면 아티스트와 형식에 대한 새로운 아이디어를 위한 투자가 줄어들 것이라는 주장이 있다. 이것에 대한 당신의 생각은 무엇인가?

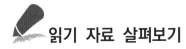# 읽기 자료 살펴보기

전체적으로 읽어지기 시작하는 장(Chapter)으로부터 「문화산업: 대중 기만으로서의 계몽」은 50장 이상의 내용을 전개하고 있다. 그러나 우리는 당신이 결국 그것을 꼼꼼히 다 읽을 것을 희망하면서, 요약본은 이제 프랑크푸르트학파와는 떼려야 뗄 수 없는 용어인 문화산업에 대한 호르크하이머와 아도르노의 관점의 정수를 보여 줄 것이다.

일반 사전과 전문가를 위한 전문 사전을 가지고 있어도, 복잡하고 전문적인 용어는 내용을 읽고, 정보를 얻고, 궁극적으로 이해하기 어렵게 만든다. 그리고 심지어 해석과 판단은 다양할 가능성이 높다. 피터스는 제2차 세계 대전 때 처음 출간 된 이후부터 이 특정 챕터(Chapter)는 "환영 받았고, 비난 받았고, 잘못 해석되었다"고 말했다(Peters, 2003: 58). 그리고 그것은 상당히 지배적이고 죽은 것과 다를 바 없는 이미지의 단상과, 히틀러와 할리우드의 부도덕한 동맹을 떠올리게 한다(Peters, 2003: 59).

이 읽기가 미디어 이론의 발달에 영향을 미친 것에 대한 정도를 생각해 보는 단계로 넘어가기 전에, 그리고 호르크하이머와 아도르노의 작업이 오늘날과 여전히 관련이 있든지 없든지 간에, 장(Chapter) 제목의 두 번째 구인 '대중 기만으로서의 계몽'을 곰곰이 숙고해 볼 만한 가치가 있다. 호르크하이머와 아도르노는 계몽에 대한 그들만의 정의를 내렸다.

생각의 발달로서 가장 넓은 의의로 이해되고 있는 계몽은, 항상 공포와 그들을 주인으로 정착시키는 것으로부터의 인류해방을 목표로 해 왔다. 그럼에도 불구하고 완전히 계몽된 세계는 성공의 대재앙으로 빛난다.

(Horkheimer & Adorno, 2002: 1)

어떻게 '계몽'이 '대중 기만'이 되며, '대중 기만'에 의해서 이 내용이 의미하는 바는 무엇인가? 그 대답은 다양하다. 예를 들어, 카츠는 호르크하이머와 아도르노의 견해를 잘못된 사상의 메시지를 제작하기 위한 조립라인이 있는 산업으로서의 미국문화의 발상이라고 요약했다(이 책의 '8장 마르크시즘'을 볼 것. Peters, 2003: 56). 그러나 스티븐 손은 문화산업의 유효성은 기만적인 이데올로기에서 확보되는 것이 아니라, 자본주의를 대체할 대체 방안에 대한 대중들의 모든 사상을 없애 버리는 데서 나온다고 주장한다

(Horkheimer & Adorno, 2002: 53).

대중 기만에 대한 더 나아간 측면의 설명은 대중문화를 '사람들이 그들 자신을 속이는 과정 속에서 활발한 행위자'인 '너그러운 지배의 하나의 기관'이라고 묘사한 피터스에 의해 제시되었다(Peters, 2003: 63, 64). 이 주장은 호르크하이머와 아도르노의 통찰력을 보여 주고 있으나 그보다는 비판적인 「문화산업」의 마지막을 향하는 데서 발생한 광고의 평가로부터 나왔다.

인류에게 가장 친밀한 행동은 심지어 인류에게도 완전히 구체화되어서, 그들에게 이상한 생각은 어떤 것이든 오직 극도의 추상에서만 살아남았다. 개성은 눈부신 흰 치아와 몸의 악취, 감정으로부터의 자유 그 이상이 되기는 어려웠다. 그것은 문화산업 속의 광고의 승리였다. 문화적인 상품에 대한 소비자들의 강제적인 모방은, 동시에, 그들은 오류로 인식했다.

(Horkheimer & Adorno, 2002: 136)

호르크하이머와 아도르노의 작업은 초기 프랑크푸르트학파의 작업으로 미디어 연구와 이론의 첫 단계로 인도했다. 그 중에 하나가 미디어가 대중문화에 부정적으로 영향을 끼치는 전능하고 일반적으로 중재되지 않은 힘으로 제시되었다는 것이다(Turner, 1996: 184). 미디어 연구의 두 번째 단계는 미디어가 사회 과반수를 반영한 것으로 여겨졌던 1960년대의 미국의 매스커뮤니케이션 연구의 출현과 관련이 있다. 따라서 사회적 다원성이 프랑크푸르트학파가 더 일찍부터 경고한 대중문화의 속임수의 잠재성을 불필요하게 만들었다는 주장이다(Turner, 1996: 185).

그러나 프랑크푸르트학파의 문화산업에 대한 포괄적인 분석이 오늘날 일반적으로 지나치게 비관적으로 인정받고 있음에도, 그들의 성과 속에서 오늘날 남아 있을 가치가 있는 요소가 있다. 그러한 세 가지의 요소는 피터스에 의해 식별되었다. 첫째로, 산업 내에서의 '대량 집중'을 향한 경향이다. 두 번째로, 피터스가 '저항의 포장'이라고 묘사한 것이다. 그리고 세 번째 요소는 대중의 기호를 제품 그 자체로 포함하는 관습이다.

맥귀건에게 있어서는 이 책의 호평을 이끌어 내는 것은 미사여구와 현실 또는 촉진적인 이데올로기와 실제적 상태의 증거 사이의 차이를 조명하는 호르크하이머와 아도르노의 능력이다. 그가 제공하는 예시 중 하나는 우리는 모두 관계되어 있을 가능성이 높다는 것이다. 이것은 '개인주의와 선택에 관한 끝없는 선전'이다. 이는 소비자들이 그들의 일상생활에서 작용하는 힘을 매우 지나치게 과장해서 말한다고 주장한다(McGuigan, 1996: 78). 피터스는 호르크하이머와 아도르노의 「문화산업」에 대한 또 한 가지의 관찰 결과가 있다. 근본적으로, 피터스는 그들의 분석이 '잘못된 데다 이제는 지친, 대중들의 저항과 산업적 조작의 이분법'에 대한 논쟁을 실제보다 앞당겼다고 믿는다. 피터스의 입장에서 볼 때, 호르크하이머와 아도르노는 간단하게 '둘 다야!'라고 말했을 것이다.

마지막 요점은 호르크하이머와 아도르노의 문화산업과 '창조적 산업'에 대한 의견 사이에서 만들어질 수 있다. 후자의 용어(창조적 산업)는 몇몇 유럽국가에서 채택되었고, 정치를 통해서 묘사되고 지지 받았으며, 국내총생산의 발전기 역할로 성장하며 중요해졌다(Hesmondhalgh, 2002: 14).

호르크하이머와 아도르노의 문화산업에 대한 본래 개념은, 1970년대 후반부터 1980년대의 학계와 정책 입안자들, 적극적 행동주의자들에 의해서 새롭게 주목을 받았다. 이는 '문화적 산업'이라는 단수의 형태라기보다는 복수를 선호하는 결과를 낳았다. 이러한 주안점에 대한 변화는 그들의 문화산업의 본래 이론에서 결점을 찾아내는 데 명망이 높은 프랑스 사회학자 미에지(Miege)가 수행한 작업에 의해 더욱 입증되었다(Miege, 1979, 1987, 1989; McGuigan, 1996: 80).

나른 관찰들의 사이에서, 미에지는 '문화적 산업'이라는 용어가 경제의 복잡한 부분이 무엇인지에 대한 현실을 더 잘 반영한다고 주장했다. 또한 방송, 언론계, 기록 산업이 모두 꽤나 다른 방식으로 작동한다는 점을 지적한다고 말했다(Hesmondhalgh, 2002: 15; McGuigan, 1996: 80).

1980년대 이론은 관습에 대한 지식을 제공하기 시작했고, 문화산업은 수많은 영국의 도시들을 재건하는 데 도움을 주는 수단으로 비춰졌다. 이러한 개발들은 니콜라스 간햄(Nicholas Garnham)에 의해, 1983년에 런던 시의회가 관리하는 노동당을 위해 처음 개발된 정책안에 의해 시작되었다. 간햄의 런던에서의 분석은 본질적으로 문화산업이 도시의 경제를 지배하고, 대중들이 자금을 이미 존재하는 부유층의 기호와 습관에 보조금으로 지급하는 경향이 있다는 것을 발견했다(Garnham, 1990: 164).

1997년 정부가 시작하자마자 토니 블레어의 '새로운' 노동 행정부는 문화산업을 경제성장과 공동체 재건을 위한 도구로 사용했으나, 그 부문의 이름은 '창조 산업'으로 새로 붙여졌다. 음악, 영화, 텔레비전, 라디오, 출판이 더해지고, 이제는 패션, 예술, 연극, 건축, 공예, 그래픽, 광고, 소프트웨어와 저널리즘까지 포함한다(Smith, 1998: 15).

이러한 발달의 아이러니는 조명할 만하다. 즉, 좌익 정치인들에 의한 문화산업 투자를 위한 장려가, 호르크하이머와 아도르노의 원래 학설에서 '문화산업'은 실제로 '문화산업화에 적대적'이었다(McGuigan, 1996: 75).

마지막으로, '새' 노동 행정부의 문화, 미디어, 스포츠부의 첫 번째 장관이었던 크리스 스미스는 창조적 산업에 대한 그의 견해를 담은 책 『창조산업 영국(*Creative Britian*)』 (1998)을 출간했을 때, 거기에는 프랑크푸르트학파의 내용이나 원래의 '문화산업'에 대한 언급이 전혀 없었다는 점에서 그것은 아무런 가치가 없다.

주요 용어

문화산업(Culture industry); 기만으로서의 계몽(Enlightenment as deception);
합리적 기술적 현실(technical rationality); 개인의 의식(individual consciousness);
문화 독점(culture monopolies); 채울 수 없는 균등성(insatiable uniformity);
자본의 전지전능함(omnipotence of capital)

주요 학자

Tolstoy

 **권장도서**

Bottomore, T.(1994), *The Frankfurt School*, Chichester: Ellis Horwood Limited; London: Tavistock Publications.

프랑크푸르트학파의 성장과 쇠락, 그리고 중요성을 사상의 핵심 요체와 사상의 확산을 통해 검증하고 있다.

Held, D.(1980), *Introduction to Critical Theory: Horkheimer to Habermas*, Cambridge: Polity Press.

프랑크푸르트학파의 세부내용과 주요역할을 분석하고 비평적 이론을 평가하고, 깊이 있는 소개를 제공하고 있다.

Katz, E., Peter, J. D., Liebes, T., and Orloff, A.(eds.)(2003), *Canonic Texts in Media Research*, Cambridge: Polity.

다섯 명의 주요 프랑크푸르트학파 학자를 월터 벤자민, 아도르노, 호르크하이머에 의한 비평의 반영과 논의로 전체를 소개하고 있다.

10장

해롤드 라스웰

Lasswell, H. D.(1948), "The structure and function of communication in socity(사회 커뮤니케이션의 구조와 기능)", Bryson. L.(ed.), *The communication of ideas*(커뮤니케이션 개념), NewYork: Institute for Religious and Social Studies, pp. 37~51.

 해롤드 라스웰에 대한 소개

해롤드 라스웰(Harold Dwight Lasswell, 1902~78)은 미국 일리노이 주에서 태어났다. 정치 과학자와 커뮤니케이션 이론가로서 다양한 활동을 펼쳤던 그는 시카고대학과 예일 대에서 연구 시간의 대부분을 보냈다(Dennis & Wartella, 1996: 188).

라스웰의 첫 출판물은 선전에 초점이 맞춰졌다. 그는 자신이 성장하고 일을 시작한 시대를 반영하는 주제에 관심이 많았다. 이 기간은 선동의 혁신적인 계기가 되었던 1차 세계대전 속(1914~18) 영국의 선동 경향이 보이던 시기였다. 1920년대 영국 선전은 광고와 홍보 산업 관련 언급들을 통해 '여론의 동의'를 구하고, 1930년대에는 유럽 파시스트의 선동 이용과 소련 내에서의 사회주의를 알리는데 자주 이용되었다(Williams, 2003: 30).

이러한 흥미는 라스웰의 첫 저서인 『세계대전의 선전 기술(*Propaganda Techniques in the World War*)』(1927)에 잘 나타나 있고, 이후 출판된 『정치와 정신병리(*Psychopathology and Politics*)』(1930), 스미스와 케이시(Smith and Casey)가 함께 한 『홍보와 선전활동: 주석참고문헌(*Propaganda and Promotional Activities: An annotated bibliography*)』(1935)과 『선전, 커뮤니케이션과 대중 여론: 참고가이드(*Propaganda, Communication, and Public Opinion: A comprehensive reference guide*)』(1946)에서도 이러한 경향이 두드

러진다.

선전에 관한 라스웰의 연구는 획기적이었다. 왜냐하면 그의 연구는 선전자들이 어떻게, 왜 성공했는지 그리고 청중들이 메시지를 언제 수용하며, 수용하는 이유는 무엇인지를 알려주었기 때문이다(예를 들어 Curran & Seaton, 1997: 129, 268). 결과적으로 라스웰의 연구는 당시 널리 행해졌던 'Magic bullet(마법의 탄환)'과 'Hypodermic needle(피하 주사)' 모델의 단순성과 한계점을 폭로한 셈이다(Williams, 2003: 30).

그러나 라스웰은 커뮤니케이션 이론 분야의 중대한 업적으로 간주되는 '사회 커뮤니케이션의 구조와 기능'에 관한 분석으로 가장 잘 알려져 있다. '사회 커뮤니케이션의 구조와 기능'은 커뮤니케이션 분야 연구의 필수 코스이다. 그리고 그는 '미국 커뮤니케이션 연구'(Hardt, 1995; Schramm, 1963: 10에서 인용)의 '창시자'로도 유명하다. 이러한 영예는 그가 시카고대학에서 '문화/역사적 커뮤니케이션 번역'을 예시로 제시했던, 소수의 연구자였다는 점에 기인한다('5장 시카고학파' 참조).

라스웰은 커뮤니케이션 연구에 대한 미국 학계(Hardt, 1995: 11)의 합법적인 규율을 정립하기 위해 양적인 접근의 분석과 조사 방식으로의 변화를 선호했다. 이러한 방법론적 변화는 논쟁을 유발했다. 비평가들은 이에 대해 전후 사회에서 사회, 정치적으로 중요한 문제를 방법론을 통해 우회적으로 접근하는데 몰두시켰다고 주장했다. 그리고 그들은 이러한 연구 노력이 더 가치 있을 것이라고 간주했다(Hardt, 1995: 11).

라스웰의 「사회 커뮤니케이션의 구조와 기능」은 엄청난 관심을 불러왔고 미디어, 커뮤니케이션 관련 글에서 종종 발견되었다. 예를 들어 윌리엄스(Williams, 2003: 6)는 「사회 커뮤니케이션의 구조와 기능」을 커뮤니케이션 연구의 진행에 있어 가장 많이 인용된 논문이라고 소개했다. 또한 브릭스와 버크(Briggs and Burke, 2002: 5)는 이를 "간단하지만 유명한 정석이라고 간주되는 것"으로 묘사했다. 이와 유사하게 보이드-바렛(Boyd-Barrett, 1995b: 72)은 이 연구가 커뮤니케이션 학문에서 중요시 되는 문제를 정의하는 것을 돕는다고 언급했고, Laughey는 '미디어 효과의 이론적 모델을 제시한 선구자 역할'을 수행했다고 평가했다.

라스웰의 저서는 1950년대와 1960년대에 출판된 커뮤니케이션 연구들의 교과서 역할을 수행했다. 그러나 어쩌면 당연하게도, 방법론에 대한 그의 선호는 후에 뒤로 밀려나게 될 실질적 비평주의에 의해 '전형적인 경험주의자의 분석과 조사'로 비춰지기도 했다(Curran et al. 1977: 2).

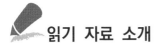 읽기 자료 소개

「사회 내 커뮤니케이션의 구조와 기능」은 라이먼 브라이슨(Lyman Bryson)가 편집한 첫 출판물인 『생각 커뮤니케이션』(1948) 속에 수록된 논문이었다. 이 책에는 다양한 이론적, 방법적 접근을 제시했던 연구자들의 글이 수록되어 있다. 이 책은 당대에 시작되었던 신흥 커뮤니케이션 이론 성립에 기여한 책들 중 하나였다.

브라이슨이 편집인으로서의 역할을 하는 것이 명백한 선택으로 보이지 않을 수도 있었던 것은 그가 콜롬비아 교대에서 성인 교육을 전공하고 록펠러 커뮤니케이션 그룹의 초기 멤버였기 때문이다. 록펠러 재단의 지원을 받은 그 그룹은 미디어, 커뮤니케이션 분야에서 사회과학자들에 의한 양적 방법론(Simonson & Weimann, 2003: 16)이 지배하고 있었다. 이런 까닭에 브라이슨이 편집한 책에서 폴 라자스펠드(Paul Lazarsfeld)의 기고가 포함되어 있는 것은 전혀 놀라운 일이 아니었다('11장 콜롬비아학파' 참조).

브라이슨의 책은 종교, 사회학 학회가 1946년 11월부터 1947년 2월 사이에 조직했던 뉴욕대학원에서 강의할 록펠러 커뮤니케이션 그룹의 기원을 포함하고 있다. 그는 대학원 수업을 위한 주제로 '생각의 커뮤니케이션 문제들'을 설정했다. 이 주제는 브라이슨이 저술한 책의 오프닝 주제이기도 하다. 여기에서 그는 책의 핵심을 구성하는 15개의 공헌들 중 두 가지 키포인트를 제시한다. 첫 번째 포인트는 '커뮤니케이션 이론에 조직적인 개요는 없다'는 것이다. 두 번째는 그의 분야에 대해 "무엇으로 보든 간에 학생들이 오늘날의 모든 생각들에 대해 '커뮤니케이션'이라고 부를 가능성이 있다는 것"이다(Bryson, 1948: 1~2). 자연스럽게 창조된 브라이슨의 언어는 이 시기에 자연스럽지 않은 것이었다. 비록 유명한 인류학자였던 마가렛 미드(Margaret Mead)의 글이 두 장이나 실렸다고 해도 말이다. 이 글이 미디어와 문화, 커뮤니케이션 분야에 참조될 때 이것은 커뮤니케이션 방법을 수정할 것이다. 당신이 보는 것처럼, 라스웰은 다음과 같은 방식으로 커뮤니케이션에 대한 의문을 정의하며 이야기를 시작한다.

누가	⇨ 누가
무엇을 말하는가	⇨ 무엇을
어느 경로를 통해	⇨ 어떻게
누구에게	⇨ 누구에게

어떤 효과를 동반하면서 ⇨ 어떤 효과로

(Lasswell, 1948: 37)

루이스와 슬레이드(Lewis & Slade, 1994: 8)는 이것을 '커뮤니케이션의 전달 모형'이라고 정의했다. 왜냐하면 이것은 '커뮤니케이션 통로'를 계획하고 이를 통해 정보와 이해, 생각의 여행을 진행하면 되기 때문이다(이는 Carey, 1989: 15~16에서도 볼 수 있다). 이러한 개념화로 인해 얻을 수 있는 장점 중 하나는 커뮤니케이션의 진행과 생산, 내용과 수신에 있어 뚜렷한 세 가지 요소들을 조명한다는 것이다. 또한 이로 인해 연구자들이 하나 혹은 그 이상의 다른 영역들을 전문화할 수 있는 기회를 제공한다는 것이다(Williams, 2003: 46).

그러나 라스웰의 모형은 매스컴에 대한 기능적 분석인 기능주의(Marshall, 1998: 241)의 예로 분류되기도 한다. 왜냐하면 이 방식이 커뮤니케이션 행위의 기능과 효과, 방식들을 고려하기 때문이다. 매스컴의 경우에 이 방식은 "사회의 구조와 질서를 유지하기 위한, 사회 구조 유지로서의 미디어의 역할을 중심으로 역설하고 있지만, 사회적 평등을 유지하는 것"(Williams, 2003: 48)에 대해서는 다루고 있지 않다.

이 글에서 딩신은 라스웰이 미디어의 행동을 세 가지 사회 기능으로 설정한 깃을 볼 수 있다. 첫 번째 기능은 감시이다. 미디어는 미디어가 존재하는 곳에서 개인과 사회를 위한 정보를 제공한다. 두 번째 기능은 상관관계다. 상관관계는 미디어를 설명, 해석하고 사회에서 서로 다른 요소들을 연결하는 방법을 제공할 것이다. 세 번째는 전달이다. 전달은 미디어가 사회화의 대리인 역할과 사회·문화적 유산을 다음 세대에 전파하는 것을 의미한다.

자신의 모형과 기능적 특성을 설명하기 위해 라스웰은 뒤르켐(Durkheim)이 생물학적, 유기적, 유추의 방법(예를 들면 Marshall, 1988: 467 참고)을 사용한 것을 참조했다. 첫 번째 예시인 유추를 사용하는 것은 찜찜하지만, 이는 글의 진행에 있어 분명히 가치 있는 증거가 될 것이다. 생물학적 유추는 19세기 사회 전반에 대한 커뮤니케이션 역할 분석의 일반적인 방법이었으나 기술과 사이버적 은유(Boyd-Barret, 1995b: 72)로 대체되고 있는 추세다.

이러한 이유로 인해 라스웰의 '사회에서의 커뮤니케이션 구조와 기능'은 언론학에서 큰 영향을 끼치고 있지만 이 또한 한계를 지니고 있다. 독자들은 이를 읽고 한계점이 무엇인지를 찾아내는 것도 좋을 것이다.

해롤드 라스웰(Harold D. Lasswell)

사회 내에서의 커뮤니케이션 구조와 기능

커뮤니케이션 활동

다음과 같은 질문에 답을 하는 것이 이 활동을 묘사하는 데 편리한 방법이다:

누가   ⇨ 누가

무엇을 말하는가   ⇨ 무엇을

어느 경로를 통해   ⇨ 어떻게

누구에게   ⇨ 누구에게

어떤 효과를 동반하면서 ⇨ 어떤 효과로

과학적 연구는 커뮤니케이션의 진행을 한 가지 혹은 다른 질문들에 집중하는 경향이 있다. 대화자인 '누구'를 연구하는 학자는 커뮤니케이션 활동의 시작을 이런 방식으로 들여다본다. 우리는 이런 연구의 세분화를 '조절분석'이라고 한다. '무엇을 말하는지'에 집중하는 전문가들은 '내용분석'을 통해 연구한다. 주로 라디오, 언론, 영화 등 다른 경로를 통해 커뮤니케이션 하는 사람들은 '미디어 분석'을 한다. 주요 관심이 미디어에 의해 사람들과 만나는 것이라면 '청중 분석'이다. 만약 의문이 청중들에게 미치는 영향에 있다면 그 문제는 바로 '효과 분석'이다.[1]

이러한 구분은 과학과 경영적 목표에 얼마나 적당한지 그 유용의 정도에 따라 결정된다. 청중 분석과 효과 분석을 결합하는 것은 때로 둘을 분리하는 것보다 편리하고, 간단하기도 하다. 반면에 우리는 내용 분석에 집중하기 위해 스타일과 취지, 첫 번째 메시지 참조 등을 통해 세분화하기도 한다.

---

[1] 자세한 것은 Bruce L. Smith, Harold D. Lasswell과 Ralph D. Casey의 『선동, 커뮤니케이션과 대중 의견 (*Propaganda, Communication, and Public Opinion: A Comprehensive Reference Guide*)』(1946)의 참조 가이드를 참조하기 바란다.

구조와 기능

카테고리 세분화 작업이 필요한 이유는 현재의 논의는 다른 범위에 있다는 것에서 기인한다. 우리는 커뮤니케이션 활동을 세부적으로 나누는 것보다 사회적인 흐름 속에서 전반적인 관계 활동을 보는 것에 관심이 있다. 모든 과정은 두 개의 틀 안에서 검토할 수 있다. 그것은 바로 구조와 기능이다. 그리고 커뮤니케이션에 관한 우리의 분석은 명확하게 구분할 수 있는, 특정한 기능에 따라 세분화할 수 있다. (1) 환경 감시, (2) 환경에 대해 응답해야 하는 사회의 상관 관계, (3) 사회적 유산을 다음 세대에 전달하는 것이 이에 해당된다.

Note

[구조]

종합하면, 이 글은 13개의 하위 항목으로 구성되어 있다. 마지막 항목이 최종적으로 요약하는 것이라 하면, 통상적으로 서론은 본격적인 설명에 들어가는 부분이 아니다. 다시 말하면 저자가 문제에 대해 본격적으로 다루지 않는다는 것이다. 본격적으로 다루는 것은 두 번째 항목인 '구조와 기능'부터이다. 이는 글의 목적과 초점을 보다 명확하게 하기 위함이다. 짧은 도입부로부터 어떤 힌트를 받고 싶은가? 당신이 소개를 구별하면서 읽기 시작했다면 라스웰의 커뮤니케이션 활동에 관해 명시한 부분들 중 기막힌 서론에 대한 부분을 저평가하고 있지는 않은가?

[맥락]

글에 따르면 이 글은 라스웰이 대학원에서 다루었던 주제('커뮤니케이션 생각에 관한 문제점들')에 대해 답변한 1947년 자료에 잘 나타나 있다. 이때 이미 라스웰은 커뮤니케이션, 특히 선동 관련 분야에서 명성을 얻고 있었다.

읽기 자료의 앞부분에서 라스웰이 '과학적 접근'을 통해 커뮤니케이션 이론에 대해 어떻게 주장했는지 주의를 기울여보자. 이 시기 미국은 학문을 통하여 매스커뮤니케이션 이론을 정립하려고 했다. 라스웰은 과학적 접근을 통해서 이 부분을 어떻게 해결하려고 했는가?

[내용]

아이러니하게도 라스웰은 첫 번째 단락으로 가장 잘 알려져 있을 것이다. 그가 나머지 단락에서 논의하고, 설명할 것이 많다고 언급했음에도 불구하고 말이다.

본질적으로, 라스웰의 공식은 그의 기술적 논리를 제공하는 것이다. 그는 커뮤니케이션 활동을 세분화하려는 것이 아니라, 전반적인 사회적 흐름과 맞물려 그 관계를 알아내고자 한다. 당신은 그가 언급한 '전반적인 사회의 흐름'이 무엇이라고 생각하는가? 당신이 커뮤니케이션 활동을 정리하라는 질문을 받는다면, 라스웰의 질문에 포함된 항목들과 다르게 답할 것인가? 만약 그렇다면, 어떻게 표현할 것이며 그 이유는 무엇인가?

라스웰의 열쇠는 이 글에 정리되어 있다. 그리고 그의 기능적인 분석 틀도 엿볼 수 있다. 그가 어디서 힌트를 얻어 감시와 상호 관계, 그리고 전달이라는 개념을 정의했는지는 두 번째 중간 항목에 명백히 나타나 있다.

[글쓰기 방식]

여기서 라스웰이 '우리'라는 말을 어떻게 사용했는지 생각해 보자. 첫 번째 항목에서 '우리'가 의미하는 것은 무엇인가? 이러한 글쓰기 방식의 장점과 단점은 무엇인가?

생물학적 동등성

인간 사회에서 각 계층마다 커뮤니케이션 정도의 특징이 있다는 관점은 잘못 분석 할 경우 위험을 불러올 수 있다. 중요한 사실은, 고립되어 있는지 아니면 공동체 속에 있는지를 분석하는 것이 처해 있는 환경으로부터 받는 자극의 특별함을 확인할 수 있는 방법이라는 것이다. 단세포 조직이든 많은 사람이 있는 그룹이든 이들은 모두 내부적으로 평등을 유지하려는 경향이 있고 이러한 평등을 위해 변화하려는 움직임을 가지고 있다. 이러한 반응은 전체적으로 조화로운 활동을 위해 특별한 방법을 동원한다. 다세포 동물은 세포를 외부로부터의 접촉과 내부적인 상관관계로 특화시킨다. 예를 들어, 영장류에서의 이러한 전문화 현상은 귀와 눈, 신경과 같은 감각 기관으로 설명될 수 있다. 자극을 받고 이에 대해 자연스럽게 반응할 때, 동물의 행동들 중 일부에서 이를 일제히 발견 할 수 있다("먹기," "도주," "공격").[2]

일부 동물 사회에서는 어떤 구성원이 특정한 역할을 수행하고 환경을 조사한다. 초병은 군중이나 방해 요소에서 멀리 떨어져 주변의 변화를 관찰한다. 초병의 트럼펫은 군중들이 행동을 취하게 만들기에 충분하다. 이러한 행동들은 '지도자'에 의해 정해지고 '피지도자'는 이에 따르도록 하는데 이것이 파수꾼에 의해 상황이 전달됨으로써 생기는 질서이다.[3]

하나의 경우는 조직과는 다른 양상을 보인다. 들어오는 신경적 충동과 배출되는 충동은 섬유 조직과 다른 섬유 조직이 접합되어 전송된다. 이러한 흐름의 중계점에서 발생하는 결정적 포인트는 충동이 약해 그치는 것인지 아니면 행동의 발단으로 연결 되는지의 여부이다. 더 높은 곳의 중심에서는 여러 가지 길에서 계속 하도록 허락되어질 때 분리된 충동을 다른 것으로 바꾸고 여러 가지의 결과를 생산한다. 어느 중계 지점에서도 전도도는 없다. 종합적 전도도나 중간 전도도도 없다. 동물 사회에 적용되는 것과 동일한

---

2) 행동반경 내에서의 패턴들은 한 동물의 구조들로부터 전송되어지는데, 한 기능은 교육의 수단으로서의 "사회적 유산(social heritage)"의 전송으로 형성된다.

3) 동물 사회학에 나와 있는 Warder C. Allee, *Animal Aggregations*, 1931; *The Social Life of Animals*, Norton, 1935 참조.

카테고리가 구성원 사이에서 어떤 일이 일어나는지에 적용된다. 약삭빠른 여우는 보초에게 빈약한 자극을 줘 공급 경보를 발령하는 방법으로 외양간에 접근할 수 있다. 공격적인 동물들은 보초가 비명을 지르기 전에 그를 제거하는 방식으로 신호를 없앨 수 있다. 명백하게 종합적 전도도와 전도도가 없는 것 사이에는 모든 단계적 가능성이 존재한다.

세계 사회에서의 관심

우리가 세계 공동체에서 발생하는 모든 상태의 커뮤니케이션 진행을 예시로 들 때, 우리는 전문가들이 제시한 세 개의 카테고리에 주목할 필요가 있다. 한 그룹은 정치적 환경 상태를 전체적으로 확장시키는 것, 다른 그룹은 환경 상관관계에 대한 응답으로 간주한다. 그리고 마지막은 노년층부터 젊은 층까지 전달하는 패턴이다. 외교관과 수행원, 그리고 특파원들은 그러한 환경에서 특화된 대표적인 사례이다. 편집자와 언론인, 그리고 화자들은 내적 반응에서 상관관계가 있다. 가정과 학교에서 가르치는 사람들은 사회적 유산을 전달한다.

해외에 유래를 두고 연속적으로 송신자와 수신자들을 통해 빠져나가기 시작한 커뮤니케이션은 다른 것들과 연결되어 있다. 외교관이나 통역관으로부터 시작하는 연결고리, 메시지, 수정하기 위한 항목은 편집 데스크로 빠져나가거나 많은 청중들에게 닿을 것이다.

만약 우리가 관심의 틀로서의 세계적 관심의 과정을 생각한다면, 개인과 집단의 인식을 통한 비교와 계량이 가능할 것이다. 우리는 어떤 '전도도'가 더 이상 발생하지 않는지에 대해 조사할 수 있다. 그리고 우리는 '종합적 전도도'와 '최소한의 전도도' 사이의 거리도 확인할 수 있다. 세계의 대도시와 정치적 수도의 독립과 분화, 그리고 개인 기관인 대뇌 피질이나 피질하영역 중심의 활동에는 많은 공통점이 있다. 이런 까닭에 이런 지점에서 찾은 관심 프레임은 가장 다양하고, 정제되어 있으며 모든 프레임이 세계 사회에서 상호작용한다.

다른 극단적인 사례는 격리된 원시적 거주지에서의 관심 프레임이다. 가족 문화가 아닌 것은 전적으로 산업 문명이 닿지 않은 곳이다. 우리가 낙하산으로 뉴기니의 내부에 떨어트리거나 히말라야의 산 중턱에 착지시킨다 하더라도 우리는 세상과 접촉하지 않은 종족을 찾을 수 없을 것이다. 교역, 선교사의 열정, 모험가의 탐험, 과학계의 연구, 세계 전쟁의 긴 실은 먼 장소까지 연결되어 잇다. 더 이상 누구도 세계에 포함되어 있지 않는 경우는 없다.

시적인 것들 사이에서의 최종 커뮤니케이션 형태는 소리와 이야기로부터 파생되었다. 거대한 세계에서 대도시 관중들의 인식이 반영된 먼 일 들은 어렴풋이 발라드 가수의 소재가 되기도 한다. 이러한 창조들은 정치적 통치자들이 소작농들에게 땅을 제공하거나 언덕에 있는 사냥감들의 풍족함을 조절하는 것들과는 거리가 있는 것(실제적인 것)들이다.[4]

커뮤니케이션 흐름의 상류로 거슬러 올라갈 때 우리는 유목민들을 위해 즉각적으로 연결되는 기능에 주목한다. 그리고 외진 곳에 있는 부족들은 때때로 우연한 접촉에 의해 유입되는 사람들과 함께 안정적인 마을의 주민으로 형성된다. 연결되는 사람들은 학교 선생님, 의사, 판사, 세금 징수원, 경찰, 군인, 행상인, 판매원, 선교사, 학생일 수도 있다. 어떤 경우에서도 그는 뉴스와 소식의 집합체가 된다.

Note

[구조]

이 글은 커뮤니케이션의 세 가지 사회적 기능에 대한 개요를 언급한 이후에, **감시**, **상관관계**, **전달**'로 구조화되고 있다. 각각에 대하여 그것들이 사회적 기능으로 간주되는 이유와 방식을 설명하라. '생물학적 평등'으로 시작하는 것은 라스웰이 이 글에서 생물학적 유추들이나 '평등'을 어떻게 그리고 있으며, 그것들을 어떻게 만들고, 발전시키며 입증하는지를 알 수 있게 한다.

[맥락]

라스웰은 평등이 어떻게 유지될 수 있는지에 관한 일반적 물음을 갖고 단세포와 다세포의 구조, 구조와 환경의 상관관계를 가지런히 정리한다. 그는 더 나아가 몇몇 동물 사회에서 **전문가**들의 의사 전달 역할의 중요성을 지적하고, 전도도의 개념을 그린다. 이것은 효과적인 커뮤니케이션과 생존의 상관관계를 그리기 위해 필요하다.

생물학적 유추의 사용과 커뮤니케이션에 대한 특별한 관심을 가지고 라스웰은 기능주의에 대한 관심을 이렇게 설명한다. '전 조직에 미치는 재산과 생존, 적응과 변화'(Boyd-Barrett, 1995b: 72). 이러한 분석은 라스웰이 사용하는 나머지 항목의 틀을 '설정'한다.

예를 들어, 다음 항목인 '세계 사회에 대한 관심'에서 라스웰은 단 하나의 커뮤니케이션의 진행을 주시하고, 세 그룹의 커뮤니케이션 전문가들이 정의될 수 있다고 제안한다. 하나는 감시의 역할, 다른 하나는 상관관계를 설정하는 책임, 마지막으로 전달의 기능을 하는 사람으

---

4) 많은 사례들은 Robert Redfield의 『*Tepoztlan*』에 대한 설명에서 볼 수 있다. *A Mexican Village: A Study of Folk Life*, University of Chicago Press, Chicago, 1930.

로, 그는 이러한 전문가들, 기능적 활동과 연관된 프로페셔널들의 활동 유형을 제시한다. 전도도의 개념을 사용하라. 포인트를 이어가고 틀에 주의를 기울여라. 라스웰은 또한 커뮤니케이션의 시초에 초점을 맞췄다. 여기에서 그는 몇몇 특정 전문가들의 힘과 기능, 커뮤니케이션의 다양한 속도, 그리고 커뮤니케이션 허브로서의 정치적 중심지와 대도시가 있다는 것을 인식했다. 주변에 거리가 있는 것들이나 우리가 소위 '개발도상국'이라고 얘기하는 것은 이와는 대조적인 개념이다.

라스웰의 **전도도** 개념을 확장하기 위해서 포인트를 연결하고 틀에 주의를 기울이는 것은 오늘날 유용하거나 가치가 있는가? 라스웰이 청중들의 반응을 형성하는 동안, 그가 정리한 커뮤니케이션 활동에 따른 역할은 무엇인가? 그리고 그러하다면 그가 그렸던 그 힘은 무엇인가?

[내용]

이 글이 출판된 1948년 이래 커뮤니케이션의 의미가 변하는 동안, 이미 자원을 개발한 국가들과 개발하고 있는 국가들 간의 '차이'가 이 글의 전반에 함축되어 있다. 당신은 부자와 빈곤층을 분류한 것을 예시로 간주할 수 있는가? 더 큰 포인트는 세계화에 대해 우리가 어떻게 언급했는지에 관한 것일지도 모른다. 라스웰이 이 용어를 언급하지 않았을지라도, 그는 선교사, 무역, 전쟁 등을 통한 커뮤니케이션의 다양한 형태가 갑작스러운 일이 아니라 계속 이어져 온 과정 속에서 세계를 상호작용하게 한다는 것을 인식하고 있었을 것이다.

더 추가되는 점은 라스웰의 생물학적 분석과 그것에 대한 그의 커뮤니케이션 요소로서의 주목일 것이다. 사회학자인 라스웰은 아마도 에밀 뒤르켐(Emile Durkheim)의 연구결과를 의식하고 있었을 것이다. 프랑스의 사회학자인 뒤르켐은 사회를 이해(Marshall 1998: 175, 467)하기 위한 기관 '유추의 아버지'로 불린다.

또한 심리학적인 배경에서 라스웰은 행동의 생물학적 기반도 인식하고 있었는데, 이런 까닭에 그는 신체적 기관과 다른 동물 종류의 평등성 개념도 자신의 글에 사용하였다. 이와 유사하게 그가 하향식 커뮤니케이션에 집중한 것은 라스웰의 이전 연구(전쟁 기간에 선동이 발전되고 사용되었다는 것)가 내적 충돌에 대한 반응을 겪었기 때문으로 풀이된다.

[글쓰기 방식]

두 가지 포인트가 스타일을 형성하고 있다. 글쓰기 스타일보다 기술에 대해 집중했지만 라스웰은 유추를 통해 다음의 네 가지 질문을 제기했다. 첫째, '잘못된 유추는 무엇이라고 생각하는가?' 둘째, '이 글에서 그가 선택한 유추 방법 중 쓸 만한 것은 무엇인가? 그 이유는 무엇인가? 셋째, 매스컴과 토론에 사용할 수 있는 다른 유추 방법으로는 어떤 것이 있는가? 넷째, '분석과 설명에서 유추를 사용하는 것의 장단점은 무엇인가?'

어쩌면 편집자와 출판인의 요구에 의해 순응하는 스타일지라도 당신은 이미 라스웰을 관찰했다. 또한 그는 많은 자신의 저서들을 이 각주에 인용했다.

미세한 균형

세밀히 검토해 보면, 인간 사회의 커뮤니케이션 과정들은 신체적 유기체와 더 낮은 동물 사회에서 발견된 특수화 측면에서 균형성이 있다. 예를 들어 한 국가의 외교관은 세계 모든 나라에 배치가 되어 있고, 관심 활동에 초점을 둔 메시지를 보낸다. 분명히, 도착하는 보고서들은 많은 것에서 작은 것으로, 그들이 소통하는 곳에서 계속해서 옮겨 간다. 그 후, 일련의 사건들은 여러 가지 패턴에 따라 부채꼴 모양으로 흩어진다. 외교부 공보관이 공적인 사리에서 연설을 할 때, 언론사에서는 기사가 나오고, 뉴스 필름들이 극장으로 배부되는 것처럼 말이다. 국가의 외부환경을 선도하는 선들은 어떤 공포가 무리들에 퍼지는 것에 의해 직무상 동물의 중간신경계에 들어오는 신경성 충돌을 전달하는 수입성 경로 및 수단들과 동등하다. 나가는 혹은 수출성 충돌들은 상응하는 평행을 보인다.

신체의 중간 신경계는 오직 부분적으로만 투입·산출 간 충돌의 전체적인 흐름에 포함되어 있다. 자동 시스템은 더 높은 중심점에 포함되지 않은 채로 서로 작용할 수 있다. 내부 환경의 안정성은 주로 식물인간 형태의 중재나 신경계의 자동화된 특수화를 통해서 유지된다. 비슷하게 어떤 국가에서든지 대부분의 메시지는 커뮤니케이션의 중심 채널을 수반하지 않는다. 그들은 가족들, 이웃들, 가게들, 갱단 그리고 다른 지역적 맥락 안에서만 작용한다. 대부분의 교육적 과정도 같은 방식으로 움직인다.

더 중요한 동등성은 대부분 일방, 쌍방향, 화자와 청자 간 호혜성 정도에 의존하는 커뮤니케이션의 순환과 관련이 있다. 혹은 그것을 다르게 표출하기 위하여 쌍방향 커뮤니케이션은 주고받는 기능이 두 명 이상의 사람들에 의해 동일한 빈도로 일어날 때 발생한다. 대화는 주로 쌍방향 커뮤니케이션의 패턴으로 추정된다(비록 독백은 거의 알려져 있지 않지만). 매스 커뮤니케이션의 현대적 기구들은 출판사, 방송국, 다른 형태의 고정적이고 전문적인 자본에 매우 커다란 이익을 준다. 그러나 이들은 청중들이 '말대답'을 한다는 것에 주목해야 한다. 시간이 경과한 후에 매스 미디어의 많은 조정자들은 이 순환을 더 신속히 닫기 위하여 견본 추출의 과학적 방법들을 사용할 것이다.

쌍방향 접촉의 순환은 특히 대도시들, 세계의 정치·문화적 중심지에서 두드러진다.

예를 들어 비록 (모스크바와 뉴욕 사이에서처럼) 그 흐름의 양이 엄격하게 축소되고 있지만 뉴욕, 모스크바, 파리는 분명한 쌍방향 접촉이 있다. 심지어 대수롭지 않은 장소도 그곳이 수도로 변모 될 때 세계의 중심이 될 수 있다(오스트리아의 캔버라, 터키의 앙카라, 미국의 워싱턴 D.C). 바티칸 시티와 같은 문화적 중심지는 전 세계를 통틀어 우세한 중심지들과 쌍방향 관계에 있다. 심지어 할리우드와 같은 전문화된 프로덕션 센터도 밖으로 나가는 물질들이 수적으로 더 많음에도 불구하고, 엄청난 양의 메시지들을 받는다.

더 나아간 구분은 메시지를 조종하고 다루는 센터, 사회의 형태 사이에서 만들어질 수 있다. 워싱턴에 있는 거대한 펜타곤 건물 속 메시지 센터는 위험한 변화를 부를 수 있는 메시지는 전달하지 않는다. 기술공, 그리고 통신과 연결된 전령은 라디오 기술자들과 다른 방송 관련 기술자들과 연결되어 있다. 이러한 메시지 전달자들은 내용 그 자체로의 영향을 미치는 작가, 검열관, 선동자들과 대비 된다. 따라서 전반적으로 상징적인 전문가들을 이야기하자면, 우리는 메시지를 조작하는 (주도하는) 사람과 통제하는 사람을 구분해야 한다. 첫 번째 그룹은 일반적으로 내용을 수정하지만 두 번째 그룹은 그렇지 않다.

[맥락]

Note

여기서의 생물학적 유추는 물리적 유기체에 있어 필수적인 전문화와 인간 사회의 커뮤니케이션 과정들 속에서 분명히 드러나는 것들 사이의 평등을 확인하는 것으로 지속되었다. 세 가지 동등성이 제안된다.

첫째, 외교부의 사례로 시작하면 라스웰(Lasewell)은 커뮤니케이션의 들어오고 나가는 채널이 그 경계로 충격을 전달하는 투입·산출성 신경과 같은 작용을 한다고 제안했다. 왜냐하면 이러한 과정들의 각 경우들은 생존을 돕도록 의도되거나, 각각의 환경적 맥락에서 반드시 균형이 유지되도록 하는 독립체(혹은 시스템) 모두를 가능하게 하는 정보를 제공하기 때문이다. 라스웰의 두 번째 동등성은 생물에 대한 인식에서 출발한다. 그것도 내부의 균형을 유지하는 것을 돕는, 다수의 자동화 시스템에 의존하는 중추 신경계를 가진 생물 말이다. 그가 주장하기를, 국가는 그들이 진행 중인 채널과 중요하거나 상위 레벨의 커뮤니케이션 채널들을 적극적으로 포함하지 않는 과정들을 가지고 있는 정도와 비슷하다. 그는 이 채널들의 사례를 보여주는데, 그 중 하나가 가족이다. 그는 다른 지역의 제도들이 그러하듯, 예를 들어 '교육 과정'이 그러하듯이, 가족이 그들과 국가의 내부적 평등의 작용과 유지를 돕는다고 제시한다. 라스웰의 세 번째 동등성은 그가 '커뮤니케이션의 순환'이라 언급한 것이다. 이 개념은 두 가지 용도로 이용된다. 첫 번째는 대부분 일방향 혹은 쌍방향으로 여겨지는 커뮤니케이션 순환들을 구별하기 위한 것이다. 두 번째는 주요 세계 정치와 문화 중심의 형태로 이루어진 쌍방향 순환의 사례를 제공하기위해서이다.

전자의 경우, 차이는 쌍방향 커뮤니케이션 순환이라고 일컬어지는 대화와 매스 커뮤니케이션의 현대적 수단에 의해 영향을 받는 일방적 커뮤니케이션의 차이에 의해 만들어진다. 라스웰은 매스 커뮤니케이션을 조정하는 힘과 이해관계를 알아보았다. 그러나 그는 또한 청중들을 위해 참고문헌을 만들었다. 당신은 라스웰이 청중들의 '말대답'이라고 한 것에 대해 어떻게 생각하는가? 그는 이것이 쌍방향 커뮤니케이션의 순환으로 여겨진다고 제안했는가?

이 글이 출판되었을 때를 기억해 보면, 라스웰의 주요 세계 중심 리스트는 예측이 가능하다. 이 글에서 뉴욕과 모스코바, 런던, 파리는 모두 '강렬한' 커뮤니케이션의 쌍방향적 순환이라고 제시된다. 그러나 그가 집필하고 있었던 역사적 시대에 대해 부분적으로 생각해 본다면, 모스크바와 뉴욕 간 커뮤니케이션의 양의 흐름이 줄어든 까닭은 무엇인가?

이 세부 항목에서 라스웰의 마지막 의견은 커뮤니케이션의 순환 유지에 포함되는, '**전도도**', '**중계국**', '**전달 부분**'과 같이 과거에 그가 사용했던 개념들을 상기시키는 것들의 역할과 관련된다. 여기에서 그는 차이를 만들었다. 메시지 조종사와 메시지 조련사 혹은 상징 전문가 간의 차이, 그리고 그가 편집자와 검열관 그리고 선전자를 포함시키는 아마 우리가 '공보 비서관'을 추가할 리스트와 현시대의 공적 관계에 있는 전문직 종사자들 간의 차이가 그것이다. **커뮤니케이션의 순환**이라는 개념의 어느 정도까지가 현재 국제화 시대와 적절하게 연관되어 있는가?

[맥락]

라스웰의 '중요하지 않은 장소'가 중심이 될 수 있는 것에 대한 인식이 어느 정도는 맞지만, 그럼에도 불구하고 그의 분석은 다른 장소들과 관련한 중심-주변에 대한 모든 관점들이 미국을 중심으로 연결되어 있다고 주장한다. 그러므로 우리는 이 관계들을 묘사하는 관점을 소통-위장의 두 방식으로 여기거나, 힘과 소통자들의 영향으로부터 나오는 관심분산으로 고려해 볼 수 있다.

소통의 내용과 생물학적 분석을 명심해야 하는 것은, 하나의 사례를 보여 주는데 두 가지 방식의 소통을 볼 수 있었던 바티칸과 다른 대륙들, 그리고 할리우드와 중심부 사례를 통해 알아볼 수 있다. 그것들은 각 조직과 시스템이 내적, 외적 균형을 유지하기 위해서 어떻게 기능하는지를 잘 보여 준다.

[구조/글쓰기 방식]

이 문장의 반에 접근하는 것에 있어서 당신은 라스웰의 스타일이 짧은 문단을 이용한 텍스트를 통해 어떻게 대부분 같은 길이로 구성되었는지를 알 수 있다. 당신은 이러한 구조가 독자들이 내용을 이해하는 것을 용이하게 해 준다고 생각하는가?

Reading 4

요구와 가치

비록 우리가 인간 사회와 다른 살아있는 실체들 간의 소통에서 기능적, 구조적 연결의 동등함을 이야기해왔지만, 그것이 우리가 미국 혹은 세계에서 사는 하등 동물이나 개별 육체적 조직들과 관련한 연구를 효율적으로 조사할 수 있다는 것을 의도하지는 않는다. 우리가 어떤 환경에서 묘사하는 쥐, 고양이나 원숭이를 예시로 들긴 하지만 비교 심리학에서 우리는 우리가 사용하는 인식의 수단으로서 고양이를 사용하지는 않는다. 인간이 조사의 대상이라면 우리는 최고의 '말하는 동물'을 인터뷰하는 것이다(모든 것이 얼굴로만 나타나는 것은 아니며 때로는 우리가 어떤 사람의 의도를 음성이나 다른 수단들을 통해서 예언해 볼 수 있는 것이다).

살아있는 것들에 대한 연구 안에서, 우리는 그 동안 인간을 즐거운 필요성의 과정 속 환경의 변화자라고 여겨왔다. 그리고 내적 균형을 유지하는 것에 대해서도 연구해왔다. 음식, 성 그리고 다른 환경과 관련된 활동들은 기초적인 비교를 통해 알아볼 수 있다. 인간이 말하는 활동을 한 이후로, 다른 비인간 종류들보다 많은 관계를 맺을 수 있음을 볼 수 있었다.[5] 말로서(아니면 다른 소통 수단) 얻어지는 데이터들을 허용함으로써, 우리는 인간 사회를 가치의 차원에서 조사할 수 있는데 즉, 욕구와 만족의 물질이라 인식되어지는 관계(인간)에 대한 분야로 조사되어 지는 것이다.

미국의 경우를 예로 들면, 힘과 존중의 가치를 알아보는 기술은 구체적으로 명확하지 않다. 우리는 이것들에 관한 증언들을 듣고 그것들의 기회가 행해지는 것을 보아야만 알 수 있다.

수색을 위해 선택된 어떠한 그룹들의 가치를 보는 것은 가능하다. 이것보다 더한 것은, 우리가 이렇게 생각되는 가치들에 관한 순위를 매길 수도 있다는 것이다. 가치와 관련해서 우리는 그들의 위치에 맞게 그룹의 구성원들의 순위를 매길 수 있다. 산업적인 개발이 이루어지면서, 우리는 망설이지 않고 권력과 부, 존경, 웰빙, 계몽이 이러한 가치들이라고 말할 수 있다. 이러한 가치들은 세계 내에서 사회적 구조로 활용되는

---

5) 적절하게 이용된다면, 연설은 비-연설이 관습적으로 과학적 자료를 이용했던 것만큼이나 신뢰성 있고 구체성을 가지고 있다고 묘사되어질 수 있다.

기초적인 존재 가치로 여겨진다. 이러한 가치들이 동등하게 분배되지 않음으로써, 사회 내에서 권력과 다른 가치들의 집중이 나타나지 않으며 동등하게 분배되지 않는 것이다. 세대를 거치면서 카스트 제도 사회 처럼 이러한 가치들이 집중되지 않는 곳도 있다.

모든 사회에서 가치들은 각자 다른 방식을 통해서 형성되거나 분배된다. 일반적으로 커뮤니케이션은 전반적인 사회적 네트워크를 배경으로 형성된다. 특정 커뮤니케이션은 이데올로기로서 정치적 원칙과 정치적 공식 그리고 미란다 원칙 등으로 구분해 볼 수 있다.[6] 미국의 개인주의의 공식에서 파생된 이러한 개념들은 미란다 원칙을 공공의 삶 속에서 포함하고 있다. 이데올로기는 새로운 세대들과 집, 학교에서의 특별한 집단 등을 통해 소통되고 있다.

이데올로기는 특정 사회에서의 신화의 한 부분에 불과하다. 이러한 주요 원칙, 공식, 미란다 원칙들 사이에서 반대되는 이데올로기가 나올 수 있다. 오늘날 세계 정치의 구조 속에서 권력은 미국과 러시아[7]라는 두 개의 거대한 권력이 가진 이데올로기간 충돌의 영향을 많이 받고 있다. 지배 계급은 다른 쪽을 잠재적인 적으로 생각할 뿐만 아니라 전쟁을 통해 점령하고 싶은 생각까지 한다. 반면, 해당 이데올로기와 반대되는 다른 사회에서는 그 사회를 지배함에 있어서 내부적으로 약한 힘으로 평가받을 수 있는 것이다.

Note

[글쓰기 방식]

라스웰이 독자들을 깨우치기 위해서 문장의 첫 부분을 어떻게 작성했는지 볼 필요가 있다. 그는 인간 사회와 다른 생존 집단들 사이에서의 기능, 구조적 동등함을 설명하기 위해 노력했다.

[구조]

다음 장을 읽을 때 당신은 사회적 사전을 소유할 필요가 있다. 이 부분은 원론적인 연구 자료로서 특별한 관객들을 대상으로 출판된 부분의 연속이다. 여기서, 라스웰은 몇몇 핵심 개념들을 소개한다. 이는 제도와 이데올로기, 사회적 구조와 같은 것들이다. 하지만, 이 부분에서의 요점은 이것들과 다른 핵심 개념들이 사회의 분석과 해석을 가능하게 해 주는 틀이 된다는 것이다.

---

6) 이러한 구분들은 Charles E. Merriam, Gaetano Mosca, Karl Mannheim과 다른 사람들의 자료로부터 나온 것이다. 체계적인 연구를 위한 Harold D. Lasswell과 Abraham Kaplan의 근간서적에서 찾아볼 수 있다.

7) William T.R. Fox, *The super-Power*, Harcourt, Brace, New York, 1944, 그리고 Harold D. Lasswell, *World Politics Faces Economics*, McGraw-Hill, New York, 1945 참조.

[내용]

그의 생물학적 분석을 보자면, 라스웰은 세 가지 목적으로 처음의 두 문단을 사용하였다. 첫 번째는 상대적인 심리학을 참고 사항으로 사용함으로써, 그는 '말하는 동물'을 조사하는 연구자들에게 추가적 이용이 가능한 방법론적 기회를 지적했다.

두 번째로, 그는 비인간보다 인간에 관심 있는 학자들의 추가적인 기회를 이야기한다. 라스웰은 정의를 함에 있어서 다양한 뉘앙스들을 이해하려는 자신만의 조사를 수행했다. 또한 그는 적어도 미국과 관련된 두 가지 이상의 가치를 증명하기 위해 노력했으며 이것이 어떻게 수행되는지, 권력과 존경에 대한 사례를 이용해 설명했다. 이러한 것들은 국가마다 다른 방식으로 해석되었는데 이는 인종과 성별, 사회적 계급, 지리적 위치에 따른 차이가 있었기 때문이다.

세 번째로, 그는 분명한 문장보다는 추론을 통해 인간 사회 내에서의 커뮤니케이션 과정에 관한 연구를 떠올리면서 그것이 과학적인 노력을 수반해야 한다고 주장했다. 여기에서 라스웰은 신뢰와 구체성에 관해 이야기하면서 이 용어를 이해하는 것과 사용해야 하는 이유에 대해 궁금해 했다.

이 분야의 세 번째 문단에서, 라스웰은 가치들에 관해 세 가지 이상을 이야기한다.

첫 번째로, 그는 어떠한 그룹에서의 가치를 이야기하는 것이 가능하다고 주장하면서 그들의 바람직한 순서와 그 그룹의 구성원들을 가치에 맞게 순위를 매겨서 나열했다. 두 번째로, 증거를 제외하고, 그는 '산업 문명'의 핵심가치들을 나열했다. 그것들은 '대부분 세계의 사회적 구조'를 예견할 수 있는 수단으로서 여겨졌다는 것이다. 세 번째로, 권력과 부는 보통 '소수의 손'에 집중되어 지는 것을 인식하면서 '가치는 동등하게 분배되지 않는다'라는 결론을 내렸다.

여기서 '가치들'이라는 용어를 말하기 위해 사용된 것들은 다양한 방식으로 이해될 수 있다. 예를 들면, 개인들이 똑같은 가치를 가지고 있다고 하더라도, 그들이 이해하고 얻을 수 있는 것들은 그들이 가진 다양한 환경에 따라 명백하게 달라질 수 있다. 또한, 라스웰이 언급한 다른 관찰자들은 백인과 중년, 중산층, 미국 시민이기에 그는 그에 적합한 특징이 있고 권위적 위치에 있는 가치들을 논의하고 있다고 생각했다('2장 이론이란 무엇인가?' 참조).

라스웰은 하부에서 핵심적인 논의를 한다. 그것은 어떤 커뮤니케이터들이 다양한 기관을 통해 인간 사회 내에서의 가치를 형성하고 유지한다고 주장한다. 여기서의 커뮤니케이션들은 집과 학교를 통해 미래 세대들에게 전해지는 이데올로기라고 여겨진다. 라스웰이 '특별한 기관'이라고 묘사한 이러한 단체들은 한 세대로부터 다음 세대까지 이어지는 사회적 유산의 전달을 포함하고 있다.

마지막 문단에서, 라스웰은 주도적인 권력 구조를 위협하는 반대 이데올로기들의 범위에 대해 인식하기 시작한다. 이것들은 정치적인 교리, 정치적인 공식, 정치적인 미란다로 설명된다. 이러한 저항은 사회 내에서 발생하거나 다른 나라에서의 외부적인 힘으로부터 나타날 수 있다. 실제적이고 궁극적인 갈등들에 대해 대처하는 커뮤니케이션의 역할은 라스웰의 다음 장에서 알아볼 수 있을 것이다.

[맥락]

두 가지 분야가 여기서 언급된다. 하나는 라스웰의 교육적인 배경이고, 다른 하나는 이 책이 출판된 시기와의 공통점이다.

첫 분야는 특별히 라스웰의 학술적 배경을 이야기하고 있다. 5개 문단의 공간 안에서 그는 가치, 제도, 사회적 구조, 권력, 이데올로기, 지배층과 신화와 같은 개념들을 이야기하고 있다. 이것들은 사회학자, 정치 과학자들의 신화에서는 인류학자들의 연구 방식에서 사용되는 도구들이다. 하지만 1948년에 출판된 이 자료에서, 당신들은 최근에 출판된 사회 사전들뿐만 아니라 문화, 미디어 연구와, 커뮤니케이션과 관련된 핵심 개념들과 연관되어 그 속에서 이러한 개념들이 상당한 도움을 주고 있다는 것을 알 수 있다(예를 들면, Hartley, 2002b; Marshall, 1998 참조).

두 번째 논점은 라스웰의 국가 간 이데올로기적 갈등과 관련되어 있다. 그의 사례는 1940년 후반 미국과 러시아의 관계에서 잘 나타나 있다. 그 당시에는 자본주의와 공산주의가 만연하던 시대에서의 갈등을 중심으로 하고 있다. 세계 정치를 지배하고 있는 현재의 이데올로기적 갈등들은 무엇이며, 어떠한 국가들이 연관되어 있고 왜 그러한가?

Reading 5

사회적 갈등과 커뮤니케이션

어떠한 환경에서, 하나의 통치 요소는 다른 사람에게 경계가 될 수 있고 커뮤니케이션은 권력에 대한 보호의 수단으로 쓰일 수 있다. 커뮤니케이션의 기능 중 하나는 권력을 통해 다른 집단에게 지식을 제공하는 것이다. 다른 집단으로부터 통제되는 두려움이라는 지식 통로와 그것에 저항하고 왜곡하려는 비밀 감시에 의존하려는 경향이 있다. 그래서 국제적인 스파이 행위는 평화로운 시기에 보통 더 강화되기 마련이다. 또한, 반항하는 잠재적인 적을 제거하기 위해 기사나 방송을 지워버리는 경우도 생긴다. 더불어 커뮤니케이션은 다른 정권하의 국경 안에서 그들과의 협상을 목적으로 발생하기도 한다.

이러한 다양한 활동들은 다른 사람을 면밀히 살피는 개방적이거나 비밀적인 사람들에게서 명백하게 나타난다. 지적 행동에 반대하거나, 국경을 사이로 하는 지적 활동이나 방송에 관한 검열이나 여행 제한이 이를 나타내는 사례이다.

또한 지배 계급은 국내 환경에 대한 잠재적 위험에 대해 민감하게 여긴다. 정보의 통로를 열어 놓으면 비밀적인 수단도 선택되기 마련이다. 경고는 다양한 정치적 요소들의 보호를 가능하게 하기 위해 수행된다. 동시에 지배 계급의 이데올로기는 재확인되면서 반대하는 집단은 억압을 받게 되는 것이다.

이와 같은 과정들은 동물의 세계에서도 동일하게 나타난다. 우리는 특정한 집단이 위협을 인식하고 외적 환경에 반응하는 방식을 인식할 수 있다. 내적인 환경에서 수행되는 통제 방식이나 낮은 위치에 있는 동물이 높은 위치에 있는 동물들과 충돌하는 것에 대해 내적으로 혹은 외적으로 두려워하는 것을 볼 수 있다. 적으로부터의 감시를 보호하는 수단들로서 잘 알려진 것들은 스컹크의 액체가스, 카멜레온의 색 위장 등이다. 하지만, 인간 사회에서 나타나는 비밀, 개방 방식 사이에서의 구분과는 연관이 없는 것을 알 수 있다(인간과 동물의 차이).

중심의 통합구조 속에서 발생할 수 있는 사회적 혁명이나 혁신은 몸을 연결하고 있는 신경계 안의 신체적 구조들과도 비슷하다고 볼 수 있다. 이것들이 엄마 몸 안에서 태아일 때부터 발생되었다고 말 할 수 있는가? 아니면, 내부적으로 우리 몸에 위협적인 암과 음식 공급을 위해 암과 싸우는 신체의 내부적 감시가 발생하는 것을 구분할 수 있는가?

Note

[내용]

국가 간 혹은 국가의 내부에서 발생하는 이데올로기적 갈등이 어떻게, 왜 발생하는지에 대해 이야기하고 있다. 라스웰은 지배 계급이 그들의 힘을 유지하거나 그들의 라이벌을 통치할 때 사용하는 커뮤니케이션에 대해 이야기하고 있다.

먼저, 그는 외부적 위협을 고려한다. 그는 커뮤니케이션의 기능으로서 그들의 라이벌들에게 힘을 가진 의도나 지식을 제공하는 활동에 대해 이야기하고, 다른 힘의 경계 내에서 개인 혹은 그룹과의 교류를 추구한다.

비슷하게 커뮤니케이션의 특정 형태는 내부적 환경에서의 위협을 파악하고 제어하며, 통제하는 것에 사용된다. 정치적 수단을 소개한 라스웰의 글에 따르면, 비밀 수단이나 전략적인 커뮤니케이션은 이데올로기를 옹호하거나 '테러에 대한 전쟁'이라는 미명하에 반-이데올로기적 성향을 약화시키는 데에 사용된다.

[구조]

라스웰은 정돈되고, 논리적이고 대칭적인 방식으로 자신의 주장을 정리한다. 그는 우선적으로 내부적, 외부적 환경이라는 용어를 통해 인간 사회를 이야기하고 동물 왕국의 방식과 빗대어 활용한다. 또한, 이 두 가지 사례들 속에서 그는 위협과 기대들에 반응하고 감시하는 '특별한 단체'에 대해 언급한다.

효율적인 커뮤니케이션

현재까지의 분석들은 커뮤니케이션의 효율성이나 비효율성의 특정 기준을 의도하는 것들이었다. 인간 사회 내에서 그 과정은 이성적인 판단들을 촉진하는 기준 측면에서 상당히 효율적인 것들이었다. 이성적인 판단은 '가치 있는 목표들'을 의미한다. 동물 사회에서의 커뮤니케이션은 생존을 돕거나, 다른 특정한 종들의 집합에 있어서 효율적 으로 사용되었다. 동일한 기준이 개인의 유기체에도 적용될 수 있다.

이성적으로 구성된 사회의 특성 중 하나는 효율적인 커뮤니케이션과 관련된 것을 발견하고 조종하여 간섭하는 것이다. 몇몇의 제한된 요소들은 정신 분석 기술이다. 파괴 적인 복사를 예로 들자면, 환경 내에서 나타날 수도 있지만 발견되지 않고 구조적으로 제한될 수도 있다.

하지만, 기술적 한계가 있더라도 이는 지식으로 극복될 수 있다. 최근에 단파 방송이 많은 방해를 받아왔는데, 이는 타고 넘어갈 수 있거나 결과적으로 방송의 포기를 야기할 수 있는 결함들이었다. 이러한 과거의 시간 속에서 부족한 청취와 시청을 향한 발전들이 꾸준히 이루어져 왔다. 그것이 덜 중요해서 덜 극적일지라도 개발은 잘못된 시청 습관을 고칠 수 있도록 이루어져 왔다.

물론 거기에는 소통의 장애를 일으키는 구체적인 장애물들이 있는데, 여기에는 검열 이나 이동의 강력한 생략을 일으키는 것들이 해당한다. 어떠한 관점에서는 장애물들을 기술적으로 극복할 수 있다고 보지만, 장기적인 측면에서는 그것들을 일단 없애는 것이 좋다고 간주한다는 점은 의심의 여지가 없다.

단순한 무시는 만족하지 못할 결과를 낳을 것이라는 것이 설득적인 사실이다. 여기서 무시는 부재라는 뜻으로, 사회의 어느 곳에서나 소통의 과정 중 발생할 수 있는 요소다. 적절한 훈련과 개인의 지식 집합과 분산에 관한 부족은 우리가 어떠한 사실을 보고 찾아냄에 있어서 지속적인 오해와 사실의 왜곡을 불러일으킬 수 있다.

비효율성을 설명함에 있어서 우리는 적절한 커뮤니케이션 기술에 대한 평가를 절대 간과해서는 안 됨을 알 수 있다. 너무 잦은 것은 불합리성 혹은 왜곡을 가져올 수 있다. 특종에 대한 흥미로 인해 기자는 국제적인 회의에 대한 센세이션을 줄만한 왜곡을 하기도 하고 국제 정치의 이미지에 대해 만성적으로, 강한 갈등을 야기하기도 한다. 보통 커뮤니케이션의 전문가들은 과정에 있어서 지식의 확장을 유지하는 것에 실패한다. 다시 말하자면, 채택된 많은 시각적 장비들을 마지못해 적는다. 그리고 어휘에 관한 연구에도 불구하고 많은 소통자들이 잘못된 어휘를 선택한다.

이러한 기술적인 사실에 더해, 효율성의 수준은 보통 성격의 영향을 많이 받는다. 긍정적이고 사교적인 사람은 '새의 깃털'을 사냥할 때 그것이 불법임에도 그 상황 자체를 긍적으로 과장한다. 반면에, 부정적이고 음울한 성격이 혼합되어 있는 사람은 사냥을 허용하는 다른 새들을 선택하고, 그 법을 수용한다. 그들은 그들의 지능과 에너지가 나오는 방식들에 있어서 그것들이 각자 다름을 보여 준다.

효율적인 커뮤니케이션에 있어서 가장 심각한 위협은 권력, 부와 존경에 관련 되어 있는 집단이다. 커뮤니케이션의 왜곡이 가장 잘 반영된 사례는 아마도 이데올로기와 반 이데올로기 관련 사례일 것이다. 부와 관련된 왜곡은 시장에 영향을 주려는 시도에서 부터 경제적 흥미를 신념화하려는 것까지 관련되어 있다. 존중(사회적 계급)과 연관되어 있는 비효율성의 일반적 사례로는 상류층의 사람들이 그들의 계층과만 어울리는 것과 그들의 관점을 다른 계층 구성원들에게 심어주려는 것을 보면 알 수 있다.

Note

[내용]

라스웰의 생물학적 분석은 효율적인 커뮤니케이션을 위한 인간 사회와 동물 사회 내에서의 동등성을 고려하려 노력한다. 그는 인간 사회에 있어 효율적인 소통은 '이성적인 평가가 있을 때' 이루어지고, 동물 사회에서는 '생존에 관한 도움'이 있을 때라고 주장한다. 또한 라스웰은 커뮤니케이션이 비효율적으로 수행되는 것에 대한 여섯 가지 이유들을 제시했다. 먼저, 특정 기술의 제한된 환경이다. 두 번째는, 검열과 같은 의도적인 커뮤니케이션에 있어서 의 개입을 통한 장애물이다. 세 번째는, 개인 소통자에 대한 지식의 부재이다. 네 번째는, 개인의 무능력함과 기술력의 부재이다. 다섯 번째는, 소통자들의 성격에 있어서의 결함이다. 여섯 번째는, 넓은 사회와 관련해 힘이 의도적으로 가치를 왜곡하는 상황이다.

이러한 분석으로부터 나온 의도는 이러한 비효율성이 극복될 수 있다는 것이고 이 경우 효율적인 커뮤니케이션이 가능해진다는 것, 그럼으로써 사회에서의 '이성적인 판단'이 가능하 도록 도와준다는 것이다.

[글쓰기 방식]

두 가지의 요점이 중요하다. 라스웰이 어떻게 개념과 용어를 설명했는지, 그는 동일한 문장에 대해서도 간략한 정의와 설명을 제공한다. 몇몇의 사례들은 '효율적인 커뮤니케이션', '이성적인 판단', '무지', '사실'과 관련된 것들이다.

비슷하게, 그의 주장에 관한 부연과 분류를 돕기 위해서 라스웰은 일반적 사례를 활용한다. 그는 부족한 기술에 관한 사례를 제공하면서 어휘의 부족함과 성격적 결함, 왜곡된 가치를 이야기한다. 뒷장에서 그는 이러한 개념들을 다시 언급한다.

[문맥]

이 자료가 출판된 시기는 세 번째 단락에 명시되어 있다. 이 시기는 라스웰이 방송 기술과 그로 인해 발생한 커뮤니케이션의 효율성 한계에 대해 이야기하고 있을 때이다. 아마도 그는 1948년 이후 발생된, 커뮤니케이션의 효율성을 발전시킨 개발에 놀랐을 것이다. 하지만 그러한 변화는 지금도 지속되고 있다.

예를 들면, e-mail의 도입이 가져온 효율성은 제대로 활용되지 않을 경우 상상할 수 없을 정도의 비효율성을 야기할 수 있다. 또한, 오늘날 커뮤니케이션의 기능적 감사를 라스웰이 했던 것처럼 누군가 떠맡게 된다면 비효율성은 아마도 비슷할 것이다.

라스웰의 현대 사회 적합성에 관한 적어도 두 가지의 질문이 있는데, 하나는 구체적인 것이고 다른 하나는 좀 더 일반적인 것이다. 첫 번째는, 어떠한 기준에서 사회 계층이라는 개념이 커뮤니케이션과 관련되어서 도움이 될 것이라는 것이다. 두 번째는, 커뮤니케이션의 효율성과 비효율성이라는 용어가 오늘날의 사회에서 널리 사용되는 것이 유용하냐는 것에 대한 기준이다.

커뮤니케이션 연구

효율적인 커뮤니케이션에 개입하는 요소들에 대해 이야기하는 사람들은 커뮤니케이션 사슬 안에 연결되어 있는 것들에 관한 연구를 지적한다. 각각의 중개상은 환경적인 요소와 성향적 사실들의 교류의 소용돌이에 있다. 누가 연속적인 기능을 수행하건 그것들은 투입과 산출에 관련되어 수행된다. 어떤 것을 버릴 것인가? 어떤 것을 재작업할 것인가? 어떤 것을 첨부할 것인가? 문화, 성격과 연관된 투입과 출력의 차이를 어떻게 할 것인가? 이러한 질문들에 대해 답하는 것은 다양한 요소들의 행동과 행동하지 않는 것, 변형된 행동이 가능하기 때문이다.

이러한 연관성에 덧붙여서 우리는 커뮤니케이션 연속성에 있어서의 연관성을 고려해야만 한다. 주요한 요소들에 대해 관찰하는 것을 연구함에 있어서, 우리는 두 가지 영향들을 강조한다. 하나는 노출된 것들에 대한 용어, 다른 것은 그 환경이다. 매스미디어와 개인적인 이야기에 노출되어 있는 것에 대해서, 병사를 셀 수도 있고 총 포좌를 측정하거나 공장에서의 노동 시간을 기록하거나 테이블에 버터와 지방을 볼 수도 있다.

사실 이러한 연결들의 유용성을 고려하는 것뿐만 아니라 미디어와 비 미디어의 노출에 관해 고려하는 것이 중요하다. 비 미디어의 역할은 그것들이 개인의 관찰을 설명함에 있어 중요한 것이라 할지라도 수많은 연결고리들 중에서 아주 미미할 뿐이다.

Note

[내용]

라스웰이 커뮤니케이션 연결들에서의 비효율성을 분석한 것의 장점들 중 하나는 그 연구가 직접적으로 어디서 왔는지, 그리고 질문들이 어디서 왔는지에 대한 지적이 가능하다는 것이다 (그가 나열한 것들 중에서).

우리가 이 질문들과 결과를 분석한다면, 우리는 글에서 소개된 개념들의 의미에 대해 명확하게 할 필요가 있다. 예를 들면 '이어지는 기능', '수행', '관심 틀', 거기에 라스웰은 '이어지는 연결', '주요한 연결', '주요한 관찰자'라는 개념을 덧붙인다.

라스웰의 논의에서 명심해야 할 부분은 효율적인 커뮤니케이션을 지연시키는 요소들에 관한 것이다. 다음에 그는 "각 요소들은 환경적 성향들에 대한 소용돌이와 같다"라고 언급했다. 또한, 라스웰의 이러한 정보들은 다음과 같은 질문으로 이어진다. "문화와 성격에 관한 투입과 산출은 도대체 무엇이 다른가?"

[글쓰기 방식]

이곳에서는 성별을 반영한 환경에 따른 문맥들과 그 기준들을 볼 수 있다.

Reading 8

관심 집단과 대중

모든 사람이 세계의 관심 집결 집단에 어느 정도 속한다고 할지라도, 그들 모두가 세계 안에서의 일원은 아니라는 것이 강조되어야 한다. 관심 집중 집단에 속하려면, 오직 공통된 기호 참조를 가지는 것만이 필요하다. 뉴욕, 북아메리카, 서반구, 혹은 지구에 관한 기호 참조를 가진 모든 사람은 각각 뉴욕, 북아메리카, 서반구, 지구의 관심 집결에 서의 한 일원이다. 그러나 뉴욕 대중의 한 일원이 되기 위해서는 뉴욕 내의 공적인 행동들에 대한 요구를 만들거나, 명확히 뉴욕에 영향을 주는 것이 필수적이다.

  예를 들어, 국경 너머의 외국인들이 미국의 정치에 영향을 주려는 시도를 한 이래로 미국 의 민중은 거주자나 시민들로 한정되어 있지 않다. 반대로, 수동적인 관심 이상의 무언 가가 필요하기 때문에 미국에 사는 모든 사람들이 미국 군중의 일원인 것은 아니다. 한 개인은 그가 원하는 것이 공공 정책에 영향을 줄 수 있다고 기대하기 시작하는 순간 관심 집결을 통한 그 사회의 대중이 되는 것이다.

감성 집단과 대중

우리가 특정한 개인 혹은 단체를 대중의 일부라고 정확히 분류하기 이전에 추가적인 제한들을 고려해야 한다. 공공 정책을 고려하여 만들어진 요구들은 논란의 여지가 있다. 부분적으로는 정치적 사안에 관한 논쟁이 허용되지 않는 감정 영역에 종속되어 있기 때문에, 세계 대중들은 상대적으로 약하고 개발되지 않았다. 예를 들어 전쟁이나 그 위기 속에서, 특정 지역의 거주자들은 다른 이들에게 어떠한 정책을 시행하는 것에 극도로 전념한다. 분쟁의 결과가 논쟁이 아닌 폭력에 의존하기 때문에, 그러한 상황 하에서는 대중은 존재하지 않는다. 군중의 역할을 하는 정서 그룹의 네트워크가 있으므로, 반대를 용납하지 않는다.[8]

---

8) '군중'과 '대중' 사이의 구분은 Le Bon의 군중 개념의 지나친 일반화 사용에서 성장한 이탈리아, 프랑스, 독일의 문학 비평에서 사용되었다. 이 분야에서 가장 생산적인 사회 과학자 중 하나가 된 학자에 의한 이 문학에 관한 요약을 위해, 다음을 참고하라. Robert E. Park, *Masse und Publikum; Eine methodologische und soziologische*

앞서 말한 분석에서의 세계 정치에는 대중의 관심과 정서 영역의 다양한 정도가 포함됨이 분명하다. 이러한 영역들은 세계 사회, 특히 세계적인 강대국들의 구조적, 실용적 특징들과 밀접한 연관이 있다. 예를 들어, 지도자 자리에 있는 엘리트들은 서로를 강력한 잠재적 위협의 원천이라고 간주하기 때문에, 가장 강한 권력은 같은 관심 영역 안에 포함되는 경향이 있다는 것이 분명하다. 강한 권력은 주로 약한 권력에 비해 위협이나 보호의 가장 중요한 원천이기 때문에 가장 강력한 권력은 약한 권력이 자신들에게 관심을 갖는 것보다 약한 권력에 주로 비교적 적은 주의를 기울인다.9)

국가 내 군중들의 집결 구도는 국가 통합의 정도에 있어 귀중한 지수이다. 지배 계급이 대중을 두려워할 때, 통치자들은 현실의 상황들을 일반인들과 공유하지 않는다. 왕, 대통령, 그리고 내각에 관한 현실 상황이 국가 전체에 유포되는 것을 허용하지 않을 때, 차이의 정도는 지배 계급이 자신들의 권력이 왜곡에 의지한다고 가정하는 정도를 보여 준다.

혹은, 문제를 또 다른 방식으로 표현하자면: '진실'이 공유되지 않는다면, 지배 계급들은 국가의 외적인 상황에 대한 조화로운 적응보다는 내적인 분쟁을 예고한다. 그러므로 커뮤니케이션 채널들은 지배 계급들의 직위권력에 대해 호의적으로 여겨지는 반응들만이 마련되는 방법을 통해 지역 사회 내에서의 대체적인 관심이 구성될 것이라는 희망이라는 주장 하에 통제된다.

[내용]

Note

이것과 다음의 세부 항목에서, 라스웰은 특정 장소(뉴욕), 지역(북아메리카), 국가(미국), 그리고 전체로서 전 세계(지구)의 예시를 사용한다. 그는 또한 '대중', '관심 집중', 그리고 '정서 그룹'을 구분한다.

그는 대중들이 토론을 통해 공공 정책을 만드는 과정에 활발히 참여할 때에만 이해될 수 있지만, 지도적 자리에 있는 엘리트들에 의해 그렇게 하는 것이 금지되는 상황이 있다고 주장한다.

라스웰은 대중, 관심 집중, 정서 그룹의 개념이 '세계 정치'에 존재하는 포함성에 관한 다양한 정도의 이해에 유용한 방법들을 제공한다고 제안한다. 그는 모든 세 그룹이 '세계 사회 특히 세계 권력의 구조적, 기능적 특징들과 상호 연관되어 있다'고 결론짓는다.

Untersuchung, Lack and Grunau, Bern, 1904. (하이델베르크 논문.)

9) 이 단락의 명제는 각주 6에 참조한 권력에 대한 일반적인 이론을 포함할 수 있는 가설들이다. 또한 이것을 보라. Harold D. Lasswell and Joseph M. Goldsen, *Public Attention, Opinion and Action: The International Journal of Opinion and Attitude Research*, Mexico City, 1947, pp. 3~11.

국가의 외부적 환경에 중점을 둔 채, 그는 강한 권력의 '관심 영역'을 약한 권력의 것과 대조해봄으로써 후자의 의견을 분명히 보여 준다. '관심 영역'이라는 개념은 '관심 프레임'의 개념과 비슷하다.

두 번째 세부 항목의 마지막 두 단락인 '정서 그룹과 대중'에서 라스웰은 '국가 통합'의 지표로 '관심 구조'(그 다음의 세부항목에서 다시 사용되는)의 개념을 제시하며, 국가의 내적 상황에 중점을 둔다. 이는 국가 선전에 대한 라스웰의 관심을 반영하며, 여기서의 핵심은 내적 균형을 보장하기 위해 지도적 자리에 있는 엘리트들이 어떻게 통신 채널을 조작하는지에 있다.

마지막 단락은 적어도 세 가지 질문을 던진다. 첫 번째로, 이러한 맥락에서 당신은 '진실'의 의미를 통해 무엇을 이해하는가? 두 번째로, 커뮤니케이션 채널들은 라스웰이 제시한 방법들로 어떻게 구성되는가? 세 번째로, 적어도 어떤 정도까지, 이러한 커뮤니케이션의 조작 혹은 왜곡이 일어난 최근의 실제 예시들을 생각해 볼 수 있는가?

[문맥]

라스웰이 대중에 관한 논의에 로버트 파크(Robert Park)의 논문을 어떻게 이용하는지 주목하라. 우연히도, 시카고학파에 대해 이 장은 로버트 파크의 '민중'과 '대중'의 개념을 다루는 읽기 자료가 포함되어 있다.

또한 관심은 라스웰이 사용한 '세계 민중'이라는 단어와 이 특정 민중이 '상대적으로 약하고 개발되지 않았다'는 논쟁으로 도출될 수 있다. 이 발상은 하버마스(Habermas)의 공공권의 개념을 상기시킨다(공공권에 대한 장을 보라). 그러나 라스웰의 생각은 하버마스가 생각한 국가 내 지역의 공공권 보다는 세계적인 공공권에 더 유사하다.

[구조]

이 부분에 대한 당신의 급격한 반응은 당신이 살고 있는 시대와의 관련성이 불분명한 것에서 기인할 수도 있다. 만약 그렇다면, 이것은 앞부분에서 토론되었던 것들과의 연관성이 명백하지 않기 때문이다.

이 세부 항목에 대한 당신의 반응은 이것의 타당성과 지금까지의 읽기와의 관계가 분명치 않다는 것일 것이다. 만약 그렇다면, 주제가 이전의 세부 항목에서 논의되었던 것을 분명히 따르지는 않기 때문에 이는 이해할만 하다.

이것이 일어날 때, 독자들에게 한 가지 분명한 전략은 연결과 타당성이 나중에 분명해질 거라는 희망을 갖고 계속해서 읽는 것이다('3장 읽기란 무엇인가?' 참조). 만약 이 제안을 따른다면, 당신은 라스웰이 여론과 계몽에 관한 끝에서 두 번째의 세부 항목에서의 논의를 위한 배경을 제공하기 위해 두 세부 항목, '관심 집중'과 '정서 그룹'과 '대중'을 사용한다는 것을 알 수 있을 것이다.

균형적 계몽의 원칙

민주주의 이론에서 종종 합리적인 여론은 계몽에 달려 있다고 말한다. 그러나 계몽의 본질에 대한 모호성이 있고, 이 용어는 종종 완벽한 지식과 동등한 것으로 여겨진다. 보다 평범하고 즉각적인 이해는 완벽한 것이 아니라 동등한 계몽이다. 주어진 정책에 대한 전문가들의 관심 구조는 비전문가의 것보다 더욱 정교하고 세련될 것이다. 우리는 이러한 차이는 항상 존재한다는 것을 당연히 여겨야만 한다. 그럼에도 불구하고, 전문가와 비전문가가 주장하는 현실의 대체적인 윤곽에 대해서는 동의할 가능성이 꽤 있다. 민주주의 사회의 실행 가능한 목표는 전문가, 지도자, 그리고 비전문가 사이의 동등한 계몽이다.

　전문가, 지도자와 비전문가는 동일한 세계의 주요 인구 추세의 흐름을 가질 수 있다. 그들은 전쟁 발생 가능성에 대해 동등한 일반적 시각을 공유할 수 있다. 커뮤니케이션을 위한 대중 미디어의 조종자들은 사회에서 비전문가의 주요 관계에 대한 상황과 전문가, 지도자의 상황 사이에 높은 정도의 동등함을 이끌 것이라는 예상을 하는 것은 결코 불가능하지 않다.

Note

[내용]

처음의 두 문장에서 라스웰은 앞선 읽기에서는 나오지 않았던, 그리고 독자의 이해 정도를 추정하는 두 가지 개념을 소개한다.

첫 번째는 정의되어 있는 개념은 아니지만, 이전의 세부 항목들에서 '대중'을 구성하는 것에 대한 논의로부터 흘러나온 '합리적인 여론'이다. 두 번째 또한 정의되지는 않았지만, 작가로부터 애매모호한 용어로 인식된 '계몽'이다(예를 들어 Marshall, 1998: 194를 보라).

라스웰은 이 세부 항목에서 논쟁이 발생하기 위해서는 두 개념 모두가 '필요하다'고 언급한다. 즉 합리적인 여론이 계몽 혹은 비현실적인 완벽한 지식에 달려 있기 때문에, 민주주의 사회의 목표는 '동등한 계몽'이 되어야 하는 것이다. 그리고 그는 예시들을 사용하며 이 용어의 의미와 전문가, 지도자, 그리고 비전문가들에 대한 영향을 설명하는데 나아간다.

다소 생략되었지만, 라스웰의 설명에는 적어도 세 가지의 질문들이 등장한다. 첫 번째로, '동등한 계몽'이 '합리적인 여론'을 가능케 할 수 있는가? 두 번째로, 당신은 전문가들이 항상 비전문가보다 정책에 관해 더 나은 이해를 한다는 주장에 대해 어떻게 반응할 것인가? 세 번째로, 마지막 문장에서 커뮤니케이션에서의 대중 미디어에 대한 라스웰의 예상을 통해 무엇을 이해할 수 있는가?

[구조]

당신은 아마 라스웰이 그의 주장을 시작하기 위해 사용하는 기술들을 알아차렸을 것이다. 첫 번째로, 민주주의 이론을 참조하며, 그는 합리적인 여론은 계몽에 달려 있다는 발상을 '세웠다'. 그렇게 한 후, 그는 동등한 계몽에 대한 그의 제안을 정당화하기 위해 계몽의(많은 가능성 중) 한 의미를 사용함으로써 이 관점을 불안정하게 만든다.

[글쓰기 방식]

위에서 만들어진 요점에 관하여, 라스웰이 첫 문장에서 '~라고 종종 말해진다.'를 사용하고, 그리고 비슷하게 두 번째 문장에서 '이 용어는 종종 ~와 동등하게 사용된다.'라고 사용한 것의 자료를 인용하는데 실패한 것에 주목하라. 만약 이것이 평가를 위해 제출되는 당신의 일이었다면, 평가하는 사람은 아마 이렇게 물을 것이다. '누구로부터?'

[문맥]

'여론'에 관한 라스웰의 사용과 해석을 하버마스의 방식과 비교하는 것이 유용할 수도 있다.

Reading 10

[요약]

사회에서 커뮤니케이션 과정은 세 가지 기능을 수행한다.

(a) 공동체와 그 안의 구성요소의 가치 순위에 영향을 줄 수 있는 위협과 기회들을 공개하는 환경을 감시

(b) 환경에 대응하는 사회의 구성 요소의 상관관계

(c) 사회 상속의 전송

사회에서의 의사소통 과정은 세 가지 기능을 수행한다. (a) 지역 사회와 그 안의 구성요소들의 가치 및 위치에 영향을 미치는 위협과 기회를 폭로하면서, 환경을 감시하는 것, (b) 환경에 대한 반응을 만드는 데 있어서의 사회 요소의 연관성, (c) 일반적으로, 인간과 동물, 그리고 한 유기체의 경제 안에서는 생물학적 동등함이 발견되는 '사회적 유산의 전달'이다.

사회 내에서 의사소통 과정은 지배 계급이 외부 환경뿐만 아니라 내적 환경을 두려워할 때 특별한 특징들을 드러내기 시작한다. 어떠한 주어진 문맥상에서 의사소통의 효율성을 측정할 때, 성패가 달려 있는 가치, 그리고 지위가 조사되고 있는 단체의 정체성을 반드시 고려해야만 한다. 민주주의 사회에서, 합리적인 선택은 커뮤니케이션을 바탕으로 그것에 의지하는 계몽을 통하고, 특히 지도자, 전문가, 그리고 일반인 사이의 관심의 동등함에 의지한다.

Note

[내용]

읽기의 두 번째 세부 항목에서 언급되었듯이, 라스웰의 의도는 의사소통의 행위의 각 단계를 나누고 분석하는 것이 아니라, '전 사회적 과정과의 관계 속에서의 전체적인 행위'를 조사하는 것이었다. 게다가, 그의 목표는 감시, 연관성, 그리고 전달이라는 전문화된 세 기능을 설명하는 데 있었다.

결론보다는 '요약'이라고 칭한 것에서, 라스웰은 동등한 전문화된 제도가 동물 종과 단세포 유기체에서도 비슷한 기능을 수행한다는 것을 상기시키기 위해 그의 생물학적 비유를 반복했다. 그는 그가 중요 발견이라고 생각하는 간단명료한 요약을 각각 제공하는 세 문장으로

읽기를 마무리한다.

이 요약이 읽기에 대한 당신의 이해를 반영했는가? 의사소통의 세 전문화된 기능에서의 라스웰의 발견들은 오늘날 어느 정도의 타당성을 가지는가? 라스웰이 사용한 방법, 논쟁을 지지하는 데 인용된 증거, 그리고 도출된 결론들을 비판적으로 반영한 후, 당신은 그의 장점과 한계점이 무엇이라 생각하는가?

 읽기 자료 살펴보기

이 장의 「해롤드 라스웰에 대한 소개」에서 나타냈듯이, 주로 의사소통의 세 기능을 시작했기 때문이 아니라, 라스웰이 다섯 질문의 형태로 '의사소통의 행위'의 주요 요소들을 구별해냈다는 이유로 선발된 읽기가 많은 관심을 받았다.

이러한 방식으로 다섯 질문을 만든 이유는 그가 그 당시에 커뮤니케이션 학자들이 시행한 연구의 종류를 확인하는 데 명료하고 도움이 되는 방법을 제시한다고 느꼈기 때문이다. 그렇게 함으로써, 그는 또한 연구자들이 그들의 연구 활동을 다음의 영역 중 하나, 혹은 다른 것에 집중하는 경향을 보인다는 것에 집중했다: 조절 분석, 내용 분석, 미디어 분석, 청중 분석, 그리고 효과 분석이 그것이다.

윌리엄스(Williams, 2003: 6)는 미디어 연구자들과 선생들이 그들의 주의를 기울였던 요점들을 설명하는 데 편리하고 도움이 되는 방법을 제공했기 때문에 라스웰의 체제를 칭찬했다. 비슷하게 고무된 마노프와 슈드슨(Manoff & Schudson, 1986)은 뉴스를 보도할 때 기자들이 도입 구절을 만드는 과정에서 라스웰의 질문들 중 적어도 몇몇을 사용해야 한다고 주장했다(Briggs and Burke, 2002: 251 인용).

반면에, 보이드-바렛(Boyd-Barrett, 1995d: 270)은 라스웰의 '누가, 무엇을 말하는지, 누구에게'가 미디어 직업과 미디어 전문가를 공부하는 데 흥미를 불러일으키는 데 도움을 주었고, '누구에게' 요소는 '19세기 대중의 출현'한 것과 매우 관련이 있다고 생각되는 '얼마나 많이'라는 질문을 촉발하였다(Briggs and Burke, 2002: 5).

그러나, 라스웰의 읽기는 또한 몇몇 비판들의 주제가 되기도 했다. 예를 들어, 보이드-바렛은 다음이 라스웰 분석의 주된 한계라고 주장하였다. 커뮤니케이션의 즉각적인, 역사적인, 사회적인 혹은 기관의 문맥을 충분히 고려하지 않았다. 미디어가 사회에 영향을 주고 자신들에게는 영향을 주지 않는다고 추정하고, 소유, 동기, 이익과 '불법 행위'에의 가능성에 관한 논란에 대해 충분치 않은 고려를 하며 미디어에 관해 지나치게 긍정적인 경향이 있다(Boyd-Barrett, 1995b: 72-3).

보다 일반적으로 라스웰의 읽기에서 설명되었듯이, 의사소통에 대해 기능적 관점이 동시대에 얼마나 적절하고 유용한가의 정도에는 다양한 견해가 있다. 예를 들어 맥퀘일은 "매스 미디어가 (그들의 '효과'로부터) 사회에 대한 '긍정적인(기능적)' 혹은 '부정적인'(제대로 작동하지 않는) 결과에 많은 방법을 통해 공헌한다는 근본적인 모호한 가정은 여전히 대중 미디어 연구에서 중요하다"고 주장했다(McQuail 2002: 7). 게다가 "제도 이론의 심지어 부흥이 있다. 명쾌하게 매스 미디어의 '기능들'을 얘기한다"(McQuail 2002: 7).

반면에, 제임스 캐리(James Carey, 1989)는 기능적 접근으로부터 미디어 사회학에서의 '해석의 차례'에서의 뚜렷한 변화가 있었다고 주장하는 매우 다른 관점을 가지고 있었다(Stevenson, 2002: 77; 현대 문화 연구와 문화 이론에 대해 연구하는 Birmingham Centre의 부분을 보라).

주요 용어

관심 프레임(attention frames); 전도도(conductance); 균형성(equivalencies);

감성 채널(afferent channels); 효과 채널(efferent channels);

커뮤니케이션 장치(circuits of communication); 메시지 처리자(message handlers);

메시지 조작자(message manipulators); 이데올로기(ideology);

반-이데올로기(counter-ideology); 지배 엘리트(ruling elite);

내·외부 균형점(internal and external equilibrium);

효율적 커뮤니케이션(efficient communication); 이성적 판단(rational judgments);

주의 집중(attention aggregates); 대중(publics); 감성 집단(sentiment groups);

구조적 기능적 특성(structural and functional features of world society);

민주 이론(democratic theory); 이성적 여론(rational public opinion); 계몽(enlightenment);

균형 계몽(equivalent enlightenment)

주요 학자

　　Bruce L. Smith; Ralph D. Casey; Warder C. Allee; Robert Redfield; Charles E. Merriam;
　　Gaetano mosca; Karl Mannheim; Abraham Kaplan; William T.R. Fox; joseph M.
　　Goldsen; 그리고 작가 자신의 다른 출간물들

 권장도서

Boyd-Barrett, O. and Newbold, C.(eds.)(1995), *Approaches to Media: A reader*, Londen:
　　Arnold.

기능주의인 미디어 연구의 초기 이론들에 관한 부분이 있고, 이 장에서 사용했던 라스웰
의 읽기로부터 짧은 발췌를 포함한다.

Lasswell, H. D.(1971), *Propaganda Technique in World War* 1, Cambridge: The MIT
　　Press.

선전 기술에 관해 최고 수준의 내용이 있고, 제1차 세계대전에서 미국, 영국, 프랑스와
독일의 경험을 토대로 한 자료가 사용되었다.

Williams, K.(2003), *Understanding Media Theory*, London: Arnold.

많은 학설과 미디어 이론에 대한 다른 접근법들을 풀고 설명하기 시작했고, 기능주의에
관한 유용한 부분이 있다.

11장

콜롬비아학파

Lazarsfeld, P. F. and Merton, R. K.(1948), "Mass communication popular taste and organized
social action(매스커뮤니케이션, 대중의 기호와 조직화된 사회적 행위)", in Bryson, L.(ed.), *The
Communication of Ideas*(커뮤니케이션 개념), New York: Harper and brothers, pp. 95~118.

 ## 콜롬비아학파에 대한 소개

콜롬비아학파는 매스커뮤니케이션 효과 연구에서 선구적 역할을 한 것으로 인정받는다.
결론적으로 미국이 '커뮤니케이션 연구'의 명성을 가지게 된 것은 콜롬비아학파의 공헌
이 크다(Katz et al., 2003: 10).

하지만 모두가 이 학파의 업적에 매혹되지는 않았다. 특히, 비판은 이용된 방법들과
설정된 이론적 발달에 가해지고 있는 연구 질문에 집중되었다. 따라서 콜롬비아학파의
구성원들은 그들의 후원자들에게는 칭찬받고 있으나 그들의 비평가들에게는 비난 받았
다(Simonson and Weimann, 2003: 14).

일부 비평가들은 콜롬비아학파는 미디어 연구의 '주도적인 패러다임'의 도입과 확립
에 대한 책무가 있었다고 한다.

이러한 패러다임은 정상 혹은 비정상적 사회적 정치적인 활동을 정의하고, 정치적으로
현실적이고 합법적인 것과 그렇지 않은 것을 말하며, 양당제를 정당화시키기 위하여, 사
회적 관심을 위해 특정한 정치적 의제를 설정하고, 타인을 포함시키고 지휘하고 배제하
며, 반대운동을 조명하기 위하여 미디어의 힘으로부터 주의를 돌렸다

(Gitlin, 1995: 21).

다른 비평가들은 프랑크푸르트학파의 구성원들이 포함됐다(프랑크푸르트학파에 관한 장을 참고하라). 이들은 1941년 이후 컬럼비아의 대학들이 공동 연구 프로젝트를 진행하면서(Hardt, 1995: 15) 콜롬비아학파가 문화산업에 맹종하고 있다고 간주했다(Katz et al., 2003: 56). 이러한 비평들에도 불구하고 컬럼비아의 업적은 오늘날까지 계속해서 명성을 떨치고 있고 당대의 대다수의 미디어 이론 교과서 또한 이 학파의 업적과 책임연구자이자, 창시자인 폴 라자스펠드(Paul Lazarsfeld)의 연구를 인용하고 있다.

심리학자이자 수학자인 라자스펠드는 1933년 록펠러 재단의 지원으로 오스트리아에서 미국으로 건너갔다. 1930년대 중반 오스트리아의 정치적 상황 때문에 라자스펠드는 미국에 머무르기로 결정하여 1937년, 록펠러 재단의 프린스턴대학교에서 프린스턴 라디오 프로젝트의 감독으로 임명되었다. 이곳에서 라자스펠드는 라디오 수용자 연구와 실험을 통하여 라디오의 심리적 효과를 연구하기 시작했다(Sills, 1996: 107).

대부분의 연구 자료들은 민간소유의 방송국으로부터 얻어졌고 1965년까지 '세계 최대의 광고와 커뮤니케이션 매체'로 묘사되어 온 컬럼비아방송국시스템(CBS)으로 운용되었다(Dennis and wartella, 1996: 190). 1940년 이후 몇 년 사이에 라디오 프로젝트는 라디오 연구소(the office of radio research)로 개명했고 뉴욕의 컬럼비아대학교로 이전했다. 1944년까지 이 연구소는 라자스펠드를 감독으로 하면서 응용사회연구소(기관)의 원조를 받아왔다.

비록 CBS가 자체의 연구팀을 갖고 있었지만, 한때는 100명의 고용인을 고용함과 동시에 라자스펠드와 그의 공동연구자들에게 자금과 회사의 방송국에 접근을 모두를 제공하면서 기관과 함께 친밀하게 연구를 진행해 왔다(Sills, 1996: 106). 콜롬비아학파는 업계와 밀접한 관계를 맺고 재원의 의존했기 때문에 업계와의 타협의 산물이라는 비난에 취약했다. 라자스펠드는 시간이 지나 시대에 대한 깊은 성찰을 통해 그의 딜레마가 "지적이고 정치적인 순수주의자와 내가 '매진'의 강요 없이 협력을 원했던 산업계 사이에서 응용사회연구소와 계책을 부려야 하는 것"(cited in Hardt, 1995: 14)이 명확해지면서 이러한 비판을 인식했다.

1939년과 1949년 사이 라자스펠드는 단독저자와 공동저자로서 미국 응용 심리학지 특별호와 여러 권의 에세이에 라디오의 효과에 대하여 광범위하게 다루어 발간하였고 미국을 통하여 두 국가 전반에 걸친 라디오 수용자 조사들의 분석을 공표했다(Sills, 1996: 108). 이러한 업적의 일부는 프랭크 스탠튼(Frank Stanton)과 공동으로 집필되었다. 스탠튼은 라자스펠드의 오랜 CBS 동료였으며 이 연구를 처음 설립했고 1971년까지

CBS의 대표로 역임했다.

콜롬비아학파는 미디어 발달 이론에 '기착지'처럼 보일 수 있다. 그 이유는 1940년대, 1950년대 그리고 1960년대 동안 미국의 매스커뮤니케이션 연구의 성장이 미디어 연구의 제2단계로 간주되어 왔기 때문이다(McQuail, 1977: 72; Turner, 1996: 184). '2단계 모델', '이용과 충족'('17장 미디어효과론' 참조)과 같은 이론적 발달을 이끈 콜롬비아학파의 '퍼스널 인플루언스'와 '제한 효과' 패러다임은 이러한 미디어 연구의 본보기가 되었다(Williams, 2003: 174~179).

'2단계 모델' 혹은 '2단계 흐름 모델' 개념은 1940년 의사결정에 미디어의 역할을 조사하기 위한 목표로 유권자의 어떻게 유권자들의 투표행위가 이루어지는지 집중했던 한 연구로부터 등장했다. 연구결과들은 이후에 『시민의 선택: 유권자들이 대선공약에서 어떻게 마음을 결정하는지(how the voter makes up his mind in presidential campaign)』(Berelson et al., 1954)로 발간되었다. 이 연구가 이후 다른 연구들, 즉 「영향력의 양식: 지역사회 내에서 대인적 영향력과 커뮤니케이션 행동양식」(Merton, 1949a), 『투표: 대선 공약에서 여론형성의 연구』(Berelson et al., 1954), 그리고 『퍼스널 인플루언스: 매스커뮤니케이션의 흐름 안에서 사람들의 인터퍼스널 역할 부분』(Lazarsfeld and Katz, 1955)과 함께 어떻게 '확산 연구'로서 묘사되었는지는 주목할 만하다(Katz, 1996: 61).

콜롬비아학파의 선구적인 연구 발달은 일찍이 20세기 초 20년간 걸쳐온 미디어 연구의 첫 단계를 지배하고 있던 이론적인 개념들을 권좌에서 물러나게 하는 데에 목표가 있었다. 이 기간 동안의 연구는 '피하주사모델'—본래 해롤드 라스웰(Harold Lasswell)이 만든 용어('10장 해롤드 라스웰'을 참고)—, '탄환모델', '제한효과모델', '전달벨트모델'(Carey, 1996: 22; Wiliams, 2003: 171)로 다양하게 이름이 붙여졌다. 당대는 '대중사회'('12장 밀스의 대중사회 이론'을 참고)로 구상된 사회였고 매스커뮤니케이션은 '수동적이고 원자화된, 극도로 취약한 개인들 에게 행동을 위한 생각, 태도, 기질을 주입시키는 것'으로 상정되었다(Gitlin, 2002: 29).

특히, 콜롬비아학파의 비평가들은 미디어 연구의 두 번째 단계로 매스미디어는 매우 제한적인 영향력을 가지고 있으며 조작의 실험 대상이 되기보다는 사람—혹은 수용자들—이 그들 스스로 미디어의 조종자라는 이론을 제시한(Curran et al., 1995: 103) 것에 분개했다.

매스커뮤니케이션 연구의 첫 번째, 두 번째 시대를 연구했던 캐리(Carey, 1989)는 그들을 뚜렷하게 두 개의 특수한 방법으로 특징지었다. 첫 번째 모델은 '세력을 추구하도록 동기부여 받는' 사람들의 커뮤니케이션 '지배 양식으로서' 구상했고, 반면에 두 번째 모델은—특히, 이용과 충족—사람들이 '걱정으로부터 도망칠' 수 있도록 '치료의 형태로서' 커뮤니케이션을 상상했다(Carey, 1989: 147).

미디어 연구의 첫 단계와 두 번째 단계의 더 나은 구별은 연구자들이 이론을 보는 방식에 있었다. 다소 일반화일지 모르겠지만 이전 시대의 연구자들은 '이론가'로서 특징지어진 반면 두 번째 단계에서는 주로 '방법론자'로 여겨졌다(Wiliams, 2003: 44). 일례로 이 기간에 미디어와 매스커뮤니케이션 연구를 진행하던 컬럼비아와 다른 미국의 대학들의 연구자들은 미디어를 연구하기 위해 이론상의 체제부터 시작하기보다는 더욱 체계적인 것에 대한 필요를 강조했다. 그들에게 있어서 이것은 이론이 재현될지도 모르는 실증적 연구의 이용을 의미했다(Williams, 2003: 44~45). 이러한 접근은 '추상된 경험주의'라고 묘사했던 찰스 라이트 밀스(C. Wright Mills)에게 비판받은 것으로 유명하다.

그럼에도 불구하고 콜롬비아학파는 많은 방법론적인 시도들로 업적이 있다. 구체적으로 라디오 프로그램의 청중의 반응을 시험하는 데 사용되었던 라자스펠드(Lazarsfeld)의 '스텐톤 프로그램 분석장치', 연구 수행을 위한 도구로서 '내용분석'의 발달과 개선, 조사응답자를 선출하는 방식으로서 '스노우볼 샘플링' 이용, 그리고 정상적인 행동양식 범위 밖으로 간주되는 응답자들의 속성들의 평가 방법을 제공한 '이상사례분석'의 개척이 있다.

매스커뮤니케이션을 연구하기 위한 컬럼비아의 접근은 많은 다른 연구들이 컬럼비아에서 고안된 접근들과 방법들을 복제하면서 학계의 통설이 되었다(Gitlin, 2002: 28). 몇 년 동안 미국의 매스커뮤니케이션 연구를 정의했다(Boyd-Barrett and Newbold, 1995: 5; Hardt, 195: 16). 1960년대 후반과 1970년이 되서야 컬럼비아의 우세는—'주도적인 패러다임'의 개념의 이유로—심각한 도전을 직면하게 되었다. 이는 두 개의 다른 방향으로 일어났다.

첫 번째 도전은 자유 체제 안에서 실증적인 전통을 연구하던 학자들이 컬럼비아학자들의 연구결과와 그들의 연구에서 보고되는 방법들에 의문을 가지면서 야기되었다. 또 다른 도전은 마르크스주의자와 네오 마르크스주의자 비판의 전통에서 이루어진 학자들로부터 발생되었다. 맑시스트들은 미디어는 계급적 우월을 유지하는 데 중요한 역할을 하는 이념적인 국가기구이기 때문에 미디어의 영향력을 부인하는 그 어떠한 조사 연구들도 그들의 이론적 배경을 부인할 수 없다고 주장한다(Curran et al., 1995: 103.

'8장 마르크시즘' 참조).

보통 '소리 없는 미디어의 힘'으로 묘사되는 컬러비아의 미디어 효과 연구는 1949년 처음으로 클레퍼(Klapper)에 의해 요약되었다. 클레퍼는 이를 교정되어 『매스커뮤니케이션 효과』(1960)의 책으로 발간하였다(Sills, 1996: 108).

두 다른 진영의 연구 그룹은 과거의 프랑크푸르트학파('9장 프랑크푸르트학파'를 참고하라)와 콜롬비아학파 사이의 이념적인 논쟁을 떠올리게 만든다. 큐란(Curran et al., 1995)에는 자유주의 전통에서 수행된 연구들과 비평적 전통의 연구를 구별했던 반면 콜롬비아학파와 프랑크푸르트학파 사이의 논쟁은 '행정적 연구'와 '비판적 연구' 사이의 차이점에 대한 것이었다.

비록 이러한 이원성이 오늘날까지 힘이 있는 것은 아니지만 미디어 이론과 관련이 있기 때문에 여기서 언급한다. '행정적 연구'라는 용어는 '공적 혹은 사적의 몇몇 행정기관의 제공을 통해 전해진' 연구로서 정의한 라자스펠드에 의해 처음 만들어졌다(Hardt, 1995: 15). 이것은 또한 유용하게 행정적 연구와 비판적 연구를 병치한다는 묘사 아래 명백하다.

행정적 연구는(서구 산업화된 사회 안에서) 선천적인 합리성과 사회 질서의 존재에 대한 사회적 정당성을 당연한 것으로 여기는 것처럼 보이는 물음들에 질문을 하는 경향이 있었다. 반면에 비판적 연구는 다양한 안정 또는 불안정이 다른 것들보다 특정 이익들에 호의적으로 건설된 사회적 질서를 문제화하고 상대화한다

(Boyd-Barrett, 1995b: 73~74).

심지어 1990년대 중반, 뉴볼드(Newbold, 1995b: 118)는 미국 매스커뮤니케이션의 대부분의 연구들이 여기 묘사된 것을 보면 행정적이어 왔으며 정부나 산업계에 원조를 받아왔다고 주장했다. 다시 한 번, 이것은 역사시대에 대한 관심과 컬럼비아의 우세가 2차 세계대전과 그 이후 긴 냉전시대까지 지속되었다는 것을 기억하길 요구한다(Hardt, 1995: 14; Robinson, 1996: 161; Simnson and Weimann, 2003: 16; Williams, 2003: 45).

라자스펠드는 그가 산업계와 친밀했던 것을 그 연구는 방송인이 대중에게 제공하고 있던 서비스를 개선하도록 돕는 것이었다고 말함으로써 옹호했을지도 모르겠지만 비판가들은 '행정적 연구'는 우선 정부, 시장조사기관, 미디어 조직과 산업의 이익에 전반적으로 도와왔다고 주장했다.

게다가 다른 미국 대학들에서 또한 실행되어 왔지만 컬럼비아와 매우 친밀하게 관련된 실증주의에 대한 몰두는 개념적인 것과 이론 발달을 회피하거나 억제했고 사회적 변화에 대항하여 경감시켰다(Halloran, 195: 34~35; Williams, 2003: 45).

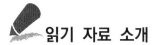 ## 읽기 자료 소개

폴 라자스펠드(Paul Lazarsfeld)와 로버트 머튼(Robert Merton)의 『매스커뮤니케이션, 대중의 기호와 조직화된 사회적 행동』(『매스커뮤니케이션』 후속 저서)은 라이먼 브라이슨(Bryson)의 편집본, 『커뮤니케이션 개념』(1948)에 처음으로 실렸다. 다양한 분야의 기고자들에 의해 쓰여지고―그들은 현재 모두 미국에서 일하며 생활하고 있다―, 이론적, 방법론적 접근을 밝히고 있는 이 책은 이 시기 즈음에 발간된 많은 책들 중 하나이다. 이는 커뮤니케이션 연구의 떠오르는 분야를 다루기 시작했다는 점에서 의의가 있다.

브라이슨이 컬럼비아 교육대학에서 성인 교육을 전공하며 가르치는 동안, 그의 책에 대한 열중은 록펠러 커뮤니케이션 그룹의 초기 멤버 시절 때부터 시작되었다. 록펠러 재단에 지원받는 이 단체는 미디어와 커뮤니케이션 영역에 관한 연구를 진행하기 위해 설립되었다. 그러나 이는 곧 양적 연구방법에 전문가였던 사회과학자, 특히 해롤드 라스웰(Harold Lasswell)과 폴 라자스펠드에 의해 압도당하기 시작했다(Simonson and Weimann, 2003: 16). 이렇게 본다면 브라이슨이 이 편집 본에서 양 쪽 모두의 연구자들을 포함시킨 것이 놀랍지 않다.

브라이슨의 책은 대학원생들을 대상으로 한 강의에 기반을 두고 있는데, 이는 1946년 11월부터 1947년 2월 사이에 '커뮤니케이션 개념의 문제'라는 테마로 종교와 사회과에 의해 구성된 것이었다. 이것은 브라이만(Bryman)에 의해 써진 첫 번째 단원의 주제이기도 하다. 여기에서 그는 전체적인 글의 내용을 훑어 본 뒤, 두 가지의 핵심 포인트를 제시한다. 첫째는 '커뮤니케이션 이론에 있어 시스템적인 윤곽은 존재하지 않는다'이고, 둘째는 '무엇이라고 부르든지 간에, 인간의 행동에 있어 사려 깊은 행동을 하는 모든 학생들은 '커뮤니케이션'이라고 부를 수 있는 그 무엇인가를 찾아낼 확률이 높다'이다(Bryson, 1948: 1~2).

라자스펠드와 머튼의 '매스커뮤니케이션'의 책에서 구체적으로 매스커뮤니케이션에 대하여 다루고 있는 유일한 장은 이것이 연구의 새로운 분야의 등장을 분명하게 한 또 하나의 글인 윌버 슈람(Wilbur Schramm)의 『매스커뮤니케이션』(1949) 편집본으로 재판된 이후에 얼마 안 되어 많은 독자들에게 소개되었다.

우리는 라자스팰드와 머튼의 '매스커뮤니케이션'의 최종원고를 읽는 혜택을 가짐과 동시에 어떻게 이것이 생산되는지 그리고 이것이 출판되기까지의 과정에 대해 알게 되어 유익하다. 그러기 위해 몇 가지 맥락이 필요하다. 하버드대학교와 뉴올리언스의 툴레인대학교에서 수학한 후 머튼은 라자스팰드와 함께 컬럼비아대학교에 가입했고 1942년부터 사회응용연구소의 부책임자로 임명되어 1971년까지 역임했다. 놀랍지 않게, 사회학의 배경지식과 함께 사회 이론에 대한 관심과 마르크스(Marx)에 대한 그의 전문성을 인정받은 머튼은 이론가로 간주되었고 라자스팰드는 방법론가로 여겨졌다.

라자스팰드는 대학원에서 본래 강의를 쓰고 전달하는 동안에 그는 이것이 현재 형태로는 출판할 수 없다는 것을 인정했고 출판과 완본을 위해 머튼에게 넘겨주었다(Simonson and Weimann, 2003: 17, 21). 머튼은 '매스미디어의 몇몇 사회적 기능들'이라는 완벽한 새로운 부분을 추가했다. 이 안에 그는 '지위 부여 기능', '사회적 규범의 강화', 그리고 '마약 중독 역기능'의 세 가지 기능을 기재했다. 머튼은 또한 '독점화', '운하화', 그리고 '보충화' 이 세 가지 새로운 이론적 호칭을 소개함으로써 마지막 읽기 부분을 수정했다(Simonson and Weimann, 2003: 25).

여기에 더하여 머튼은 라자스팰드와 함께 매스커뮤니케이션의 다른 업적으로 「라디오와 영화 선전의 연구」(1943)를 발표했다.

이것은 전시상황에서의 선전에 대한 연구였다. 머튼은 또한 『대중 설득: 전쟁채권운동의 사회 심리학』(1946)을 집필했는데, 이를 위해 분명히 채권판매를 목적으로 둔 라디오 프로그램을 들은 후에 전쟁채권에 담보를 맡긴 이유를 묻기 위해 청취자들과 인터뷰를 하였다(Sills, 1996: 13). 하지만 머튼은 수많이 재판된 『사회 이론과 구조』(Merton, 1949b)에 나타난 사회학에 대한 이론적 헌신으로 가장 명성이 있다.

당신이 동의할 수도 안 할 수도 있으나 사이몬과 위만(Simonson and Weimann)은 텐덤에서 라자스팰드와 머튼의 글은 "20세기 중반에 아름답게 쓰여지고 개념적으로 우아하며 역사적으로 정보를 가지고 있는 매스미디어의 역할과 사회적 효과에 대한 개요"라고 주장했다. 또한 그들은 "이것이 여전히 함께 생각하기 좋기 때문에 고전적이다"라고 내비쳤다(Simonson and Weimann, 2003: 13).

Reading 1

폴 라자스팰드(Paul F. Lazarsfeld)와 로버트 머튼(Robert K. Merton)
매스커뮤니케이션, 대중의 기호에 조직화된 사회적 행동

사람들의 관심을 사로잡는 문제들은 변하고 그러한 문제들은 대게 무작위가 아니라 사회와 경제적 요구가 변함에 따라 변화한다. 만약 이장에 거론된 사람들의 그룹이 한 세대 전쯤에 만났더라면 다루어진 논제도 모두 달랐을 가능성이 높다. 그들은 틀림없이 매스커뮤니케이션 미디어의 문제가 아닌 미성년 노동, 여성 참정권 혹은 양노연금에 주목을 끌었었을 것이다. 최근 회의의 주최로서 책과 기사에서 지적하는 현대 사회의 라디오와 출판, 영화는 많은 이들에게는 흥미를 또 다른 이들에게는 걱정의 원천이 되어 왔다. 이러한 대중의 흥미 변화는 몇몇 사회 트렌드의 산물로 볼 수 있다.

매스미디어에 대한 사회적 우려

많은 사람들이 매스미디어의 편재성과 잠재적 위력에 불안해지고 있다. 예를 들어 이 심포지엄에 참석자 한 분은 "라디오는 원자폭탄에 비유될 수 있다"라고 기록했다. 이것은 매스미디어가 선과 악에 사용될 수 있는 강력한 도구이며, 적당한 통제가 부재한다면 후자의 용도로 쓰일 가능성이 더 크다는 것이다. 이는 선전의 미디어이기 때문에 미국인들은 선전의 힘에 대해서 기이한 두려움을 가진다. 영국인 관찰자로서 윌리엄 엠프선(William Empson)은 최근 우리에게 "그들은 우리가 하는 것보다 더욱 열정적으로 기계류를 믿는다. 그리고 현대의 선전은 과학적인 기계이다. 그래서 단순한 판단을 하는 인간들이 이것에 저항할 수 없다는 것은 명백하게 보인다. '그것이 인간 근처에 오게 두지 마라. 당신을 유혹하게 두지 마라. 왜냐하면 그것으로 인해 실패하게 될 것을 나는 확신하기 때문이다'."라 언급했다.

매스미디어의 편재는 신속히 많은 사람들을 매스미디어에 권력에 대하여 거의 마법적인 신념을 갖도록 이끌었다. 그러나 아마도 매스미디어의 사회적 역할과 관련하여 또 다른 무언가의 더욱 광범위한 우려에 대해 현실적인 근거가 있다. 한 가지 근거는 강력한 사회의 이익집단에 의해 수행된 변화하는 사회적 통제의 유형들과 관련이 깊다. 점점 더 주된 권력 그룹들이 조직화된 기업이 대부분의 최적의 장소를 차지하고 대다수의 공중들을 조작하기 위해 더욱 직접적인 통제의 수단 대신에 선전을 통하여 기술을 채택했다. 산업조직들은 더 이상 8살짜리 아이에게 하루에 14시간 동안 기계를 돌보라고 강요하지 않는다. 그들은 '홍보(Public relation)'의 정교한 프로그램에 관여한다. 그들은 국가 신문에 크고 인상적인 광고를 두었다. 그들은 수많은 라디오 프로그램을 후원한다. 홍보 상담전문가의 조언에 따르면 그들은 현상 모집을 조직하고, 복지 재단을 설립하며 가치 있는 일을 후원한다. 주로 매스미디어커뮤니케이션을 통해 선전을 퍼트려 달성된 경제적인 힘은 직접적인 착취를 감소시켜 오고 심리적 착취의 미묘한 유형으로 바뀐 것처럼 보인다.

사회지배 체제의 구조 변화는 엄밀한 과정을 통해서 검증되어야만 비로소 가치가 있다. 복잡한 사회는 다양하게 조직화된 지배구조에 의해 영향을 받기 쉽다. 예를 들어 히틀러의 경우, 그는 조직화된 폭력과 집단 강압을 통해 가시적, 직접적인 방법으로 집권하였다. 미국에서 직접적인 강압은 최소화되었다. 만약 사람들이 국가 노동자 연합과 같은 세력집단들의 이념을 거부하였을 경우, 그들은 제거되거나 수용소에 갇히지 않는다. 사회의 의견을 통제하고 싶어 하는 자들은 물리적인 제재보다 대중 설득에 더 초점을 맞춘다. 라디오 프로그램과 기관 홍보는 협박과 강압에 이용되었다. 이처럼 매스미디어는 대중들로 하여금 현재 상황에 순응하게 만드는 데 일조한다는 점에서 우려의 대상이 되기도 한다.

매스미디어에 대한 세 번째 우려는 대중문화와 이에 대한 청중들의 미적 취향과 관련된다. 매스미디어를 접하는 사람들이 많아짐에 따라 미적 기준이 저급해졌다는 것이다. 나아가 매스미디어가 앞으로도 대중들을 저급한 문화 쪽으로 유도하여 이러한 현상이 악화될 수도 있다는 점이 걱정된다.

커뮤니케이션으로서의 매스미디어들에 대한 큰 세 가지 우려들은 다음과 같다. 무엇보다도 첫째로, 많은 이들이 매스미디어의 편재성과 잠재력을 두려워하고 있다. 우리는 이것이 사회 지위의 불확실성과 확고하게 자리 잡지 못한 가치들로 인해 느끼는 무차별적인 추상적 두려움이라고 정의했었다. 선전은 위협적이다.

둘째로 우려되는 점은, 불특정 다수를 대상으로 하는 매스미디어의 영향력이다. 특히 이러한 매스미디어들의 지속적인 세뇌는 비판적 사고의 소멸과 맹목적인 순응으로 이어질 수 있다는 점에서 특히 위험하다고 할 수 있다.

마지막으로, 기술적으로 진보된 매스미디어 장치들은 대중들의 미적 취향과 기준을 질적으로 저하시킬 수 있다는 위험성을 안고 있다. 그리고 우리는 이러한 매스미디어의 직접적인 사회적 영향력에 대해서 근본적이고, 막대한 우려가 존재한다는 사실을 제시하였다.

매스미디어의 사회적 역할과 이것이 현재 미국 사회에 미치고 있는 영향력에 관한 고찰은 그다지 고생한 보람이 없는 임무다. 왜냐하면 이러한 종류의 확인된 지식들은 매우 협소하기 때문이다. 궁극적으로 우리가 찾고 있는 지식들로 이끌어 줄 것이라는 믿음으로, 수십 년에 걸쳐 문제의 본질에 대해 탐구해 보는 것 외에는 달리 할 수 있는 것들이 없다. 이것은 비록 단순히 고무적인 서두에 불과하지만, 이는 연구를 평가하는 데에 있어 필수적인 배경지식을 제공할 뿐만 아니라 전문적으로 매스미디어를 연구하는 우리들로 하여금 잠정적인 결론을 이끌어내는 데 도움을 준다. 이러한 정찰은 우리가 무엇을 알고, 무엇을 알아야 하는지 제시하고 보다 깊은 탐구를 위한 전략적 핵심들을 제시할 것이다.

사회에 대한 매스미디어의 영향력을 밝히는 것은 잘못 정의된 문제들을 바로잡는 것과 같은 의미라고 할 수 있다. 문제를 세 방면으로 바라보고 차례로 고찰해 보도록 하겠다. 먼저 우리 사회에 존재하는 이러한 매체들의 영향력에 대해 우리가 무엇을 알고 있는지 살펴보자.

둘째로 이 나라에 존재하는 특정한 구조와 소유권, 그리고 매스미디어의 작용에 대해 알아보자. 이때의 구조는 다른 곳에서는 찾아 볼 수 없는 독특한 면을 지니고 있다. 끝으로 정보에 대한 사회적 요구를 충족시키고 있는 매스미디어들을 지배하고 있는 정책과 전략에 대해 직접적으로 연관되어 있는 문제들을 살펴보겠다.

Note

[구조]

아마도 이 글은 강의의 내용을 옮긴 것이라 첫 단락에서 글의 전반적인 목적을 밝히거나 핵심 내용을 간단히 요약하지는 않는 것 같다.

특히 독해의 도입부는 첫 부분인 '매스미디어에 대한 사회적 우려'이다. '매스미디어시스템의 사회적 역할'이라는—다소 장황한 제목의—두 번째 부분에 '사회적 역할로서' 나타나 있는 각각의 매스미디어의 세 가지 실직적인 분야에서의 숙고를 위해 제시되어 있다.

매스미디어의 사회적 기능에 대해 처음 소개되고 두 번째에서는 매스미디어의 구조와 제약 사이의 관계에 대해 알아본다. 세 번째는 어떠한 매스미디어가 '지정된 사회적 목적'에 사용되었는지 그 정도에 대해 다룬다.

첫 번째 부분의 '매스미디어에 대한 사회적 우려'는 라자스팰드와 머튼이 마지막으로 그들의 지위와 가치에 대해 비판적으로 생각하는 것으로 옮기기 이전에 어떻게 인지된 공중의 문제에 대해 개요를 서술했는지, 이후 그것을 어떻게 요약했는지에 대해서 기술한다.

[문맥]

세 가지 핵심적인 맥락이 있다. 그 첫째로 이글의 내용은 원래 커뮤니케이션 관련 문제를 주제로 한 대학원생 대상 강좌로 계획되고 전달된 것이다. 그러므로 이 글은 매스미디어와 관련된, 인지된 문제들의 윤곽을 밝히는 것으로 시작된다.

둘째, 신문이 보내지고 배달되던 시대와 관련된다. 동시대에 대한 초점과 함께 2차 세계대전 종적 직후에 강좌가 이루어졌기 때문에 이 강좌에서 원자폭탄과 선전의 활용, 그리고 때때로 나치가 언급된 것은 놀랄 만한 일이 아니다.

셋째, 분석의 초점과 관련된다. 이 글의 지리적 초점은 미국이다. 미국 매스미디어의 구조와 소유형태는 다른 나라의 그것과 다르다는 점을 감안하고 글을 읽는 것이 좋다.

[내용]

라자스팰드와 머튼은 사회적 우려에 대한 어떠한 관심도 더 넓은 사회와 경제의 맥락 안에서 보여야 한다는 것을 처음으로 명료하게 했다. 어떤 특정 자료로서 '증거'를 인용하는 것 없이 그들은 왜 매스미디어가 '많은 사람들의 관심사가 되고 상당한 수의 사람들에게는 염려를 끼치게 되었는지'에 대한 세 가지 이유를 제시하였다.

그들이 첫 부분의 일부에 '매스미디어의 편재와 잠재력'을 넣은 이유는 사람들의 비논리적인 두려움과 일반적인 불안 때문이었다. 당신은 이 장의 첫 부분에서 라자스팰드의 학문적인 배경이 심리학이라는 것을 떠올릴 수 있다. 두 번째 이유는 매스미디어가 '생각 없는 순응주의자'를 이끄는 것과 같이 사람들의 비판력을 억누르는 것과 관련이 있다는 것이다. 세 번째 이유는 매스미디어의 성장과 보급이 '미학적 취향과 대중문화의 수준'을 낮추고 있다는 것이다.

이 글이 50년보다 더 이전에 쓴 것이라는 것을 고려해 볼 때 오늘날 조사는 당대의 매스미디어에 대한 이 같은 우려들을 확인하기 쉬울지도 모른다. 특히, 우려에 대한 세 번째와 네 번째 이유는 실스(Sills, 1996: 113)의 비판으로 이어지는 '고급'과 '저급'문화의 개념을 가져온다. 이를 이 글에서는 "오늘날 '문화 전쟁'이라 불릴지도 모르는 분석"으로 묘사한다.

첫 부분의 세 번째, 네 번째 단락에서 라자스팰드와 머튼은 강력한 이익집단을 언급한다. 그들은 그런 다음 미국 사회가 매스미디어 커뮤니케이션을 통한 통제에 더욱 미묘한 형태 아래 놓여 있어 몇몇 사회가 위협과 강제의 직접적 수단을 통해 '통제'되어 왔다는 것을 계속 지적해 나간다.

그러나 이 세 가지 염려의 집합적 효험에 관한 성찰에 관한 한 많은 의문이 제기된다. 그것은 증거나 필자들의 주장을 보증할 수 있는 지식, 그리고 이런 증거를 얻을 수 있는 적절한 방법이 부족하기 때문이다. (라자스팰드의 방법론에서 인정된 전문 지식과 '사회에 따른 매스미디어의 **효과들**'을 발견하기 위한 인식들이 '규정하지 못하는 문제들'임을 고려해 볼 때) 그럼에도 불구하고 작가들은 '효과'에 대한 연구를 더욱 명료하게 기술한, 태클 받을 가능성이 있는 문제로 만드는 세 줄을 질의를 제안함으로써 마무리 짓는다.

[문제]

일찍이 이 장에서 지적했듯이 이 시대의 학술적 저작들의 상당수는 성(性)의 문제를 포함하지 않는 경향이 있다. 이는 저술 전반에 걸쳐 명백하지만 이 문제를 제외하면 글은 그 뜻이 분명하고 가까이 하기 쉽게 쓰여졌다.

그러나 라자스팰드와 머튼은 선전에 대한 미국인들의 신념을 관찰하는 것이 얼마나 가치 있는지를 평가하는 데 도움이 될 만한 윌리엄 엠프슨에 관해 상세하게 설명하지 않았다. 저자들이 일반적으로 권위를 가지고 자신들의 주장을 펴기는 했지만, 다른 한편으로 불확실성의 영역도 인정하고 있음을 유념하라. 이것은 그들이 '이것은 아마도 그럴 것이다…'라고 말하거나 혹은 '잠정적인' 결론임을 인정하는 곳에서 명백해진다.

매스미디어시스템의 사회적 역할

매스미디어가 존재함으로 인한 장점으로 무슨 역할이 부과되었을까? 할리우드, 라디오 시티, 그리고 타임지, 라이프지 그리고 포춘지가 갖는 우리 사회의 영향력은 무엇인가? 이러한 질문들은 실험들 혹은 엄격히 비교할 만한 연구가 불가능하기 때문에 오직 추측적인 용어들로만 논의될 수 있다. 매스미디어가 부족한 다른 사회와의 비교는 너무 허술하여 결정적인 결과를 낳을지도 모르며 미국 사회 안에서 앞선 시대와의 비교는 여전히 정확한 입증보다는 보편적인 주장들과 연관될지도 모른다. 그러한 한 예로, 간결성은 명백하게 나타난다. 그리고 의견들은 원인들에 의해 변화할지도 모른다. 매스미디어가 존재함으로써 수행하는 사회적 역할은 과대평가되어 왔다는 것이 우리의 잠정적인 결론이다. 이러한 판단의 근거는 무엇인가?

매스미디어가 거대한 수용자들에게 도달한다는 것은 명백하다. 대략적으로 7천만 명의 미국인들이 매주 영화를 보고, 일간지의 판매 부수가 약 4천 6백만 부에 이르며, 미국 가정 3천 4백만 세대가 라디오를 보유하고 있고 이들 가정은 하루 평균 3시간 정도 라디오를 청취한다. 이것들은 어마어마한 수치이다. 그러나 이런 수치는 단순한 공급 및 소비 수치일 뿐 매스미디어의 효과 그 자체를 나타내는 수치가 아니다. 사람들이 라디오를 틀어 놓는 것이 그들에 대한 라디오 청취의 영향을 나타내지는 않는다. 매스미디어 분야에서 소비 자료에 대한 정보는 행동이나 태도, 관점에 따른 그것의 순수 효과를 입증하는 것과는 거리가 멀다.

오래 전에도 나타났지만 현 미국 사회와 매스미디어가 없던 사회를 비교하는 실험에는 의지할 수 없다. 하지만 잠정적으로 우리는 매스미디어의 사회적 효과를 예컨대 자동차와 비교할 수 있다. 자동차의 발명과 자동차의 대중 보유 상품으로의 발전은 라디오의 발명과 라디오의 매스커뮤니케이션 매체로의 발전보다 훨씬 더 큰 영향을 미친 것 같다. 자동차가 도입된 사회의 복합성을 고려해 보아라. 자동차는 그 존재만으로도 도로확장의 압력을 행사해 왔고, 이로써 이동성이 엄청나게 증가했다. 대도시의 응집 형태도 자동차의 영향을 크게 받았다. 그리고 이동과 행동의 반경을 확대한 자동차의 발명─회피, 모면, 변형될 수 있는 매스미디어의 발명보다─사회적 관점과 일상생활에 더 큰 영향을 미쳤다.

　매스미디어가 한동안 우리의 사회를 변화시키는데 상대적으로 적은 역할을 해 왔다고 쳐도 왜 그렇게 대중의 걱정과 비판의 대상인가? 자동차나 비행기의 문제점들은 거의 없는 반면 라디오와 영화, 신문의 문제점들은 왜 발생하는가? 우리가 이전에도 언급한 이러한 걱정의 원천들 때문에 사회-역사적인 맥락으로부터 떠나 그 우려에 대해선 무의식적인 심리학적 근거가 있다.

　그들 스스로 변화의 판도에 속았다고 느낀 많은 사람들은 적개적인 비판을 위해 매스미디어의 표적을 만든다.

　'혁신 운동'에서 기인한 사회적 변화들은 느리고 적을지도 모르지만 그들은 축적된다. 표면 사실들은 우리에게 친숙하다. 주당 60시간 노동은 주당 40시간으로 바뀌어 왔다. 아이들의 노동은 점차 축소되어 왔다. 이러한 모든 감축과 함께 무료의 보통 교육이 점진적으로 제도화되어 왔다. 뿐만 아니라 이러한 이익들은 몇 번의 개혁 승리를 이끈다. 지금, 사람들은 더 많은 여가시간을 가지게 되었다. 표면상 그들은 더욱 문화유산에 접근 가능하다. 그들이 너무나 고통스럽게 얻은 이러한 저당 잡히지 않은 시간을 활용하기 위해 그들은 무엇을 이용하는가? 그들은 라디오를 듣고 영화관에 간다. 개혁자들은 어렵게 쟁취한 개혁의 전리품을 매스미디어에 사취당한 것으로 느낀다. 여가와 대중 교육, 사회 안전을 위한 자유의 투쟁이 희망을 가지고 진행되었지만 일단 노동의 족쇄에서 풀려난 사람들은 늘어난 시간을 주요 문화 산물로 여겨지는 셰익스피어나 베토벤, 칸트를 활용하는데 소비하는 대신 페이스 볼드윈, 조니 머서 혹은 에드가 게스트에게로 눈을 돌렸다.

　많은 사람들이 그들의 전리품을 빼앗긴 기분일 것이다. 풋사랑에 빠진 젊은 남자가 처음 경험하는 것과 같다. 그의 여자에 대한 매력과 함께 깊게 반한 그는 몇 주 동안 그의 용돈을 아끼고 마지막 순간에 그녀에게 아름다운 팔지를 가까스로 선물한다. 그녀는 이것을 "단순히 멋지다"라고 생각한다. 그녀는 그 다음 그 값싼 장신구를 보여 주기 위해 다른 남자와 데이트를 한다. 우리의 사회적 투쟁들은 비슷한 종막을 당해 왔다. 세대를 통해 사람들에게 더 많은 여가시간을 주기 위해 싸웠고 지금 그들은 컬럼비아대학교가 아닌 컬럼비아 방송국에서 시간을 보내고 있다.

　하지만 이런 배신감은 매스미디어를 향한 우세한 태도를 설명할 수 없으며 이러한 미디어가 단지 존재한다는 사실만으로는 널리 가정된 것과 같이 우리 사회에 그리 깊은 영향을 미치지 못할지 모른다는 사실을 유념해야 한다.

[구조]

이 글의 첫 단락은 질문으로 시작되고 '잠정적인 판단'으로 끝난다.

이런 기술법은 라자스팰드와 머튼이 이 절의 나머지 부분을 그 잠정적 판단의 이유를 설명하고 마지막 문장에서 이를 반복할 수 있도록 한다. 얼마나 유용하고 독자 여러분이 활용할 만한 기법인가?

[내용]

다시 한 번 라자스팰드와 머튼은 우리에게 '잠정적인' 결과들을 보여 주기 위한 욕구들을 떠올리게 하지만 매스미디어의 사회적 역할이 '과대평가'되어 왔다고 결론 맺은 것 같은 느낌을 들게 한다. 이 관점을 지지하기 위한 세 가지 근거가 있다.

첫째, 미디어 조직에 의해서 축적된 자료의 과잉과 신문 발행부수, 영화 관객, 구입된 라디오 수상기의 수 그리고 매일 사람들이 라디오를 듣는 시간에 대한 연구는 사람들의 영향을 설명해 줄 수 없다(매스미디어의 효과). 둘째로 매스미디어와 특히 라디오는—라자스팰드의 특정 전문 분야인—자동차의 도입보다 사회에 끼치는 영향이 적다. 세 번째 이유는 심리적 기반을 가지고 있으며 이것의 원천은 일찍이 사회 역사적 시기에 놓여 있다는 것이다.

본질적으로 필자들의 주장은 사람들이 속았다고 느낀다는 것이다. 사회가 진보를 통해 더 많은 여가시간을 누릴 수 있는 단계에 도달했지만 사람들은 그 시간을 대중문화 산물을 소비하는 데 활용한다는 것을 고려한다면 말이다.

이것은 '고급'과 '저급'문화의 이원론을 참조한 것이다. 콜롬비아대학에서 찾을 수 있는 세련된 문화 산물과 상대되는 것으로서 콜롬비아 방송국이 제공하는 음악과 가벼운 오락을 대중들이 선호한다고 필자들이 이 이원론을 잘 비유했다. 당신은 차별화되고 더욱 현 시대의 참고 핵심들을 제외하고 유사한 분석이 사용되어 듣거나 본 것들에 대해 의심할 여지가 없을 것이다.

매스커뮤니케이션의 수단으로서 라디오의 영향과 자동차의 영향을 비교했다는 것이 얼마나 유용한가? 어느 지점까지 독자와 청취자 그리고 수용자들이 이러한 해석으로 특징을 이루는 가? 라자스팰드와 머튼은 매스미디어에 대한 그들의 평가의 위력을 어떻게 설명하고 할당하는가? 어떤 주장들이 당신이 마지막 부분에 작가들이 도달한 결론에 논란을 제기할 수 있게 하는가?

[문맥]

항공기 여행과 자동차에 대해서는 그렇지 않은데 유독 매스미디어에 대해서 공공의 염려가 제기됨을 라자스팰드와 머튼이 지적한 것은 흥미롭다. 오늘날 대중의 우려는 이 세 분야를 모두 망라할 가능성이 있다. 이것은 아마도 1940년대 라디오에 대해 고려되었던 우려들을 대체할 수 있는 인터넷과 소아성애자, 도박 그리고 신분 사기일 가능성이 높다.

[문체]

'풋사랑'이라는 필자들의 표현을 얼마나 유용하고 적절한가? 성차별주의자로 간주되진 않았지만 본래의 청중들에게 어떻게 받아들여졌을지는 여전히 궁금하다. 독자 여러분의 반응은 어떨지 몰라도 이 표현은 필자들에게 추억을 제공하고 있다. 특정한 핵심을 설정하거나 설명하려고 시도할 때 우리가 사용하는 예시들의—현재와 미래에—유용성을 고려해 볼 의무가 있다.

Reading 3

매스미디어의 사회적 기능

그들의 '순수한 존재'의 미덕으로서 매스미디어에 부여될 수 있는 사회적 역할에 대한 우리의 조사를 계속 진행하다 보면 우리는 일시적으로 미디어의 환경에서 발견한 사회적 구조로부터 멀어진다. 예를 들어 우리는 소유의 다양한 시스템 아래 놓여 있는 매스미디어의 여러 효과들을 고려하지 않고 계속 논의될 수 있는 중요한 구조적 요소들도 통제하지 않는다.

매스미디어는 지속적인 연구의 주제가 되는 많은 사회적 기능을 제공한다. 이 기능들 중, 우리는 오직 세 가지만 주목하면 된다.

지위 부여 기능. 매스미디어는 공론, 사람, 조직, 사회운동에 지위를 부여한다.

연구에서뿐만 아니라, 흔하게 할 수 있는 경험은 사람이나 사회 정책의 사회적 지위가 매스미디어에서 호의적인 분석을 할 때 부여된다는 것을 증명한다. 예를 들면, 많은 경우에서, 정치 후보자나 공공정책에 대한 ≪타임즈(The Times)≫의 지지는 중요한 것으로 여겨지고, 이 지지는 그 후보자나 정책의 확실한 자산으로 간주된다. 왜 그럴까?

≪타임즈≫의 편집자들의 견해는 전문가 집단의 심사숙고 된 판단을 대표하고, 그러므로 비전문가의 존중을 불러온다. 그러나 이것은 미디어에서 어떠한 편집적인 도움으로부터 완전히 떨어져서 주목을 거의 받지 못하는 사람들에게 강화된 지위를 부여하기 위한, 매스미디어의 지위 부여 기능 중 오직 한 가지 요소이다.

매스미디어는 개인과 집단의 지위를 정당화시킴으로써 그들에게 명망을 부여하고 권위를 강화한다. 언론이나 라디오, 잡지, 뉴스영화의 인정은 한 개인이 익명의 대중으로부터 지목될 수 있을 만큼 충분히 중요하고, 그의 행위와 의견이 대중의 주목을 받을 만큼 충분히 중요함을 증언하는 것이다. 이런 지위 부여 기능의 작동은 저명한 인사에 의한 상품 추천의 광고 형식에서 가장 생생하게 목격된다. 넓은 인구의 집단 이내에서 (어떤 선택된 사회계층 이내가 아니더라도) 그러한 저명한 인사의 추천은 상품의 명성을 향상시킬 뿐만 아니라 그 추천광고는 한 저명한 인사의 명성을 반영하는 것이다. 크고 영향력 있는 상업세계가 그 추천 인사를 많은 사람들과 함께 중요시할 만큼 충분히 높은 지위를 가진 사람으로 간주하고 있음을 대중에게 알리는 것이다. 즉, 그의 추천은 그 자신의 지위에 대한 추천인 것이다.

반복되는 명성 패턴의 이상적인 전형은 '독특한 남성(Men of Distinction)'에서 중심에 있는 광고인 로드 칼버트(Lord Calvert) 시리즈에서 찾을 수 있다. 상업화된 회사와 상업적인 증인은 상품의 가치를 위해 계속적으로 좋은 말을 한다. 사실상 추천 광고를 한 사람은 제조자를 통해 상품의 탁월함에 대한 추천을 위해 특별화되어 있는 그의 존재에서 특별함의 사람을 축하하는 구별된 위스키를 기뻐한다. 이 상호적인 존경 사회의 작동은 효과적인 만큼 비논리적이다. 매스미디어의 청중은 분명하게 이 반복되는 믿음을 다음과 같이 묘사한다. "만약 당신이 정말 문제가 있다면, 당신은 대중의 관심에 주의를 기울일 것이고, 당신이 대중의 관심에 주의를 기울인다면, 당신은 정말 문제가 있다."

그러므로 이러한 지위 부여 기능은 매스미디어의 지지를 받는 선택된 정책, 개인, 집단을 정당화함으로써 조직적인 사회 행동을 시작한다. 우리는 지정된 사회 결말을 위한 매스미디어를 최대한 활용하기 위한 조건과 관련되어 이 기능의 세부적인 작동을 알려야 한다. 그 순간, 심사숙고된 '지위 부여' 기능을 갖기 위해, 우리는 잠시 고려해야 한다(매스미디어를 통해 강화된 사회적 규범의 강화된 적용).

Note

[구조]

당신은 이 절이 라자스펠드가 실시간 강좌의 원문이 아니라는 것을 기억할 것이다. 브라이슨(Bryson)의 편집본을 위한 출판용 버전으로 머튼이 개선하고 일부 내용을 추가한 것이다.

이 절에서 당신은 필자들이 '일시적으로 미디어를 사회적 구조로부터 분리해서' 생각하기로 하지 않았다면 '사회적 기능'이 어떻게 달리 다뤄졌을지 검토하고 싶을지 모르겠다.

이 마지막 관점에 관하여, 당신은 이 책의 또 다른 장에서 선택된 작가가 가진 만약 그들이 위치한 사회적 구조로부터 추상화된다면 매스미디어는 적절하게 연구될 수 없다는 관점에 주목할 것이다. 이 문제에 대해 당신의 관점은 어떤가?

[문맥]

매스미디어의 세 가지 '사회적 기능'을 오늘날에는 매우 당연하게 생각하지만, 1940년대 후반에 미디어 이론화에서 이런 생각은 최첨단이었다.

또한 당시는 TV는 아직 등장하지 않았고, 여기서 매스미디어는 신문, 영화, 라디오를 나타낸다는 것을 환기할 필요가 있다.

[문체]

이 부분이 다른 사람에게서 쓰여졌다는 것을 알려준다면, 당신은 글쓰기 스타일에서 어떠한 변화라도 발견할 수 있겠는가? 분명하게 이 부분은 몇몇 특정한 사회적 기능을 개념화함으로 써 매스미디어의 이론화를 시작하는 자료의 첫 번째 부분이다. 당신은 이탤릭체로 나타난 신문의 타이틀을 제외하고는 강조를 위한 이탤릭체 단어의 더욱 더 빈번한 사용을 알아차릴 것이다.

[내용]

비록 많은 미디어의 사회적 기능이 있지만, 오직 세 가지만이 여기서 다룬다. 라자스팰드와 머튼의 관점에서, 먼저, 비록 독자들이 이 현상을 탐지할 있게 하는 어떠한 참조도 언급되지 않았지만 '지위 부여'는 당연시되어질 수 있다.

지위 부여는 매스미디어가 특정 정책, 사람이나 집단을 지지해 줄 때 나타난다. 그러한 지지는 언급된 정책, 사람, 집단의 지위를 정당화한다고 믿어진다. 그러나 매스미디어가 우호적이지 않은 것을 선택하거나 그러한 지지를 제공하지 않을 때, 또는 보도나 취재가 뚜렷하게 비우호적일 때는 어떻게 되는지가 고려되지 않는다. 더 중요한 것은 누가 그러한 결정을 하고 이유는 무엇인지 고려되지 않는다는 것이다.

라자스팰드와 머튼은 또한 대중 정책과 정치 입후보 분야에서 지위 부여는 매스미디어 자원의 인지된 지위로 도움이 되는 경향이 있다고 언급한다. 이 경우에서 ≪타임즈(*The Times*)≫는 그 시대에 위상과 지위의 발행지로 언급된다. 이와 같은 신문은 이러한 이유로 오늘날 선택받는 일은 거의 없다. 게다가 라자스팰드와 머튼은 ≪타임즈≫가 지금 최근 안정적인 미디어 출판을 하는 ≪월 스트리트(*Wall Street*)≫ 저널로 합병된 초국가적인 미디어 복합체 뉴스 코퍼레이션(News Corporation)의 부분이라는 가능성을 고려할 것 같지도 않다.

이 첫 번째 세부항목의 대부분은 지위부여가 광고에 관련해 어떻게 작동하는지에 많은 부분을 할애한다는 것도 주목할 만하다. 비슷한 설명이 오늘날 지위 부여와 광고/스폰서십에서 제공된다면, '브랜드'와 '유명인사'로 만들어진 언급인 것이다.

매스미디어의 개념이 출현한 이래로 60년보다 더 오래되었지만, 이 지위 부여의 사회적 기능은 오늘날 어느 정도의 가치를 갖는가? 그리고 가치를 갖는다면 달리 이론화되어야 하는가? 같은 맥락에서, 당신은 오늘날 지위 부여 기능을 고려할 때 '어떤 선택된 사회적 계층들'을 작가가 한 것처럼 bracket off할 것인가?

사회규범강화. '신문(그리고 다른 매스미디어)의 힘'이나 '언론의 눈부심'과 같은 유명문구는 이 기능을 언급한다. 매스미디어는 공공도덕과 일치되지 않는 상황을 노출시킴으로써 조직화된 사회적 행동을 시작한다. 그러나 이 패턴은 이러한 일탈이 넓게 알려지도록 만드는 데 있다고 너무 이르게 추정되지 않는 것은 필요하다. 우리는 그가 좋아한 트로브리앤드 아일랜드스(Trobriand Islanders)사에서 말리노프스키(Malinowski)의 관찰로부터 이 관계에 대해 배워야 할 것이 있다. 그는 일탈의 공적인 발표가 없었다면, 어떠한 조직화된 사회적 행동도 사회적 규범으로부터 벗어난 그 행동을 존중하지 않는다고 말한다. 이것은 단지 그 사건과 관련된 집단에서 개인들을 인지하는 문제가 아니다. 많은 사람들은 이 일탈을 개인적으로 알고 있다—예를 들어, Trobri-anders 사이의 근친상간, 정치적이거나 상업적인 부패, 매춘, 도박—. 그러나 그들은 대중 행동을 요구하지 않을 것이다. 그러나 일단 그 행동적인 일탈이 동시에 대중모두에게 발생하면, 이것은 '사적인 인내'와 '공적인 인지' 사이에 긴장이 발생한다.

대중 폭로의 메커니즘은 다음과 같이 작동한다. 많은 사회적 규범은 개개인들에게 불편하다. 그들은 욕망과 충동의 충족을 방해한다. 많은 사람들은 규범이 힘들다는 것을 알기 때문에, 그 규범들을 자신이나 남에게 적용할 때 약간의 관대함이 있다. 이런 이유로 일탈 행위와 일탈행위에 대한 사적인 관용이 나타난다. 그러나 이런 현상은 개인이 규범에 찬성하거나 반대하는 공식적 입장을 취해야 하는 상황에 있지 않은 범위 안에서만 지속될 수 있다. 일탈이 발생한 집단의 구성원으로부터 강화된 인지는 개인들을 공식적 입장을 가질 것을 요구한다. 그는 스스로를 비관행적인 사람으로 놓고, 집단 규범의 거부를 선언하고, 그는 도덕적인 틀에서 벗어났다고 주장하거나 그의 사적인 선호는 상관없이 그는 규범을 지지함으로써 관행적인 사람이 되어야 한다. 공개는 '사적인 태도'와 '공적인 도덕' 사이의 차이를 메우는 것이다. 이는 쟁점의 지속적인 회피를 예방함으로써 이중적 도덕성보다 단일 도덕성을 요구하는 압력을 행사한다. 매스컴의 주목은 공중의 재확인과(그러나 산발적인) 사회 규범의 적용을 불러온다.

대중사회에서, 이런 공중 폭로 기능은 매스미디어에서 제도화된다. 신문, 라디오, 저널들은 일탈을 폭로하고, 대체로 이런 폭로는 사적으로 용인된 것들에 반대하는 공공 행동을 어느 정도 강제하는 것이다. 예를 들면, 매스미디어는 차별 없는 규범과 맞지 않는 행동에 대해 대중의 관심을 환기함으로써 '정중한 인종 차별'에 대한 심각한 압박을 소개한다. 동시에, 미디어는 '운동'에 대한 활동의 노출을 조직한다.

매스미디어가 행한 운동의 연구는 매스미디어와 조직화된 사회적 행동의 관계에 관한 기본적 질문에 대해 크게 효력이 있다. 예를 들면, 운동이 그밖에 조직화되지 않은 개인들에게 조직적인 중심을 제공하는 규모를 아는 것은 필수적이다. 운동은 대중의 다양한 분야에서 다양하게 작동할 거다. 몇 가지 예를 들면, 이것의 주요한 효과는 유권자를 소외시키는 극단적 수단들로 이끄는 장본인들을 경고하도록 무관심한 시민들을 자극한 만큼은 아닐 수 있다. 매스컴은 악인을 특정한 상황에 보내기 위해 당황스럽게 한다.

예를 들면 ≪뉴욕 타임즈(*The New York Times*)≫에 노출된 트위드 링(Tweed Ring)의 심복 중에 몇몇처럼. 또한 부패의 책임자들은 후보자에게 영향을 미치기 때문에 운동을 두려워한다. 그러므로 그의 선거구의 커뮤니케이션 행동의 놀랍도록 현실적인 평가와 함께, 보스 트위드(Boss Tweed)는 언짢아하며 ≪주간 하퍼스(*Harper's Weekly*)≫의 토마스 네스트(Thomas Nast)의 비평을 언급했다. "나는 당신의 신문 기사들을 신경 쓰지 않는다. 나의 선거구는 그것을 읽는 방법은 모르지만 그 그림들을 보지 않을 수는 없다."[1]

그 운동은 대중들에게 직접적으로 영향을 미칠 것이다. 그것은 시민들의 주목을 몇몇 드라마틱하게 단순화된 이슈들로 들렸다. 로렌스 로웰(Lawrence Lowell)이 이 일반적인 관계를 살펴보니, 복잡함이 일반적으로 대중 행동을 억제한다. 공공 이슈는 조직화된 대중 행동을 허락하기 위해 '흑백논리'와 같은 용어로 단순하게 정의되어야 한다. 그리고 단순한 용어의 발표는 운동의 주요한 기능중의 하나이다. 운동은 여전히 다른 메커니즘을 수반한다. 다수의 정부가 아주 청렴하지 않더라도, 전부가 부패하는 일은 거의 없다. 몇몇의 세심한 행정부와 사법부의 구성원들은 일반적으로 그들의 부도덕한 동료들과 섞여 있다. 운동은 정부에서 올바른 요소의 작용을 강화하고, 부패의 작용을 약하고 무관심하게 하는 작용을 강화한다. 마지막으로, 성공적인 운동은 순환하고, 스스로 지탱하는 광정의 전형적인 예가 되고, 그 과정에서 대중이익과 매스미디어의 관심을 그것의 자체 이익과 일치한다. 크게 성공한 운동은 매스미디어의 권력과 명성을 강화하고, 훗날

---

1) James Bryce, *The American Commonwealth*, Volume. 2. Copyright 1898 by Macmillan and Company; 1910, 1914 by The Macmillan Company; 1920 by The Right Honorable Viscount Bryce.

의 운동을 더욱 어마어마하게 만든다. 그것은 성공한다면 권력과 명성이 더욱 진보할 것이다.

이 질문에 답이 무엇이든 간에, 매스미디어는 대중의 관점에서 규범으로부터 일탈을 노출시킴으로써 분명하게 사회규범을 재차 확인하는 역할을 한다. 재차 확인된 규범의 특정한 범위에 관한 연구는 우리사회구조의 주변적이거나 중심적인 문제들을 다루는 미디어의 크기에 대해 분명함을 제공한다.

Note

[문맥]

두 번째 세부항목에서, 라자스팰드와 머튼은 그들의 두 번째 사회적 기능을 지지하기 위해 신문을 고려되는 주요한 매스미디어로 언급했다는 것을 알아차리는 것은 놀라운 것이 아니다. 이것은 그들이 풍부한 신문의 역사를 활용할 수 있었고, 라디오 저널리즘이 아직 존재하지 않았으며, 미국 상업 라디오 산업의 역사가 채 30년도 지나지 않아 신문과 동일한 평판을 얻지 못했기 때문이다.

더욱이, 저자는 '신문의 힘'이나 '언론의 급부상'을 언급했다.

라자스팰드와 머튼은 또한 '자유로운' 신문이나 '감시자'로서의 신물을 덧붙일 수 있다. 이와 같은 생각은 100년이 넘도록 일상의 말투로 되어 왔다('4장 자유주의 언론 이론'을 보아라). 또한, 우리는 ≪뉴욕 타임즈≫와 ≪주간 하퍼스(*Harper's Weekly*)≫에서 예를 든, 정밀하게 검토된 아메카 상황(American context)을 환기된다. 비슷하게 라자스팰드와 머튼의 유일하게 인용된 제임스 브라이스(James Bryce)는 그의 연구의 초점을 미국에 한정한다.

[문체]

라자스팰드와 머튼은 인류학자인 말리노프스키(Malinowski)와 로렌스 로웰이 사용한 자료에서 세부사항의 인용을 제공함으로써 독자에게 힘을 주지 않는다. 특히, 우리가 그 자료에 대해 "그의 역할과 언제, 왜 그가 그에게 공헌한 그 연구를 했는지"와 같은 것을 더 많이 알지 않는다면 마지막 참조는 의미하는 것이 거의 없다.

[내용]

라자스팰드와 머튼에 따르면, 두 번째 사회적 기능은 매스미디어가 대중 노출을 사회규범을 적용하거나 강화하는 데 사용할 때 가능하다. 매스미디어가 사회적 행동에 대응하거나 시작하거나 조직하는 곳이다. 이것은 특정한 개인의 행동과 연관되어 있지만, 저자는 두 가지 더욱 일반적인 예시를 제공한다. 한 가지는 '정중한 인종차별'을 저지하는 시도이고, 다른 것은 공공단체와 사업에서의 부패에 대해 관심을 이끄는 것이다.

저자들은 매스미디어로 인한 그러한 행동은 운동으로, 더 나아가 운동이나 캠페인 저널리스트의 친근한 생각으로 정의되어질 수 있다고 끊임없이 제안한다. 그러한 운동의 목적은 하나 혹은 그 이상으로 다음과 같다. 당황하게 하고, 주목하게하고, 범죄자가 더욱 더 극단적인 행동을 시도하도록 하고, 결국 대중의 관심을 깨우고 이것이 효과적이라면, 대중 쟁점은 단순히 흑백논리로 정의되어진다. 그리고 매스미디어 조직의 사적이익을 제공한다. 그러나 저자들은 많은 미디어 캠페인에서 전체적이거나 부분적으로 중요한 재정적인 이익의 인지보다는 '권력과 명성'을 진보시키기 위한 사적이익을 제한한다.

이 세부사항에서 우리는 머튼의 사회학적 배경의 명백한 영향을 발견한다. '사회 규범', '사회적 행동', '일탈 행동'을 검토하고, 대중과 사생활을 구분해서 설명했다.

대중과 사생활, 매스컴이 정의되는 방법에 관한 이 간단한 논의는 대중영역에 대해 그의 개념을 나타내는 하버마스 같은 전문용어의 사용과 유용하게 대비된다('16장 공론장'을 보라). 그동안 당신은 "매스컴은 '사적인 태도'와 '대중 도덕' 사이의 차이를 메꾼다"는 주장에 어떻게 반응했는가?

아마, 전통적인 사회의 개인적인 상호작용과 대중 사회의 조정된 커뮤니케이션 사이의 대조를 포함하는 머튼의 결정이다. 전통사회에서 누가 사회규범에서 일탈에 관해 대중 발표에 가까워지는 것을 결정했는지, 왜 그러한 결정이 내려졌는지에 관해 우리는 알지 못한다.

부가적인 부분은 '사회규범의 강화'와 연관돼 매스미디어로부터 결정이 내려진다. 이 논의에서는 누가 어떤 사회적 규범이 강제될 것인지를 결정하는지, 어떤 것이 무시되는지 그리고 왜 그런 결정이 내려지는지에 관한 고려가 빠져 있다.

또한 언제 왜 캠페인이나 운동이 시작되거나 반응하는지, 그리고 왜 그들이 그렇지 않는지도. 이 결정들은 힘의 문제에 관해 고려가 요구된다. 그러한 문제들은 세부사항의 마지막 문장에서 암시되어지지만 논의되지는 않는다. 물론, 넓은 사회와 경제 구조로부터 미디어를 추상화하는 이 부분에서 저자들의 이전의 결정은 그러한 생략의 이유로 대신한다.

마지막으로, 이 이론이—매스미디어가 사회규범을 강화한다—'think with'에 유용하다면, 이 reading의 도입부에서 한 저자로부터 제안된 다음의 질문을 고려해봐라. 최근에 매스미디어 캠페인이나 운동이 생각나는가? 어떤 사회규범이 강화되는가? 누가 최고의 수혜자인가?

마취 역기능. 지위부여 기능과 사회규범강화 기능은 명백하게 매스매디어의 작동으로 잘 인지된다. 다른 사회적 정신적 메커니즘처럼, 이 기능은 적용의 다양한 형식에 적합하다. 이 기능들의 지식은 특별한 이익이나 일반적인 이익에 쓰이는 권력이다.

매스미디어의 세 번째 사회적 결과는 대체로 간과되어 왔다. 적어도, 이것은 분명한 언급을 받았고, 명백하게, 조직적으로 더욱 더 계획된 목적을 위해 사용되어지지 않았다. 이것은 매스미디어의 마취의 역기능이라고 불린다. 정치적으로 무관심하고 활동하지 않는 국민 대다수를 갖는 것은 현대 복잡한 사회에서 이익이 아니다는 추정에 기능적이라는 용어보다는 역기능적을 쓴다. 어떻게 이 계획되지 않은 메커니즘이 작동할까?

미국인의 시간의 비중이 증가한다는 만연한 연구는 매스미디어의 생산에 기여했다. 다른 지역과 다른 사회계층이라는 뚜렷한 차이로, 미디어의 분출은 20세기 미국 사람들이 '전 세계를 아는 것'이 가능하게 했다. 그러나 이 어마어마한 커뮤니케이션의 공급은 오직 사회 문제의 표면적인 관심만 끌어내고 이것은 표면은 많은 무관심을 야기한다.

이 정보의 홍수는 평균적인 독자나 청취자에게 힘을 불어넣기보다는 마취시키는 역할을 할 수 있다. 사회의 진보를 통해 늘어난 여가시간이 독서와 라디오 청취에 쓰이기 때문에 그만큼 조직적 행동을 할 시간이 줄어든다. 개인들은 쟁점과 문제들에 관한 설명을 읽고 심지어 대안이 되는 행동 노선에 관해 토론까지 할지 모르지만, 조직적 사회 행동으로 이어지지 않는다. 요컨대 정치 현실의 세계와는 2차적 접촉을 하는 것이고, 대리 수행으로서 독서와 청위와 사고를 하는 것이다. 즉, 그날의 문제에 대해 '아는 것'을 그날의 문제에 관해 '무엇인가를 하는 것'으로 오인하는 것이다. 개인의 사회적 양심은 오점 없이 깨끗하게 남아 있다. 그는 걱정을 기울이고 있고 정보도 가지고 있다. 무엇이 행해져야 하는지에 관해 모든 종류의 아이디어도 그에게 있다. 그러나 그가 저녁식사를 끝내고 좋아하는 라디오 프로그램을 듣고, 그날의 두 번째 신문을 읽고 난 뒤에는 그냥 잘 시간이다.

이런 점에서 매스커뮤니케이션은 가장 존중받고 효과적인 사회적 마취제이다. 너무 효과적이라 중동자들은 자신들이 병에 걸렸음을 인식하지도 못한다.

매스미디어가 많은 사람들의 정보의 수준을 올렸다는 것은 명백하다. 그러나 의도치 않더라도 매스커뮤니케이션의 투여량의 증가는 무심코 인간의 에너지를 능동적 활동에서 수동적 활동으로 변화시킨다.

이 마취 역기능의 발생은 거의 의심받을 수 없지만, 그것이 작동하는 범위는 아직 결정되지 않았다. 이 문제에 대한 연구는 매스커뮤니케이션 연구자들이 연구해야 할 많은 과제들 중 하나로 남아 있다.

Note

[구조]

결론을 내리자면, 외견상으로는 거의 관련이 없는 힘과 특별한 이익에 관한 이 주제를 문제로 만드는 것은 어딘가 이상하다—마지막 세부사항에서 논의될 사회적 기능—. 라자스펠드와 머튼은 역기능적으로 묘사되는 매스미디어의 세 번째 사회적 기능에 대한 그들의 관심은 두 번째 문단에 있다. 왜 그들은 그것을 그렇게 묘사했을까?

[문체]

당신은 이미 이 세부사항에서 이원론을 사용하는 경향에 대해 알아차렸을 것이다. 예를 들면, 아는 것과 행동하는 것, 능동적인 것과 수동적인 것, 기능적인 것과 비기능적인 것. 이 기술을 사용하면 장점과 단점이 무엇일까? 라자스펠드와 머튼이 '산만한 연구'를 어떠한 예시도 인용하지 않고 어떻게 언급하는지, 다시 한 번 주목해라.

[내용]

근본적으로 이곳에서 논쟁은 라자스펠드와 머튼이 말하는 것을 역설로 나타낸다. 즉, 매스미디어가 더욱 더 많은 정보를 제공할수록 대중은—혹은 그것의 어떠한 한 부분은—더 힘이 생기고 조직화된 사회행동에 관여하기보다는 오히려 덜 그러는 경향이 있다. 사회적 행동으로부터 당신은 무엇을 이해하는가?

라자스펠드와 머튼의 주장은 이 세부사항의 마지막 문단에서는 일정부분 질이 높다. 그들은 '마취 역기능'의 존재에 관해 확신하면서, 그들은 그것의 실제적인 영향을 결정하기 위해 더 많은 연구를 수행해야 할 필요가 있다고 했다. 그들은 이것은 "매스커뮤니케이션 연구원들이 직면한 많은 일중에 하나"라고 말한다. 어떻게 이것이 연구되고 그 노력을 하는 것이 가치가 있는지 아닌지는 추측할 수 있도록 열어놓았다.

매스커뮤니케이션 연구원의 한 가지 선택사항은 프랑크프루트학파의 연구를 참고하는 것이다. 호르크하이머(Horkheimer)와 아도르노(Adorno)는 이론적으로 다른 전제를 가지고 있고 연구결론도 다르다. 그들은 문화산업체들에 의해 저질러진 대중 기만은 이 글에서 설명한 시민들의 수동성과 산만함과 호응하는 개념이라는 생각을 가지고 있다. 그러나 라자스펠드와 머튼은 소비자에 관해 아무런 언급을 하지 않았고, 시민들을 언급했지만, 오로지 관심이 있고 정보가 있는 시민들만 언급했다. 이 시민들은 모든 이용 가능한 정보를 섭취하고, 직접적인 사회적 행동에서 떠나 실수를 하고, 행동하기보다는 아는 것을 통해 간접적으로 그것을 성취한다.

라자스펠드와 머튼은 또 알지도 못하고 정보도 없는 사람들에 대해 설명하지 않았을 뿐 아니라 일간 신문을 두 개나 구독하고 저녁식사를 규칙적으로 하고 라디오를 들을 수 있는 재원이 있는 시민들은 사회체제가 그들의 필요를 적절히 충족시켜 주기 때문에 아마도 어떤 조직적인 사회 행도에도 간여할 필요가 없다는 점을 인정하지 않았다. 또한, 어떠한 언급도 미디어 다양성과 복수성 사이의 관계를 나타내지 않는다.

두 번째 문단에서 라자스펠드와 머튼은 마치 역기능을 '계획되지 않은 메커니즘'으로 나타낸다. 그것은 분명하게 '조직적으로 더욱 더 계획된 객관성을 위해'를 의미하는 것이 아니다. 그들은 이것을 무슨 뜻으로 나타낸 것일까? 무엇을 위해, 왜 이 메커니즘을 사용한 것일까? 어떻게 어떤 환경에서 이것이 사용되어지고 사용할 수 있을까? 마지막으로, 이 이론은 오늘날 '마취부작용'에서 어떻게 사용하고 어떤 가치가 있을까?

Reading 6

소유와 운영의 구조

이 관점에서 우리는 매스미디어를 특정한 사회적 경제적 구조 안에서 그들의 회사로부터 떨어진 것으로 간주돼 왔다. 그러나 미디어가 사회에 미치는 영향은 소유와 통제 체제에 따라 다르다. 그러므로 미국 매스미디어의 사회적 영향을 간주하는 것은 오직 경영에서 온 이익 아래에 있는 사적으로 소유된 기업으로서 미디어의 효과를 다룬다. 이런 특징은 매스미디어 고유의 기술적 특성 때문이 아니라 운영구조 때문이다. 러시아는 말할 것도 없고 영국에서는 사실상 라디오가 정부에 의해 소유되고 통제되며 운영된다.

통제의 구조는 이 나라에서 모두 다르다. 그것의 독특한 통제 구조의 특성은 후원의 주체가 구독자나 청취자나 독자가 아니라 광고주라는 사실에서 기인한다. 대기업이 매스미디어의 생산과 배포 자금을 제공한다. 그리고 일반적으로 돈을 어떻게 쓸 것인지를 결정할 권리는 그 돈을 내는 사람에게 있는 것이다.

사회적 체제순응주의

매스미디어는 현재의 사회경제시스템에 맞물리는 큰 사업적 관심사의 지원을 받기 때문에, 이 시스템의 유지에 기여한다. 이런 기여는 단지 스폰서 제품의 효과적인 광고에서만 발견되지는 않는다. 그보다는 현 사회구조에 순응적이고 인정하는 요소가 있는 잡지기사와 라디오 프로그램과 신문기사가 전형적으로 나타난다. 이는 수용자에게 수락의 의무를 강조한다.

매스커뮤니케이션의 미디어는 청중에게 영향을 미치고, 그것은 미디어가 말한 것뿐 아니라 말하지 않은 것이 더욱 더 중요하다. 이런 미디어는 status quo를 지속적으로 긍정할 뿐만 아니라, 사회구조에 대해 본질적인 의문을 제기하지 않는다. 이런 이유로 확신으로 이어짐으로써 그리고 사회의 비판적인 평가를 위한 기초를 제공하지 않음으로써 상업적으로 스폰서 받는 매스미디어는 간접적이지만 효과적으로 진실된 비판적인 관점의 설득력 있는 발달을 억제한다.

비판적인 보도 기사나 라디오 프로그램이 없는 것은 아니다. 그러나 이런 것들은

11장_콜롬비아학파　　301

너무 적어서 순응적인 것들의 압도적인 홍수 속에 묻혀 버린다. 예를 들어, 이 책의 편집자는 일주일에 한 번 방송하는 자신의 프로에서 일반적인 부분에서 사회적인 문제들과 특정부분에서 라디오의 기관을 비판적이고 이성적으로 평가해 왔다. 그러나 브라이슨(Bryson)이 한 에르워크에서 그린 질문에 스스로 연설한 15분은 4개 주요 네트워크들, 570개 또는 그 정도의 방송국들, 수백 개의 잡지들과 할리우드로부터 물질 홍수에서 작은 방울을 구성한다.

상업적으로 후원을 받는 매스미디어는 주로 사회구조에 대한 지각없는 충성을 증신하기 때문에 변화, 심지어는 사소한 구조적 변화도 만들어 낼 수 없다. 반면에 몇몇의 발달을 열거하는 것은 가능하지만, 그들이 환상에 불과다는 것을 입증하는 연구에 다가가는 것은 힘들다. PTA 같은 공동체 집단은 프로그램에 인내심 있는 인종 태도 주제를 주입하기 위해 라디오 시리즈를 생산하도록 요청한다. 생산자는 이 주제가 안전하다고 느껴야 할까 아니면 잠재적 소비자를 멀어지게 할 위험한 주제라는 조짐일까. 그는 거절할 것이고 그렇지 않으면 그 연구를 곧 버리게 될 것이다. 사회적 객관성이 경제적인 이득과 충돌했을 때 상업화된 미디어에 끊임없이 항복해 왔다. 그들은 오직 스폰서의 도움과 관객들이 어떠한 진가를 알아보는 예술과 멀어지게 하는 것이 아니라 충분히 수용할 수 있도록 하는 조건만이 포함되어 있기 때문에 '진보적인' 관점의 작은 토큰은 약간 중요하다. 경제적인 압박은 민감한 이슈의 방출로 순응주의자를 만든다.

Note

[구조]

비록 이 다음 세 부분은 그들의 발표로부터 분리되고 자율적으로 나타나지만, 저자의 의도는 먼저 '소유와 운영의 구조'에서 나타나고, 두 번째로 '사회적 체제순응주의'와 '대중취향에 영향'에 대해 틀을 제공하고, 고려되어진다.

[내용]

몇몇은 라자스펠드와 머튼은 더 넓은 사회·경제적 구조의 부분으로 매스미디어를 고려할 필요가 있다고 지적한다. 미디어 내용은 거대한 사회구조와 테크놀로지가 미디어의 형식과 내용을 결정한다고 주장한다. 그것이 무엇이든 그들은 그리고 나서 미국의 대개 사적으로 소유되고 이익을 추구하는 매스미디어시스템과 국가가 소유하거나 제어하는 매스미디어시스템을 구별하는 것으로 주제를 옮겨간다. 나중에는, 저자들은 영국과 러시아를 포함하지만 미디어와 이 두 나라 각각의 정부 사이의 관계로 확대하지는 않는다.

그들은 그리고 미국의 매스미디어가 얼마나 광고 수입에 의존하는지 개관하고, 어떻게 대기업이 그것의 재정과 생산, 분배를 제어하는지 나타낸다. 이것은 '사회적 체제순응주의' 부분을 위한 장을 구성한다. 이 부분은 마르크스 이론에 관심이 있고 이 이론 전공으로 정평이 나 있는 머튼으로부터 영감을 받았다.

그들은 어떻게 매스미디어의 소유와 조직이 체제 순응주의를 보장하고 확실하게 하는지 세부 사항을 말한다. 그렇게 함으로써 그들은 또한 자주 들리는 반대론을 약화시키는 기회를 갖는 다. 예를 들어, 그들은 말한 것만큼 포함하지 않는 것—혹은 말하지 않은 것—을 분명하게 만든다. 또한, 그들은 몇몇의 비판적인 기사들, 프로그램들이나 뉴스 아이템들이 대중 영역에 들어가게 하지만, 몇 안 되는 것은 '순응주의자'로 간주될 수 있는 소재의 상황에서 잃게 한다.

이 분석이 미국의 매스미디어시스템에 기반을 두고 있고 대략 60년 전에 완성되었지만, 오늘날 사회적 체제순응주의의 강화로 미디어를 보는 이 이론의 가치는 무엇일까?

[문맥]

이 글은 1940년대 말에 발간됐기 때문에, 영국 국가 통제 미디어에 대한 언급은 영국 내 산업 텔레비전과 상업 라디오 도입 이전의 일이다. 당시, 라디오 룩셈부르크가 유럽 본토에 갑자기 등장하긴 했지만, BBC가 영국 내에서 라디오 방송의 독점권을 가지고 있었다.

다른 나라가 아닌 러시아의 예를 사용하는 이유는 러시아의 공산주의 정치시스템과 두 나라 사이의 긴 냉전이 입증하는 것처럼 러시아의 군사력 때문이다.

다른 개념의 구성적인 문제는 라자스펠드와 머튼의 미국 방송시스템의 규모의 개관과 연관된 다. 사이에 오는 기간에서 급진적으로 변해 온 것은 소유의 패턴이다. 그래서 오늘날 두 명의 저자는 이것의 대부분이 미국에 있는 독립적인 라디오 방송국이 지금 클리어채널(Clear Channel)과 같은 소수의 대규모 미디어 그룹에 의해 소유되어진다는 것을 알아냈다.

대중의 취향에 미친 영향

라디오·영화·잡지의 많은 부분들과, 책·신문의 상당한 부분들이 '오락'이 나타나기 때문에, 이것은 우리에게 분명하게 대중 취향에 매스미디어의 영향을 고려하는 것을 요구한다.

우리가 약간의 문학이나 감각적인 취향을 가진 평균적인 미국 사람에게 매스커뮤니케이션이 대중 취향에 어떠한 영향이라도 미쳐 왔는지 물으면, 그는 확실하게 엄청난 긍정을 했을 것이다. 그리고 풍부한 예시를 인용하면서, 그는 출판물, 라디오, 영화의 사소한 공식적인 생산물의 홍수에 의해 감각적이고 지적인 취향이 타락된다고 주장한다. 비평가의 칼럼은 이 불평으로 가득하다.

한 측면에서, 이것은 더 많은 논쟁을 요구하지 않는다. 매일 3~4시간 동안 같은 우울한 패턴으로 모두 끝나는 '연속극'에 도취되는 여성은 감각적인 판단의 엄청난 부족을 보인다는 것을 의심할 수 없다. 종이로 된 잡지의 내용물로 대신되는 감명도 아니고, 이곳에 가득한 영웅과 악당이 성, 범죄, 성공의 억지로 꾸며진 환경에 있는 정서적인 영화의 풍부함에 대한 좌절도 아니다.

그러나 우리가 이 패턴을 역사적이고 사회학적인 용어로 위치시키지 않는다면, 상관없는 말인 비평에서 우리는 스스로 이해 없이 비난하는 것에 혼란스럽게 관련되는 것을 발견할 것이다. 이 악명 높도록 낮은 수준의 대중 취향의 역사적인 지위는 무엇일까? 그것은 한 때 고상했던 기준의 가난한 유물이지, 고상한 기준과 관계되어 가치의 세계 속에 새로운 출현인지, 또는 고상한 심미적 목적의 표현과 우월한 기준의 발달을 막는 가난한 대체품인가?

감각적인 취향이 그들의 사회적인 환경에서 고려되어진다면, 우리는 예술을 위한 효과적인 청중은 역사적으로 변형되어 왔다는 것을 알아차려야 한다. 몇 세기 전에, 예술 수용자가 대체로 선택된 귀족 엘리트로 제한됐었다. 상대적으로 소수의 사람만이 문맹이 아니었다.

책을 사고 극장에 가고, 도시 예술센터로 갈 수 있는 수단을 가진 사람은 매우 적었다. 예술에 효과적인 청중으로 구성된 인구의 1~2%를 넘지 않았을 것이다. 이런 유복한 소수가 그들의 심미적 취향을 키웠고 그들의 선별적인 수요가 상대적으로 높은 심미적 기준의 형태로 발자취를 남긴 것이다.

대중교육의 광범한 확산과 새로운 매스커뮤니케이션 기술의 출현과 더불어, 예술시장은 엄청난 규모로 확대됐다. 음악, 드라마, 문학의 몇몇 형태는 지금 우리 사회에서 사실상 모두에게 닿아 있다. 물론, 이 때문에 우리는 '매스' 미디어와 '매스' 예술이라 말한다. 그리고 비록 주된 문학에서도, 매스미디어의 수용자들은 교양의 수준이 그리 높지 않다. 사실 인구의 절반은 문법학교를 나서자마자 정규교육을 그만둔다.

대중 교육의 증가로, 대중 취향의 감소한 것처럼 보인다. 많은 사람들이 '공식적인 문자해독능력'이라 불리는 능력을 갖게 됐지만, 읽고 대강의 피상적인 의미를 파악할 수 있을 뿐 그들이 읽은 것을 완전히 이해하지는 못한다.[2] 요약하자면, 문자해독능력과 이해 사이의 간격이 벌어졌다. 사람들은 더 많이 읽지만, 더 적게 이해한다. 더 많은 사람들이 읽지만, 읽은 것을 비판적으로 완전히 소화하는 사람들은 그에 비해 더 적다.

이 문제의 공식화는 단순해져야 한다. 단순히 감정적인 취향의 쇠퇴를 말하는 것은 오해이다. 매스 청중은 아마도 경직된 감정적인 표준을 가진 많은 사람들을 포함하지만, 이것은 예술에 대해 배우지 않은 많은 사람들도 포함한다. 과거에는 엘리트들이 실질적인 수용자의 전부였다면, 오늘날에 그들은 전체의 극히 일부다. 결과적으로, 비록 인구의 몇 부분의 취향은 엄청나게 증가하고 커뮤니케이션 내용에 노출된 사람의 전체적인 수로 의심할 여지없이 증가했지만, 심미적인 표준의 평균적인 수준과 청중의 취향이 떨어져왔다.

그러나 이 분석은 연구되지 않아 복잡한 매스미디어가 대중 취향에 미치는 영향에 대한 질문에 대한 직접적인 답이 아니다. 답은 오직 잘 관리된 연구로부터 나을 수 있다. 예를 들면 하나는 우리가 매스미디어가 접근할 수 있는 그 밖의 예술 형태로부터 지적이고 예술적인 엘리트를 훔쳐왔는지 아닌지 알기 원하는 것이다. 그리고 이것은 질문에 대중 취향을 섭취하는 창의적인 개개인에 가해진 압력을 수반한다. 문학적인

---

2) *Ibid*., Part Ⅳ, Chapter LXXX, James Bryce가 이것을 분명한 특정과 함께 인지했다. "대중의 교육은 말없는 피상적이 교육이 되었다. 그들이 아는 정치의 문제에 관해 생각하는 것이 가능하게 하는 것으로 충분하다. 그들이 아는 것이 얼마나 사소한지 보여 주는 것은 불충분하다. 공립 초등학교는 모두에게 읽고 쓰는 능력을 가르쳐 지식의 열쇠를 주지만, 그들에게 그 열쇠를 어떻게 사용하는지 가르치지는 않는다. 사실 그들의 사용은 일상적인 업무의 부담으로 신문과 잡지에 국한된다. 그래서 우리는 평균적인 미국 유권자의 정치적인 교육은 유럽의 평균적인 유권자들의 교육과 비교한다면, 그것은 더 높다고 말할 것이다. 그러나 미국 정부가 그것의 정신이 암시하고, 그것의 정당 조직의 방범이 추정하는 이론의 기능을 비교한다면 그것의 부족함이 나타난다."(*Mutatis mutandis*) 매스미디어에서 '우월한' 문화적 내용의 이론과 대중교육의 현재 수준 사이의 차이도 같다고 말한다.

글쟁이는 모든 연령대에 존재한다. 그러나 예술의 소통이 어두운 문호의 많은 비율을 위해 힘을 공급한다면 배우는 것은 중요하다. 그리고 무엇보다도, 필수적이다.

만약 매스미디어와 대중 취향이 수준을 악화시키는 악순환으로 연결되어 있는지, 매스미디어의 관리자의 부분적인 적절한 행동이 청중들 사이에서 취향을 향상시키는 덕 있는 순환을 시작하는지를 결정하는 것은 필수적이다. 더 구체적으로, 상업화된 매스미디어 경영자는, 그들의 개인적 선호가 무엇이든, 그들의 생산물의 심미적 기준을 급진적으로 올릴 수 없는 상황에 서로 잡힌 걸까?

지나가는 말로, 대중예술을 위해 적절한 표준에 대해 배워져야 할 많은 것이 남아 있다. 작고 선택적인 청중을 위한 창조적 재능의 작은 밴드에 의해 생산된 예술형태를 위한 기준을 다수 대중을 위한 거대한 사업에 의해 생산된 예술 형태에 적용될 수 없다. 이 문제 조사의 시작은 더 많은 연구 가능성을 제공한다.[3]

기준을 일으키는데, 산발적인 그리고 결정적이지 않은 실험들은 매스미디어 수용자들의 엄청난 저항을 불러일으킨다. 가끔, 무선국과 네트워크가 드라마를 클래식으로 대체하고, 코미디를 이슈의 토론들로 대체하는 것을 시도한다. 대게, 프로그램의 개혁을 통해 이득을 보는 것으로 가정된 사람들은 이득을 거부할 수도 있다. 수용자들은 듣기를 중단하고 청취자들도 줄어든다. 연구들은 보여 준다. 예를 들어, 연구들은 클래식 음악의 라디오 프로그램은 클래식 음악에 대한 관심을 창조하기보다 유지하려는 경향이 있었고, 새롭게 부상한 관심들은 전형적으로 파상적이라는 것을 보여 줬다. 이 프로그램의 대부분의 시청자들은 이미 이전에 클래식 음악에 대한 관심을 갖고 있었고, 프로그램에 의해 관심이 시작된 몇몇은 멜로디 작곡에 의해 서로 잡혔고, 클래식 음악을 외적으로 차이코프스키(Tschaikowsky) 또는 림스키 코르사코프(Rimsky-Krosakow), 드보르작(Dvorak)의 용어에서 생각한다.

이러한 문제에 대한 해결책이 탄생할 믿음이 배경 지식보다 높다. 대중예술품들의 개선을 통해 대중선호의 개선은 우리가 믿는 것만큼 간단한 일이 아니다. 물론 가능하기는 하지만 결정적인 노력은 만들지 못했다. 현재 매스미디어의 조직은 상상 이상의 성공으로, 모든 미디어를 엄격히 통제 한다. 방송이나 영화에서와 달리 인쇄매체는 가장 높은 수준의 언론의 자유를 누리고 있다. 급진적인 변화가 대중예술의 공급이 적절한 때에 고칠 수 있을 것인지 대중청취자들의 선호를 추축해봐야 한다. 수십 년간의 실험과

---

3) Chapter XVI 참조.

조사자들의 필요에 의해서 말이다. 현재, 우리는 심미적 선호 개선 방법과, 효과가 없는 제안된 방법 중 일부를 작은 것이라도 알아야 한다. 우리는 실패의 풍부한 지식을 가지고 있다. 1976년을 다시 토론해 봐야 한다. 우리는 아마도 긍정적인 성과의 지식과, 자신감을 갖게 될 것이다.

이 시점에서 잠시 멈춰 우리가 살펴본 곳을 다시 봐야 한다. 우리 사회에서의 매스미디어의 장소 확장의 소스를 생각해 봤다. 이후, 우리는 먼저 매스미디어의 사회적 역할을 검토하고 역할이 과장되었을 수도 있다는 생각을 검토해 보았다. 그러나 우리는 앞서 매스미디어의 존재의 결과와 미디어의 지위부여기능을 언급했다.

그들의 기능은 사회규범의 적용을 유도하고 마취 역기능이다. 둘째로, 상업화된 소유와 통제의 구조에 의해, 사회 비평가로서 그리고 높은 심미적 기준의 전달자로서 매스미디어에 놓여진 제한을 지적했다.

우리는 지금 매스미디어의 사회적 역할 중 세 번째이자 마지막 측면에 와 있다. 사회 목적의 지정된 차입을 향해 움직이도록 그들을 이용할 가능성.

[내용]

Note

필수적으로, 이 부분은 다음에 나오는 질문의 주제로 간주한다. 매스미디어가 대중 취향에 어떤 영향을 미칠까? (아래 콘텍스트 참조.) 당신은 왜 이 질문이 선택되었는지와 왜 라자스펠드와 머튼의 대답이 이 참고자료의 모든 다른 부분을 위해 허락되는 더 많은 공간을 추천하는 것으로 나타나는지 곰곰이 생각해 보길 원한다. 게다가 저자들이 어떻게 그들의 처음의 질문이 연구되어질 수 있는지 제안하는지를 반영하는 것은 흥미롭다. 우리는 이것을 아래에서 살펴본다.

이 절은 라자스펠드와 머튼의 오락에 관한 명시적인 언급으로 시작한다. 그러나 필자들은 그런 방송내용 역시 교육적이거나 정보전달효과가 있음은 일절 인정하지 않았다. 마찬가지로 뉴스 내용과 관련 콘텐츠 역시 오락적으로 간주될 수 있음도 일절 제시하지 않았다.

그리고 나서 이 도입부는 지금 우리가 '대중문화'라고 부리는 것을 언급하면서, 1940년대 후반에 표준과 취향의 폐단의 흔적으로 옮겨간다. 우리는 감정적인 표준과 대중 취향의 악화를 모의하는 논쟁에서 '고급'문화와 '저급'문화에 관한 추론을 살펴본다.

라자스펠드와 머튼은 사회적 역사적인 문맥에서 그러한 논쟁의 필요성을 알린다. 그리고 그렇게 제안함으로써 글을 읽고 쓰는 능력에서 증가, 대중 교육과 매스커뮤니케이션의 새로운 기술의 출현은 예술과 대중문화가 더 많은 청중에게 접근할 수 있도록 만든다('7장 리비스' 참조).

명백하게 저자는 오직 개괄적인 검토를 제공하고 있다. 그러나 그들은 엘리트 예술이 어떻게 해서 납세자들의 재정지원을 누렸지만, 대부분의 인구는 이용 가능하지 않았는지에 대해 전혀 언급하지 않았다.

라자스팰드와 머튼은 지금 그들의 논쟁을 그들이 제기한 질문에 답하는 것이 아니라 몇 가지 배경을 제공하면서 인지하도록 하면서 그들의 본래의 관심으로 돌아왔다. '발견되지 않은 것만큼 복잡함' 질문, 그리고 오직 성공적으로 '잘 훈련된 연구'로 솔직하게 말해질 수 있다. 그러나 그들의 제안된 질문의 선에서 당신은 무엇을 만들겠는가?

필수적으로, 세 가지 주요한 질문이 제안됐다. 먼저 매스미디어가 접근할 수 있는 그 밖의 예술 형태로부터 지적이고 예술적인 엘리트를 훔쳐왔는가? 두 번째로, 예술의 소통이 어두운 문호의 많은 비율을 위해 힘을 공급하는가? 세 번째로, 상업화된 매스미디어의 작동자가 그들이 할 수 없는 상황에서 그들의 사적인 선호가 무엇이든지, 그들의 생산물의 감각적인 표준을 점진적으로 늘리는 것을 따라잡는가?

이 부분의 환기자의 대부분에서 라자스팰드와 머튼을 차지하는 세 가지 질문의 마지막이다. 오늘날 우리는 순진한 무언가에 대한 그들의 반응과 잘못 인도됐다기보다는 방송의 실패로 인해 그들의 청중을 탓하는 경향 중 몇 가지를 발견한다. 라자스팰드는 라디오 산업으로부터 조사를 위한 자금을 많이 모았다.

저자들은 그들은 방송인이 광고 수입을 보장하기 위해 청중을 최대화하려는 욕구를 언급하는 Reading의 앞쪽 부분에서 그들 스스로 반영하지 않는다는 것을 알아차리는 것 또한 놀라운 일이다.

1976년에 이 문제를 다시 살펴보았다면 라자스팰드와 머튼은—그들이 추측한 것처럼—'긍정적인 성취'가 감정적인 취향을 향상시킨다는 것을 발견했을까?

우리가 말할 수 있는 것은 최근 십년간 연구는 우리의 세대가 청중과 미디어 소비자가 더욱 더 철학적인 이해가 가능하도록 했다('26장 수용자 이론' 참조).

[문맥]

두 번째 문단은 오래된 속담을 생각나게 한다. "더 많은 것이 변할수록 더 많은 것이 같은 곳에 머무른다." 이것은 비슷한 질문이 오늘날 '평균적인' 사람들에게 놓여지고, 대부분의 반응이 비슷하기 때문이다. 그러나 예시와 미디어의 형태는 다르다.

예를 들면, 라자스팰드와 머튼은 영화와 라디오, 잡지에 초점을 맞췄지만, 오늘날의 응답자들은 텔레비전과 컴퓨터 게임과 인터넷을 감정적 취향 악화의 주범으로 지목할 것이고, '지나친 단순화'의 개념 역시 지목할 것이다.

여기 제시된 두 번째 포인트는 드라마와 그것을 보는 여성에 관한 저자의 판단과 연관된다. 그리고 우리는 드라마가 라디오에서 시작했다는 것을 기억해야 한다. 분명하게, 미디어 소비와 관련된 페미니스트 미디어 연구들은 그러한 문제에 관해 다른 더 많이 알려진 지각이 가능하게 한다('19장 페미니스트 미디어 이론' 참조).

마지막 포인트는 국가적인 내용에 관한 것이다. 저자는 미디어 형태의 다양성에서 내용의 낮은 수준을 한탄하고 변화가 생기는 방법을 반영한다. 그러나 몇 가지 선택사항을 지지하면서, 그들이 하지 않는 것은 미국에서의 매스미디어의 구조와 조직과 그것이 그밖에 어떻게 조직되는지를 반영한다.

이전에 그들은 영국의 방송의 정부제어를 비웃는 것처럼 보였지만, 그들이 언급해 온 것은 BBC의 교육, 정보, 오락을 위한 위원회에서 제작한 이성적이고 철학적인 것이다. 그렇게 함으로써 그것의 주장은 적어도 몇몇의 시대에서는 모든 인구에 부응한다.

[문체]

라자스팰드와 머튼은 함께 별도로 수용자 조사를 포함한 연구를 수행했다. 그러나 이 글에 아무런 관련 데이터가 없고 필자들의 이전 연구가 인용되지 않은 점이 놀랍다.

[구조]

이 섹션의 마지막 문단은 상당히 이상하게도 이전에 무엇이 올지 무엇이 뒤따를지, 때로는 특정세션에 대한 전제 문서의 자료 요약이 도움이 될 것이다. 이것은 특이하게 작가가 지속적으로 잃어주는 기법이 아니다. 물론 이것이 머튼에 의해 통합된 새롭고, 라자스팰드의 본래 강의 속 재수정을 도와주는 길일 수도 있다.

사회적 목표를 위한 선전

마지막 질문은 아마도 우리가 다뤘던 질문보다 더 흥미로울 것이다. 그 것은 우리가 이전에 언급했던 역설을 해결하는 수단을 제공하기 때문에 우리에게 도전의 뭔가를 대동한다. 비차별적 인종관계, 교육개혁 또는 노동조직자들에게 행한 긍정적 자세의 홍보인 '사회 목적을 위한 선전'이라 불리는 매스미디어의 효과적 사용을 위한 조건을 무엇일까? 연구자들은 효과적인 선전 효과를 하려면 적어도 하나 또는 하나 이상의 세 가지 중 하나 이상이 만족되어야 한다고 말한다. 세 가지를 간단하게 말하자면 (1) 독점화, (2) 기존 가치관을 바꾸려하기보다 다른 방향으로 돌리기, (3) 보완적 대면 접촉이 그것이다.

독점화

이런 상황은 매스미디어 내에 가치관이나 정책, 공공 이미지 확산에 대한 반대의견, 즉 역선전이 거의 없거나 전혀 없을 때 얻을 수 있다.

매스미디어 독점화는 공식 이데올로기에 반대하는 사람에게 미디어 접근이 완전히 봉쇄된 권위주의 사회의 정치구조가 원산지이다. 그 제안된 증거로 나치가 독일 국민들을 통제하기 위한 것이 있다.

하지만 이 같은 상황은 다른 사회시스템에도 추정된다. 예를 들어 전쟁이 일어났을 때 정부기관은 라디오와 같은 것을 통해 전쟁의 인지, 사기 진작을 위해 선전한다. 이러한 카운터 선전의 사기 구축 노력의 효과는 큰 효과를 거둔다.

비슷한 상황은 전 세계의 상용화 선전에서도 나타난다. 매스미디어가 인기 있는 아이돌을 만든다. 라디오 연기자 케이트 스미스(Kate Smith)가 그 예이다.

그녀의 사진은 다른 미국 여성의 비할 대 없는 이해심—보통 남자와 여자와 마음이 맞고, 공적인 일에 대한 애국적 시각을 갖고 있는—을 포함하고 있다. 주요한 미국 덕목과 연결되어 있어 케이트의 이미지는 역선전의 대상이 되지 않는다. 그녀는 더 이상 라디오 광고 시장에서 경쟁자가 없다. 그녀의 말에 체계적인 질문할 것도 없다.

결국, 결혼하지 않은 라디오 진행자는 수천만의 여성들에 의해 연간 1500달러에 삶을 유지하는 레시피를 아는 일하는 엄마로 시각화될지 모른다.

덜 보편적 이미지를 가진 인기 있는 우상의 이미지는 역선전에 의해 지배되기 쉽다. 이러한 중화적인 경우는 공화당과, 민주당의 예비 선거 결과를 예를 들 수 있다. 대체로 최근 연구를 보면, 선전은 다른 선전의 효과를 중화시킨다. 두 당은 완전히 매스미디어를 통해 선거운동을 한다면, 이것은 순효과로 인해 현재 투표의 분배를 재현할 것이라고 봤다.

이러한 일반 패턴은 케네스 버크(Kenneth burke)의 책 『역사에 대한 태도(*Attitudes Toward History*)』에 의해 설명되었다. "정치인들은 상대방을 비방하며 경쟁하는 반면 사업가들은 자신들의 물건을 경쟁자보다 더 설득적으로 칭찬한다."

매스미디어에서 정치 선전 반대의 정도는 균형 정도에 따라 순효과가 보잘것없다. 주어진 사회적 목표를 위한 미디어의 가상 독점, 그러나 수용자에 구별할 수 있는 영향력을 생산할 수 있다.

기존 가치관 개선보다 다른 방향으로 돌리기

매스커뮤니케이션의 엄청난 효과에 관한 믿음은 독점적 선전과 광고의 성공사례들로부터 기인한 것이다. 그러나 광고가 효험이 있다고 해서 선전까지 항상 효험이 있다고 가정하는 것은 비약이고 부적절하다. 선전은 뿌리 깊은 태도와 자아관련 행위와 관련이 있고 광고는 전형적으로 기존의 행위패턴이나 태도를 다른 쪽으로 돌리는 것을 지향한다. 새로운 태도를 만들어 내거나 새로운 행위패턴을 창조하려 하지 않는다. 가령 치약 사용으로 사회화된 미국인들에게는 그들이 사용하는 치약이 어떤 상표의 제품이던 별 차이가 없다. 한 번 총체적인 행위 패턴이나 포괄적인 태도가 형성되면 그것은 한 방향이나 다른 방향으로 바뀔 수 있는 것이다. 저항도 경미하다. 하지만 대중 선전은 전형적으로 더 복잡한 상황에 직면하다. 선전은 뿌리 깊은 태도와 다른 목표를 추구하고 현 가치체계의 방향을 바꾸기보다는 다시 만드는 것을 추구할 수도 있다. 가령 깊숙이 자리 잡은 소수민족과 인종에 대한 편견을 없애는 것을 목표로 한 현행 선전의 상당수는 거의 효과가 없을 것 같다.

매스미디어들이 기본 태도의 방향을 바꾸는데 효과적으로 활용됐기는 하지만, 태도 자체를 변화시키는 데 기여했다는 증거는 거의 없다.

보완

대중 선전은 독점적이지도 태도를 바꾸기도 어렵지만, 대면접촉을 통한 보완이 있을 경우 효과적일 수도 있다.

한 가지 경우에 매스미디어와 대면접촉의 영향 사이의 상호작용을 증명할 것이다. 몇 년 전에 파더 컬린(Father Coughlin)에 의해 성취되었던 선전의 외견상의 성공은 그의 라디오 연설의 선전의 내용에서 주요한 결과가 나타나지 않는다. 오히려 이 집중화된 선전의 이야기와 넓게 퍼진 지역적인 조직은 그가 표현한 사회적 관점에 관해 논의한 그들 사이의 토론의 산물이다. 이 선전의 중심적인 공급의 결합(컬린의 전 세계적인 연설), 신문과 팸플릿의 협력적인 배포와 지역적으로 조직된 상대적으로 작은 집단 사이의 대면 접촉 토론-매스미디어와 개인적인 관계로 상호적으로 강화된 이 복잡성은 성공적임이 입증되었다.

대중문화 연구자들은 대중 선전 자체가 저절로 운동을 창출하거나 유지한다는 견해를 부인한다. 나치즘은 매스커뮤니케이션을 점유함으로써 헤게모니를 잡은 것이 아니었다. 미디어는 조직적 폭력과 순응에 대한 보상의 조직된 배포, 그리고 조직화된 지역 세뇌 센터의 활용을 보완하는 보조적 역할을 한 것이다. 소련연방 역시 대규모 인구에게 적절한 이데올로기를 세뇌시키기 위해 매스미디어를 대규모로, 그리고 인상적으로 활용했다. 그러나 이 세뇌작업의 조직자들은 매스미디어가 홀로 작동하지 않는 다는 것을 알았다. '홍코너', '강독 오두막', '청취소'가 시민들을 공동으로 매스미디어에 노출시키는 만남의 장소를 구성했다. 1933년까지 있었던 5만 4천 개소의 강독실과 강독클럽은 지역의 이데올로기 엘리트들이 그들이 읽은 내용에 대해 이야기할 수 있는 장소였다. 개인 가정의 상대적인 라디오 부족이 집단청취와 집단 토론을 낳았다.

이러한 예에서, 대중 선전의 조직은 매스미디어를 조절하는 지역 조직에서 대면접촉을 포함한다. 매스커뮤니케이션의 통로를 통해 나타나는 물질에 반응하는 개인화된 개인들은 선전의 유효성에 선전을 노출시키는 것을 변형하기 위한 부적절함을 고려한다. 관료화가 만연하거나 확고하지 않은 우리가 속해 있는 사회와 같은 곳에서, 매스미디어는 대면접촉과 결합하면 가장 효과적이라는 것을 입증하는 것은 발견된다.

나치즘과 소련연방 사례를 보듯 지역조직 내 대면접촉을 매스미디어의 결합의 효과를 높이는 데 기여했다. 그 이유는 여러 가지다. 첫째, 지역의 토론은 대중 선전 내용을 증강한다. 상호확인이 '접착효과'를 만들어낸다. 둘째, 중앙의 미디어가 지역 조직책들의 임무를 줄여 주고 조직책의 자격요건을 완화시킨다. 조직책들이 선전내용을 스스로 제시할 필요가 없고, 독트린을 설명할 라디오 대용 예비품만 필요하다. 셋째, 운동 대표자의 전국 네트워크 출연이나 운동대표자의 말에 관한 전국지의 보도가 그 운동의 정당성과 중요성을 상징한다. 매스미디어는 앞서 우리가 살펴봤듯이 지위를 부여한다. 전국적 운동의 지위는 지역 세포의 지위를 반영하고, 그럼으로써 구성원들의 잠정적인 결정을 굳힌다. 서로 맞물린 구조 안에서 지역 조직책들은 수용자들에게 전국적 연설자를 보증하고 전국적 연설자는 지역 조직책의 지위를 승인하는 것이다.

매스미디어가 최대 선전 효과를 이루는 상황의 간단한 요약은 토론 초기의 모순을 풀 수 있다. 매스미디어는 기존 가치관을 바꾸려하기보다 다른 방향으로 돌리기 또는 기본태도 바꾸기 또는 얼굴 마주보며 작용하기보다 가상 '심리적 독점'일 때 최대 영향력을 발휘한다.

하지만 그 세 가지 조건은 사회적 목표를 위한 선전에서는 거의 만족되지 않는다. 태도의 독점화는 거의 없고, 민주주의 자유운동 속에 서로 다른 선전은 있다. 마지막으로 매스미디어의 협력과, 지역 조식 센터의 면대면 연락, 사회변화계획을 위한 그룹들의 분투도 달성되지 않았다. 그러한 일들은 지출 부담이 많다.

이 결과들을 보아, 현재 매스미디어의 역할은 사회 문제에 국한되어 있고 미디어는 사회적으로도 힘을 발휘하지 못하는 상태로 보고 보인다.

같은 이유로, 사업 소유권의 현재 조직화 및 매스미디어의 통제는 우리 사회의 구조를 단단하게 했다. 조직된 사회는 매스미디어의 가상 '심리적 독점'에 접촉한다. 상업적 라디오, 뉴스광고들 물론 시스템에 전제 되고 자유기업체제도 갖고 있다. 더욱이 상업 세계는 주로 급진적인 태도 변화보다 기존 가치관을 바꾸려하기보다 다른 방향으로 돌리기에 초점을 둔다. 이것은 오직 다른 브랜드의 상품보다 더 선호를 만들어 낸다. 면대면 연락도 우리 문화에 문화 패턴에 구조를 강화한다.

따라서 좋은 조건들은 커뮤니케이션 작동과 사회 유지의 매스미디어 최대 효과를 만든다.

Note

[내용]

본질적으로 마지막 섹션에서 라자스팰드(Lazarsfeld)와 머튼(Merton)의 목적은 '사회적 목적을 위한 선전'에 대한 매스미디어의 효과적인 사용을 가능하게 '조건'을 조명하는 것이다. 이번 경우엔, 선전은 전쟁상황시 활동에는 관련 없다. 하지만 우리가 지금 저자가 제공한 예시의 사회적 목표를 '진보적'으로 묘사해야 할지 모든 예제는 구조보다 사회경제구조 내에서 가능한 변화와 관련이 있다.

매스미디어는 이러한 선전운동에 효과를 내기 위해서 하나 혹은 하나 이상의 '조건'을 만족시켜야 한다고 한다. 그 조건들은 세 가지로 구성되어 있는데 '독점화', '기존 가치관을 바꾸려하기보다 다른 방향을 돌리기', '보완적 대면 접촉'이다. 우리는 잘 알지 못하는 것에 대해 언제, 어떻게 그리고 왜 그러한지 알 수 있는지 머튼과 라자스팰드의 강의를 통해 알 수 있다(Simonson and Weimann, 2003: 25).

'독점화'의 정의 후에, 라자스팰드와 머튼은 처음 독재 정권을 맞아 들였다. 나치, 소비에트연합 등 사회의 '본래 정치구조'를 그들을 실천을 제안했다.

하지만 그들 또한 '독점'은 다른 사회시스템에서도 발생할 수 있는 것을 인식했다. 제2차세계대전이 그 예이다. 그리고 상업화된 선전에 의해 이룩될 수 있다고 인식한다. 라자스팰드와 머튼이 사용하는 예제는 머튼이 연구한 '대중 설득'에서 끌어왔다. 이것에 대한 참고는 이 책의 서론(introduction)에서 참고할 수 있다.

당신은 다른 유명인이나 연예인의 생각을 의심할 필요가 없다. 그들은 메시지 또는 브랜드를 '판매'에서 성공을 거두게 한다. 또 당신은 'counter 선전'이 잠재적인 '독점화'를 무효화시키거나, 약화시킬 수 있는 예를 들 수 있다. 비록 가상증거가 인용되지 않지만, 라자스팰드와 머튼은 미디어의 '가상 독점화'를 수용자에게 영향을 미칠 수 있다고 본다.

라자스팰드와 머튼은 둘째 '조건' '기존 가치관을 바꾸려하기보다 다른 방향을 돌리기'는 광고의 결과와 영향력 면에서 확실히 구별이 된다고 본다. 하지만 자세하지 않은 근거들의 제공은 편견을 줄이는 선전캠페인에 대한 명백한 실패를 설명할 수 있다.

라자스팰드와 머튼은 '기존 가치관을 바꾸려하기보다 다른 방향으로 돌리기'를 정의하며 시작하지 않는다. 당신은 하나의 문장의 공간을 제공할 수 있는가? 관련 노트에 우리는 광고가 태도나 행동변화를 시킬 수 없다고 말할 수 있는가?

마지막 부분은 '독점화'의 조건을 설명하고 미국에서는 어떻게 일어나는가 예시를 든다. 비록 파더 컬린(Father coughlin)의 견해는 제공되지 않는다. 다른 예로 독일 나치와 소비에트연합은 어떻게 매스미디어 정보들을 이용해서 사회와, 종교 각지 분야에 세뇌 목적으로 이용했는지 증명한다.

저자는 이 조합의 세 가지 특정혜택에 주목한다.

첫째, 지역 토론 중앙 전파 미디어 메시지를 강화.

둘째, 중앙 미디어 매세지의 지역 조직자들로부터 비롯된 설득 필요 감소.

셋째, 국가 언론 보도는 인기 있는 행위, 지역조직과 조직자에 정당성을 부여하고 국가적으로 잘 알려진 발표자를 위해 지역 플랫폼을 제공한다.

짧게 말해, 이렇게 말한다! 저자는 조건인 '독점화', '기존 가치관을 바꾸려하기보다 다른 방향으로 돌리기', '보완'은 거의 복합적으로 작동하지 않는다. 그리고 몇 가지 이유를 제공한다. 그 결과로, 매스미디어가 대량 선전에 관계하지 않는다고 결론내릴 수 있고, "보통 보여지는 사회적 힘의 정도라고 보이지 않는다". 따라서 현대 사회, 사회 경제구조는 매스미디어의 역할로 유지된다.

다 잃고 나서 또는 마지막 섹션을 읽고, 당신은 라자스팰드와 머튼, 허만과 촘스키('15장 정치경제학' 참조), 밀스(C. Wright Mills, '12장 밀스의 대중사회 이론' 참조) 등의 '설명은' 매스미디어와 함께한 '여론조작(manufacturing consent)'을 보며 비교·대조 분석하는 흥미를 찾게 될 것이다.

다시 한 번 마지막 섹션에 대해 생각해 보자, 라자스팰드와 머튼 수용자들의 개념이 무엇일까? 특히, 수용자들의 역할과, 힘에 대하여 어떤 분석과 결론을 내릴까? 오늘날 매스미디어 속 선전이 전달하는 크기와 역할에 대해 토론하고, 어떻게 유용한 세 가지 '조건들'과, 언제 20세기 미디어에 대해 생각해 보았는가?

[구조]

필자들은 이 글에서 전반적인 결론을 제공하는 대신 글 마지막 몇 단락에서 간단하게 글을 요약하고 말았다. 이 글의 이론적 아이디어들에 대한 비판적 반추를 포함해서 결과를 내는 것이 독자에게 유리한가, 간단한 요약이 더 유용한가?

[문제]

독자들은 첫 단락에서 처음 읽기부터 검토되어진다. 이것은 아마 라자스팰드가 원래 강의를 어떻게 제공되어졌는지 그리고 편집자에 의해 간과되거나, 발표된 버전의 문제로 볼 수 없다. 이 두 저자는 아마 자신의 작품에 인용하는 많은 예시를 사용했지만, 누구인지 언급하지 않았다. 한 군데에서 "조사를 바탕으로 한다"고 하지만 예시에서 인용은 제공되지 않았다. 이런 타입의 부가적인 내용이 도움이 되었을까?

 읽기 자료 살펴보기

우리는 다시 종이, 문서에 작성 및 게시되어 있는 것들에 대해 이해하는 것이 필요하고 저자들의 연구에 대한 관심과 배경지식에 대해 알아야 한다.

『매스컴, 대중취향, 그리고 조직된 사회 행동(*Mass Communication, Popular Taste, and Organized Social Action*)』(매스컴)은 1948년에 출판되었다. 세계 2차 대전(1939~45)이 끝나고 얼마 지나지 않아서. 앞서서 이 기간 동안 라자스팰드와 머튼은 가깝게 근무하고 정부 및 산업기관에 의해 지원되었다.

각 저자는 커뮤니케이션이 대한 특정한 시각을 갖고 있었다. 그들은 협력할 때 다른 학력, 관심, 기술은 상호 보완적이 되었다. 라자스펠드는 심리학자고 '방법론 학자'다. 반면 머튼은 사회학자고, '이론가'이다.

우리는 또한 라자스펠드가 대학원에서 강의로 처음 전달된 중요한 이론적인 부분의 오리지널 버전에 덧붙여 머튼이 오랜 기간 발전시켜 발간한 책을 아는 것은 우리에게 이득이다.

사이몬과 위만(Simonson and Weimann, 2003: 26)는 '이론 에세이의 힘은 그 아이디어의 지속적인 생명력에 의해 측정 될 수 있다'고 '매스커뮤니케이션'과 함께 모범적인 경우에 그렇다고 주장했다. 비슷하게 카츠 외(Katz et al., 2003: 26)의 '혁명적인 그리고 적절한'을 참고하라. 아마도 놀랍지 않을 것이다. 이미 미디어와, 커뮤니케이션과 관련된 이론에서 많이 읽어 봤을 것이다.

'매스커뮤니케이션' 다른 방법으로 '읽을' 수 있다. 예를 들어 전통적인 방법으로 '미디어 연구의 제한적인 영향'을 다른 사람들은 '지배적 패러다임'으로 예를 들 수가 있다. 그것은 미디어의 사회적 힘으로 제한으로 제안하지 않으며 그것은 '행정' 연구로도 분류할 수가 없다(Simonson and Weimann, 2003: 12). 분명히, 이러한 주장들은 콜롬비아학파들의 매서운 비판 등으로 논박한다(Gitlin, 1995: 2002 참조).

이러한 주장은 현재까지 '매스커뮤니케이션'의 중요한 이론으로 남아 있다. 예를 들어 세 가지 지위 부여 기능, 사회규범의 시행, 마약중독 역기능들은 나중에 개발 이론의 선도자가 되어 '아젠다 세팅 연구'나 3명 효과, 소통의 의례와 미디어와 헤게모니의 이론 등에 제안되어진다(Simonson and Weimann, 2003: 27~29).

더욱이 현 세계 다국적 미디어 대기업은 규제완화로 지배적인 생각이 올 것이다. 소유권은 통합의 증가, 상업적 미디어는 성공과, 정부 지원 미디어가 대신하고, 공공기관과 연계된 직업들과, 복합적인 마케팅이 증가할 것이다. 라자스펠드와 머튼은 '독점화', '기존 가치관을 바꾸려하기보다 다른 방향으로 돌리기', '보완' 등 이 세 가지 조건이 강력한 아이디어가 될 것이라고 생각한다.

마지막으로, '매스커뮤니케이션'의 역사적 의미는 1940년대 후반 미디어의 분야에 대한 이해를 우리에게 제공한다(Simonson and Weimann, 2003: 12).

주요 용어

선전(propaganda); 대중설득(mass persuasion); 보증된 배경지식(certified knowledge);
지위 부여(status conferral); 정당화(legitimising); 혼미 상태 유발(narcotising);
역기능의(dysfunctional); 독점화(monopolisation);
(감정·에너지 등을 특정한 목표로) 회귀(canalisation); 보충함(supplementation);
헤게모니(hegemony); 세뇌(indoctrination); 관료화(bureaucratisation)

주요 학자

James Bryce; Lawrence Lowell; Bronislaw Malinowski

 권장도서

Boyd-Barrett, O. and Newbold, C.(eds.)(1995), *Approaches to Media*, London: Arnold.

이 책은 콜럼비아학파에 대하여 토드 기틀린의 저널이, '주요패러다임'의 비평적인 분석
을 포함하고 있으며, '학문분야'를 하나의 섹션으로 제공하고 있다.

Kztz, E., Peters, J. D., Liebes, T. and Orloff, A.(eds.)(2003), *Canonic Texts in Media
Research*, Cambridge: Polity Press.

다섯 명의 주요 콜롬비아학파 학자를 소개하는 것으로 라자스펠드, 머튼, 그리고 허타
허조그의 비평적 반영을 통하여 소개하고 있다.

Scannell, P.(2007), *Media and communication*, London: Saga.

이 책은 카츠, 라자스펠드, 머튼의 연구로 구성된 것으로, 매스커뮤니케이션에 연구에
미친 영향에 이르는 연구의 계기와, 그들이 어떻게 다른 연구를 바라보는가, 그리고
어떤 영향이 있는지에 대하여 정리하고 있다.

12장

밀스의 대중사회 이론

Mills, C. W.(1956), "The mass society(대중 사회)", in Mills, C. W.(ed.), *The Power Elite*(파워 엘리트), London: Oxford University Press.

 대중사회 이론 입문

당연한 질문들로 시작하면, 대중사회 이론이란 무엇인가, 이는 미디어와 어떻게 연관되어 있는가, 언제 이 이론은 출현했는가, 그리고 누가 개발했으며 연관되어 있는가? 이 질문들에 대한 탐구를 시작하는 방법은 1938년 화성인들이 지구를 침공했다고 보도한 미국의 패러디 라디오 프로그램을 떠올리는 것이다. 이것은 국가적 대혼란을 야기한 바 있다(Cantril et al., 1940; Williams, 2003: 42~43 인용).

미국 로스앤젤레스에서 '세미 다큐멘트리(semi-documentary)'의 형식으로 방송된 이 프로그램은 수많은 사람들로 하여금 지구가 진짜로 공격받고 있다고 믿고, 도시를 떠나게 만들었다(McCullagh, 2002: 152). 이 방송의 영향으로 분명해진 것은, 대중매체가 사람들에게 제공하는 매우 큰 힘이다. 이 방송은 대중사회 이론을 통해 무엇을 이해해야 하는지, 그리고 이 이론이 왜 그리고 어떻게 미디어와 연관이 있는지 생각해 볼 기회를 제공한다.

구체적으로 이 이론에 대해 주목하기 전에, 간단하게 이것의 역사, 특히 대중 사회라는 개념의 발상과 그 학문적 뿌리에 대해 살펴 볼 필요가 있다. 1830년대 초 미국 여기저기를 여행했던 프랑스 사회학자 알렉시 드 토크빌(Alexis de Tocqueville, 1805~59)은, 대중 사회에 대한 연이은 논쟁의 기반을 제공했다.

그의 대표작 「미국 민주제도론(Democracy in America)」(1835~40)은, "다른 사람들

과 동화된 모든 시민은 군중 속으로 사라진다"는 "다수의 횡포를 조심하라"는 경고를 담고 있다(Marshall, 1998: 669 인용).

드 토크빌의 연구는 임박한 '사회적 분열'에 대해 경고하며(Williams, 2003: 24), 그가 제기한 그 우려들은 19세기 3명의 저명한 사회학자들의 연구에 영향을 미쳤다. 뒤르켐 (Durkheim, 1858~1917)은 새로운 시대 속에서의 '아노미(anomie)'라는 개념을 제시했고, 베버(Weber, 1864~1920)는 관료 체제의 개념으로 소개했으며, 퇴니에스(Tonnies, 1855~1936)는 공동체 사회(gemeinschaft, 공동체)와 이익사회(gesellschaft, 연합)로 특징 지어진 작은 규모(small-scale)와 큰 규모(large-scale)의 사회 속에서의 관계를 구별하는 데 언급했다(Marshall, 1998 참조).

이들 모두 19세기 중반부터 꾸준하게 발생한 서양 사회의 심오한 변화를 인식하고 있었다. 근본적으로, 이러한 사회의 변화들은 산업화, 도시화, 과학의 발달, 제국주의, 대중 민주주의와 대중교육의 출현, 그리고 공중 통신망 체계의 발전에서 기인했다 (McQuail, 2005: 51; Williams, 2003: 23).

이러한 발전들은 지역적 그리고 사회적 유대관계가 강한 전통 사회로부터 점차 서로 로부터 고립되고, 암묵리에, 새롭게 출현한 대중의 정치적인 움직임들과 대중매체에 의해 더 속임수나 설득에 취약한 개인들이 속한 '대중 사회'로의 이동을 나타내는 것으로 보여진다(McCullagh, 2002: 152; Williams, 2003: 24).

대중 사회에 대한 이러한 우려들이 언급됨에도 불구하고, 이러한 견해들은 '엘리트주의적 향수'로 묵살되는 경향이 있었다(Marshall, 1998: 399). 그러나 1930년과 1960년 사이 유럽과 소련에서 파시즘과 전체주의가 출현함에 따라 대중 사회에 대한 견해들도 재평가가 시작되었고, 결과적으로 대중 사회 이론이 등장했다(McQuail, 2005: 54).

'대중'이라는 단어는 제1차 세계대전(1914~18)과 제2차 세계대전(1939~45) 발발 전까지 널리 소개되어 적용되었고, 특히 서양 사회에서는 라디오, 전화, 영화, 신문, 소설 그리고 음반의 눈에 띄는 확장과 효용이 동시에 일어났다. 따라서 '대중 소통', '대중매체', '대량 생산', '대중오락', '대중 시장', '대중 정치' 그리고 '대중문화'와 같은 명칭들이 출현하게 되었다(Scannell, 2003: 74). 이런 식으로 사용될 때, '대중'은 자주 부정적 함축들을 지닌다. 이것은 '교육을 받지 못한, 무식한, 그리고 때로는 비이성적이고 제멋대로 굴며 심지어 폭력적'이란 의미를 암시하고(McQuail, 2005: 54), 문맥 속에서 대중들은 '도시, 산업 노동 계층'을 구성하는 것으로 보여진다(Scannell, 2003: 74). ('7장 리비스' 참조.)

하지만, 제1차 세계대전(1914~18) 중 유럽의 참전국들과 미국이 선전의 목적으로 언론과 영화를 동원했고(Redley, 2007), 후에 독일의 나치와 소비에트 연방에서 사상적인 목적을 위해 미디어를 사용했으며, 제2차 세계대전의 동맹국들에 의해 다시 선전 목적으로 뉴스와 오락을 사용했고, 모두 대중사회 이론가들의 매체는 대중들에게 강한 영향력으로 사용될 수 있다는 논쟁들을 입증했다(McQuail, 2005: 51. '6장 월터 리프만' 참조).

그런데 대중 사회 이론에서 수용자—청자, 시청자 그리고 독자—를 무엇이라 정의할까? 간단히 말하자면 수용자들은 마약꾼들, 사기꾼들 또는 현대적인 용어로, 소파에 앉아 TV만 보며 많은 시간을 보내는 사람으로 구성된다. 밑의 두 가지 사례가 이를 자세히 설명해 줄 수 있다.

텔레비전에 대한 비판적인 시각의 기사는 1953년에 처음으로 게재되었는데, 이때 '텔레비전 시청자'의 존재를 '흩어지고 취약한 대중 사회의 본질'로 만들었다(Katz and Dayan, 2003: 132). 마찬가지로, 1941년 라디오에서 청자들에 대해 착수한 비판적 시각의 연구는 여성 청자들을 '소외된 인상, 고립된, 대중 사회, 가부장제 체제 그리고 사회와 제도의 체제 속에서 효과적인 도구로 작동되는 대중매체의 무력한 희생자'로서 묘사했다(Liebes, 2003: 40).

대중 사회 이론 속의 이러한 비판주의는 지적 영역 안에서 정치적 우익과 좌익 모두에 해당하는 관점이다. 그들의 관심은 사회적, 문화적, 사회의 정치 계층에 초점이 맞춰져 있다. 예를 들자면, 1930년대 영국에서 보수적인 비평가 리비스(F. R. Leavis)는 미국 문화 상품의 중요성과 대중문화의 출현이 오로지 이윤 추구에 몰두되는 것에 격분했다(Boyd-Barrett, 1995b: 68; Turner, 1996: 39~40). 마찬가지로 미국에서 좌편향적인 프랑크프루트학파의 구성원들은 대중 인기 문화의 영향을 위축시키는 평론을 제공했다('9장 프랑크푸르트학파' 참조).

사회 계층이나 문화보다는 정치에 주로 중점을 둔 밀스(C. Wright Mills)는 대중 사회 이론을 설명하기 위해 정치를 언급했고, 겉으로 보이는 민주적 구조에도 불구하고, '파워 엘리트'가 대중들을 조종할 수 있다고 주장했다(Boyd-Barrett, 1995b: 68).

대중 사회 이론은 매체에 관한 이론이 아니다. 그럼에도 불구하고, 이 이론은 매체와 연관되어 있으며, 이러한 관점에서 매체는 '대중 사회의 주춧돌' 중 하나이자 사회 변화 과정 속에서 중요한 요소라 할 수 있다(McQuail, 2005: 94; Williams, 2003: 29). 대중 사회 이론에서는 따라서 '매체를 장 중요한 유발 요인'으로 본다(McQuail, 2005: 94~95). 이것은 읽기 자료에서 금방 분명해질 것이다.

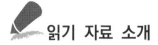 읽기 자료 소개

이번 '대중 사회' 장을 위해 선택한 읽기 자료는, 『파워 엘리트(*The Power Elite*)』(1956)의 13장에서 가져온 것이다. 이 책은 C. 라이트 밀스(C. Wright Mills)라 알려진 찰스 라이트 밀스(Charles Wright Mills)가 쓴 것이다. 이 책은 미국 사회를 중점적으로 다루고 있고 15장으로 이루어져 있는데, 제목들이 어조와 내용에 대해 암시하고 있다. '대중 사회'뿐만 아니라 다른 장에서는: '엄청난 부자', '최고 경영인', '부유한 기업', '군 지도자', '군사 정권', '경찰청' 그리고 1950년대 첨단 역량을 보여 주는 '유명 인사들'이란 제목이 붙여진 장이 있다.

『파워 엘리트』로 표시된 표지는 그 책을 매혹적이고, 논란이 많아 보이고, 도발적이고 재미있다고 묘사할 것으로 예상되었고, 독립적인 해설자들은 비슷한 견해들을 그 이후로 외쳐왔다. 예를 들자면, 피터스(Peters, 2003: 219~220)는 밀스처럼 "대중 사회의 이론이 서서히 펼쳐지는 가운데 매체는 사람들의 투표, 유행, 영화 또는 쇼핑 선택을 간단하게 형성하지는 않지만, 일반적인 사람들에게 그들의 열망, 정체성 그리고 심지어 경험을 제공한다"고 서술했다.

유사한 평가는 윌리엄스(Williams, 2003: 27)에 의해서도 제공되어졌는데, 그는 밀스의 설명은 소규모 파워 엘리트들이 미국 사회를 통제하고 '매체와 교육 체계를 포함한 다른 사회 기관들을 통한 통제'를 행사하는 것을 암시한다고 주장했다. 이 책의 표지는 그 간 발표된 논평들의 인용을 포함하고 있다. ≪뉴욕 타임즈(*New York Times*)≫와 ≪하퍼스 매거진(*Haper's Magazine*)≫ 출신의 두 명의 논평가는 이 책의 통찰력 있고 강력한 주장들은 그들의 생각을 바꾸게도 한다고 인정했다.

1916년에 태어나 1962년에 죽은 밀스는 미국 콜롬비아대학의 사회학 교수였다. 미국 사회의 유력한 비평가였던 밀스는 1950년대 그의 주요 연구의 대다수를 생산했다. 『파워 엘리트』(1956) 외에도, 『화이트칼라(*White Collar*)』가 포함된 『미국 중간 계층(*The American Middle Classes*)』(1951), 『사회학적 상상력(*The Sociological Imagination*)』(1959) 그리고 『사회학과 실용주의(*Sociology and Pragmatism*)』를 다룬 『미국의 더 높아진 학습(*The Higher Learning in America*)』(1967) 등이 있다. '사회 참여 지식인'으로 일컬어지는 밀스는 주로 '일반적이고 교육받은 수용자'를 대상으로 집필했다(Docherty et al., 1993; Williams, 2003: 15 인용).

밀스는 연구와 출판이 '이성의 성장과 인류의 해방'이라 믿었고, 비평적이고 실증적인 사회학적 접근이 전기와 역사의 정보를 제공하는 것을 요구했다(Peters, 2003: 220). 이 점에서 밀스는 추상적인 이론(거대 이론)에 의지하는 연구의 접근과 오로지 양적인 연구 기술들(추상된 경험주의)에 의지하는 방법들에 대해 비판했다(예를 들면 Marshall, 1998 참조).

연구란 인간 삶의 사회적, 개인적 그리고 정치적 측면들과 관계에 중점을 둬야 한다는 그의 주장은 『사회학적 상상력(The Sociological Imagination)』(1959)에서 그가 사적인 문제와 공적인 이슈 사이의 연결 관계에 대해 제시한 바 있는 세상에 대한 견해를 서술한 곳에 제시되어 있다. 사고와 분석의 같은 깊이와 넓이는 이어서 나오는 읽기 자료 속에서 대중매체에 대한 그의 태도를 그가 밝힐 때 분명하게 드러난다.

밀스는 대중매체를 대중 사회에 대한 그의 분석에 필수적인 것으로 보았다. 따라서 그는 미국의 더 넓은 사회적, 정치적, 경제적 구조들을 고려했다. 저자는 엄청난 권력을 매체와 그것의 소유주들의 탓으로 돌리는 데, 이때 '매체효과'('17장 미디어효과론' 참조) 하나만 언급한 것은 아니다. 왜일까? 답은, 피터스(Peters)에 따르면(2003: 220), 밀스는 이 용어를 사용하지 않았다. 그는 매체의 영향을 드물고 제한적이기보다 확연히 만연하고 중요하다고 간주했기 때문이다.

또한 이미 당신이 알아차렸을지도 모르지만, 이 책은 미국 사회에 대한 평론으로, 사례들과 실례들이 모두 저자의 지리학적인 문맥과 관련되어 있다. 저자가 특정한 전문 집단이나 특정한 학구적인 공동체가 아닌 교육받은 수용자인 일반 대중을 위해 쓴 것을 고려하면, 이 읽기 자료는 전반적으로 용어가 자유롭고, 논리적으로 정돈되어 있고, 상당히 이해하기 쉽다.

그러나 이 책 속의 다른 읽을거리들은, 자세히―그리고 때론 반복해서―읽는 것이 필요하다. 일반 사전뿐만 아니라, 저자가 사회학자였음으로, 사회학 사전을 쉽게 손닿는 근처에 두면 도움이 될 것이다.

C. W. 밀스(C. W. Mills)

대중사회

힘과 결정에 대한 기본적인 이미지에서, '위대한 미국 여론'만큼 중요하게 고려되는 것은 없다.

단지 또 다른 견제와 균형을 넘어서, 일반 대중은 정당한 권력으로 생각되어지고 있다. 대중적 전통 내 공직생활에서는 민주주의 권력을 안정시키는 힘으로 고려하고 있다.

결국 모든 진보적인 이론가들은 이러한 일반 대중들의 정치적 역할을 고려하여 권력체계에 대한 그들의 생각들을 표현하였다.

모든 공식적인 결정들뿐만 아니라 사적인 결정들도 일반 대중의 복지 안에서 정당화된다. 모든 형식적인 선언들은 그 이름 안에 있다.

Note

[구조]

첫 번째 관련 자료는 밀스가 참고 자료를 '준비하기' 위해 사용한 기법이다. 즉 그는 일반적으로 지닌 믿음 또는 추정을 철저하고 비평적인 분석을 통해 비판했다.

[내용]

위의 요점과 관련하여 첫 번째 단락은 열린 가정은 저자에 의해 제시된 것은 아니라는 것을 보여 준다. 오히려 그가 질문하고자 하는 것을 거의 알 수 있게 한다. 왜 밀스는 '공직 생활'과 '대중적 전통'을 구별했을까? 그리고 '진보적 이론가'에 대해 이해하려 했는가? 또한, 논쟁하거나 정당화하거나 특정 정책을 지시하거나 결정할 때 정치인들과 '공중'으로 표현하는 비즈니스 리더들의 사례를 예를 드는가?

[문맥]

지리학적 문맥이 연구되고 있는 곳이 미국임에도 불구하고, 대중의 책임이라고 보는 역할과 힘은 소위 말하는 진보적 민주주의와 유사하다. 여기에 서술되고 있는 생각들은 하버마스의 대중 영역에 대한 언급과 다르지 않다. 대중 영역은 대중의 '정치적 역할'이 놓인 곳이다('16장 공론장' 참조).

[문제]

왜 밀스는 미국 사람들이라 말하기보다 '위대한 미국 공중'이라 언급했는가? 그리고 왜 그것을 대문자로 표현했는가?

Reading 2

일반 대중(public) 속에서 우리는 이 용어를 이해하는 것처럼, (1) 거의 사람들이 의견을 받아들일만큼 의견을 표현한다. (2) 대중 의사소통은 매우 조직적이어서 즉각적인 기회가 존재하고 어떠한 견해를 표현하든지 효과적으로 답변을 돌려받는다. 견해는 토의와 같은 방식으로 구성되며, (3) 심지어 우세한 권위 체계에 반대하는―만약 필요하다면― 견해도 손쉽게 효율적인 행동으로 배출수단을 찾는다. 그리고 (4) 권위적 기관의 사업이 거의 자주적이라서 공중에 진입할 수 없다. 이러한 조건 상황에서 우리는 대중사회의 실용모형을 지니고, 이 실용모형은 고전 민주주의 이론의 몇몇 추정들에 거의 맞는다.

정반대로 대중(mass)은, (1) 훨씬 적은 수의 사람들이 의견을 받아들이기보다 표현한다. 대중 사회에 의해 그들은 대중매체로부터 감명 받은 개인들의 추상적인 무리가 된다. (2) 의사소통의 만연함은 너무 조직적이어서 개인들이 즉시 답변 하거나 어떠한 영향을 받는 것은 어렵거나 불가능하다. (3) 행동 안에서 견해에 대한 깨달음은 이러한 행동의 수단을 조직하고 통제하는 권위자들에 의해 통제된다. (4) 대중은 기관으로부터 자율성을 가지고 있지 않다. 이와 대조적으로, 허가된 기관의 대리인은 대중과 소통하며 토의를 통해 견해의 형성하는 과정에서 자율성은 보장받지 못한다.

공중과 대중은 의사소통의 기본 모드에 의해 손쉽게 구별되어진다. 대중 사회 안에서 토의는 의사소통 수단으로, 만약 간단하게 토의가 활발히 확대된다면, 토의는 다른 사람들과 하나의 주요한 공중(primary public)을 연결한다. 대중 사회에서, 의사소통의 기본 유형은 공식적인 매체와 단지 매체 시장이 되어 버린 공중이다. 이 모든 것들은 주어진 대중매체의 내용에 나타난다.

[문제]

Note

먼저, 관련 자료는 밀스가 밝히지 않거나, 그의 주장을 입증하지 않은 내용은 참고자료를 인용하거나 구체적인 사례를 사용했다. 또한 무엇이 여기서 분명한지, 그리고 읽기 자료에서 나중에 언제 나오는지, 밀스가 지적한 중요 요점들은 번호로 표시했고, 이 기법은 당신의 개인 지도 교사에게 격려 받을 개연성을 낮게 한다. 우리는 저자가 이 기법을 우리의 이해를 돕기 위해 쓴 것으로 생각해야만 한다. 이 형식이 당신이 이 부분을 어떻게 읽을지 영향을 주고, 그게 문제에 대해 도움을 주는지 아니면 너의 이해를 어렵게 하는지 고려해 봤는가?

[구조]

관련 자료는 저자가 어떻게 이 세 단락들을 사용했는지 보여 준다. 의사소통이 중요 맥락임에도 불구하고, 첫 번째와 두 번째 단락의 목적은 '공중'과 '대중'을 구별 짓는 내용인 반면, 세 번째 단락은 종합적인 주장을 보여 주는 데 사용되고 있다. 이 접근이 당신의 저술에서 당신이 쓰거나 쓸 수 있거나 적용할 수 있겠는가?

[내용]

이 부분에서 우리는 밀스가 이론을 시작하는 것을 볼 수 있다. 결과적으로, 우리는 두 개의 다른 종류의 사회 속 의사소통의 기원에 대해 생각해 보아야 한다. 하나는 '공중 사회' 또는 '주요 공중'—공중 영역의 이어지는 개념과 별로 다르지 않은—이고, 나머지 하나는 '대중 사회'이다. 어느 하나도 '실제'는 아니지만, 저자가 그의 중심 주장을 설명하기 위해서 제시하였다. 즉, '파워 엘리트'가 미국 사회를 통제한다.

하지만, 우리가 알다시피, 개념과 생각은 이러한 이론화 결과처럼, 자주 이유를 밝히려는 힘을 지니고 출현하며 시대를 넘어서 잘 통용되도록 보유해야 한다. 예를 들어, 우리는 통제된 대중 사회의 목적을, 마지막 부분에서, 파워 엘리트들에 의해, 대중매체를 그리고 단지 **'미디어 시장'**으로 공중을 격하시키는 존재라고 소개했다.

이러한 논쟁의 힘이 약해지고 있는데도 불구하고, 시장이 아닌 공중에 대한 그들의 관심을 강조하는 사람들은 여전히 지역사회 매체를 옹호하고, 소비자보다 시민들의 이익을 강조하는 데 두었다(Jankowski and Prehn, 2002 참조).

여기 세 가지 질문이 떠오른다. 먼저 여기서 제시한 것으로 '대중'과 '공중'을 구별하는 게 유용한가? 두 번째로, '공중'에 대한 이 특정한 해석이 공중서비스 방송의 목적과 어느 정도 알맞은가? 이 질문에 답하는 것은 당신이 왜 몇몇 방송인들이 이 역할을 주장하거나 유지하는 이유에 대해 생각하는 데 도움을 줄 것이다. 세 번째로, "허가된 기관의 대리인이 대중으로 참여하며, 토의에 의한 견해의 형성 안에서 그의 자주성이 줄어든다"라고 할 때 밀스의 의도는 무엇인가?

대중 사회를 형성하는 기업화 경향은 비인격적 이동이 상당히 문제화되고 있지만, 공중의 나머지는 더 '인간적'이고 의도적인 힘에도 노출된다. 정치학을 기본으로 하여 폭넓히는 방법은, 민주적 의사결정의 전통을 맥락 안에 넣었고, 증가한 대중 설득의 수단이용을 가능하게 하고, 공중 견해의 공중은 통제, 관리, 조종 그리고 점점 더 겁이 날만한집중적인 노력의 대상이 되었다.

변화 속에서 정치적, 군사적, 경제적 힘은 대중이 의심어린 견해를 가지기에 앞서불안함을 초래하였고, 의사결정은 매료시키는 힘과 끌어당기는 힘의 받아들여지는 수단이 되었다. 재산이 있고 교육 받은 소수의 유권자는 전반적인 투표권, 그리고 투표를위한 집중적인 캠페인에 의해 대체되었다. 18세기 소규모 전문 부대는 징집한 대중부대, 그리고 독립주의자 의욕 문제에 의해 대체되었다. 소규모 상점은 대량생산 산업,그리고 전국적인 광고에 의해 대체되었다.

Note

[내용]

이 두 단락에서 밀스는 '대중 사회'의 과도 안에서, 대중 설득이나 견해 관리 수단의 중요성이증가하고 있음에 중점을 두었다. 세 가지 중요 요점들이 만들어졌다.

먼저, 초기 '재산 있고 교육 받은 소수 유권자'로 성공한 전반적인 영역의 소개는, 정치적,경제적 그리고 군사적 힘의 위치에서 그들의 주요한 도전으로 제시하고 있다. 결과적으로,파워 엘리트들은 공중 견해를 관리하고 조정하는 방식을 찾을 것을 요구받는다.

둘째로, 저자는 사회 변화가 일어나는 이치를 제공하는데, 작은 것에서 큰 것으로 이동하는것이 아니라 더 중앙집권된 기업에 관해서 말이다. 구체적인 사례들은 왜 '대중 설득 수단'이요구되는지에 대한 이유를 보여 주는 데 사용된다.

셋째로, 이 분석을 뒷받침하는 것은 "의사결정은 매료시키는 힘과 끌어당기는 힘의 받아들여진 기법이 되었다"라는 견해이다.

저자가 '공중의 나머지'라고 언급할 때 그의 의도가 무엇이라 생각하는가? '의사 결정'이받아들이고 인정하는 힘의 수단이라는 것인가? 당신은 사례를 만들 수 있는가?

Reading 4

기관들의 규모가 더 커지고 더 중앙집권화됨에 따라, 의사 결정자의 노력의 강도와 범주를 지니게 되었다. 의사결정의 수단은, 사실, 범주와 능률면에서 현대 대중사회의 발생 이래로 거대한 규모의 다른 기관들 유사하게 되어 있다. 그에 맞춰, 게다가 그들의 확대되고 중앙집권화되는 행정, 착취, 그리고 폭력의 수단에서, 현대 권력자들은 역사적으로 초자연적인 관리와 조정의 독특한 수단으로 그들의 지배 안에서 자리잡아왔었다. 이는 전반적인 강제 교육뿐만 아니라 대중 소통의 매체를 포함한다.

Note

[내용]

여기에서, 저자는 대중매체의 비관적이고 낙관적인 견해를 병치하고, 전자를 강화하고 후자를 약화시킨다. 첫 번째 단락은 세 가지 요점으로 이루어진다.

먼저, 기관의 성장과 중앙집권화는 평행적인 확장과 의사결정의 강도에 의해 결정된다. 둘째, 현대 시대의 권력자들은 전자들이 가지지 못한 의사결정의 처리 수단을 운 좋게 지니고 있다. 셋째, 두 개의 이러한 수단, 대중 의사소통의 매체와 전반적인 강제 교육은 이제 '초자연적인 관리와 조정의 수단'으로 보여진다. 관련 사료는 여기서 노출된 수상들 중 그 어느 것도 논쟁의 여지가 없다.

'초자연적인 관리와 조정'을 어떻게 이해했는가? 또한, 저자가 발전시킨 주장에 따르면, 왜 '현대 권력자'는 이런 방식으로 매체의 사용을 필요로 하는가?

[문맥]

여기 하나의 요점은 변화와 연속성에 대해서는 아무런 가치가 없다는 것이다. 밀스는 두 개의 병렬적인 경향―기관의 성장과 중앙집권화, 의사결정의 평행적인 발전―이 국가적인 맥락에서 발생한다는 것을 발견한다. 만약 우리가 오늘날 이러한 문제들과 맞물리면, 그것은 우리에게도 세계적인 맥락 안에서 생각해 볼 것을 요구할 것이다.

초기 관찰자들은 의사소통의 공식적 수단 양의 증가가 주요 공중을 확대하고 그들이 활발해질 것이라 믿었다. 이런 낙관적인 견해들—라디오, 텔레비전, 영화 이전에 쓰인—안에서 공식적인 매체는 간단하게 개인적 토론의 범위와 속도를 활발하게 하였다. 현대 조건들, 찰스 쿨리가 쓴 "무기한으로 생각들의 경쟁이 확대되고, 비교의 부족은 발전할 가능성을 제시하고, 마음이 통하는 선택은 더욱 증가할 것이다."1) 여전히 지역 사회의 관습적인 합의의 해체 덕분에, 그는 고전 민주주의의 일상에서 쓰이는 원동력의 발전으로 의사소통의 새로운 방법을 제시했다. 그리고 그것은 합리적이고 자유로운 개성의 성장과 함께한다.

Note

[내용]

밀스(Mills)는 찰스 쿨리(Charles Cooley)의 단어들을 이끌어오는 것을 선택했다. 쿨리는 매체에 대해 더 낙관적인 견해들을 지닌 사람으로, 이전에 널리 퍼져 이용이 가능한 영화, 라디오, 텔레비전에 자신의 견해를 잘 게재하는 사람이다. 쿨리의 의사소통 매체의 역할과 잠재성에 대한 견해는 밀스의 견해와 달리, 진보적인 관점과 밀접하게 관련되어 있다. 왜 쿨리의 견해가 매체에 있어서 진보적인 관점에 맞아떨어질 수 있는 것일까?

[문맥]

이 단락은 왜, 어떻게, 언제 저자가 특정한 참고를 사용했는지에 주의를 필요로 한다. 이런 경우, 쿨리의 분명한—그리고 저자의 견해에서, 잘못 이해된—의사소통 매체에 대한 낙관주의는 밀스의 목적들과 잘 맞는다. 하지만, 1900년대 초 쿨리가 쓴 데 반해, 밀스는—1950년대 쓴—매체에 대해 그 자신만의 견해를 알리는데 40년 정도, 기간으로는 두 번의 세계대전을 지난, 이점을 지니고 있다.

쿨리와 같은 낙관적인 견해나 예측은 드물지 않다. 새로운 매체와 의사소통 기술 안에서 모든 중요한 발전은 어떻게 삶의 변화를 그들이 만들어낼 것인지 그리고 어떻게 민주주의를 강화할 것인지에 대한 서술의 풍부함을 동반하는 경향이 있다. 실제적으로, 심지어, 어느 정도 다를지도 모른다.

---

1) Charles Horton Cooley, *Social Organization*(New York: Scribner's, 1909), p. 93. 또한 Chapter IX 참조.

Reading 6

아무도 진정한 대중매체의 기능을 알지 못하며, 이러한 기능은 아마도 너무 만연하고 너무 미묘해서 지금 이용 가능한 사회적 연구 수단들을 이해할 리가 없다. 하지만, 우리는 이러한 매체는 지금 믿어야 하는 이유를 지니고 있고 매체 시장의 집합 속으로 대중을 변형시키기보다 주요한 공중의 토론을 확대하고 활발하게 하는 것을 도와줄 것이다. 나는 단지 수신자에게 의견을 전달하는 자의 높은 비율과 그 답이 돌아오는 기회가 줄어드는 것에 대해 언급하고 싶지 않다. 또한 나는 단지 폭력을 진부하게 만드는 것과 우리의 이러한 매체가 이제 'attention'과 다투는 면에서 매우 민감한 조직들의 고정관념에 대해 언급하고 싶지 않다. 나는 정신적 문맹의 일종에 관해 생각하고 있다. 그것은 매체에 의해 가능해지고, 몇몇 방식으로 표현되어진다.

Note

[문맥]

첫 번째 문장을 다시 보면, 우리는 1956년에 게재된 그 연구를 기억할 필요가 있다. 오늘날에도 이러한 주장이 가능할까? 그 분야들이 이러한 주장을 지지하고 반대하는 데 제공될 수 있는지 확인해야 한다.

[내용]

만연한 연구방법들의 제한을 확인해 보면, 저자의 계속되는 주장은—뒷받침하는 참고들을 확인도 하지 않고—대중매체는 '대중 같은 사회 속 매체시장'에서 '주요한 공중'으로 변형했다는 것이다. 관련 자료는 다음 문장을 마지막 문장의 연결하는 고리로 사용함으로, 저자는 매체를 오래 전 폄하된 것으로 한다. 매체가 '정신적 문맹의 일종'으로 가능성을 지닌다는 주장에서 저자는 이것을 차례차례 네네 가지 방법으로 확인을 진행한다. '폭력을 진부하게 만드는 것과 고정관념'은 무엇을 의미하는 것이고 왜 밀스는 '주의' 주변에 아포스트로피를 두었는가.

Reading 7

1.

우리가 아는 것이 거의 없더라도 우리는 세계의 사회 실체를 알고 있고 그것이 제일 먼저 우리가 알아내야 하는 것이다. '우리들 머릿속의 상(像)(picture in our head)'의 대부분은 이러한 매체들로부터 얻은 것이다. 심지어 요점은 우리가 어떠한 사실을 신문이나 라디오에서 듣기 전까지 우리가 본 그것을 진정으로 잘 믿지 않는다는 것이다.[2] 매체는 우리에게 정보만 주는 것이 아니라, 바로 경험도 안내한다. 우리의 쉬운 믿음의 기준은, 우리의 실제성의 기준은, 우리 자신만의 부분적인 경험에 의한 것이라기보다 오히려 이러한 매체에 의해 정해지는 경향이 있다.

게다가, 심지어 만약 개인이 직접적이고 사적인 일의 경험을 가지고 있더라도, 그것은 진짜로 직접적이고 주요하지 않다. 그것은 고정관념 속에서 조직화된다. 그것은 오랜 시간과 기술적인 훈련으로 이런 고정관념을 뿌리 채 뽑아버려 개인들이 고정관념이 없는 태도 속에서 사물들을 새롭게 바라보게 한다. 하나를 가정해 보면, 예를 들어, 만약 모든 사람들이 우울증을 경험한다면 그들은 모두 '그것을 경험'할 것이고, 이러한 경험적인 면에서 그들은 모두 틀렸음이 드러나거나 거절하거나 적어도 매체가 그것에 대해 말한 것을 반영할 것이다. 하지만, 이러한 구조적인 이동의 경험은 조직화되어야만 하고 만약 의견이 결정되는데 그것이 인정되려면 해석되어야만 한다.

Note

[문제]

밀스가 약간의 추가적인 참고나 설명하기 위한 구체적인 사례들이나 그의 주장 방식을 입증하는 것을 제공했는데도 불구하고, 엄청난 세부적인 처리가 네 가지 방식의 개요를 서술하는 과정 속에서 제공되었다. 그것은 매체가 '정신적 문맹이 가능하다'는 것으로 나타난다. 먼저 이 네 가지 요점들을 각각 간결하게 보길 원할지도 모르지만 다시 돌아가서 하나하나를 세부적으로 읽길 바란다. 이것은 아마 당신에게 이 여행의 방향을 잡아줄 것이다.

---

2) Walter Lippmann, *Public Opinion*(New York: Macmillan, 1992). 미디어 속의 상(像)은 여전히 미디어 차원에서 가장 중요한 설명력을 가지고 있다(which is still the best account of this aspect of the media). 특히 pp. 1~25 and pp. 59~121을 참조.

[내용]

당신이 보고 있듯이―그리고 아마 예상했듯이―밀스는 매체에게 엄청난 힘을 부여했으나, 수용자에게 거의 부여하지 않았다('26장 수용자 이론' 참조). 이것은 즉시 명확하게 되었고, 우리는 거의 전반적으로 우리 주변 세계를 이해하기 위해서 그리고 세계에서 우리가 어떻게 행동해야만 하는지를 매체에 의존하고 있다. 처음 두 단락에서, 밀스는 개인적이고 직접적인 경험은 그 자체로 우리가 생각하는 특정한 일의 방식으로 이의를 제기하기에는 충분하지 않다고 주장한다. 왜냐하면, 본질적으로, 우리는 매체가 고정관념 속에서 생각하도록 조건화했기 때문이다. 따라서 이 논리에 따르면, 저자는 심지어 우리 모두 우울증에 한 차례 고통을 겪었을지라도, 우리의 이 병에 대한 이해는 우리 자신의 경험에 의해서가 아니라 오히려 매체 고정관념의 조건에 의해 형성될 것이라 주장한다. 밀스는 '**구조적인** 이동'을 어떤 의미로, 그리고 어떻게 그것을 공중 여론과 연관시켰는가?

[문맥]

첫 번째 단락에서, 밀스는 공중 여론에 대한 월터 리프만(Walter Lippmann)의 연구를 자신의 주장을 뒷받침하는 데 인용했다. 인용은, 개념과 통찰이 함께 사용되었고, 밀스의 사회학적인 학구적 배경을 무심코 드러냈다('6장 월터리프만' 참조).

경험의 한 종류, 즉 대중매체에 대한 저항으로 쓰일지 모르는 이것은 날 것의 경험이 아니라, 의미 있는 경험을 뜻한다. 해석은 우리가 심각하게 고려해야 하는 경험 속에 있어야만 한다. 그리고 이러한 경험의 수용력은 사회적으로 뿌리내려져 있다. 개개인은 그들 자신의 경험을 신뢰하지 않고, 여전히 다른 사람들이나 매체에 의해 확인하려고 한다. 대개 이런 직접적인 노출은 만약 개인들이 이미 지니고 있는 충성과 믿음을 방해한다면 받아들여지지 않는다. 받아들여지려면, 그것은 기분을 안도시키거나 정당화시켜야만 한다. 그래서 자주 그의 마음 뒤에 그의 이데올로기적 충성도의 중요 모습으로 위치해 있다.

Note

[내용]

만약 저자의 논쟁 방식이 이해하기 힘들어서 구식이라고 생각된다면, 그것은 이제 약간 더 복잡해진다. '실제 사건(raw events)'에 대한 경험은 대중매체가 부과한 고정관념에 저항하기에는 충분하지 않다. 저자에 따르면, 요구되는 것은 '의미 있는 경험'이다.

만일 어떤 경험이 의미가 있고 구조적 이동(structural shift)이 있을 경우 경험이 반성을 동반한다면, 해석의 파편(fleck of interpretation)과 같은 어떤 반영을 동반한다.

하지만, 이러한 이동이 일어나는 것을 방해하는 것은 개인들이 '다른 사람들이나 매체에 의해 확인'하지 않는 한, 그들 자신의 경험을 신뢰하지 않는 것이다. 그래서 주장 방식을 따르다보면, 개인들은 만약 그 결과로 생긴 통찰이나 견해가 그들이 이미 지닌 '이데올로기적 충성'에 '알맞지' 않는다면, 새로운 경험을 받아들이거나 응답하지 않으려 한다.

'이데올로기적 충성'이란 용어를 이해했는가? 당신은 이데올로기적 충성한다고 증명할 수 있는가? 또한, '경험은 사회적으로 뿌리를 내렸다'라고 할 때 밀스가 의미한 것은 무엇인가? 이 주장 속에서 대중매체에 의해 암시된 역할은 무엇인가?

[문제]

관련 자료의 내용은 구체적인 성을 뜻한다. 그것은 항상 '그의'다. 왜 그런가?

[구조]

만약 여러 번 이 단락을 읽었다면, 밀스가 어떻게 그의 주장을 '세웠는지' 보일 것이다(다음의 **내용**을 읽어라).

충성도는 주어진 상징들에 대한 믿음과 기분에 따라 형성된다. 그것들은 사람이 사회 세계를 보는 방법이자 사람이 그들의 특정한 의견과 견해를 구성하는 측면이다. 그것들은 이전의 경험의 결과로, 현재와 미래 경험에 영향을 미친다. 사람이 이러한 충성도를 인지하지 못하는 것은 당연하며, 그들은 자주 그것들을 명쾌하게 표현해 내지 못한다. 아직 이러한 일반적인 고정관념은 논리적 동의에 의한 힘뿐만 아니라 그들의 감정적인 친밀감과 그들이 불안에 안도하는 방법에 대한 특정한 의견에 대해 승인이나 거절을 하지 못한다. 그들의 입장에서 의견을 받아들이는 것은 생각하지 않고 옳은 기분을 정말 확실하게 얻는 것이다. 이데올로기적 고정관념과 특정한 의견들이 이러한 방식 속에서 연결되었을 때, 충성과 믿음이 부합하지 않을 때 나타나는 불안과 같은 종류는 낮아진다. 이러한 이상들은 기꺼이 주어진 믿음의 방식으로 이끈다. 그러면 그곳에서는 감정적으로나 이성적으로, 그 방식에서 주어진 사물들에 대한 저항을 극복할 필요가 없다. 누적되는 특정한 의견과 기분의 선택은 사람의 의견으로 가득 찬 삶의 모습인 미리 조직화된 태도와 감정이 된다.

Note

[내용]

여기에서, 밀스(Mills)는 이전에 소개한 몇몇 중요 생각들을 '구체화했다'. 다시, '고정관념'을 뒷받침하는 많은 분석과, 밀스는 '충성의 고정관념', '일반적인 고정관념', 그리고 '이데올로기적 고정관념'을 언급했다.

밀스는 사람이 지닌 세계에 대한 견해, 믿음과 기분에 놓여 있는, 이것이 그들이 심지어 아마 알지도 못하는 '충성 고정관념'에 대한 뒷받침이 된다. 이러한 충성은 연속성을 지니고 있으며, 감각적으로 과거의 경험을 통해 형식화되고 현재와 미래 경험에 영향을 줄 것을 알 수 있다. 그들은 또한 개인들이 새로움과 어려운 견해나 의견에 도전하게 될 때 감정적인 안락함을 제공한다. 다시 말해, 그것은 개인을 더 쉽고 편안하게 새롭고 도전적인 견해에 직면했을 때 떠오르는 불안을 다루기보다 이미 설립된 믿음—또는 충성—에 고착하게 만든다. 이러한 고정관념에 의지하는 것은 이미 설립된 믿음을 재차 확인하게 하고, 새로운 생각에 대한 개방성을 줄이고, 밀스의 견해에서, '사람의 의견으로 가득 찬 삶의 모습인 미리 조직화된 태도와 감정'의 상황으로 이끈다.

[문제]

관련 자료는 '사람'이 보이는 마지막 문장을 제외하면, 다시 분명히 성별을 반영해서 쓰였다. 저자가 사용한 '남자들'은 일반적으로, 인간을 뜻하고 그러므로 여자들을 포함하는데, 비록 '남자'가 의도적으로 사용되는 경향이 있더라도 남자 마음의 구체적인 특징을 뜻하는 것일 수도 있나.

당신의 견해가 무엇이든 간에, 당신은 또한 분석은 일반적이고, 이러한 이치에 맞게 사회학적 계층, 나이, 교육, 민족성 또는 직업의 면에서 남자들을 차별하는 시도는 없다는 것을 알아야 한다. 이러한 일반화에 의해 저자를 우리가 비평할 수 있는가? 아니면 이 읽기 자료의 문맥에서 적절하게 사용한 것인가? 얼마나 결론 문장은 설득적인가?

Reading 10

깊어진 믿음과 느낌은 사람이 그들 세상을 경험을 통해 보는 렌즈의 한 종류로, 그들은 이를 통해 강하게 조건을 받아들이거나 구체적인 견해들을 거절하고, 만연한 권위자들 앞에서 사람들의 방향을 정한다. 30년 전 월터 리프만(Walter Lippmann)은 이런 이전의 확신들을 편견으로 봤다. 그들은 사람들이 충분한 방식 안에서 현실을 분명히 하려는 것을 막았다. 그들은 여전히 편견을 지니고 있었다. 하지만 오늘날 그들은 종종 '좋은 편견'으로 보일 수 있다. 자주 그렇듯이, 부적절하고 잘못 이끌 수 있지만, 더 높은 권위자들과 의견 결정자들의 괴짜 현실주의보다 그들은 적었다. 그들은 낮은 일반 상식과 흔히 말하는 저항의 요소가 있었다. 하지만 우리가 인지해야만 하는데, 특히 변화 속도가 너무 깊고 빠를 때, 일반 상식은 의미 있기보다 흔해진다. 그리고 전반적으로, 우리가 인지해야만 하는 우리 아이들의 '일반 상식'은 그들이 지금 매우 노출된 대중매체에 의해 전해지는 고정관념보다 확고한 사회적 전통의 결과로 적어질 것이다. 그들은 매우 노출된 첫 번째 세대이다.

[내용]

Note

이 다섯 개 단락의 마지막에서 밀스는 '정신적 문명화'를 가능하게 하는 대중매체가 왜 그리고 어떻게 설명되어지는지, 중요 주장을 뒷받침하였다. 즉, '미리 조직화된' 태도, 가치 그리고 믿음은 렌즈로 사람들이 비유할 수 있고, 그 모양은 그들이 어떻게 세계를 보고, 무엇보다 중요하게, 현재 상태의 인정—'만연한 권위자들 앞의 방향'—을 유도한다.

여기에서, 밀스는 다시 월터 리프만의, '편견'의 개념을 '일반적인' 사람들과 '의사 결정자들'과 '높은 권력자들'과 구별하기 위하여 이끌어냈다. 밀스는 또한 토론에 대한 언급을 '우리는 알아야만 한다.'라는 구를 사용하면서 강조했다. 이 이유는 밀스가 그들의 세계에 대한 견해가 '확고한 사회 전통'에 의한 것이기보다 '대중매체에 의해 생긴 고정관념'이 조건화될 것이라는 아이들의 현재 세대에 대한 위험에 대해 경고하는 마지막 문장에서 분명해진다.

여기 두 개의 중요 단락은 다른 곳으로 이동하기 전에 자세히 읽는 것이 필요하다. 첫 번째는 저자가 '이전의 확신들'이라 언급하며 '적절한 방식 안에서 현실을 규정하는 것'을 사람들은 멈춰야 한다고 말한 부분이다. 이것의 의미는 무엇일까? 둘째로, '저항의 요인'으로 '낮은 일반 상식'의 목적은 뭐라고 이해했는가? 마지막으로, 심지어 이 읽기 자료가 1950년대에 나온 것일지라도, 마지막 두 문장 속 '메시지'는 오늘날의 현재를 보여 주는가?

Reading 11

2.

매체가 전체 시장을 독점하지 못하는 동안, 개인은 반대로 하나의 매체를 중요시할 수 있다. 개인은 매체 간 비교할 수 있고 따라서 매체 중 하나에 대해 저항할 수 있다. 매체들 사이의 더 진정한 경쟁은, 개인들 사이의 더 큰 저항이 되었다. 하지만 현재 이런 경우가 얼마나 될까? 정말 사람들이 공중 사건의 보고 또는 정책들을 비교하고 하나의 매체의 내용을 통해 다른 것의 내용에 반대할까?

답은 일반적으로 아니다, 매우 극소수만 그렇다.

(1) 우리는 사람들이 그들이 이미 동의한 내용들을 전하는 이러한 매체를 선택하는데 강한 경향이 있음을 안다. 이전의 견해에 기초하여 새로운 견해를 선택하는 종류이다. 아무도 대체 되어 제공되는 매체 안에서 이런 반박을 끝까지 찾아내려 하는 것처럼 보이지 않는다. 라디오 프로그램이나 잡지 그리고 신문에서 주어지는 것을 일관된 공중 보다 더 자주 받아들이고 그리하여 그들의 메시지는 그 공중들의 마음속에서 강화된다.

(2) 추정되는 다른 것에 대하여 하나의 매체에 신경을 끄는 목적은 매체가 진정으로 다양한 내용들을 가지고 있기 때문이다. 그것은 널리 진짜라고 퍼지지 않은 진짜 경쟁을 추정한다. 매체는 명백한 다양성과 경쟁(genuine competition)을 보여 주지만, 더 가까운 견해에서 그들은 문제들의 충돌보다 몇몇 기준화된 주제의 다양성 측면에서 더 경쟁(a few standardized themes than of clashing issues)하는 것처럼 보인다.

효과적으로 문제를 제기하는 자유는 점점 더 이러한 매체에 대한 계속 접근하며 이익을 약간 국한시키는 것처럼 보인다.

Note

[내용]

두 번째 주장은 대중매체의 '정신적 문명화'의 가능성은 다양성의 연관된 문제인 매체의 독점이나 합병과 연관된다는 것이다. 관점의 다양성으로부터 그리고 이러한 부피 안에서 수많은 요점들이 토론되어진 것은 중요하다.

본질적으, 밀스(Mills)는 더 많은 매체나 채널을 경쟁적으로 보는데, 개인들은 이러한 매체와 의견간의 '저항' 사이에서 선택된 지위를 따르는 것을 좋아한다. 밀스는 '이론'에서 '실제'로 옮겨간 질문을 사용하고, 따라서 그에게 왜 개인들은 다른 것들에 대항하여 하나의 매체의 내용을 '속이는' 것을 가능하지 않게 하는 경향이 있는지 두 가지 이유에 착수하는 것이 허락되어졌다.

이 주장은 당신에게 알려지지 않았던 것일 것이다. 먼저, 요컨대, 사람들은 자신을 편하게 하는 매체에 접근하는 방법을 선택한다. 결과적으로, 방송인의 '메시지'는 꾸준히 강화된다. 둘째, 간단히 말하자면, 이러한 잠재적으로 다양한 다른 매체들의 내용에 대한 가정은, 저자에 따르면, 결함이 있다. 아마 '명백한 다양성'일지 몰라도, 그들이 고심하여 다루는 방식이나 덮여 있는 문제나 주제의 유형 속 날카로운 차이보다 '몇몇 기준화된 주제들'인 주변의 형식과 강조에 연관되는 경향이 더 크다('8장 마르크시즘' 참조).

다시, 이러한 주장은 이 장의 저널 자료는 출판한 지 60년이 지난 현재 보유한다(예를 들면, Allan, 1999를 봐라). 특히 마지막 문장에서의 정서는 존 킨(John Keane, 1995: 263)이 주장해 왔다. 그는 공중서비스와 상업적인 매체 모두 "말하고 들어지고 불균형하게 보는 것을 방해하는" 것이라고 주장했다.

[문체]

밀스는 일관되게 생각하는 것을 이치에 맞는 참고를 인용하거나 주장을 입증하는 사례들을 제공했다. 비록 각각의 요점을 명확하게 만들고 조심스럽게 주장했는데도 불구하고, 읽는 데 있어서 '개방적'이기보다 '폐쇄적'이었다. 또한, 부분적으로, 친밀함 위에, 저자는 활동 지위를 가졌다. 이것은 머독과 골딩(Murdock and Golding, 2000: 72)이 말한 정치 경제 비평의 중요 주된 항목으로 가치 속 흥미에 대한 유사성을 낳았다('15장 정치경제학' 참조).

Reading 12

3.

　미디어는 외부 현실의 우리 경험을 걸러낼 뿐만 아니라 우리 자신만의 경험으로 들어오기도 한다. 그들은 우리에게 우리가 무엇을 하고 싶어 해야만 하는지 그리고 우리가 어떻게 나타나야 하는지의 새로운 정체성과 새로운 열망을 제공한다. 그들은 지휘 모형 안에서 제공되고 그들은 우리에게 새롭고 크고 더 유연한 우리 자아의 평가의 정립을 지속한다. 자아라는 현대 이론의 측면에서,3) 우리는 매체가 독자, 청자, 시청자를 더 넓은, 더 높은 참고 집단 속으로—집단들, 실제 혹은 상상된, 직접적인 혹은 간접적인, 개인적인 앎 혹은 산만해서 잠깐 봄—그의 자아상에 의해 안경을 쓰고 보는 데서 가져왔다고 말할지도 모른다. 그들은 집단을 우리의 자아상의 확인을 위해 우리가 보는 것으로 조종한다.

　더 나가 미디어는 (1) 매체는 대중 속의 사람에게 그가 누군지 말한다. 미디어는 수용자에게 정체성을 정해 준다. (2) 미디어는 수용자에게 그가 뭘 원하는지를 말한다. 미디어는 수용자에게 열망을 준다. (3) 그들은 그에게 어떻게 그 방법을 얻을 수 있는지 말한다. 그들은 그에게 기술을 준다. 그리고 (4) 그들은 그에게 미디어가 없어진다면 어떤 기분인지 말한다. 그들은 수용자들에게 현실도피처를 제공해 준다. 정체성과 열망의 틈새는 기술과 또는 도망치는 것을 도출해낸다. 이것은 아마 오늘날 대중매체의 심리학적 기본 공식일 것이다. 하지만 공식적으로 인간 삶의 발전에 적절히 대응한 것은 아니다. 매체가 발명하고 살아가게 하는 가상세계의 공식이다.

Note

[내용]

아마 이 두 단락을 처음 정독하기 전에 본 자료의 이전 부분을 다시 자세히 읽고 보면 유용할 것이다.

분명한 것은 대중매체가 기여하는 힘의 정도이다. 세 번째 사례 속에서, 대중매체는 '정신적 문맹'의 격려를 위한 책임을 지고 있고, 이것은 정체성과 열망에 중점 맞춰 있다. 간결하게 보자면, 주장은 대중매체가 우리에게 정체성과 열망뿐만 아니라 그것들을 성취하는 기술

---

3) Gerth and Mills, *Character and Social Structure*(New York: Harcourt, Brace, 1953), pp. 84ff 참조.

또는 그들이 성취할 것이라는 믿음을 제공한다.

이런 것을 어느 정도 들어봤거나 오늘날 유사한 주장을 아는가? 누가 이러한 주장을 하고 싶어 할까? 또 그들은 그것들을 만들어낸 것일까? 오늘날 반대에 맞서 저자는 어떻게 주장을 만들었는가? 그리고 반론을 지지하는 데 사용되는 관점/이론은 뭐가 있는가?

[문체]

우리는 여기서 밀스에 의해 사용되는 알아볼 수 있는 기법을 볼 수 있다. 첫 번째 단락은 정체성과 열망에 대한 그의 생각을 제시하기 위해 사용되었다. 두 번째는 '증거'를 제공하지만, 항상 그렇듯, 추가적인 참고나 구체적인 설명 없이, 그는 결론이나 앞의 두 가지로 끝냈다. 그래서 저자는 네 가지 중요 요점들을 목록으로 만들었고, 각각 명확하고 간결하게 나타냈으며, '대중매체의 심리학적 기본 공식'을 보여 주고 매체가 유지하기 위해 찾는 '가상 세계'의 창조를 이끄는 것으로 주장한다.

[문맥]

아마 당신도 알고 있겠지만, '수용자'를—매체에 대한 그 후의 학구적 연구에서—언급하기보다 저자는 암시에 의해 독자·청자·시청자를 대중매체에 직면한 무력함으로 택했다.

Reading 13

4.

대중매체가 이제 일반적으로 만연해짐에 따라, 특히 텔레비전은, 작은 규모의 토의를 침입하고 합리적이고 한가하고 인간 의견 교환의 기회를 파괴한다. 그들은 인간적인 의미로 가득 찬 사생활 파괴의 중요한 원인이다. 이것은 왜 매체가 교육적인 힘에서 실패할 뿐만 아니라 해로운 힘인지에 대한 중요한 원인이 된다. 그들은 표현되지 않는 시청자 또는 청자의 사적인 긴장과 불안의 더 넓은 원천이고, 그의 내면의 분함이고 반쪽짜리 희망이다. 그들은 그의 좁은 환경을 초월하는 것을 개인적으로 가능하게 하지 못할 뿐만 아니라 그것의 사적인 의미를 명확하게 하지도 못한다.

매체는 세계에서 무슨 일이 일어나고 있는지에 대한 많은 정보와 뉴스를 제공하지만, 그들은 청자나 시청차가 더 큰 현실로, 진정으로 자신의 일상에 연결됨을 가능하게 하지는 못한다. 그들은 그들이 개인적으로 느끼는 공중 문제와 제공하는 정보를 연결하지 못한다. 그들은 긴장으로 이성적인 통찰을 증가시키지 못하고, 개인 속에서 또는 개인을 반영하는 사회 속에서도 마찬가지다. 대조적으로, 그들은 그 자신 또는 그의 세계를 이해하는데 그의 기회는 모호하며, 인위적인 광분 위에 그의 주의력을 묶음으로써 프로그램의 뼈대에 따라, 대개 폭력 행위나 유머라 불리는 행위에 의해 해결된다. 즉, 시청자에게 그것들이 진정으로 해결되는 것은 아니다. 매체의 미칠 것 같은 긴장은 욕구 그리고 갖지 못한 상품이나 여성들의 뛰어난 외모에서 발생한다. 거의 항상 활발한 방해, 중단된 동요의 일반적인 어조이지만, 아무데도 안 가고 아무데도 갈 곳이 없다.

[내용]

이제 우리는 왜 저자가 대중매체가 '정신적 문명화'에 대한 책임이 있다고 믿는지에 대해 네 번째 그리고 마지막 사례에 왔다. 세 번째 사례는 매체가 정체성과 열망의 형태로 자신의 경험 속에 함부로 들어가는 데 책임을 물음으로써, 침범의 주제를 계속 다루지만, '사생활'에 대한 것은 텔레비전이 주범으로 인정되었다.

대중매체는 '해로운 힘'으로 보여진다. 왜냐하면 그들은 개인적인 이해를 성공적으로 돕거나 그들 자신의 사회적 환경을 이해하거나 그 환경을 초월한다고 여겨지지 않기 때문이다. 다시 말해서 대중매체는 공적인 문제와 사적인 문제를 연결해 설명하는 데 실패한다.

오히려, 밀스는 대중매체가 이런 연결에서 벗어나 뼈대를 프로그램화하는 방법을 통해 즐거운 주의력의 방법을 찾고, 방향의 특정한 기술의 방식과 '욕구와 갖지 못한 상품 사이'의 긴장 생산을 만든다고 주장한다. 매우 그러하므로, 대중매체는 '일반적인 어조의 활발한 토의와 중단된 동요'를 계속 유지하는 것으로 보여진다.

왜 저자는 그의 비평을 특히 텔레비전에 중점을 두었을까? 밀스의 '인간적인 의미로 가득 찬 곳에서 사생활 파괴'라는 참고를 어떻게 이해했는가? 밀스는 '인공적인 광분'과—프로그램 을 통해—폭력과 유머를 어떻게 연결 지으려고 한 것일까?

본 저널의 마지막 단락을 읽기 전에, 당신은 저자가 대중매체는 심리학적인 문맹을 가능하게 한다는 그의 주장을 지지하기 위해 제공한 네 가지 이유들을 다시 떠올리길 원할지도 모른다.

하지만 지금 조직화되고 작동되는 매체는 대중 사회로 변형하고 있는 미국의 주된 원인
이기도 하다. 그들은 또한 부와 힘을 지닌 권력자들의 처리에 있어서 현재 늘어난 힘의
수단은 가장 중요하다. 더군다나, 이러한 매체의 대리인들은 그들 자신들이 권력자이면
서 매우 중요한 그들의 하인이다.

Note

[내용]

지금까지 본 저널 속에 나타난 주장들을 요약하자면, 밀스(Mills)는 매체와 힘 사이의 관계에
대해 세 가지를 주장했다.

먼저, 매체—그들이 조직화하고 작동한 것처럼—가 미국을 '대중 사회로' 변화시키면서 중요
해졌다. 둘째, 매체는, 실제로는, '도구'이고, 미국 사회의 '권력자들'에 의해 사용이 가능하다.
셋째, 매체 기관들의 소유주나 관리자들은 그들 자신을 위와 동일한 핵심 권력자들의 구성원
—혹은 하인—으로 여긴다. 우리가 본 생각들은 나중에 허만과 촘스키의 연구(Herman and
Chomsky, 1988)에 의해 재등장한다('15장 정치경제학' 참조).

관련 자료는 무명의 매체 거물들이 생산했거나 소위 '파워 엘리트'라고 불리는 구성원들
중 하나에 의해 나타났다. 만약 밀스가 사례를 만들었었다면 무엇이 도움이 되었을까?

나란히 또는 단지 권력가 밑에, 예를 들어 선전원, 선전계, 공공 관계자들이 있는데, 이들은 공공 의견의 형성을 효과적인 힘의 산출, 증가한 위신, 보호된 부 안에서 진정된 사물로 포함하기 위해서 통제한다. 지난 사반세기가 넘어, 이러한 조종자들의 그들의 임무 앞에서의 태도는 변증법의 한 종류로 겪었다.

[내용]

권력자들과 대중매체 사이의 연결을 확립함으로, 저자는 주의력을 공중 관계 산업으로 묘사하는 것으로 돌렸다.

밀스(Mills)에 따르면, 공중 관계 연구에 관한 접근은 그가 '변증법의 한 종류'라고 언급했던 변형의 과정을 겪어왔다. 이 변증법에 따라 이어지는 단락에서 탐구되어지고, 관련 자료는 어떻게 저자가 콜론의 사용으로 연속성을 표시했는지를 보면 된다.

[문맥]

밀스는 공중 관계 업무자들—또는 '조종자들'—의 태도 변화는 4반세기를 넘어서 발생했다고 했다. 또 다른 기억해야 할 것으로 우리는 항상 언제 이것이 시작되었는지에 대해 알아둬야 할 필요가 있다. 읽기 자료에 주어진 것은 1950년대에 게재된 것으로, 10세기 초에 어떤 중요한 사건들이 발생했었는가?

만약 변증법의 의미에 대해 이미 잘 알고 있다면, 다음 두 단락을 읽는 것은 매우 명확하게 그것의 의미를 알 수 있을 것이다.

[문체]

다시 성별 강조는 명확하게, 저자의 분명한 누군가의 산업 목표를 위한 무시로 그는 주장한다. 공중 여론의 조종은 힘의 이익과 위엄과 부안에서 실현된다.

초기에는, 대중매체는 무엇이든지 할 수 있다는 위대한 믿음이 있었다. 단어들은 전쟁을 이기거나 비누를 팔았다. 그들은 사람들을 옮겼고, 그들은 사람들을 제지했다. '단지 돈'은, '20개의 선언들, 어느 주제에서 어느 방향을 지니든지 공공 여론의 배달은 제한.'이라는 광고하는 사람들이었다.[4] 여론 결정자들은 매체를 통한 전달을 통해 대중 의사소통이 잘 진행되고 메시지는 공중은 믿을 만하다고 믿었다. 그러나 그것은 믿을 만하지 않았다. 대중매체는 많은 그리고 경쟁적으로 과장된 사물들에 대해 말한다. 그들은 그들의 메시지를 진부하게 만들고 그들은 다른 하나를 내보내는 것을 취소한다. 전쟁 기간 동안 나타난 반응과 전후의 각성에 의한 '선전 공포'는 문제들을 해결해 주지 않았고, 심지어 기억은 짧고 대상을 공식적으로 변형시켰다. 이러한 매체의 마술적인 방해는 의견 관리자들 사이에서 슬로건으로 번역되었다. 그들이 쓴 배너들을 보면 '대중 설득은 충분하지 않다'.

> ## Note
>
> ### [내용]
>
> 밀스는 공중 관계 산업의 지위 변화는 성서의 억양에서—초기에—시작했다고 요약한다. 저자에 따르면, 만약 중요한 기금 마련이 가능하다면, '공중 여론'은 참여할 것이라 믿었다. 따라서 대중매체의 목적은, 또는 대중 의사소통의 목적은 '대중 설득자'로서이다. 이 생각은 밴스 패커드(Vance Packard, 1957)의 『은폐된 설득자들(*The Hidden Persuaders*)』의 출판 후 만연하게 되었다.
>
> 그러나 과장 때문에 공중 신뢰가 소멸됨으로써, 선전과 거짓말은 더 이상 적절하지 않은 공중 여론을 전달하며 대중매체에 의해 전파되었다.
>
> ### [문맥]
>
> 첫 시간에 사실상, 우리는 청자, 독자 그리고 시청자가 대중매체 속에서 결함에 직면한 그들의 신뢰를 철수함으로써 힘의 정도를 끝까지 행사할 수 있는 것에 대해 인지했다.
>
> 이제 확실히 왜 저자가 '변증법'이 공중 관계 산업의 태도 변화 개념의 유용한 방법이라 생각했는지 알겠는가?

---

4) J. Truslow Adams, *The Epic of America*(Boston: Little, Brown, 1931), p. 360.

불만스러운 점은 그들이 매체를 사회적 맥락의 원리를 받아들이고 있다는 것이다. 의견과 행동을 바꾸는 것은, 그들이 다른 사람에게 말하는 것으로, 우리는 전체 문맥과 사람들이 관리하는 삶에 가까이에서 집중을 하면 된다. 대중 설득과 함께, 우리는 어떻게든 개인적으로 영향을 받는다. 우리는 그들 삶의 문맥 속에서 사람들을 만나고 이를 통해 다른 사람들을 만나고, 그들의 일상을 연상하며, 그들을 신뢰한다. 우리는 '사적인' 설득의 종류에 의해 그들을 얻는다. 우리는 우리의 의도를 바로 보여 주면 안 된다. 오히려 단지 충고하거나 명령하고, 우리는 조종해야만 한다.

Note

[내용]

그래서 '대중 설득'이 어느 정도 보여 주는 그것의 공중 여론 전달에서의 제한된 능력은, 공중 관계 산업이 사람이 그들의 삶을 더 직접적으로 개인의 영향을 행사로 찾은 방식을 위해 살고 있거나 '그들이 믿는 누군가'를 통해 살고 있다는 사회적 문맥을 더 자세히 볼 필요를 인지한다. 따라서 저자의 견해는 '의견 관리자'의 주요 도구가 된 설득보다 조종이다.

Reading 18

지금 이 삶과 즉각적인 사람들이 살고 꾸준하게 기대 그것들 위에 기대를 행사하는 사회 문맥은 물론 우리가 주요 공중이라 부르는 것이다. 광고 회사나 공중 관계 사무실의 내부를 본 적이 있는 사람은 주요 공중은 여전히 의견 결정자로서 위대한 해결되지 않은 문제라는 것을 안다. 부정적으로, 그들의 여론과 공중 활동에 대한 사회적 문맥의 영향에 대한 인식은 공중 저항을 분명히 표현하고 대중매체의 의사소통을 굴절시키는 것을 암시한다. 긍정적으로 이 인식은 공중은 고립된 개인으로 구성되는 것이 아니라, 함께 여겨져야만 하는 앞선 여론을 가진 자뿐만 아니라 계속해서 복잡하고 친밀함 속에서 직접적이고 끊임없는 방법으로 영향을 각각에게 주는 사람으로 구성되는 것으로 암시한다.

[내용]

밀스(Mills)는 '주요 공중(primary public)'과 맞물리게 하고 '주요 공중'에 영향을 미치면 이러한 산업들이 어려움과 기회를 어떻게 받아들이는지를 탐구했다.

그것은 대중 메시지에 대한 공중의 굴절이자 저항이거나 '드러나는 공중'과 비교된다. 기회의 측면에서, 저항은 사람들이 세계에 대해 지니고 있는 견해들로(변화에 대해 개방적일지 모르는), 그리고 사람들이 그들의 삶을 사회의 다양성과 다른 네트워크들을 통해 사는 것으로(그들이 영향 받고 있는 것을 통해) 설명된다.

누가, 또는 무엇을 '드러나는 공중(articulate public)'이라 하는가?

[문맥]

비록 1950년대에 이게 쓰여졌을지라도, 밀스의 **주요 공중**(primary public)에 대한 견해는 광고와 공중 관례 안에서 '여론 관리자'와 '여론 결정자'로 그의 뇌리를 사로잡았고, 오늘날에도 보여진다.

관련 자료는 이 단락에서 어떻게 밀스가 다시 **공중**(public)—공중들의 집단 또는 주요 공중—과 **대중**(mass)—대중 사회—에 대해 그의 초기 주요 구별로 돌아갔는지 보여 준다. 그의 논지는 대중매체의 역할에 대한 것으로 역시 명백하다. 즉, 오히려 **주요 공중** 속에서의 고무되고 활발한 토의와 다른 사람과 하나로 연결되어, 대중 사회 속 매체는 이러한 공중들은 간단하게 '매체 시장(media market)'이 되는 결과와 함께 소통의 형식으로부터 지배적이다.

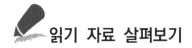 읽기 자료 살펴보기

읽기 자료를 공부해 오면서, C. 라이트 밀스(C. Wright Mills)가 구조화하고 지지한 그의 주장들의 방법들을 되돌아볼 것이다. 또한 밀스가 대중매체와 수용자들의 탓으로 돌린 대조된 힘을 알아차리는 것을 피하는 것은 불가능하다. 거기에는 읽으면서 느끼는 고려해 볼 가치가 있는 수많은 다른 문제들이 있다.

먼저, 읽기 자료에 나타나 있는 것들을 되돌아보면 몇몇의 가치가 저자의 그의 동료들로부터 드러난다. 둘째, 출판의 시대를 다시 떠올리는 것과 더불어 저자의 동기 또는 야망을 고려하는 것은 유용하다. 셋째, 대중 사회 이론이 더 이상 유행할 가능성이 없음에도 불구하고, 그것의 매체에 대한 동시적인 참고 속에서 기본 전제는 분명하다. 넷째, 그리고 이전의 요점들과 관련하여, 힘의 이유를 계속해서 밝히려고 주장하는 대중 사회 이론의 옹호하는 자들을 알리는 것이 중요하다.

본문 속 다양하게 인용되어 가지고온 읽기 자료와 책은 대중매체와 대중 의사소통을 다룬다. 나아가 맥퀘일(McQuail, 2002: 71)은 『파워 엘리트』를 '현대 삶의 불만에 대한 중대한 연구'로 묘사했고, '산업주의와 자본주의의 오랜 근본적인 평론'으로 이끌어냈다. 맥퀘일에 의해, 밀스의 분석들은 문화산업들에, 뉴스와 광고 같은, 의지해 세계를 바라보는 견해의 규모를 설명하게 되었다.

맥퀘일이 동시대에서 문화산업들에 대해 적절하게 만들어질지 모르는 유사한 관찰을 암시 했는데도 불구하고, 그는 밀스의 분석에서 하나의 중요한 제한을 강조한다. 바로, 매체와 청자, 독자, 시청자의 관계는 순응의 통제된 능력에서 만들어진다는 사실이다(McQuail, 2002: 71).

뒤늦은 깨달음의 이익은 단지 밀스의 연구를 동시대 다른 저자들의 연구와 임무의 유사성에 대한 주장을 나란히 고려하는 것을 가능하게 한다. 피터스(Peters, 2003: 221)는 밀스의 『파워 엘리트(*Power Elite*)』(1956), 레이몬드 윌리엄스(Raymond Williams)의 『문화와 사회(*Culture and Society*)』(1958), 한나 아렌트(Hannah Arendt)의 『인간의 조건(*The Human Condition*)』(1958), 올더스 헉슬리(Aldous Huxley)의 『멋진 신세계 재고(*Brave New World Revisited*)』(1958), 레이몬드 윌리엄스의 『기나긴 혁명(*Long Revolution*)』(1961) 그리고 하버마스(Habermas)의 『공론장의 구조변동(*Structural Transformation of the Public Sphere*)』(1962)을 같은 범주로 봤다.

미디어 학자들의 공유된 인식은 각각의 저자들이 '현대 사회의 해결자이자 의사소통 원인 제공자인 미디어가'과 모두 '대중 사회, 군중 속의 고독을 해결하고 더 필수적인 민주주의를 재건립하는 방법을 제공하는 것'을 예측하는 것이다(Peters, 2003: 221). 대중매체는 이러한 우려 사항들 속에서 명백하게 중심이 되었다.

그것의 매체 소비의 사회적 맥락적 과소평가 때문에, 대중 사회 이론은 이제 더 이상 유행하지 않음에도 불구하고, 그것의 영향력은 여전히 분명하다. 이것은 여러 방면에서 명백하다(McQuail, 2002: 18; 2005: 94~95). 예를 들어, 정치적 참여의 감소와 특정한 투표는 자주 냉소적인 정치가들이 대중매체를 조정함으로써 설명되어진다.

또한, 여전히 대중매체의 요소에서 성적 매력이 부여된 어린 소녀들, 소비자로서 우울한 아이들, 더 최근의 경우, 결국 부분적인 책임을 불러일으키는 어른과 아이들의 비만 증가와 같은 정기적인 사례들로 혐의를 제기한다.

나아가, '지나치게 단순화한다'는 주장들은 역시 대중매체들을 동등하게 만들고, 때때로 '부패된' 공론장의 증거로 인용되는 상업적인 채널들이 증가한다. 마침내, 많은 사람들이 동시대 사회의 물질적인 이익과 명백한 고립, 불행과 초기의 긴밀히 맺어진 공동체에 대한 일시적인 향수의 상실을 즐기는 동안, 대중 사회 이론의 아노미를 규정짓는 사람들에 의해 울려 퍼졌다.

그러나 대중 사회 이론이 오늘날 매체에 대한 교재의 열린 장을 국한시키게 되더라도(Rothenbuhler, 2003: 110), 몇몇 주장들은 그것이 지난 세기들을 넘어 사건들을 설명하는 유용한 방법으로 남겨질 것이라 했다.

예를 들어, 보이드 바렛트(Boyd-Barrett, 1995b: 70)는 보수당과 공화당이 각자 승리한 후, 1979~80년도의 영국과 미국의 자유 시장 자본주의의 부활을 중요한 순간으로 인용했고, 몇 년에 걸쳐 나타난 '진보된' 도시의 경향을 언급했다. 정치적 정당에 대한 전통적인 충성도를 약화시키려는 움직임이었다. 직종별 조합의 지지를 공격, 핵가족의 약화, 화이트 그리고 블루칼라 노동자에 대한 보호의 감소, 폭력적이고 비폭력적인 범죄의 증가, 국가적인 파워 엘리트들의 국제적인 사업 공모가 해당한다. 이러한 경향들의 결과로, 정부와 경제적인 이익이 정부의 정책들을 통해 개인들을 조종하는 편이 더 나을 것이라고 주장했다(Boyd-Barrett, 1995b: 70. '8장 마르크시즘' 참조).

이러한 반영들은 "전통[또는 이론]은 죽지 않았고, 다만 변형되고 있거나 휴면기에 놓여 있는 것으로 재발견되고 적용될 것이다"라며 그 중요성을 이끌었다(Boyd-Barrett, 1995b: 69).

주요 용어

진보적인 이론가들(liberal theorists); 보통 선거권(universal suffrage);

주요 공중들(primary publics); 정신적 문맹(psychological illiteracy);

고정관념(stereotypes); 이데올로기적 충성도(idological loyalties); 현재의 상황(status quo);

가상세계(pseudo-world); 파워 엘리트(power elite); 변증법(dialectic);

대중 설득(mass persuasion); 의사 결정자(opinion-managers)

주요 학자

Charles Cooley; Walter Lippmann

 권장도서

Eldridge, J. C.(1983), *Wright Mills, Chichester*, Ellis Horwood, London: Tavistock
    Publications.

라이트 밀의 생애와 연구의 탐구정리를 통하여 파워엘리트의 비평적 분석을 제공하고
있다.

McQuail, D.(ed.)(2002), *McQuail's Reader in Mass Communication Theory*, London:
    Sage.

네 개의 장과 라이트 밀의 파워 엘리트를 차용하여 '매스미디어와 사회'를 정리 하고
있다.

Scannell, P.(2007), *Media and Communication*, London: Sage.

이 책은 라이트 밀의 광범위한 연구를 대중(the Masses), 매스커뮤니케이션, 대중문화,
그리고 '대중의 종말(the end of the masses)'을 콘텍스트 차원으로 정리하고 있다.

13장

토론토학파

Innis H. A.(1951a), "The bias of communication(커뮤니케이션 편향)", Innis H. A., *The Bias of communication*(커뮤니케이션의 편향), Toronto: University of Toronto Press, pp. 33~60.

 ## 토론토학파에 대한 소개

이 장에서는 또 다시 미디어 이론의 발전에 도시들이 어떤 역할을 했는지를 상기시킨다. (이전의 장에서 볼 수 있었던 프랑크푸르트학파, 시카고학파, 버밍험학파와 같이 현대 문화 연구의 중심이 되었던 도시들처럼) 하지만, 독자들이 읽어보았다면 알 수 있듯이, 토론토학파는 위의 학파들과는 다른 특징을 가지고 있다. 이는 다른 학파의 사상만큼 자주 언급되고 있다. 그 이유는 다음과 같다.

특정한 이론과 이론가에 대한 관심은 시간이 가면 변하기 마련이다. 토론토학파의 가장 유명한 학자 중의 한 명인 허버트 마샬 맥루한(Hervert Marchall McLuhan, 1911~80)과 그보다는 덜 알려졌지만 그의 저명한 동료인 해롤드 아담스 이니스(Harold Adams Innis)의 작업이 그런 경우이다. 비슷하게, 잠시 토론토 스쿨에 몸담았던 에릭 해브로크 (Eric Havelock)도 이 장에서 드물게 언급된다(예를 들어, Briggs and Burke, 2002; Stamps, 1995: 129가 있다).

토론토학파가 상대적으로 소외된 이유는 다음과 같은 두 가지 이유가 있다. 첫 번째 이유는 이니스와 맥루한이 수행한 연구 방식과 어떻게 이 연구 방식이 지각되고 발표되었는지에 대한 것이고, 다른 이유는 캐나다를 '지정학적으로 주변지역'인 곳에 의해 결정된다고 보았다는 점 때문이다(Theall, 1975: 1).

스티븐슨(Stevenson, 2002: 119)은 토론토학파를 캐나다 사회 이론의 기원으로 여겼고, 반면에 캐리(1975: 27)는 토론토학파를 캐나다 커뮤니케이션 이론의 원류라고 여겼다. 또 카츠(Kats, 2003: 6, 154) 외에도, 토론토학파는 미디어 기술의 사회적 영향에 대해 주장한 중심 학파로 알려져 있었고, 이들의 작업은 기술결정론으로 분류되었다. 이러한 관점은 기술이 '사회를 형성하고 사회변화를 초래할 수 있다'는 점을 반영한다(Burton, 2005: 201).

하지만, 스탬스(Stamps, 1995: xiv)는 이런 토론토학파에 대한 묘사와는 다르게 1930년대와 1975년대 사이에 발행된 논문들을 '현대성에 대한 비판 이론'으로 설명하는 것이 더 적합하다며 이의를 제기한다. 그 이유는 이니스와 맥루한이 연구한 「역사에 의해 잊힌 부분을 따라 빛나는 광선에 의한 서양의 의식 연구, 즉, 커뮤니케이션시스템의 개발, 또는 미디어」(Stamps, 1995: 3) 때문이다. 비슷하게 스캐널(Scannell, 2007: 142)은 연구의 초점을 미디어 내용(Content)에 대한 집착에서 미디어 형태로 바꾼 토론토 스쿨의 신선하고 신기한 접근을 인정했다.

그럼에도 불구하고, 이니스와 맥루한의 작업이 원하던 결과를 이루어내지 못했다는 주장은 일리가 있다. 적어도 이 부분은 그들의 관심 연구 분야가 캐나다의 지정학적인 역사에 의해 촉발되었다는 사실과 그들이 캐나다 출신이라는 점이 설명해 준다. 이 점을 설명하기 위해, 스탬스(Stamps, 1995: 3~4)는 '유럽 중심의 편견' 때문에 서양 사상가들의 작업을 선호하게 된다고 주장하는데, 예를 들어 푸코(Foucalt), 프로이트(Freud), 하버마스(Habermas), 마르크스(Marx) 그리고 이들처럼 이니스와 맥루한이 제공하는 통찰력을 우리에게서 빼앗은 사상가들이 있다. 더 나아가 스탬스(Stamps, 1995: xiv)는 '기술결정론'이 어떤 방면에서는 '캐나다 고유의 것', 즉 '고유의 원류'와 같다고 말한다.

비슷하게, 캐리(Carey, 1975: 27~28)는 커뮤니케이션 이론에 대한 캐나다의 학문을 미국 학자들이 저항하고 있고, 1970년대 이니스의 연구만이 간신히 인정받았음을 언급했다. 사회에서의 소외는 부분적으로는 이니스의 캐나다 시민권에 의해 설명되지만, 그의 명성은 '캐나다 학문이 영국 그리고 미국 학문의 편견을 바로잡아야 하고, 더는 설명의 중요성이 없는 영역으로의 침투를 둔화시켜야 한다는 확고한 믿음' 때문에 도움이 되지 못했다(Carey, 1975: 20).

토론토학파는 해롤드 이니스(Innis, 1894~1952) 또는 마샬 맥루한과 더 많은 관련이 있는데, 두 사람 모두 미디어 분야에 '측면을 통해' 입문한 사람이라고 말할 수 있다(Katz et al., 2003: 154). 다시 말해서, 이니스는 원래 경제학자로 훈련 받았고, 맥루한은 영문학자였다. 이니스는 캐나다에서 태어났고 주로 정치경제학자 또는 경제 사학자라고 불렸다(Kroker, 1984: 16; Thussu, 2006: 58). 그는 토론토에 있는 맥마스터(McMaster) 대학교에서 석사 학위를 받은 후 세계 1차 대전 때 해외에서 복무하였고, 돌아와서는 시카고대학에서 박사 과정을 밟았다(Dennis and Wartella, 1996: 187).

이니스는 나중에 토론토대학의 정치경제학 부서에 들어와서 그의 나머지 연구 인생을 보냈다(Stamps, 1995: 41). 그의 주요 저서는 다음과 같다. 『캐나다 태평양 철도의 역사(*A History of the Canadian Pacific Railway*)』(1971/1923), 『캐나다의 모피교역: 캐나다 경제사 소개(*The Fur Trade in Canada: An introduction to Canadian economic history*)』(1984/1930), 『대구어업: 국제 경제의 역사(*The Cod Fisheries: The history of an international economy*)』(1978/1940), 『근대 국가의 정치경제학(*Political Economy in the Modern State*)』(1946), 『커뮤니케이션 편향(*The Bias of Communication*)』(1964/1951), 『제국과 커뮤니케이션(*Empire and Communications*)』(1972/1950).

또 다른 캐나다 출신인 맥루한은 1943년에 박사 학위 과정을 영국에 있는 캠브리지대학에서 마쳤다. 그는 미주리 주에 위치한 세인트루이스대학에서 학생들을 가르쳤고 이후에 그의 나머지 연구 경력을 쌓은 후 1963년부터 1980년까지 문화와 기술 센터 담당을 맡았던 토론토대학의 세인트 미첼 칼리지로 옮겼다(Dennis and Wartella, 1996: 189; Stamps, 1995: 146). 맥루한의 가장 유명한 논문들은 「구텐베르크 은하수(The Gutenberg Galaxy: The making of typographic man)」(1962)와 이것의 속편인 「미디어의 이해(Understading Media: The extensions of man)」(1964)가 있고, 다른 출판물들은 다음과 같다. 『기계적 신부(*The Mechanical Bride: Folklore of Industrial Man*)』(1951b), 『미디어는 메시지다(*TheMedium is The Massage: An Inventory of Effects*)』(withQuentinFiore, 1967), 『문화는 비즈니스다(*Culture is Our Business*)』(1970a), 『*From Cliché to Archetype*』(1970b).

맥루한은 분명 이니스의 연구에서 영향을 받았다(Meyrowitz, 2002: 103; Stamps, 1995: 122). 그들의 연구가 겹치는 부분이 있지만, 맥루한의 연구가 형태를 갖추면서 이니스의 경력은 끝나게 되었다. 이니스의 연구가 문자의 커뮤니케이션에 특히 주목했었다면, 맥루한은 그 스스로를 '새로운 커뮤니케이션 시대의 통역사'로 칭하며 텔레비전이라는 새로운 매체에 더욱 주목했다(Scannell, 2007: 130). 그의 저서인 『미디어의 이해(*Understanding Media: The extension of man in 1964*)』를 통해, 맥루한은 오늘날의 유명인사가 얻을 법한 명성을 성취했다. 그의 명성은 사그라졌다가 1990년도에 재조명

받았다(Meyrowitz, 2003: 200~208).

'지구촌', '핫 또는 쿨 미디어' 그리고 '미디어는 메시지다.'와 같은 그의 유명한 경구들이 모두 바르게 이해되고 해석되지 못해서인지, 맥루한은 그의 동료들에게는 칭찬받았지만 다른 사람들에게는 강력하게 비판 받았다(Meyrowitz, 2003: 208~210; Scannell, 2007: 129~138). 맥루한이 세계적으로, 학교 안팎으로 상당한 독자들을 매료시키기는 했지만, 이니스가 '훨씬 더 중요한 이론가'로서 평가 받아왔다(Godfrey, 1986: vii).

캐나다인의 관점에서 보면, 스탬스는 그 이유가 이니스와 맥루한의 '현대 사회를 이해하는 데 가치 있는 공헌'이라고 인정받고 있는 미디어 연구 때문이라고 주장했다(Stamps, 1995: 3). 비슷하게, 스티븐슨(Stevenson, 2002: 119)도 매스커뮤니케이션의 사회 이론에 대한 토론토학파의 공헌을 인정했다. 근본적으로, 그들의 연구는 어떻게 매스미디어의 기술적 조직체가 현대 사회의 사회관계를 형성하는지를 설명하는 데에 그 목표가 있기 때문이다.

기술의 부수적인 역할보다 필수적인 구성요소로서의 역할을 강조하는 것을 말미암아 보았을 때, 메이로위츠(Meyrowitz, 2002: 102~106)—이니스와 맥루한에게 영향을 받은 (Robinson 1996: 165)—는 이 학문의 유형을 '미디어 이론'이라고 분류했다. 그 이유는 그들의 학문이 특정 미디어의 개별적인 특성에 초점을 맞추어 연구되었기 때문이다.

이니스, 맥루한, 조지 그랜트(George Grant), 그리고 다른 캐나다 학자들이 수행한 연구들은 크로커(Kroker, 1984: 7)로 하여금 '캐나다의 북미 사상에 대한 원칙적인 공헌이 기술에 대한 대단히 독창적인, 종합적인, 그리고 설득력 있는 담론을 구성한다'고 주장하게 했다.

 읽기 자료 소개

캐나다 밖에서 가장 유명한 이니스의 두 가지 저서는 『제국과 커뮤니케이션(*Empire and Communications*)』과 『커뮤니케이션의 편향(*The Bias of Communication*)』이다. 이 장은 전자의 내용 요약과 함께 여러 논문들이 실린 후자에 대한 내용을 포함하고 있다. 이 읽기 자료는 『커뮤니케이션 편향』이라는 같은 제목을 가지고 있다. 또 1949년 이니스가 미시건대학교에서 발표한 논문을 기초로 하고 있다. 마샬 맥루한의 도입부를 포함하고 있는 책의 내용은 1952년 이니스가 죽기 직전에 발행되었다.

서문에서는 이니스가 이 책을 구성하고 있는 여러 논문들에 대한 배경 지식을 제공하고 있다. 이니스에 따르면, 근본적인 문제는 '왜 우리는 우리가 주목하고 있는 것에 전념해야 하는가?'이다. 그가 이 질문에 분명한 대답을 하지 않았지만, 이니스(Innis, 1951: xvii)는 책에 있는 논문에서 말한다. 이는 이니스의 책이 어렵다는 점을 시사하기도 한다.

『커뮤니케이션 편향』은 미디어와 커뮤니케이션 분야의 교과서로 종종 언급되는데, 거의 항상 논의가 기술 발전 문제나 시공간의 고려사항에 대해 흘러갈 때 언급 되는 책이다. 이니스도 여느 다른 이론가들처럼 비판 받기도 하지만 같은 부분에서 칭찬받기도 한다. 예를 들어, 블론하임(Blondheim, 2003: 165)은 커뮤니케이션 편향이 굉장히 중요하고 기준이 되는 책인 이유로 다 음 네 가지를 말했다.

첫 번째로, 이니스의 연구는 다음 두 개의 차원에서 접근하였는데, 하나는 '역사상의 커뮤니케이션 연구'이고 다른 하나는 '커뮤니케이션의 역사'였다(Blondheim, 2003: 165). 두 번째로, 이니스는 '커뮤니케이션의 과정과 그 사회의 중요성'을 실험하기 위해서 실제 미디어 또는 기술적 인공물에 주목하였다는 것이다(Blondheim, 2003: 165). 위에서 보았듯이, 이러한 접근의 결과로 인해 이니스(그리고 맥루한)는 '기술결정론자'라는 꼬리표를 달게 됐다. 세 번째로, 이니스가 경제학자로서 훈련 받아왔던 것이 그로 하여금 독점적 경쟁 이론을 커뮤니케이션 연구에 적용하도록 했다는 것이다(Innis, 1951: xvi). 이는 이니스가 '지식의 독점'이라는 용어를 만들도록 했고, 커뮤니케이션 분야에 적용했을 때는 지식, 인공물 그리고 기술들의 독점에 대해서도 서술했으며 이는 여전히 주요 문제로 남아 있다.

특정 미디어 또는 지식 상품이 사회 커뮤니케이션 환경을 지배할 때, 과점의 독특한 역학이 이런 미디어 또는 지식의 본체를 보유하는 것, 그리고 대안의 발생을 막으며 궁극적으로 독점적 미디어와 기술의 사회적, 정치적, 문화적 효과를 늘리도록 하는 것을 증폭시키고 영속시키게 한다

(Blondheim, 2003: 166).

마지막으로 네 번째로는, 『커뮤니케이션 편향』이 역사적으로 커뮤니케이션의 발생을 분석하는 데 이용된 메커니즘인 '시공간의 분리'라는 발상을 도입했기 때문에 인정받을

수 있었다는 것이다. 그리고 어떻게 이런 미디어가 사회와 각자의 문화, 커뮤니케이션시스템에 영향을 주어 왔는지에 대해 설명할 수 있었다(Blondheim, 2003: 166).

이니스의 시공간 분리의 개념은 캐나다 경제에 필수적인 주요 상품에 대한 그의 전 연구에 의해 발생했는데, 그 증거로 『캐나다의 모피 교역: 캐나다 경제사 소개(*The Fur Trade in Canada: An Introduction to Canadian Economic History*)』가 있다(Carey, 1989). 이니스는 특히 유럽인들이 '새로운 세상'인 북미로 이주하는 흐름을 만든 것이 무엇인지, 그리고 이주하는 데 있어서 '조선술의 발명, 항해와 복지'가 중요한 것과 같이, 커뮤니케이션의 발전, 즉 '빠른 속도의 항해기술, 믿을 수 있는 장비, 그리고 가장 중요한 인쇄술' 또한 중요했다는 것을 이해하는 데 주목했다(Carey 1989: 158). 이는 이니스로 하여금 과거의 언어 문화에 대해 기록하게 했고, 그럼으로써 '공간 바인딩'과 '시간 바인딩' 문화라는 인간의 경험 전달에 대한 용어, 그리고 '공간 편향적', '시간 편향적' 미디어와 같은 용어들을 만들게 되었다.

캐리(Carey, 1989: 160)는 공간 바인딩과 시간 바인딩의 차이점이 다음 3개 영역, 금리체계, 사용된 상징들, 그리고 어떻게 특정 커뮤니티가 형성되었는지를 조사해봄으로써 확인할 수 있다고 말했다. 예를 들어, 공간 바인딩 문화의 관심은 주로 공간, 즉 '부동산, 여행, 발견, 이동, 확장, 제국, 통제로서의 땅'을 의미한다. 여기서의 상징은 항해의 예술, 토목 공학, 가격체계 그리고 관료 체계와 같은 것들이 있다. 커뮤니티는 특정한 장소에서 형성되는 것이 아니라 '적당한 이해관계, 형식, 상징에 의해 먼 거리에서 연결되는 이동성'이 되는 '커뮤니티 공간'에서 생성되는 것이다(Carey, 1989: 160).

반면에 시간 바인딩 문화는 시간, 즉 역사, 지속성 그리고 영구성을 의미하는 시간적인 요소에서 출발한다. 여기서의 상징은 구두의, 신화적인, 종교적인, 의식적인 것을 의미하고, 공동체 의식이 '장소에 뿌리하고' 있다 하더라도, 이는 '친밀한 유대감과 공유된 역사적 문화'를 뜻한다(Carey, 1989: 166).

바인딩(binding)이라는 용어보다 편향(biased)을 사용하는 것을 선호했다는 점에서, 스탬스(Stamps, 1995)는 왜 시간 편향적 문화에서 커뮤니케이션의 미디어가 매스미디어가 되지 못했는지를 설명했다. 이는 커뮤니케이션의 주요 매체 때문인데, 예를 들어 돌에 새겨진 상형문자는 그 물리적 무게뿐 아니라 문화적인 측면에서도 무겁게 다뤄지는데 상당한 시간, 기술, 지식이 각각의 커뮤니케이션 형식을 만들기 위해서 투자되기 때문이다(Stamps, 1995: 74). 이와 반대로, 공간 편향적인 커뮤니케이션의 주요 매체는 파피루스, 양피지 또는 종이의 사용과 같은 보다 매스미디어의 형식으로 적용하기 쉬운 것들이 있다(Stamps, 1995: 76).

이런 이유로 미디어와 물질들의 여러 조합들의 사용이 시공간을 통제하는 정도를 다양하게 만든다는 것을 알 수 있다(Scannell, 2007: 127). 시간 바인딩 미디어는 오랜 시간 동안 지식을 전달하는 데 있어서 더욱 유용했고, 집단기억을 강화시켰으며 앞으로도 그럴 것이다. 반면에 공간 바인딩 미디어는 지식을 지리학적으로 해석하는데 더욱 효과적이다(Blondheim, 2003: 166). 제국의 유지와 발전은, 이니스에 의하면, 공간 편향적인 미디어의 점진적인 발전에 의한 것이라고 설명할 수 있다.

이니스가 특히 주목하던 시대의 역사적인 분석을 고려해 볼 때, 커뮤니케이션이 다른 학자에 의해서 그 중요성이 인정되었다는 점에서 시공간 분리에 대한 그의 설명은 그리 놀라운 것은 아니다. 예를 들어, 스캐널(Scannell, 2007: 127)은 이니스의 "커뮤니케이션에 있어서 가장 기본적인 역사적 차이는 말과 글의 차이다."라고 말했다. 블론하임(Blondheim, 2003: 166)은 이와 비슷하게 "글과 말의 차이는 시간 매체와 공간 매체의 양극성의 기본적인 모델 그리고 역사적인 기원이 된다."고 말했다. 이니스의 개념들을 이해하기 위해서 주의 깊게 이 개념들을 살펴보는 동안, 여기에 독자들이 넘어야 할 산이 하나 더 있다. 이는 '원문의 어려움'이다(Blondheim, 2003: 160). 이니스의 저서들은 '독자친화적'이지 않은데, 그래서인지 그의 저서들은 '단어들이 생략된', '어려운', '수수께끼 같은', '불분명한', '심하게 모호한' 등의 수식어가 붙다(Stamps, 1995: 91 인용).

게다가 독자들은 『커뮤니케이션 편향』의 내용이 비일관적이고 모순적인 면이 있다고 주장한다. 이러한 점은 맥루한(McLuhan, 1951a: x, xi, xii)이 책의 도입부에 명시하기도 했다. 블론하임 또한 이니스의 서술 스타일을 비판했는데, 연대순으로 정리되어 있는 내용에서 "역사적인 사실과 경험이 되풀이되는 것은 문제가 있다"고 말했다(Blondheim, 2003: 159). 스탬스(Stamps, 1995: 91)도 이니스의 일부 저서는 문맥과 상관없이 갑자기 강조되거나 다른 방향으로 서술되는 내용이 있어 '짜깁기'와 같다고 말했으며, 이는 인용구들이 적절히 문맥에 연결 되지 못했기 때문이라고 말했다.

이니스의 연구가 캐나다 경제사 연구에서 커뮤니케이션과 미디어 역사로 옮겨간 것은 완전한 이행이라고 보기 힘들지만, 맥루한은 이에는 분명 논리적인 연결이 있다고 주장했다. "미디어는 경제학적으로 주요 한 상품들과 같은 중요한 자원이다. 사실, 철도 없이는, 밀과 목재를 운반하기 어렵다. 이와 같이 언론이 없이는 나무 펄프가 주요 상품으로 인지 되기 힘들다."(McLuhan, 1951a: xv) 하지만, 이니스의 학문적 변화는 그의 연구방법을 변화시켰으며, 초창기에는 2차적인 소스에 의지하여 연구를 진행했다 (Scannell, 2007: 126, Stamps, 1995: 67). 블론하임(Blondheim, 2003: 159)에 의하면, 이니스가 선택한 2차적인 소스는 자료의 중복 '거르기'를 통해 그의 해석으로 다시 태어나게 되었다.

하지만, 이는 이니스의 소스를 방대하고 극도로 다양하게 만들었다. 예를 들어, 그의 역사적인 참조는 서양 사상(지식, 정치, 언어, 종교, 미신에 이르기까지), 미디어 역사의 자료(알파벳의 역사와 종이 문화로 오기까지의 언어 역사를 포함하는), 문화적 역사(음악, 문학, 건축과 역사에 이르기까지)를 모두 포함하는 규모였다. 캐리(Carey, 1989: 189)는 이런 이니스를 진정으로 여러 학문과 연결할 수 있는, 동시에 지리학자, 역사학자, 경제학자, 정치학자로서의 본분을 다하는 학자로 인정했다.

이니스의 저서가 읽기 어렵기로 유명하지만, 그의 저서는 시간과 노력을 투자해서 읽을 만한 가치가 있다. 스탬스(Stamps, 1995: 96)에 의하면 맥루한은 독자들이 글을 읽으면서 마주치는 문제를 스스로 해결하는 과정을 'DIY 키트'로 비유하였는데(사실 그는 '고고학적 발굴'이라는 비유를 더 선호하지만), 독자가 잠재적인 보상을 위해 스스로 더 깊게 사유하지 않는 한 해답이 풀리지 않기 때문이라고 말한다. 선발된 읽기 자료의 상당한 길이 때문에 여기서는 중요한 것만 요약하였다. 독자 여러분이 모든 내용을 충분히 숙지할 수 있길 바란다.

이니스(H. A. Innis)
커뮤니케이션 편향1)

서구 문명에서 역사적 시기마다 나타나는 다양한 범위의 문화적 현상을 크로버(A. L. Krober) 교수는 '문화 성장의 구성'이라고 설명하였다(Berkelet, 1946). 그는 문화 요소들의 상대적인 강점과 약점을 설명하기 위해 다양한 논점을 연상시키는 논평을 했지만 확장된 논의를 만들지는 못했다. 필자는 문화적 특징의 상승 또는 하락에 대한 커뮤니케이션의 중요성에 대해 논의하는 것, 그리고 논평에 대해 각주를 다는 것 말고는 더 이상 제안할 것이 없다. 커뮤니케이션의 매체는 공간과 시간을 넘어 지식의 전파에 중요한 영향을 미치기 때문에, 문화적 설정에 대한 영향을 살펴보기 위해서는 그 특성을 연구하는 것이 필수적이다. 그 특성에 따르면, 특히 매체가 무겁고 오래가는 경우, 시간이 흐르면서 지식이 전파되는 것이 공간을 넘어 전파되는 것보다 더 적합하다고 본다. 매체가 가볍고 쉽게 운반 가능할 경우에는 지식의 전파가 공간을 넘어 전파되는 것이 시간의 흐름에 따라 전파되는 것보다 적합한다. 공간과 시간에 대한 상대적인 강조점은 문화마다 다르게 편향되어 있는 주요점들에 따라 다르게 보인다.

우리는 곧 우리가 연구하고 있는 시기의 편향에 대해 깨닫고, 이를 기꺼이 탐구할 필요가 있다. 다른 문명의 편향에 대한 관심은 곧 우리의 편향을 반영하는 것과 같다. 다른 문명에 대한 우리의 지식은 고고학 탐험의 발견으로 인해 접근 가능해지는, 또는 보존 가능한 역사적 발견에 한해서 대부분 각각의 문화에서 사용되는 미디어의 특성에 따라 결정된다.2) 점토 또는 돌 위에 기록하는 것은 파피루스에 기록하는 것보다 쉽게 보존할 수 있다. 내구성 있는 상품이 시간과 지속성을 강조하기 때문에, 토인비(Toynbee)의 연구와 같은 문화 연구들은 종교에 대한 편견이 있기 마련이고, 공간문제에 대한, 특히 관리와 법에 대해서, 방관하는 태도를 보인다. 뉴스나 라디오에 의해 부수적으로 따라오는 현대 문명에 대한 편견은 다른 매체에 의해 지배되는 문명의 관점을 추정할

---

1) 1949년 4월 18일에 출간된 미시건대학교의 논문.
2) 고고학자들이 예술의 대상에 지나치게 신경 쓴다는 점을 지적한 내용을 보라. S. Clarke and R. Engelbach, *Ancient Egyptian Masonry, the Building Craft*, London, 1930, p. vi.

수 있게 한다. 우리는 지속적으로 이런 편견의 영향에 대해 기만한 태도를 취할 필요가 있고, 아마도 다른 다양한 문명에 대한 매체들의 영향이 우리의 편견에 대해 보다 분명하게 자각할 수 있도록 일조할 수 있다. 어쨌든, 우리는 우리 문명에 특성에 관해 겸손해질 수 있을 것이다. 우리는 아마도 오랜 기간 동안 커뮤니케이션 매체의 사용이 소통되는 지식의 특성을 보다 확장시키고, 이 영향력이 결국에는 그 수명과 유연성을 유지하기가 극도로 어려워지는 문명을 탄생시킬 것이며 새로운 매체가 새로운 문명의 발현을 이끌게 될 것이라 생각해 볼 수 있을 것이다

[내용]

도입 부분의 마지막 세 문장에서는 이니스가 설정한 논제를 볼 수 있다. 논제는 "커뮤니케이션 매체가 무언가에 영향을 미치고 있다"라는 문장으로 시작되는데 이는 이니스가 우선적으로 두고 있는 점이 내용이나 관중의 문제보다 매체의 특성이라는 점을 시사한다. 비슷하게, 두 번째 문단에서는 "소통되는 지식의 특성을 확장하기 위한 의지"라고 서술하는데, 이는 시간이 흐르면서 문화의 변두리에서 '새로운' 매체가 발현하지만 특정 매체는 사라지는 것을 의미한다.

이런 논제를 통해서 보았을 때, 이니스가 기술결정론자로 불리는 이유를 알 수 있다. 하지만, 이전에 언급되었던 기술결정론의 정의를 생각해 보았을 때, 독자들은 과연 이니스가 기술결정론자로서 불리는 것이 적합한지에 대해 의문을 가질 수 있다.

이니스는 두 번째 문단에서 '편견'이라는 것이 무엇을 의미하는지, 그리고 그의 역사적 분석이 커뮤니케이션과 미디어의 초기 형태, 즉 점토나 파피루스의 기록과 같은 것을 다루고 있다고 서술했다. 하지만, '새로운' 매체로서 라디오가 언급되고 이 책이 1951년에 출판되었다는 사실로 미루어 보았을 때, 텔레비전은 다루어지지 않을 것이라는 점을 알 수 있다.

[문맥]

문맥에서 볼 수 있는 첫 번째 포인트는 이니스가 책을 쓸 때 영감을 준 저자(Krober, 1946)를 인용했다는 점이다. 이니스는 크로버의 '문명화' 분석에 대한 내용을 받아들였다(Blondheim, 2003: 173). 비슷하게, 이니스는 문명과 종교의 발생과 쇠퇴에 대해 다루고 있는, 또 내용이 방대하다고 알려진 아놀드 토인비(Arnold Toynbee)의 저서 『역사의 연구(*Study of History*)』 (1934~39)도 인용했다. 이니스는 토인비와 같은 저자들이 적절하게 커뮤니케이션의 역할에 대해서 설명하지 못하고 있다고 생각했고, 그가 누락된 내용들을 올바르게 고쳐야 한다고 생각했다.

[구조]

이니스가 첫 번째 문단을 도입부로 사용한 이유는, 그가 의도한 것, 그리고 왜 그가 이 논의를 시작했는지를 설정하는 것이 그만한 가치가 있기 때문이다. 어느 정도까지가 책의 도입부를 만드는 좋은 예가 될 수 있을까요?

[문체]

이니스가 일인칭으로 서술한 처음 두 문단 이후의 나머지 내용에서는 제 삼자의 입장에서 서술하고 있다. 그가 크로버의 저서에 '각주'를 달은 이유는, 전체적으로 27페이지에 달하는 길이, 그리고 복잡한 개념을 축소해서 말하려고 했기 때문이다.

도입부 마지막 문장을 통해 이 책의 제목을 어떻게 조합하게 되었는지를 알 수 있다. 보시다시피, 이니스가 관련 자료와 소스를 나열하는 방식이 각주로 이루어짐을 알 수 있다.

이집트 문명은 나일강의 특성에 강력한 영향을 받았다. 주기적인 홍수의 이용은 절대 권력의 통합적인 통제에 의해 결정되었다. 약 B.C.4241년 경 발견된 항성년은 태음년의 어려움을 해결할 수 있었다고 알려져 왔다. 이 발견은 종교 행사의 날짜를 결정하는 데 적용되어 절대 군주제를 성립하게 했고 오시리스(Osiris), 태양신, 나일강과 태양의 권력 또한 강화시켰다. 공간의 관점에서 이집트 전반적으로 성공한 절대 군주제는 시간의 한계와 영속성의 문제를 가지고 있었다. 이때 불사의 개념은 절대 군주제를 더욱 강화시킬 수 있는 것이었다. 시간을 통제하는 장치로서 피라미드의 건축과 미라의 제작은 장례 의식의 부분으로서의 회화 미술 발전, 그리고 기록 문화의 발현과 함께 동반하여 발생하였다. 군주의 질서를 세운 구어(the Spoken word)는 그 자체로 무덤에 기록된 언어로 영속적으로 남아서 창조적인 효율성을 가질 수 있었다. 나아가 회화 장식들은 상형문자로 발전하게 되었다. 기록은 점점 음성기록법으로 발전했고, 메네스(Menes)의 시기(약 B.C. 3315)에는 많은 기호들이 각자의 음성을 가지게 되었고 표음문자로서 일정한 형태를 갖추게 되었다. 신성한 권리로서 발전해 오던 독재 군주제는 약 B.C.2850년 경에 피라미드의 형태로 신성화되었고 이에 사유재산은 사라지고 모든 경작지는 왕의 소유가 되었다.

돌을 이용하거나 상형문자로서 나타나던 지식의 독점은 파피루스라는 새롭고 더 효과적인 매체와의 경쟁 상태에 놓이게 되었다. 왕족의 권위는 B.C.2540년 이후로 점점 몰락했으며 이는 매년 하루가 추가되는 항성년의 결함을 극복해 줄 수 있는 대안으로서의 태양년의 발견과 일치했을 가능성이 있다.

붓과 파피루스 사용의 증가는 상형문자의 개발과 함께 전문적인 기록직업이 생겨나도록 했다. 쓰기와 사상은 보다 대중화되었는데, 쓰기와 읽기의 보급으로 인해 보다 확장된 관리를 할 수 있게 되었다. 돌의 사용부터 파피루스의 사용에 이르기까지의 변화를 포함한 사회 혁명, 그리고 상승된 사제 계층의 중요성은 이집트 문명에 대한 막대한 부담을 주었고 결국 강력한 무기를 지닌 침입자들에게 침투 당하게 되었다. 힉소스(Hyksos) 왕조와 셰퍼드(Shepherd) 왕조는 B.C.1660년부터 B.C.1580년 사이에 포로로 잡혀 사형 당했다. 조직의 재편성과 자원의 유통을 손쉽게 하는 이집트의 문화적 강점은 곧바로 침입자들을 축출하는 데 일조하였다. 말과 사륜마차의 등장은 이집트 지배자들이 힉소스 왕가를 축출하는 것뿐 아니라 새로운 영역을 지배하고 제국을 건설할 수 있도록 했다.

다른 인종을 받아들이기 위한 정치 집단의 확장과 정부의 공간적 문제를 일시적으로 해결하기 위한 종교의 확장은 왕으로 하여금 국가 영속성의 문제를 해결하도록 요구한다. 태양 숭배는 이집트인과 외국인의 차이를 무효로 만들기 위한 제국의 종교로서의 역할을 했다. 하지만 이집트의 견고한 사제 계층에 대한 적개심을 극복하지는 못해서 제국은 쇠퇴하였고 결과적으로 시리아인과 페르시아인들에게 정복당했다. 어려운 내용을 담은 지식의 독점은 이집트 제국에 변화에 대한 요구에 저항했고 결국 제국을 사라지게 했다.

파피루스의 풍부한 공급과 기록에 대한 종교의 보수적인 입장으로 인해 상형문자의 기록은 유지되었다. 자음의 발현은 넓게는 이국의 단어들을 발견함으로써 얻어진 결과물이다. 이크나턴(Lkhnaton) 왕이 구어와 기록 언어를 합하려 노력했음에도 불구하고 구어는 기록 언어로부터 떨어지려고 하는 경향이 있었다.

Note

[문체]

이 문단들은 나머지 내용의 대표적인 내용들을 담고 있는데, 워낙 자세하게 다루고 있어서 주의 깊게 읽었다면 일반적으로 접근 가능하지만 여기서 논의된 문명을 이해하기 위해서는 독자의 부가적인 노력이 필요하다. 사전을 이용한다면 더욱 쉽게 이해할 수 있을 것이다.

이니스에 의한 학제 간의 접근, 즉 지리학적·정치학적·건축학적·종교적·신화적으로 연결되는 논리는 완벽하게 명료하다. 비록 대부분 이니스가 어떤 자료도 인용하지 않았지만 우리는 그 자료들이 이차적인 소스에서 왔다는 것을 알 수 있다.

[내용]

이니스가 여기서 말하려고 했던 것은, 미디어의 방식이 커뮤니케이션의 특징과 시간의 흘러감에 따라 문명의 특징을 변화시키는 커뮤니케이션 과정에 어떻게 다르게 영향을 미치는지에 대한 설명이다. 이 장에서는 이니스의 주요 개념인, '지식의 독점'이 등장한다.

이니스는 미라화, 피라미드의 건축, 회화 장식들, 상형문자, 그리고 기록의 발현이 어떻게 커뮤니티의 역할이 강조되었고, 어떻게 문명이 시간의 특성에 의해 통제되었는지에 대해 서술한다. 하지만, 결과적으로 돌과 상형 문자의 지배적인 역할 때문에 당시에 새롭고, 보다 효과적인 매체였던 파피루스가 지식의 독점을 초래했다.

그래서 이니스는 어떻게 이런 새로운 매체의 등장이 이집트 문명에 '사회 혁명'을 일으킬만한 영향을 미쳤는지에 대해 설명하려고 했다. 요약하자면, 첫 번째로 이런 변화는 문명 내부의 권력구조를 변화시켰다. 두 번째로는 변화로 인해 침입 세력에 의해 정복당했다는 점이고, 세 번째로는 적을 격퇴하고 나서 확장된 제국을 통치하고 소통할 방법을 찾으려고 노력했다는 것이다. 궁극적으로 이에 실패한 이유는, 이니스에 의하면, "어려운 문자로 유지되었던 지식의 독점이 변화에 저항했다는 점"이었고 이는 결과적으로 이집트 제국을 멸망에 이르게 했다.

[문맥]

이니스가 이집트를 다루는 방식에 관해서 독자가 볼 수 있는 사실은 그가 모든 문명과 시대에 관련하여 접근했다는 점이다. 다시 말해 커뮤니케이션과 미디어에 대한 검토가 다양한 차원, 즉 경제학적·문화적·정치적·사회적인 차원에서 이루어졌다는 것이다.

[구조]

이니스는 주요 포인트와 개념을 개괄적으로 요약하거나 설명하지 않았다. 그보다는, 이야기 형식의 글을 통해서 독자 스스로 미디어와 커뮤니케이션 기술에 대해 두드러진 부분을 깨닫고 결론을 향해 나아가도록 했다.

이미 언급되었던 내용과 그의 비평을 참고했을 때, 이니스는 그의 서술구조를 경험과 사실의 나열을 통해 만들지 않았다는 것을 알 수 있다.

큰 활과 창, 개선된 알파벳과 같은 새로운 장비의 이점으로 인해 페르시안은 아시리안 제국을 정복하여 빠르게 제국을 건설할 수 있었다. 사제들의 지원으로 사이러스(Cyrus)는 B.C.536년에 바빌론의 왕이 되었다. 캄비세스(Cambyses)왕은 B.C.525년에 이집트를 제국에 편승시켰다. 두 개의 다른 종교적 중심지를 지배하는 아시리아인들의 문제는 페르시아인들에게 그대로 전해지게 된다. 그들은 사람들이 각자 자신 들이 숭배하는 종교를 가질 수 있도록 허락하는, 관용의 정치로 부분적으로나마 문제를 해결하려 했다. 유대인들은 B.C.539년에 감옥에서 풀려났다. 이후에 유대교는 효과적인 종교 집단의 중심이 되었다. 페르시아인들은 우편 커뮤니케이션을 유지시켰던 도로시스템과 말의 이용을 통해 보다 정교하게 통치할 수 있었다. 통치 관할 구역이 생겨났고 구역에는 총독, 군정장관, 국무장관, 세 개의 주요 관직이 있었으며 각 관직은 다른 관직으로부터 독립적인 위치에서 수도의 지시를 직접 받아 일을 수행했다. 하지만 권력의 중심 집중화로 인해서 시간과 영속성의 문제와 통치 능력의 문제와 같이 이전에 이미 겪었던 문제를 다시 상기시키게 되었다. 이러한 문제들은 바빌로니아, 이집트, 그리고 예루살렘의 완강한 종교적 중심 때문에, 그리고 그리스인과 같이 제국의 변두리 지역에 위치하고 있던 사람들 때문에 더 심각해졌다. 전쟁에서 새로운 전술들의 등장은 알렉산더(Alexander)로 하여금 B.C.333년과 B.C.331년에 있었던 결정적인 전투를 통해 제국을 정복하게 했다. 동양의 제국은 영토 문제를 해결하고 방대한 지역을 효과적으로 정렬하는 데는 성공했지만 시간과 영속성의 문제를 해결하지는 못했다. 아시리아와 페르시아 제국은 공간을 넘는 통치를 강조했지만 바빌로니아와 이집트의 종교적 독점에도 불구하고 시간의 문제를 해결하지 못했다.

Note

[내용]

이니스의 분석은 운송, 무기, 제국과 문명의 발전에 기여한 커뮤니케이션을 우선적으로 다루는 경향이 있다. 여기에서 그는 페르시아의 흥망성쇠에 대해서 페르시아인들이 어떻게 아시리아인들이 이전에 비슷하게 겪었던 문제를 경험했는지 서술하였다. 페르시아인들은 아시리아인들처럼 넓은 지역을 관리하고 지배할 수 있는 능력이 있었지만, 페르시아인들은 효율적인 도로시스템과 말의 사용이 초래한 우편 서비스와 개선된 알파벳에 의존한 커뮤니케이션을 통해 넓은 지역을 통치할 수 있었다.

그러나 두 제국 모두 이미 존재하고 있었던 종교적인 지식의 독점이 정복한 영역을 중심으로 일어났기 때문에 효과적으로 시간과 영속성의 문제를 해결하지는 못했다. 스캐널(Scannell, 2007: 128)에 의하면, "공간 편향적인 미디어는 정치적 권력을 뒷받침하고, 시간 편향적 미디어는 종교적 권력을 견고하게 한다"고 한다.

여기서 알 수 있는 다른 주요점은 『커뮤니케이션 편향』 전반을 통틀어 지속적으로 다루는 주제인, 제국의 생존을 위협하고 또 문명을 발현하게 하는 장소이다. 다시 말하면, 이집트의 경우 이니스는 이런 위협 적인 부분이 사회적, 지리적으로 변두리와 끝부분에서 일어난다고 보았다(예를 들어, Stamps, 1995: 79 참조).

페르시아 제국과 그리스에 있던 '견고한 종교적 중심'은 위협이 발생하는 변두리 지역에 위치해 있다. 이 점이 시사하고 있는 바는 문명이 만약 시간 편향적 미디어와 공간 편향적 미디어의 조화를 이루지 못할 경우 문명은 위험에 점점 더 노출될 수밖에 없다는 것이다.

[문체]

다시 말해서, 이니스가 어떤 소스를 끌어왔는지는 분명하지 않다. 자료를 정리해서 알려주지 않기 때문에, 이니스는 독자들이 그가 자료를 어떻게 해석했는지 확인하거나 관심을 더 확장할 수 있는 기회를 빼앗은 것이나 다름없다.

[문맥]

여기에서는 이니스가 어떻게 문명과 제국에 대해 논의를 오고 갔는지 알 수 있다. 우리가 이전에 알아보았듯이, 이니스의 다른 유명한 커뮤니케이션 저서는 『커뮤니케이션 편향』이 나오기 직전인 1950년에 출판된 『제국과 커뮤니케이션(*Empire and Communication*)』이다. 흥미롭게도 제국과 커뮤니케이션은 소스로 정리되어 있지 않다.

Reading 4

페니키아어와 셈어의 자음 알파벳은 지중해 북쪽 해역에 있는 그리스에서 차용되었다. 소아시아 언어를 쓰는 아리아인들과는 달리 그리스는 이집트와 바빌로니아 문명에 대한 영향에서 자유로웠다. 땅을 가로지르는 강의 지리적 요인 때문에 그리스는 다른 문화들을 거부하거나 자신에게 유리할 수 있는 중요한 특성을 선택할 수 있었다. 그리스는 문자 없이도 북쪽 사람들을 지배하면서 구전되어 온 전통적인 언어가 있었다. 호머식의 시는 세대를 지나면서 음악가들에게 불려 왔는데 그 시대마다의 요구를 반영하였다. 이런 강력한 구어는 그 소리를 표현해 내는 자음 알파벳이 발생하게 했고 그 24개의 문자 중 5개를 모음으로 사용했다. 모음은 자음과 같은 가치를 가졌으며 각각의 문자언어에서 사용되었다. 문자 언어는 구어의 소리를 표현해 내는 장치로서 설계되었다. 알파벳의 등장은 모양보다는 소리, 눈보다는 귀에 더 주목하고 있다는 의미가 있다. 제국은 구어적인 커뮤니케이션을 강조했던 그리스의 정치 집단과는 반대로 시각적인 언어에 의한 커뮤니케이션을 구축했었다. 그래서 그리스는 동양 제국을 곤란하게 했던 문자언어에 대한 숭배를 피할 수 있었다. 7세기가 시작하기까지 글의 등장이 늦어지고, 이집트로부터 파피루스의 공급의 어려움, 매체로서의 돌을 사용하는 것의 한계와 같은 요인들은 그리스로 하여금 구전의 문화를 지키게 했다. 이로 인해, 제2언어를 배우는 데 대한 비용이 발생하지 않았고 어려운 문자로 인한 지식의 독점이 발생하지 않게 되었다.

[내용]

Note

이니스의 분석은 그리스의 지리학적 위치, 유용한 문화적 특성에 대한 신중한 선택과 수용과 같은 요인이 '강한 구전'을 유지하도록 했다고 말하고 있다. 이 구전은 '낭송가와 음악가의 세대'의 방식에 따라 전달되어 왔다. 그리고 장기적으로 커뮤니케이션의 지배적인 매체로서 구어가 문자 언어에 종속되지 않도록 저항했다.

이러한 관점에서, 이니스는 그리스가 이전의 문명들과는 선명하게 달랐다고 말한다. 그 이유는 그들의 지배적인 커뮤니케이션 매체가 문자 언어의 특성, 즉 시각적인 것이 아닌 소리, 말로 의논하는 것에 기반을 두고 있었기 때문이다. 구전 문화가 오래 지속된 이유는 파피루스가 충분히 공급되지 않았고, 돌이 구전을 대체할 만한 적합한 매체가 아니었기 때문이다. 독자들은 지식의 독점과 관련하여, 이니스가 참조한 마지막 문장을 이해할 수 있습니까?

[문제]

아마 독자들은 이미 고대의 세계지도를 참조하는 것이 유용한 일일지 생각해 보았을지도 모른다. 이는 필수적이지는 않지만, 장소의 크기와 현지 부근에 대한 인식의 정도가 그 장소에 대한 효과적인 커뮤니케이션을 개발·수행·유지하기 위해 무엇을 해야 하는지를 더 잘 이해할 수 있도록 도울 수도 있을 것이다.

구전의 유효성은 그리스가 페르시아 제국의 확장으로부터 배울 수 있었던 점과 비교해 보았을 때, 또 5세기에 나타난 아테나의 문화적 부흥기를 보았을 때, 나라를 발전시키는 데 탁월했다. 밀레토스로부터 망명한 아이오니인들의 도착은 철학적 사색에 강력한 자극을 주었다. 디오니소스의 의식과 합창 의식은 핀다로스에 의해 완성되었고, 이는 아이스킬로스, 소포클레스, 에우리피데스와 같은 비극[3]의 개발의 밑거름이 되었다. 5세기 후반에는 글이 구전을 침투하기 시작했다. 니체는 비극으로 치닫는 개인의 소멸에 대한 환희로서의 음악의 중요성을 강조했다. 음악의 혼이 사라지는 것은 비극의 쇠퇴라고 보았다.[4] 법의 상승은 산문에 대한 관심을 반영한 것이었다. 산문 문학은 펠로폰네소스 전쟁 이후에 빠르게 발전했다. 연극은 에우리피데스가 공연될 때 널리 퍼지게 되었다. 5세기 말에는 좌우 교대 서법(boustrophedon)이 금지되었고, 글을 왼쪽에서 오른쪽으로 쓰도록 규칙이 변경되었다. 아이오니 알파벳은 B.C.403~B.C.402년 경에 법의 재발행과 체계화를 위해 아테네에서 적용되었다.[5]

아테나에서 글의 사용이 증가하면서 그리스 커뮤니티 간의 차이가 발생했고 특히 스파르타와의 차이가 두드러졌다. 아테나 제국은 문화의 차이가 발생하는 것을 피할 수 있다고 장담했다. 그래서 아테나의 법정은 민주 국가에 대한 편파 판정을 내릴 수밖에 없었다. 국가들은 서로 충족할 수 없는 요구들을 제시했다. 결국 전쟁이 발발하였고 아테나는 패배하였다.

Note

[내용]

이 부분의 요지는 그리스 구전 문화의 쇠퇴이다. 문자의 침공이 점점 강력해질수록 구전 문화는 약해져 갔다. 분열을 초래하는 글의 본성은 내부의 불안을 키우는 기폭제와 같아서 아테나를 전쟁에서 패배하게 했다.

비록 요약된 버전에는 없지만, 다음 니체의 인용구는 문자 문화에 대한 이니스의 관점을 전달하는 데 사용되었다. "누구나 다 읽기를 배우게 하면 결국 글쓰기분 아니라 생각도 망쳐버릴 것이다."(Innis, 1951: 44 인용) 이니스는 구전 문화를 강력하고 필수적인 문화라고 믿으

---

3) J. E. Harrison, *Prolegomena to the Study of Greek Religion*(Cambridge, 1908), p. 568.

4) F. Nietzsche, *The Birth of Tragedy from the Spirit of Music*(Edinburgh, 1923), pp. 120~127.

5) W. S. Ferguson, *The Treasures of Athena*(Cambridge, Mass, 1923), p. 178.

며 열정적으로 옹호 하는 팬으로 알려졌다.

그리스와 관련된 상황의 구체적인 특성에 대해 더 알아보는 것은 이니스의 시공간 분리를 알아보는 데 도움이 된다. 스캐널(Scannell, 2007: 127~128)은 두 가지 포인트를 언급했다. 첫 번째는, 그리스 알파벳의 '단순함과 유연함'이 지식의 보존과 보급을 가능케 했고, 사회의 특정계층에 의해 지식의 독점이 발생하는 것을 약화시켰다는 것이다.

두 번째로, 구전이 연속되고 힘을 가질 수 있었던 이유는 아테나 광장에서 자유롭게 철학적인 토론을 할 수 있었기 때문이라는 것이다. 이는 아테나와 같이 '소규모 도시국가의 정치지리학' 적 요소를 가지고 있어야만 가능한 것이다.

스캐널(Scannell, 2007: 128)은 아테나를 로마가 제국의 힘을 유지하고 확장하기 위해 파피루스와 양피지, 그리고 글을 포함한 높은 수준의 사회 기초를 필요로 하는 통치를 시작하기 이전에는 본래 도시국가였던 로마와 대조하였다.

[문체]

『커뮤니케이션 편향』의 요약 버전에서도 이니스가 반복하여 증거를 제시한다는 점을 볼 수 있다. 당연하게도 우리는 그가 타자기나 손으로만 글을 썼을 것이라 알고 있다. 워드 프로세서가 없었으므로 그는 '잘라 붙이기'를 하거나 '찾아 바꾸기'를 하기 힘들었을 것이다.

Reading 6

로마 제국의 관료주의는 파피루스가 공급되는 방대한 지역을 통치하는 데 생기는 문제들을 해결할 수 있었다. 미디어의 편향은 관료주의의 독점이 제국의 3차원적인 문제, 즉 시간에 대한 문제를 만족스럽게 해결하지 못한다는 것을 분명하게 시사하고 있었다. 새로운 미디어의 발현은 파피루스의 한계 때문에 일어났다. 찢어지기 쉬운 파피루스의 단점은 내구성이 강한 양피지로 인해 극복될 수 있었다.

기독교인들은 이 양피지를 이용하여 방대한 히브리어 기록을 효과적으로 해냈으며, 그리스도의 말을 모은 문집을 만들 수 있었다. 그리스에서 히브리어 기록을 번역했던 알렉산드리아 학자들의 공헌과 A.D.231년 이후 카세리아에서의 배움을 중심으로 일어난 기독교의 발전은 바빌로니아 사제들의 영향력을 확인하는 것이었다. 바빌로니아 사제들은 시리아 왕국으로부터 지지를 받았고, 시리아 왕국은 페르시아 종교에서 영향을 받았으며, 페르시아 종교는 A.D.125년에 바빌로니아의 몰락으로 인해 바빌로니아 사제들과 조화를 이루게 되었다. A.D.228년 이후 사산 왕조를 향한 이런 종교들의 영향은 로마 제국의 확장을 저해하였고 이는 콘스탄티누스 황제로 하여금 새로운 수도로서 A.D.330년에 콘스탄티노플을 세우게 했다. 그는 그곳에서 기독교 인구의 관심을 조종할 수 있었다. 시간에 대한 로마 제국의 문제는 교회를 지원함으로써 해결할 수 있었다. 관료주의적 통치에 대해 누적되던 파피루스의 편향은 강력한 종교적 집단의 미디어로서 사용된 양피지의 등장으로 상쇄되었다. 기독교는 이교도의 추종을 극도로 억압함으로써 그 지지와 인식을 높여갔다.

Note

이번 장을 보았을 때, 이니스는 몇몇 독자들이 상당한 정도의 지식을 가졌을 것이라 추정한 것 같다. 몇몇 자료들은 각주에 정리되어 있지만, 그가 언급했던 구체적인 사건, 개념, 수행 양식들은 대부분의 독자들은 알지 못했던 것들이다.

[내용]

여기서 주요 포인트는 다른 미디어의 시공간에 대한 편향이다. 파피루스에 기록하는 것은 로마인들이 제국을 유지하고 키우기 위해 사용했던 커뮤니케이션의 미디어이다. 공간 편향적, 공간 바인딩, 매체로서의 파피루스는 지리학적인 관점에서 지식을 소통하기 위한 목적으로 쓰였다. 하지만, 여러 요인에 취약한 재료였기 때문에 시간과 영속성의 문제를 해결할 수는 없었다. 이와 같은 점은 과거와 현재를 이을 수 있는, 더 나아가 현재와 미래를 잇는, 즉 역사를 기록할 수 있는 매체로서의 유용성이 무엇을 필요로 하는지 이해할 수 있게 한다.

이 경우에 새로운 그리고 내구성이 더 강한 매체였던 양피지가 발현한 것은 이니스에 따르면 제국의 특정한 부분을 해결해 주었다고 할 수 있다. 결국 현재를 기록하고 수집할 수 있는 매체를 발견함으로 인해 로마는 기독교 교회로부터 지지를 얻을 수 있었다. 이번 요약문에서 다루지 않은 다른 주요 포인트는 "양피지가 종교에 의해 만들어진 지식의 독점을 초래했다"는 점이다(1951: 49).

[문체]

작가로서 두 가지 고려해 볼 만한 포인트가 있다. 첫 번째는 내용이 굉장히 세세한 것을 다루고 있는데, 그 중 '그리스에서 히브리어~'로 시작하는 문장과 같이 너무 긴 문장은 피하는 것이 좋다.

그리고 다른 방식으로 자료를 정리하고 보여 줄 수 있지 않았는지에 대해 다음과 같은 의문을 가질 수 있다. 이 모든 세세한 것이 필요한가? 수많은 역사적인 사실이 작업의 온전한 상태를 유지하면서 색다르게 다뤄질 수 있는가? 몇몇 자료들이 부록에 위치하는 것은 적절한가?

Reading 7

지식의 독점은 새로운 매체들의 경쟁을 만들었는데, 중국의 종이가 그 예이다. 종이 제작 기술의 발견과 종이 위에 붓을 이용하여 쓰는 방식은 중국이 정교한 상형문자시스템을 형성할 수 있도록 했다. 약 사천~오천 자나 되는 문자시스템으로 인해 "서로 말로는 이해할 수 없는 표현이 생겼을 때 붓을 이용하여 이해할 수 있도록 돕는"6) 데에 사용되었다. 이 효과성 때문에 알파벳시스템이 개발되지는 못했다.

글의 정교한 개발은 학자들이 제국을 통치하는 데 일조했다. 대중과 몇 안 되는 통치 계층 사이의 큰 괴리는 인도 불교의 보급으로 이어졌다. 인도의 브라만 계층은 구전적인 지식을 독점했고, 이와 같은 커뮤니케이션의 한계로 인해 글을 강조하는 불교가 하층계급을 매료시킬 수 있었다. 알렉산더 시대 이후 불교는 줄곧 상승했지만, 마케도니아의 권력이 쇠퇴하고 브라만 계층이 다시 재기하게 되면서 불교는 인도에서 중국으로 옮겨 갔다. 중국에서는 종이의 공급으로 인해 불교도들이 큰 규모의 벽화를 그릴 수 있었다. 유교는 국가의 영향력과 상류 계층의 재생산으로 인해 발생했다. 중국의 통치를 기반으로 한, 공간의 관점에서 제국의 조직성을 강조하는 기록을 보았을 때, 중국이 시간에 대한 문제점을 적절히 해결하지 못했다는 것을 증명한다. 결국 중국은 몽골에 의해 1280년부터 1368년까지 지배당하게 된다.

Note

[내용]

여기서는, 새로운 매체와 새로운 기록 기술이 개발된 중국으로 초점이 옮겨 갔다. 종이는 새로운 매체고, '정교한 상형문자시스템'은 새로운 기록 기술이다. 이와 같은 새로운 형식의 쓰기는 구어의 혼란을 막고 새로운 소통 수단을 제공했으며 방대한 공간을 통치할 수 있도록 했다. 하지만 이니스는 구전으로부터 문자 언어로 변화하는 과정에는 분열이 생길 수 있는 위험이 있다고 설명했다.

이 장에서 언급된 예시에서는, 엘리트 계층과 하층민 사이에 분열이 불교의 전파로 이어지고 결과적으로 제국의 멸망을 초래했다고 나와 있다. 이 부분에서는 새로운 매체와 정교한 커뮤니케이션 형식이 공간을 다루는 것만큼 시간을 적절하게 다루지 못했기 때문이라고 할 수 있다.

이니스의 주장의 논리는, 커뮤니케이션의 매체가 가지는 특성을 고려했을 때, 양피지와 파피

---

6) Edward Clodd, *The Story of the Alphabet*(New York, 1913), p. 182.

루스와 같은 새로운 매체가 문화에 어떻게, 어떤 영향을 주는지를 추론할 수 있게 한다. 이 장의 첫 문장인, "지식의 독점이 새로운 미디어들의 경쟁을 일으켰다"에서 이니스(Innis)는 무엇을 말하고 싶었던 걸까?

[문맥]

잠재적인 분열은 지속되었다. 스캐널(Scannell, 2007: 127)에 의하면 글은 항상 정치·경제·종교의 권력과 연결되어 있고, '읽기와 쓰기 능력은 자기 향상을 돕는 도구'이기 때문에 이는 '글을 읽지 못하는 자'와 '글을 읽을 수 있는 자', 그리고 '교육받은 자'와 '교육받지 못한 자'의 차이를 필연적으로 발생시킨다. 여전히 "글을 읽고 쓸 줄 아는 능력은 교육받은 엘리트가 될 수 있게 하며 이는 권력의 핵심이 된다".

Reading 8

동양국가에 이슬람교가 보급되었던 것은 종이 제작 기술의 등장으로 인해 가능했다. 아바스조 왕국이 바그다드에 수도를 건설하고 나서 종이 제작은 확장되었고 배움에 대한 관심으로 이어졌다. 교단에서 파문당한 네스토리우스 교도는 그리스어나 라틴어로 된 책들을 시리아어로 번역하기 위한 학교를 세웠다. A.D.529년 경, 유스티누아스왕이 아테나의 학교를 폐교하자 학자들은 페르시아로 이주하였다. 이러한 배경으로 인해 바그다드는 그리스어, 시리아어, 페르시아어를 아랍어로 번역하는 작업의 중심지가 될 수 있었다.

종이 제작 기술은 바그다드로부터 서양으로 퍼져 나갔다. 1258년에 몽골이 바그다드를 지배하고 난 후, 종이 제작의 중심은 서양으로 옮겨갔다. 13세기 후반에는 이탈리아에서 더 개선된 종이 제작 기술이 개발되었다. 종이의 예술은 14세기에 프랑스로 전파되었다.

리넨 섬유가 중요 원자재로 여겨지고 대도시들이 주요 종이 시장을 제공한 이래로 생산도시들은 물과 인력의 공급이 가능한 가까운 도시들로 확장하려고 했다. 약 1275년에 시작한 상업 혁명으로 인해 종이의 생산은 증가했다. 이탈리아 상업 도시들의 활동은 비잔틴 제국을 약하게 만들었다. 아랍산 제품에 대한 종교적 편견은 무너졌고 지방 수도원들에 의한 지식의 독점은 대성당, 대학교, 도시의 발전으로 인해 약해졌다.

바그다드에서 발생한 종이의 등장이 준 영향은 이슬람, 시칠리아와 스페인에 있는 이슬람교도들에게까지 이르렀다. 스페인에서 수집된 수많은 도서관들을 점령하고 무어의 도시를 재탈환하여 얻은 철학, 수학, 의학에 대한 책들을 수집하는 것은 유럽 전체적으로 그 내용을 이용하게 하는 계기가 되었다.

Note

[내용]

이 장은 종이의 등장으로 인해 바그다드가 배움의 중심지로서 발현하게 되는 과정부터 시작되었다. 하지만, 종이 제작 기술은 점차적으로 프랑스나 이탈리아와 같은 서양 국가로 옮겨갔다. 논리적으로 종이의 주요 소비자인 도시 주변에 종이 제작의 중심지가 있는 것이 맞다. 이니스에 의하면 제작 장소가 '상업 도시'로 이동하는 것은 대성당과 대학교가 증가함에 따라 일어나는 것이고, 종이의 사용과 제작을 확장하는 것은 점차적으로 지방 수도원의 권력과 지식의 독점을 약화시켰다.

왜 아랍산 생산물에 대한 종교적인 편견이 존재해 왔는가? 그리고 어떻게 이런 관점은 무너지게 되었나? 또, 마지막 문단에서 이니스는 어떻게 '종이의 등장이 준 영향'을 설명했는가? 이 경우에 그는 무엇을 효과로 정의했는가?

[문체]

이 장에서 볼 수 있듯이 끝없이 상세사항을 늘어놓을 것이라면, 차라리 보다 도움이 되는 예시를 사용할 수도 있었다. 예를 들어, 이탈리아의 어느 도시가 '상업 도시'로 여겨졌었는지, 그리고 프랑스의 어느 도시가 종이 생산의 중심지였는지에 대해 언급할 수도 있지 않았냐는 말이다.

[문맥]

바그다드가 종이와 지식 생산의 중심지였다는 역사적 사실을 아는 것과는 별개로, 이 장에서 언급한 세계에 대한 내용은 현재의 도시와 역사적 도시의 특성이 얼마나 괴리되는지를 상기시킨다.

Reading 9

수도원들에 의해 조장되었던 지식의 독점은 대도시에 있는 문서 복사가들의 길드에 의해 지식의 독점으로 이어졌다. 큰 책들은 높은 가격으로 책정되었는데 이는 기계에 의한 재생산시스템을 개발하게 했고, 복사가 들이 지배하고 있던 독일에서 인쇄술을 발명하는 계기가 되었다. 프랑스는 중심 집중화된 권력 때문에 수많은 정치적 분할을 겪은 독일과는 달리 위기를 모면할 수 있었다. 독일이 만든 거친 갈색의 양피지는 종이 사용에 대한 관심을 이끌었다. 고딕양식 원고[7]의 아름다움과 인쇄에 대한 적응성은 잉크의 수많은 문제점, 큰 규모의 균일한 인쇄, 빠른 생산운영 가능성과 함께 종이의 발명에 관심을 환기시킨 요인들이었다. 이탈리아는 종이가 풍부했고 독일과 비슷하게 정치적 분열을 겪고 있었는데, 이로 인해 인쇄업자들이 독일에서 이탈리아 도시로 이주하게 했고, 로만체와 이탤릭체를 개발하게 된다. 파리에서는 1496년이 되어서야 인쇄가 도입되었고, 영국의 도입은 그보다 늦었다.

세기를 넘으며 축적된 원고들은 재생산되었고, 15세기 말에는 인쇄업자들이 점점 새로운 시장이 등장할 가능성이 있다고 생각하였다. 출판업의 상업주의는 인쇄업 기술을 점점 바꿔 놓기 시작했다. 각각의 토착어는 새로운 저자와 새로운 독자를 만들었다. 작은 책과 팸플릿은 대형 책들을 대체하기 시작했다. 영국에서는 캑스턴은 유럽 대륙에서 만들어진 라틴 책들과의 경쟁을 피했고 그의 시장을 보다 넓히려고 했다. 그는 애니도스(Eneydos)의 프롤로그에서 다음과 같이 썼다. "영어의 등장은 다양한 지역과 계층에서 이용되면서, 책으로 번역되고 타언어를 줄이고 하면서 새로운 영어를 발전시켰다. 그러나 이후 이는 하나의 통일된 형태를 정립되었다."[8]

[내용]

Note

이니스의 분석에 패턴이 있다면, 새로운 커뮤니케이션 형식과 새로운 미디어 기술의 등장 때문에 지식의 독점이 감소한다는 점이다.

이 장에서 볼 수 있듯이, 종교적인 지식의 독점은 수도원에서 이루어지다가 나아가서는 복사가들의 길드, 즉 중세 기술가들의 모임에 의해서 이루어졌다. 상업적 필요성에 의해, 그들은

---

7) A. W. Pollard, *Early Illustrated books*(New York, 1927), pp. 7~8.

8) G. M. Trevelyan, *English Social History*(New York, 1942), p. 82.

인쇄와 관련한 전반적인 상승을 이끌었던 새로운 기술의 형식, 즉 인쇄기를 찾으려고 많은 노력을 기울였다.

이니스가 여러 가지 이유를 들며 설명한 것처럼, 넘쳐나는 독일의 복사 기술자들은 프랑스보다는 이탈리아가 이 사업을 하기에는 더 적합한 곳이라고 판단했다.

다시 또 한 번, 이니스는 변화 과정에서 커뮤니케이션의 매체가 하는 역할과 어떻게 새로운 기술의 등장이 다양한 문화에 영향을 미치는지를 강조했다.

예를 들어, 두 번째 문단에서 이니스가 전개하는 글을 살펴보면, 인쇄 기술의 개발과 고딕, 로만, 이탤릭 형식과 같은 정교한 활자체의 발전을 시작으로 인쇄업이 상업성을 띠면서 어떻게 인쇄 기술자와 출판업자에게 영향을 미쳤는지, 작고 '인기 있는' 책과 팸플릿의 출판, 그리고 언어에 대한 수요가 있을 경우 책이 여러 가지 언어로 번역되었다는 내용으로 글의 흐름을 이어나갔다는 것을 알 수 있다.

하지만, 이니스는 항상 이런 기술의 도입과 소통의 혁신에 대해 더 확장된 그리고 비교를 통한 분석을 하였는데, 이는 어떻게 기술이 등장하고 문화에 흡수되는지에 대한 지리학적, 역사적, 종교적, 경제학적, 정치적 요인들을 명료하게 설명했다.

[문맥]

위에서 볼 수 있듯이, 독일 인쇄 기술자들이 이탈리아로 갔던 시기는 인쇄업이 호황을 누릴 때였다. 비슷하게, 브릭스와 버크(Briggs and Burke, 2002: 15)에서는 인쇄기의 발현이 1500년대에만 유럽 250개의 위치에서 발생하였다고 말하는데, 이를 '독일 인쇄 기술자들의 집단이동' 때문이라고 보았다.

영국의 튜더왕가는 절대군주체제를 통해 인쇄술은 억압하였지만 르네상스의 부활에는
힘썼다. 수도원과 성직자 독신주의의 폐지는 교육 개혁을 불러 일으켰다. 인쇄기는 "수
도원과 성을 부수는 공성 망치"9)처럼 되었다. 살릭 법으로부터의 자유는 여성이 왕좌에
오를 수 있게 했고, 또 여성이 문학 분야에서 일할 수 있도록 했다. 더불어 인쇄의
제한은 희극과 셰익스피어의 구전 연극의 전성기를 열었다.

인쇄에 대한 억압으로 인해 프랑스를 특징짓는 언어에 대한 관심이 제한됐다. 사전은
점차 발전했지만 영어는 유럽 대륙 법전의 정밀성을 표현하기에는 적합하지 않았다.
인쇄술과 개선된 커뮤니케이션은 대표적인 의회시스템을 강화시켰다. 인쇄술의 억압은
신문과 커피 하우스가 흥행할 때와 같은 시기에 일어났다. 의회의 절대 권력은 군주제의
힘을 상쇄시켰고 식민지에서 지속되던 관습법적 요구들을 묵살시켰다. 이는 대중의
평가에 의한 것이었다. 1689년의 혁명에 이어 1694년에는 영국 은행이 설립되었다.
또 혁명으로 인해 1694년에 라이센싱법(검열법, Licensing Act)은 폐지되었다. 곧 많은
문서들이 인쇄되었고, 첫 번째 일간 신문이 1701년에 탄생하였다. 아우구스투스 시대에
는 에디슨과 스틸이 "지혜와 미덕, 길고도 형편없는 분리에 의해, 지혜는 방탕함에 의해
타락했고, 미덕은 광신에 의해 타락했다"고 평가했다. 핸드 프레스의 제한은 팸플릿을
통한 정치적 전쟁을 일으켰고, 1712년에는 우표 세금제 시행을 이끌었다. 아주 낮은
가격으로 파는 제품에 매겨진 추가 세금의 부담 때문에 모든 필요한 내용을 담은 주간지,
월간지, 그리고 1728년 발행된 애브라임 챔버의 『예술과 과학의 보편적 사전(*Universal
Dictionary of Arts and Sciences*)』과 같은 인쇄물들이 만들어졌다. 정치적인 글에 대한
제한은 다른 형태의 문학, 즉 소설이나 아동서적의 개발을 촉진했고 대출 도서관을
설립하게 했다.

---

9) Trevelyn, *English Social History*, p. 58.

[내용]

이 장에서 이니스는 경제학과 커뮤니케이션의 상호관계의 중요성을 깨닫게 한다. 첫 번째로, 여기서 "지식에 대한 세금"이라고 묘사된 '뉴스에 세금을 추징한 것'이 다른 출판 형식의 등장을 초래했다는 것이다. 두 번째는, (특정 정기간행물과 저렴한 소설에 대한) 출판업의 성장은 저작권 대리인을 출현시키는 계기가 되었다. 이러한 발전은 결과적으로 대출 도서관의 독점을 약화시켰다.

또, 이니스는 어떻게 커뮤니케이션에 대한 제한이 예상하지 못한 일이 때때로 역설적인 결과를 낳는지에 대해 강조했다. 예를 들어, 연극을 통해서 뿐 아니라 권력을 누르기 위한 방도로서 등장한 커피하우스의 흥행을 통해서도 알 수 있듯이, 그는 어떻게 인쇄에 대한 억압이 구전을 다시 부활시켰는지에 대해 설명했다. 이는 즉 억압, 검열과 같은 조건들이 커뮤니케이션의 대안적인 형식을 발생시켰다는 것이다.

[문체]

그가 영국을 주목하면서, 이니스가 자신이 자주 강조하는 문체인 학제간의 접근을 사용한다는 것을 볼 수 있다. 캐리(Carey, 1996: 175)에 의하면 이는 다음 부분에서 더 분명히 드러난다. "역사의 사실은 연대순으로 반복되는데, 이니스는 다양한 분야의 학자로서 이에 대해 그의 철학적 초점에 기초하여 의견을 말한다."(문화와 커뮤니케이션의 역학) 이 장에서 이니스는 그만의 특이한 방법으로 인용했다.

[문맥]

이니스는 또다시 그의 독자들을 과대평가했다. 예를 들어, 많은 사건들(혁명), 시기(아우구스투스 시대), 그리고 법(살릭법) 등은 몇몇 독자들에게는 이해하거나 알고 있기조차 힘든 것들이다. 다양한 사전들을 찾아가면서 이를 극복할 수는 있겠지만 독서 속도는 느려질 것이다.

19세기 전반기에 영국에서 있었던 문학에 대한 강조는 부수적으로 저작권법의 부재와 함께 출판물에 매겨진 세금에 의해 보호되던 신문의 독점을 초래했고, 이는 미국 작가들이 보도에 집중하도록 했다.[10] 하퍼와 같은 뉴욕의 출판업자들은 증기선의 등장 이후에 영국 문학 서점을 흥행하게 했고, 이는 미국의 독자층을 두텁게 했다.[11] 1852년에는 사이러스 필드와 같은 출판업자들과 종이 딜러들이 국제 저작권을 시행하는 것을 반대했다.[12] 뉴스의 주안점은 결과적으로 미국의 저널리즘을 특정지었는데, 미국의 저널리즘은 연판법, 라이노타이프, 걸레를 대신할 나무 대 용품과 같은 기술적 발명품을 개발할 수 있도록 한 권리장전에 의해 보호 받았다. 영국의 전보기술은 정치적 중심과 정치적 힘의 독점을 파괴시켜서 결국 미국에서 남북 전쟁이 발발하게 되는 계기가 되었다. 미국에서 전파된 기술적 변화로 인한 다양한 효과는 유럽의 통합을 해쳤고 1차 세계대전을 일으켰다.

[내용]

Note

이 장에서는 이니스가 운송을 포함한 기술의 개발이 정치적 중심, 정치적 힘, 영국과 미국에서 특정 매체 형식에 의한 독점을 어떻게 형성했는지 또 어떻게 약화시켰는지에 대해 설명한다. 예를 들어, 런던의 정치적인 독점은 철도 중심지가 되면서 강화되었지만 전보 기술이 개발되면서 다른 지역과의 경쟁이 심화되었다. 또한 운송과 커뮤니케이션의 상호관계는 두 대륙 사이에서 도입된 새로운 증기선서비스로 인해 영국 문화가 수출되어 미국으로 전파되었다는 예에서 강조된 바 있다.

이니스는 언론에 의해 지식의 독점이 이루어지던 미국의 정치문화와 인쇄술의 기술적 발명 간에 관계를 분석하였다. 이니스는 미국 수정헌법 제1조는 "언론의 자유를 그다지 보장하지 못했고 기술에 대한 헌법적인 보호 장치가 없었기 때문에 오히려 자유를 억압했다"고 생각했다(Carey, 1998: 163).

---

10) E. L. Bradsher, *Mathew Carey, Editor, Author and Publisher: A Study In American Literary Development*(New York, 1912); L. F. Tooker, *The Joy and Tribulations of an Editor*(New York, 1924), pp. 3~10.

11) J. H. Harper, *The House of Harper*(New York, 1912), p. 89.

12) *Ibid.*, p. 108.

이 관점을 확장하여, 마샬 맥루한(McLuhan, 1951a: ix)은 이니스의 문체를 "각각의 문장이 압축된 논문 같다"고 언급했다.

이 표현이 과장이라 하더라도 마지막 두 문장은 맥루한이 지적한 점을 보여 주는 좋은 예이다. 그 중 첫 번째 문장은 '새로운 저널리즘'에 대한 기술적 발전의 효과에 대해 서술한 것이고, 두 번째는 기술적 변화의 효과가 1차 세계대전이 발발한 요인이라고 주장하는 문장이다.

인쇄술을 중심으로 한 지식의 독점은 시간과 영속성의 문제를 방치하고 공간의 문제에만 집착하는 결과를 낳았다. 신문이 가지고 있던 시간에 대한 독점권은 신문이 가지고 있는 공간 능력에 의해서 제한되었고, 이는 지방의 특성 때문이었다. 이 독점은 불안정과 위기라는 특성을 가지고 있었다. 라디오는 이전의 매체가 지니지 못했던 영속성의 문제를 해결할 필요성과 중앙집권화에 대한 강조와 함께 등장하게 되면서 서구 문명 역사의 새로운 단계를 만들었다. 종이와 인쇄술에 대한 커뮤니케이션 편향은 라디오의 편향에 의해 상쇄될 수밖에 없었다. 기조에 의하면 현재에 과거와 미래를 희생한 민주주의는 계획주의 그리고 관료주의에 의해 상쇄될 운명이었다.

Note

[내용]

마지막 문단에서 이니스는 신문의 장기적인 편향과 이로 인한 공간에 대한 독점이 지방의, 지역의 특성을 적절히 다루지 못했고, 결과적으로 이 독점이 시간과 영속성의 문제를 적절히 다루지 못했다고 설명했다.

라디오가 새로운 매체가 되었고 이니스가 설명했듯이 '서구 문명의 새로운 단계'를 가져왔다. 하지만, 이니스가 설명한 새로운 매체의 특성은, 특히 중앙집권화의 강조는 스스로를 '기술적 맹인'이라고 호칭한 맥루한에 의해 반박되었다(McLuhan, 1951a: xii).

대신에 맥루한은 "전등과 전력과 같은 모든 전기 매체가 분권화를 초래했고 정신적, 사회적 결과를 분리한다"고 주장했다(McLuhan, 1951a: xii). 이 주장으로 인해 그의 연구 방향과 범위에 대해 알 수 있다.

[구조]

비록 결론에 나와 있지는 않지만, 마지막 장은 책 전체를 관통하는 3개의 주제를 다루고 있다.

첫 번째, 커뮤니케이션 매체의 특성을 연구함으로써 특정 문화에서 볼 수 있는 그 영향력을 평가할 수 있다.

두 번째, 이러한 연구는 커뮤니케이션 매체가 시공간을 통해 지식을 전달하는 데 적합한지 아닌지를 판가름할 수 있게 한다.

세 번째, 시간 편향성이든 또는 공간 편향성이든 간에, 이는 문화에 적용시킬 때 중요하게 고려되는 부분이 될 것이다.

읽기 자료 살펴보기

『커뮤니케이션 편향』의 요약본을 봤을 때, 이니스의 책을 읽는 것이 독자에게는 어려운 일이라는 것을 알 수 있다. 멜로디(Melody, 1981: 7~8)는 오직 독자가 자신의 '지식, 경험, 해석 능력'을 이니스가 제공한 '자세한 분석과 통찰력'에 적절히 적용했을 때에만 합리적인 이해를 이룰 수 있을 것이라고 말한다. 이 책에서 볼 수 있는 많은 읽기 자료들을 최대한 이해하기 위해서는 반복해서 읽고 철저하게 검토해야 한다.

『커뮤니케이션 편향』과 이니스의 전체적인 연구 성과를 보았을 때, 그의 연구에는 주목할 만한 세 가지 측면이 있다. 첫 번째는 시카고학파에서 영향을 받아 사고의 확장을 이뤘다는 점이다. 두 번째는, 이니스가 커뮤니케이션의 관점과 그 범위를 혁신시킨 것뿐 아니라 방법론적인 접근도 혁신적이었다는 것이다. 세 번째는 이니스의 연구와 『커뮤니케이션 편향』의 관점이 현재에 이르기까지 오랫동안 사용된다는 것이다.

시카고학파가 이니스의 지적인 관심에 크게 영향을 주었다는 것은 사 실이지만, 맥루한(McLuhan, 1951a: xvi)이 말했듯이 그가 "시카고학파의 가장 저명한 학자로서 알려져야만 한다"고 주장하는 것은 어불성설이다(Carey, 1989: 143). 하지만 이니스가 시카고대학교에서 그의 박사 과정을 마치기는 했다.

이니스가 시카고학파의 주요 회원이었던 찰스 호튼 쿨리(Charles Horton Cooley)의 커뮤니케이션 연구에서 영감을 얻었다는 주장도 있다(Blondheim, 2003: 177). 그러나 일반적으로는 이니스가 시카고학파의 관점, 커뮤니케이션이 사회 향상에 긍정적이고 화합적이라는, 것을 거부했다. 블론하임(Blondheim, 2003: 181)도 이 관점을 '휘그 당원의 해석'이라고 묘사하면서 거부했고, 캐리(Carey, 1989: 44) 또한 이를 전형적인 "기술의 놀라움을 거창하게 수사한 것"이라고 말했다.

이니스가 커뮤니케이션시스템과 장기적으로 기술의 변화에 대해 연구하기 시작했을 때, 그는 이를 학제간의, 전체론적인 관점에서 접근하였다. 이 접근법은 당시의 사회과학 연구에 반향을 불러일으켰는데, 당시에는 학문 간의 경계가 신성불가침한 것이었고 각 학문의 전문성은 경계의 표준이었다. 더불어 이 접근법은 '역사적인, 실증적인, 해석상의, 비판적인'인 생각에서 출발한 것이었고, 즉 이니스는 '역사적으로 현실에 기반을 둔 커뮤니케이션 이론'을 창조한 것이다.

체계적이고 전체적인 접근법은 나중에서야 연구가들 사이에서 세련된 접근법이라고 평가받기 시작했다(Blondhiem, 2003: 179; Melody, 1981: 10). 이런 점에서 보았을 때, 이니스는 그의 명성을 만들어준 커뮤니케이션 연구의 새로운 관점을 만든 선구자였다. 그렇게 해서 이니스는 '혁명가'라 불렸고, 그 이유는 그가 '역사와 문화적인 측면에서 커뮤니케이션을 분리하여 생각했고, 이것이 나아가 여러 우여곡절을 해결해 줄 열쇠와 같은 개발'이었기 때문이다.

'커뮤니케이션 사회' 또는 '정보사회'라고 불리는 시대에 살고 있는 우리에게 이니스의 커뮤니케이션 역사와 거의 60년 전의 이론적 통찰력은 그리 놀랍지 않을 수도 있다. 하지만 커뮤니케이션이 연구할 만한 가치가 있는 것임을 깨닫기 이전에, 또 대부분의 대학교에서 미디어, 문화, 커뮤니케이션을 위한 학부가 생겨나기 이전에 이니스의 연구가 이미 진행되었다는 점을 알 필요가 있다(Blondheim, 2003: 173).

게다가, 이니스는 그의 동료들 중에서도 리더였고, '경제학과 커뮤니케이션의 상호의존성과 상호관계성'의 중요함을 깨달은 첫 학자였다(Melody, 1981: 11). 특히, 이니스는 세 가지 측면을 강조했는데, 첫 번째는 '커뮤니케이션 패턴과 정보 흐름이 경제적 발전의 중심'이 된다는 것이다. 두 번째는, '커뮤니케이션 기술이 경제시스템의 대부분의 다른 기술들의 구성 요소'라는 점이다. 세 번째는, 커뮤니케이션의 어떤 분석에서든 "경제적인 이점과 시장의 힘이 커뮤니케이션 패턴과 정보 흐름에 강력한 영향을 미친다"는 것을 항상 염두해야 한다는 것이다(Melody, 1981: 11).

토론토학파에서의 이니스의 연구 중에서 오래 가는 영역이 세 가지가 있다. 첫 번째는 미디어 제국주의에 대한 초창기의 이해이고, 두 번째는 커뮤니케이션에서의 '지식의 독점' 개념의 적용이다. 세 번째는 시공간의 개념으로 인해 생성된 통찰력이다.

비록 이니스가 이름 짓지는 않았지만, 이니스는 '미디어 제국주의'의 과정을 설명해냈다고 인정받았다. 이런 통찰력은 그의 캐나다 경제사 연구를 통해 이루어졌는데, 이 연구에서 그는 문화의 흐름과 교역의 흐름을 추적 했다. 이를 통해 미국이 '자유 무역'의 정책 하에서 종이와 펄프와 같은 상품을 캐나다에서 수입하고 '정보의 자유' 원칙 하에서 그 재료를 다시 신문·잡지·책·광고와 같은 형태로 수출했었다는 사실을 알 수 있었다(Carey, 1989: 150, 159). 미국은 캐나다 또는 세계의 다른 지역으로 이와 같은 상품을 수출함으로써 '문화상품의 세계적 순환을 통한 문화적 헤게모니'를 이루려고 노력했다(Scannell, 2007: 125).

경제학자라는 배경을 통해 이니스는 경제적 독점 이론을 커뮤니케이션과 문화에 초점을 맞추고 있는 연구에 적용할 수 있었다(Carey, 1989: 39). 이니스가 커뮤니케이션에 대해 주목했던 점은 구전에서부터 생산자와 소비자 사이의 차이가 생겼던 글과 인쇄술까지의 이동, 그리고 '지식'이 특정 계층이나 기관에 의해 결정되는 경향이었다(Carey, 1989: 39). 독점 또는 과점의 현실은 방송, 신문, 잡지, 현재에는 검색엔진과 소셜 네트워킹에 이르는 다중매체를 조정하는 초국가적인 미디어 기업의 탄생과 함께 분명 동시대의 문제이다.

이니스와 맥루한의 연구는 커뮤니케이션과 미디어를 시공간의 문제와 연결하여 인식했다는 점이 혁신적이라고 인정받았다. 두 학자가 만든 이론과 관점은 다른 이론가들로 하여금 시공간과 관련된 동시대적인 문제를 연구하도록 했다. 예를 들어 조슈아 메이로위츠(Joshua Meyrowitz)의 『장소 감각의 상실: 사회 행동에 미치는 전자 미디어의 영향(*No Sense of Place: The impact of electronic media on social behaviour*)』(1985), 데이비드 하비(David Harvey)의 『포스트모더니티의 조건(*Condition of Postmodernity*)』(1986), 안토니 기든스(Anthony Giddens)의 『근대성의 결과(*The Consequences of Modernity*)』(1990)가 있다.

게다가 이니스의 초창기 이해는 기술적 혁신이 현대 커뮤니케이션의 공간적 편향을 증폭시켰던 시대와 연관해 있을 뿐 아니라 '세계화'라고 널리 불리던 현상을 가능케 했고 우리의 문명을 태양계의 다른 행성으로 확장하려는 야망에 한층 더 가까이 갈 수 있게 했다.

마지막으로 기술결정론자로서의 이니스의 개념으로 돌아가는 것이 적합하다고 보인다. 블론하임(Blondheim, 2003: 172)은 '커뮤니케이션 결정론자'가 더 적절한 묘사라고 주장했다. 그 이유는 이니스가 주로 기술이 결정적인 해결책이 되었음을 강조하기는 했지만, 그보다는 '사회의 본성'과 '역사의 추세'가 영향을 준 '커뮤니케이션 과정'과 그에 관련된 기관들이 더 결정적이었기 때문이다.

주요 용어

지식의 독점(monopoly of knowledge); 사회 혁명(social revolution);

정치 단체(Political organisation);

공간의 문제/영속성의 문제(problems of space/problems of continuity);

예속(Subjugation); 사제 단체(priestly organisation); 종교의 독점(monopolies of religion);

토착어(vernacular); 지식 세금(tax on knowledge); 전보(telegraph);

새로운 저널리즘(new journalism); 커뮤니케이션 편향(bias of communication)

주요 학자

Kroeber, Nietzsche, Toynbee

 권장도서

Katz, E., Peters, J. D., Liebes, T. and Orloff, A.(eds.)(2003), *Canonic Texts in Media Research*, Cambridge: Polity Press.

이 책은 다섯 하상학파에 과난 것으로 그 중 해롤드 이니스, 마샬멕루한의 작업을 토론토 학파의 하나로 보고 비평적 반영을 정리한 것이다.

Scannell, P.(2007), *Media and Communication*, London: Sage.

토론토대학에서 이루어진 해롤드 이니스, 마샬 맥루한이 연구를 반영적이고 콘텍스트한 차원에서 정리한 것을 포함하고 있다.

Stamps, J.(1995), *Unthinking Modernity: Innis, McLuhan, and the Frankfurt school*, Montreal: McGill-Qeen's University Press

캐나다의 유명한 이니스, 맥루한의 프랑크푸르트학파, 아도르노, 그리고 밴야민의 연구 와 대비하여 정리한 책이다.

14장

현대문화연구소

Hall, S.(1980s), "encoding/decoding(코드화/독해)", Hall S., Hobson, D., Lowe, A. and Willis, P.(eds.),
Culture, Media, Language: Working papers in cultural studies(문화, 미디어, 언어: 문화 연구
모음집), London: Hutchinson, 1972~1979, pp. 128~138.

 **현대문화연구소(The Centre for Contemporary Cultual Studies)에
대한 소개**

현대문화연구소('CCCS'라고 주로 축약되며 때로는 '버밍엄 센터(Birmingham Centre)'
라고 불린다)는 1964년부터 2002년까지 버밍엄대학교의 영향력 있는 조사 센터였다.
이곳에서는 현재 '영국 문화 연구(British Cultural Studies)'라고 일컬어지는 것을 정의하
고 이끌었다. 이곳은 다른 나라와 기관들의 문화 연구와는 다른 점을 가지고 있었고
"아무도 예상하지 못한 수준의 영향력을 가졌다"(Turner, 2003: 65). 엄격하지 않게
미디어에 초점을 맞추고 있던 센터였기에 대부분의 연구는 미디어가 사회에서 하는
일에 초점을 맞추었고 이러한 많은 연구들은 미디어 분석의 발전에 영향력을 끼쳤다.
물론 센터는 문화 연구의 전형적인 특징인 학제 간 접근법을 자주 사용하였다. 센터는
사회학부터 인류학에 달하는 방법론적인 접근을 사용했고 후기 구조주의, 페미니즘과
같은 다양한 이론들을 포함했다(이 주제들과 관련된 장들을 책에서 보아라). 또한 그것
은 하위문화, 주류문화 그리고 미디어와 같은 문화의 다양한 활동과 측면에 관심이
있었다. 스튜어트 홀이 언급한 바(Stuart Hall, 1980b: 21)에 따르면 많은 학자들, 특히
사회학자들에겐 이 학제 간 연구는 어떤 것을 하는 당연한 방식에 대한 불손한 묵살로
여겨졌다. 대부분의 일은 근본적이고 철저한 측면이 있고 현대 문화를 생산하는 사회적
구조에 대한 질문을 하고 문화가 사회에 영향을 끼치는 방법에 대한 탐구를 했다. 그렇게

함으로써 그것은 마르크스주의에 따르는 두드러지게 좌파임을 나타내고 있다. 이는 대부분의 현대 사회를 이끌고 있는 자본주의 구조에 대한 가정에 의문을 가진다는 뜻이다. 물론 센터는 반복적이고 일반적인 고등 교육의 실행에 대한 불안함을 나타내는 지능적인 부적응자들에 의해 이끌어진다고(Rojek, 2003: 64) 보일 수도 있다.

센터가 하는 연구의 핵심적인 부분은 계급을 탐구하는 것이다. 많은 사람들이 우리는 이제 '계급이 없는 사회(classless society)'(Adonis and Pollard, 1997)에 산다고 주장함에도 불구하고 영국은 계급 구분의 역사를 가진 나라라고 종종 주장된다(Reid, 1998). 사실 센터의 초점이 그것에 내재하는 '영국다움'을 드러낸다고 주장되어 왔다(Gibson, 2007: 85). '계급'이란 어려운 개념이다. 왜냐하면 어떤 사람이 노동자 계급, 중산층, 상류층 또는 그 외의 것이라는 것을 정확하게 파악하는 시스템을 구축하기 어렵기 때문이다. 계급은 부, 교육, 양육, 문화 아니면 이러한 것들의 조합들 중에서 어떤 것으로 정해져야 할까? 이것과 더불어 현재 영국에서 '계급'은 구식 용어로 여겨지고 이는 사회적 정의가 불가능하다는 것을 의미한다. 몇 백 년 전에는 사람들이 쉽게 자신이 어떤 계급에 속하는지를 확인하고 말하는 것을 자랑스럽게 여겼으나 현재는 그런 사람을 거의 찾아볼 수 없다. 당신은 계급은 어떠한 가치도 없다고 느끼고 당신이 속할지도 모르는 계급보다는 개개인으로서 혹은 본인의 행동으로써 평가받아야 된다고 느낄지도 모른다. 문화 연구는 '계급'이 복잡한 개념이라는 데는 동의하지만 여전히 유용한 것이라고 주장한다. 예를 들어 우리는 여전히 당신의 출신지와 당신이 갈 가능성이 높은 대학 사이에 연결이 존재하는 사회에 살고 있다(Duke and Layer, 2005). 또한 정치인과 공무원들은 다른 사람들보다 특정한 환경에서 자랐을 가능성이 크고(Marsh et al., 2001) 임금과 계급 사이에도 연결이 있다(Naylor et al., 2002). '계급'을 다양한 것들(교육, 일, 권력)에 대한 접근에 영향을 미치는 모든 것이라고 생각하고 사람들의 삶의 기대를 제한하는 것이라고 생각하는 것이 유용할지도 모른다. 계급이 당신에게 어떤 의미를 가지는지 생각해 보아라. 당신은 당신의 계급을 어떻게 정의할 것인가? 당신과 다른 사람들의 배경에 차이가 존재한다고 생각하는가? (이것은 아마도 대학에서 공부하기 위해 집을 떠났을 때 가장 두드러진다.) 당신이 이것을 문제가 있는 개념이라 생각할지라도 미디어 이론에서 요즘 다시 떠오르는 아이디어이기 때문에 그 의미에 대해서 아는 것은 중요하다.

센터의 설립자는 리처드 호가트(Richard Hoggart, 1918~)였다. 그는 그의 영향력 있는 저서 『문학의 효용성(*The Uses of Literacy*)』(1958)으로 주로 알려졌다. 그 책에서 호가트(Hoggart)는 CCCS의 연구를 정의하게 된 몇 가지의 접근들을 채택했다. 그 일례로 일상적이고 상식적인 문화적 활동, 특히 사회적 힘과 관련된 활동이 더 넓은 사회적 구조의 대표로서 읽힐 수 있다는 가정이 있었다. 그것은 자전적인 책이며, 호가트는 여기에서 그의 배경과 양육을 탐구하며 다른 것들 중에서도 계급이 어떻게 자신의 삶에 잊을 수 없는 흔적을 남겼는지 보여 준다.

스튜어트 홀(Stuart Hall)은 1969년 호가트를 이어서 센터의 지도자가 되었다. 기본적인 기풍은 유지한 반면에 스튜어트 홀은 텍스트가 어떻게 작용하는지에 관한 연구를 하도록 장려했고 센터는 하위문화와 여성과 같은 '다른' 관중에 관한 연구를 개발했다. 이렇게 함으로써 스튜어트 홀은 계급의 개념을 더 넓혔고 다른 요인들도—성, 인종 그리고 사회적 모임—문화가 사회적 힘과 어떻게 관련되어 있는지 알려준다고 인정했다. 텍스트 연구에 대한 관심과 생산(미디어 제작자들이 하는 것)과 소비(관중이 하는 것)에 관련된 탐구에 대한 주장은 '코드화/독해' 모델로 볼 수 있다.

센터에서 나온 주요 연구들은 폴 윌리스(Paul Willis)의『노동학습(*Learning to labour*)』(1977), 샬럿 브런슨(Charlotte Brunsdon)과 데이비드 몰리(David Morley)의『일상에서 텔레비전(*Everyday Television*)』(1987), 안젤라 맥로비(Angela McRobbie)의『젝키(*Jackie*)』(1982/1978), 딕 헵디지(Dick Hebdige)의『하위문화(*Subculture*)』(1979) 그리고 도로시 홉슨(Dorothy Hobson)의『크로스로드(*Crossroads*)』(1982)를 포함한다. 이 중에서 홉슨(Hobson)·맥로비(McRobbie)·브런슨(Brunsdon)·몰리(Morley)는 보통 일반적이고 일상적인 글을 연구한다. 맥로의 제목『젝키(*Jackie*)』는 십대들에게 매우 인기 있던 잡지였다. 홉슨의 제목〈Crossroads〉1TV의 일일 연속극이었다. 브런슨과 몰리의 연구는 BBC1의 일간 잡지 프로그램인〈Nationwide〉를 살펴보았다. 이러한 주제들을 탐구하면서 이 작가들은 전에 다뤄지지 않은 풍부하고 복잡하게 글을 다룰 뿐만 아니라, 관중이 그것을 어떻게 사용하는지 조사함으로써 소비자와 산출의 상호교류가 사회적 정치적 분석에 적합한 장이라는 것을 보여 주었다. 또한 이 연구들에서 사용된 방법들은 혁신적이었다. 일반인들이 이러한 문화적 형태를 어떻게 생각하는가를 보기 위한 인터뷰도 있었고 '일반인'을 포함한 포커스 그룹도 있었다. 이렇게 함으로써 이 조사자들은 '일반적인' 사람들에게 발언권을 주었을 뿐만 아니라 일상적인 삶과 미디어 소비가 어떻게 상호작용하는지를 탐구할 수 있었다. 이와 같은 것이 헵디지의 책에서 볼 수 있다. 여기서는 계급, 인종, 음악과 사회적 신분 사이의 관계를 보기 위해 펑크족, 테디보이들을 탐구한다. 윌리스의 책은 아마도 가장 직설적으로 정치적이다. 왜냐하면 그것은 노동계급 환경의 남성이 사회에서 그들의 '위치'를 배우는지 그리고 결국 사회적인 것은 힘을 부여하는 직업을 택하는 이어지는지를 다루고 있기 때문이다. 다시 한 번, 이 연구들은 실제 사람들과 상호교류를 했고 센터가 만든 이 방법론적인 개입들이—일반적인 사람을 핵심적인 연구 대상으로 놓는 것—가장 급진적이고 뛰어난 주장이라고 할 수 있다.

센터는 2002년에 충격적인 결정으로 문을 닫았고 이는 세계 각국으로부터 비난을 초래했다. 그 이유는 다양했다. 경제적인 이유도 있었고 정치적인 이유도 있었지만 사실 대학들의 일반적인 특성들 때문에 정확한 원인을 알기는 힘들다. 충분히 말할 수 있는 것은, 센터의 문 닫음은 영국 문화 연구 발전에 중요한 순간이었고 이것의 접근법들이 인류의 부와 사회과학 주제들의 다양한 부분에서 채택이 되는 동안 과거의 영광을 간직했다고 할 수 있다. 사실 여기에 포함되어 있는 읽기는—미디어 연구와 관련된 책—문화 연구센터로부터 온 것이고 센터의 일이 직접적인 소관은 아니지만 어떻게 조사와 생각에 영향을 미쳤는지 보여 준다.

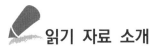 읽기 자료 소개

스튜어트 홀(Stuart Hall)은 1968년부터 1979년까지 CCCS의 지도자였다. 그는 1932년에 자메이카 킹스턴(Jamaica kingston)에서 태어났으며, 1950년대에 영국으로 이주해 옥스퍼드대학에서 공부를 했다. 많은 책들과 영향력 있는 글을 쓰고 편집했으며, 그 중에는 『근대 국가의 개념(*The Idea of the Modern State*)』(1984), 『문화적 정체성의 문제(*Questions of Cultural Identity*)』(1996, Paul du Gay와 함께), 『재현(*Representation*)』(1997) 등이 있다. 그의 주된 주제는 사회에서 권력과 관련된 이슈이다. 이것의 대부분은 보통 미디어나 문화적 글을 통해 말로 하든 글로 하든, 권력과 소통하는 방식에 중점을 두고 있다. 의사소통의 권력 구조 아이디어는 많은 미디어와 문화 분석에 핵심적인 부분이지만 스튜어트 홀은 반복적으로 그것의 개념에 대해 의문을 제기했다. 그것은 글은 의미를 담고 있고, 이것은 권력 구조의 재생산으로 이어진다. 대신 그는 관중이 권력을 가지고 있고 글의 의미는 사람들에 의해 읽혔을 때만 의미를 가진다고 주장한 학자 중 하나이다. 이것은 『이미지, 음악, 텍스트(*Image Music Text*)』(1977/1967) '텍스트(Texts)' 장('25장 텍스트 관련 이론' 참조)에 있는 롤랑 바르트(Roland Barthes)의 「저

자의 죽음(The death of the author)」에서도 찾아볼 수 있다. 여기서 관중에게 동등하게 권력이 있다는 것을 제안하는 것은 아니다. 미디어의 사회적 역할에 관한 논쟁이 관중이 글을 어떻게 쓰는지 그리고 미디어 생산과 글의 기술들 그 자체에 대해 다뤄야 한다고 말하는 것이다. 이 방법으로 스튜어트 홀의 이론은 관중의 연구를 직접적으로 특히 관중이 무엇을 하는지에 관한 민족지학 연구에 영향을 준다고 볼 수 있다. 물론 몰리의 『전국 수용자(The 'Nationwide' Audience)』(1980)는 스튜어트 홀의 연구에 직접적인 반응이고 여기서 그는 스튜어트 홀의 가설들을 실험하기 위한 현장조사를 한다.

이 관중에 대한 분석 최근 발전 때문에 여기서 읽기는 매우 영향력 있게 되었다. '코드화/독해(Encoding/Decoding)'에서 스튜어트 홀은 미디어 커뮤니케이션을 초래하는 두 가지 과정이 있다고 주장한다. 첫 번째 과정은 미디어 생산들이 글을 생산하는 것을 포함한다. 두 번째는 관중이 글을 읽고 해석하는 과정이 있다. 전에도 연구자들이 관중을 들여다 본 적이 있지만 스튜어트 홀의 연구는 흥미롭다. 왜냐하면 스튜어트 홀은 이 두 과정을 균형 있게 두고 각각의 것을 동등하고 중요하다고 두었기 때문이다. 이 이론이 미디어 관중들의 '활동적인' 특성에 대해 설명하고 있다고 볼 수 있지만 이것은 과장되면 안 된다. 대신에 스튜어트 홀은 이 두 과정들이 실행되는 방식은 사회적, 커뮤니케이션 관습에 의해 제한되고 영향 받는다고 주장하였다. 이것은 권력이 대신 다른 곳에 위치한다는 뜻이며 즉 '커뮤니케이션은 조직적으로 왜곡되었다'라는 뜻이다 (Procter, 2004: 57). 미디어 제작자들이 그들이 원하는 것을 뭐든지 생산할 수 있지만 거의 그렇지 않다는 것을 의미한다. 왜냐하면 그들은 전문성, 관중 기대 그리고 가장 중요하게 미디어가 어떻게 의사소통 하는지를 다루는 규칙들에 의해 엮여 있기 때문이다. 예를 들어 남자 아나운서가 꼭 셔츠를 입고 넥타이를 매야 하는 이유는 없다. 그가 티셔츠를 입고 야구 모자를 써도 뉴스는 여전히 뉴스이다. 하지만 뉴스 관습은 이것이 절대로 일어날 일이 없다는 것을 의미한다. 비슷하게 관중들이 다양한 방식으로 프로그램들을 해석할 수 있지만 거의 비슷할 가능성이 크다. 왜냐하면 그들은 제작자들만큼이나 이러한 관습들에 대해 알고 있기 때문이다. 그러므로 아나운서가 타이를 하고 있든 말든 상관이 없다는 것을 알고 있지만 우리는 그가 타이를 매지 않았을 때 여전히 놀랄 것이다. 그러므로 스튜어트 홀에게는 제작은 특정한 문맥 안에 존재하고 읽기 역시 비슷한 문맥에 존재하는 이 두 과정들 사이의 관계가 의문이다. 아나운서들이 타이를 매야 한다는 어떠한 법칙도 없지만 관중의 기대와 제작 관습 사이에는 균형이 존재한다.

여기서 스튜어트 홀이 이론적인 모형을 제시하고 있다는 것을 주목할 필요가 있다. 즉 그의 주장을 지지하기 위해 그가 몇 가지 예시들을 제공하고 있지만 그의 주된 목표는 논쟁할 여지가 없는 증거를 전달하려고 하는 것이 아니다. 대신 이 모형은 어떻게 어떠한 것들이 작동하는지 그리고 필요하다면 실증적인 리서치에 의해 시험될 수 있다는 것을 제안하는 시도이다. 이것은 센터가 생산하고 인용했던 많은 주요 책들이 대부분 연구자들이 실제 사람들을 자세하게 연구했던 실증적인 연구였다는 것을 고려한다면 이상하게 들릴 수도 있다. 하지만 이 연구들 뒤에는 세계가 어떻게 작동하는지 그리고 그것을 어떻게 적절하게 연구하는지에 대한 이론적 가정들이 있다. 물론 센터는 많은 이론적 연구를 했고 그것의 가장 분명한 장점은 이론과 실행의 상호작용이 있다는 점과 연구자들이 다른 사람의 연구와 이론을 심문하고 발전시키는 연구방법을 개발한다는 것이다.

이 글에서 증거의 부족 때문에 당신은 '홀이 이것을 어떻게 아는 것인가?'라는 생각을 하면서 읽을 수 있다. 하지만 여기서 중요한 점은 그가 모른다는 것이다. 사실 이 모형은 실증적인 연구가 있을 때에만 탐구될 수 있는 '세상에 대해 생각하는 새로운 방식'에 대한 유용한 방법들을 제시한다. 이러한 의미에서 이것은 논쟁과 생각들은 탐험하고 제시하는 미디어 이론이고 연구와 결론보다는 생각과 분석에 더 관심이 있다고 할 수 있다. 당신은 이론이 어떤 사실에 대한 주장이라기보다는 어떤 것에 대해 생각을 하는 과정의 일부라고 생각해야 한다. 참으로 스튜어트 홀의 연구는 다양한 범위의 접근을 채택하였고 그의 직업을 통해서 '그 자신도 꽤 이론적인 여정을 살아왔다고' 보여 주며 그것에 대해 강조를 했다.

스튜어트 홀(Stuart Hall)
부호화와 해독화[1]

전통적으로 매스커뮤니케이션 연구는 순환하는 기간에 의사소통의 과정을 개념화해 왔다. 이 모델은 송신자, 메시지, 수신자 사이의 직선적 구조와 메시지 교환 단계에서의 집중도, 그리고 복잡한 관계 구조로 매 순간 다른 개념의 부제 때문에 비판 받아 왔다. 그러나 이것은 생산, 순환, 분배, 소비, 재생산과 같은 특별한 순간을 통한 생산과 지속의 기간에 이러한 과정이 가능하고 유용하다고 생각할 수도 있다. 이것은 연결된 실행구조의 표현을 통한 '지배 속의 복잡한 구조'로의 한 과정으로 생각될 수도 있지만 사실 그것만의 특수성을 지니고 그것만의 특정 양상, 존재 자체의 형태 및 조건을 가지고 있다고 할 수 있다. 마르크스의 그룬트리세(Grundrisse)와 자본에서 언급된 상품 생산의 형태와 일치하는 두 번째 접근방법은 '일정 통로'[2]를 통한 순환, 생산, 분배, 생산이 끊임없이 지속되는가에 따라 더욱 크게 이익을 얻을 수 있다. 이것은 또한, 프로세스의 제품이 각 순간 '표시'하는 형태의 특이성을 강조하고 우리 사회와 현대 미디어시스템 속에서 다른 유형의 제품으로부터 제품을 광범위하게 구별하는 것을 의미한다.

Note

[구조]

스튜어트 홀은 관련 있는 연구가 대게 수행해 온 방식들에 대한 가정을 만들기 시작했다. 그가 제공한 노트에는 만약 당신이 에세이 안에서 한다면 비난받을 만한 어떤 것을 위한 증거도 없었다. 왜냐하면 이 논문은 마음속의 특별한 청중을 위해 쓰인 것이고 그것은 스튜어트 홀처럼 같은 가정을 갖는 것이므로 그 증거가 간결하게 설명될 필요가 없는 것이다. 유사하게 그는 이러한 접근이 비난받을 것이지만 누군가에게 언급되지 않을 것이라고 서술하고 있다.

---

1) 이 글은 버밍햄학파의 현대문화연구소 스텐실 논문 7번 「텔레비전 담론의 앤코딩과 디코딩(Encoding and Decoding in Television Discourse)」이란 논문에서 발췌한 것이다.

2) 방법론적 함의에 대한 마르크스의 논쟁에 대한 첨언과 의미 도출을 위해서는 스튜어트 홀(S. Hall)의 "A reading of Marx's 1857 *Introduction to the Grundrisse*", in *WPCS* 6(1974)을 보라.

[문맥]

이 지침은 마르크스의 생각 안에서 대체되었다. 마르크스는 당신이 많은 미디어 학문에서 만나게 될 사람이며 CCCS의 많은 멤버들을 위한 중요한 인물이었다.

[문체]

이 노트—많은 양의 글과 읽을거리—는 많은 특별한 사례를 포함하지 않는다. 대신에 스튜어트 홀은 작은 부분의 세밀한 조사가 주는 것보다 더욱 일반화하고 훨씬 다양한 접근을 저술한다. 이것은 이러한 이론에서 이루어진 방식, 특별히 더 커다란 이론과 사회적 과정들을 시도하려할 때 나타난다. 당신은 처음에 이것이 다루기 어렵다는 것을 알아내겠지만 대신에 당신이 이 글을 읽고 이해하는 방식 중의 하나가 당신이 생각할 수 있는 미디어의 특별한 사례와 연관이 된다면 당신은 이해할 수 있을 것이다.

[내용]

스튜어트 홀은 이 글에서 '과정(process)'으로 미디어 커뮤니케이션을 서술하려 한다. 이 책의 다른 작가들은 스튜어트 홀과 같은 생각을 말하고 있다. 이것은 매우 중요한 것인데, 왜냐하면 그것은 스튜어트 홀이 명확히 설명하는 과정을 수행하는 방식이기 때문이다.

Reading 2

이러한 관행의 객체는 통합적인 담론의 사슬 안에서 코드를 운영하는 것을 통해, 의사소통 또는 언어의 형태처럼 특별한 종류로 조직화된 표시 안에서 의미와 메시지를 가진다. 상징적인 수단으로 생산과 유통의 특정한 순간에 그러한 이슈를 만들어내는 장치와 관계, 관행은 언어의 규칙 안에서 형성되었다. 이 '제품'의 유통이 이루어지는 것은 광범위한 형태로 나타난다. 따라서 이 과정은 생산과 그것의 물질적 요소—그것의 의미—뿐만 아니라 그 자신의 사회적 관계의 구성에 따라 미디어 장치 안에서 관행의 조직과 조합을 요구한다. 그러나 이것은 제품의 유통뿐만 아니라 그것을 다른 이에게 분배하는 담론 형식 안에서 존재하기도 한다. 일단 달성된 이후 순환이 완벽하고 효과적으로 진행된다면, 사회적 관행 안에서 담론은 반드시 변화되고 재번역 되어야 한다. 의미가 없다면 소비도 없다. 만약 이러한 의미가 관행 속에서 존재하지 않는다면 이는 아무런 영향력을 가지지 못한다. 이러한 접근의 가치는 전체적인 순환이 필요한 동안, 어떤 순간도 연결되는 다음 순간을 보증할 수 없다는 것에 있다. 각각의 특정 양상과 존재의 조건을 가지고 있기 때문에, 효과적인 제품의 흐름에 좌우되는 통로를 중단하거나 방해할 수 있다.

[내용]

스튜어트 홀은 이 글에서 '담론'을 이야기한다. 이것은 당신이 말하고자 하는 바를 사람들이 알기 어려워하는 방식을 사용하지 않는다면 사회 집단에서 무언가에 대한 이야기를 하고자 할 때 사용하는 특별한 방식을 가지고 있는 중요한 생각이다. 스튜어트 홀은 커뮤니케이션이 생산될 때 이러한 담론을 사용해야만 한다고 주장했다. 그러나 그것은 또한 미디어산업에서 기관 체계와 산업적 실행을 채택해야만 했다. 이것은 무언가에 대해 말하려는 특별한 방식과 말할 수 있는 어떤 것들을 제안하는 것처럼 보일 수 있다. 스튜어트 홀은 담론이 창조된 미디어 메시지를 통해 사람들이 사용하는 순간이라고 주장한다. 만약 우리가 이러한 담론을 알지 못한다면 우리는 미디어를 이해할 수 없는 것이다. 그것은 왜 때때로 다른 공간 혹은 다른 시간에서 온 미디어가 꽤 혼란스러운가를 설명할 수 있다. 중요하게 스튜어트 홀은 '사회적 관행'에 대하여 서술한다. 그는 우리가 미디어 메시지를 읽을 때와 그것을 이해하지 못하는 경우, 그리고 그것은 또한 우리와 사회, 행동을 이해하는 데 도움을 주는 시기라고 주장한다. 이러한 방식으로 그는 사회적 문맥에서 그의 분석을 이야기하는데, 이는 CCCS의 작업과 전체적인 문화 연구 측면에서 중요하다.

[문제]

이 단락에서는 뒤바뀐 순서를 지닌 많은 단어들이 서술되어 있다. 왜 그러한가? 특별하게 왜 뒤바뀐 '언어'인가? 스튜어트 홀이 가리키는 '사회적 관행'은 어떤 것들인가? '생산'과 '재생산'의 차이는 무엇이며 왜 스튜어트 홀은 그러한 어구를 선호하였는가?

핼로란(Halloran, 1973)의 '콘텐츠 분석을 통한 다음의 유일한 단서들'[3]에서의 연구를 제한할 방법이 없음에도 불구하고 우리는 전체적인 의사소통 과정이 결정되는 순간들과 관계된 '상대적 자율성'을 통해 메시지의 담론이 유통관점에서의 의사소통 교류에서 훌륭한 위치에 있는 것과 코드화와 독해의 순간을 인식해야만 한다. '원초적인' 역사적 사건은 그 형태로, 텔레비전 뉴스 프로그램, 말에 의해 전송될 수 없다. 사건은 오직 텔레비전 방송 담론의 청각-시각 형태에서 의미를 갖는다. 역사적 사건이 담론의 기호 아래 지나치는 그 순간 그것은 언어가 나타내는 모든 복잡한 공식적인 '규칙'이 될 수 있다. 역설적으로 말하자면, 그 사건은 의사소통적 사건이 되기 이전에 '스토리'가 되어야만 한다. 그 순간에, 물론, 이러한 규칙들 사이에 존재하는 사회적 관계의 종속이나 사건의 사회적 정치적 결과가 이러한 방식 속에 의미하는 것 없이도 형식적인 담론의 하위 규정이 '지배'에 속한다. 바로 '이 메시지 양식'은 수신자에게 전해 오는 소스로부터의 통로에 있는 사건의 '형태 양식'인 것이다. 따라서 '메시지 양식'(또는 상징적 교환)이 안팎으로 변하는 것은 우리의 편의에 따라 우리가 차지하거나 무시할 수 있는 불규칙적인 '순간'이 아니다. 그 '메시지 양식'은 한정된 순간이다. 하지만, 다른 수준에서 그것은 단지 커뮤니케이션시스템의 표면 움직임을 구성하고, 다른 단계에서 오직 한 분야에서 형성된 전체적인 커뮤니케이션 과정의 사회적 관계를 통합할 것을 요구다.

Note

[구조]

우리는 이 글의 제목인 '코드화/독해'라는 단어를 처음으로 스튜어트 홀이 사용한 것을 알 수 있다. 그러므로 필수적으로 당신은 그가 그것들을 통해 의미하려는 것을 반드시 이해하게 될 것이다.

[문맥]

홀이 이 글에서 이야기하고자 했던 사회적 사건들은(다시 말해 특별한 예시는 배제하고) 베를린 장벽의 붕괴나 영국 왕세자비의 장례식 혹은 교향곡 제8번과 같은 일들이다. 이러한 사건들은 담론을 담고 있는데, 텔레비전 안에서 만들어지기 위한 이야기로 바뀐다. '사건'과

---

3) J. D. Halloran, 'Understanding television', Paper for the Council of Europe Colloquy on 'Understanding Television'(University of Leicester, 1973).

'이야기'의 차이점은 무엇인가? 왜 그것이 문제인가?

[내용]

미디어 문자를 이끌어내는 과정을 볼 때, 스튜어트 홀은 우리가 문자들을 그 자체로 조사해서는 안 되며 대신에 그 문자들이 어떻게 만들어졌는가를 보아야 한다고 주장한다. 이러한 방식을 통해 그는 지나치게 단순화한 문자 연구 접근법(이러한 접근법은 일반적으로 끊임없이 문화적 형태 분석을 중요시한다)에 반하는 주장을 한다.

이러한 일반 관점에서, 우리는 대략적으로 다음과 같이 텔레비전 의사소통 과정을 특성화할 수 있다. 그들의 관행과 네트워크 생산, 그들의 조직화된 관계와 기술적 인프라와 함께 방송의 기관적인 구조는 프로그램을 생산할 것을 요구받았다. 자본과의 유사성을 이용하여 볼 때, 이것은 광범위한 모드에서 '노동 과정'이다. 생산은 여기서 메시지를 구성한다. 그리고 어떤 점에서, 서킷은 여기서 시작한다. 물론, 생산 과정이 그것의 '광범위한' 측면을 간과하고 진행된다는 것은 아니다. 그것은 또한 의미와 생각(생산의 루틴에 관한 지식의 사용, 역사적으로 정의된 기술적 요소, 전문적인 이데올로기, 기관 지식, 정의와 인수, 또한 이러한 생산 구조를 통한 프로그램의 설립 틀)에 의해 결정된다.

Note

[문제]

노골적이라고? 여기에 문제가 없는가? 스튜어트 홀이 인정하는 그의 모델은 중요한 세부요소가 부족하지 않은가?

[구조]

이제 스튜어트 홀은 일반적으로 그의 이론을 서술하고 있으며 어떻게 그것이 관행 속에서 이루어지고 구성 요소가 어떻게 진입하는지에 관한 논의를 하고 있다.

[내용]

중요하게 스튜어트 홀은 생산 과정에 영향을 주는 광범위한 요소를 바라보았다. 이것은 개인이 창조성을 갖거나 개인주의적 사고를 제안하는 것이 아니다. 그러나 그것은 사회적 기대 수준에서 걸러진 창조성과 개인주의를 말한다. 이 글에서는 생산과정이 어떻게 외부의 것을 통해 영향을 받는지에 대한 그의 견해를 나타낸다. 미디어 제작자들은 사회 정치적 관심사로부터 완벽하게 분리된 독립된 창조자들이 아니다.

게다가 텔레비전의 생산 구조는 텔레비전 담론의 근원이 있지만 그들은 폐쇄된 시스템을 구성하지 않았다. 그들은 주제, 처리, 의제, 사건, 인사, 관객의 이미지들을 차별화된 더 넓은 사회 문화적, 정치적 구조에 있는 다른 소스와 기타 광범위한 구조물로부터의 '상황의 정의(definitions of the situation)'를 묘사했다. 필립 엘리엇은 '출처(source)' 및 텔레비전 메시지의 '수신자(receiver)' 모두를 그의 토론 방식으로 더욱 전통적인 체계 내에서 간결하게 이점을 표현했다. 따라서—마르크스의 용어—순환 및 지각을 떠올려 생각해 보면 사실은, 텔레비전의 생산 과정의 '순간'과 생산 공정 자체의 왜곡 및 구조화된 '피드백'의 다수를 통해 재통합시킬 수 있다는 것이다. 그것이 이 메시지가 '자각을 위한 출발 지점'이기 때문에 그 단어가 두드러진다 할지라도, 더 큰 의미에서 생산과정의 순간 또한 그 자체로 텔레비전 메시지의 소비나 지각을 의미한다. 그러므로 텔레비전 메시지의 생산 및 수용은 동일하지 않지만 그들은 관련이 있다. 그들은 전체 의사소통 과정의 사회적 관계에 의해 형성된 것에서 구별된 순간인 것이다.

Note

[내용]

'폐쇄적인 시스템(closed system)'이 무엇을 의미하는가? '개방(open)'은 어떠한 의미를 갖는가? 청중이 '수용자'라는 것이 분명해 보이는 반면에 어떻게 청중이 메시지의 '소스'가 될 것인가?

[문체]

이 글이 복잡하고 추상적인 반면에 중요한 포인트는 이 단락의 마지막에 있다. 그것은 생산과 지각 사이의 커뮤니케이션 과정에서 둘로 나뉜(그러나 연결된) 순간으로써 구별이다.

Reading 6

그러나 특정 시점에서, 방송 구조는 의미 있는 담론의 형태로 코드화된(encoding) 메시지를 얻을 수 있어야 한다. 제품의 사회적 관계와 시행은 '실현'할 그 제품에 대한 언어의 광범위한 규칙에 따라 통과해야 한다. 이것은 이러한 담론과 언어의 공식적인 규칙 아래 있는 더 차별화된 순간에 시작된다. 이 메시지가 '효과'를 갖기 전에(단 정의된 상태의) '필요' 또는 '사용'으로, 그것이 먼저 의미 있는 담론, 의미 있는 독해로 책정되어야 한다. 그것은, '효과'를 가지며 영향력을 지니고 오락, 지시 또는 매우 복잡한 지각, 인지, 정서적, 이념적 또는 행동적 결과를 지닌 설득으로 독해된 의미의 집합이다. '한정된' 순간에 구조는 코드를 사용하고 사회적 관행 속 구조안의 이슈를 독해한 메시지를 또 다른 한정된 순간에 산출한다.

우리는 이제 대중들의 관행에서 이러한 재진입과 간단한 행동 측면에서 이해할 수 없는 '사용'을 완전하게 알 수 있다. 전형적인 프로세스는 고립된 요소 위의 실증주의적 연구로 확인되었다. 효과, 사용, 만족감은 이해의 구조에 의해 그들 스스로 형성되었을 뿐만 아니라 의식과 관행의 담론 안에서 의미 있는 순환과 수용의 '자각'을 통한 사회적 경제적 관계에 의해 확인되었다. (사회적 사용 가치 또는 정치 효과를 취득하기 위해.)

Note

[문체]

이 글에서는 스튜어트 홀이 뒤바뀐 콤마와 후기의 경고를 추가하여 '결과'라는 단어를 세심하게 나타낸다. 여기서 스튜어트 홀은 미디어 연구에서 중심이 되는 연구들과 관련된 그의 작업을 서술한다. '결과'는 이 책의 '데이비트 건틀릿(David Gauntlett)'으로부터 볼 수 있다.

[문맥]

어떤 종류의 '이해구조'가 어떻게 이러한 미디어의 연구결과를 볼 수 있는가에 영향을 주었는가?

Reading 7

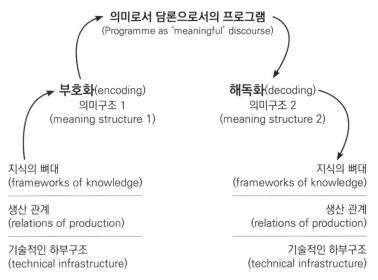

의미로서 담론으로서의 프로그램
(Programme as 'meaningful' discourse)

부호화(encoding)
의미구조 1
(meaning structure 1)

해독화(decoding)
의미구조 2
(meaning structure 2)

지식의 뼈대
(frameworks of knowledge)

지식의 뼈대
(frameworks of knowledge)

생산 관계
(relations of production)

생산 관계
(relations of production)

기술적인 하부구조
(technical infrastructure)

기술적인 하부구조
(technical infrastructure)

홀(Hall)의 부호화·해독화 과정

[내용]

이 그림은 스튜어트 홀의 생각을 요약하고 다음의 연구를 제시한 것이다.

분명히, 우리가 그림에서 표시한 '의미 구조 1'과 '의미 구조 2'는 동일하지 않을 수 있다. 그들은 '직접적인 정체성'을 구성하지 않는다. 코드화 및 독해의 코드는 완벽하게 대칭되지 않을 수 있다. 대칭의 정도, 즉 그것은 인코더 제작자와 디코더 수용자의 의인화된 위치 사이에 만들어진 대칭과 비대칭의 정도에 달려 있는 의사소통적 교환(동등한의 관계)에 달려 있는 '이해'와 '오해'이다. 그러나 이것은 코드 사이의 정체성/비정체성 사이의 정도에 달려 있다. 그것은 완벽하게 혹은 완벽하지 않은 전송을 방해하거나 체계적으로 전송된 내용을 왜곡하는 것이다. 코드 사이 조화의 부족은 방송사와 시청자 사이의 관계와 위치의 구조적 차이를 지닌 합의를 갖지만 그것은 또한 광범위한 형태로 변환하는 순간에 '소스'와 '수신자'의 코드 사이에 비대칭과 관련이 있다고 할 수 있다. '왜곡' 또는 '오해'라고 불리는 것은 의사소통 교류에 있어서 양측 사이의 동등함의 부족에서부터 발생한다. 다시 말하자면, 이는 '상대적 자율성'을 정의하지만, 광범위한 순간에 메시지의 입구와 출구의 '명확함'을 정의하지는 않는다.

[문체]

'가장 가까운 자아'는 무슨 의미이며, '왜 스튜어트 홀은 그의 모델에 해당되지 않는다'고 주장하였는가?

[내용]

이미 언급했듯이 스튜어트 홀은 그의 그림에서 서술된 과정의 다른 순간들을 예리하게 구별하였다. 이 단락의 마지막에서 그는 어떻게 의사소통 실패 혹은 제작자의 의도와 달리 청중이 다른 의미를 취하는가를 서술하였다. 왜냐하면 이것은 텍스트를 독해하는 수용자의 도구와 코드화하는 제작자의 도구 사이의 차이 때문이다. 중요하게, 스튜어트 홀은 이것들이 모두 더 중요하다고 말하지 않았다. 만약 제작자가 '옳은 것'이고 청중이 '잘못된 것'이라면 양쪽의 과정이 모두 우선순위를 가지지 못하는 것이다.

Reading 9

이 초보적인 패러다임의 적용은 이미 오래된 용어, 텔레비전 '콘텐츠'에 대한 우리의 이해를 변화시키기 시작했다. 우리는 이것이 관객 리셉션, '읽기' 그리고 응답에 대한 우리의 이해 또한 변화시킬 가능성이 있다는 것을 보기 시작하는 중이다. 기존의 커뮤니케이션 연구에서 시작과 끝에 대해서 발표된 적이 있기 때문에 우리는 주의해야 한다. 하지만 흔히 말하는 관객 연구에서 다른 종류의 새롭고 흥미로운 단계가 나타나고 있다는 생각에 근거가 있는 것처럼 보인다. 의사소통 양쪽 끝에서 기호 패러다임의 사용은 매스미디어 연구, 특히 그것의 접근과 콘텐츠에 관한 연구를 오랫동안 추구한 느린 행동주의를 풀 것을 보장한다. 우리는 텔레비전 프로그램이 무릎을 치는 것과 같은 행동적인 입력이 아니라는 것을 알고 있지만 다른 변형의 낮은 행동주의를 빠트리고 의사소통 과정을 개념화하는 것은 불가능한 것처럼 보인다. 거버너(Gerbner)가 TV에서 나타내는 폭력은 "폭력이 아니라 폭력에 관한 메시지"[4]라고 말한 것처럼 우리는 알고 있다. 하지만 우리는 폭력에 관해서 계속 연구를 해 왔다. 예를 들어 마치 우리가 이 이론적인 차이를 이해하지 못하는 것처럼 연구를 해 왔다.

Note

[문맥]

전 문단에 이어서 스튜어트 홀은 그의 접근이 관중을 이해하는 방법에 중요한 결과를 가진다고 본다. 그는 미디어 연구는 항상 미디어콘텐츠가 그것을 보는 사람에게 여러 측면에서 영향을 준다는 예측으로 끝난다고 하였다. 하지만 관중의 활동을 생산의 과정과 동일한 위치에 둠으로써, 스튜어트 홀은 관중의 활동이 상호작용 과정의 단순한 결과로 간소화되지 않는 새로운 연구 분야를 열 것이라고 기대한다.

[문제]

여기서 스튜어트 홀의 반복되는 '우리'라는 표현에 주목해야 한다. 그는 누구에 대해서 말하고 있는 것인가? 이렇게 함으로써 당신은 이 글이 지목하는 대상인 관중의 일부로 느껴지는가?

---

4) G. Gerbner *et al.*, *Violence in TV Drama: A study of trends and Symbolic Functions*(The Annenberg School, University of Pensylvania, 1970).

텔레비전 방송 신호는 복잡하다. 그것은 그 자체로 시각과 청각의 두 담론의 조합으로 이루어져 있다. 더불어 그것은 피어스(Pierce)의 전문어에 따르면 상징적인 기호이다. 왜냐하면 '그것은 대표되는 것의 속성의 일부를 지니고 있기 때문이다'.5)

이것은 시각적 언어 연구의 큰 혼란과 강렬한 논쟁의 장이 되었던 점이다. 시각적 담론은 3차원 세계를 2차원으로 변환하기 때문에 당연히 그것이 의미하는 대상이나 개념이 될 수 없다. 영화의 개는 짖을 수는 있지만 물 수는 없다.

현실은 언어 밖에서 존재하지만 그것은 지속적으로 언어를 통해, 그리고 언어에 의해 중재된다. 그리고 우리가 알 수 있고 말할 수 있는 것은 이 담론을 통해, 그리고 이 담론 안에서 생산되어야 한다. 광범위한 '지식'은 '실제' 언어의 투명한 표현의 산물이 아니라 실제 관계와 조건의 산물이다. 그러므로 암호의 과정 없이 쉽게 이해할 수 있는 담론은 없다. 그러므로 상징적인 기호들 또한 다른 기호의 암호와 다르게 작용할지라도 암호화된 기호이다.

언어에서는 '무'의 정도가 없다. 자연주의와 '현실주의'—대표하는 것이나 개념 표현의 명백한 정확도—는 실제 언어의 특정한 표현의 결과이며 효과이다. 그것은 광범위한 실행의 결과이다.

Note

[문맥]

스튜어트 홀은 기호학을 언급한 후 그 접근의 핵심적인 인물인 피어스(Charles S. Pierce, 1839~1914)를 참조한다. 『피어스의 글쓰기(*The Writings of Charles S. Pierce*)』(1982)를 보아라. 실제로 이 글은 기호학에 대한 '높은 관점'에서 쓰였고 미디어와 문화에 관한 연구의 많은 부분에 빠르게 영향을 주었다. 다시 한 번 스튜어트 홀은 독자가 기호학에 대해서 어느 정도의 지식을 가지고 있다고 가정하며 그것을 자세하게 파고들진 않는다.

[내용]

텔레비전의 개가 '실제 삶'의 개와 같지 않다는 것이 분명하지만 우리는 사실 미디어 재현과 '실제 세계' 사이의 관계를 종종 본다. 이 관계는 현실주의가 의존하고 조성하는 관계이다.

---

5) Charles S. Pierce, *Speculative Grammar, in Collected Papers*(Cambridge, Mass.: Harvard University Press, 1931~58).

스튜어트 홀은 여기서 현실주의에 관해서 길게 논의에 들어가지 않는다. 왜냐하면 그것이 그가 집중하는 점이 아니기 때문이다. 대신에 그는 미디어콘텐츠와 그 밖의 '실제 세계'의 관계에 대해 말하는 것에 관심이 있다. 당신은 현실주의에 관한 몇몇의 책에서 이 논쟁들이 무엇인지 볼 수 있을 것이다(Armstrong, 2005; King, 2005).

Reading 11

물론 특정한 암호는 구체적인 언어 공동체나 문화에서 매우 넓게 퍼져 있을 수도 있다. 또한 너무 어린 나이에 배워서 만들어진 것이 아니라—기호와 지시 사이의 표현의 효과 —'자연적'으로 주어진 것처럼 보일 수도 있다. 이러한 의미에서 간단한 시각적인 기호 는 그 특정한 문화와 관련되어 있다는 증거는 남아 있지만 '가까운 보편성'을 달성한 것으로 보인다. 하지만 이는 암호들이 심오하게 귀화가 되었다는 것이지 아예 방해받지 않았다는 것을 뜻하지는 않는다. 귀화된 암호들의 과정은 언어의 투명함과 '자연스러움' 을 나타내는 것이 아니라 사용되는 암호의 깊이, 습관화 그리고 가까운 보편성을 나타내 는 것이다. 그들은 분명하게 '자연적'인 인정을 이끌어낸다. 이것은 현재 존재하는 암호 화 과정을 은폐하는 (이데올로기적) 효과를 가진다. 하지만 우리는 겉모습에 속으면 안 된다. 사실 귀화된 암호가 나타내는 것은 의미 교환의 코드화와 독해 사이의 근본적인 지지와 호혜—달성된 동등함—가 있을 때 생산되는 습관화의 정도이다. 독해 측면에서 암호는 자주 귀화된 인식의 상태를 가정하는 기능을 한다. 이는 '소'의 시각적 기호가 실제 소(상징이 아니라)라는 동물이라고 생각하게 만든다. 하지만 만약 우리가 시각적 상징의 소를 축산의 개념 또는 심지어 언어적 기호인 '소'로 본다면 우리는 이 두 상징이 모두 그것들이 나타내는 실제 동물의 임의적인 부호라는 것을 볼 수 있다. 임의적인 부호의 표현은—시각적이든 음성적이든—자연의 산물이 아니라 관습의 산물이다. 그리 고 담론의 관습화는 암호의 개입과 지지를 요구한다.

그러므로 에코는 "상징적 기호는 보는 사람의 인식의 조건들(암호)을 재생산하기 때문에 실제 세계의 물체처럼 보인다"[6]라고 하였다. 하지만 사실상 무의식 상태이더라 도 이러한 '인식의 조건'들은, 매우 깊게 암호화된 독해 과정의 결과이다. 이것은 다른 어떤 기호와 마찬가지로 사진이나 텔레비전 이미지에도 해당된다. 하지만 상징적 기호 들은 자연적으로 읽히는 데에 특히 취약하다. 왜냐하면 인식의 시각적인 암호는 매우 넓게 퍼져 있고 이 종류의 기호는 언어적 기호보다 덜 제멋대로이기 때문이다. 언어적인 기호 '소'는 대표하는 것의 어떠한 속성도 가지고 있지 않는 반면, 시각적 기호는 몇몇의 속성을 가지고 있는 것으로 나타난다.

---

6) Umberto Eco, "Articulations of the cinematic code", in *Cinemantics*, no. 1.

[문맥]

많은 문화 연구는 그것이 분석하는 많은 것들을 스튜어트 홀이 언급하는 '귀화' 과정에 의해 발견하기 어렵다고 주장한다. 우리는 왜 어떤 특정한 단어가 특정한 것을 지칭하는지에 대한 질문을 거의 하지 않기 때문에 당연히 언어가 자연스럽다고 느낀다. 미디어 안에 어디에서 이러한 '귀화' 과정을 볼 수 있는가? 우리가 종종 의심하지 않는 가정들을 문맥에 가져와서 맞길 바라는 공포 영화 같은 것들에 대한 장르와 관습에 대해 생각해 봐라.

[내용]

기호학에서는 기호의 다른 종류가 있다고 말한다. 스튜어트 홀은 여기서 '상징적' 기호에 대해서 언급한다. 즉 그것들이 나타내는 것들과 시각적으로 유사함을 지는 기호들이다. 그 예로 사물의 사진을 들 수 있다. 하지만 문화 연구들은 우리에게 이러한 기호들이 자연적으로 여겨질지라도 이 방식으로 기호를 읽도록 이끄는 과정들이 존재한다고 주장한다. 따라서 그 과정들은 조사될 필요가 있다고 주장한다.

이것은 우리가 현재의 언어 이론에 혼란을 명확히 하고 있어, 이 문서의 주요 용어가 사용되는 방법을 정확하게 정의하는 데 도움이 될 수 있다. 언어 이론은 자주 '외연적 의미(denotation)'와 '내연적 의미(connotation)'를 사용하고 있다. '외연적 의미'는 널리 기호의 문자적 의미와 동일시되어 있다. 이 문자적 의미는 거의 보편적으로 인정되고 있기 때문에, 특히 시각적 담론을 담고 있고, '외연적 의미'는 종종 언어의 '현실'의 문자 해독과 혼동되었다. 그래서 '자연 기호'로, 그것은 코드의 개입 없이 생산된다. 반면에 '내연적 의미'는, 경우에 따라 다를 수 있으므로 코드의 개입에 의존해야 덜 고정된다. 따라서 더 많은 관습적인 것과 변화, 연관 의미로 참조하며 사용된다.

Note

[문맥]

'외연적 의미'와 '내연적 의미' 사이의 구분은 참으로 기호론 분석을 마쳐야 한다. 그것은 사상가들이나 글에서 의도한 것들을 말해 주지 않으므로 다시 주목해야 한다.

Reading 13

우리는 '외연적 의미/내연적 의미'를 구별하지 않는다. 우리의 시점에서 차이는 분석이다. 그것은 주로 신호의 측면에서 대략적인 규칙을 적용할 수 있을 때 유용한데, 시간의 어떤 시점에서 모든 언어 사회에서, 그(내포)를 생성할 수 있다. 기호에 대한 더 많은 연관된 의미에서의 '문자' 의미(외연적 의미)가 있다. 그러나 분석 구분은 실제 세계의 구분과 혼동해서는 안 된다. 그것들이 가지고 있는 '문자적' 의미(거의 보편적인 의미)로 신호체계가 구성된 몇몇 가지의 담론들의 예가 있다. 실제 담론들은 외연적인 측면과 함축성 있는 측면들이 결합된 것이 많다(재정의의 관점에서). 그리고 나서 왜 차별성을 유지해야 하는지에 의문이 있을 것이다. 그것은 주로 분석 값의 문제이다. 신호들은 이데올로기적 가치를 취득하기 때문에—넓은 사상 담론과 의미를 가진 발음기관에서 나온 것으로 보인다—, 여기서 '결합'(즉 함축성 있는 수준이다)은—여기에서 '의미'(그 사람들이 완전히 귀화하지 않는 것이다)는—자연적인 관점에서 고정되어 있는 것은 아니다. 그리고 신호들의 의미 및 결합의 유동성은 더욱 완벽하게 취사하고 변형할 수 있다.[7] 그래서 이것은 기호의 함축성이 있는 수준에서 상황적 이념은 의미를 변경하고 변환할 수 있다.

이 단계에서 우리는 담론에 대한 이념보다 명확하고 적극적인 개입을 볼 수 있다. 여기서 기호는 새로운 역설을 나타내고, 볼로쉬노프(Voloshinov)의 관점에서 완전히 다른 의미를 내보내게 된다.—언어의 계급투쟁.[8] 이것을 표시하는 또는 '문자' 의미가 이데올로기를 벗어난다는 것을 의미하지는 않는다. 사실 우리의 이데올로기 가치는 강력하게 고정되어 있다—너무 보편적이고 '자연스러워'졌기 때문이다. '명시적 의미'와 '내포'라는 용어는, 구별을 위한 유용한 분석 도구인데, 특히 문맥에서, 언어적 측면에서는 존재 또는 이데올로기의 부재에 관한 것이 아니라, 이념과 담론이 교차되는 수준의 차이에 관한 것이다.[9]

---

7) S. Hall, "Determinations of news photographs", in *WPCS3*(1972)를 참조하라.

8) Volosinov, *Marxsim And The Philosophy of Language*(The Seminar Press, 1973).

9) 비슷한 정리로는 마리네 카마고 헥(Marina Camargo Heck)의 "Ideological dimensions of media messages", pp. 122~127 참조.

[구조]

이전 단락에 따라 스튜어트 홀은 '명시적 의미/함의' 구별을 반박했다. 그리고 나서 만약 당신이 스튜어트 홀의 주장을 이해하거나 혹은 당신이 그 개념에 대해 이해했다면, 당신은 스튜어트 홀이 왜 그것을 언급했는지 궁금할 수 있다. 사실 스튜어트 홀은 구분을 미디어를 분석하는 관점에서 제안하였다. 그리고 '현실 세계'에서 구분은 중요하지 않다는 것을 제안했다. 그는 그의 주장을 학문적인 측면에서 주장하였고, 어떻게 다른 작업을 측정하는지를 보여 주었다. 그런 의미에서, 당신이 문서의 의미를 만들기 위해 완전히 차이를 이해할 필요가 없다. 하지만 당신은 그 문맥을 학문적 맥락으로 이해하여야 하고 학문적 측면에서 논의를 해야 한다.

[문맥]

홀은 여기서 계급을 언급했다. 이것은 기사의 나머지 부분과 관련은 없어 보인다. 그러나 스튜어트 홀은 초기에 마르크시즘을 적용하였는데, 계급은 마르크스의 주장의 중심이었다. 또한, 문화 연구는 항상 계급에 주목하였다. 혹은, 더 정확하게는 계급 구조로 인해 권력의 불균형이 나타났다. 스튜어트 홀은 계급에 대해 깊숙이 연구하지는 않았다. 왜냐하면 당신이 계급이 관련된 것으로 볼 거라고 생각했기 때문이다. 또한 추상적으로 보이는 것을 돕는 것과, 정치적 논쟁 밖에서의 학설로 보이는 것에 대한 차이에 대해 토의를 할 수 있는 것을 돕는다.

Reading 14

시각적 기호의 내포 수준은, 의미와 결합의 다른 광범위한 분야에서의 콘텐츠 참조 및 위치에서 보았을 때, 문화의 깊은 의미 크기보다 적극적인 이념적 의미의 교차의 합점이다. 우리는 광고 담론에서 예를 찾아볼 수 있다. 여기서도 역시 '완벽히 외연적'이고 확실히 '자연적'인 표현은 없다. 광고의 모든 영상 신호는 암시적으로 의미적 또는 묵시적 의미로 존재 품질, 상황, 값이나 추론을 함축하고 있다.

롤랑 바르트(Roland Barthes)의 예에서, 스웨터는 항상 '따뜻한 옷'(명시적 의미) 그래서 활동 또는 '보온'의 가치를 의미한다. 그러나 또한 함축적인 관점에서, '추운 날', '겨울의 시작'을 의미할 수도 있다.

그리고 패션의 하위 코드 전문 분야에서, 스웨터는 오트쿠튀르의 세련된 스타일이나, 또는 드레스의 비공식적 스타일을 함축할 수 있다. 그러나 만약 시각적인 배경 설정하고 낭만적인 하위 코드의 관점에서 볼 때, 그건 그 숲속에서 긴 가을 거리를 함축할 수 있다.10) 코드의 순서는 분명히 사회적으로 넓게 펼쳐진 상징들 사이의 관계를 맺게 한다.

Note

[문제]

여기서는 구체적인 예의 분석이 있는데, 스튜어트 홀은 추상적인 영역의 부분에서 당신을 도와줄 수 있는 광고를 논의하였다. 광고는 유용한 예이다. 왜냐하면 미디어 커뮤니케이션은 특정한 목적을 가지고 있으며, 무엇인가를 팔려고 하고 있기 때문이다. 그러므로 광고는 관중들이 광고가 의도하는 커뮤니케이션에 특정한 소통의 반응을 원하고 있다. 스튜어트 홀은 광고가 갖고 있는 함의가 어떻게 어필하는지 보여 주기 위해 롤랑 바르트(Barthes)의 이론을 인용하였다. 바르트의 읽기는 이 책의 '텍스트(Texts)'와 관련된 장('25장 텍스트 관련 이론' 참조)을 보아라. 그러나 여기서 스튜어트 홀의 논의가 없었다면, 바르트의 신화학과 더 관련되어 보였을 것이다. 이 논의는 의복의 유용성과 연관이 되어 있는데, 우리는 그들의 실용적인 목적의 관점에서 의복에 관한 생각을 하지 않기 때문이다—우리는 보호해 주고, 우리를 따뜻하게 해 주는—그러나 트렌드와 패션의 관점에서의 방법으로 그것들을 분류하면, 의복은 우리에 대해 무엇을 의미하고 있다는 것을 알 수 있다.

---

10) Roland Barthes, "Rhetoric of the image", in *WPCS* 1(1971).

[내용]

무엇이 진짜 스웨터의 진정한 의미인가? 그것이 진짜 모든 의미를 갖는 것이 가능할까? 스웨터는 때때로 그냥 스웨터일 분인가?

Reading 15

이 코드들은 특정 담론이 갖고 있는 힘과 이념적 특징에 의해 만들어진 수단이다. 이 수단들은 문화를 분류하는 '의미의 지도'에서 기호로 언급된다. 그리고 그 '사회적 현실의 지도'는 그들의 사회적 의미, 사례, 용도, 힘, 관심사'로 작성된' 모든 범위를 가지고 있다. 기표들(signifiers)의 함축성 있는 수준은 롤랑 바르트는 문화·지식·역사, 그리고 언어와 의미 체계에 미치는 환경세계를 포함하는 긴밀한 커뮤니케이션이라고 말했다. 만약 당신이 좋아하면, 그들은 이데올로기의 조각이다.[11]

Note

[문제]

스튜어트 홀이 여기에서 언급한 '의미의 지도(maps of meaning)'와 '사회적 현실의 지도 (maps of social reality)'는 무엇인가?

[내용]

스튜어트 홀과 다른 기호론자에게, 이것들의 함의는 사회적 영향력을 갖고 있다. 왜냐하면 이것들은 사회가 우리에게 우리가 그것에 대해 생각해야 되는 것을 유도하는 방법이기 때문이다. 많은 문화적 연구처럼, 스튜어트 홀은 여기서 옷과 같은 단순하고 매일의 주제를 논의하였다. 그리고 그는 사회적 구조와 영향력에 관한 많은 생각을 포함하고 있다. 이에 대한 논의는 롤랑 바르트와 가이에트 등(Guyet al.)의 저서에서 논의되고 있다.

---

11) Roland Barthes, *Elements of Semiology*(Cape 1967).

텔레비전 방송 신호의 소위 외연적인 수준(하지만 제한된 또는 '폐쇄')은 매우 복잡하고 특정 코드에 의해 고정된다. 그러나 함축성 있는 수준은, 그 다중적인 가치의 이용보다 활동적인 변환에 따라 더 열려 있다. 이러한 이미 구성되는 기호는 하나 이상의 함축성 있는 구성에 잠재적으로 변형될 수 있다. 그러나 다이어는 다원주의와 혼동하면 안 된다. 함축성 있는 코드는 상호간 동일하지 않다. 모든 사회나 문화, 사회적 및 문화적, 정치적 세계의 분류를 부과하기 위해 폐쇄의 학위를 변화와 함께 경향이 있다. 하지만 이는 지배적인 문화 법칙을 구성하지만 명백하거나 한 가지 뜻을 내포하고 있지는 않다. 이 질문은 '지배의 담론 구조'의 중요한 요점이다. 사회생활의 다른 영역은 다양한 영역에서 발현되고, 계층들에게 지배적인 생각이나 의미로 나타나게 된다. 우리의 사회 구조 속에서 '당연한' 우리의 기대를 위반하거나 '상식구조'를 위반하는 새로운 문제나 문제적 상황은 그들에게 '이해'라고 말할 수 있기 전에 광범위한 영역에 할당되어져야 할 것이다. '매핑'의 가장 일반적인 방법은 문제를 현재 존재하는 '문제가 사회적 현실의 지도'의 일부나 새로운 영역에 할당하는 것이다. 우리가 말하는 지배는 더 이상 '지도'에서 상황을 주문, 분류 지정하고 해독하는 것이 가능하기 때문에 '결정된' 것이 아니다.

Note

[내용]

이전에 스튜어트 홀은 그의 모델에서 해독의 측면은 암호화 파트만큼 중요한 것처럼 보여지는 것에 대한 필요성을 언급하였다. 이것은 관중들이 다양한 방법으로 글을 읽는 방법이 있다는 것을 의미하다. 이것은 소위 '다의'라고 불린다. 그러나 스튜어트 홀은 주의를 덧붙였는데, 그는 그의 주장이 우리가 무한한 읽기의 방식이 가능하다는 것이라고 생각하는 것으로 받아들여지길 원하지 않았다. 또한 더 중요하게, 다양한 읽기의 방식은 똑같기 때문이다. 그것은, '지배적인 문화적 구조'가 있기 때문인데, 어떤 읽기는 사회적 규범과 기대를 내포하고 있다. 이것들을 스튜어트 홀은 '지배적이거나 선호되는 읽기'라고 불렀다. 나중에 본문에서 그는 읽기의 다른 가능성을 논의하였다. 이 '선호되는 읽기'의 관념은 크게 영향을 미쳐 왔으며, 본문의 구절은 당신이 미디어 연구 부분에서의 읽기 분야에서 발견할 수 있을 것이다.

[문체]

'의미의 지도'와 '사회적 현실의 지도'가 여기에 언급하고 있는 것은 무엇인가? 그리고 '다의' 와 '다원주의'의 차이는 무엇인가?

Reading 17

그러나 우리가 '지배적(dominant)이다'라고 할 수 있는 이유는 '선호 읽기'의 유형이 존재하기 때문이다. 그리고 선호읽기는 모두 선호읽기만의 각인된 제도적·정치적·이데올로기적인 법칙을 가지며, 그들 스스로 제도화되었다.12) '선호 읽기'의 정의는 일련의 의미들과 관행들, 그리고 신념들로 내포된 전반적인 사회적 체제이다. 그리고 이들은 '이 문화에서 관행적인 목적에 의해 일이 진행되는 방법'에 대한 사회구조와, 권력의 계급 순서와 관심, 그리고 합법성의 구조, 한계 그리고 상벌의 일상적인 지식을 의미한다. 그러므로 함축적인 수준에서의 '오해'를 명확히 하기 위해서 우리는 반드시 코드(code)를 통해서 알아내야 하며, 사회적 삶의 법칙과, 경제적이고 정치적인 권력과, 이데올로기에 의해서만 알아야 한다. 나아가 이러한 지시는 '구조화된 지배성'이지 고정적이지 않기 때문에, 소통과정은 미리 정해진 일련의 코드 내의 주어진 위치에서 모든 시각적인 요소들이 문제없이 구성되지 않으며, 수행적인 규칙—활발하게 강요 또는 선호하는 다른 것에 대한 의미정의역을 찾기 위한, 그리고 적절한 의미의 내외적인 규칙 요소들의 이용의 논리의 능력과 사용의 규칙—에 의해 구성된다. 사실상, 정규적인 기호학은 해석상의 연구 관행을 너무도 많이 경시해 왔으며, 그럼에도 불구하고 이것은 텔레비전 방송 관례의 실제 관계들을 구성한다.

[내용]

Note

다시 말해 스튜어트 홀은 '선호읽기'와 사회적 관례들과 우리 삶을 지배하기 위해 사용하는 표준간의 연결을 제시하고 있다. 그러나 이것은 전자가 후자의 한낱 결과에 지나지 않는다는 것을 제시하기 위함이 아니다. 대신, 미디어 통신은 그들에게 의존하고, 또한 그들을 재생산하면서 사회적 관례들을 지지하는 것을 돕는다. 그러므로 이런 논쟁에 의하면, 미디어는 미디어가 놓여 있는 사회체계가 타당하게 유지되는 것을 돕는다. 이는 미디어의 사회체제 유지를 위해 미디어 생산자가 부자연스러운 방식으로 일한다는 것이 아니다. 왜냐하면 미디어 생산자들은 대중들에게 이해가 가는 문맥을 생산하기 위한 욕망의 산물의 불가피함 대신에 안정적으로 유지되는 사회적 법칙을 원하기 때문이다. 미디어가 사회 구조를 재생산한다는 논리—의도적이든 아니든—는 문화 연구의 중심 논쟁이며, 이것은 이 책에 계속 제시되는 예를 들어 정치경제와 공공권에 대한 장과 같은 미디어와 권력에 대한 논의와 직결될 수 있다.

---

12) '선호읽기'의 더 많은 비판은 Alan O'Shea, "preferred reading"(unpublished paper, CCCS, University of Birmingham)을 참조하라.

Reading 18

지배적인 의미에 대해서 말하자면, 우선, 우리는 모든 사건들이 어떻게 기의 될지를 지배하는 일 방향적 과정을 이야기하지 않을 수 없다. 이 과정은 강요하고, 타당하게 이기기 위하며, 그리고 암시적으로 기의된 지배적인 정의들의 한계 내의 사건에 대한 독해를 적법화하는 것으로써의 명령이 요구되는 '작업'을 구성한다. 터니(Terni)의 발언에 의하면, 읽기란, 식별하는 능력과 몇 개의 특정한 신호를 해독하는 것뿐만 아니라, 읽기와 다른 신호들 간의 창의적인 관계 속에 읽는 것을 더하는 주관적인 능력까지 의미한다. 이러한 능력은 저절로, 어떤 이의 총체적인 환경을 완벽하게 파악한 상태를 의미한다.[13]

Note

[내용]

'작업'이라는 단어에 주목하라. 스튜어트 홀은 그의 이론을 하나의 '과정'으로 보기를 언급해 왔다. 이것은 그가 논의하는 모든 것이 필연적이지도 않고, 자연적인 것도 아니며, 다만 그 작업이 그가 비방하는 지속되는 사회구조를 위해 수반하는 암시하는 것이라는 말이다. 이것은 우연히 일어난 일이 아니며, 이것은 실제로 일어나고 있는 일이고, 우리는 그 과정의 한 부분이다. 과정은 도전받을 수 있고, 분해될 수 있기 때문에 '작업'은 매우 중요하다. 그리고 문화 연구는 사회체제를 위해 그러한 대안을 필요로 한다.

---

13) P. Terni, "Memorandum". Council of Europe Colloquy on 'Understanding Television'(university of Leicester, 1973).

여기서 우리의 쟁의는 '주관적인 능력'의 개념에 있다. 텔레비전상의 담론에 대한 지시 대상이 객관적인 사실이라 할지라도, 해석상의 수준은 개개화되고, 사적인 문제이다. 매우 반대인 경우라고 할 수 있다. 텔레비전 방송의 관례는 '객관적'(체계적) 관계들에 있어서의 정확한 책임감이다. 이러한 관계들은 모든 두서없는 사례의 또 다른 이질적인 신호들의 계약이며, 그렇기 때문에 이 관계들은 지속적으로 재배열되고, 범위를 정하며, '사람들의 총체적인 환경에 대한 인식'들이 배열되는 것을 규정한다.

Note

[문맥]

여기서 스튜어트 홀은 그의 주장을 주제와 관련한 현존하는 글쓰기의 문맥 내에서 펼치고 있다. 그는 터니(Terni)를 인용하기 때문에, 그의 논점을 이해하기 위해 굳이 자료를 찾아볼 필요가 없다. 이전에 말했듯이, 많은 학술적인 작업들은 다른 사람의 것에 응답하는 것이며, 이것은 논점을 하나로 모으는 일상적인 방법이다.

우리는 오해에 대해 질문을 할 수도 있다. 텔레비전 기획자들은 그들의 메시지가 '의미전달에 실패'를 했을 때 보통 소통 사슬의 뒤틀림을 바로잡는 것을 걱정한다. 그리하여 그들의 소통의 '효율성'을 가능하게 한다. 많은 '정책 지향 분석'을 주장하는 조사들은 얼마만큼의 메시지를 대중들이 떠올리며, 이해의 폭을 증진시키는지를 찾는 것을 시도함으로써 이런 관리상의 목표를 재생산한다. 직역과 같은 오해의 소지가 있음은 물론이다. 시청자는 선택된 용어를 알지 못하며, 복잡한 논쟁의 논리와 설명을 이해하지 못한다. 시청자는 언어에 익숙하지 않고, 개념들이 너무나도 동떨어지거나, 어렵거나, 또는 설명적인 서술들이라 이해할 수 없다고 느낀다. 그러나 방송인들은 대중들이 방송인들이 의도한 대로 이해하는 것을 실패한 것을 더 자주 걱정한다. 그들이 진심으로 말하고자 하는 것은 시청자들이 '지배적'이거나 '선호된' 코드를 운용하지 않는다는 점이다. 그들의 이상은 '완벽하게 명료한 소통'이다. 대신 그들이 정면으로 부딪쳐야 하는 것은 '체계적으로 왜곡된 소통'이다.[14] 최근 몇 년 간, 이런 종류의 불일치는 종종 '선택적 인지 이론'의 언급에 의해 설명되어 왔다. 이것은 잔여하는 다원성이 고도로 구조화되고, 비대칭적이고 동등하지 않은 과정의 의무들을 피하는 통로이다. 물론, 사적이고, 개인적이며, 다양한 차원의 읽기가 있을 수 있다. 그러나 '선택적 인지 이론'은 그 개념이 말하는 것처럼 거의 대부분 절대 선택적이지 않으며, 무작위화되거나, 사유화되지 않는다. 유형들은 개인적인 다양성을 넘어 중요한 군집들을 형성한다. 그렇기 때문에, 대중 연구의 어떤 새로운 연구도 '선택적 인지 이론'의 비판으로 시작하는 것이다.

Note

[문제]

여기서는 스튜어트 홀이 어떻게 '대부분의 조사'를 언급하는지에 주목하라. 그러나 어떠한 것도 인용하지 마라. 다음 단락에서 어떻게 스튜어트 홀이 그가 말하는 문제들이 특정한 방법으로 '설명되어' 왔으며, 그러나 이에 대한 어떠한 증거도 제공하지 않는 다는 점에 주목해라.

---

14) The phrase is Habermas's, "Systematically distorted communications", P. Dretzel(ed.), *Recent Sociology 2*(Collier Macmillan, 1970). 이 책이 여기에 인용되었으나 다른 의미이다.

[내용]

당신은 왜 대중들이 기획자가 의도한 것 대신 가끔 다른 의미들을 취하는지에 대한 스튜어트 홀의 근거들에 동의하는가?

Reading 21

코드화와 독해 사이의 관련성이 필요하지 않던 때부터 이것은 일찍이 논쟁이 되어 왔다. 코드화는 선호할 수 있지만, 고유의 존재 상태가 있기 때문에, 독해를 규정한다거나 보장할 수 없다. 코드화와 독해가 광범위하게 일탈적이지 않는 이상, 코드화는 독해가 허용하는 한에서 한계와 매개변수의 일부분을 구성하는 효과를 가질 것이다. 만약 한계가 없었다면, 어떤 메시지에서라도 어떤 것을 좋아했든지 간에, 단순하게 읽을 수밖에 없었을 것이다. 이런 종류의 총체적인 오해는 분명 존재할 것이다. 그러나 방대한 범위는 분명 코드화와 독해의 순간에서 어느 정도의 호혜성을 포함해야 하며, 그렇지 않으면 우리는 효과적인 소통의 교환에 대해 전혀 이야기하지 않을 수 없다. 그럼에도 불구하고, 이러한 '관련성'은 주어진 것이 아닌, 구성된 것이다. 이것은 '자연스러운' 것이 아니며, 분명한 두 순간 사이의 분절의 산물이다. 간단한 의미에서, 독해의 암호들이 선택될지에 대해 전자는 결정하거나 보장할 수 없다는 것이다. 그 외에 소통은 완벽하게 동등한 순환이며, 모든 메시지는 '완벽하게 명료한 소통'의 사례이다. 그렇다면, 우리는 코드화와 독해가 결합할 될 수 있는 다양한 분절들에 대해 생각해야만 한다. 여기에 대해 자세히 말하자면, 우리는 '불가피하지 않은 관련성'의 관점을 보강하기 위해서, 몇몇 가능한 독해 상태의 가상의 분석을 제공한다.[15)

Note

[문체]

스튜어트 홀은 여기서 많은 추정들을 이끌어내는데, 이것들은 모두 뒷받침 받지 못했다. 이것은 그것들이 '틀렸다'는 것이 아니다. 그러나 주목해야 하는 것은 이것은 이론이 종종 작용하는 방식이라는 점, 그리고 이론의 타당성이 대부분의 사람들이 스튜어트 홀의 주장들에 동의하는 것과 같이, 양적 조사에 반해서 측정될 필요가 없다는 것이다.

---

15) 여기서 사회적 공식은 어느 차원에서 종결되었다. 그러나 이론적 담론은 동등하게 논의되지는 않았다. 다음 책을 참고하기 바란다. Frank Parkin, *Class Inequality and Political Order*(Macgibbon and Kee, 1971).

Reading 22

우리는 텔레비전상의 담론이 구성되는 독해로부터 세 가지 가설상의 상태를 찾을 수 있다. 이것들은 경험적으로 시험되고, 개선되어야 한다. 그러나 독해가 코드화로부터 불가피하게 따르지 않고, 그들이 개별적이지 않다는 논의는 '불가피 하지 않은 관련성'에 대한 논의를 더욱 강화시킨다. 그리고 이는 '오해'의 상식상의 의미를 '체계적으로 왜곡 된 소통'의 이론 면에 근거하여 해체하는 것을 돕기도 한다.

Note

[내용]

그의 이론이 경험적인 분석으로부터 이끌어내지 않았다는 것을 입증하기 위해서 스튜어트 홀은 그러한 조사를 요구하는 '가설적인' 상태를 제공하고 있다는 점을 주목한다. 그런 의미에서, 그는 미래의 조사가 입장하고, 반증하고 혹은 수정할 수 있는 이론적 모델을 제시한다. 미래의 연구에서 시험될 수 있는 이론을 제시한다는 의견은 학술적인 주제에서 흔한 일이며, 당신은 당신의 읽기 자료에서 그러한 이론들을 찾을 수 있을지도 모른다. 이론들의 가치는 이론들이 현존하는 조사를 넘어 당신이 생각할 기회를 주며, 경험적인 접근에서만 사용되었고 다른 방면으로 접근되지 않은 조사의 영역을 개척할 수 있다는 점에 있다. 과정 이론이 거치는 것에 대해 이것은 당신에게 무엇을 일깨워 주는가?

Reading 23

첫 번째 가설상의 상태는 '지배 헤게모니의' 상태에 대한 것이다. 시청자가 텔레비전 뉴스 방송이나 시사 프로그램으로부터 함축된 의미를 취하거나, 부호화된 참조코드에 대한 메시지를 해독할 때, 우리는 시청자가 '지배적인 암호 내의 운영'을 하고 있다고 말 할 수 있다.

이것은 '완벽하게 명료한 소통'의 전형적이며 이상적인 사례이다. 혹은 '모든 현실적인 용도를 위해' 우리가 알고자 하는 것에 매우 가깝다. 이런 의미에서, 우리는 전문적인 암호에 의해 생산된 상태들을 구분할 수 있다.

이것은 전문 방송인이 헤게모니적인 방식으로 이미 증명된 메시지를 부호화하는 것을 가정하는 상태('metacode'의 운용으로 우리가 아마도 확인해야 하는 것에 의해 생산된)이다. 전문 코드는 지배적인 암호의 '상대적으로 독립적인' 것이며, 여기서 이것은 고유의 기준과 변형의 운용, 특히 기술적-실용적 본성을 암시한다. 그러나 전문 코드는 지배적인 코드의 '헤게모니' 내에서 작동한다.

실제로 이것은 시가적 품질, 뉴스들, 그리고 발표상의 가치들, 델레비전 상의 품질인 '전문주의' 등과 같은 분명히 중립적이고 기술적인 질문들을 중시하는 바뀐 전문적인 암호들 대신 지배적 품질과 운영을 포괄함으로써, 지배적인 정의들을 정확하게 재생산하는 것을 도와준다. 예를 들어 북부 아일랜드의 정치나 칠레의 쿠데타, 또는 노사관계 법안의 지배적인 해석은 본질적으로 정치적이고 군사적인 지배계층에 의해 발생되었으며, 이는 발표상의 시기나 서식의 특정한 선택, 인원의 선출, 이미지의 선택, 논쟁의 발판이 전문적인 코드의 운용을 통해 선택되고 통합되었음을 의미한다. 방송 전문가들이 '상대적으로 자주적인' 그들 고유의 코드를 운영하는 것과 사건들의 지배적인 의미를 재생산하는 것과 같은 행위(모순이 없지 않게)를 어떻게 동시에 할 수 있었는지는 여기서 간결하게 설명하기에는 복잡한 문제이다.

전문가들은 '사상적인 조직체'인 방송 그 자체의 제도적인 위치16)뿐 아니라, '접근'(선택적인 지배 계층 인사와 그들의 텔레비전 내의 '상황적 정의'의 체계적인 '과도한 접근')

---

16) Louis Althusser, "Ideology and ideological state apparatuses", *Lenin and Philosophy and Other Essays* (NEW Left Books, 1971)를 보라.

의 구조로 지배계층을 정의하는 것과 연관되어 있다고 말하는 것이 맞을 것이다. 전문적 코드는 특별히 그들의 지배적인 지시 내의 운용에 공공연하게 편향되지 않음으로써, 지배적인 정의를 재생산하는 것을 돕는다고 말할 수도 있을 것이다.

이것은 사상적인 재생산이며 그렇기 때문에 우연하고, 무의식적으로 '사람들의 등 뒤에서' 일어난다.[17] 물론, 모순, 갈등 그리고 심지어는 오해들은 지배적이고 전문적인 의미와 그것들을 의미하는 기관 사이에서 정기적으로 일어난다.

Note

[내용]

중요하게도 스튜어트 홀은 미디어 종사자들의 일과 그들의 일을 알려주는 사회적 표준 간의 일을 구분한다. 그것은 다시 말해, 그들의 텍스트를 성공적으로 생산하기 위해서 미디어를 만드는 일반화된 방식에 의존하기 때문에, 프로그램의 의미가 제작자의 의도를 시험함으로 정의되는 것이 아니라는 것이다. 이런 의미에서 기획자들은 대중들이 그러하듯이 지배적인 위치 내에 붙잡혀 있다. 이것은 매우 중요한데, 그 이유는 우리는 방송 종사자에 대한 조사에 초점을 맞출 것이 아니라, 그들이 일하는 것들의 요소들과 사회적 관례를 뛰어넘어야 한다고 말해 주기 때문이다. 그러나 전문가들은 어떻게 지배계층의 정의하는 것과 연결되어 있는 것인가? 이런 연결 관계가 형성되지 않는 곳이 있기는 한가? 그리고 그런 연결 관계들이 완벽하게 미디어 전문가들의 행위를 정의하는가?

---

17) Stuart Hall, "The external/internal dialectic in broadcasting", *4th Symposium on Broadcasting*(University of Manchester, 1972)과 'Broadcasting and the state: the independence/impartiality couplet', AMCR Symposium, University of Leicester 1976(CCCS unpublished paper)을 보기 바란다.

우리가 확인할 두 번째 입장은 합의된 코드 혹은 입장이다. 대다수의 관객은 우세하게 정의되고 전문적으로 의미된 것을 충분히 이해할 것이다. 그러나 지배적인 정의가 지배적인 이유는 단지 그 정의들이 '지배적인'(세계적인) 상황과 사건들에 대한 정의이기 때문이다. 지배적인 정의들은 결과적으로 사건들을, 암묵적이거나 명확하게, 세계의 통합적인 관점과 연결시키며, 논쟁에 대하여 '거시적인 관점'을 취하고, 사건들을 '국익' 혹은 지정학의 레벨과 관련시키곤 한다. 이러한 연결들이 짧게 잘리거나, 뒤집히거나, 혼란스러운 방법으로 만들어진다 하더라도 말이다. 지배적인 관점의 정의는 그 의미 안에 한 사회 혹은 문화 속 관계에 관한 전체적인 분야, 가능한 의미에 대한 포괄적 식견이 들어 있어야 하며, 합법적이어야 한다. 즉, 사회적 질서에 대하여 '자연적', '불가피한', '당연하게 여겨지는' 것에 대하여 접합적으로 보인다. 합의된 형태 안에서 풀이해 보면 적응하는 요소와 저항하는 요소의 혼합물이 포함된다. 웅장한 의미(추상적)를 만들기 위해 지배적인 정의를 합법적으로 인정하면서, 더 제한된 상황적 단계에서는 그것만의 기본 원칙을 만들어서 그 원칙에 따라 예외를 적용한다.

　이것은 사건의 지배적 정의에게 특권적 입장을 부여하면서, 자신들만의 기업적 입장에게는 '지역적 상황'에 대한 합의적 적용을 할 수 있는 권리를 남겨 준다. 이렇게 지배적 이데올로기에 대한 합의된 형태는 반박을 받게 되는데, 이러한 경우는 그 구체적인 상황이 명백할 때에만 이루어진다. 합의된 코드는 우리가 특정한 혹은 자리 잡은 논리라고 부를 수 있는 것을 통해 운영 된다 그리고 이러한 논리들은 힘의 논리와 담론과의 불균형과 차이에 의해 지속된다. 합의된 코드에 대한 가장 간단한 예시는 노사협약에 파업과 임금 동결 제한에 대한 개념이 들어가 있을 때 노동자들의 반응이다. '국익'의 단계의 경제적 논쟁에서는 해독자는 지배적 정의를 적용하여, '우리는 물가상승에 맞서 임금을 낮추자'는 데 동의할 수 있다. 이것은 그러나 그/그녀가 더 나은 근무 환경 혹은 임금을 위해 파업하거나 생산현장 혹은 조합조직의 입장에서 노사협약을 반대하고자 하는 의지와는 무관할 수 있다. 우리는 대다수의 '오해'들은 지배적인 코드와 합의이 기업적 해석의 불균형과 마찰에서 비롯되었음을 의심할 수 있다. 이러한 단계의 불균형이야말로 엘리트와 전문가들로 하여금 '의사소통의 실패'를 경험하게 하는 것이다.

[문맥]

스튜어트 홀의 '합의된 코드'는 관객들 글의 의도된, 지배적인 의미를 알면서도, 다르게 반응하거나 다른 맥락에 넣는 것이다. 관객들이 메시지가 의도하는 바가 무엇인지 알면서도 그것을 활발하게 재해석할 수 있는 능력이 있다고 주장하면서, 스튜어트 홀은 관객을 'couch potatoes'보다는 주체적이고 비판적 수용자로 보는 자들과 동맹을 맺었다.

이 시기에 많은 작업은 관객의 활동적 본성을 탐구하는 데 있었으며, 현대문화연구소(Centre for Contemporary Cultural Studies)에서 진행했던 많은 연구는 글 혹은 제작자보다는 관객과 개인에 초점을 맞췄다. 스튜어트 홀의 이러한 작업은 그때는 이 주제의 발전에 중요한 위치를 차지했다. 그것이 관객 활동을 연구하는 사람들이 이용할 수 있는 이론 모형을 제시하기 때문이다.

[내용]

'다수 관객'에 대한 스튜어트 홀의 가설에 동의하는가? 다수의 관객들이 '지배적 입장'을 취하면, '합의된 입장'을 취하는 비중은 얼마나 될까? 그리고 어떤 요소들이 이를 뒷받침해 줄까?

[문체]

홀이 좌파이기 때문에 그가 노동자-법 제정 예시를 든 것은 놀라운 일이 아니다.

마지막으로 시청자가 메시지를 세계적으로 상반된 방법으로 해석하면, 담론에 의해 생긴 직설적인 그리고 함축적인 굴절 모두를 이해할 수 있다. 그/그녀는 권장된 코드 속의 메시지를 해체하여 다른 참조의 뼈대에 그 메시지를 재구축할 수 있다. 이러한 경우는 임금제한에 대한 필요성에 대한 논쟁을 듣는 시청자가 '국익'에 대한 언급을 '계급이익'으로 '해석'하는 것이다. 그/그녀는 반대하는 코드로 운영하는 것이다. 가장 중요한 정치적 순간 중 하나(이런 순간들은, 명백한 이유로, 방송 조직의 위기의 순간들과도 겹치기도 한다)는 협상된 방법으로 주로 의미가 부여된 사건들이 반대적인 해석이 주어졌을 때이다. 여기서 '의미의 정치'—담론의 투쟁—가 적용된다.

Note

[문제]

'반대 코드'는 다른 두 입장에 비하여 훨씬 적게 다루어진다. 그 이유가 스튜어트 홀이 그것을 덜 설득력 있다고 보기 때문일까, 아니면 그 의미가 명백하다고 생각했기 때문일까?

[내용]

앞선 문단에 이어서, 어떤 비중이 '반대' 입장을 적용하고, 어떤 요소들이 이 주장을 뒷받침해 주는가?

[구조]

이 글에 결론이 없다는 것을 눈치 챈 사람들도 있을 것이다. 스튜어트 홀은 적어도 그의 주장을 요약하거나, 미래의 연구에 대한 방향을 제시하지 않는다. 다양한 작가들은 다양한 시기에, 그들의 글을 다양한 방법으로 결론을 지을 것이고, 결론이 어떻게 지어지는지 확인하는 것도 가치가 있다. 이 경우에는 이것이 〈Working Papers〉 시리즈의 이론 모델이기에 다른 분야에 적용되는 관례들이 적용되지 않은 것일 수 있다.

읽기 자료 살펴보기

이 글에서 얻는 성과의 방법은 스튜어트 홀(Stuart Hall)의 주장이 어디까지 설득력이 있는지 생각하는 것이다. '해독'하는 것이 '부호화'하는 것만큼이나 중요하다는데 동의하는가? 이러한 행위들이 기관과 사회적 구조에서 일어나며, 그것이 이 구조들을 정의하고 제한한다는 것을 알겠는가? 이런 관점에서 본다면 당신은 스튜어트 홀—그리고 문화적 연구—의 의사소통의 모든 순간들은 정치적 의도, 특히 사회적 권력과의 연관성과 관련하여 검토될 수 있다는 가설에 어느 정도 설득될 수 있는가? 서론에 언급되었듯이, 이 연구는 뒤따른 대중 연구의 부를 지원하였으며, 문화 연구와 매체 연구를 지적 조사에서 전문종사자와 글을 가장 중요한 측면으로 보는 영화 연구에서는 'auteur theory'라 불리는 전통적으로 지배적인 영화/문학 연구들로부터 분리시켰다. 당신은 그럼 이번에 읽은 것을 이 책의 '관객'이라는 장과 연계시켜 볼 수 있고, 또한 공부를 하면서 읽은 이와 관련된 다른 책들과도 연계시켜 볼 수 있을 것이다.

이를 가장 성과적으로 하는 방법은 영화, 텔레비전 프로그램, 혹은 다른 매체의 글의 의미에 대하여 다른 사람과 다른 의견을 보인 것이 얼마나 있는지 한 번 생각해 보는 것이다. 당신은 살인 추리 드라마를 보고 결론이 어떻게 끝났는지 확신하지 못할 수 있다. 공포영화를 보고 어떤 이는 무서웠지만, 또 다른 이는 무섭지 않았을지도 모른다. 당신은 코미디프로를 보면서 다른 사람의 생각과는 달리 본인만 불쾌하게 생각한 농담도 있을 수 있다. 스튜어트 홀은 이런 예시들은 당신들이 영화를 각자 살짝 다른 방법으로 해석하였으며, 이는 글에 대한 대중의 반응을 연구하는 데에 타당성을 준다고 주장한다. 하지만 당신은 해석이 얼마나 다른지에 대하여 생각해 볼 수 있다. 예상컨대 영화의 경우 해석은 크게 다르지 않다. 예를 들어 당신은 영화를 보고 공포영화라고 생각했을 수 있으며, 다른 사람은 코미디라고 생각했을 수 있다. 이것은 코드화의 관점을 설명해 줄 수 있다. 전체적으로, 해석의 차이에 대하여 생각하는 것은 이 모델의 적용에 대하여 생각하기 좋은 방법이다. 하지만 유사성을 탐구하는 것도 의미가 있기 때문에 그러한 차이를 너무 과장하는 것도 위험할 수 있다.

당신은 스튜어트 홀이 특별히 그가 채택한 도전적인 이론적 접근을 고려한 주장을 구성하는 방식들에 반응할 수도 있다. 전반에 걸쳐 제시해 왔듯이, 스튜어트 홀의 많은 주장들은 매우 적은 근거만 제시되었는데, 그러나 이것은 이론화하는 작업에서는 받아들일 수 있는 방법이다. 그의 주장은, 우리에게 지속적으로 물어져 오곤 했으며, 증거와 함께 제시되었을 때, 사실무근으로 보인다. 이 이론을 시험하는 가장 좋은 방법으로 당신은 어떤 종류의 연구를 제안하겠는가? 센터(Centre)가 '평범한' 사람들을 연구하는 것에 관심이 있는 것과 같이, 당신은 어떤 방법으로 이것을 시작하겠는가? 어떤 유명한 매체의 내용이 조사되어야 한다고 생각하며, 그 이유는 무엇인가? 그리고, 그 내용들은 우리에게 사회 내의 권력의 문제들에 대해 무엇을 이야기한다고 생각되는가?

결과적으로 스튜어트 홀이 여기서 했던 것과 마찬가지로, 당신이 이론을 제시하는 데 있어 가치를 발견했기를 바란다. 특히 이론이 적용되고 시험되고, 그의 주장을 발전하게 한 경험적 연구의 풍부함으로 이끌었듯이 말이다. 이렇게 함으로써 당신이 자신감을 키우고, 이러한 유형들을 이해하는 것이 보다 쉬워지며, 이론을 이론 그대로 편안하게 받아들일 수 있기를 바란다.

주요 용어

담론(discourse); 통합적인 사슬(syntagmatic chain); 다의어(polysemic); 헤게모니(hegemony)

주요 학자

Karl Marx; Philip Elliott; George Gerbner; Charles S. Peirce; Umberto Eco; Valentin Volosinov; Roland Barthes; P. Terni

 **권장도서**

Hall, Stuart, Dorothy Hobson, Andrew Lowe, and Paul Willis(eds.)(1980), *Culture, Media, Language: Working papers in cultural studies, 1972~79*, London, Hutchinson.

현대문화연구소에서 영향력이 높은 주요 연구들로 어려운 논문으로 구성되어 있으나,

연구소의 주요 목적과 관심사를 명료하게 정리한 책이다.

Morley, David(1980), *The 'Nationwide' Audiences*, London: British Film Institute.

전국의 수용자는 TV 수용자에 관한 고전적인 연구로 매력적인 결과 홀(Hall)의 코드화/독해 모형(encoding/decoding model)에 영향을 미친 접근과 방법을 다루고 있다.

Turner, Graeme(2003), *British Cultural Studies*, 3rd edition, London and NewYork: Routledge.

영국 문화 연구의 역사와 발달을 다룬 것으로 현대문화연구소가 이전 이론에 대한 답에 관한 것과 이후 영향력과 연구결과를 담고 있다.